기출로 한번에 끝내는

농협

직무능력평가
직무상식평가

NH농협은행 5·6급 + 지역농협 6급

SD에듀
(주)시대고시기획

머리말

농협은 농업인의 경제적·사회적·문화적 지위 향상과 국민경제의 균형 있는 발전을 위해 1961년 창립되었다. 농업인의 복지 증진과 농촌 발전의 주역으로서 그 역할을 충실히 수행하고 있으며, 농업인이 전액 출자하고 농업인 대표에 의해 운영되는 자주적 생산자 단체이다. 창립 이래 지도·경제·신용·공제 사업 등 다양한 사업을 추진하는 종합 농협의 면모를 갖추어 국민의 생명 창고인 농업을 지원·육성하고 있다.

NH농협은행 및 지역농협은 인재를 채용하기 위해 필기시험을 시행하여 지원자가 업무에 필요한 역량을 갖추고 있는지 평가한다. NH농협은행 5·6급 필기시험은 직무능력평가와 직무상식평가(분야별 전공·상식 상이)로 나누어져 있고, 지역농협 6급 필기시험은 직무능력평가로 구성되어 있다.

이에 SD에듀에서는 NH농협은행 5·6급 및 지역농협 6급 필기시험을 준비하는 수험생들이 시험에 효과적으로 대응할 수 있도록 다음과 같은 특징의 본서를 출간하게 되었다.

도서의 특징

❶ 2023~2015년 시행된 NH농협은행 5·6급 및 지역농협 6급의 9개년 기출복원문제를 수록하여 농협 직무능력평가와 직무상식평가의 출제경향을 한눈에 파악할 수 있도록 하였다.

❷ 직무능력평가 출제영역별 대표유형 + 유형점검 + 유형풀이 Tip을 수록하여 체계적인 학습이 가능하도록 하였다.

❸ 직무상식평가 출제범위인 농업·농촌/은행업무/금융·경제/디지털·IT 상식을 수록하여 필기시험을 완벽히 준비하도록 하였다.

❹ '진짜 출제된 직무상식평가 핵심 키워드'를 부록으로 제공하여 한 권으로 채용 전반에 대비할 수 있도록 하였다.

❺ 온라인 모의고사 7회분(NH농협은행 5급 일반·IT + NH농협은행 6급 일반·IT + 지역농협 6급 60문항·70문항 각 1회 + NCS 통합 1회)을 수록하여 자신의 실력을 스스로 점검할 수 있도록 하였다.

끝으로 본서가 NH농협은행 5·6급 및 지역농협 6급 필기시험을 준비하는 여러분 모두에게 합격의 기쁨을 전달하기를 진심으로 기원한다.

SDC(Sidae Data Center) 씀

비전

사랑받는 일등 민족은행

사랑받는 은행	▶	고객, 임직원뿐만 아니라 국민 모두에게 사랑받는 신뢰할 수 있는 은행
일등은행	▶	고객서비스와 은행건전성, 사회공헌 모든 측면에서 일등이 되는 한국을 대표할 수 있는 은행
민족은행	▶	100% 민족자본으로 설립된 은행으로 진정한 가치를 국민과 공유하는 존경받을 수 있는 은행

경영목표

전략 목표

"금융을 넘어 모든 생활에!" D.I.V.E into NH Life

지속적인 혁신으로 고객과 함께 성장하는 생활금융 플랫폼 도약

중점 추진 과제

안정적인 수익성 강화

고객 중심 신뢰경영 실천

디지털 혁신 선도

미래성장 기반 확대

녹색금융 중심 정체성 확립

○ 윤리경영

사랑과 신뢰를 받는 일등 민족은행

NH농협은행은 경제적, 법적, 윤리적 책임 등을 다함으로써 모든 이해관계자인 고객, 농민조합원, 협력업체, 지역농(축)협, 직원 등 모두가 함께 성장·발전하여 사랑과 신뢰를 받는 일등 민족은행을 만든다.

○ 인재상

NH농협은행은 **사랑받는 일등 민족은행**으로
발돋움하기 위해 다음과 같은 **인재상**을 추구한다.

최고의 금융전문가	최고의 금융서비스를 제공하기 위해 필요한 금융전문지식을 갖추고 부단히 노력하는 사람
소통하고 협력하는 사람	고객 및 조직구성원을 존중하고 소통과 협력에 앞장서는 사람
사회적 책임을 실천하는 사람	도덕성과 정직성을 근간으로 고객과의 약속을 끝까지 책임지는 사람
변화를 선도하는 사람	다양성과 변화를 적극 수용하여 독창적 아이디어와 혁신을 창출하는 사람
고객을 먼저 생각하는 사람	항상 고객의 입장에서 고객을 먼저 생각하고 고객만족에 앞장서는 사람

신규직원 채용 안내 INFORMATION

⟳ 지원방법

❶ 농협 홈페이지(www.nonghyup.com)

❷ 당행 채용 홈페이지(www.nhbank-recruit.com)

⟳ 지원자격

❶ 연령/성별/학력/전공/어학점수에 따른 제한 없음

❷ 남자의 경우 병역필 또는 면제자

❸ 신규직원 입행 및 계속 근무 가능한 자

❹ 해외여행에 결격사유가 없는 자(외국인의 경우 한국 내 취업에 결격사유가 없는 자)

❺ 당행 내규상 신규채용 결격사유가 없는 자

⟳ 채용제도

❶ 정기채용 : 인력 수급 계획에 의거, 필요시 채용공고를 통해 진행

❷ 수시채용 : 수시채용 사이트를 통해 수시채용 정보를 제공

⟳ 채용절차

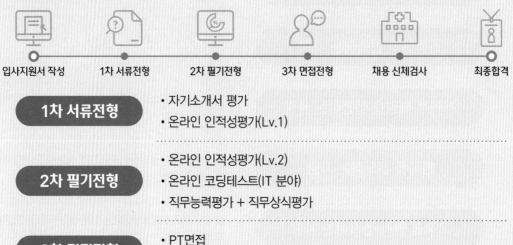

| 입사지원서 작성 | 1차 서류전형 | 2차 필기전형 | 3차 면접전형 | 채용 신체검사 | 최종합격 |

1차 서류전형
- 자기소개서 평가
- 온라인 인적성평가(Lv.1)

2차 필기전형
- 온라인 인적성평가(Lv.2)
- 온라인 코딩테스트(IT 분야)
- 직무능력평가 + 직무상식평가

3차 면접전형
- PT면접
- 집단면접

※ 채용별로 일부 과정이 추가 또는 생략될 수 있습니다.

채용일정

채용공고	접수기간	서류발표	필기시험	필기발표
2022.12.08	2022.12.08~2022.12.21	2023.01.04	2023.01.08	2023.01.19
2021.12.14	2021.12.14~2021.12.22	2022.01.11	2022.01.16	2022.01.25
2021.02.09	2021.02.09~2021.02.22	2021.03.17	2021.03.21	2021.03.26
2019.12.31	2019.12.31~2020.01.06	2020.01.31	2020.02.09	2020.02.14
2019.02.14	2019.02.14~2019.02.20	2019.03.13	2019.03.17	2019.03.22

필기시험

구분		출제범위	문항 수	시간
직무능력평가		의사소통능력, 수리능력, 문제해결능력, 정보능력	40문항	
직무상식평가	공통	농업 · 농촌 관련 상식, 디지털 상식 등	30문항	75분
	일반	금융 · 경제 분야 용어 · 상식 등		
	IT	소프트웨어 설계 · 개발, 데이터베이스 구축, 프로그래밍 언어 활용, 정보시스템 구축관리 등		
인 · 적성평가(Lv.2)		직업윤리, 대인관계능력, 문제해결능력 등	280문항	40분

※ 2023년도 NH농협은행 6급 신규직원 채용안내문을 기준으로 구성하였습니다.

출제경향

의사소통능력	• 피듈형이며, 지문의 길이가 긴 편이다. • NH농협은행 또는 농업 · 금융산업의 최근 이슈와 관련된 지문이 출제된다.
수리능력	• 거 · 속 · 시, 확률, 이자율 등 특정 공식을 활용해야 하는 응용수리 문제의 출제 비중이 높다.
문제해결능력	• NH농협은행의 금융상품별 특징을 파악하고 비교하는 문제가 출제된다. • 제시된 상황과 조건에 따른 최적의 자리 배치, 직원 찾기 등의 문제가 출제된다.
정보능력	• 엑셀 함수식, 프로그램 결괏값 구하기 등 실무를 처리하는 데 필요한 컴퓨터활용능력을 평가한다. • 빅데이터, 클라우드 등 최근 이슈가 된 ICT 관련 시사 상식 문제가 출제된다.

❖ 자세한 채용절차는 직무별 채용방침에 따라 변경될 수 있으니 반드시 채용공고를 확인하기 바랍니다.

◯ 미션 및 비전

미션 ▶ 농협법 제1조

농업인의 경제적·사회적·문화적 지위를 향상시키고, 농업의 경쟁력 강화를 통하여 농업인의 삶의 질을 높이며, 국민경제의 균형 있는 발전에 이바지함

비전 2025 ▶ 농업이 대우받고 농촌이 희망이며 농업인이 존경받는 함께하는 100년 농협

- 농업인과 국민, 농촌과 도시, 농축협과 중앙회 그리고 임직원 모두 협력하여 농토피아를 구현하겠다는 의지
- 60년을 넘어 새로운 100년을 향한 위대한 농협으로 도약하겠다는 의지

◯ 농협 5대 핵심가치

우리에게는 비전 실현을 위한 분명한 핵심가치가 있다.

농업인과 소비자가 함께 웃는 유통 대변화
소비자에게 합리적인 가격으로 더 안전한 먹거리를, 농업인에게 더 많은 소득을 제공하는 유통개혁 실현

미래 성장동력을 창출하는 디지털 혁신
4차 산업혁명 시대에 부응하는 디지털 혁신으로 농업·농촌·농협의 미래 성장동력 창출

경쟁력 있는 농업, 잘사는 농업인
농업인 영농지원 강화 등을 통한 농업경쟁력 제고로 농업인 소득 증대 및 삶의 질 향상

지역과 함께 만드는 살고 싶은 농촌
지역 사회의 구심체로서 지역사회와 협력하여 살고 싶은 농촌 구현 및 지역경제 활성화에 기여

정체성이 살아 있는 든든한 농협
농협의 정체성 확립과 농업인 실익 지원 역량 확충을 통해 농업인과 국민에게 신뢰받는 농협 구현

◎ 인재상

시너지 창출가

항상 열린 마음으로 계통 간, 구성원 간에 존경과 협력을 다하여
조직 전체의 성과가 극대화될 수 있도록 시너지 제고를 위해 노력하는 인재

행복의 파트너

프로다운 서비스 정신을 바탕으로
농업인과 고객을 가족처럼 여기고 최상의 행복 가치를 위해 최선을 다하는 인재

최고의 전문가

꾸준한 자기계발을 통해 자아를 성장시키고,
유통·금융 등 맡은 분야에서 최고의 전문가가 되기 위해 지속적으로 노력하는 인재

정직과 도덕성을 갖춘 인재

매사에 혁신적인 자세로 모든 업무를 투명하고 정직하게 처리하여
농업인과 고객, 임직원 등 모든 이해관계자로부터 믿음과 신뢰를 받는 인재

진취적 도전가

미래지향적 도전의식과 창의성을 바탕으로 새로운 사업과 성장동력을 찾기 위해
끊임없이 변화와 혁신을 추구하는 역동적이고 열정적인 인재

신규직원 채용 안내 INFORMATION

지원방법

❶ 농협 홈페이지(www.nonghyup.com)
❷ 잡코리아 홈페이지(jrs.jobkorea.co.kr/nhrecruit)

채용단위

❶ 지역농협 : 시 · 군 단위 공동 선발
❷ 축협 및 품목농협 : 농 · 축협 단위 선발

※ 채용단위별 중복 지원 불가

응시자격

❶ 연령/학력/학점/어학점수 제한 없음
❷ 채용공고일 전일 기준 본인 · 부 · 모 중 1인의 주민등록상 주소지가 응시 가능 주소지 내에 있는 자

※ 남자는 병역필 또는 면제자에 한함(지정일까지 병역필 가능한 자 포함)

우대사항

❶ 공통사항 : 「NH 영 서포터즈」 중 연도말 활동 우수 수상자

※ 단, 범농협(농 · 축협, 중앙회 및 계열사) 입사지원으로 기 우대적용을 받은 자는 제외(1회에 한함)

❷ 일반관리직 : 유통관리사 1급, 물류관리사, 농산물 품질관리사 자격증 소지자

※ 단, 일반관리직(영농지도 · 농약판매 등), 전문직 지원 시 우대하지 않음

채용절차

1차	2차	3차	합격
▸ 서류접수 ▸ 온라인 인 · 적성평가 ▸ 자기소개서 심사	▸ 필기시험 (인 · 적성 및 직무능력평가)	▸ 면접시험 ▸ 신체검사	▸ 최종합격

채용일정

채용공고	접수기간	서류발표	필기시험	필기발표
2023.09.18	2023.09.18~09.25	2023.10.18	2023.11.05	2023.11.15
2023.03.09	2023.03.09~03.16	2023.04.05	2023.04.23	2023.05.10
2022.10.05	2022.10.05~10.12	2022.11.02	2022.11.13	2022.11.23
2022.03.23	2022.03.23~03.30	2022.04.20	2022.05.08	2022.05.17
2021.05.03	2021.05.03~05.10	2021.05.28	2021.06.13	2021.06.22

필기시험

구분	영역		유형	시험시간	비고
1	인·적성평가		151문항/200문항/210문항 유형	25분/30분	-
2	직무능력평가	의사소통능력 수리능력 문제해결능력 자원관리능력 조직이해능력	70문항 유형	70분	5지선다
			60문항 유형	60분/70분	4지선다

시험유형

시험유형	채용지역	비고
60문항/60분	서울, 강원, 인천, 전북, 제주	4지선다
60문항/70분	경기, 경북·대구, 울산, 대전, 광주, 전남, 충북, 충남·세종	4지선다
70문항/70분	경남, 부산	5지선다

※ 상기 지역별 시험유형 및 시간은 2023년 하반기 필기시험을 기준으로 합니다.

❖ 자세한 채용절차는 직무별 채용방침에 따라 변경될 수 있으니 반드시 채용공고를 확인하기 바랍니다.

주요 금융권 적중 문제 TEST CHECK

의사소통능력 ▶ 주제·제목찾기

14 다음은 NH농협은행의 홈페이지에 게시된 윤리경영을 주제로 자주 묻는 질문에 대한 답변들을 정리한 것이다. 다음 빈칸 (A) ~ (D)에 들어갈 질문에 해당되지 않는 것은?

> NH농협은행 윤리경영에 대해 궁금해 하시는 사항을 알려드립니다.
>
> 질문 : _____(A)_____
> 답변 : 정직과 신뢰를 바탕으로 공정하고 투명한 윤리경영을 통하여 기업가치 증대와 건전한 금융산업 발전에 이바지하고, 기업의 사회적 책임을 다함으로써 농업인의 경제·사회·문화적 지위 향상과 농업경쟁력 강화를 통한 농업인의 삶의 질 향상과 국민경제의 균형발전에 이바지한다는 농협의 설립목적을 달성하는 데 궁극적 가치가 있습니다.
>
> 질문 : _____(B)_____
> 답변 : 윤리헌장은 기업이 추구하는 가치와 목표를 제시하는 내용을 담고 있습니다. 또한 기업의 이해관계자에 대한 책임과 의무를 규정하며 '우리는 누구이며, 무엇을 하며, 무엇을 위하여

수리능력 ▶ 금융상품 활용

01 N은행에서 근무하는 A사원은 고객 甲에게 적금 만기를 통보하고자 한다. 甲의 가입 상품 정보가 다음과 같을 때, A사원이 甲에게 안내할 금액은?

> • 상품명 : N은행 희망적금
> • 가입자 : 甲(본인)
> • 가입기간 : 24개월
> • 가입금액 : 매월 200,000원 납입
> • 적용금리 : 연 2.0%
> • 저축방법 : 정기적립식
> • 이자지급방식 : 만기일시지급, 단리식

① 4,225,000원 ② 4,500,000원

문제해결능력 ▶ 문제처리

02 같은 해에 입사한 동기 A, B, C, D, E는 모두 N은행 소속으로, 서로 다른 부서에서 일하고 있다. 이들이 근무하는 부서와 해당 부서의 성과급은 다음과 같다. 부서배치에 관한 조건 및 휴가에 관한 조건을 참고했을 때 다음 중 항상 옳은 것은?

〈부서별 성과급〉

비서실	영업부	인사부	총무부	홍보부
60만 원	20만 원	40만 원	60만 원	60만 원

※ 각 사원은 모두 각 부서의 성과급을 동일하게 받는다.

〈부서배치 조건〉

• A는 성과급이 평균보다 적은 부서에서 일한다.
• B와 D의 성과급을 더하면 나머지 세 명의 성과급 합과 같다.
• C의 성과급은 총무부보다 적지만 A보다는 많이 받는다.

지역농협 6급

의사소통능력 ▶ 내용일치

04 다음은 N은행에서 여신거래 시 활용하는 기본약관의 일부이다. 약관의 내용을 적절하게 이해하지 못한 직원은 누구인가?

제3조 이자 등과 지연배상금

① 이자·보증료·수수료 등(이하 "이자 등"이라고 함)의 이율·계산방법·지급의 시기 및 방법에 관해, 은행은 법령이 허용하는 한도 내에서 정할 수 있으며 채무자가 해당사항을 계약 체결 전에 상품설명서 및 홈페이지 등에서 확인할 수 있도록 합니다.

② 이자 등의 율은 거래계약 시에 다음의 각 호 중 하나를 선택하여 적용할 수 있습니다.

 1. 채무의 이행을 완료할 때까지 은행이 그 율을 변경할 수 없음을 원칙으로 하는 것

 2. 채무의 이행을 완료할 때까지 은행이 그 율을 수시로 변경할 수 있는 것

③ 제2항 제1호를 선택한 경우에 채무이행 완료 전에 국가경제·금융사정의 급격한 변동 등으로 계약 당시에 예상할 수 없는 현저한 사정변경이 생긴 때에는 은행은 채무자에 대한 개별통지에 의하여 그 율을 인상·인하할 수 있기로 합니다. 이 경우 변경요인이 없어진 때에는 은행은 없어진 상황에 부합되도록 변경하여야 합니다.

④ 제2항 제2호를 선택한 경우에 이자 등의 율에 관한 은행의 인상·인하는 건전한 금융관행에 따라 합리적인 범위 내에서 이루어져야 합니다.

수리능력 ▶ 일의 양

01 프로젝트를 완료하는 데 A사원이 혼자 하면 6일, B사원이 혼자 하면 8일이 걸린다. 이틀 동안 두 사원이 함께 프로젝트를 진행하다가 B사원이 병가를 내는 바람에 나머지는 A사원이 혼자 처리해야 한다. A사원이 남은 프로젝트를 완료하는 데 걸리는 기간은?

① 2.5일 ② 3일

③ 3.5일 ④ 4일

⑤ 6일

문제해결능력 ▶ 환경분석

03 안전본부 사고분석 개선처에 근무하는 B대리는 혁신우수 연구대회에 출전하여 첨단장비를 활용한 차종별 보행자사고 모형개발 자료를 발표했다. 연구 추진방향을 도출하기 위해 SWOT 분석을 한 결과가 다음과 같을 때, 분석 결과에 대응하는 전략과 그 내용이 잘못 짝지어진 것은?

강점(Strength)	약점(Weakness)
10년 이상 지속적인 교육과 연구로 신기술 개발을 위한 인프라 구축	보행자사고 모형개발을 위한 예산 및 실차 실험을 위한 연구소 부재
기회(Opportunity)	위협(Threat)
첨단 과학장비(3D스캐너, MADYMO) 도입으로 정밀 시뮬레이션 분석 가능	교통사고에 대한 국민의 관심과 분석수준 향상으로 공단의 사고분석 질적 제고 필요

① SO전략 : 과학장비를 통한 정밀 시뮬레이션 분석을 토대로 국내 차량의 전면부 형상을 취득하고 보행자사고를 분석해 신기술 개발에 도움

② WO전략 : 실차 실험 대신 과학장비를 통한 시뮬레이션 연구로 모형개발

주요 금융권 적중 문제 TEST CHECK

IBK기업은행

의사소통능력 ▶ 내용일치

2023년 적중

01 다음은 개인정보보호 세칙의 일부 내용이다. 다음을 이해한 내용으로 적절하지 않은 것은?

> 〈개인정보보호 세칙〉
>
> 제11조(동의를 받는 방법)
> ① 개인정보책임자가 개인정보의 처리에 대하여 정보주체의 동의를 받을 때에는 정보주체의 동의 없이 처리할 수 있는 개인정보와 정보주체의 동의가 필요한 개인정보를 구분하여야 하며, 정보 주체의 동의는 동의가 필요한 개인정보에 한한다. 이 경우 동의 없이 처리할 수 있는 개인정보라 는 입증책임은 개인정보책임자가 부담한다.
> ② 개인정보책임자는 다음 각 호의 어느 하나에 해당하는 경우에는 정보주체에게 법 제15조 제2항 각 호 또는 법 제17조 제2항 각 호 또는 법 제18조 제3항 각 호의 사항을 알리고 각각 별도의 동의를 받아야 한다.
> 1. 개인정보를 수집 · 이용하고자 하는 경우로서 법 제15조 제1항 제2호부터 제6호까지에 해당

문제해결능력 ▶ 문제처리

2023년 적중

05 I은행에서는 새로운 지점의 고객 유치를 위해 다음 〈조건〉과 같은 금융상품을 개발하였다. 해당 지점에서 고객이 개설할 수 있는 금융상품의 경우의 수는 몇 가지인가?(단, 동시에 여러 개 금융상 품이 결합된 경우 별도의 경우의 수로 고려한다)

> **조건**
> • 금융 상품은 1번부터 10번까지 있다.
> • 예금 상품은 1~3번, 적금 상품은 4번, 5번이다.
> • 예금 또는 적금 상품 1~5번 내에서 중복해서 개설할 수 없고, 하나만 가입 가능하다.
> • 투자 상품은 6, 7번, 카드 상품은 8번, 기타 상품은 9, 10번이다.
> • 예금 또는 적금 상품을 개설할 경우에만 투자 상품이나 기타 상품을 개설할 수 있다.
> • 카드 상품은 예금 상품을 개설해야 만들 수 있다.
> • 투기를 막기 위해 각 고객은 투자 상품 또는 기타 상품을 최대 1개까지만 개설할 수 있다.

수리능력 ▶ 자료추론

2023년 적중

15 I사는 현재 모든 사원과 연봉 협상을 하는 중이다. 연봉은 전년도 성과지표에 따라서 결정되고 직원들의 성과지표가 다음과 같을 때, 가장 많은 연봉을 받을 직원은 누구인가?

〈성과지표별 가중치〉

(단위 : 원)

성과지표	수익 실적	업무 태도	영어 실력	동료 평가	발전 가능성
가중치	3,000,000	2,000,000	1,000,000	1,500,000	1,000,000

〈사원별 성과지표 결과〉

구분	수익 실적	업무 태도	영어 실력	동료 평가	발전 가능성
A사원	3	3	4	4	4
B사원	3	3	3	4	4
C사원	5	2	2	3	2
D사원	3	3	2	2	5

※ (당해 연도 연봉)=3,000,000원+(성과금)

하나은행

수리능력 ▶ 금융상품 활용

41 K사원은 자택에서 회사까지 통근 거리가 멀어 회사에서 가까운 곳으로 자취하려고 한다. K사원은 전세자금이 부족하여 은행에서 대출을 받기로 결정하고 대출상환방식을 알아보고 있다. 매월 일정하게 급여를 받고 있지만 매번 상환금액이 큰 경우에는 부담되어 만기일시상환을 생각하고 있지만, 원금균등 분할상환으로 할 경우와 비교해 보려고 한다. 다음 〈정보〉를 참고하여 K사원이 대출상환방식을 만기일시상환 또는 원금균등 분할상환으로 할 때, 각각 월 이자금액으로 바르게 연결된 것은?(단, 원금과 이자는 소수점 첫째 자리에서 반올림한다)

〈정보〉

• 대출금액 : 1억 원
• 대출 기간 : 20년
• 연이자율 : 3%
• 원금균등 분할상환은 3회차 상환금액 이자를 구한다.

의사소통능력 ▶ 내용일치

`Easy`

04 다음 글을 읽고 '스마트 그리드'에 대한 설명으로 적절한 것을 고르면?

주니퍼 리서치(Juniper Research)는 글로벌 스마트 그리드 구축으로 인해 전 세계는 2021년 316TW/h(테라와트시)를 시작으로 2026년에는 연간 1,060TW/h의 에너지를 절약하게 될 것이라는 내용의 보고서를 발표했다. 이는 영국 런던의 보로오브 브렌트에 위치한 웸블리 스타디움에서 90분 동안 진행되는 축구 경기 4,200만 회 이상을 개최하는 에너지에 해당한다.

홈페이지에 게재한 보도자료에서 주니퍼 리서치는 '스마트 그리드: 산업 및 경쟁 동향, 시장 전망 2021~2026(Smart Grid: Industry Trends, Competitor Leaderboard and Market Forecasts 2021~2026)' 보고서 출판 사실을 공지하고 스마트 그리드가 에너지 시장의 지속 가능성을 확보하는 데 중요한 역할을 수행할 것이라고 예상했다.

보고서는 에너지 운영 회사에 최적의 운영 방법론을 제공한다. 저렴한 센서 및 연결성을 가장 잘 결합하는 에너지 공급업체가 앞으로 가장 큰 성공을 거둘 것이라는 예측이다. 스마트 그리드는 적절

문제해결능력 ▶ 순서추론

38 H은행의 신사업기획부 A팀장, B대리, C대리, D주임, E주임, F주임, G사원, H사원 8명은 기차를 이용해 부산으로 출장을 가려고 한다. 다음 〈조건〉에 따라 직원들의 좌석이 배정될 때, 〈보기〉 중 팀원들이 앉을 좌석에 대한 설명으로 옳지 않은 것을 모두 고르면?(단, 이웃하여 앉지 않는다는 것은 두 사람 사이에 복도를 두지 않고 양옆으로 붙어 앉는 것을 의미한다)

〈기차 좌석표〉

앞

창가	1 - 가	1 - 나	복도	1 - 다	1 - 라	창가
	2 - 가	2 - 나		2 - 다	2 - 라	

뒤

`조건`

• 팀장은 반드시 두 번째 줄에 앉는다.

도서 200% 활용하기 STRUCTURES

1 출제영역별 대표유형

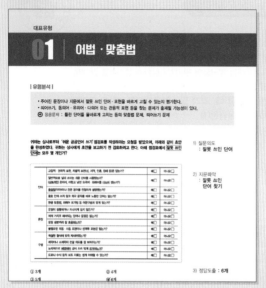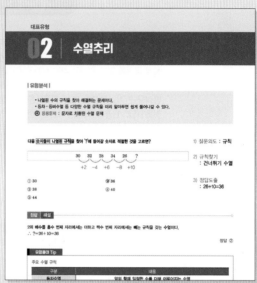

▶ '의사소통 · 수리 · 문제해결 · 자원관리 · 조직이해 · 정보능력'의 대표유형 및 유형점검, 유형풀이 Tip을 통해 체계적인 학습이 가능하도록 하였다.

2 직무능력평가

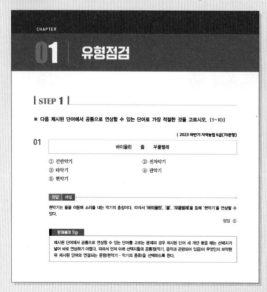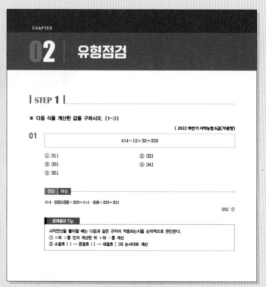

▶ 2023~2015년 시행된 NH농협은행 5 · 6급 및 지역농협 6급의 9개년 기출복원문제를 수록하여 출제경향을 한눈에 파악할 수 있도록 하였다.

3 직무상식평가

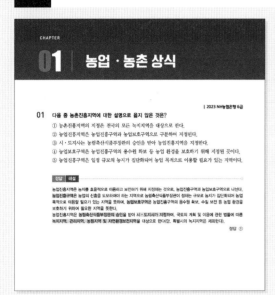

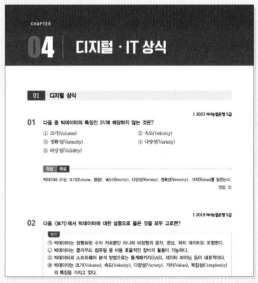

▶ 직무상식평가 출제범위인 '농업·농촌/은행업무/금융·경제/디지털·IT 상식'을 수록하여 필기시험을 완벽하게 준비할 수 있도록 하였다.

4 진짜 출제된 직무상식평가 핵심 키워드

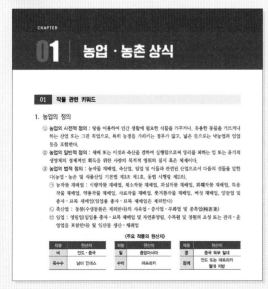

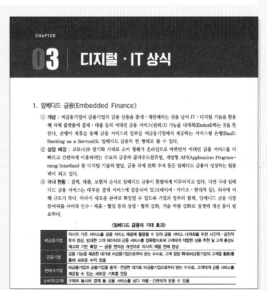

▶ NH농협은행 5·6급 필기시험의 직무상식평가에 진짜 출제된 핵심 키워드를 부록으로 제공하여 한 권으로 채용 전반에 대비할 수 있도록 하였다.

도서 200% 활용하기 STRUCTURES

5   3 STEP 학습

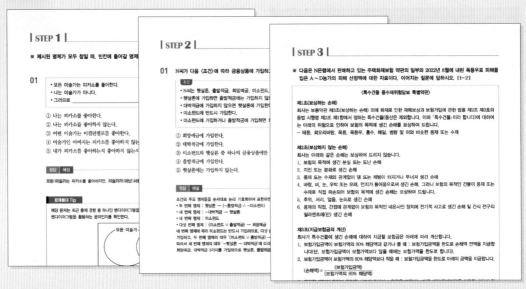

▸ 3단계 난이도로 구분된 3 STEP 학습으로, 기초 문제부터 고난도 문제까지 모든 유형의 문제들에 철저히 대응할 수 있도록 하였다.

6   3가지 Tip

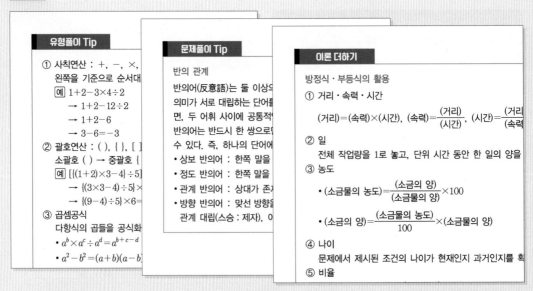

▸ '유형풀이 Tip/문제풀이 Tip/이론 더하기'의 3가지 Tip을 통해 문제 해결 전략뿐 아니라 관련 이론 및 상식까지 학습하도록 하였다.

7 3단계 풀이법

09 김대리는 체육대회에 참여할 직원 명단을 작성하고자 한다. A ~ F 6명의 직원들이 다음 〈조건〉에 따라 참여한다고 할 때, 체육대회에 반드시 참여하는 직원의 수는?

> **조건**
> • A가 참여하면 F는 참여하지 않고, B는 체육대회에 참여한다.
> • C가 체육대회에 참여하면 D가 체육대회에 참여하지 않는다.
> • E가 체육대회에 참여하지 않으면 C는 체육대회에 참여한다.
> • B와 E중 1명만 체육대회에 참여한다.
> • D는 체육대회에 참여한다.

① 2명　　　　　　　　　　② 3명
③ 4명　　　　　　　　　　④ 5명
⑤ 6명

①

정답 │ 해설

다섯 번째 조건에 의해 D가 참여하므로 두 번째 조건의 대우인 D → ~C에 의해 C는 참여하지 않고, 세 번째 조건의 대우인 ~C → E에 의해 E는 참여한다. E가 참여하므로 네 번째 조건에 의해 B는 참여하지 않는다. 또한 첫 번째 조건의 대우인 F or ~B → ~A에 의해 A는 참여하지 않는다. 그리고 F는 제시된 조건으로는 반드시 참여하는지 알 수 없다. 따라서 반드시 체육대회에 참여하는 직원은 D, E 2명이다.

정답 ①

②

문제풀이 Tip

제시된 조건을 다음과 같이 기호화하여 빠르게 문제를 해결할 수 있도록 한다.
• A → ~F & B
• C → ~D
• ~E → C
• B or E
• D
이를 정리하면 다음과 같다.
• D → ~C
• ~C → E → ~B
• F or ~B → ~A

③

---

❶ 9개년 기출복원문제
문제별 출제년도와 유형을 표기하였다. 출제유형을 파악하고, 자신이 약점을 보이는 부분을 확인하여 학습한다.

❷ 정답 및 해설
문제와 함께 정답 및 해설을 배치하였다. 반드시 정답을 맞혀야 한다는 압박에서 벗어나 차분히 문제를 분석한다.

❸ 문제풀이 Tip
문제를 푼 후 문제풀이 Tip을 확인하며 자신의 풀이방법과 다른 부분이나 놓친 정보가 없는지 한 번 더 확인한다.

이 책의 차례 CONTENTS

PART 1

직무능력평가

의사소통능력

합격 Cheat Key

의사소통능력을 평가하지 않는 금융권이 없을 만큼 필기시험에서 중요도가 높은 영역이다. 또한, 의사소통능력의 문제 출제 비중은 가장 높은 편이다. 이러한 점을 볼 때, 의사소통능력은 NCS를 준비하는 수험생이라면 반드시 정복해야 하는 과목이다.

국가직무능력표준에 따르면 의사소통능력의 세부 유형은 문서이해, 문서작성, 의사표현, 경청, 기초외국어로 나눌 수 있다. 문서이해·문서작성과 같은 제시문에 대한 주제찾기, 내용일치 문제의 출제 비중이 높으며, 공문서·기획서·보고서·설명서 등 문서의 특성을 파악하는 문제도 출제되고 있다. 따라서 이러한 분석을 바탕으로 전략을 세우는 것이 매우 중요하다.

1 문제에서 요구하는 바를 먼저 파악하라!

의사소통능력에서 가장 중요한 것은 제한된 시간 안에 빠르고 정확하게 답을 찾아내는 것이다. 그러기 위해서는 우리가 의사소통능력을 공부하는 이유를 잊지 말아야 한다. 우리는 지식을 쌓기 위해 의사소통능력 지문을 보는 것이 아니다. 의사소통능력에서는 지문이 아니라 문제가 주인공이다! 지문을 보기 전에 문제를 먼저 파악해야 한다. 주제찾기 문제라면 첫 문장과 마지막 문장 또는 접속어를 주목하자! 내용일치 문제라면 지문과 문항의 일치 / 불일치 여부만 파악한 뒤 빠져 나오자! 지문에 빠져드는 순간 소중한 시험 시간은 속절없이 흘러 버린다!

2 잠재되어 있는 언어능력을 발휘하라!

의사소통능력에는 끝이 없다! 의사소통의 방대함에 포기한 적이 있는가? 세상에 글은 많고 우리가 학습할 수 있는 시간은 한정적이다. 이를 극복할 수 있는 방법은 다양한 글을 접하는 것이다. 실제 시험장에서 어떤 내용의 지문이 나올지 아무도 예측할 수 없다. 따라서 평소에 신문, 소설, 보고서 등 여러 글을 접하는 것이 필요하다. 잠재되어 있는 글에 대한 안목이 시험장에서 빛을 발할 것이다.

3   상황을 가정하라!

업무 수행에 있어 상황에 따른 언어 표현은 중요하다. 같은 말이라도 상황에 따라 다르게 해석될 수 있기 때문이다. 그런 의미에서 자신의 의견을 효과적으로 전달할 수 있는 능력을 평가하는 것은 당연하다. 따라서 다양한 상황에서의 언어표현능력을 함양하기 위한 연습의 과정이 요구된다. 업무를 수행하면서 발생할 수 있는 여러 상황을 가정하고 그에 따른 올바른 언어표현을 정리하는 것이 필요하다. 의사표현 영역의 경우 출제 빈도가 높지는 않지만 상황에 따른 판단력을 평가하는 문항인 만큼 대비하는 것이 필요하다.

4   말하는 이의 입장에서 생각하라!

잘 듣는 것 또한 하나의 능력이다. 상대방의 이야기에 귀 기울이고 공감하는 태도는 업무를 수행하는 관계 속에서 필요한 요소이다. 그런 의미에서 다양한 상황에서의 듣는 능력을 평가하는 것이다. 말하는 이가 요구하는 듣는 이의 태도를 파악하고, 이에 따른 판단을 할 수 있도록 언제나 말하는 사람의 입장이 되는 연습이 필요하다.

5   반복만이 살길이다!

학창 시절 외국어를 공부하던 때를 떠올려 보자! 셀 수 없이 많은 표현들을 익히기 위해 얼마나 많은 반복의 과정을 거쳤는가? 의사소통능력 역시 그러하다. 하나의 문제 유형을 마스터하기 위해 가장 중요한 것은 바로 여러 번, 많이 풀어 보는 것이다.

01 | 어법·맞춤법

| 유형분석 |

- 주어진 문장이나 지문에서 잘못 쓰인 단어·표현을 바르게 고칠 수 있는지 평가한다.
- 띄어쓰기, 동의어·유의어·다의어 또는 관용적 표현 등을 찾는 문제가 출제될 가능성이 있다.
- ⊕ 응용문제 : 틀린 단어를 올바르게 고치는 등의 맞춤법 문제, 띄어쓰기 문제

귀하는 상사로부터 '쉬운 공공언어 쓰기' 점검표를 작성하라는 요청을 받았으며, 아래와 같이 초안을 완성하였다. 귀하는 상사에게 초안을 보고하기 전 검토하려고 한다. 아래 점검표에서 잘못 쓰인 단어는 모두 몇 개인가?

1) 질문의도
 : 잘못 쓰인 단어

		예	아니요
단어	고압적·권위적 표현, 차별적 표현(성, 지역, 인종, 장애 등)은 없는가?	예☐	아니요☐
	일반적으로 널리 쓰이는 쉬운 단어를 사용했는가? (상토적인 한자어, 어렵고 낯선 외국어·외래어를 다드머 썼는가?)	예☐	아니요☐
	줄림말(약어)이나 전문 용어를 친절하게 설명했는가?	예☐	아니요☐
	괄호 안에 쓰지 않고 외국 문자를 바로 노출한 단어는 없는가?	예☐	아니요☐
	한글 맞춤법, 외래어 표기법 등 어문규범에 맞게 썼는가?	예☐	아니요☐
문장	문장이 장황하거나 지나치게 길지 않은가?	예☐	아니요☐
	여러 가지로 해석되는 단어나 문장은 없는가?	예☐	아니요☐
	문장 성분끼리 잘 호응하는가?	예☐	아니요☐
	불필요한 피동·사동 표현이나 번역투 표현은 없는가?	예☐	아니요☐
구성	적절한 형식에 맞춰 제시하였는가?	예☐	아니요☐
	제목이나 소제목이 전달 의도를 잘 보여주는가?	예☐	아니요☐
	논리적으로 베열되어 글이 조리 있게 전개되는가?	예☐	아니요☐
	도표나 수식 등의 보조 자료는 쉽게 이해할 수 있는가?	예☐	아니요☐

2) 지문파악
 : 잘못 쓰인
  단어 찾기

① 3개
② 4개
③ 5개
✔ 6개
⑤ 7개

3) 정답도출 : 6개

- 상토적인 → 상투적인
- 다드머 → 다듬어
- 줄림말 → 줄임말
- 호웅하는가 → 호응하는가
- 베열되어 → 배열되어
- 전개되는가 → 전개되는가

정답 ④

유형풀이 Tip

자주 틀리는 맞춤법

틀린 표현	옳은 표현	틀린 표현	옳은 표현
몇일	며칠	오랫만에	오랜만에
귀뜸	귀띔	선생으로써	선생으로서
웬지	왠지	안되	안돼
왠만하면	웬만하면	돼고 싶다	되고 싶다
어떻해	어떻게 해 / 어떡해	병이 낳았다	병이 나았다
금새	금세	내일 뵈요	내일 봬요
구지	굳이	고르던지 말던지	고르든지 말든지
서슴치	서슴지	합격하길 바래요	합격하길 바라요
통채로	통째로	화장실에 들리자	화장실에 들르자
하마트면	하마터면	감소률 / 경쟁율	감소율 / 경쟁률

02 | 관계유추

| 유형분석 |

- 제시된 단어의 관계를 보고 빈칸에 들어갈 알맞은 단어를 고르는 문제이다.
- 빈칸이 한 개이거나 두 개인 유형이 주로 출제된다.
- ⊕ 응용문제 : 제시된 단어에서 공통으로 연상할 수 있는 것을 찾는 문제, 짝지어진 단어 사이의 관계가 나머지와 다른 것을 찾는 문제, 제시된 단어들의 관계와 유사한 것을 찾는 문제

제시된 낱말과 동일한 관계가 되도록 괄호 안에 들어갈 가장 적절한 단어는?

┌─ 단아, 고결

얌전하다 : 참하다 = ( ) : 아결하다

① 고루하다　　　　　　　　② 고결하다 ✓

③ 괴이하다　　　　　　　　④ 아름답다

⑤ 방자하다

1) 질문의도
: 제시된 어휘 간의 관계를 유추
→ 유의 관계

2) 선택지 확인
: 유의 관계가 아닌 선택지를 제외

3) 정답도출
: 의미가 더 유사한 단어를 선택
(고결하다 > 아름답다)

제시된 단어는 유의 관계이다.

'참하다'는 성질이 찬찬하고 얌전하다는 뜻으로 '얌전하다'와 같은 의미이며, '아결하다'는 단아하며 깨끗하다는 뜻으로 '고결하다'와 같은 의미이다.

[오답분석]
① 고루하다 : 낡은 습관이나 관념에 젖어 고집을 부리며 새로운 것을 잘 받아들이지 아니하다.
③ 괴이하다 : 정상적이지 않고 괴상하고 별나다.
⑤ 방자하다 : 제멋대로 하며 무례하고 건방지다.

정답 ②

유형풀이 Tip

어휘의 상관 관계
① 동의 관계 : 두 개 이상의 어휘가 소리는 다르나 의미가 같은 경우
② 유의 관계 : 두 개 이상의 어휘가 소리는 다르나 의미가 비슷한 경우
③ 반의 관계 : 두 개 이상의 어휘의 의미가 서로 대립하는 경우
④ 상하 관계 : 어휘의 의미적 계층 구조에서 한쪽이 의미상 다른 쪽을 포함하거나 다른 쪽에 포함되는 의미 관계
⑤ 부분 관계 : 한 어휘가 다른 어휘의 부분이 되는 관계
⑥ 인과 관계 : 원인과 결과의 관계
⑦ 순서 관계 : 위치의 상하 관계, 시간의 흐름 관계

03 | 한자성어 · 속담

| 유형분석 |

- 실생활에서 활용되는 한자성어나 속담을 이해할 수 있는지 평가한다.
- 제시된 상황과 일치하는 한자성어 또는 속담을 고르거나 한자의 훈음 · 독음을 맞히는 등 다양한 유형이 출제된다.
  ⊕ 응용문제 : 제시문의 내용과 관련 있는 속담이나 한자성어를 찾는 문제, 의미가 다른 속담이나 한자성어를 찾는 문제, 밑줄 친 단어의 한자로 옳은 것을 찾는 문제

다음 글과 관련 있는 한자성어로 적절한 것은?

> 패스트푸드 M사 사장은 국내 최고령 직원인 A씨를 축하하기 위해 서울의 한 매장을 찾았다. 일제 강점기에 태어난 A씨는 6 · 25전쟁에 참전하여 제대 후 은행원으로 일했고, 55세에 정년으로 퇴임한 뒤 2003년부터 M사의 한 매장에서 제2의 인생을 살고 있다. 그는 매주 일 ~ 수요일 오전 9시부터 오후 1시 30분까지 근무하며, 매장 청소와 뒷정리 등을 돕는 일을 하고 있다. 고령의 나이에도 불구하고 16년간 지각 및 무단결근을 한 적이 없으며, 변하지 않는 성실함으로 다른 직원들의 귀감이 되고 있다.
> └→ 한결같음   └→ 규칙적

① 거재두량(車載斗量)
② 득롱망촉(得隴望蜀)
③ 교주고슬(膠柱鼓瑟)
④ 격화소양(隔靴搔癢)
☑ 시종여일(始終如一)
  └→ 처음부터 변함없이 한결같음

1) 질문의도
  : 관련 한자성어
    = 내용 파악하기

2) 지문독해
  : 핵심 주제 고르기

3) 정답도출

제시된 글을 통해 A씨는 패스트푸드점에서 16년간 근무하며 한결같은 성실함으로 다른 직원들의 귀감이 되고 있음을 알 수 있다. 따라서 처음부터 변함없이 한결같음을 의미하는 '시종여일'이 적절하다.

오답분석

① 거재두량(車載斗量) : '수레에 싣고 말로 된다.'는 뜻으로, 물건이나 인재 따위가 많아서 그다지 귀하지 않음을 이르는 말
② 득롱망촉(得隴望蜀) : '농(隴)을 얻고서 촉(蜀)까지 취하고자 한다.'는 뜻으로, 만족할 줄을 모르고 계속 욕심을 부리는 경우를 비유적으로 이르는 말
③ 교주고슬(膠柱鼓瑟) : '아교풀로 비파나 거문고의 기러기발을 붙여 놓으면 음조를 바꿀 수 없다.'는 뜻으로, 고지식하여 조금도 융통성이 없음을 이르는 말
④ 격화소양(隔靴搔癢) : '신을 신고 발바닥을 긁는다.'는 뜻으로, 성에 차지 않거나 철저하지 못한 안타까움. 하는 행동에 비해 그 효과가 적거나 없음을 이르는 말

정답 ⑤

PART 1

유형풀이 Tip

- 한자성어나 속담 관련 문제의 경우 일정 수준 이상의 사전지식을 요구하므로, 지원 기업 관련 기사 및 이슈를 틈틈이 찾아보며 한자성어나 속담에 대입해보면 효과적으로 대처할 수 있다.
- 문제에 제시된 한자성어의 의미를 파악하기 어렵다면, 먼저 알고 있는 한자가 있는지 확인한 후 글의 문맥과 상황에 대입하며 선택지를 하나씩 소거해 나가는 것이 효율적이다.

04 | 내용일치

| 유형분석 |

- 제시문을 읽고 일치하거나 일치하지 않는 선택지를 고르는 일반적인 독해 문제이다.
- 짧은 시간 안에 제시문의 내용을 정확하게 이해할 수 있는지 평가한다.
- ➕ 응용문제 : 제시문의 세부내용을 찾는 문제, 은행 금융상품 읽고 이해하는 문제

귀하는 중소기업의 총무팀에서 근무하고 있다. 어느 날 팀장이 아래의 기사를 주며 내용을 검토해 본 뒤 보고하라고 했다. 다음 기사를 읽고 귀하가 보고한 내용으로 가장 적절한 것은?

1) 질문의도
 : 검토 → 보고
 = 내용이해

중소기업진흥공단 '내일채움공제'

"중소기업 근로자에게 금전적 보상, 장기 재직 유도"

3) 지문독해
 : 선택지와 비교

중소기업진흥공단(이하 중진공)은 중소기업 근로자의 장기재직과 인력양성을 위해 운영하는 정책성 공제인 '내일채움공제' 사업으로 많은 중소기업과 핵심인력들에게 높은 관심을 받고 있다.

내일채움공제는 중소기업 핵심인력의 인력난을 해소하고, 장기재직을 유도하기 위해 중진공에서 공식출범한 공제 사업이다. 이 제도를 통해 기업주와 핵심인력은 5년간 매월 일정금액을 공동으로 적립하고, 핵심인력 근로자가 만기까지 재직 시 성과보상금으로 공동적립금을 지급한다. 핵심인력이 매달 10만 원을 적립할 때 중소기업은 20만 원 이상을 적립하도록 규정하고 있기 때문에 장기재직을 유도하는 방안으로 꼽힌다.

조세소위 심사자료에 따르면 내일채움공제에 가입한 근로자는 올해 9월 기준 3,441개 업체 8,398명이다. 이들은 월 평균 12만 7,000원, 기업은 월 평균 30만 6,000원을 납입하고 있고 5년 후 공제금 수령 예상액은 평균 2,756만 원(세전) 수준이다.

내일채움공제에 가입한 기업은 공제납입금에 대해 손금(필요경비)인정과 함께 연구 및 인력개발비 세액공제 혜택을 받을 수 있으며, 과세표준구간에 따라 최소 31%, 최대 63%의 절세효과를 누릴 수 있다는 이점을 가지고 있다.

가입한 핵심인력 또한 만기공제금 수령 시 소득세의 50%를 감면해주는 제도가 2015년 세법개정(안)에 반영됨에 따라 근로자들의 실질적인 재산증식 효과도 가져올 수 있을 것으로 기대를 모은다.

① 근무 연수에 상관없이 내일채움공제에 가입한 근로자라면 모두 혜택을 받을 수 있습니다.

② 내일채움공제에 가입한 뒤에는 근로자나 기업 둘 중 하나가 공제부금을 납입하면 됩니다.

✅ 공제금액의 최종 수급권자는 공제가입 핵심인력으로 만기공제금을 수령할 경우 소득세의 50%를 감면해준다고 합니다.

④ 핵심인력은 최대 10만 원, 기업은 최대 20만 원까지 납입할 수 있습니다.

⑤ 내일채움공제 가입 기업은 공제납입금에 대해 최대 50%까지 절세혜택을 받을 수 있습니다.

2) 선택지 키워드 찾기

4) 정답도출 : 내용일치

핵심인력이 만기공제금 수령 시 소득세의 50%를 감면해주는 제도가 세법개정(안)에 반영된다는 내용을 마지막 문단에서 확인할 수 있다.

오답분석

① 5년간 매월 일정금액을 공동으로 적립하고 만기까지 재직할 경우 공동적립금을 지급받을 수 있다.
② 공제부금은 기업주와 핵심인력이 공동으로 5년 동안 적립해야 한다.
④ 핵심인력은 매달 10만 원을 적립할 때 기업은 매달 20만 원 이상 적립해야 한다.
⑤ 내일채움공제는 중소기업 핵심인력의 인력난을 해소하고, 장기재직을 유도하기 위해 중진공에서 공식출범한 공제 사업이다.

정답 ③

유형풀이 Tip

• 제시문을 읽기 전에 문제와 선택지를 먼저 읽어보고 제시문의 주제를 대략적으로 파악해야 한다.
• 선택지를 통해 제시문에서 찾아야 할 정보가 무엇인지 먼저 인지한 후 제시문을 읽어야 문제 풀이 시간을 단축할 수 있다.

이론 더하기

문서의 종류와 용도

① 공문서 : 행정기관에서 대내적·대외적으로 공무를 집행하기 위해 작성하는 문서
② 기획서 : 적극적으로 아이디어를 내고 기획해 하나의 프로젝트를 문서 형태로 만들어, 상대방에게 기획의 내용을 전달하여 기획을 시행하도록 설득하는 문서
③ 기안서 : 회사의 업무에 대한 협조를 구하거나 의견을 전달할 때 작성하며, 사내공문서라고 불림
④ 보고서 : 특정한 일에 관한 현황이나 그 진행 상황 또는 연구·검토 결과 등을 보고하고자 할 때 작성하는 문서
⑤ 설명서 : 대개 상품의 특성이나 사물의 성질과 가치, 작동 방법이나 과정을 소비자에게 설명하는 것을 목적으로 작성한 문서
⑥ 보도자료 : 정부기관이나 기업체, 각종 단체 등이 언론을 상대로 자신들의 정보가 기사로 보도되도록 하기 위해 보내는 자료
⑦ 자기소개서 : 개인의 가정환경과 성장과정, 입사동기와 근무자세 등을 구체적으로 기술하여 자신을 소개하는 문서
⑧ 비즈니스 레터(E-mail) : 사업상의 이유로 고객이나 단체에 편지를 쓰는 것이며, 직장업무나 개인 간의 연락, 직접 방문하기 어려운 고객관리 등을 위해 사용되는 비공식적 문서이나, 제안서나 보고서 등 공식적인 문서를 전달하는 데도 사용
⑨ 비즈니스 메모 : 업무상 필요한 중요한 일이나 앞으로 체크해야 할 일이 있을 때, 필요한 내용을 메모형식으로 작성하여 전달하는 글

05 | 추론하기

| 유형분석 |

- 제시문에 대한 이해를 바탕으로 추론할 수 있거나 없는 내용을 고르는 문제이다.
- 제시문에 명시적으로 드러나 있지 않은 내용을 문맥을 통해 유추할 수 있는지 평가한다.
- ⊕ 응용문제 : 제시문의 핵심 내용을 근거로 추론하는 문제, 빈칸에 들어갈 내용 찾는 문제, 제시된 문단을 논리적 순서대로 나열하는 문제, 제시문의 내용과 관련 있는 속담이나 한자성어를 찾는 문제

귀하는 공공기관 기획팀에 근무하고 있다. 문서를 정리하던 중, 실수로 물을 쏟는 바람에 문서 일부의 내용이 지워지고 말았다. 남겨진 문서를 읽고 귀하가 맥락적으로 유추한 내용으로 적절하지 않은 것은?

1) 질문의도
   : 맥락적 유추

Ⅳ. 기대 효과

O '공공기관 경영평가편람' 전격 개정 … 공공기관 육아휴직 대체인력 정규직화 추진

  ⊙ (업무 공백 최소화) 육아휴직의 비율이 높은 기관의 업무 공백을 최소화함으로써 재직자들의 부담 절감

  ⓛ (업무의 전문성 유지) 대체인력의 정규직화로 전문적인 업무가 많은 공공기관의 특성에 맞는 인력을 고용 · 교육함으로써 단기 계약 고용으로 인한 문제 해결 ➡ ⑤

  ⓒ (일자리 창출 기여) 육아휴직 대체인력으로 청년 취업난 해소 기여 ➡ ④

  ⓔ (대체인력의 고용안정) 대체 인력의 정규직화로 비정규직 대체인력의 고용 안정화 ➡ ②

  ⑩ (기업 경영 평가 부담 감소) …… ➡ ③

2) 지문파악
   : 주제확인

4) 지문독해
   : 선택지와 비교

☑ 육아휴직 대체충원으로 기업의 이미지 쇄신 효과가 발생할 수 있다는 의미이다.

② 육아휴직 대체충원 정규직화로 추가 일자리가 창출되었을 뿐 아니라 기존의 비정규직 대체인력의 고용이 안정화되었다는 의미이다.

③ 공공기관 경영평가편람 전격개정으로 육아휴직 대체충원에 따른 초과 인원 발생 시 경영평가에 불이익을 받지 않게 되었다는 의미이다.

④ 육아휴직 대체인력으로 추가 일자리가 창출되어 취업난을 해소할 수 있게 된다는 의미이다.

⑤ 육아휴직 대체인력의 정규직화로 전문인력 고용 및 교육이 가능해졌다는 의미이다.

3) 선택지 키워드 찾기

5) 정답도출

육아휴직 대체충원이 기업의 이미지에 도움을 준다는 내용은 제시문에 없다.

오답분석

② ㉢ ~ ㉣에서 확인할 수 있다.
③ ㉤의 제목에서 유추할 수 있다.
④ ㉢에서 확인할 수 있다.
⑤ ㉡에서 확인할 수 있다.

정답 ①

유형풀이 Tip

- 제시문에 명시적으로 드러나 있지 않은 부분을 추론하여 답을 도출해야 하는 유형이기 때문에 자신의 주관적인 판단보다는 제시문에 대한 이해를 기반으로 문제를 풀어야 한다.
- 추론하기 문제는 다음 두 가지 유형으로 구분할 수 있다.
  ① 세부적인 내용을 추론하는 유형 : 주어진 선택지를 먼저 읽고 제시문을 읽으면서 답이 아닌 선택지를 지워나가는 방법이 효율적이다.
  ② 글쓴이의 주장 / 의도를 추론하는 유형 : 제시문에 나타난 주장·근거·논증 방식을 파악하는 유형으로, 주장의 타당성을 평가하여 글쓴이의 관점을 이해하며 읽는다.

이론 더하기

문서이해를 위한 구체적인 절차와 필요한 사항

① 문서이해의 구체적인 절차
  ㉠ 문서의 목적 이해하기
  ㉡ 문서가 작성된 배경과 주제 파악하기
  ㉢ 문서에 쓰인 정보를 밝혀내고 문서가 제시하고 있는 현안문제 파악하기
  ㉣ 문서를 통해 상대방의 욕구와 의도 및 내게 요구하는 행동에 관한 내용 분석하기
  ㉤ 문서에서 이해한 목적달성을 위해 취해야 할 행동을 생각하고 결정하기
  ㉥ 상대방의 의도를 도표나 그림 등으로 메모하여 요약·정리하기
② 문서이해를 위해 필요한 사항
  ㉠ 문서에서 꼭 알아야 하는 중요한 내용만을 골라 필요한 정보를 획득·수집·종합하는 능력
  ㉡ 다양한 종류의 문서를 읽고, 구체적인 절차에 따라 이해하고 정리하는 습관을 들여 문서이해능력과 내용종합능력을 키워나가는 노력
  ㉢ 책이나 업무에 관련된 문서를 읽고, 나만의 방식으로 소화하여 작성할 수 있는 능력

06 | 모듈형 – 문서작성

| 유형분석 |

- 실제로 활용되는 문서작성방법을 올바르게 이해하고 있는지를 평가하는 문제이다.
- 실제 문서 형식, 업무상 조언하는 대화가 주로 출제된다.
- ⊕ 응용문제 : 문서 유형별 문서작성방법에 대한 내용이 출제

A기업의 신입사원 교육담당자인 귀하는 상사로부터 아래와 같은 메일을 받았다. 신입사원의 업무역량을 향상시킬 수 있도록 교육하려고 할 때, 포함할 내용으로 적절하지 않은 것은?

> 수신 : ○○○
> 발신 : △△△
>
> 제목 : 신입사원 교육프로그램을 구성할 때 참고해 주세요.
> 내용 :
> ○○○씨, 오늘 조간신문을 보다가 공감이 가는 내용이 있어서 보내드립니다.
> 신입사원 교육 때, 문서작성능력을 향상시킬 수 있는 프로그램이 추가되면 좋을 것 같습니다.
>
> 기업체 인사담당자들을 대상으로 한 조사에선 신입사원의 국어 능력 만족도가 '그저 그렇다' 가 65.4%, '불만족' 이 23.1%나 됐는데, 특히 '기획안과 보고서 작성능력' 에서 '그렇다' 는 응답 비율 (53.2%)이 가장 높았다. 기업들이 대학에 개설되기 희망하는 교과과정을 조사한 결과에서도 가장 많은 41.3%가 '기획문서 작성' 을 꼽았다. 특히 인터넷 세대들은 '짜깁기' 기술엔 능해도 논리를 구축해 효과적으로 커뮤니케이션을 하고 상대를 설득하는 능력에선 크게 떨어진다.
> … 중략 …

① 문서의미를 전달하는 데 문제가 없다면 끊을 수 있는 부분은 가능한 끊어서 문장을 짧게 만들고, 실질적인 내용을 담을 수 있도록 한다.

② 상대방이 이해하기 어려운 글은 좋은 글이 아니므로, 우회적인 표현이나 현혹적인 문구는 되도록 쓰지 않도록 한다.

③ 중요하지 않은 경우 한자의 사용을 자제하도록 하되, 만약 사용할 경우 상용한자의 범위 내에서 사용토록 한다.

☞ 두괄식이 주제 전달에 효과적

④ 문서의 주요한 내용을 미괄식으로 작성하는 것은 문서작성에서 중요한 부분이다.

⑤ 문서의 내용을 일목요연하게 파악할 수 있도록 간단한 표제를 붙이는 것도 상대방이 쉽게 내용을 이해하는 데 도움이 된다.

1) 질문의도
: 업무역량교육

2) 지문파악
: 문서작성능력 향상을 위한 교육

3) 선택지 확인

4) 정답도출

중요한 내용을 두괄식으로 작성함으로써 보고받은 자가 해당 문서를 신속하게 이해하고 의사결정하는 데 도움을 주는 것이 적절하다.

정답 ④

유형풀이 Tip

• 문제의 의도를 파악한 후 '제시문 또는 보기 → 선택지'의 순서로 하나씩 확인하며 소거해 나간다.

이론 더하기

문서작성의 원칙

① 문장은 짧고, 간결하게 작성한다.
② 상대방이 이해하기 쉽게 작성한다.
③ 한자의 사용을 자제해야 한다.
④ 간결체로 작성한다.
⑤ 긍정문으로 작성한다.
⑥ 간단한 표제를 붙인다.
⑦ 문서의 주요한 내용을 먼저 작성한다.

문서작성 시 주의사항

① 문서는 육하원칙에 의해서 써야 한다.
② 문서는 작성 시기가 중요하다.
③ 문서는 한 사안을 한 장의 용지에 작성해야 한다.
④ 문서 작성 후 반드시 다시 한번 내용을 검토해야 한다.
⑤ 문서의 첨부자료는 반드시 필요한 자료 외에는 첨부하지 않는다.
⑥ 문서 내용 중 금액, 수량, 일자 등의 기재에 정확성을 기하여야 한다.
⑦ 문장표현은 작성자의 성의가 담기도록 경어나 단어 사용에 신경을 써야 한다.

07 | 모듈형 – 경청

| 유형분석 |

- 상황이 제시되고 이에 적절하거나 적절하지 않은 이론을 고르는 유형이다.
- 의사소통능력에 대한 이론적인 지식을 실제 상황에서 활용할 수 있는지 평가한다.
- ⊕ 응용문제 : 제시문의 대화 상황에서 올바르지 않은 경청 자세 또는 태도를 찾는 문제

귀하는 화장품회사의 상품기획팀 사원이다. 오늘은 거래처 직원과의 미팅이 있었는데 예상했던 것보다 미팅이 지연되는 바람에 사무실에 조금 늦게 도착하고 말았다. 귀하는 A팀장에게 찾아가 늦게 된 상황을 설명하려 한다. 다음의 대화에서 A팀장이 가져야 할 경청 방법으로 가장 적절한 것은?

> 귀하 : 팀장님, 외근 다녀왔습니다. 늦어서 죄송합니다. 업무가 지연되는 바람에 늦….
> A팀장 : 왜 이렇게 늦은 거야? 오후 4시에 회의가 있으니까 오후 3시 30분까지는 들어오라고 했잖아. 지금 몇 시야? 회의 다 끝나고 오면 어떡해?
> 귀하 : 죄송합니다, 팀장님. 거래처 공장에서 일이 갑자기 생겨….
> A팀장 : 알았으니까 30분 뒤에 외근 업무 내용 보고해.

① 상대방과 시선을 맞추며 이야기한다.
② 혼자 대화를 주도하지 않는다.
③ 상대방의 말을 가로막지 않는다.
④ 다리를 꼬고 앉거나 팔짱을 끼지 않는다.
⑤ 여러 사람과 대화할 경우 말하는 순서를 지킨다.

1) 질문의도
   : 경청방법

2) 상황(지문) 파악
   : 상대방의 말을 끊음

3) 정답도출
   : 상대방의 말을
   가로막지 않음

원활한 의사소통을 위해서는 **상대방의 이야기를 끝까지 경청**하는 자세가 필요하다. 하지만 A팀장은 상대방의 이야기가 끝나기도 전에 이야기를 가로막으며 자신의 이야기만 하는 태도를 보이고 있다. 따라서 A팀장이 가져야 할 경청 자세는 **상대방의 말을 가로막지 않는 것**이다.

정답 ③

유형풀이 Tip

- 문제의 질문과 주어진 상황을 바탕으로 선택지를 확인한다. 일반적인 수준(상식)에서 정답 여부를 판단하여도 풀이가 가능하다.
- 선택지에는 틀린 내용이 아니라 상황별 표현 방법이 제시된다. 따라서 선택지를 먼저 확인하는 것보다 문제에서 묻는 상황이 무엇인지를 우선 판단하고 선택지에서 그 상황에 가장 적절한 표현 방법을 찾아야 한다.

이론 더하기

효과적인 경청의 방법

① 혼자서 대화를 독점하지 않는다.
② 상대방의 말을 가로채지 않는다.
③ 이야기를 가로막지 않는다.
④ 의견이 다르더라도 일단 수용한다.
⑤ 말하는 순서를 지킨다.
⑥ 논쟁에서는 먼저 상대방의 주장을 들어준다.
⑦ 시선을 맞춘다(Eye Contact).
⑧ 귀로만 듣지 말고 오감을 동원해 적극적으로 경청한다.

01 | 유형점검

| STEP 1 |

※ 다음 제시된 단어에서 공통으로 연상할 수 있는 단어로 가장 적절한 것을 고르시오. [1~10]

| 2023 하반기 지역농협 6급(70문항)

01

> 바이올린   줄   우쿨렐레

① 건반악기
② 전자악기
③ 타악기
④ 관악기
⑤ 현악기

정답 | 해설

현악기는 줄을 이용해 소리를 내는 악기의 총칭이다. 따라서 '바이올린', '줄', '우쿨렐레'를 통해 '현악기'를 연상할 수 있다.

정답 ⑤

문제풀이 Tip

제시된 단어에서 공통으로 연상할 수 있는 단어를 고르는 문제의 경우 제시된 단어 세 개만 봤을 때는 선택지가 넓어 바로 연상하기 어렵다. 따라서 먼저 아래 선택지들의 공통점(악기, 음악과 관련되어 있음)이 무엇인지 파악한 뒤 제시된 단어와 연결되는 문항(현악기 – 악기의 종류)을 선택하도록 한다.

| 2023 상반기 지역농협 6급(70문항)

02

> 갤런   배럴   온스

① 무게
② 부피
③ 온도
④ 압력
⑤ 넓이

정답 | 해설

'갤런(gal)', '배럴(bbl)', '온스(oz)'는 '부피'를 나타내는 단위이다.

정답 ②

03

구근식물   근채류   외떡잎

① 비트   ② 연근
③ 벤자민   ④ 수국
⑤ 튤립

정답 해설

'**구근식물**'은 일반적으로 뿌리나 줄기, 잎 등이 변형되어 영양분을 보관하는 공간을 지닌 식물군을 말하며, '**근채류**'는 뿌리를 식용하는 야채를 말한다. 이와 더불어 '**외떡잎**'을 통해 공통으로 연상할 수 있는 것은 '튤립'이다.

정답 ⑤

04

돼지   소   염소

① 구제역   ② 광우병
③ 조류인플루엔자   ④ 과수화상병
⑤ 탄저병

정답 해설

발굽이 둘로 갈라진 '돼지', '소', '염소'에서 발생하는 가축 전염병인 '구제역'을 연상할 수 있다.

정답 ①

05

팥죽   절기   겨울

① 입춘   ② 추분
③ 입동   ④ 대설
⑤ 동지

정답 해설

'겨울'에 먹는 별미인 '팥죽'은 24절기 중 22번째 '절기'인 동지에 먹으므로 '동지'를 연상할 수 있다.

정답 ⑤

06

신라시대   운문   향찰

① 속요

② 시조

③ 한시

④ 가사

⑤ 향가

정답 **해설** ─────────────────────────────────────○

'**향찰**'로 표기된 우리나라 고유의 정형시로, '**신라시대**'의 대표적인 '**운문**'인 '향가'를 연상할 수 있다.

정답 ⑤

07

깃털   네트   라켓

① 배구

② 탁구

③ 테니스

④ 배드민턴

⑤ 스쿼시

정답 **해설** ─────────────────────────────────────○

'**라켓**'으로 셔틀콕('깃털'로 만들어진 공)을 쳐서 '**네트**'를 넘기는 경기인 '배드민턴'을 연상할 수 있다.

정답 ④

08

자루   파다   농사

① 낫

② 벼

③ 논

④ 호미

⑤ 밭

정답 **해설** ─────────────────────────────────────○

'호미'는 날, 손잡이인 '**자루**', 날과 자루를 연결해주는 슴베로 구성되며, 논이나 밭의 흙을 **파서** 풀을 뽑는 데 사용되는 대표적인 **농기구**이다.

정답 ④

09

| 거대하다　높다　연속되다 |

① 빌딩　　　　　　　　　② 산맥
③ 바다　　　　　　　　　④ 숲
⑤ 사막

정답 해설 ──────────────────────○

'산맥'은 거대하고, 높으며, 산봉우리가 연속되어 있다.

정답 ②

10

| 캄캄함　갑작스러움　불편함 |

① 번개　　　　　　　　　② 정전
③ 불꽃　　　　　　　　　④ 채색
⑤ 천둥

정답 해설 ──────────────────────○

전기가 끊어지는 '정전'은 주로 갑작스럽게 발생하며, 전기가 끊어져 불을 켤 수 없으므로 캄캄한 어둠 속에서 많은 사람들이 불편함을 겪게 된다.

정답 ②

11 다음 제시된 9개의 단어 중 3개의 단어로 공통 연상할 수 있는 단어를 고르면?

바람	해	대륙
진돗개	기러기	돌
남자	태극기	여자

① 제주도　　　　　　　　② 성별
③ 새　　　　　　　　　　④ 독도
⑤ 동물

정답 해설 ──────────────────────○

'바람', '돌', '여자'를 통해 제주도를 연상할 수 있다.

정답 ①

※ 다음 제시된 단어의 대응 관계에 따라 빈칸에 들어갈 단어로 적절한 것을 고르시오. **[12~21]**

❘ 2020 지역농협 6급(70문항)

12

마수걸이 : 개시 = 또렷하다 : (   )

① 흐릿하다　　　　　　　　② 복잡하다
③ 깔끔하다　　　　　　　　④ 선명하다
⑤ 산뜻하다

정답 ┃ 해설

제시된 단어는 유의 관계이다. '마수걸이'의 유의어는 '개시'이고, '또렷하다'의 유의어는 '선명하다'이다.
• 마수걸이 : 맨 처음으로 물건을 파는 일 또는 거기서 얻은 소득
• 개시(開市) : 시장을 처음 열어 물건의 매매를 시작함
• 또렷하다 : 엉클어지거나 흐리지 않고 아주 분명하다.
• 선명(鮮明)하다 : 산뜻하고 뚜렷하여 다른 것과 혼동되지 아니하다.

[오답분석]
① 흐릿하다 : 조금 흐린 듯하다.
② 복잡하다 : 1. 일이나 감정 따위가 갈피를 잡기 어려울 만큼 여러 가지가 얽혀 있다.
　　　　　　 2. 복작거리어 혼잡스럽다.
③ 깔끔하다 : 1. 생김새 따위가 매끈하고 깨끗하다.
　　　　　　 2. 솜씨가 야물고 알뜰하다.
⑤ 산뜻하다 : 1. 기분이나 느낌이 깨끗하고 시원하다.
　　　　　　 2. 보기에 시원스럽고 말쑥하다.

정답 ④

문제풀이 Tip

유의 관계
두 개 이상의 어휘가 서로 소리는 다르나 의미가 비슷한 경우를 유의 관계라고 하고, 유의 관계에 있는 어휘를 유의어(類義語)라고 한다. 유의 관계의 대부분은 개념적 의미의 동일성을 전제로 한다. 그렇다고 하여 유의 관계를 이루는 단어들을 어느 경우에나 서로 바꾸어 쓸 수 있는 것은 아니다. 따라서 언어 상황에 적합한 말을 찾아 쓰도록 노력하여야 한다.
• 원어의 차이 : 고유어, 한자어, 외래어 등 하나의 사물에 대해서 각각 부르는 일이 있는 경우
• 전문성의 차이 : 같은 사물에 대해서 일반적으로 부르는 이름과 전문적으로 부르는 이름이 다른 경우
　예 소금 : 염화나트륨
• 내포의 차이 : 나타내는 의미가 완전히 일치하지는 않으나, 유사한 경우
• 완곡어법 : 문화적으로 금기시하는 표현을 둘러서 말하는 경우 예 변소 : 화장실

13

마뜩하다 : 마땅하다 = 성마르다 : (   )

① 시끄럽다　　　　　　　　② 메마르다
③ 너그럽다　　　　　　　　④ 조급하다
⑤ 완만하다

정답 | 해설

제시된 단어는 **유의 관계**이다. '마뜩하다'는 행동이나 대상 따위가 일정한 조건에 어울리게 알맞다는 뜻인 '마땅하다'의 유의어이고, '성마르다'는 **참을성이 없이 몹시 급하다**는 뜻인 '조급하다'의 유의어이다.
• 마뜩하다 : 제법 마음에 들 만하다.
• 마땅하다 : 흡족하게 마음에 들다.
• 성마르다 : 참을성이 없고 성질이 조급하다.

정답 ④

14

이력 : 경력 = (   ) : 해결

① 분쟁　　　　　　　　　　② 무시
③ 상생　　　　　　　　　　④ 타개
⑤ 논의

정답 | 해설

제시된 단어는 **유의 관계**이다. '경력'의 유의어는 **지금까지 거쳐 온 학업, 직업, 경험 등의 내력**을 뜻하는 '이력'이고, '해결'의 유의어는 매우 어렵거나 막힌 일을 잘 처리하여 해결의 길을 엶을 뜻하는 '타개'이다.

정답 ④

15

이자 : 금리 = (   ) : 재배

① 변절　　　　　　　　　　② 배양
③ 배제　　　　　　　　　　④ 폭리
⑤ 지배

정답 | 해설

제시된 단어는 **유의 관계**이다. '이자'는 **빌려준 돈이나 예금 따위에 붙는 이자 또는 그 비율**을 뜻하는 '금리'의 유의어이며 '재배'는 **식물을 북돋아 기름**을 뜻하는 '배양'의 유의어이다.

정답 ②

16

> 고래 : 포유류 ＝ 개구리 : (   )

① 파충류　　　　　　　　　② 무척추동물
③ 양서류　　　　　　　　　④ 어류
⑤ 조류

정답 | 해설

제시된 단어는 상하 관계이다. '고래'는 '포유류'에 속하고, '개구리'는 '양서류'에 속한다.

정답 ③

문제풀이 Tip

상하 관계
상하 관계는 단어의 의미적 계층 구조에서 한쪽이 의미상 다른 쪽을 포함하거나 다른 쪽에 포섭되는 관계를 말한다. 상하 관계를 형성하는 단어들은 상위어(上位語)일수록 일반적이고 포괄적인 의미를 지니며, 하위어(下位語)일수록 개별적이고 한정적인 의미를 지닌다. 따라서 상위어는 하위어를 함의하게 되므로 하위어가 가지고 있는 의미 특성을 상위어가 자동적으로 가지게 된다.

17

> 흑연 : 연필 ＝ 고무 : (   )

① 지우개　　　　　　　　　② 침대
③ 우산　　　　　　　　　　④ 볼펜

정답 | 해설

제시된 단어는 재료와 결과물의 관계이다. '흑연'은 '연필'을 만드는 재료이고 '고무'는 '지우개'를 만드는 재료이다.

정답 ①

18

시작 : (　　　) = 원인 : 결과

① 준비　　　　　　　　　　　　② 출발
③ 끝　　　　　　　　　　　　　④ 착수
⑤ 애초

정답 해설

제시된 단어는 반의 관계이다. 어떤 사물이나 상태를 변화시키거나 일으키게 하는 근본이 된 일이나 사건을 뜻하는 '원인'은 어떤 원인으로 결말이 생김 또는 그런 결말의 상태를 뜻하는 '결과'의 반의어이며, 어떤 일이나 행동의 처음 단계를 이루거나 그렇게 하게 함 또는 그 단계를 뜻하는 '시작'은 시간, 공간, 사물 따위에서 마지막 한계가 되는 곳을 뜻하는 '끝'의 반의어이다.

정답 ③

문제풀이 Tip

반의 관계

반의어(反意語)는 둘 이상의 단어에서 의미가 서로 짝을 이루어 대립하는 경우를 말한다. 즉, 반의어는 어휘의 의미가 서로 대립하는 단어를 말하며, 이러한 어휘들의 관계를 반의 관계라고 한다. 한 쌍의 단어가 반의어가 되려면, 두 어휘 사이에 공통적인 의미 요소가 있으면서도 동시에 서로 다른 하나의 의미 요소가 있어야 한다.
반의어는 반드시 한 쌍으로만 존재하는 것이 아니라, 다의어(多義語)이면 그에 따라 반의어가 여러 개로 달라질 수 있다. 즉, 하나의 단어에 대하여 여러 개의 반의어가 있을 수 있다.
• 상보 반의어 : 한쪽 말을 부정하면 다른 쪽 말이 되는 반의어로, 중간항은 존재하지 않음
• 정도 반의어 : 한쪽 말을 부정하면 반드시 다른 쪽 말이 되는 것이 아닌, 중간항을 갖는 반의어 예 크다 : 작다
• 관계 반의어 : 상대가 존재해야만 자신이 존재할 수 있는 반의어 예 부모 : 자식
• 방향 반의어 : 맞선 방향을 전제로 관계나 이동 측면에서 대립을 이루는 반의어로, 공간적 대립(위 : 아래), 인간 관계 대립(스승 : 제자), 이동적 대립(사다 : 팔다) 등으로 나뉨

19

기쁨 : 슬픔 = (　　　) : 고통

① 곤란　　　　　　　　　　　　② 쾌락
③ 고초　　　　　　　　　　　　④ 쓰라림

정답 해설

제시된 단어는 반의 관계이다. 욕구가 충족되었을 때의 흐뭇하고 흡족한 마음이나 느낌을 뜻하는 '기쁨'은 슬픈 마음이나 느낌을 뜻하는 '슬픔'의 반의어이며 몸이나 마음의 괴로움과 아픔을 뜻하는 '고통'은 유쾌하고 즐거움 또는 그런 느낌을 뜻하는 '쾌락'의 반의어이다.

정답 ②

20

한옥 : 대들보 = 나무 : (　　　)

① 장작　　　　　　　　　　② 가지

③ 의자　　　　　　　　　　④ 돌

⑤ 바람

정답 **해설**

제시된 단어는 **부분 관계**이다. '대들보'는 전체인 '한옥'을 구성하는 한 부분이며, '가지'는 전체인 '나무'의 한 부분이다.

정답 ②

문제풀이 Tip

부분 관계
부분 관계는 한 단어가 다른 단어의 부분이 되는 관계를 말하며, 전체 – 부분 관계라고도 한다. 부분 관계에서 부분을
가리키는 단어를 부분어(部分語), 전체를 가리키는 단어를 전체어(全體語)라고 한다. 예를 들면, '머리, 팔, 몸통,
다리'는 '몸'의 부분어이며, 이러한 부분어들에 의해 이루어진 '몸'은 전체어이다.

21

바리스타 : 커피콩 = 목수 : (　　　)

① 톱　　　　　　　　　　② 나무

③ 목장　　　　　　　　　④ 쇠

⑤ 용접

정답 **해설**

제시된 단어는 **직업과 다루는 재료**의 관계이다. '바리스타'는 '커피콩'으로 커피를 만들고, '목수'는 '나무'로 물건을 만든다.

정답 ②

※ 다음 제시된 단어의 반의어로 적절한 것을 고르시오. [22~23]

┃ 2022 상반기 지역농협 6급(70문항)

22

> 가지런하다

① 나란하다   ② 똑바르다

③ 균등하다   ④ 들쭉날쭉하다

⑤ 고르다

정답 **해설** ──────────────────────────────

• 가지런하다 : 여럿이 층이 나지 않고 고르게 되어 있다.
• 들쭉날쭉하다 : 들어가기도 하고 나오기도 하여 가지런하지 않다.

정답 ④

┃ 2020 지역농협 6급(70문항)

23

> 느긋하다

① 설면하다   ② 성마르다

③ 평탄하다   ④ 원만하다

⑤ 무사하다

정답 **해설** ──────────────────────────────

• 느긋하다 : 마음에 흡족하여 여유가 있고 넉넉하다.
• 성마르다 : 참을성이 없고 성질이 조급하다.

오답분석
① 설면하다 : 1. 자주 만나지 못하여 낯이 좀 설다.
                   2. 사이가 정답지 않다.
③ 평탄(平坦)하다 : 1. 바닥이 평평하다.
                       2. 마음이 편하고 고요하다.
                       3. 일이 순조롭게 되어 나가는 데가 있다.
④ 원만(圓滿)하다 : 1. 성격이 모난 데가 없이 부드럽고 너그럽다.
                       2. 일의 진행이 순조롭다.
                       3. 서로 사이가 좋다.
⑤ 무사(無事)하다 : 1. 아무런 일이 없다.
                       2. 아무 탈 없이 편안하다.

정답 ②

24 다음 밑줄 친 단어와 반대되는 의미를 가진 것은?

> 순전히 <u>타의</u>에 의해 우리 팀의 목표를 설정하였다.

① 자의   ② 고의

③ 과실   ④ 임의

정답 | 해설

'타의'는 '다른 사람의 생각이나 뜻'을 의미하므로 '자기의 생각이나 의견'이라는 의미의 '자의'와 반의 관계이다.

오답분석

② 고의(故意) : 일부러 하는 생각이나 태도

③ 과실(過失) : 부주의나 태만에서 비롯된 잘못이나 허물

④ 임의(任意) : 일정한 기준이나 원칙 없이 하고 싶은 대로 함

정답 ①

25 다음 밑줄 친 단어의 유의어로 적절한 것은?

> 이렇게 만나게 되어 더할 <u>나위</u> 없는 영광입니다.

① 유용   ② 여지

③ 자취   ④ 지경

정답 | 해설

'나위'는 '더 할 수 있는 여유나 더 해야 할 필요'를 뜻한다. 따라서 '어떤 일을 하거나 어떤 일이 일어날 가능성이나 희망'을 뜻하는 '여지'와 유의어이다.

오답분석

① 유용(有用) : 쓸모가 있음

③ 자취 : 어떤 것이 남긴 표시나 자리

④ 지경(地境) : 경우나 형편, 정도의 뜻을 나타내는 말

정답 ②

※ 다음 제시된 단어의 유의어로 적절한 것을 고르시오. [26~27]

| 2023 상반기 지역농협 6급(60문항)

26

창출

① 발췌   ② 추출

③ 구출   ④ 창조

정답 **해설** ───○

'창출'은 '전에 없던 것을 처음으로 생각하여 지어내거나 만들어냄'을 뜻하므로, '창조'와 유의어이다.

[오답분석]

① 발췌 : 책, 글 따위에서 필요하거나 중요한 부분을 가려 뽑아냄. 또는 그런 내용

② 추출 : 전체 속에서 어떤 물건, 생각, 요소 따위를 뽑아냄

③ 구출 : 위험한 상태에서 구하여 냄

정답 ④

| 2015 지역농협 6급

27

농후한

① 희박하다   ② 달다

③ 엷다   ④ 진하다

정답 **해설** ───○

'농후하다'는 '맛, 빛깔, 성분 따위가 매우 짙다.'를 뜻하므로, '액체, 기체, 빛깔의 농도가 짙다.'를 의미하는 '진하다'와 유의어이다.

정답 ④

28 다음 제시어를 그림에 나타난 관계에 맞게 적절히 배열했을 때, 빈칸 A와 D에 들어갈 알맞은 것은?(단, 정답의 순서는 상관없다)

박자, 멜로디, 바이올린, 드럼, 악기, 용도

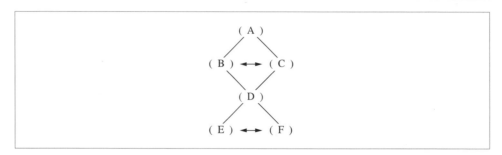

① 악기, 용도

② 멜로디, 바이올린

③ 드럼, 바이올린

④ 악기, 드럼

정답 | 해설

악기의 종류로 드럼과 바이올린이 있다. 드럼의 용도는 박자를 맞추는 것이고 바이올린의 용도는 멜로디를 만드는 것이다.

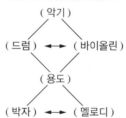

정답 ①

29 다음 중 작년(昨年)과 뜻이 다른 것은?

① 전년

② 지난해

③ 거년

④ 명년

⑤ 전해

정답 | 해설

• 작년(昨年) : 이해 바로 앞의 해, 지난해
• 명년(明年) : 올해의 다음으로 내년(來年), 다음 해

정답 ④

※ 다음 제시된 단어의 관계와 가장 유사한 것을 고르시오. [30~32]

┃ 2020 지역농협 6급(70문항)

30

모임 – 회합

① 밀물 – 썰물   ② 운영 – 운용

③ 죽음 – 탄생   ④ 이야기 – 대화

⑤ 보조개 – 볼우물

정답 | 해설

'모임'과 '회합'은 서로 유사한 의미를 지닌 고유어와 한자어의 관계이므로 이와 유사한 것은 '이야기'와 '대화'이다.
• 모임 : 어떤 목적 아래 여러 사람이 모이는 일
• 회합(會合) : 토론이나 상담을 위하여 여럿이 모이는 일 또는 그런 모임
• 이야기 : 어떤 사물이나 사실, 현상에 대하여 일정한 줄거리를 가지고 하는 말이나 글
• 대화(對話) : 마주 대하여 이야기를 주고받음 또는 그 이야기

오답분석

① 서로 반대되는 의미를 지닌 고유어이다.
② 서로 유사한 의미를 지닌 한자어이다.
③ 서로 반대되는 의미를 지닌 고유어와 한자어이다.
⑤ 서로 유사한 의미를 지닌 고유어이다.

정답 ④

┃ 2020 지역농협 6급(60문항)

31

질병 – 감기

① 보리 – 쌀   ② 닭 – 오리

③ 각막 – 망막   ④ 내장 – 간

정답 | 해설

'질병'과 '감기'는 상의어와 하의어의 관계이므로 이와 유사한 것은 '내장'과 '간'이다.
'내장(內臟)'은 척추동물의 가슴안이나 배안 속에 있는 여러 기관을 통틀어 이르는 말로 위, 창자, 간, 콩팥, 이자 따위가 있다.

정답 ④

32

> 할머니 – 할아버지

① 신문 – 매체　　　　　　　　② 학교 – 학생

③ 높다 – 크다　　　　　　　　④ 탄생 – 죽음

⑤ 겨울 – 감기

정답 | 해설

'할아버지'와 '할머니'는 성별로 대립되는 반의어이므로 이와 관계가 유사한 것은 생명에서 서로 반의 관계에 있는 '탄생'과 '죽음'이다.

• 탄생(誕生) : 사람이 태어남
• 죽음 : 죽는 일 또는 생물의 생명이 없어지는 현상

정답 ④

33 다음 빈칸에 들어갈 어휘로 가장 적절한 것은?

> 정부는 선거와 관련하여 신고자에 대한 _____을 / 를 대폭 강화하기로 하였다.

① 보훈(報勳)　　　　　　　　② 공훈(功勳)

③ 공로(功勞)　　　　　　　　④ 포상(褒賞)

⑤ 공적(功績)

정답 | 해설

포상(褒賞) :　1. 칭찬하고 장려하여 상을 줌
　　　　　　2. 각 분야에서 나라 발전에 뚜렷한 공로가 있는 사람에게 정부가 칭찬하고 장려하여 상을 줌 또는 그 상

[오답분석]
① 보훈(報勳) : 공훈에 보답함
② 공훈(功勳) : 나라나 회사를 위하여 두드러지게 세운 공로
③ 공로(功勞) : 일을 마치거나 목적을 이루는 데 들인 노력과 수고 또는 일을 마치거나 그 목적을 이룬 결과로서의 공적
⑤ 공적(功績) : 노력과 수고를 들여 이루어 낸 일의 결과

정답 ④

문제풀이 Tip

빈칸 뒤에 '대폭 강화하기로 하였다.'는 글의 문맥을 통해 '공적'이나 '공훈'과 같은 1차적 결과보다는 그러한 '공로'로 인한 상, 즉 '포상'을 강화할 것임을 알 수 있다.

34 다음 중 밑줄 친 어휘와 바꾸어 쓸 수 없는 것은?

> 일정이 예상보다 앞당겨지는 바람에 이틀간의 <u>말미</u>를 얻었다.

① 휴가   ② 여유

③ 알음   ④ 겨를

⑤ 여가

정답 │ 해설

• 말미 : 일정한 직업이나 일 따위에 매인 사람이 <u>다른 일로 말미암아 얻는 겨를</u>
• 알음 : 1. 사람끼리 서로 아는 일
         2. 지식이나 지혜가 있음
         3. 신의 보호나 신이 보호하여 준 보람

오답분석

① 휴가(休暇) : 직장·학교·군대 따위의 단체에서 <u>일정한 기간 동안 쉬는 일 또는 그런 겨를</u>
② 여유(餘裕) : 물질적·공간적·<u>시간적으로 넉넉하여 남음</u>이 있는 상태
④ 겨를 : 어떤 일을 하다가 생각 따위를 다른 데로 돌릴 수 있는 <u>시간적인 여유</u>
⑤ 여가(餘暇) : 일이 없어 <u>남는 시간</u>

정답 ③

35 다음 중 ㉠~㉢에 들어갈 어휘의 표기가 옳은 것끼리 짝지어진 것은?

> • 대통령은 정상회의를 앞두고 아시아 지역 언론 연합 신문에 기고문을 ㉠ 기재 / 게재했다.
> • 고온으로 가열된 프라이팬에 식용유를 ㉡ 두르다 / 둘르다 화상을 입는 경우가 많다.
> • 최근 지방의 지자체들은 실속 행정을 위해 ㉢ 걸치레 / 겉치레 행사를 개선하고 있다.

	㉠	㉡	㉢		㉠	㉡	㉢
①	기재	두르다	걸치레	②	기재	두르다	겉치레
③	게재	두르다	겉치레	④	게재	둘르다	겉치레
⑤	게재	둘르다	겉치레				

정답 │ 해설

㉠ '기재'는 '문서 따위에 기록하여 올림'이란 뜻으로 주로 문서에 기록하여 올리는 경우에 사용되는 반면, '게재'는 '글이나 그림 따위를 신문이나 잡지 따위에 실음'의 뜻으로 신문이나 잡지에 글이 실리는 경우에 사용된다. 따라서 신문에 기고문을 싣는다는 의미의 '게재'가 올바른 표기이다.
㉡ '둘르다'는 '겉면에 기름을 고르게 바르거나 얹다.'는 '두르다'의 <u>잘못된 표현</u>이므로 '두르다'가 올바른 표기이다.
㉢ '걸치레'는 '겉만 보기 좋게 꾸미어 드러냄'을 의미하는 '겉치레'의 <u>잘못된 표현</u>이므로 '겉치레'가 올바른 표기이다.

정답 ③

※ 다음 중 띄어쓰기가 옳지 않은 문장을 고르시오. [36~38]

| 2019 하반기 지역농협 6급(100문항)

36 ① 호랑이같은 힘이 난다.

② 남자같이 생겼다.

③ 불꽃같은 형상이 나타났다.

④ 저 자동차와 같이 가면 된다.

정답 해설

형용사 '같다'의 활용형인 '같은'은 앞말과 띄어 써야 하므로 '호랑이 같은'과 같이 띄어 쓴다.

다만, '불꽃같다'와 같은 합성 형용사의 어간 뒤에 어미 '-은'을 붙여 활용할 때에는 '불꽃같은'과 같이 붙여 쓴다.

[오답분석]

② '같이'가 체언 뒤에 붙어 조사로 쓰이는 경우 앞말과 붙여 쓴다.

④ '같이'가 주로 격조사 '과'나 여럿임을 뜻하는 말 뒤에서 부사로 쓰이는 경우 앞말과 띄어 쓴다.

정답 ①

| 2021 지역농협 6급(70문항)

37 ① 내가 사랑하는 사람은 너뿐이야.

② 너만큼 나도 강해졌어.

③ 나 이곳에 자주 올 거야.

④ 공부밖에 재미있는 것이 없어.

⑤ 집에 가서 밥 먹어야할 텐데.

정답 해설

집에 가서 밥 먹어야할 텐데. → 집에 가서 밥 먹어야 할 텐데.

정답 ⑤

| 2015 지역농협 6급

38 ① 첫 번째 강연이 시작됐다.

② 올가을엔 연애를 할 거야.

③ 먹을 만큼 먹어라.

④ 그렇게 할수가 없어.

정답 해설

그렇게 할수가 없어. → 그렇게 할 수가 없어.

[오답분석]

① '번째'는 차례나 횟수를 나타내는 의존 명사이다. '첫'은 관형사이므로 띄어 쓴다.

② '올가을'은 합성어로 붙여 쓰고, '것(의존 명사)'+이야'가 구어적인 표현으로 축약된 '거야'는 띄어 써야 한다.

③ '만큼'은 의존 명사로 띄어 쓴다.

정답 ④

39 다음 속담이 쓰일 수 있는 가장 적절한 상황은?

> 앉은뱅이가 서면 천리 가나

① 할아버지가 영어 학원 다니겠다고 아들에게 우기자 할머니가 핀잔조의 말을 할 때
② 매일 줄넘기 횟수를 10회씩 늘려가며 다이어트에 성공한 친구에게 칭찬할 때
③ 5년 동안 식물인간으로 있었던 최 모 씨가 1%의 확률로 기적적으로 회복했을 때
④ 옹알이를 하는 조카가 천재라며 영어 유치원에 등록하려는 언니에게 충고할 때

> **정답 | 해설**
>
> '앉은뱅이가 서면 천리 가나'는 능력도 기력도 없는 사람이 장차 큰일을 할 듯이 서두를 때 이를 놀리면서 하는 말이다. 따라서 할아버지가 그럴 만한 기력이 없으면서 하겠다고 우기는 상황에서 할머니가 핀잔을 주는 ①의 상황이 가장 적절하다.
>
> 정답 ①

※ 다음 글과 가장 관련 있는 속담을 고르시오. [40~41]

40

> 평소 놀기 좋아하는 A씨는 카드빚을 갚지 못하게 되자 방법을 궁리하다 대출을 받기로 결정하였다. 대출을 통해 카드빚을 갚은 A씨는 다시 아무 걱정 없이 카드를 사용하다가 대출금을 갚을 수 없게 되자 가지고 있던 재산을 처분할 수밖에 없었다.

① 소 잃고 외양간 고치기   ② 도랑 치고 가재 잡기
③ 언 발에 오줌 누기   ④ 눈 가리고 아웅 하기
⑤ 이미 엎질러진 물

> **정답 | 해설**
>
> '언 발에 오줌 누기'는 임시변통은 될지 모르나 그 효력이 오래가지 못할 뿐만 아니라 결국에는 그 사태가 더 나빠짐을 이르는 말로, A씨의 상황과 가장 관련 있는 속담이다.
>
> [오답분석]
> ① 소 잃고 외양간 고치기 : 일을 그르친 뒤에는 후회해도 소용없다는 말
> ② 도랑 치고 가재 잡기 : 1. 한 가지 일로 두 가지 이상의 이득을 얻게 됨
>   2. 일의 순서가 뒤바뀌어서 애쓴 보람이 나타나지 않음
> ④ 눈 가리고 아웅하기 : 무슨 일이 있는지 다 알고 있는데 얕은 수단으로 속이려 함을 이르는 말
> ⑤ 이미 엎질러진 물 : 한 번 저지른 일은 어찌할 수 없음
>
> 정답 ③

> **이론 더하기**
>
> 도랑 치고 가재 잡기
> 1. 지저분한 도랑을 치우던 중 의도치 않게 가재를 잡게 되듯이 한 가지 일로 두 가지 이상의 이득을 얻게 됨
> 2. 도랑을 치우고 나면 진흙에 숨어 있던 가재도 없어져 그 이후에나 가재를 잡게 되므로 일의 순서가 바뀌어 애쓴 보람이 없게 됨을 비유적으로 이르는 뜻

41

> 부지런함이란 무얼 뜻하겠는가? 오늘 할 일을 내일로 미루지 말며, 아침에 할 일을 저녁으로 미루지 말며, 맑은 날에 해야 할 일을 비 오는 날까지 끌지 말도록 하고, 비 오는 날 해야 할 일도 맑은 날까지 끌지 말아야 한다. 늙은이는 앉아서 감독하고, 어린 사람들은 직접 행동으로 어른의 감독을 실천에 옮기고, 젊은이는 힘이 드는 일을 하고, 병이 든 사람은 집을 지키고, 부인들은 길쌈을 하느라 한밤중이 넘도록 잠을 자지 않아야 한다. 요컨대 집안의 상하 남녀 간에 단 한 사람도 놀고먹는 사람이 없게 하고, 또 잠깐이라도 한가롭게 보여서는 안 된다. 이런 걸 부지런함이라 한다.

① 백지장도 맞들면 낫다.
② 작은 것부터 큰 것이 이루어진다.
③ 사공이 많으면 배가 산으로 간다.
④ 일찍 일어나는 새가 벌레를 잡는다.
⑤ 고기 보고 기뻐만 말고 가서 그물을 떠라.

정답 해설

'일찍 일어나는 새가 벌레를 잡는다.'는 부지런히 열심히 일한 자가 더 많은 것을 얻는다는 의미로, 부지런함에 대해 말하고 있는 제시문의 내용과 가장 관련 있는 속담이다.

오답분석

① 백지장도 맞들면 낫다. : 쉬운 일이라도 협력하여 하면 훨씬 쉽다.
② 작은 것부터 큰 것이 이루어진다. : 아무리 큰일이라도 시작은 작은 일이다.
③ 사공이 많으면 배가 산으로 간다. : 주관하는 사람 없이 여러 사람이 자기주장만 내세우면 일이 제대로 되기 어렵다.
⑤ 고기 보고 기뻐만 말고 가서 그물을 떠라. : 목적한 바가 있으면 먼저 그 일을 이룰 준비를 단단히 해야 한다.

정답 ④

42 다음과 같은 상황에서 기획팀 직원 A가 가장 먼저 답장해야 할 사람은?

> N은행 기획팀 직원인 A는 경영지원팀 직원 B로부터 사내 행사계획서를 메일로 전달받았다. 그런데 B가 보낸 사내 행사계획서를 살펴보니 사내 행사의 내용과 일정이 바뀌어있었다.

① 총무팀 담당자
② 경영지원팀 팀장
③ 경영지원팀 직원 B
④ 사내 행사 기획자

정답 해설

제시된 상황에서 A가 가장 먼저 답장해야 할 사람은 메일을 보낸 당사자인 경영지원팀 직원 B이며, 바뀐 사내 행사의 내용과 일정에 대해 확인하는 것이 가장 먼저이다.

오답분석

①·② 담당자 업무와 관련한 내용을 담당자에게 알리기 전 곧바로 윗사람에게 보고하는 것은 상호 간 예의에서 벗어난 행동이다.
④ A가 답장해야 할 내용이 사내 행사와 관련된 것은 맞지만, 사내 행사의 직접적인 관련자보다는 우선 그 메일을 보낸 사람인 B에게 먼저 답장을 하는 것이 더 적절한 행동이다.

정답 ③

43 귀하는 농협에서 고객 상담 업무를 담당하고 있다. 다음 중 고객이 찾아와 화를 내며 불만을 말할 때 귀하가 대응해야 할 방법으로 가장 적절한 것은?

① 회사 규정을 말하며 변명을 한다.

② 고객의 불만을 먼저 들은 후에 사과를 한다.

③ 고객에게 어떠한 비난도 하지 않고 문제를 해결한다.

④ 일단 당장 화를 가라앉히기 위해 터무니없는 약속을 해 둔다.

⑤ 내 잘못이 아니라는 것을 확인시켜 주고 문제를 해결한다.

정답 | 해설

고객에게 어떠한 비난도 하지 않고 문제를 해결하는 것은 고객 불만에 대응하는 적절한 방법이다.

[오답분석]

① 회사 규정을 말하며 변명을 하는 것은 오히려 화를 키울 수 있다.

② 먼저 사과를 하고 이야기를 듣는 것이 더 효과적이다.

④ 실현 가능한 최선의 대안을 제시해야 한다.

⑤ 내 잘못이 아니라는 것을 고객에게 알리는 것은 화를 더 키울 수 있다.

정답 ③

문제풀이 Tip

고객에게 어떠한 비난도 하지 않고 문제를 해결하는 것은 효과적인 경청의 방법 중 '의견이 다르더라도 일단 수용한다.'와 '논쟁에서는 먼저 상대방의 주장을 들어준다.'에 해당한다.

44 다음 중 공문서의 특징에 대한 설명으로 가장 적절한 것은?

① 회사 내부로 전달되는 글이므로 육하원칙이 드러나지 않아도 된다.

② 날짜 다음에 괄호를 사용할 경우 반드시 마침표를 찍어야 한다.

③ 복잡한 내용은 도표를 통해 시각화하여 이해도를 높인다.

④ 반드시 일정한 양식과 격식을 갖추어 작성하여야 한다.

정답 | 해설

공문서는 반드시 일정한 양식과 격식을 갖추어 작성해야 한다.

[오답분석]

① 공문서는 회사 외부로 전달되는 문서로 누가, 언제, 어디서, 무엇을, 어떻게(혹은 왜)가 정확하게 드러나도록 작성해야 한다.

② 공문서의 날짜 작성 시 날짜 다음에 괄호를 사용할 경우에는 마침표를 찍지 않는다.

③ 도표를 사용하는 것은 설명서의 특징이며, 공문서의 경우 복잡한 내용은 '-다음-'이나 '-아래-'와 같이 항목별로 구분한다.

정답 ④

45 다음 대화 중 적절하지 않은 것은?

① A : What time are we having lunch?

  B : It'll be ready before noon.

② A : I called you several times. Why didn't you answer?

  B : Oh, I think my cell phone was turned off.

③ A : Are you going to take a vacation this winter?

  B : I might. I haven't decided yet.

④ A : Hello. Sorry I missed your call.

  B : Would you like to leave a message?

정답 | 해설

전화를 못 받아서 미안하다는 A의 말에 '메시지를 남기시겠습니까?'라는 B의 대답은 적절하지 않다.

오답분석

① A : 우리 점심 몇 시에 먹어?

  B : 정오 전에 준비될 거야.

② A : 너에게 여러 번 전화했어. 왜 전화 안 받았니?

  B : 이런, 내 휴대전화의 전원이 꺼졌던 것 같아.

③ A : 이번 겨울에 휴가를 갈 거니?

  B : 그렇게 할지도 몰라. 아직 결정 못했거든.

정답 ④

---

46 다음 〈보기〉에서 은행 거래 시 신분증으로 제시할 수 있는 것을 모두 고르면?

보기

ⓐ Passport   ⓑ Credit Card

ⓒ Driver License   ⓓ Identification

① ㄱ, ㄴ   ② ㄴ, ㄷ

③ ㄷ, ㄹ   ④ ㄱ, ㄷ, ㄹ

⑤ ㄱ, ㄴ, ㄷ, ㄹ

정답 | 해설

만기가 지나지 않은 여권, 운전면허증, 주민등록증(신분증) 등은 은행에서 신분증으로 제시할 수 있으나, 신용카드는 신분증으로 사용할 수 없다.

정답 ④

| 2015 지역농협 6급

47 다음 중 훈민정음을 창제한 취지에 벗어나는 것은?

① 한문에 표준음이 정해져 있지 않아 서로 뜻이 통하지 않는 경우가 있었다.

② 중국과의 언어적 차이를 인식하였다.

③ 한자는 배우기가 어렵고 일부 사람만 사용했으므로 많은 사람들이 글자를 알 수 있기를 바랐다.

④ 한자를 익히기 어려웠던 백성들이 끊임없이 새로운 글자 창제에 대한 상소문을 올렸다.

정답 **해설**

훈민정음 창제 취지는 ①의 실용 정신, ②의 자주 정신, ③의 애민 정신으로 요약할 수 있으며 백성들의 상소문과는 관련이 없다.

정답 ④

이론 더하기

훈민정음 서문 현대어
나라의 말이 중국과 달라
문자(한자)로 서로 통하지 아니하여서
이런 까닭으로 어리석은 백성이
말하고자 하는 바가 있어도
마침내 제 뜻을 능히 펴지
못하는 사람이 많다.
내가 이를 위하여 가엾이 여겨
새로 스물여덟 자를 만드니
사람마다 하여금 쉬이 익혀 날마다 씀에
편안하게 하고자 할 따름이다.

| STEP 2 |

| 2021 지역농협 6급(60문항)

01 다음은 농협의 인재상에 대한 설명이다. 밑줄 친 단어의 쓰임이 옳지 않은 것은?

① 항상 열린 마음으로 계통 간, 구성원 간에 존경과 협력을 다하여 조직 전체의 성과가 극대화될 수 있도록 시너지 <u>재고</u>를 위해 노력하는 인재

② 꾸준히 자기<u>계발</u>을 통해 자아를 성장시키고, 유통·금융 등 맡은 분야에서 최고의 전문가가 되기 위해 지속적으로 노력하는 인재

③ 매사에 혁신적인 자세로 모든 업무를 투명하고 정직하게 처리하여 농업인과 임직원 등 모든 이해 관계자로부터 믿음과 신뢰를 받는 인재

④ 미래지향적 도전의식과 창의성을 바탕으로 사업과 성장<u>동력</u>을 찾기 위해 끊임없이 변화와 혁신을 추구하는 역동적이고 열정적인 인재

정답 **해설**

농협의 인재상 중 하나인 '시너지 창출가'는 항상 열린 마음으로 계통 간, 구성원 간에 존경과 협력을 다하여 조직 전체의 성과가 극대화될 수 있도록 시너지 <u>제고</u>를 위해 노력하는 인재이다.
• 재고 : 어떤 일이나 문제 따위에 대하여 다시 생각함
• 제고 : 수준이나 정도 따위를 끌어올림

정답 ①

| 2020 지역농협 6급(70문항)

02 다음 빈칸에 들어갈 어휘로 가장 적절한 것은?

> 음성본인확인 서비스는 개인이 갖고 있는 100가지 이상의 목소리 특징을 모은 정보로 고객의 목소리를 _____하여 이를 상담과 금융 거래에 활용하는 기술이다.

① 판별 ② 구별
③ 구분 ④ 식별
⑤ 분별

정답 **해설**

'식별(識別)'은 '분별하여 알아봄'을 뜻한다. 따라서 가장 적절한 것은 ④이다.

[오답분석]
① 판별(判別) : 옳고 그름이나 좋고 나쁨을 판단하여 구별함. 또는 그런 구별
② 구별(區別) : 성질이나 종류에 따라 차이가 남. 또는 성질이나 종류에 따라 갈라놓음
③ 구분(區分) : 일정한 기준에 따라 전체를 몇 개로 갈라 나눔
⑤ 분별(分別) : 1. 서로 다른 일이나 사물을 구별하여 가름
　　　　　　　　 2. 세상 물정에 대한 바른 생각이나 판단
　　　　　　　　 3. 어떤 일에 대하여 배려하여 마련함

정답 ④

03 다음 중 밑줄 친 단어를 바꾸어 사용할 수 없는 것은?

> • 그가 하는 이야기는 ㉠ <u>당착</u>이 심하여 도무지 이해할 수가 없었다.
> • 용하다고 소문난 점쟁이는 눈빛부터 ㉡ <u>용인</u>과 달랐다.
> • 마산만은 숱한 ㉢ <u>매립</u>으로 인해 대부분의 해변이 사라졌다.
> • 앞으로 국내에 6개월 이상 ㉣ <u>체류</u>하는 외국인은 건강보험에 가입해야 한다.
> • 공정경제 문화 정착을 위해 공공기관부터 공정경제의 ㉤ <u>모범</u>이 되어야 한다.

① ㉠ – 모순　　　　　　　　　② ㉡ – 범인
③ ㉢ – 굴착　　　　　　　　　④ ㉣ – 체재
⑤ ㉤ – 귀감

정답 **해설**

• 매립(埋立) : 우묵한 땅이나 하천, 바다 등을 돌이나 흙 따위로 **채움**
• 굴착(掘鑿) : 땅이나 암석 따위를 파고 **뚫음**

오답분석
① 당착(撞着) : 말이나 행동 따위의 앞뒤가 맞지 않음
　모순(矛盾) : 어떤 사실의 앞뒤 또는 두 사실이 이치상 어긋나서 서로 맞지 않음
② 용인(庸人)·범인(凡人) : 평범한 사람
④ 체류(滯留)·체재(滯在) : 객지에 가서 머물러 있음
⑤ 모범(模範) : 본받아 배울 만한 대상
　귀감(龜鑑) : 거울로 삼아 본받을 만한 모범

정답 ③

04 다음 중 '가슴'과 관련된 관용적 표현의 의미를 잘못 해석한 것은?

① 가슴을 태우다. – 마음에 상처를 입다.
② 가슴을 열다. – 속마음을 털어놓거나 받아들이다.
③ 가슴이 미어지다. – 마음이 슬픔이나 고통으로 가득 차 견디기 힘들다.
④ 가슴이 뜨끔하다. – 양심의 가책을 받다.
⑤ 가슴이 뜨겁다. – 깊고 큰 사랑과 배려를 받아 고마움으로 마음의 감동이 크다.

정답 **해설**

'가슴을 태우다'는 '**몹시 애태우다.**'라는 뜻이다.

정답 ①

※ 다음 중 밑줄 친 어휘와 같은 의미로 쓰인 것을 고르시오. [5~12]

| 2023 하반기 지역농협 6급(60문항)

05

> 그때의 기억이 어제의 일인 것처럼 <u>선연하게</u> 떠오른다.

① 차가운 아스팔트 위에 <u>성긴</u> 눈발이 희끗희끗 날리고 있었다.
② 그는 바닷바람이 <u>선선하게</u> 부는 해변을 걸었다.
③ 매일 등하교를 했던 거리는 <u>뚜렷하게</u> 그의 기억 속에 남아 있었다.
④ 앞으로 살아갈 길이 <u>막연하다</u>.

정답 | **해설** ───────────────────○

'선연하다'는 '실제로 보는 것같이 생생하다.'는 의미로, '엉클어지거나 흐리지 않고 아주 분명하다.'는 의미의 '뚜렷하다'와 유의 관계이다.

[오답분석]
① 성기다 : 물건의 사이가 뜨다.
② 선선하다 : 시원한 느낌이 들 정도로 서늘하다.
④ 막연하다 : 갈피를 잡을 수 없게 아득하다.

정답 ③

| 2023 상반기 지역농협 6급(60문항)

06

> 아무래도 <u>말</u>을 꺼내기가 조심스럽다.

① 아이가 <u>말</u>을 배우기 시작했다.
② 빈칸에 들어갈 적절한 <u>말</u>을 찾으시오.
③ 민지와 슬기는 서로 <u>말</u>을 놓기로 하였다.
④ 주영이가 떠난다는 <u>말</u>이 퍼지기 시작했다.
⑤ 경서는 무료해 보이는 연주에게 <u>말</u>을 건넸다.

정답 | **해설** ───────────────────○

밑줄 친 '말'은 '일정한 주제나 줄거리를 가진 이야기'라는 뜻으로 사용되었다. 이와 같은 뜻으로 쓰인 것은 ⑤이다.

[오답분석]
① 사람의 생각이나 느낌 따위를 표현하고 전달하는 데 쓰는 음성 기호
② 단어, 구, 문장 따위를 통틀어 이르는 말
③ 음성 기호로 생각이나 느낌을 표현하고 전달하는 행위 또는 그런 결과물
④ 소문이나 풍문 따위를 이르는 말

정답 ⑤

07

> 이번 기회에 꼭 합격하기로 마음을 <u>먹었다</u>.

① 상대의 반칙에 앙심을 <u>먹고</u> 복수하였다.
② 실수로 연탄가스를 <u>마셨다</u>.
③ 상대방의 공격에 겁을 <u>먹어</u> 움직일 수가 없었다.
④ 기말시험에서 1등을 <u>먹었다</u>.
⑤ 강력한 슈팅에 한 골 <u>먹었다</u>.

정답 해설

밑줄 친 '먹었다'는 '어떤 마음이나 감정을 품다.'라는 뜻으로 사용되었다. 이와 같은 뜻으로 쓰인 것은 ①이다.

오답분석
② 연기나 가스 따위를 들이마시다.
③ 겁, 충격 따위를 느끼게 되다.
④ 어떤 등급을 차지하거나 점수를 따다.
⑤ 구기 경기에서 점수를 잃다.

정답 ①

08

> 구석에 숨어 그곳에서 일어나는 상황을 <u>엿볼</u> 수 있었다.

① 너무 궁금해서 쥐구멍을 통해 <u>엿보았다</u>.
② 좁은 문틈으로 무엇을 하고 있는지 <u>엿보았다</u>.
③ 골목 뒤에서 기회를 <u>엿보다가</u> 친구를 놀래켜 주었다.
④ 이번에 고백할 여인의 마음을 <u>엿보고</u> 싶다.
⑤ 라이벌의 생각을 <u>엿보며</u> 반격할 기회를 살피고 있다.

정답 해설

밑줄 친 '엿보다'는 '남이 보이지 않는 곳에 숨거나 남이 알아차리지 못하게 하여 대상을 살펴보다.'라는 뜻으로 사용되었다. 이와 같은 뜻으로 쓰인 것은 ③이다.

오답분석
①·② 잘 보이지 않는 대상을 좁은 틈 따위로 바라보다.
④·⑤ 잘 드러나지 않는 마음이나 생각을 알아내려고 살피다.

정답 ③

09

> 훈련을 통해 체력을 <u>기르다</u>.

① 까치 새끼를 <u>기르다</u>.
② 아이를 잘 <u>기른다</u>.
③ 좋은 버릇을 <u>길러라</u>.
④ 수양을 통해 정신을 <u>길렀다</u>.
⑤ 수염을 길게 <u>기르다</u>.

정답 │ 해설 ─────────────────────────────────────○

밑줄 친 '기르다'는 '육체나 정신을 단련하여 더 강하게 만들다.'라는 뜻으로 사용되었다. 이와 같은 뜻으로 쓰인 것은 ④이다.

[오답분석]
① 동식물을 보살펴 자라게 하다.
② 아이를 보살펴 키우다.
③ 습관 따위를 몸에 익게 하다.
⑤ 머리카락이나 수염 따위를 깎지 않고 길게 자라도록 하다.

정답 ④

10

> 연어잡이에 <u>나서다</u>.

① 어른들 앞에 <u>나서다</u>.
② 어린 나이에도 불구하고 장사를 하러 <u>나서다</u>.
③ 남에 일에 주제넘게 <u>나서다</u>.
④ 아침 일찍 여행길에 <u>나서다</u>.
⑤ 구매자가 <u>나서다</u>.

정답 │ 해설 ─────────────────────────────────────○

제시문과 ②의 '나서다'는 '어떠한 일을 적극적으로 또는 직업적으로 시작하다.'라는 의미이다.

[오답분석]
① 앞이나 밖으로 나와 서다.
③ 어떠한 일을 가로맡거나 간섭하다.
④ 어디를 가기 위하여 있던 곳을 나오거나 떠나다.
⑤ 구하던 사람, 물건 따위가 나타나다.

정답 ②

11

> 반복되는 지적에 그의 표정이 점점 <u>굳어졌다</u>.

① 얼굴이 <u>굳었다</u>.
② 관습으로 <u>굳어졌다</u>.
③ 땅이 <u>굳어졌다</u>.
④ 혀가 <u>굳었다</u>.

정답 | 해설

①의 '굳었다(굳다)'는 '표정이나 태도 따위가 부드럽지 못하고 딱딱해지다.'의 뜻으로 제시문의 '굳어졌다(굳어지다)'와 의미가 같다.

[오답분석]
② 점점 몸에 배어 아주 자리를 잡게 되다.
③ 누르는 자국이 나지 아니할 만큼 단단하게 되다.
④ 근육이나 뼈마디가 뻣뻣하게 되다.

정답 ①

12

> 소비자들은 기능과 디자인, 어느 쪽에 중점을 <u>두느냐</u>에 따라 다른 선택을 할 것이다.

① 책상 위에 공책을 <u>두었다</u>.
② 너를 <u>두고</u> 가려니 마음이 좋지 않다.
③ 그 단체는 세계 각지에 지사를 <u>두고</u> 있다.
④ 그 안건을 <u>두고</u> 찬성파와 반대파가 격하게 대립하고 있다.
⑤ 별일 아니니 크게 의미 <u>두지</u> 마세요.

정답 | 해설

밑줄 친 '두느냐'는 '중요성이나 가치 따위를 부여하다.'라는 뜻으로 사용되었다. 이와 같은 뜻으로 쓰인 것은 ⑤이다.

[오답분석]
① 일정한 장소나 위치에 놓다.
② 가져가거나 데려가지 않고 남기거나 버리다.
③ 조직, 기구 등을 설치하다.
④ 어떤 것을 논쟁이나 감정, 언급의 대상으로 삼다.

정답 ⑤

13 다음 제시된 단어의 유의어는?

서풍

① 샛바람   ② 마파람
③ 하늬바람   ④ 갈바람

정답 | 해설 ───────────────────────────────○

'하늬바람'은 서쪽에서 부는 바람으로, 주로 농촌이나 어촌에서 이르는 말이다.

[오답분석]
① 샛바람 : 뱃사람들의 말로, 동풍을 이르는 말
② 마파람 : 뱃사람들의 말로, 남풍을 이르는 말
④ 갈바람 : 가을에 부는 선선하고 서늘한 바람

정답 ③

이론 더하기

방위별 바람의 순우리말

- 동풍 : 봄바람, 녹새, 새풍, 동새, 샛바람
- 서풍 : 곧은바람, 섯갈바람, 서칼, 화을바람, 하늬바람
- 남풍 : 심마바람, 앞새, 앞바람, 마파람
- 북풍 : 높바람, 된바람, 댑바람, 뒤바람, 뒷바람, 뒤울이, 고든하누, 북새

14 다음 제시된 단어의 의미로 가장 적절한 것은?

백미   절륜

① 용맹하다   ② 뛰어나다
③ 아름답다   ④ 미흡하다

정답 | 해설 ───────────────────────────────○

- 백미(白眉) : '흰 눈썹'이라는 뜻으로, 여럿 가운데에서 가장 뛰어난 사람이나 훌륭한 물건을 비유적으로 이르는 말
- 절륜(絕倫) : 아주 두드러지게 뛰어남

정답 ②

15 다음 밑줄 친 단어와 반대되는 의미를 가진 것은?

> 경서는 생긴 것과 다르게 <u>호들갑을 떤다</u>.

① 관람   ② 관찬

③ 관상   ④ 관조

⑤ 관망

정답 | 해설

밑줄 친 '호들갑을 떤다'는 '행동을 경망스럽게 자꾸 하거나, 그런 성질을 겉으로 나타내다.'라는 뜻이다. 따라서 반대되는 의미를 가진 단어는 '조용한 마음으로 대상의 본질을 바라봄'의 뜻을 가진 '관조'가 적절하다.

오답분석

① 관람(觀覽) : 연극, 영화, 경기, 미술품 따위를 구경함
② 관찬(官撰) : 관청에서 편찬함
③ 관상(觀相) : 사람의 얼굴을 보고 성질이나 운명 따위를 판단함
⑤ 관망(觀望) : 한발 물러나서 어떤 일이 되어 가는 형편을 바라봄

정답 ④

16 다음 중 짝지어진 단어 사이의 관계가 나머지와 다른 하나는?

① 밀집 – 산재   ② 좌시 – 방관

③ 훼방 – 협조   ④ 방만 – 절연

⑤ 옹색 – 윤택

정답 | 해설

'참견하지 않고 앉아서 보기만 함'을 의미하는 '좌시(坐視)'와 '어떤 일에 직접 나서서 관여하지 않고 곁에서 보기만 함'을 의미하는 '방관(傍觀)'은 유의 관계이다. 반면, ①·③·④·⑤는 반의 관계이다.

오답분석

① 밀집(密集) : 빈틈없이 빽빽하게 모임
   산재(散在) : 여기저기 흩어져 있음
③ 훼방(毁謗) : 남을 헐뜯어 비방함. 또는 그런 비방
   협조(協助) : 힘을 보태어 도움
④ 방만(放漫) : 맺고 끊는 데가 없이 제멋대로 풀어져 있다는 의미인 '방만하다'의 어근
   절연(截然) : 맺고 끊음이 칼로 자르듯이 분명하다는 의미인 '절연하다'의 어근
⑤ 옹색(壅塞) : 형편이 넉넉하지 못하여 생활에 필요한 것이 없거나 부족함. 또는 그런 형편
   윤택(潤澤) : 살림이 넉넉함

정답 ②

※ 다음 글과 가장 관련 있는 한자성어를 고르시오. [17~20]

17

> 우리나라의 200만 개 일자리를 창출 중인 건설업에서 매년 400여 명이 목숨을 잃고 있는 것으로 나타났다. 이에 고용노동부 장관은 최근 희생자가 발생한 8개의 건설사 대표이사들을 불러 이 문제에 대한 간담회를 가졌다.
>
> 간담회에서 이 장관은 단순히 안전 구호를 외치며 안전 체조를 하던 과거 방식은 더 이상 사망사고를 막을 수 없다며, 사망사고를 예방하기 위해서는 각 작업장에서의 위험 요소를 파악하고 이에 대한 안전조치를 파악해 현장 자체를 변화시켜야 한다고 주장했다. 또한 특정 건설사에서 계속하여 사망사고가 발생하는 것은 경영자와 본사의 노력이 현장에 미치지 못하고 형식적인 데에서만 그치고 있는 것이라며 안전경영 리더십을 글이 아닌 직접 행동으로 보여줄 것을 촉구하였다.

① 각주구검(刻舟求劍)
② 수주대토(守株待兔)
③ 자강불식(自强不息)
④ 오하아몽(吳下阿蒙)
⑤ 일취월장(日就月將)

정답 | 해설

'수주대토(守株待兔)'란 '이전부터 행해지던 관습이나 사례들을 융통성 없이 계속하여 따르는 발전 없는 사람'을 일컫는 말로, 제시문에서 '단순히 안전 구호를 외치며 안전 체조를 하던 과거 방식을 고집하는 일부 건설사'와 가장 관련이 있는 한자성어이다.

오답분석

① 각주구검(刻舟求劍) : 어리석고 우둔하여 현실과 맞지 않는 융통성 없는 행동을 하는 사람을 의미하는 한자성어이다. 제시문에서 일부 건설사가 현실과 맞지 않는 방식을 고집하는 것은 어리석고 우둔하기보다는 낡은 과거방식을 계속하여 고집하는 것이기 때문에 '각주구검'보다는 '수주대토'가 더 적절하다.
③ 자강불식(自强不息) : 스스로 강인하게 매진하여 쉬지 않고 끊임없이 목표를 향해 나아가는 것을 의미하는 한자성어이다.
④ 오하아몽(吳下阿蒙) : 힘은 있으나 배워서 얻은 지식이 없는 사람을 비웃는 말로 쓰이는 한자성어이다.
⑤ 일취월장(日就月將) : 하루가 다르게 더 좋은 상태로 나아간다는 의미의 한자성어이다.

정답 ②

18

> 대규모 댐 건설 사업 공모에 ○○건설회사가 참여하였다. 해당 사업은 막대한 자금과 고도의 건설 기술이 필요했기에 ○○건설회사가 감당하기 어려운 것이었다. 많은 사람들은 무리하게 공모에 참여한 ○○건설회사에 대해 무모하다고 여겼다.

① 각골난망(刻骨難忘)
② 난공불락(難攻不落)
③ 토사구팽(兔死狗烹)
④ 당랑거철(螳螂拒轍)
⑤ 파죽지세(破竹之勢)

정답 해설

'당랑거철(螳螂拒轍)'은 '제 역량을 생각하지 않고 강한 상대나 되지 않을 일에 덤벼드는 무모한 행동거지'를 비유하는 말로, 댐 건설 사업 공모에 무리하게 참여한 ○○건설회사를 표현하기에 적절하다.

오답분석

① 각골난망(刻骨難忘) : 은혜를 입은 고마움이 뼈에 깊이 새겨져 잊히지 않음
② 난공불락(難攻不落) : 공격하기에 어려울 뿐 아니라 결코 함락되지 않음
③ 토사구팽(兔死狗烹) : 필요할 때 요긴하게 사용하고 쓸모가 없어지면 버림
⑤ 파죽지세(破竹之勢) : '대나무를 쪼개는 기세'라는 의미로, 세력이 강대하여 대적을 거침없이 물리치고 쳐들어가는 기세

정답 ④

19

> 까마귀는 까만 자기의 깃털을 좋아하지 않았다. 주변의 공작새, 파랑새, 백조 등을 보고 자신도 밝고 화려한 색을 가지고 싶었다. 까마귀는 결국 주변의 다른 색의 깃털을 모아서 자신의 몸을 치장하며, 자신도 밝고 화려한 색을 가진 새가 되려고 하였다. 주변의 다른 새들은 까마귀를 보면서 말렸지만 까마귀는 멈추지 않고 계속 털을 모으고 치장하였다.

① 오매불망(寤寐不忘)
② 이란투석(以卵投石)
③ 사필귀정(事必歸正)
④ 미생지신(尾生之信)
⑤ 육지행선(陸地行船)

정답 해설

'육지행선(陸地行船)'은 '육지에서 배를 저으려한다.'는 뜻으로, '되지 않을 일을 억지로 하고자 함'을 비유하는 말이다.

오답분석

① 오매불망(寤寐不忘) : 자나 깨나 잊지 못함
② 이란투석(以卵投石) : 약한 것으로 강한 것을 당해 내려는 어리석은 짓
③ 사필귀정(事必歸正) : 모든 일은 결국 이치대로 돌아감
④ 미생지신(尾生之信) : 우직하게 약속만을 굳게 지킴

정답 ⑤

20

> 정책을 결정하는 사람들이 모여 회의를 하고 있다. 이들 중 한 명은 국민 지원금으로 1인당 1억 원을 지급하여 다들 먹고 살 수 있게 하면 자영업자의 위기를 해결할 수 있다고 말하고 있고, 다른 한 명은 북한이 자꾸 도발을 하니 지금이라도 기습 공격을 하면 통일 문제가 해결된다고 하였다. 가만히 듣고 있던 누군가가 일본·중국에 대한 여론이 나쁘니 두 나라와 무역 및 외교를 금지하면 좋지 않겠냐고 하니 회의에 참여한 사람들이 서로 좋은 의견이라고 칭찬했다.

① 토사구팽(兎死狗烹)　　　　　　② 계명구도(鷄鳴狗盜)

③ 표리부동(表裏不同)　　　　　　④ 사면초가(四面楚歌)

⑤ 탁상공론(卓上空論)

정답 | 해설

'탁상공론(卓上空論)'은 '현실성이나 실천 가능성이 없는 허황(虛荒)된 이론'을 뜻한다.

[오답분석]
① 토사구팽(兎死狗烹) : '토끼 사냥이 끝나면 사냥개를 삶아 먹는다.'는 의미로, 쓸모가 없어지면 버려진다는 뜻
② 계명구도(鷄鳴狗盜) : '닭의 울음소리와 개 도둑'이라는 의미로, 하찮은 재주도 쓸모가 있다는 뜻
③ 표리부동(表裏不同) : 겉과 속이 같지 않다는 뜻
④ 사면초가(四面楚歌) : '사방이 초나라 노래'라는 의미로, 도움을 받을 수 없는 고립된 상태

정답 ⑤

※ 다음 글의 빈칸에 들어갈 한자성어로 가장 적절한 것을 고르시오. [21~22]

21

> 최근 1명의 사망자와 1명의 부상자를 낸 ○○교 붕괴사고에 대한 뒤늦은 사태파악이 이루어지고 있다. 지반 약화 또는 불법·부실 시공이 있었는지 파악 중이지만, 30년도 더 된 자료와 당시 관계자의 진술을 확보하는 데 어려움을 겪는 것으로 알려졌다.
> 즉, 어떤 건물이든지 기초를 튼튼히 하기 위하여 지질을 검사하고, 지반부터 다져야 한다. 만약 _____ 한다면 오래가지 못할 것이며, 완성되기도 전에 무너질 수 있다.

① 혼정신성(昏定晨省)　　　　　　② 표리부동(表裏不同)

③ 철저성침(鐵杵成針)　　　　　　④ 격화소양(隔靴搔癢)

⑤ 사상누각(沙上樓閣)

'사상누각(沙上樓閣)'은 '모래 위에 세워진 누각'이라는 뜻으로, '기초가 튼튼하지 못하면 곧 무너지고 만다.'는 것을 의미한다. 따라서 기초가 튼튼하지 못하여 오래가지 못하고 무너진 ○○교 붕괴사건을 표현하기에 가장 적절하다.

오답분석
① 혼정신성(昏定晨省) : '밤에는 부모의 잠자리를 보아 드리고 이른 아침에는 부모의 안부를 여쭈어 본다.'는 뜻으로, 부모님께 효성을 다하는 모습을 나타내는 말
② 표리부동(表裏不同) : 겉으로 드러나는 언행과 속으로 가지는 생각이 다르다는 의미로, 겉과 속이 같지 않다는 뜻
③ 철저성침(鐵杵成針) : '철 절굿공이로 바늘을 만든다.'는 뜻으로, 아주 오래 노력하면 성공한다는 말
④ 격화소양(隔靴搔癢) : '신을 신고 발바닥을 긁는다.'는 뜻으로, 성에 차지 않거나 철저하지 못한 안타까움을 이르는 말

정답 ⑤

22

> 과거 주나라에서는 '주지육림(酒池肉林)'의 포악무도한 왕을 타도하기 위해 제후와 군사들이 모였다. 하지만 대의명분 아래 모인 이들이 상대하기에 상나라의 힘은 여전히 막강했기에, 맹주인 무왕에게는 군사들이 고향땅에서 천리 길을 달리고도 다시 누런 흙탕물로 소용돌이치는 황하를 건너 진격하게 할 강력한 리더십과 대의명분이 절실했다.
> 이를 담아낸 혁명선언문이 바로 큰 맹세를 뜻하는 '태서(泰誓)'이다. 태서에서 무왕은 '상나라에 억조에 달하는 백성이 있지만 서로 마음과 덕이 따로 놀기 때문에 비록 수는 적어도 우리가 이길 수 있다'며 군사들을 위무하였고, '목야전투'에서 10만 군대를 무찔러 그 뜻을 이루게 된다. 현대 농업계에도 이처럼 태서편에 묻혀 있던 무왕의 _____이 필요하다.

① 이심전심(以心傳心)　　　　　　　② 동심동덕(同心同德)
③ 동두철신(銅頭鐵身)　　　　　　　④ 동고동락(同苦同樂)

제시문에서는 주나라의 무왕이 태서를 통해 '상나라에 억조에 달하는 백성이 있지만 서로 마음과 덕이 따로 놀기 때문'에 이길 수 있다고 하였다. 따라서 '서로 같은 마음으로 덕을 함께한다.'는 뜻의 '동심동덕(同心同德)'이 적절하다.

오답분석
① 이심전심(以心傳心) : 마음과 마음으로 서로 뜻이 통함
③ 동두철신(銅頭鐵身) : 성질이 모질고 완강하여 거만한 사람을 비유적으로 이르는 말
④ 동고동락(同苦同樂) : 괴로움도 즐거움도 함께 함

정답 ②

23 다음 한자성어 중 의미가 다른 하나는?

① 금의환향(錦衣還鄉) ② 입신양명(立身揚名)
③ 간담상조(肝膽相照) ④ 부귀공명(富貴功名)
⑤ 마부위침(磨斧爲針)

정답 | 해설

'간담상조(肝膽相照)'는 '간과 쓸개를 내놓고 서로에게 내보인다.'는 뜻으로, 서로 마음을 터놓고 친밀히 사귐을 의미한다.

오답분석

①·②·④·⑤는 성공 또는 출세와 관련된 한자성어이다.
① 금의환향(錦衣還鄉) : '비단옷 입고 고향에 돌아온다.'는 뜻으로, 출세하여 고향에 돌아옴을 이르는 말
② 입신양명(立身揚名) : 사회적으로 인정을 받고 출세하여 이름을 세상에 드날림
④ 부귀공명(富貴功名) : 재물이 많고 지위가 높으며 공을 세워 이름을 떨침
⑤ 마부위침(磨斧爲針) : '도끼를 갈아 바늘을 만든다.'는 뜻으로, 아무리 이루기 힘든 일도 끊임없는 노력과 끈기 있는 인내로 성공한다는 뜻

정답 ③

24 다음 중 '자는 호랑이에게 코침 주기'와 뜻이 유사한 한자성어는?

① 전전반측(輾轉反側) ② 각골통한(刻骨痛恨)
③ 평지풍파(平地風波) ④ 백아절현(伯牙絶絃)
⑤ 곡학아세(曲學阿世)

정답 | 해설

'자는 호랑이에게 코침 주기(宿虎衝鼻 ; 숙호충비)'는 가만히 있는 사람을 건드려서 화를 스스로 불러들이는 일을 뜻한다.
'평지풍파(平地風波)'는 '고요한 땅에 바람과 물결을 일으킨다.'는 뜻으로 공연한 일을 만들어서 뜻밖에 분쟁을 일으키거나 사태를 어렵고 시끄럽게 만드는 경우를 뜻한다.

오답분석

① 전전반측(輾轉反側) : 걱정거리로 마음이 괴로워 잠을 이루지 못함
② 각골통한(刻骨痛恨) : 뼈에 사무치도록 마음속 깊이 맺힌 원한
④ 백아절현(伯牙絶絃) : 자기를 알아주는 절친한 벗의 죽음을 슬퍼함
⑤ 곡학아세(曲學阿世) : 정도(正道)를 벗어난 학문으로 세상 사람에게 아첨함

정답 ③

문제풀이 Tip

문항에 제시된 한자성어의 의미가 제각각일 경우에는 제시된 뜻을 먼저 올바르게 이해하는 것이 무엇보다 중요하다.
'자는 호랑이에게 코침 주기'는 화를 스스로 불러들이는 일을 뜻하므로 이와 같이 큰 재난이나 문제가 발생하는 것을 의미하는 한자성어를 고르면 된다.

※ 다음 밑줄 친 어휘의 한자 표기로 옳은 것을 고르시오. [25~26]

| 2022 하반기 지역농협 6급(70문항)

25

> 이번 월드컵에서 선전하면 한국 축구는 세계 무대로 <u>도약</u>할 수 있을 것입니다.

① 圖謀   ② 挑戰

③ 跳躍   ④ 倒置

⑤ 到來

정답 해설

'도약(跳躍)'은 '더 높은 단계로 발전하는 것'을 비유적으로 이르는 말이다.

[오답분석]
① 도모(圖謀) : 어떤 일을 이루기 위하여 대책과 방법을 세움
② 도전(挑戰) : 정면으로 맞서 싸움을 걺
④ 도치(倒置) : 차례나 위치 따위를 서로 뒤바꿈
⑤ 도래(到來) : 어떤 시기나 기회가 닥쳐옴

정답 ③

| 2019 하반기 지역농협 6급(100문항)

26

> 처음에 조그마한 세력이었던 이 단체는 급속히 <u>성장</u>하다가 최근 쇠퇴하기 시작하였다.

① 聲張   ② 盛裝

③ 盛粧   ④ 成長

정답 해설

'성장(成長)'은 '사물의 규모나 세력 따위가 점점 커짐 또는 사람이나 동식물 따위가 자라서 점점 커짐'이라는 뜻이다.

[오답분석]
① 성장(聲張) : 1. 소리를 크게 지름
                  2. 남을 비평함
② 성장(盛裝) : 잘 차려입음 또는 그런 차림
③ 성장(盛粧) : 얼굴과 몸의 꾸밈을 화려하게 함

정답 ④

27 다음 한자성어의 뜻을 가진 속담은?

凍足放尿

① 밑 빠진 독에 물 붓기

② 언 발에 오줌 누기

③ 가재는 게 편이다

④ 백지장도 맞들면 낫다

정답 | 해설

'동족방뇨(凍足放尿)'는 '언 발에 오줌 누기'라는 뜻으로 임시변통은 될 수 있어도 그 효력이 오래가지 못하며, 결국 사태가 더 나빠짐을 비유적으로 이르는 말이다.

오답분석

① 밑 빠진 독에 물 붓기 : 노력이나 비용을 아무리 들여도 한이 없고 들인 보람도 없는 사물이나 상태를 비유적으로 이르는 말

③ 가재는 게 편이다 : 모양이나 형편이 비슷하고, 인연이 있는 것끼리 서로 잘 어울리고 감싸 주기 쉽다는 뜻

④ 백지장도 맞들면 낫다 : 아무리 쉬운 일이라도 서로 힘을 합하면 훨씬 쉽다는 뜻

정답 ②

28 다음 밑줄 친 단어들을 한자로 바꾸었을 때, 적절하지 않은 것은?

농협중앙회 대강당에서 농협중앙회 회장, 전국경제인연합회 회장, 농촌사랑범 국민운동본부 ㉠ 정회원 등 300여 명이 참석한 가운데 '제1회 농촌사회공헌인증서 수여식'을 ㉡ 개최하였다. 이날 대기업, 중소기업, 공공기업, 공공기관, ㉢ 병원, 협회 등 농촌사회공헌인증 기관으로 선정된 22개 기업·단체에 대해 인증패를 수여하고 각자의 ㉣ 특성을 살린 맞춤형 봉사활동 전개로 농촌지역에 활기를 불어넣어준 것에 대해 감사의 뜻을 전달하였다. 농촌사회공헌인증제는 농림축산식품부와 농촌사랑범국민운동본부가 공동으로 시행한 제도로 자원봉사, 재능기부, 농어촌 자매결연 등 3년 이상 농촌사회공헌 활동을 통해 농촌 활력화에 기여한 기업·단체를 제도적으로 지원하여 농촌사랑운동을 사회적 공헌활동으로 ㉤ 정착시키기 위해 마련되었다.

① ㉠ 정회원 → 情會員

② ㉡ 개최 → 開催

③ ㉢ 병원 → 病院

④ ㉣ 특성 → 特性

⑤ ㉤ 정착 → 定着

정답 | 해설

㉠ 정회원 → 正會員

정(情)은 뜻, 감정, 형편 등의 뜻을 나타내는 한자이므로, '정식 자격을 갖춘 회원'을 뜻하는 정회원(正會員)에 쓰이는 것은 옳지 않다.

정답 ①

29 다음 〈보기〉에서 '양반(兩班)'의 뜻으로 적절한 것을 모두 고르면?

> **보기**
>
> ㉠ 점잖고 예의 바른 사람　　　　　　　㉡ 자기 남편을 남에게 이르는 말
> ㉢ 남자를 범상히 또는 홀하게 이르는 말　㉣ 사정이나 형편이 좋음을 비유적으로 이르는 말

① ㉠, ㉡　　　　　　　　　　　　② ㉢, ㉣

③ ㉠, ㉡, ㉢　　　　　　　　　　④ ㉡, ㉢, ㉣

⑤ ㉠, ㉡, ㉢, ㉣

정답 | 해설

'양반(兩班)'은 의미별로 다음과 같이 쓰인다.
㉠ 그분은 행동거지 점잖은 거며 몸가짐 바른 거며 그야말로 **양반**이지.
㉡ 그 **양반**은 집에 있을 때면 도무지 말이 없어요.
㉢ 여보시오! 젊은 **양반**, 길 좀 물어봅시다.
㉣ 그 고생한 일을 생각하면 지금 이렇게 사는 거야 **양반**이죠.

정답 ⑤

이론 더하기

> 양반(兩班)
> 고려·조선 시대의 지배신분 계층이다. 국왕이 조회(朝會)할 때 남향한 국왕을 중심으로 문반(文班)은 동쪽에, 무반(武班)은 서쪽에 섰는데, 이 두 반열을 양반이라고 하였다. 하지만 점차 그 가족이나 후손까지 포괄하여 이르게 되었으며 전통적인 신분체제가 붕괴되는 한말에 이르면 본래의 개념에서 동떨어진 '이 양반', '저 양반'과 같이 대인칭으로 전락하기에 이른다.

30 다음 중 죽음을 뜻하는 의미가 포함되지 않은 것은?

① 서거　　　　　　　　　　　　② 붕어

③ 소천　　　　　　　　　　　　④ 적요

정답 | 해설

'적요(寂寥)'는 '적적하고 고요함'을 뜻한다.

오답분석
① 서거(逝去) : 죽어서 세상을 떠남의 높임말
② 붕어(崩御) : 임금이 세상을 떠남
③ 소천(召天) : 하늘의 부름을 받았다는 뜻으로 개신교에서는 죽음을 이르는 말

정답 ④

31 다음 제시된 의미로 사용할 수 없는 단어는?

> 황무지를 농지로 바꾸다.

① 개척하다   ② 간척하다

③ 경작하다   ④ 개간하다

⑤ 갈다

정답 | 해설

'간척(干拓)하다'는 '육지에 면한 바다나 호수의 일부를 둑으로 막고, 그 안의 물을 빼내어 육지로 만들다.'는 뜻으로 땅을 파거나 일구는 뜻을 지닌 ①·③·④·⑤처럼 사용할 수 없다.

[오답분석]
① 개척(開拓)하다 : 거친 땅을 일구어 논이나 밭과 같이 쓸모 있는 땅으로 만들다.
③ 경작(耕作)하다 : 땅을 갈아서 농사를 짓다.
④ 개간(開墾)하다 : 거친 땅이나 버려둔 땅을 일구어 논밭이나 쓸모 있는 땅으로 만들다.
⑤ 갈다 : 쟁기나 트랙터 따위의 농기구나 농기계로 땅을 파서 뒤집다.

정답 ②

32 다음 밑줄 친 어휘의 쓰임이 옳은 것은?

① 김 팀장님, 여기 서류에 <u>결제</u> 부탁드립니다.
② 한국 남자 수영팀이 10년 만에 한국 신기록을 <u>갱신</u>했다.
③ 일제강점기 독립운동가들은 일제 경찰에게 갖은 <u>곤혹</u>을 당했다.
④ 재난 당국은 실종자들의 생사 <u>유무</u>를 파악 중이다.
⑤ 그녀는 솔직하고 <u>담백하게</u> 자신의 마음을 표현했다.

정답 | 해설

'담백하다'는 '욕심이 없고 마음이 깨끗하다.'는 뜻이다.

[오답분석]
① 결제(決濟) → 결재(決裁)
② 갱신(更新) → 경신(更新)
③ 곤혹(困惑) → 곤욕(困辱)
④ 유무(有無) → 여부(與否)

정답 ⑤

문제풀이 Tip

갱신과 경신은 한자가 같으나 '갱신'의 경우 '문서 등 법률관계의 존속 기간이 끝났을 때 그 기간을 연장함'의 뜻을 갖고 있는 반면, '경신'은 '이제까지 있었던 것을 새롭게 함 또는 기록 따위를 깸'의 뜻을 갖고 있어 쓰임이 다르다.

33 다음 중 밑줄 친 단어의 관계가 다른 하나는?

① 농협 NH채움카드의 신규 TV 광고가 전파를 <u>탔다</u>.

　얼마 전 방문했던 식당이 방송을 <u>탔다</u>.

② 나는 오랫동안 길러 왔던 <u>머리</u>를 잘랐다.

　우리는 그 문제를 해결하기 위해 열심히 <u>머리</u>를 돌렸다.

③ 원고 마감일이 다가오자 그는 며칠 밤을 꼬박 새워 글을 <u>썼다</u>.

　가뭄으로 물을 끌어다 붓는 등 갖은 애를 <u>쓰느라</u> 농사의 생산비가 크게 증가했다.

④ 그는 그녀의 <u>손</u>에 반지를 끼워주며 청혼했다.

　나는 부모님이 일찍 돌아가셔서 할머니의 <u>손</u>에서 자랐다.

⑤ 세탁을 잘못하여 새로 산 옷에 파란 물이 <u>들었다</u>.

　올해에는 풍년이 <u>들어</u> 농민들의 걱정이 줄었다.

정답　해설

③의 '쓰다'는 **동음이의어** 관계로 사전에 **서로 다른 단어**로 각각 **등재**되어 있다.
- 쓰다[1] : 원서, 계약서 등과 같은 **서류 따위를** 작성하거나 일정한 양식을 갖춘 **글을 쓰는 작업을** 하다.
- 쓰다[2] : **힘이나 노력 따위를 들이다.**

오답분석

①·②·④·⑤는 동의어 또는 다의어의 관계로 사전에 하나의 단어로 등재되어 있다.
① 타다 : 바람이나 물결, 전파 따위에 실려 퍼지다.
② 머리 : 1. 머리털
　　　　　2. 생각하고 판단하는 능력
④ 손 : 1. 손가락
　　　　2. 일손(일을 하는 사람)
⑤ 들다 : 1. 물감, 색깔, 물기, 소금기가 스미거나 배다.
　　　　　2. 어떤 일이나 기상 현상이 일어나다.

정답 ③

※ 다음 중 밑줄 친 부분의 띄어쓰기가 옳은 것을 고르시오. [34~35]

┃ 2023 상반기 지역농협 6급(60문항)

34 ① 내가 믿을 사람은 <u>너 뿐이야</u>.

② 날씨를 보니 다음 주부터 비가 <u>올 성싶다</u>.

③ 강당은 숨소리가 <u>들릴만큼</u> 조용했다.

④ <u>선생님께 만큼은</u> 솔직하게 말하고 싶었다.

> **정답 | 해설**
>
> 한글 맞춤법 제3절 제47항에 따르면 보조 용언은 띄어 씀을 원칙으로 하되, 경우에 따라 붙여 씀도 허용한다. 따라서 원칙에 따라 '비가 올 성싶다.'로 띄어 쓰는 것이 옳으며, '비가 올성싶다.'도 허용한다.
>
> 〔오답분석〕
> ① '뿐'은 대명사 '너' 뒤에 쓰인 보조사이므로 붙여 쓴다. → 너뿐이야
> ③ '만큼'은 동사의 관형사형 뒤에 쓰인 의존 명사이므로 띄어 쓴다. → 들릴 만큼
> ④ '께, 만큼, 은'은 모두 조사이므로 붙여 쓴다. → 선생님께만큼은
>
> 정답 ②

┃ 2019 상반기 지역농협 6급(100문항)

35 ① 이 가방은 저희 매장에 <u>하나 밖에</u> 남지 않은 마지막 상품입니다.

② 이번 휴가에는 올해 <u>열살이</u> 된 조카와 놀이공원에 가려고 한다.

③ 실제로 본 백두산의 모습은 사진에서 <u>본 바와</u> 같이 아름다웠다.

④ 화가 머리끝까지 차오른 주인은 손님을 <u>쫓아내버렸다</u>.

> **정답 | 해설**
>
> '바'는 '앞에서 말한 내용 그 자체나 일 따위를 나타내는 말'을 의미하는 의존 명사이므로 앞말과 띄어 쓴다.
>
> 〔오답분석〕
> ① '-밖에'는 주로 체언이나 명사형 어미 뒤에 붙어 '그것 말고는', '그것 이외에는' 등의 뜻을 나타내는 보조사로 '하나밖에'와 같이 앞말에 붙여 쓴다.
> ② '살'은 '나이를 세는 단위'를 의미하는 의존 명사이므로 '열 살이'와 같이 띄어 쓴다.
> ④ 본용언이 합성어인 경우는 본용언과 보조 용언을 붙여 쓰지 않으므로 '쫓아내 버렸다'와 같이 띄어 써야 한다.
>
> 정답 ③

※ 다음 중 밑줄 친 부분의 맞춤법이 옳지 않은 것을 고르시오. [36~37]

┃ 2022 하반기 지역농협 6급(70문항)

36 ① 오늘은 <u>웬일인지</u> 은총이가 나에게 웃으며 인사해주었다.

② 그녀의 집은 살림이 <u>넉넉지</u> 않다.

③ 분위기에 <u>걸맞은</u> 옷차림이다.

④ 영희한테 들었는데 이 집 자장면이 그렇게 <u>맛있데.</u>

⑤ 그는 목이 <u>메어</u> 한동안 말을 잇지 못했다.

> **정답 | 해설**
>
> '-데'는 경험한 지난 일을 돌이켜 말할 때 쓰는 회상을 나타내는 종결어미이며, '-대'는 '다(고)해'의 준말이다. 또한 '-대'는 화자가 문장 속의 주어를 포함한 **다른 사람으로부터 들은 이야기를 청자에게 간접적으로 전달**하는 의미를 갖고 있다. 따라서 ④는 영희에게 들은 말을 청자에게 전달하는 의미로 쓰였으므로 '맛있대'로 쓰는 것이 옳다.
>
> 정답 ④

┃ 2023 하반기 지역농협 6급(70문항)

37 ① 말뚝에 <u>매인</u> 배들이 태풍에 심하게 흔들렸다.

② 아버지는 일꾼에게 논을 <u>매이기</u>로 하였다.

③ 어깨에 <u>메인</u> 핸드백이 걸을 때마다 움직인다.

④ 젊은이는 나라의 장래를 <u>메고</u> 나갈 사람이다.

⑤ 나는 요즘 업무에 <u>메여서</u> 꼼짝도 할 수가 없다.

> **정답 | 해설**
>
> ⑤는 '(어떤 사람이 다른 사람이나 조직, 일에) 구속되거나 부림을 받아 자유로운 행동을 할 수 없게 되다.'를 의미하는 '매이다'의 활용형인 '매여서'를 쓰는 것이 옳다.
>
> **오답분석**
>
> ① 매이다 : (줄이나 끈이) 풀리지 않도록 양쪽 끝이 서로 감아져 매듭이 만들어지다.
>
> ② 매이다 : 논밭에 난 잡풀을 뽑게 하다. '매다'의 사동사
>
> ③ 메이다 : 어깨에 걸쳐지거나 올려 놓이다. '메다'의 피동사
>
> ④ 매다 : 어떤 책임을 지거나 임무를 맡다.
>
> 정답 ⑤

※ 다음 중 맞춤법이 옳지 않은 문장을 고르시오. [38~39]

| 2019 하반기 지역농협 6급(70문항)

38 ① 과녁에 화살을 맞추다.

② 오랜만에 친구를 만났다.

③ 그는 저기에 움츠리고 있었다.

④ 단언컨대 내 말이 맞다.

⑤ 저건 정말 희한하다.

정답 | **해설** ────────────────────────○

과녁에 화살을 <u>맞추다</u>. → 과녁에 화살을 <u>맞히다</u>.
• 맞히다 : 쏘거나 던지거나 하여 한 물체가 어떤 물체에 닿게 하다.
• 맞추다 : 서로 떨어져 있는 부분을 제자리에 맞게 대어 붙이거나 서로 어긋남이 없이 조화를 이루다.

정답 ①

| 2020 지역농협 6급(60문항)

39 ① 감염병의 발생률을 낮추기 위해 노력해야 한다.

② 상금을 두고 세기의 대결이 펼쳐졌다.

③ 퇴사를 앞두고 책상을 깨끗이 치웠다.

④ 새로운 시대에 걸맞는 인재를 양성해야 한다.

정답 | **해설** ────────────────────────○

동사는 의미에 따라 '−는' 또는 '−은'의 어미와 활용할 수 있지만, 형용사는 '−은'으로만 활용할 수 있다.
'걸맞다'는 '두 편을 견주어 볼 때 서로 어울릴 만큼 비슷하다.'는 의미의 형용사이므로 '걸맞은'으로 활용한다.

정답 ④

40 다음 밑줄 친 ⊙ ~ ⊜ 중 한글 맞춤법상 옳지 않은 것은?

> 우리나라를 넘어서 세계적인 겨울축제로 자리매김한 '화천산천어축제'가 올해도 어김없이 첫날부터
> ⊙ 북적였다. 축제가 열리는 장소인 강원도 화천군 화천읍 화천천 얼음벌판은 축제 시작일 이른 아
> 침부터 두둑한 복장으로 중무장한 사람들로 ⊙ 북새통을 이루기 시작했고, 이곳저곳에서 산천어를
> 낚는 사람들의 환호성이 끊이질 않고 있다. 또 세계적인 축제답게 많은 외국인 관광객들도 잇달아
> ⊜ 낚싯대를 늘어뜨리고 있다.
> 이 축제가 이처럼 전 세계적으로 유명세를 타기 시작한 건 지난 2009년 미국의 유명잡지인 'TIME'
> 지에 축제 사진이 실리면서부터였다. 이후 미국 채널인 'CNN'이 겨울철 7대 ⊜ 불가사이한 축제라
> 며 이 축제를 언급했고 이후 지금까지 매년 100만 명이 찾는 유명 축제로 그 명성을 계속 유지하고
> 있다.

① ⊙   ② ⊙

③ ⊜   ④ ⊜

정답 | 해설

'사람의 생각으로 비추어 볼 때 짐작할 수 없는 신비한 것'을 뜻하는 단어의 옳은 표기법은 '불가사이'가 아닌 '불가사의'이다.

오답분석

① 북적이다 : 다수의 사람들이 한 곳에 집중되어 매우 어수선한 상황을 의미하는 단어로, 옳은 표기법이다.
② 북새통 : 수많은 사람들이 한 곳에 모여 매우 떠들썩하게 있는 것을 의미하는 단어로, 옳은 표기법이다.
③ 낚싯대 : 물고기를 낚을 때 쓰는 낚시 도구를 의미하는 단어로, 옳은 표기법이다.

정답 ④

41 다음 중 밑줄 친 부분의 맞춤법이 옳지 않은 것은?

> 어젯밤 꿈에서 돌아가신 할머니를 만났다. 할머니는 숨겨둔 비밀을 밝힐 때가 됐다며, 꿈에서 깨면
> 본인이 사용했던 화장대의 첫 번째 서랍을 열어보라고 하셨다. 나는 할머니의 비밀이 도대체 무엇인
> 지 여러 차례 물었지만 돌아오는 것은 할머니의 미소뿐이었다. 꿈에서 깨어나 보니 할머니는 더 이
> 상 보이지 않았고, 방안은 고요한 적막만 흘렀다.
> 나는 왠지 모르게 그동안 나를 덥쳤던 온갖 불행들이 사라진 것 같은 기분이 들었다.

① 숨겨둔   ② 첫 번째
③ 미소뿐이었다   ④ 깨어나 보니
⑤ 덥쳤던

정답 | 해설

한글 맞춤법에 따르면 '덮치다'는 '덮다'에 사동 접미사 '-치-'가 결합한 형태로 그 어간을 밝혀 적어야 한다. 따라서
⑤의 '덥쳤던'은 '덮쳤던'으로 수정해야 옳다.

정답 ⑤

42 다음 중 ㉠, ㉡에 들어갈 어휘가 바르게 짝지어진 것은?

> • 매년 10만여 명의 ㉠ 뇌졸중 / 뇌졸증 환자가 발생하고 있다.
> • 그의 변명이 조금 ㉡ 꺼림직 / 꺼림칙 / 꺼림칫했으나, 한번 믿어보기로 했다.

	㉠	㉡		㉠	㉡
①	뇌졸증	꺼림칙	②	뇌졸증	꺼림직
③	뇌졸증	꺼림칫	④	뇌졸증	꺼림칫
⑤	뇌졸중	꺼림직			

정답 | 해설

㉠ '뇌졸중(腦卒中)'은 뇌에 혈액 공급이 제대로 되지 않아 손발의 마비, 언어 장애 등을 일으키는 증상을 일컬으며, '뇌졸증'은 이러한 '뇌졸중'의 잘못된 표현이다.

㉡ '꺼림칙하다'와 '꺼림직하다' 중 기존에는 '꺼림칙하다'만 표준어로 인정되었으나, 2018년 표준국어대사전이 수정됨에 따라 '꺼림직하다'도 표준어로 인정되었다. 따라서 '꺼림칙하다', '꺼림직하다' 모두 사용할 수 있다.

정답 ⑤

43 다음 중 밑줄 친 순우리말의 사용이 적절한 것은?

① 언제나 나에게 친절하게 대해 주어서 고까운 마음이 들었다.
② 바쁠 때에는 빠르게 노량으로 일을 처리해야 한다.
③ 내 방 창가는 후미진 곳에 있어서 햇볕이 잘 들지 않는다.
④ 그는 물건을 가지런하게 무수어 놓는 습관이 있다.

정답 | 해설

'후미지다'는 '아주 구석지고 으슥하다.'는 뜻이다.

오답분석
① 고깝다 : 섭섭하고 야속하다.
② 노량으로 : 어정어정 놀아가면서 천천히
④ 무수다 : 닥치는 대로 때리거나 부수다.

정답 ③

※ 다음 중 맞춤법이 옳은 것끼리 짝지어진 것을 고르시오. [44~45]

| 2016 지역농협 6급

44

> • 내노라 / 내로라 / 내놔라하는 사람들이 다 모였다.
> • 팀장님이 결제 / 결재해야 할 수 있는 일이다.

① 내노라, 결제　　　　　　　　　② 내노라, 결재
③ 내로라, 결제　　　　　　　　　④ 내로라, 결재
⑤ 내놔라, 결재

정답 | 해설

• 내로라 : '내로라하다(어떤 분야를 대표할 만하다)'의 어근
• 결재 : 결정할 권한이 있는 상관이 부하가 제출한 안건을 검토하여 허가하거나 승인함

오답분석

• 결제 : 일을 처리하여 끝을 냄 또는 경제증권이나 대금을 주고받아 매매 당사자 사이의 거래 관계를 끝맺는 일

정답 ④

| 2016 지역농협 6급

45

> • 이번 일은 금새 / 금세 끝날 것이다.
> • 이 사건에 대해 일절 / 일체 말하지 않았다.
> • 새 프로젝트가 최고의 결과를 낳았다 / 나았다.

① 금세, 일체, 낳았다　　　　　　② 금세, 일체, 나았다
③ 금세, 일절, 나았다　　　　　　④ 금새, 일절, 나았다
⑤ 금세, 일절, 낳았다

정답 | 해설

• 금세 : 지금 바로의 뜻으로, '금시에'가 줄어든 말이며 구어체에서 많이 사용된다.
• 일절 : 아주, 전혀, 절대로의 뜻으로, 흔히 행위를 그치게 하거나 어떤 일을 하지 않을 때에 사용된다.
• 낳았다 : 어떤 결과를 이루거나 가져오다.

오답분석

• 금새 : 물건의 값 또는 물건 값의 비싸고 싼 정도
• 일체 : 모든 것
• 나았다 : 감기 등의 병이 나았을 때 사용

정답 ⑤

46 다음 중 밑줄 친 부분의 띄어쓰기가 모두 옳은 것은?

① 최선의 세계를 만들기 위해서 <u>무엇 보다</u> 이 세계에 있는 모든 대상들이 지닌 성질을 정확하게 <u>인식해야 만</u> 한다.

② 일과 여가 <u>두가지를</u> 어떻게 <u>조화시키느냐하는</u> 문제는 항상 인류의 관심 대상이 되어 왔다.

③ <u>내로라하는</u> 영화배우 중 내 고향 출신도 상당수이다. 그래서 어릴 때부터 자연스럽게 영화배우를 꿈꿨고, <u>그러다 보니</u> 영화는 내 생활의 일부가 되었다.

④ 실기 시험은 까다롭게 <u>심사하는만큼</u> 준비를 철저히 해야 한다. <u>한 달 간</u> 실전처럼 연습하면서 시험에 대비하자.

⑤ 우주의 <u>삼라 만상은</u> 우리에게 온갖 경험을 제공하지만 많은 경험의 결과들이 서로 <u>모순 되는</u> 때가 많다.

정답 | 해설 ──────────────────────────────────────○

• 내로라하다 : '어떤 분야를 대표할 만하다.'는 의미의 <u>동사로 붙여 쓴다</u>.
• 그러다 보니 : 보조용언 '보다'가 앞 단어와 연결 어미로 이어지는 '-다 보다'의 구성으로 쓰이면 앞말과 띄어 쓴다.

오답분석
① 무엇 보다 → 무엇보다 / 인식해야 만 → 인식해야만
  • 무엇보다 : 앞말이 부사어임을 나타내는 <u>조사로 붙여 쓴다</u>.
  • 인식해야만 : '만'은 한정, 강조를 의미하는 <u>보조사로 붙여 쓴다</u>.
② 두가지를 → 두 가지를 / 조화시키느냐하는 → 조화시키느냐 하는
  • 두 가지를 : 수 관형사는 뒤에 오는 명사 또는 의존 명사와 <u>띄어 쓴다</u>.
  • 조화시키느냐 하는 : <u>어미 다음에 오는 말은 띄어 쓴다</u>.
④ 심사하는만큼 → 심사하는 만큼 / 한 달 간 → 한 달간
  • 심사하는 만큼 : 뒤에 나오는 내용의 원인, 근거를 의미하는 <u>의존 명사로 띄어 쓴다</u>.
  • 한 달간 : '동안'을 의미하는 <u>접미사로 붙여 쓴다</u>.
⑤ 삼라 만상은 → 삼라만상은 / 모순 되는 → 모순되는
  • 삼라만상은 : 우주에 있는 온갖 사물과 현상을 의미하는 <u>명사로 붙여 쓴다</u>.
  • 모순되는 : 이 경우에는 '되다'를 <u>앞의 명사와 붙여 쓴다</u>.

정답 ③

이론 더하기

한글 맞춤법 제5장 띄어쓰기
제41항 조사는 그 앞말에 붙여 쓴다. 예 <u>옷고만</u>, <u>꽃에서부터</u>
제42항 의존 명사는 띄어 쓴다. 예 <u>먹을 만큼</u>
제43항 단위를 나타내는 명사는 띄어 쓴다. 예 한 <u>개</u>, 차 한 <u>대</u>, 소 한 <u>마리</u>

47 다음 〈보기〉의 뜻을 보고 빈칸에 들어갈 말로 가장 적절한 것을 고르면?

> 부모형제가 _____.

> **보기**
>
> 1. 처지가 좋지 못해 몹시 힘들다.
> 2. 일이 몹시 피곤할 정도로 힘들다.

① 궁벽하다   ② 고단하다

③ 외따름하다   ④ 으슥하다

⑤ 아찔하다

정답 해설

• 고단하다 : 1. 몸이 **지쳐서** 느른하다.
             2. 일이 몹시 **피곤할** 정도로 힘들다.
             3. 처지가 좋지 못해 몹시 **힘들다.**

오답분석
① 궁벽하다 : 매우 후미지고 으슥하다.
③ 외따름하다 : 좀 궁벽한 듯하다.
④ 으슥하다 : 무서움을 느낄 만큼 깊숙하고 후미지다.
⑤ 아찔하다 : 갑자기 정신이 아득하고 조금 어지럽다.

정답 ②

48 다음 중 옳지 않은 높임말이 쓰인 문장은?

① 할아버지께서 진지를 드신다.   ② 손님, 주문하신 커피 나오셨습니다.
③ 철수가 할아버지를 모시고 왔다.   ④ 철수가 영희에게 책을 주었다.
⑤ 김 서방, 밥 먹고 가게.

정답 해설

'손님, 주문하신 커피 나오셨습니다.'에서 커피가 손님의 것이긴 하지만 **커피까지 높이는 것은 옳지 않다.**

정답 ②

이론 더하기

높임법
한국어에서 높임법은 크게 상대 높임법과 주체 높임법, 객체 높임법 세 가지 유형이 있다.
• 상대 높임법 : 화자나 청자에 의하여 높이거나 낮추어 말하는 경우
• 주체 높임법 : 화자보다 서술어의 주체가 나이나 사회적 지위 등에서 상위자일 경우
• 객체 높임법 : 목적어나 부사어, 즉 서술어의 객체를 높이는 경우

49 다음 중 밑줄 친 부분에 들어갈 단어로 적절한 것끼리 짝지어진 것은?

영농지원도 감사업무처럼 꼼꼼하게,
농협 조합감사위원회, 농촌일손돕기에 팔 걷어부쳤다 / 붙였다!
경기 가평 과수농가에서 농촌일손돕기 실시

농협중앙회 조합감사위원회는 영농철을 맞아 일손부족으로 어려움을 겪고 있는 경기 가평의 과수농가를 찾아 일손 돕기 봉사활동을 실시했다.

이날 일손 돕기에 참여한 조합감사위원회 소속 임직원 50여 명은 약 8,000평 규모의 포도경작지에서 한 해 농사의 시작인 비가림막 설치와 부직포 덮기 작업을 도우며 굵은 땀방울을 흘렸다.

조합감사위원회 위원장은 이날 흘린 땀과 정성이 가을에 풍성한 수확으로 이어져 농가에 큰 보탬이 됐으면 하는 <u>바람 / 바램</u>을 밝히며, "농번기를 맞아 부족한 농촌 일손을 <u>꼼꼼히 / 꼼꼼이</u> 거드는 것도 농협직원들의 당연한 도리라 생각하고, 앞으로도 어려운 농업·농촌과 함께하는 농협이 될 수 있도록 그 역할을 충실히 하겠다."고 밝혔다.

---

① 부쳤다, 바램, 꼼꼼이
② 부쳤다, 바램, 꼼꼼히
③ 붙였다, 바람, 꼼꼼이
④ 붙였다, 바람, 꼼꼼히
⑤ 부쳤다, 바람, 꼼꼼히

정답 해설

• 농촌일손돕기에 팔(을) 걷어<u>붙였다</u>!
'돈을 걷어(서) 부치다.'의 예에서는 '걷어 부치다'로 쓰지만, '팔, 소매' 등은 '걷어붙이다'가 옳다.

• 큰 보탬이 됐으면 하는 <u>바람</u>을 밝히며
'바라다'는 '원하는 사물을 얻거나 가졌으면 하고 생각하다.'나 '생각이나 바람대로 어떤 일이나 상태가 이루어지거나 그렇게 되었으면 하고 생각하다.'의 뜻으로 쓴다.
'바래다'는 '볕이나 습기를 받아 색이 변하다.'나 '가는 사람을 일정한 곳까지 배웅하거나 바라보다.'의 뜻으로 쓴다.

• 부족한 농촌 일손을 <u>꼼꼼히</u> 거드는 것
부사의 끝 음절이 분명히 '이'로만 나는 것은 '-이'로 적고 '히'로만 나거나 '이'나 '히'로 나는 것은 '-히'로 적는다.

정답 ④

※ 다음 빈칸에 들어갈 말로 알맞은 것을 고르시오. [50~52]

| 2015 지역농협 6급

50

Since last twenty years, the number of students graduating with degrees in science and engineering _____ .

① rise

② was rising

③ has been rising

④ will rise

정답 해설 ○

지난 20년 동안 지금까지(Since last twenty years) 학생의 수가 계속해서 증가하고 있다는 의미이므로 현재완료 진행형 (have / has been –ing)인 'has been rising'이 적절하다.

지난 20년 동안 이공계 학위를 취득한 학생 수가 증가하고 있다.

정답 ③

| 2015 지역농협 6급

51

Lower oil prices are _____ stimulate demand.

① expecting

② expected

③ to expect

④ expected to

정답 해설 ○

낮은 유가(Lower oil prices)가 수요를 촉진(stimulate demand)할 것으로 예상된다는 말이 와야 하기 때문에 'be(are) expected to'가 적절하다.

• be expected to~ : ~하기로 예상되다 / 기대되다

낮은 유가가 수요를 자극할 것으로 예상된다.

정답 ④

52

China is increasingly a major factor in the global marketplace, and is playing an important role in _____ markets and fueling economic growth.

① expand

② expansively

③ expanded

④ expanding

정답 **해설**

빈칸에는 'markets'를 수식할 수 있는 형용사가 와야 한다. 문맥상 '확장하는'의 의미로 현재분사(-ing)인 'expanding'이 적절하다.

> 중국은 세계 시장에서 점점 더 주요 요인이 되고 있으며, 시장 확대와 경제 성장을 촉진하는 데 중요한 역할을 하고 있다.

정답 ④

53 다음 중 예약이 가능한지를 묻는 표현은?

① Is it possible to book a table for 7 o'clock?

② Do you have a reservation?

③ I'd like to cancel my reservation.

④ What do you think of a spot to have a dinner?

정답 **해설**

'book'은 명사로 사용할 경우에는 책을 의미하지만, 동사로 사용할 경우에는 식당이나 좌석, 출연 등을 예약하다라는 의미로 사용된다. 따라서 예약이 가능한지를 묻는 표현은 ①이다.

> 오늘 저녁 7시에 예약이 가능한가요?

오답분석

② 예약을 하셨나요?

③ 예약을 취소하고 싶어요.

④ 저녁 식사 장소로 여기 어때?

정답 ①

54 다음 대화에서 빈칸에 들어갈 표현으로 가장 적절한 것은?

> A : Good evening. Can I help you?
> B : Yes. _____ My name is John Smith. I have a reservation for three nights.

① How much is the charge?

② I'd like to check in, please.

③ I'd like to check out, please.

④ Can I deposit valuables here?

정답 해설

• check in : (호텔에) 투숙하다, 숙박부에 기재하다(register)
• check out : (호텔에서) 퇴숙하다

> A : 안녕하세요. 도와드릴까요?
> B : 예. 저는 투숙을 원합니다. 이름은 존 스미스입니다. 3일 동안 예약할 거예요.

정답 ②

55 다음 주어진 문장에 이어질 글을 순서대로 바르게 나열한 것은?

> The population explosion gives rise to a number of problems.

> (A) Also, this concerns getting proper medical care for all of them, especially the aged.
> (B) Thus, we come face to face with more and more difficult problems.
> (C) One of them has to do with finding enough food for all the people in the world.

① (A) − (B) − (C)　　　　　　　② (B) − (C) − (A)

③ (C) − (A) − (B)　　　　　　　④ (C) − (B) − (A)

정답 해설

제시문은 인구 폭발이 야기하는 문제를 지적하는 내용이다. 따라서 문제점을 구체적으로 제시하는 (C) − 문제점을 걱정하는 (A) − 그래서 점점 더 많은 문제와 직면하게 된다는 결론의 (B) 순서가 적절하다.

> 인구 폭발은 많은 문제를 야기한다.
> (C) 그것들 중 하나는 세상의 모든 사람들에게 공급할 충분한 식량과 관련이 있다.
> (A) 또한, 이 염려는 그들 모두, 특히 나이 든 사람들에 대한 적절한 의학적 보살핌과 관련이 있다.
> (B) 따라서, 우리는 점점 더 많은 문제와 직면하게 된다.

정답 ③

56 N은행 직원들은 최근 열린 금융 세미나에 참여해 보이스피싱을 주제로 대화를 나누었다. 다음 중 B와 C의 주장을 가장 적절하게 분석한 것은?

> A : 최근 보이스피싱 범죄가 모든 금융권으로 확산되면서 피해액이 늘어나고 있습니다. 이에 금융 당국이 은행에도 일부 보상 책임을 지게 하는 방안을 검토하는 것으로 알려지고 있습니다. 이에 대해 어떻게 생각하십니까?
>
> B : 개인들이 자신의 정보를 잘못 관리한 책임까지 은행에서 진다는 것은 문제가 있습니다. 도와드릴 수 있다면 좋겠지만, 은행 입장에서도 한계가 있는 부분이 있어 안타까울 뿐입니다.
>
> C : 소비자들이 자신의 개인 정보 관리에 다소 부주의함이 있다는 것은 인정합니다. 그러나 개인의 부주의를 이야기하는 것보다는 정부가 근본적인 해결책을 모색하는 것이 더욱 시급합니다.

① B와 달리 C는 보이스피싱 피해에 대한 책임을 개인에게만 전가해서는 안 된다고 생각한다.

② B와 C는 보이스피싱 범죄로 인한 피해를 방지하기 위해 은행에서 노력하고 있다고 생각한다.

③ B는 보이스피싱 범죄를 근본적으로 해결하기 위해 은행의 역할을, C는 정부의 역할을 강조한다.

④ B와 C는 보이스피싱 범죄의 확산을 막기 위해서는 제도적인 방안이 보완되어야 한다고 이야기하고 있다.

⑤ B와 C는 보이스피싱 범죄의 확산에 대한 일차적 책임이 은행과 정부에 있다고 생각한다.

정답 | 해설

B는 보이스피싱 범죄의 확산에 대한 일차적 책임이 개인에게 있다고 했으며, C는 개인과 정부 모두에게 있다고 말하였다.

[오답분석]

② B는 개인의 부주의함으로 인한 사고를 은행이 책임지는 것은 문제가 있다고 말하며 책임질 수 없다는 의견을 냈고, C는 은행의 입장에 대해 언급하지 않았다.

③ B는 근본적 해결을 위해 개인의 역할을, C는 정부의 역할을 강조하고 있다.

④ B는 제도적인 방안의 보완에 대해서는 언급하고 있지 않으며, C는 정부의 근본적인 해결책 마련을 촉구하고 있다.

⑤ B와 C는 보이스피싱 범죄의 확산에 대한 일차적인 책임이 개인에게 있다고 했다.

정답 ①

57 다음 중 A의 주장에 효과적으로 반박하기 위한 진술은?

> A : 우리나라는 경제 성장과 국민 소득의 향상으로 매년 전력소비가 증가하고 있습니다. 이런 와중에 환경문제를 이유로 발전소를 없앤다는 것은 말도 안 되는 소리입니다. 반드시 발전소를 증설하여 경제 성장을 촉진해야 합니다.
>
> B : 하지만 최근 경제 성장 속도에 비해 전력소비량의 증가가 둔화되고 있는 것도 사실입니다. 더구나 전력소비에 대한 시민의식도 점차 바뀌어가고 있으므로 전력소비량 관련 캠페인을 실시하여 소비량을 줄인다면 발전소를 증설하지 않아도 됩니다.
>
> A : 의식의 문제는 결국 개인에게 기대하는 것이고, 희망적인 결과만을 생각한 것입니다. 확실한 것은 앞으로 우리나라 경제 성장에 있어 더욱더 많은 전력이 필요할 것이라는 겁니다.

① 친환경 발전으로 환경과 경제 문제를 동시에 해결할 수 있다.
② 경제 성장을 하면서도 전력소비량이 감소한 선진국의 사례도 있다.
③ 최근 국제 유가의 하락으로 발전비용이 저렴해졌다.
④ 발전소의 증설이 건설경제의 선순환 구조를 이룩할 수 있는 것이 아니다.
⑤ 우리나라 시민들의 전기소비량에 대한 인식조사를 해야 한다.

정답 **해설**

A는 경제 성장에 많은 전력이 필요하다는 것을 전제로, 경제 성장을 위해서 발전소를 증설해야 한다고 주장한다. 이러한 A의 주장을 반박하기 위해서는 근거로 제시하고 있는 전제를 부정하는 것이 효과적이므로 경제 성장에 많은 전력이 필요하지 않음을 입증하는 ②를 통해 반박하는 것이 적절하다.

오답분석
① A와 B의 토론 주제는 발전소 증설의 필요 여부이다. 친환경 발전이 환경과 경제 문제를 동시에 해결할 수 있다는 의견은 경제 성장을 위해 발전소를 증설해야 한다는 A의 주장이나 증설을 반대하는 B의 반대 의견을 보완·절충하는 것으로 효과적인 반박이라고는 보기 어렵다.
③ 발전비용이 저렴해졌다는 것이 발전소당 전력 생산수치가 증가했다는 것을 의미하지는 않는다. 따라서 발전소를 증설해야 한다는 A의 주장에 대한 반박이라고 볼 수는 없다.
④ 발전소를 증설해 우리나라 경제 성장을 촉진해야 한다는 A의 주장이 구체적으로 건설경제의 선순환 구조를 예시로 들었다고는 볼 수 없다. 게다가 설령 발전소의 증설이 건설경제의 선순환 구조를 이룩할 수 없다 하더라도 대한민국 경제 성장에 있어 더욱더 많은 전력이 필요할 것이라는 A의 주장에 대한 반박이 되지는 않는다.
⑤ 우리나라 시민들의 전기소비량에 대한 인식조사를 해야 한다는 진술은 A의 주장에 대한 반박이라기보다는 B의 반박에 대한 근거를 확실하게 하기 위한 권유에 가깝다.

정답 ②

58 다음 공고문을 읽고 이해한 내용으로 적절하지 않은 것은?

똑똑한 재테크의 시작, "새내기 급여통장·적금 이벤트"

◇ 행사기간
　2016.12.15 ~ 2017.2.28
◇ 대상고객
　만 22 ~ 39세인 새내기 직장인으로 급여이체 및 적금 신규고객
◇ 응모요건
　NH농협은행 첫 급여이체(건당 50만 원 이상)＋적금(신규)
　(단, 적금은 1년 이상, 자동이체 등록분에 한함)
◇ 응모방법
　응모요건 충족 시 자동 응모(랜덤 추첨)
◇ 당첨자발표
　홈페이지 공지 및 개별 통보(2017년 3월 15일 예정)
◇ 경품내용(총 365명)
　1등(5명) : 기프트카드 20만 원
　2등(60명) : 해ㅁㅁ ID 카드 홀더
　3등(300명) : 스타○○ 텀블러
◇ 유의사항
　• 상기 이벤트 당첨자 중 연락처 불능, 수령거절 등 고객사유로 1개월 이상 경품 미수령 시 당첨
　　이 취소될 수 있습니다.
　• 제세공과금은 NH농협은행이 부담하며, 본 이벤트는 당행의 사정으로 변경 또는 중단될 수 있
　　습니다.
　• 당첨고객은 추첨일 현재 유효계좌(급여이체, 적금 유지고객) 보유고객에 한하며, 당첨발표는
　　NH농협은행 홈페이지에서 확인할 수 있습니다.
　• 기타 자세한 내용은 인터넷 홈페이지를 참고하시거나, 가까운 영업점 고객행복센터에 문의하
　　시기 바랍니다.

---

① 대상고객은 만 22 ~ 39세의 새내기 직장인으로 신규고객이어야 한다.

② 당첨자는 2017년 3월 15일(예정)에 홈페이지 공지 및 개별로 통보를 받는다.

③ 당첨자는 총 365명이며 제세공과금은 NH농협은행이 부담한다.

④ 이벤트 당첨자 중 고객사유로 1개월 이상 경품 미수령 시 당첨이 취소될 수 있다.

⑤ 응모방법은 본인이 응모요건을 충족할 경우 인터넷 홈페이지에 들어가서 양식을 작성한 후 제출
　하면 된다.

정답 해설

응모방법은 응모요건 충족 시 자동 응모이며, 무작위(랜덤) 추첨이다.

정답 ⑤

59 다음 기사의 제목으로 가장 적절한 것은?

농협은 화이트데이에 사탕보다는 꽃으로 사랑을 전하자는 의미에서 3월 14일을 '화(花)이트데이'로 정하고, 화훼 소비촉진에 앞장서겠다고 밝혔다. 특별한 화이트데이를 기념하여 대표이사가 직접 여직원들에게 사랑의 꽃을 전달하는 이벤트도 실시하였다. 또한 화이트데이에 사랑하는 사람에게 선물하기 좋은 꽃으로 장미(사랑), 꽃도라지(영원한 사랑), 카라(순수한 사랑), 튤립(사랑의 고백), 국화(고결한 사랑) 등을 추천하였다. 대표이사는 "최근 소비 부진으로 화훼농가가 어려움을 겪고 있다."며, "花이트데이가 화훼농가에 큰 힘이 되길 바란다."고 전했다.
한편, 농협은 침체된 화훼 생산 농가를 돕고자 꽃 생활화 캠페인(1 Table 1 Flower; 책상 위에 꽃 놓기), 장례식장 화환 재사용 근절, 자율적인 수급 안정을 위한 절화의무자조금 도입 등 꽃 소비 확대를 위한 사업을 지속해서 추진하겠다고 밝혔다.

① 1 Table 1 Flower, 침체된 화훼농가를 도와주세요!
② 花이트데이, 정열적인 사랑을 표현하는 장미를 선물하세요!
③ 花이트데이, 사탕 대신 꽃으로 사랑을 전하세요.
④ 花이트데이, 꽃처럼 예쁜 사탕을 선물하세요!

정답 **해설**

일반적으로 사탕을 선물하는 화이트데이에 **사탕 대신 꽃을 선물하도록 하여 침체된 화훼농가를 돕고자** 하는 농협의 '화(花)이트데이'에 대한 내용이므로, 기사의 제목으로 ③이 가장 적절하다.

[오답분석]
① 1 Table 1 Flower 등 침체된 화훼 생산 농가를 위한 방안도 제시하고 있지만, 주된 내용은 화이트데이와 관련된 내용이다.
② 장미뿐만 아니라 화이트데이에 선물하기 좋은 다양한 꽃을 추천하고 있다.
④ 화이트데이에 사탕보다 꽃으로 사랑을 전하자는 내용이다.

정답 ③

60 다음은 N은행 장애인 특별채용 안내문이다. 이를 이해한 내용으로 적절하지 않은 것은?

2021년 N은행 장애인 특별채용 안내문

1. 채용직종 : 금융지원직(무기계약근로자)
2. 지원자격

구분	내용
기본자격	• 「장애인고용촉진 및 직업재활법」에 의한 장애인 • 연령, 학력, 전공, 학점, 어학점수 제한 없음 • 남성은 병역필 또는 면제자에 한함('21. 4. 30. 이전 병역필 가능한 자 포함) • N은행 법인 간, N은행 타지역 간 중복지원 불가
지원가능 지역	• '21. 3. 25. 현재 주민등록상 주소지 (단, 주민등록상 주소지가 완주군인 경우 전주시 지원, 주민등록상 주소지가 신안군인 경우 목포시 지원)

3. 채용지역 단위 : 8개 광역자치단체, 152개 기초자치단체 지역 단위 채용
4. 채용절차
   • 1차(서류)전형 : 온라인 인·적성 평가, 자기소개서 평가
   • 2차(면접)전형 : 집단면접

〈전형별 세부 내용〉

구분	내용

1차(서류)전형	• 개인별 입사지원서 및 자기소개서 작성
	   – 자기소개서 평가 시 불성실 기재(표절, 분량부족, 반복작성, 타사명 기재 등), 허위 기재, 블라인드 작성 원칙 위반 시 불이익을 받을 수 있습니다.
	• 온라인 인·적성 평가
	   – 평가일정 : '21. 4. 15.(목) 10:00 ~ 4. 16.(금) 18:00 (170문항)
	   – 주의사항
	    ① 대리응시 및 솔직하지 않은 답변의 경우 불합격 처리 등의 불이익을 받을 수 있습니다.
	    ② 평가 마감시간에 응시가 집중되어 접속이 어려울 수 있으니 미리 접속하여 평가를 완료하시기 바랍니다. 마감시간 이후에는 어떠한 경우에도 접속 및 응시가 불가합니다.

2차(면접)전형	• 집단면접 – 피면접자 4 ~ 6명 1개조를 대상으로 多대多 면접으로 진행됩니다.

5. 입사지원서 접수
   • 접수기간 : '21. 3. 25.(목) ~ 4. 14.(수) 18:00
   • 접수방법 : N은행 홈페이지(www.nbank.com) 배너 및 채용 홈페이지(nbank.apply.co.kr)에 직접 접속하여 입사지원서 작성
6. 온라인 인·적성 평가
   • 기간 : '21. 4. 15.(목) 10:00 ~ 4. 16.(금) 18:00, 2일간
   • 접속방법 : 입사지원서 접수방법과 동일

7. 채용일정(예정)

구분	주요 일정	비고
1차(서류)전형 합격자 발표	'21. 4. 30.(금) 17:00(예정)	지원서 접수 홈페이지에서 개별 확인
2차(면접)전형	'21. 5. 10.(월) ~ 5. 21.(금)	면접장소 등 세부사항은 1차(서류)전형 합격자 발표 시 공지
최종합격자 발표	'21. 5. 28.(금) 17:00(예정)	지원서 접수 홈페이지에서 개별 확인
발령 및 배치	'21. 6월 중	–

※ 상기일정은 채용 진행상황에 따라 변동될 수 있음

8. 신체검사
- 기간(예정) : '21. 5. 3.(월) ~ 5. 8.(토)
- 신체검사 장소 및 일정 등 세부사항은 1차(서류)전형 합격자 발표 시 공지
- 신체검사 기일 내 미검진 시 불합격 처리

9. 제출서류 : 1차(서류)전형 합격자에 한하여 면접 시 원본 지참 및 제출

구분	내용

공통	• 주민등록초본 1부
	  – 목적 : 지역 단위 채용으로 진행함에 따라 지원 자격 확인 용도로 제출
	  – 남자는 병적사항 기재분(미기재분 제출 시 병적증명서 추가 제출)
	  – 군복무 중인 자의 경우 복무만료예정 확인 서류(전역예정증명서 등) 추가 제출
	• 장애인증명서 또는 상이등급이 기재된 보훈보상대상자증 사본
	• 최종학교 졸업(예정)증명서(석사 이상은 학부 졸업증명서 포함)

해당자	• 취업지원대상자 증명서 • 자격증 사본(원본 반드시 지참) • 경력증명서

10. 최종합격자 배치
- 근무지 : 최종합격자는 지원한 지역별 근무지에 배치될 예정

① 입사지원서는 온라인 또는 우편으로 접수해야 한다.

② 2개 이상의 지역에 각각 입사지원서를 제출할 수는 없다.

③ 최종합격 후 근무지는 입사지원 당시의 주소지이다.

④ 인·적성 평가 응시 전에 입사지원서를 먼저 제출해야 한다.

⑤ 입사지원 시 지역은 반드시 본인의 주민등록상 주소지를 선택해야 한다.

정답 | 해설

입사지원서 접수는 N은행 홈페이지와 **채용 홈페이지**를 통해 이루어진다.

(오답분석)

② N은행 타지역 간 중복지원이 금지되어 있다.

③·⑤ 주민등록상 주소지로만 입사지원이 가능하며, 최종합격 시 지원한 지역별 근무지에 배치되므로 입사 후 근무지는 입사지원 당시 주소지이다.

④ 입사지원서 접수기간이 4.14.(수)까지이고 인·적성 검사 응시는 4.15.(목)부터이다.

정답 ①

※ 다음 문단을 논리적 순서대로 바르게 나열한 것을 고르시오. [61~62]

61

(가) 친환경 농업은 최소한의 농약과 화학비료만을 사용하거나 전혀 사용하지 않은 농산물을 일컫는다. 친환경 농산물이 각광받는 이유는 우리가 먹고 마시는 것들이 우리네 건강과 직결되기 때문이다.

(나) 사실상 병충해를 막고 수확량을 늘리는 데 있어 농약은 전 세계에 걸쳐 관행적으로 사용됐다. 깨끗이 씻어도 쌀에 남아있는 잔류농약을 완전히 제거하기는 어렵다. 잔류농약은 아토피와 각종 알레르기를 유발한다. 출산율을 저하하고 유전자 변이의 원인이 되기도 한다. 특히 제초제 성분이 체내에 들어올 경우, 면역체계에 치명적인 손상을 일으킨다.

(다) 미국 환경보호청은 제초제 성분의 60%를 발암물질로 규정했다. 결국 더 많은 농산물을 재배하기 위한 농약과 제초제 사용이 오히려 인체에 치명적인 피해를 줄지 모를 '잠재적 위험요인'으로 자리매김한 셈이다.

① (가) - (나) - (다)　　　　　② (나) - (가) - (다)
③ (나) - (다) - (가)　　　　　④ (다) - (가) - (나)
⑤ (다) - (나) - (가)

정답　해설 ────────────────────────────○

제시문의 내용은 다음과 같다. (가) 친환경 농업은 건강과 직결되어 있기 때문에 각광받고 있다. - (나) 병충해를 막기 위해 사용된 농약은 완전히 제거하기 어려우며 신체에 각종 손상을 입힌다. - (다) 생산량 증가를 위해 사용한 농약과 제초제가 오히려 인체에 해를 입힐 수 있다. 즉, (가) - (나) - (다) 순서로 나열되어야 한다.

정답 ①

문제풀이 Tip

일반적인 설명문에서는 새로운 개념에 대한 소개 또는 주장이 가장 먼저 제시되며, 개념 또는 주장을 제시한 후에는 자세한 설명이나 다양한 관점이 제시될 수 있다. 문장나열 문제 유형에서는 글의 흐름을 파악하는 것이 중요하므로 설명문이나 논설문 등의 일반적인 글의 구조를 파악해 두어야 한다.
예를 들어 위 제시문의 경우 농약과 제초제 사용을 최소화한 친환경 농업에 대한 글이므로, 가장 먼저 기사의 핵심 주제를 다루는 (가)가 오는 것이 적절하다.

62

> (가) 농협은 이달 초 전국 8개 김치공장 운영농협 조합장 등이 참석한 가운데 김치공장의 통합을 확약하는 합의각서(MOA)를 체결하였다.
>
> (나) 농협은 이 같은 김치공장의 통합은 지난해 중국의 김치종주국 억지주장과 비위생적인 절임배추 영상 등으로 촉발된 국민들의 안심 먹거리에 대한 관심에 부응하고, 또 100% 우리농산물로 안전하고 위생적으로 만든 농협김치의 경쟁력 제고를 위해 추진하게 되었다고 전했다.
>
> (다) 이번 합의각서에는 김치공장의 통합방식, 통합조공법인 내 조직 및 인력 구성, 생산특화 및 통합브랜드 운영 등 운영의 전반에 걸친 사항이 포함되어 있다.
>
> (라) 또한 다가오는 설 명절을 맞이하여 김치를 밀폐용기에 담아 편리성과 고급스러움을 강조한 '국민명품세트'와 김치, 떡국떡, 한우곰탕, 만두로 구성된 '국민밥상세트'도 새롭게 선보일 계획이라고 밝혔다.

① (가) – (나) – (다) – (라)　　　② (가) – (나) – (라) – (다)

③ (가) – (다) – (나) – (라)　　　④ (다) – (가) – (라) – (나)

⑤ (라) – (가) – (다) – (나)

PART 1

정답 **해설**

우선, (나)의 '이 같은', (다)의 '이번 합의각서'가 의미하는 내용이 무엇인지 알 수 없으므로 (나)와 (다)는 가장 먼저 올 수 없다. 또한 (라)가 접속사 '또한'으로 시작하므로 이 역시 가장 먼저 올 수 없다. 따라서 가장 먼저 올 문단은 (가)이다. (가) 다음에는 '합의각서'에 대한 내용이 서술되어 있는 (다)가 이어지는 것이 적절하며, 그 다음으로는 이러한 김치공장의 통합방식 체결에 대한 배경이 서술되어 있는 (나)가 앞으로의 계획에 대해 언급하는 (라)보다 먼저 오는 것이 더 적절하다. 즉, (가) – (다) – (나) – (라) 순서로 나열되어야 한다.

정답 ③

※ 다음 글의 내용으로 적절하지 않은 것을 고르시오. [63~65]

63

> 지난해 충남도에서 청년농업인의 맞춤형 스마트팜인 '온프레시팜 1호'가 문을 열었다. 이는 청년농업인이 안정적으로 농업을 경영하여 자리 잡고 살아갈 수 있는 영농 터전을 마련하기 위한 맞춤형 사업으로, 이를 통해 농작물 재배 능력이 낮고 영농 기반이 부족한 청년농업인들이 농촌 안에서 안정적으로 농작물을 생산하고 경제적으로 정착할 수 있을 것으로 기대되고 있다.
>
> 온프레시팜은 에어로포닉스와 수열에너지를 접목시켜 토양 없이 식물 뿌리와 줄기에 영양분이 가득한 물을 분사해 농작물을 생산하는 방식으로 화석연료 대비 경제적으로 우수할 뿐만 아니라 병해충의 발생이 적고 시설적으로도 쾌적하다. 또한 토양이 없어 공간 활용에 유리하며 재배관리 자동화가 가능해 비교적 관리도 수월하다. 하지만 초기 시설비용이 많이 들고 재배 기술의 확보가 어려워 접근이 쉽지 않다.

① 온프레시팜 사업은 청년농업인들이 영농활동을 지속할 수 있도록 지원하는 사업이다.

② 온프레시팜은 기존 농업인이 아닌 농촌에 새로 유입되고 있는 청년농업인을 위한 사업이다.

③ 온프레시팜 방식으로 농작물을 재배할 경우 흙속 병해충으로 인해 발생하는 피해를 예방할 수 있다.

④ 온프레시팜 방식은 같은 재배면적에서 기존 농업방식보다 더 많은 농작물의 재배를 가능하게 한다.

⑤ 청년농업인은 기존의 농업방식보다는 자동화 재배관리가 가능한 온프레시팜 방식의 접근이 더 수월하다.

정답 | **해설**

농작물 재배 능력이 낮고 영농 기반이 부족한 청년농업인들에게는 기존의 농업방식보다는 자동화 재배관리가 가능한 온프레시팜 방식이 농작물재배에 더 용이할 수는 있으나, 초기 시설비용이 많이 들고 재배 기술의 확보가 어려워 접근이 더 수월하다고 볼 수는 없다.

[오답분석]

① 온프레시팜 지원 사업은 청년농업인들이 보다 쉽게 농작물을 재배하는 것은 물론 경제적으로도 정착할 수 있도록 도와주는 사업이다.

② 온프레시팜 방식은 농업에 이제 막 뛰어든 청년농업인들이 보다 수월하게 농업을 경영할 수 있도록 돕는 사업이다.

③·④ 온프레시팜 방식은 토양 없이 식물 뿌리와 줄기에 영양분이 가득한 물을 분사해 농작물을 생산하는 방식이기 때문에 흙 속에 살고 있는 병해충으로 인해 피해는 예방할 수 있을 뿐만 아니라 흙이 없어 다층으로의 재배도 가능해 동일한 면적에서 기존 농업방식보다 더 많은 농작물을 재배할 것으로 예상된다.

정답 ⑤

64

농협중앙회 제주지역본부가 4월 3일 70주년을 맞는 제주 4·3을 앞두고 전국 농협 고객 및 임직원, 조합원들을 대상으로 '제주 4·3 알리기'에 적극 나서며 4·3 전국화에 동참하고 있다.

제주농협은 제주 4·3의 의미를 되새기기 위해 임직원 및 조합원에 대한 제주 4·3 계기 교육과 함께 다른 지역 농·축협 임직원들의 제주 방문 시 제주 4·3평화공원 방문과 4·3에 대한 소개의 시간을 통해 제주 4·3의 의미에 대한 이해를 높여나가고 있다. 최근 전국금융산업노조 NH농협지부 제주지역본부도 제주를 찾은 전국 농협 노조 간부 100여 명을 대상으로 특강을 실시하기도 했다.

제주농협은 이와 함께 만감류 판촉행사 시에도 제주 4·3을 의미하는 '천혜향 4입, 한라봉 3입' 세트상품을 10만 개 출시하고 포장재에는 제주 4·3 70주년 홍보 스티커를 부착해 제주 4·3의 전국적 홍보에 나섰다. 또 농협하나로마트 등 경제사업장 건물외벽에 대형 4·3 홍보 현수막을 게시해 고객들에게도 4·3 70주년을 홍보하는 데 앞장설 계획이다.

제주농협은 그동안 4·3평화공원에 365코너를 설치해 방문자 금융편의를 제공하고 있으며, 올해 초부터 전 농협객장에 4·3 70주년 홍보 배너를 설치하고 현금입출금기(ATM) 자막을 통해서도 4·3 70주년을 홍보하고 있다.

① 제주농협은 제주 4·3을 기념하는 상품을 출시한다.

② 농협하나로마트는 제주 4·3 70주년을 고객에게 홍보할 계획이다.

③ 제주농협은 ATM에 홍보 자막을 넣는다.

④ 제주농협은 전국 농협 노조 간부를 대상으로 4·3 계기 교육을 진행한다.

⑤ 제주농협은 4·3평화공원에 365코너를 설치하여 운용하고 있다.

정답 │ 해설

두 번째 문단의 '**제주농협**은 제주 4·3의 의미를 되새기기 위해 **임직원 및 조합원**에 대한 **제주 4·3 계기 교육**과 함께 …'를 통해 노조 간부가 아닌 임직원 및 조합원을 대상으로 4·3 계기 교육을 진행했음을 확인할 수 있다.

[오답분석]

①·② 세 번째 문단을 통해 확인할 수 있다.

③·⑤ 마지막 문단을 통해 확인할 수 있다.

정답 ④

문제풀이 Tip

내용과 일치하지 않는 것을 고르는 문제의 경우 위의 '노조 간부'와 같이 주요 단어들이 비틀려서 출제되는 경우가 많다. 따라서 시간이 촉박할 경우 각 문항의 주요 단어들을 파악하고 지문과 다른 점이 없는지 비교하면 풀이 시간을 단축시킬 수 있다.

이론 더하기

제주 4·3 사건(濟州四三事件)

1947년 3월 1일을 기점으로 1948년 4월 3일 발생한 소요사태 및 1954년 9월 21일까지 7년 7개월에 걸쳐 제주도에서 발생한 무력충돌과 진압과정에서 제주도민들이 희생당한 사건을 말한다. 한국현대사에서 한국전쟁 다음으로 인명 피해가 극심했던 사건으로 약 2만 5천 ~ 3만 명의 제주도 주민들이 희생된 것으로 추정되고 있다.

65

2017년 2월 7일부터 '농·축산·임·어업용 기자재 및 석유류에 대한 부가가치세 영세율 및 면세 적용 등에 관한 특례규정'이 개정돼 시행된다.

그동안 농업인들은 고가의 시간계측기(40만 원/대)를 농업용 난방기 등에 부착하고 사용실적도 1년에 2회 신고해야 면세유를 배정받을 수 있었다. 또한 시간계측기를 미부착하거나 미신고 시에는 1년간 면세유 공급을 제한받았지만 사용실적(계측기 누계시간)의 신뢰성 문제, 농업인의 신고 불편, 영농비 상승 부담 등 현실적인 문제가 발생하면서 면세유 배정에는 활용하지 못하고 오히려 민원이 증가하는 결과를 초래했다.

특례 개정으로 등유(부생연료유 포함)와 액화석유가스(LPG)를 사용하는 농업용 난방기·곡물건조기·농산물건조기·버섯재배소독기의 시간계측기 부착 및 사용실적 신고 의무가 면제된다. 또 농업인이 농기계 등을 신고(변경) 시 통장의 확인 및 날인을 받아야 하는 의무도 함께 폐지됐다. 다만, 휘발유·경유·중유를 사용하는 농기계는 종전대로 시간계측기를 부착하고 사용실적을 신고해야 한다.

이번 특례규정 개정에 따라 농업 관계자들은 시간계측기 구입 및 유지관리비 등 연간 770억 원을 절감할 수 있을 것으로 기대하고 있다. 시간계측기 사용실적 신고 경감(50.9%↓)과 농기계 신고 시 통장 확인 절차 생략으로 농업인의 신고부담도 대폭 경감될 전망이다.

농협 회장은 "앞으로도 조세특례제한법 개정으로 농업인의 면세유 신고횟수를 대폭 감축하는 등 제도개선을 지속적으로 추진해 농업인이 불편을 느끼지 않고 안정적으로 면세유를 사용할 수 있도록 최선을 다하겠다."고 밝혔다.

① 개정된 특례규정으로 인해 농민의 경제적 부담이 완화될 것이다.
② 개정된 특례규정은 모든 농기계의 시간계측기 부착 의무를 면제하였다.
③ 농협의 향후 제도개선 방안은 농민의 면세유 사용 절차를 간소화할 것이다.
④ 기존에는 시간계측기를 부착하지 않은 경우 면세유 공급에 제한이 있었다.
⑤ 기존에는 1년에 2회씩 사용실적을 신고하지 않은 경우 면세유 공급을 제한받았다.

정답 │ 해설

세 번째 문단의 마지막 문장을 통해 휘발유·경유·중유를 사용하는 농기계는 종전대로 시간계측기를 부착하고 실적을 신고해야 한다는 것을 알 수 있다. 따라서 모든 농기계의 시간계측기 부착 의무를 면제하였다는 ②는 적절하지 않다.

오답분석
① 네 번째 문단을 통해 확인할 수 있다.
③ 마지막 문단을 통해 확인할 수 있다.
④·⑤ 두 번째 문단을 통해 확인할 수 있다.

정답 ②

66 다음 글의 내용으로 가장 적절한 것은?

> 인공지능을 면접에 활용하는 일이 논의되고 있다. 인공지능 앞에서 면접을 보느라 진땀을 흘리는 인간의 모습을 보게 될 날이 머지않은 듯하다. 미래에 인공지능이 인간의 고유한 영역까지 대신할 것이라고 혹자들은 말하지만, 과연 인공지능이 인간을 대신할 수 있을까?
> 인공지능은 인간의 삶을 편리하게 돕는 도구일 뿐이다. 인간이 만든 도구인 인공지능이 인간을 평가할 수 있는지에 대해 생각해 볼 필요가 있다. 도구일 뿐인 기계가 인간을 평가하는 것은 정당하지 않다. 인간이 개발한 인공지능이 인간을 판단한다는 것은 주체와 객체가 뒤바뀌는 상황이 발생함을 의미한다.
> 인공지능이 발전하더라도 인간과 같은 사고는 불가능하다. 인공지능은 겉으로 드러난 인간의 말과 행동을 분석하지만 인간은 말과 행동 너머의 의미까지 고려하여 사고한다. 인공지능은 빅데이터를 바탕으로 결과를 도출해 내는 기계에 불과하므로 통계적 분석을 할 뿐, 타당한 판단을 할 수 없다. 기계가 타당한 판단을 할 것이라는 막연한 기대를 한다면 머지않아 인간이 기계에 예속되는 상황이 벌어질지도 모른다.
> 인공지능은 사회적 관계를 맺을 수 없다. 반면 인간은 사회에서 의사소통을 통해 관계를 형성한다. 이 과정에서 축적된 경험을 바탕으로, 인간은 타인의 잠재력을 발견할 수 있다.

① 인공지능과 인간의 공통점을 통해 논지를 주장하고 있다.
② 인공지능은 빅데이터를 바탕으로 타당한 판단을 할 수 있다.
③ 인공지능은 의사소통을 통해 사회적 관계를 형성한다.
④ 미래에 인공지능이 인간을 대체할 것이다.
⑤ 인공지능이 인간을 평가하는 것은 정당하지 않다.

정답 | 해설

인공지능은 인간이 만든 도구일 뿐이고, 이런 도구가 인간을 평가하면 주체와 객체가 뒤바뀌는 상황이 발생하므로, 기계가 인간을 판단하는 것은 정당하지 않다고 주장하는 글이다.

[오답분석]
① 인공지능과 인간의 차이점을 통해 논지를 주장하고 있다.
② 인공지능은 빅데이터를 바탕으로 결과를 도출해 내는 기계에 불과하므로, 통계적 분석을 할 뿐 타당한 판단을 내릴 수 없다.
③ 인간은 사회에서 의사소통을 통해 관계를 형성한다.
④ 미래에 인공지능이 인간을 대체할 것인지에 대해서는 글을 통해 알 수 없다.

정답 ⑤

| 2021 지역농협 6급(60문항)

01 다음 제시된 단어의 유의어는?

> 털끝

① 일호   ② 끝장
③ 관대   ④ 궁극

정답 **해설** ───────────────────────────────────────○

• 털끝 : 아주 적거나 사소한 것을 비유적으로 이르는 말
• 일호 : 극히 작은 정도를 이르는 말

[오답분석]
② 끝장 : 일이 더 나아갈 수 없는 막다른 상태
③ 관대 : 죄나 허울 따위를 너그럽게 용서함
④ 궁극 : 어떤 과정의 마지막이나 끝

정답 ①

| 2021 지역농협 6급(60문항)

02 다음 중 ㉠ ~ ㉢에 들어갈 어휘가 바르게 연결된 것은?

> • 생산성 ㉠ 재고 / 제고를 위한 대책을 마련해야 한다.
> • 문장 속에 숨겨진 ㉡ 함의 / 결의를 살펴보고자 한다.
> • 과도한 경쟁에 대한 ㉢ 지향 / 지양을 당부했다.

	㉠	㉡	㉢		㉠	㉡	㉢
①	재고	결의	지향	②	재고	함의	지양
③	제고	함의	지양	④	제고	함의	지향

정답 **해설** ───────────────────────────────────────○

• 제고(提高) : 쳐들어 높임
• 함의(含意) : 말이나 글 속에 어떠한 뜻이 들어 있음 또는 그 뜻
• 지양(止揚) : 더 높은 단계로 오르기 위하여 어떠한 것을 하지 않음

[오답분석]
• 재고(再考) : 어떤 일이나 문제 따위에 대하여 다시 생각함
• 결의(決意) : 뜻을 정하여 굳게 마음을 먹음 또는 그런 마음
• 지향(志向) : 어떤 목표로 뜻이 쏠리어 향함 또는 그 방향이나 그쪽으로 쏠리는 의지

정답 ③

※ 다음 중 밑줄 친 ㉠, ㉡의 한자 표기가 바르게 연결된 것을 고르시오. [3~4]

03

> 이번 ㉠ 사업으로 큰 손해를 본 A씨는 다음 투자는 신중히 해야겠다고 마음속으로 ㉡ 결의하였다.

	㉠	㉡		㉠	㉡
①	司業	決議	②	邪業	決意
③	邪業	決議	④	事業	決意

정답 | 해설

- 사업(事業) : 어떤 일을 일정한 목적과 계획을 가지고 짜임새 있게 지속적으로 경영함 또는 그 일
- 결의(決意) : 뜻을 정하여 굳게 마음을 먹음 또는 그런 마음

오답분석

- 사업(司業) : 신라, 고려, 조선 시대의 벼슬
- 사업(邪業) : 나쁜 행위 또는 올바른 길에서 벗어나는 행위
- 결의(決議) : 의논하여 결정함 또는 그런 결정

정답 ④

2023 하반기 지역농협 6급(60문항)

04

> 국보 1호 숭례문은 2층 누각에서 발생한 작은 불씨로 인해 누각을 받치는 석축만 남긴 채 전소하였다. 이는 자신이 소유한 토지보상 문제로 불만을 품은 C씨가 숭례문에 시너를 붓고 불을 지른 사건으로, 원래의 모습을 완벽하게 ㉠ 복구하기는 사실상 불가능할 것으로 판단된다.
> 사건 직후 숭례문 ㉡ 복원 작업에 착수하였는데, 2층 문루 정면에 걸려 있던 숭례문 현판도 떼어내는 과정에서 지면으로 떨어져 심하게 손상되었고, 일부 파편은 유실되었다. 실측 도면이 있으나 주요 부분들이 불에 타버렸거나 손상되었기 때문에 원래의 모습을 되찾기는 어렵다는 것이다.

	㉠	㉡		㉠	㉡
①	복구(復舊)	복원(復元)	②	복구(復舊)	복원(復員)
③	복구(復仇)	복원(復元)	④	복구(復仇)	복원(復員)

정답 | 해설

㉠ 복구(復舊) : 회복할 복(復)+옛 구(舊) → 손실 이전의 상태로 회복함
㉡ 복원(復元) : 회복할 복(復)+으뜸 원(元) → 원래대로 회복함

오답분석

- 복구(復仇) : 회복할 복(復)+원수 구(仇) → 원수를 되갚아 줌
- 복원(復員) : 회복할 복(復)+인원 원(員) → 전시 체제에 있던 군대를 평상 체제로 돌려 군인의 소집을 해제하는 일

정답 ①

CHAPTER 01 의사소통능력 • 83

※ 다음 빈칸에 들어갈 단어로 가장 적절한 것을 고르시오. [5~7]

| 2021 지역농협 6급(60문항)

05

> 지나친 나트륨 섭취는 건강에 나쁘다는 것이 일반적인 _____이다.

① 만념   ② 상념

③ 이념   ④ 통념

정답 | 해설

제시된 단어 중 보편적으로 널리 받아들여지는 개념을 뜻하는 단어는 '통념'이다.
• 통념(通念) : 일반적으로 널리 통하는 개념

오답분석
① 만념(萬念) : 여러 가지 많은 생각
② 상념(想念) : 마음속에 품고 있는 여러 가지 생각
③ 이념(理念) : 이상적인 것으로 여겨지는 생각이나 견해

정답 ④

| 2019 상반기 지역농협 6급(70문항)

06

> 토론에서 세 명이 _____을/를 한다.

① 발인(發靷)   ② 발족(發足)

③ 발주(發注)   ④ 발제(發題)

⑤ 발췌(拔萃)

정답 | 해설

제시된 단어 중 토론과 관련된 단어는 '발제'이다.
• 발제(發題) : 토론회나 연구회 따위에서 어떤 주제를 맡아 조사하고 발표함

오답분석
① 발인(發靷) : 장례를 지내러 가기 위하여 상여 따위가 집에서 떠남 또는 그런 절차
② 발족(發足) : 어떤 조직체가 새로 만들어져서 일이 시작됨 또는 그렇게 일을 시작함
③ 발주(發注) : 물건을 보내 달라고 주문하는 것으로, 주로 공사나 용역 따위의 큰 규모의 거래에서 이루어짐
⑤ 발췌(拔萃) : 책, 글 따위에서 필요하거나 중요한 부분을 가려 뽑아냄 또는 그런 내용

정답 ④

07

> 상대방 의견은 _____의 가치도 없다.

① 일각(一角)   ② 일고(一考)

③ 일람(一覽)   ④ 일부(一部)

⑤ 일반(一般)

정답 | 해설 ○

문맥을 통해 의견에 대한 평가를 내릴 것임을 추측할 수 있다. 따라서 빈칸에는 제시된 단어 중 한 번 생각해 본다는 뜻인 '일고'가 들어가는 것이 적절하다.

• 일고(一考) : 한 번 생각해 봄

[오답분석]

① 일각(一角) : 한 귀퉁이 또는 한 방향
③ 일람(一覽) : 한 번 봄 또는 한 번 죽 훑어봄
④ 일부(一部) : 일부분(한 부분)
⑤ 일반(一般) : 전체에 두루 해당되는 것

정답 ②

---

08 다음 중 '농협'의 한자 표기로 옳은 것은?

① 農協   ② 濃協

③ 儂脅   ④ 農劦

정답 | 해설 ○

농업협동조합(農業協同組合)의 줄임말인 '농협(農協)'은 한자로 農(농사 농), 協(화합할 협)을 사용한다.

[오답분석]

② 濃(짙을 농), 協(화합할 협)
③ 儂(나 농), 脅(옆구리 협)
④ 農(농사 농), 劦(합할 협)

정답 ①

문제풀이 Tip

농사(農事)를 위해 밭(田)에서 힘(力)들여 쟁기질하는 남자(男)가 혼자서는 모든 일을 할 수 없어 여럿이 쟁기질을 해야 할 때를 가리켜 '힘 합할 / 합할 협(劦)'이라 하며, 합할 협(劦)의 왼편에 많은 수의 상징인 '열 십(十)'을 놓고 많은 사람들이 힘에 힘을 더해 화합하여 힘든 일을 잘 해내므로 '화합할 협(協)'이라 한다.

09 다음 중 반의 관계인 것은?

① 成長 : 衰退　　　　　　　② 合格 : 成功

③ 商人 : 販賣　　　　　　　④ 代表 : 社長

⑤ 動物 : 昆蟲

정답　해설

• 成長(성장) : 사람이나 동식물 따위가 자라서 점점 커짐 또는 사물의 규모나 세력 따위가 점점 커짐
• 衰退(쇠퇴) : 기세나 상태가 쇠하여 전보다 못하여 감

[오답분석]
② 合格(합격)과 成功(성공)은 유의 관계이다.
③ 商人(상인)이 물건을 販賣(판매)하므로 직업과 행위의 관계이다.
④ 代表(대표)와 社長(사장)은 유의 관계이다.
⑤ 昆蟲(곤충)이 動物(동물)에 속하는 하위 관계이다.

정답 ①

---

10 다음 글과 가장 관련 있는 한자성어는?

> N은행 농가희망봉사단 소속 60여 명은 A지역 내 3개 농가의 주택을 개보수하는 사랑의 집 고치기 봉사를 했다. 봉사단원들은 이날 이른 아침부터 저녁 늦게까지 지붕을 덧씌우고 낡은 벽을 수리하였으며, 전선과 전등 등 전기시설 교체, 보일러 점검, 노후화된 장판과 싱크대 교체, 주거용 하우스 철거 및 이동식 주택 설치, 가스레인지 가설 등으로 온종일 구슬땀을 흘렸다.
> 이번 작업은 사전에 현지를 방문, 필요한 자재 등을 파악한 뒤 이루어진 것이어서 매우 순조롭게 진행되었으며, 봉사단의 정성과 노력으로 새롭게 단장된 집 모습에 농가들은 연신 "고맙다."는 감사의 마음을 전했다.

① 음마투전(飮馬投錢)　　　　② 해의추식(解衣推食)

③ 괄목상대(刮目相對)　　　　④ 반계곡경(盤溪曲徑)

정답　해설

'해의추식(解衣推食)'은 '옷을 입히고, 음식을 밀다.'는 뜻으로, '입고 있던 옷을 벗어 입혀주고 음식을 나누어 준다.'는 의미이다. 이는 남에게 은혜를 베푸는 것을 말하므로, 제시문의 봉사활동과 그 의미가 가장 관련 있다.

① 음마투전(飲馬投錢) : 말에게 물을 마시게 할 때 먼저 돈을 물속에 던져서 물 값을 갚는다는 뜻으로, 결백한 행실을 비유함
③ 괄목상대(刮目相對) : 눈을 비비고 상대방을 대한다는 뜻으로, 상대방의 학식이나 재주가 갑자기 몰라볼 정도로 나아졌음을 이르는 말
④ 반계곡경(盤溪曲徑) : 꾸불꾸불한 길이라는 뜻으로, 정당하고 평탄한 방법으로 하지 않고 그릇되고 억지스럽게 함을 이르는 말

정답 ②

11 다음 밑줄 친 한자성어와 뜻이 다른 것은?

> 이번 달도 이렇게 마무리되었습니다. 우리는 이번에 매우 소중한 경험을 하였습니다. 경쟁사의 대두로 인해 모든 주력 상품들의 판매가 저조해지고 있는 가운데 모두 거래처를 찾아가 한 번, 두 번으로 안 되면 될 때까지 계속해서 십벌지목(十伐之木) 끝에 위기를 넘기고 오히려 전보다 더 높은 수익을 얻었습니다. 모두 너무나 감사합니다.

① 반복무상(反覆無常)　　　　　　② 마부작침(磨斧作針)
③ 우공이산(愚公移山)　　　　　　④ 적진성산(積塵成山)
⑤ 철저성침(鐵杵成針)

정답 **해설**

- 십벌지목(十伐之木) : '열 번 찍어 아니 넘어가는 나무가 없다.'는 뜻으로 어떤 어려운 일이라도 여러 번 계속(繼續)하여 끊임없이 노력(努力)하면 기어이 이루어 내고야 만다는 의미이다.
- 반복무상(反覆無常) : '언행(言行)이 이랬다저랬다 하며 일정(一定)하지 않거나 일정(一定)한 주장(主張)이 없음'을 이르는 말이다.

② 마부작침(磨斧作針) : '도끼를 갈아 바늘을 만든다.'는 뜻으로, 아무리 어려운 일이라도 끈기 있게 노력(努力)하면 이룰 수 있음을 비유하는 말
③ 우공이산(愚公移山) : '우공이 산을 옮긴다.'는 말로, 남이 보기엔 어리석은 일처럼 보이지만 한 가지 일을 끝까지 밀고 나가면 언젠가는 목적(目的)을 달성(達成)할 수 있다는 뜻
④ 적진성산(積塵成山) : '티끌 모아 태산(泰山)'이라는 뜻으로 작거나 적은 것도 쌓이면 크게 되거나 많아짐을 의미함
⑤ 철저성침(鐵杵成針) : '철 절굿공이로 바늘을 만든다.'는 뜻으로, 아주 오래 노력하면 성공한다는 말을 나타냄

정답 ①

문제풀이 Tip

> 제시된 한자성어가 생소할 경우에는 문항에 제시된 한자성어들의 공통점은 없는지 찾아보도록 한다. 한자성어 뜻이 다른 문항을 고르는 문제이므로 끊임없는 노력을 통해 성취를 이룬다는 비슷한 의미를 지닌 우공이산과 마부작침은 정답이 될 수 없으며, 나머지 문항들 중에서도 비슷한 의미를 지닌 단어를 찾으면 되기 때문이다.

12 다음 시가와 가장 관련이 없는 한자성어는?

반중 조홍감*이 고와도 보이나다.

유자 아니라도 품음직 하다마는

품어가 반길 이 없을새 글로 설워하나이다.

왕상의 잉어 잡고 맹종의 죽순 꺾어

검던 머리 희도록 노래자의 옷을 입고

일생에 양지성효(養志誠孝)*를 증자*같이 하리이다.

만균*을 늘려 내어 길게길게 노*를 꼬아

구만리 장천에 가는 해를 잡아매어

북당*에 학발쌍친*을 더디 늙게 하리이다.

군봉* 모이신 데 외까마귀 들어오니

백옥 쌓인 곳에 돌 하나 같다마는

두어라 봉황도 비조와 류시니* 모셔 논들 어떠하리.

　　　　　　　　　　　　　　　　　　－ 박인로, 『조홍시가(早紅柿歌)』

* 반중 조홍감 : 소반 위에 담긴 일찍 익은 홍시
* 양지성효(養志誠孝) : 부모의 뜻을 받드는 정성
　스러운 효성
* 증자 : 효심이 깊은 것으로 유명한 공자의 제자
* 만균 : 큰 쇳덩어리

* 노 : 노끈
* 북당 : 늙은 부모가 계신 안방
* 학발쌍친 : 머리 흰 늙은 부모
* 군봉 : 여러 마리의 봉황새
* 비조와 류시니 : 나는 새와 한 종류이시니

① 혼정신성

② 풍수지탄

③ 연군지정

④ 망운지정

정답 해설

박인로의 『조홍시가』는 홍시를 보고 돌아가신 부모님을 떠올리는 제1수, 효자로 알려진 사람들의 배경고사를 인용해 부모님께 효도하겠다는 마음을 드러낸 제2수, 불가능한 상황을 설정하여 부모님이 더디 늙으시기를 바라는 제3수, 봉황이 모인 곳에 효를 상징하는 외까마귀가 들어온다는 말을 통해 효자들을 본받고 싶은 마음을 표현한 제4수로 이루어져 있다. 따라서 조홍시가가 '효'와 관련이 깊음을 알 수 있으며 이 시가와 관련이 먼 것은 임금에 대한 그리움과 변함없는 사랑을 뜻하는 '연군지정'이다.

[오답분석]
① 혼정신성(昏定晨省) : 아침저녁으로 부모의 안부를 물어 살핌
② 풍수지탄(風樹之歎) : 부모에게 효도를 다하려고 생각할 때에는 이미 돌아가셔서 그 뜻을 이룰 수 없음
④ 망운지정(望雲之情) : 자식이 객지에서 고향의 어버이를 생각하는 마음

정답 ③

이론 더하기

충효사상

중국·한국·일본 등 아시아 유교 문화권이 도덕 관념으로 중시한 유교 교리로, 효(孝)는 가부장에 대한 맹목적 복종을, 그리고 충은 같은 문맥에서 군주에 대한 무조건적 헌신을 뜻한다고 알려져 있다. 하지만 실제로 충효는 부(父)에게 효도하고 군(君)에게 충성하되 부당한 처사에 불복하고 비합리적 명령에 항거하는 정신을 핵심적 내용으로 포함하고 있다고 할 수 있다.

13 다음 제시된 단어의 관계와 가장 유사한 것은?

> 무릇 – 대저

① 여우잠 – 괭이잠

② 새우잠 – 여우잠

③ 나비잠 – 겉잠

④ 등걸잠 – 말뚝잠

정답 해설

'무릇'은 '대체로 헤아려 생각하건대'라는 의미로 '대체로 보아서'를 의미하는 '대저'와 유의 관계이다. 따라서 이와 유사한 관계로 ①이 가장 적절하다.

• 여우잠 : '겉잠(깊이 잠들지 않는 잠)'의 북한어

• 괭이잠 : 깊이 들지 못하고 자주 깨면서 자는 잠

오답분석

• 새우잠 : 새우처럼 등을 구부리고 자는 잠

• 나비잠 : 갓난아이가 두 팔을 머리 위로 벌리고 자는 잠

• 등걸잠 : 옷을 입은 채 아무것도 덮지 않고 아무 데나 쓰러져 자는 잠

• 말뚝잠 : 꼿꼿이 앉은 채로 자는 잠

정답 ①

14 다음 중 ㉠ ~ ㉢에 들어갈 어휘의 표기로 옳은 것끼리 짝지어진 것은?

> • 성준이는 수업 시간에 ㉠ 딴생각 / 딴 생각을 많이 하는 편이다.
> • 그는 내가 ㉡ 사사받은 / 사사한 교수님이다.
> • 궂은 날씨로 인해 기대했던 약속이 ㉢ 파토 / 파투 났다.

	㉠	㉡	㉢		㉠	㉡	㉢
①	딴생각	사사받은	파토	②	딴생각	사사한	파투
③	딴 생각	사사받은	파토	④	딴 생각	사사받은	파투
⑤	딴 생각	사사한	파투				

정답 해설

㉠ 딴생각 : '주의를 기울이지 않고 다른 데로 쓰는 생각'을 의미하는 하나의 단어이므로 붙여 쓴다.

㉡ 사사(師事) : '스승으로 섬김 또는 스승으로 삼고 가르침을 받음'의 의미를 지닌 단어로, 이미 '받다'라는 의미를 자체적으로 지니고 있기 때문에 '사사받다'가 아닌 '사사하다'가 올바른 표기이다.

㉢ 파투 : '파토'는 '일이 잘못되어 흐지부지됨을 비유적으로 이르는 말'인 '파투'의 잘못된 표현이다.

정답 ②

15 다음 밑줄 친 단어와 같은 의미로 쓰인 것은?

> 사람들의 함성이 공연장을 가득 <u>메웠다</u>.

① 해당 문서의 공란을 <u>메워</u> 제출해주시길 바랍니다.
② 그 선수는 지속적인 훈련을 통해 부족한 점을 <u>메우기로</u> 했다.
③ 그녀는 무료한 시간을 <u>메우기</u> 위해 뜨개질을 시작했다.
④ 불법 주차된 차량이 인근 도로를 <u>메워</u> 주민들이 불편을 겪고 있다.
⑤ 남의 소에 멍에를 <u>메워</u> 제 밭을 간다.

정답 │ 해설

제시문의 '메우다'는 '메다'의 사동사로 '어떤 장소를 가득 채우다.'의 의미로 쓰였으며, 이와 같은 의미로 사용된 것은 ④이다.

[오답분석]
① 뚫려 있거나 비어 있는 곳을 <u>막거나 채우다</u>.
② 부족하거나 모자라는 것을 <u>채우다</u>.
③ <u>시간</u>을 적당히 또는 그럭저럭 <u>보내다</u>.
⑤ 말이나 소의 목에 멍에를 얹어서 <u>매다</u>.

정답 ④

16 다음 중 밑줄 친 부분의 띄어쓰기가 옳은 것은?

① 토마토는 <u>손 쉽게 가꿀 수 있는</u> 채소이다.
② 농협이 <u>발 빠르게</u> 지원에 나서 주목받고 있다.
③ 겨울한파에 <u>언마음이</u> 따뜻하게 녹았으면 좋겠다.
④ 협동의 깃발 아래 <u>한 데</u> 뭉치자.

정답 │ 해설

'<u>발(이) 빠르다.</u>'는 '알맞은 조치를 신속히 취하다.'는 의미의 **관용구로 띄어 쓴다**. 따라서 띄어쓰기가 옳은 것은 ②이다.

[오답분석]
① 손 쉽게 가꿀 수 있는 → <u>손쉽게</u> 가꿀 수 있는 : '<u>손쉽다</u>'는 '어떤 것을 다루거나 어떤 일을 하기가 퍽 쉽다.'의 의미를 지닌 <u>한 단어이므로 붙여 쓴다</u>.
③ 겨울한파에 언마음이 → 겨울한파에 <u>언 마음이</u> : '<u>언</u>'은 동사 '얼다'에 <u>관형사형 어미인 '-ㄴ'이 결합한 관형어</u>이므로 '언 마음'과 같이 <u>띄어 쓴다</u>.
④ 깃발 아래 한 데 뭉치자 → 깃발 아래 <u>한데</u> 뭉치자 : '<u>한데</u>'는 '한곳이나 한군데'의 의미를 지닌 <u>한 단어이므로 붙여</u> 쓴다.

정답 ②

※ 다음 중 단어의 발음이 잘못 연결된 것을 고르시오. [17~18]

| 2015 지역농협 6급

17 ① 더럽다[더 : 럽따]　　　　　② 긷다[긷 : 따]
　　　③ 밟다[밥 : 따]　　　　　　　④ 장단[장 : 단]

정답 | 해설

[장 : 단] → [장단]으로 장음 없이 발음한다.

정답 ④

문제풀이 Tip

우리말에는 수많은 장단음이 존재하기 때문에 사실상 모든 장단음을 외우는 것은 불가능하다. 하지만 평소 국어사전을 통해 틈틈이 단어의 장단음을 파악하거나 표준어 규정 제2부 표준 발음법 제3장 음의 길이에서 모음의 장단규칙을 숙지하는 것으로 오답을 최대한 줄일 수 있을 것이다.

| 2015 지역농협 6급

18 ① 솜이불 – [솜 : 니불]　　　　② 콩엿 – [콩녇]
　　　③ 직행열차 – [지캥녈차]　　　④ 이죽이죽 – [이죽니죽]

정답 | 해설

'이죽이죽'은 [이중니죽 / 이주기죽]으로 발음한다. 합성어 및 파생어에서 앞 단어나 접두사의 끝이 자음이고 뒤 단어나 접미사의 첫 음절이 '이, 야, 여, 요, 유'인 경우 'ㄴ' 소리를 첨가하여, [니, 냐, 녀, 뇨, 뉴]로 발음한다.

정답 ④

이론 더하기

표준어 규정 제7장 음의 첨가

제29항 합성어 및 파생어에서, 앞 단어나 접두사의 끝이 자음이고 뒤 단어나 접미사의 첫음절이 '이, 야, 여, 요, 유'인 경우에는, 'ㄴ' 음을 첨가하여 [니, 냐, 녀, 뇨, 뉴]로 발음한다.
　　다만, 다음과 같은 말들은 'ㄴ' 음을 첨가하여 발음하되, 표기대로 발음할 수 있다.
　　예 이죽 – 이죽[이중니죽 / 이주기죽], 야금 – 야금[야금냐금 / 야그먀금], 검열[검 : 녈 / 거 : 멸], 욜랑 – 욜랑
　　　[욜랑놀랑 / 욜랑욜랑], 금융[금늉 / 그융]

19 다음은 농민신문의 기사 일부이다. 이 기사에서 맞춤법이 틀린 글자는 몇 개인가?(단, 띄어쓰기는 무시한다)

◆ **농업계 염원 외면한 정부**

농축산물은 법 적용에서 제외하거나 적용기준을 완화해주길 바랐던 농축산물 유통업계는 실망감을 감추지 못했다.

특히 올 추석경기는 「김영란법」 시행 이후 전개될 업계판도를 가능해볼 수 있는 축소판이라고 입을 모은다. 법 시행 이전임에도 농축산물 소비가 크게 위축된 만큼 본격적으로 법이 시행되면 농축산업계 피해는 더욱 커질 것이라는 전망을 내놓고 있다.

서울 가락동 농수산물도매시장의 한 중도매인은 "최근 5년 동안 올해만큼 과일 선물세트 판매가 힘들기는 처음인 것 같다."며 "「김영란법」 시행을 앞두고 수년 전부터 꾸준히 거래했던 기업의 발주물량이 크게 줄었다."고 분위기를 전했다.

농업계는 특히 「김영란법」이 고품질 농축산물 소비를 위축시키고, 농축산물 판매가격 상승폭을 제한하는 가이드라인으로 작용할 가능성이 크다고 우려한다. 선물 기준 가액이 5만 원으로 정해진 만큼 비교적 고가로 판매되는 친환경농산물이나 농산물우수관리(GAP) 인증 농산물의 판매 위축은 물론 5만 원 이하 맞춤형 저가 상품 판매 확대에 따른 가격상승폭 제한은 불가피하다는 것이다.

◆ **사면초가에 빠진 인삼 · 화훼업계**

「김영란법」 시행의 최대 피해 품목으로 꼽히는 인삼 · 화훼업계는 망연자실한 표정이다.

농협홍삼 마케팅본부장은 "시행령 상한액 기준에 따라 5만 원 이하의 저가 제품 구성을 늘릴 수밖에 없다."며 "저가 제품은 인삼함유량이 10% 이하에 불과해 인삼 소비에 악영향을 미칠 것"이라고 우려했다.

화훼 유통업계는 경조사용 소비의 비중이 80% 이상을 차지해 타격이 더욱 클 것이란 전망이다. 화훼의 경우 시행령에서 경조사용 화환은 경조사비(10만 원), 승진 축하용 난은 선물(5만 원)에 해당한다. 화훼 유통업체인 F플라워 대표는 "화환은 부주금을 포함하면 10만 원이 넘기 때문에 사실상 거래가 어렵다."며 "난도 저가의 품종은 5만 원 정도이지만 선물용으로서의 가치가 떨어진다."고 말했다. 그러면서 "법이 시행되면 꽃 선물이 금기시되면서 화훼산업이 붕괴될 것"이라고 한숨을 내쉬었다.

---

① 1개 ② 2개

③ 3개 ④ 4개

⑤ 5개

정답 해설 ─────────────────────────────○

• 특히 올 추석경기는 「김영란법」 시행 이후 전개될 업계판도를 <u>가능</u>해볼 수 있는 축소판이라고 입을 모은다. → **가늠**
• 화환은 <u>부주금</u>을 포함하면 10만 원이 넘기 때문에 사실상 거래가 어렵다. → **부조금**

정답 ②

20 다음 중 언어의 친교적 기능이 드러난 대화를 모두 고른 것은?

> ㉠ A : 오늘 날씨가 춥네. 밥은 먹었니?
>   B : 옷을 좀 더 따뜻하게 입고 다녀야겠네.
> ㉡ A : 얘, 이제 곧 저녁 먹어야 하는데 지금 어디 가니?
>   B : 우체국에 잠시 다녀올게요.
> ㉢ A : 이만 가봐야겠다. 이따가 전화하자.
>   B : 오늘 정말 즐거웠어.
> ㉣ A : 김대리, 여행은 어디로 다녀왔나?
>   B : 네, 부장님. 홍콩과 마카오로 다녀왔습니다.
> ㉤ A : 이렇게 헤어지기 너무 아쉽다.
>   B : 그래, 조만간 밥 한번 먹자.
> ㉥ A : 오랜만이네. 얼굴이 더 좋아졌다.
>   B : 그래, 너도 잘 지내고 있지?

① ㉠, ㉡

② ㉡, ㉣

③ ㉠, ㉢, ㉤

④ ㉡, ㉣, ㉥

⑤ ㉠, ㉢, ㉤, ㉥

정답 | 해설

언어의 친교적 기능이란 어떤 정보를 요구하거나 전달하기보다는 언어를 통해 사람들 간의 친밀한 관계를 확인하거나 유지하는 기능으로 대부분의 인사말이 이에 속한다. ㉠의 '밥은 먹었니?', ㉢의 '이따가 전화하자.', ㉤의 '조만간 밥 한번 먹자.', ㉥의 '얼굴이 더 좋아졌다.' 등은 어떤 대답을 요구하거나 행동을 할 것을 요청하는 것이 아니라 특별한 의미 없이 친근함을 나타내고자 사용되었다.

오답분석

㉡과 ㉣의 경우 A가 대답을 요구하는 질문을 함으로써 B가 그에 대한 정보를 전달하고 있으므로, 친교적 기능이 드러난 대화로 보기 어렵다.

정답 ⑤

이론 더하기

야콥슨의 여섯 가지 언어의 기능

① 정보적 기능 : 관련 상황에 대하여 말하는 사람이 듣는 사람에게 내용을 알려주는 기능

② 표출적 기능 : 표현적 또는 정서적 기능이라고도 하며, 말하는 사람의 감정이나 태도에 초점이 맞추어진 기능
예 발음의 높낮이, 길고 짧음 등

③ 명령적 기능 : 말을 듣는 사람에게 무엇인가를 행동하도록 요구하는 기능

④ 친교적 기능 : 의미 전달과 같은 사무적인 목적 외에 친교를 위해 서로 이야기를 주고받는다는 사실 자체에 초점이 맞추어진 기능

⑤ 관어적 기능 : 언어가 언어끼리 관계하고 있는 기능 예 춘부장＝아버지

⑥ 미학적 기능 : 언어적 예술 작품 자체를 위하여 언어 표현이 사용되는 기능

21 다음 공고문을 읽고 이해한 내용으로 적절하지 않은 것은?

제1회 농업인과 함께하는 스마트농업 현장활용 경진대회

1. 대회 기간 : 2022년 8월 ~ 12월 말

대회 공고	→	참가 접수	→	작물재배 예선	→	성과 평가	→	시상식
8월 1일		8월 8일		10월 ~ 11월		11월 中		12월

2. 참가 분야 및 자격

   * 수상예정자 자격 충족 여부 확인 : 농업경영체등록확인서, 현장실사 등

   ① 시설원예 스마트팜 작물재배
   - (대상) 스마트팜을 운영하는 중소·청년 농업인
     - 단독 또는 팀(시군농업기술센터, 지역농협 등) 참여 가능
     - 단체, 대학, 민간업체의 참여는 제한되며 농업인 중심의 협업은 가능함
   - (작목) 경진대회 동안 재배가 가능한 작목(토마토, 딸기에 한함)
   - (기술) 스마트팜 생산성 향상 AI 모델 등 다양한 요소기술 적용

   > - 스마트팜 데이터(환경, 생육, 경영 등) 수집, 관리 및 활용(시스템 활용)
   > - AI 기반 스마트팜 플랫폼 활용
   > - 스마트 병해충 예찰 및 방제
   > - 환경 복합 제어(온도, 습도, 양분, 광, 이산화탄소, 난방 등)
   > - 지능정보기술, 로봇 등 최신 ICT장비 도입 및 활용
   > - 작물생장 모니터링 기술
   > - 인공광원, 작물 관수 및 양액 공급, 재배기술
   > - 에너지 절감 시설
   > - 농산물 유통정보, 생산량, 가격 정보 활용 의사결정
   > - 인공지능 최적환경설정 모델, 영상 데이터 활용 스마트재배 의사결정 및 경영 등

   ② 스마트팜 수기공모
   - (대상) 스마트팜(시설원예, 노지, 축산)을 운영하고 있는 모든 농가
   - (주제) 스마트팜을 운영하며(준비, 운영 후기 포함) 경험한 다양한 이야기

   > - 스마트팜에 선진 영농기술을 접목하여 성과를 낸 사례
   > - 스마트팜 도입을 희망하는 농업인에게 전하고 싶은 이야기
   > - 스마트팜에 성공적으로 정착하거나 실패를 딛고 역경을 이겨낸 사례
   > - 스마트팜을 통해 농업·농촌·농민에 기여한 사례 등

   * 분야 간 중복참여는 가능하나, 중복수상은 불가(중복수상 시 두 분야 중 최고 시상금만 지급)

3. 참가 접수
   - (접수기간) 작물재배(8.8 ~ 9.8), 수기공모(8.8 ~ 10.31)
   - (접수방법) 온라인 접수가 원칙이며, 부득이한 경우 오프라인 접수 가능

4. 평가 : 평가위원회를 별도 구성하여 평가 기준 설정
- (작물재배) 1차 예선(도 단위 서류 및 현장점검) → 2차 본선(중앙단위 현장평가+발표평가)
  - 평가 서류 제출 시 세부추진계획은 참가자 개별 연락(메일 등)
- (수기공모) 서면심사 및 수상예정자 대상 현지점검
5. 시상
- 시설원예 스마트팜 작물재배 부문 : 00명(농협, 농진청 동일배분)
- 스마트팜 수기공모 부문 : 00명(농협, 농진청 동일배분)
  * 참가규모 및 상황에 따라 시상 계획은 변경될 수 있음
- 유의사항
  - 시상금에 대한 제세공과금(4.4%)은 수상자 부담
  - 모방 또는 차용, 타 공모전 출품작으로 확인되는 등 중대한 결격사유가 있는 경우 수상이 취소되며, 시상금 회수 조치
  - 작물재배 분야에 팀을 이루어 참가할 경우 시상금은 농업인에게 지급됨
6. 문의
- 작물재배 ☎ 012-345-6789 / abc@korea.kr
- 수기공모 ☎ 농협중앙회 02-1234-5678 / def@nbank.com
  * 전화문의는 평일 9:30 ~ 18:00까지 가능(주말 및 공휴일 제외)

① 참가 분야는 작물재배와 수기공모 두 부문이며, 단독 또는 팀으로 참여할 수 있다.
② 대회는 약 5개월간 진행되며, 참가 분야 간 중복참여가 가능하지만 중복수상은 불가능하다.
③ 참가 접수는 온라인과 오프라인 모두 가능하지만, 참가 분야에 따라 접수기간이 다르니 유의해야 한다.
④ 시상식은 12월에 있으며, 수상자는 시상금에 대한 제세공과금을 직접 부담해야 한다.
⑤ 대회 관련 문의는 전화와 이메일로 가능하지만, 참가 분야에 따라 문의처가 다르므로 유의해야 한다.

정답 | 해설

참가 분야는 '시설원예 스마트팜 작물재배'와 '스마트팜 수기공모' 두 부문이며, 수기공모의 경우 스마트팜(시설원예, 노지, 축산)을 운영하고 있는 **모든 농가만을 대상**으로 한다.

[오답분석]
② 1. '대회 기간'과 2. '참가 분야 및 자격'에서 확인할 수 있다.
③ 3. '참가 접수'에서 확인할 수 있다.
④ 1. '대회 기간'과 5. '시상'에서 확인할 수 있다.
⑤ 6. '문의'에서 확인할 수 있다.

정답 ①

문제풀이 Tip

공고문이나 안내문의 경우 대상 제외와 같은 예외 문항이나 다수의 대상을 언급하는 부분에서 문제가 출제되는 경우가 많으므로 꼼꼼히 살펴봐야 한다.

22 다음 글의 내용으로 적절하지 않은 것은?

> 핀테크(FinTech)란 Finance(금융)과 Technology(기술)의 합성어로 금융과 IT의 융합을 통한 금융 서비스 제공을 비롯한 산업의 변화를 통칭하는 신조어다. 금융 서비스의 변화로는 모바일(Mobile), SNS(Short Networking Service), 빅데이터(Big Data) 등 새로운 IT기술을 활용하여 기존의 금융 기법과 차별화된 서비스를 제공하는 기술 기반의 혁신이 대표적이다. 최근에 대중이 널리 사용하는 모바일 뱅킹(Mobile Banking)과 앱카드(App Card)도 이러한 시대적 흐름 가운데 나타난 핀테크 의 한 예라 볼 수 있다.
>
> 이에 따라 금융위원회는 핀테크 산업 발전을 위한 디지털 금융의 종합혁신방안을 발표하였다. 규제 완화와 이용자보호 장치마련이 주목적이었다. 종합지급결제업과 지급지시전달업의 신설로 핀테크 기업들은 고도화된 디지털 금융 서비스 창출과 수익 다각화의 기반을 마련했다. 간편결제에 소액 후불결제 기능을 추가한 것이라든지 선불결제 충전한도 상향 등은 중요한 규제완화의 예라 볼 수 있다. 전자금융업종의 통합과 간소화를 통해 이제는 자금이체업, 대금결제업, 결제대행업으로 산업 이 재편된 셈이다.
>
> 핀테크 산업의 미래는 데이터 기반의 마이데이터 서비스체계를 구축하는 것이다. 개인이 정보이동 권에 근거하여 본인의 데이터에 대한 개방을 요청하면 기업이 해당 데이터를 제3자에게 개방하도록 하는 것이 마이데이터의 개념이다. 그동안 폐쇄적으로 운영·관리되어 왔던 마이데이터를 통한 개 인정보의 활용으로 맞춤형 재무 서비스나 금융상품 추천 등 다양한 데이터 기반의 금융 서비스 활성 화가 기대되는 바이다. 또한 마이데이터의 도입으로 고객데이터 독점이 사라지는 상황에서 금융업 간 경쟁심화는 필연적일 것으로 보인다. 마이데이터 사업자와의 협력과 직접진출 등이 활발하게 나 타날 것으로 전망되기 때문이다.
>
> 사이버 관련 사고가 지능화되고 고도화되면서 보안기술과 시스템에 대한 수요도 높은 수준을 요구 하고 있다. 정부가 D.N.A(Data, Network, AI) 생태계 강화 등을 기반으로 디지털 뉴딜을 추진 중이며 전 산업의 디지털화가 진행 중이라 대부분의 산업에 있어서도 보안기술의 향상이 요구된다. 특히 최근에는 금융권 클라우드나 바이오 정보에 대한 공격증가에 따른 금융기관 등의 피해가 커질 위험에 노출되어 있어 주의를 요한다.
>
> 개인정보보호법, 신용정보법, 정보통신망법 등 개인정보보호 관련 3개 법률(데이터 3법) 개정안이 발표되었다. 이는 가명정보의 도입, 개인정보의 활용 확대, 마이데이터 산업 도입 등을 주요내용으 로 한다. 데이터 3법 개정으로 마이데이터 사업이 본격화되고 핀테크 기업 중심의 정보공유 활성화, 데이터 기반 신산업 발전 등이 효과를 볼 것으로 전망된다. 반면 개인정보 및 금융정보의 노출 가능 성이 높아지게 되고 보안사고의 위험과 개인정보 보호의 이슈가 부각될 수 있는 현실을 맞이하게 된 것이다.

① 빅데이터를 활용한 금융 서비스 제공 역시 핀테크의 일종이다.

② 핀테크 산업 활성을 위해서는 기존의 규제를 완화하는 것이 필요하다.

③ 마이데이터 서비스체계에서 기업은 개인의 동의하에 제3자에게 데이터를 제공할 수 있다.

④ 마이데이터 사업자 간의 협력이 활발해진다면 금융업 간 경쟁심화는 완화될 것으로 보인다.

⑤ 데이터 3법 개정과 함께 기업들은 개인정보 보호를 위한 보안기술 구축을 위해 별도로 노력해야 한다.

세 번째 문단에 따르면 오히려 마이데이터 사업자와의 협력과 직접진출 등이 활발하게 나타남으로써 **금융업 간 경쟁심화**는 **필연적일 것으로 전망된다.**

오답분석

① <u>모바일(Mobile), SNS(Short Networking Service), 빅데이터(Big Data) 등</u>을 활용하여 기존의 금융기법과 차별화된 서비스를 제공하는 것이 대표적인 핀테크 사례이다.

② 금융위원회는 핀테크 산업 발전을 위해 규제완화와 이용자보호 장치마련에 대한 <u>디지털금융의 종합혁신방안을 발표하</u>였다.

③ 개인이 정보이동권에 근거하여 <u>본인 데이터에 대한 개방을 요청하면 기업이 해당 데이터를 제3자에게 개방하도록</u>하는 것이 마이데이터 개념이다.

⑤ 데이터 3법 개정에 따라 핀테크 산업 진출이 활발해지면 그만큼 <u>금융권 클라우드나 바이오 정보에 대한 공격이 증가한</u>다. 이를 막기 위해서는 반드시 보안기술 시스템을 구축해야 한다.

정답 ④

※ 다음 문단을 논리적 순서대로 바르게 나열한 것을 고르시오. [23~25]

23

(가) 애그테크는 농업 산업의 생산성과 효율성을 높이고, 자원 사용을 최적화하며, 작물의 품질과 수량을 향상시키는 것을 목표로 한다. 다양한 기술을 활용하여 농작물 재배, 가축 사육, 작물 보호, 수확 및 포장 등 농업에 관련한 모든 단계에서 다양한 첨단 기술이 적용된다.

(나) 애그테크는 농업의 효율화, 자동화 등을 위해 다양한 기술을 활용한다. 첫째, 센서 기술을 통해 토양 상태, 기후 조건, 작물 성장 등을 모니터링한다. 이를 통해 작물의 생장 상태를 실시간으로 파악하고 작물에 필요한 물과 비료의 양을 조절할 수 있다. 둘째, 드론과 로봇기술을 통해 농지 상태를 파악하고 작물을 자동으로 식별하여 수확할 수 있다. 이를 통해 농업에 필요한 인력을 절감하고 생산성을 높일 수 있다. 셋째, 센서나 로봇으로 수집한 데이터를 분석하는 빅데이터 분석 기술을 통해 작물의 성장 패턴, 질병 예측, 수확 시기 등 최적의 정보를 얻을 수 있다. 이를 통해 농부는 더 효과적으로 작물을 관리하고 의사 결정을 내릴 수 있다. 넷째, 수직 농장, 수경 재배, 조직 배양 등 혁신적인 재배 기술을 통해 더 많은 작물을 작은 공간에서 생산하고 최적의 자원을 투입하여 낭비를 막을 수 있다. 마지막으로 생명공학 및 유전자 기술을 통해 작물의 생산성, 내구성 등을 개선할 수 있다. 이를 통해 수확량을 증대시키고, 재해에 대한 저항력을 향상시킬 수 있다.

(다) 농협경제연구소는 2023년 주목해야 할 농업·농촌 이슈 중의 하나로 "애그테크(Ag-tech)의 성장"을 선정하였다. 애그테크는 농업(Agriculture)과 기술(Technology)의 융합을 뜻하는 것으로 정보기술(ICT), 생명과학, 로봇공학, 센서 기술 등 다양한 기술을 농업 분야에 적용하는 기술이다.

(라) UN 식량농업기구(FAO)는 2050년에는 세계 인구가 90억 명으로 급증하여 식량부족현상이 일어날 수 있다고 경고한다. 농업에 종사하는 사람은 점점 적어지고 있으므로 애그테크는 자동화, 최적화, 효율화를 통해 급증하는 인구에 식량을 제공하고, 환경 문제를 해결하는 등 미래 사회를 위해 반드시 필요한 기술이다.

① (나) - (가) - (다) - (라)
② (나) - (다) - (가) - (라)
③ (다) - (가) - (나) - (라)
④ (다) - (나) - (가) - (라)
⑤ (다) - (라) - (가) - (나)

정답 | 해설

제시문은 애그테크의 정의와 효과, 적용되는 기술을 설명하는 글이다. 그러므로 애그테크에 대한 정의인 (다) 문단이 가장 앞으로 와야 하고, 이어서 애그테크의 효과에 대한 (가) 문단이 와야 한다. 이후 애그테크에 적용되는 다양한 기술을 설명한 (나) 문단이 배치되어야 하고, 결론인 (라) 문단이 배치되어야 한다. 따라서 (다) - (가) - (나) - (라) 순서가 적절하다.

정답 ③

24

은행 통폐합 속도내는데 … N은행은 영업점 늘었다, 왜?

(가) 은행별로는 S은행이 작년 연말 784개에서 올해 8월 722개로 62개의 영업점이 문을 닫았다. 이어 K은행(912개 → 856개, 56개 축소), W은행(768개 → 714개, 54개 축소), H은행(614개 → 597개, 17개 축소) 순으로 영업점이 폐쇄됐다. 반면 N은행은 지난해 1,109개에서 올해 8월 1,118개로 9개의 영업점이 늘어난 것으로 나타났다.

(나) 코로나19로 시작된 비대면 거래가 확산하면서 은행권의 영업점포 폐쇄가 늘어나고 공동점포 개점이 이어지는 등 시중은행들의 점포 통폐합 움직임이 갈수록 커지고 있는 가운데 N은행의 점포 수는 오히려 늘어난 것으로 나타났다.

(다) 은행 출장소는 일반 지점보다 상대적으로 규모가 작은 일종의 간이 점포다. 일반적으로 개인 여·수신 업무와 서비스를 제공하지만, 기업금융 등 일부 부문은 취급하지 않는다. 10명 안팎의 직원이 상주하는 지점과는 달리 출장소는 3∼5명의 소규모로 운영된다. 주로 공공시설이나 상가, 주택가 같은 특정 금융수요지역을 대상으로 설치된다.

(라) 금융권에 따르면 K은행·S은행·H은행·W은행·N은행 등 5대 시중은행의 올해 8월 말 기준 전국의 영업점포(지점·출장소) 수는 총 4,007개다. 지난해 연말 영업점포 수는 4,499개로, 8개월 새 492개의 영업점이 문을 닫은 것이다. 이 같은 은행들의 점포 폐쇄 추세의 주된 요인으로는 코로나19로 시작된 비대면 거래 확산과 함께 인터넷·모바일뱅킹 등의 디지털화, 점포 효율화 등도 꼽힌다.

(마) 이는 N은행이 일반 시중은행들과 달리 농촌 및 농가 지원이란 특수성을 띠고 있기 때문이다. N은행은 농어촌과 도시를 넘나드는 영업망과 네트워크를 보유하고 있어 일반 시중은행에 비해 상대적으로 점포 수가 많은 것이 특징이다. 지금까지도 점포 숫자를 유지하는 데 무게를 두어 왔다. 다만 N은행의 영업점이 올해 늘어난 것은 지점보다는 출장소 수가 확대된 데 따른 것이다. N은행은 최근 8개월간 폐점 없이 9개의 영업점이 늘어났지만, 지점 개수는 829개로 동일하고 출장소만 280개에서 289개로 늘어났다.

① (나) – (라) – (가) – (마) – (다)
② (나) – (마) – (다) – (가) – (라)
③ (다) – (라) – (마) – (가) – (나)
④ (라) – (가) – (나) – (마) – (다)
⑤ (라) – (마) – (다) – (나) – (가)

정답 | 해설

각 문단의 내용을 보면 은행별 영업점 변동 추이를 설명한 (가), N은행만 다른 은행들과 다른 추이를 보이는 원인을 설명한 (마), N은행에서 증설한 출장소의 개념을 설명한 (다)가 순서대로 이어지는 것이 적절함을 알 수 있다. 이때, (나) 문단과 (라) 문단은 개괄적인 상황 설명으로 (가) – (마) – (다)의 뒤쪽보다는 앞쪽에 배치되는 것이 적절하며, 배경을 설명한 (나) 문단이 시중은행의 통계를 제시하는 (라) 문단보다 앞에 오는 것이 자연스럽다. 따라서 (나) – (라) – (가) – (마) – (다) 순서가 적절하다.

정답 ①

25

(가) 이에 따라 오픈뱅킹시스템의 기능을 확대하고, 보안성을 강화하기 위한 정책적 노력이 필요할 것으로 판단된다. 오픈뱅킹시스템이 금융 인프라로서 지속성, 안정성, 확장성 등을 가지기 위해서는 오픈뱅킹시스템에 대한 법적 근거가 필요하다. 법제화와 함께 오픈뱅킹시스템에서 발생할 수 있는 사고에 대한 신속하고 효율적인 해결 방안에 대해 이해관계자 간의 긴밀한 협의도 필요하다. 오픈뱅킹시스템의 리스크를 경감하고, 사고 발생 시 신속하고 효율적으로 해결하는 체계를 갖춰 소비자의 신뢰를 얻는 것이 오픈뱅킹시스템, 나아가 마이데이터업을 포함하는 오픈뱅킹의 성패를 좌우할 열쇠이기 때문이다.

(나) 우리나라 정책 당국도 은행뿐만 아니라 모든 금융회사가 보유한 정보를 개방하는 오픈뱅킹을 선도해서 추진하고 있다. 먼저 은행권과 금융결제원이 공동으로 구축한 오픈뱅킹시스템이 지난해 전면 시행되었다. 은행 및 핀테크 사업자는 오픈뱅킹시스템을 이용해 은행계좌에 대한 정보 조회와 은행계좌로부터의 이체 기능을 편리하게 개발하였다. 현재 저축은행 등의 제2금융권 계좌에 대한 정보 조회와 이체 기능을 추가하는 방안이 논의 중이다.

(다) 핀테크의 발전과 함께 은행이 보유한 정보를 개방하는 오픈뱅킹 정책이 각국에서 추진되고 있다. 오픈뱅킹은 은행이 보유한 고객의 정보에 해당 고객의 동의를 받아 다른 금융회사 및 핀테크 사업자 등 제3자가 접근할 수 있도록 허용하는 정부의 정책 또는 은행의 자발적인 활동을 의미한다.

(라) 한편 올해 1월에 개정된 신용정보법이 7월에 시행됨에 따라 마이데이터 산업이 도입되었다. 마이데이터란 개인이 각종 기관과 기업에 산재하는 신용정보 등 자신의 개인정보를 확인하여 직접 관리하고 활용할 수 있는 서비스를 말한다. 향후 마이데이터 사업자는 고객의 동의를 받아 금융회사가 보유한 고객의 정보에 접근하는 오픈뱅킹업을 수행할 예정이다.

① (나) - (가) - (다) - (라)
② (나) - (다) - (라) - (가)
③ (다) - (가) - (라) - (나)
④ (다) - (나) - (가) - (라)
⑤ (다) - (나) - (라) - (가)

정답 | 해설

먼저 각국에서 추진 중인 오픈뱅킹에 관해 설명하는 (다) 문단이 오는 것이 적절하며, 다음으로 우리나라에서 추진하고 있는 오픈뱅킹 정책과 지난해 시행된 오픈뱅킹시스템에 관해 설명하는 (나) 문단과 올해 도입된 마이데이터 산업에 관해 설명하는 (라) 문단이 차례로 오는 것이 적절하다. 마지막으로 이러한 오픈뱅킹 정책을 성공적으로 시행하기 위해서는 현재의 오픈뱅킹시스템에 대한 법적 근거와 효율적 문제 해결 체계를 갖춰야 한다는 내용의 (가) 문단의 순서로 나열되는 것이 적절하다.

정답 ⑤

26 다음 글을 읽고 이어질 내용으로 가장 적절한 것을 고르면?

> 스마트폰의 대중화와 함께 빅데이터·AI 등의 디지털 신기술이 도입됨에 따라 핀테크 스타트업 창업이 활성화되고, 플랫폼 사업자가 금융 분야에 진출하는 등 금융 산업의 구조가 근본적으로 변화하고 있다. 또한 최근 코로나19에 따른 온라인 거래 선호 경향과 금융회사의 재택근무 확대 등이 금융의 비대면화를 심화시키면서 금융의 디지털 전환은 더욱 가속화되고 있다.
>
> 대표적인 비대면 산업인 디지털금융은 전자적 방식의 결제·송금 등에서 신기술과 결합한 금융 플랫폼으로 성장하고 있다. 결제와 송금이 간편해지고 인증이나 신원 확인 기술이 발전함에 따라 금융 플랫폼의 구축 경쟁은 더욱 심화되었고, 이를 통해 이용자 규모도 크게 성장하게 되었다.
>
> 이러한 이용자의 빅데이터를 기반으로 데이터 경제와 연계한 디지털금융은 포스트 코로나의 주요 산업 분야로서 ICT 등 연관 산업의 자극제로 작용하여 선도형 디지털 경제에 기여하고 있다. AI·인증기술 등을 통해 고객에게 맞춤형 금융서비스를 제공할 수 있게 되었고, 디지털 신기술에 따른 생산성 향상은 금융의 경계를 확대시켰다.
>
> 이에 따라 EU 등의 해외 주요 국가는 디지털금융의 중요성을 인식하고, 금융 산업의 경쟁과 혁신을 촉진하기 위해 앞 다투어 법과 제도를 정비하고 있다. 그러나 빠르게 발전하는 글로벌 디지털금융의 흐름에도 불구하고 국내 디지털금융을 규율하는 전자금융거래법은 제정 이후 큰 변화가 없어 아날로그 시대의 규제 체계가 지속되고 있다.

① 고객이 새로운 디지털금융 서비스를 경험할 수 있도록 보다 혁신적인 기술 개발에 대한 금융회사의 노력이 필요하다.

② 디지털금융을 통해 서비스 간의 융·복합이 활성화됨에 따라 통합된 기능이 불필요한 시간을 단축시키고 있다.

③ 디지털금융의 발전으로 공인인증서 위조, 해킹 등을 통한 금융 사고가 증가하면서 개인정보 보호에 대한 필요성이 커지고 있다.

④ 디지털금융의 소외 현상을 방지하고, 세대 간 디지털 정보화 격차를 줄이기 위해서는 고령자 대상의 금융 교육이 필요하다.

⑤ 디지털금융의 혁신과 안정의 균형적인 발전을 위해서는 전자금융거래법의 전면 개정이 필요하다.

정답 | 해설

제시문에서는 금융의 디지털 전환이 가속화됨에 따라 디지털금융의 중요성이 커지고 있음을 이야기한다. 마지막 문단에서는 디지털금융의 중요성을 인식하며, 법과 제도를 정비하고 있는 해외 국가들에 비해 국내의 전자금융거래법은 이렇다 할 변화가 없음을 지적한다. 따라서 제시문 다음에 이어질 내용으로는 디지털금융의 발전을 위해서 전자금융거래법의 개정이 필요하다는 내용의 ⑤가 가장 적절하다.

정답 ⑤

문제풀이 Tip

다음 글을 읽고 이어질 내용을 고르는 문제의 경우 각 문단의 주제를 뽑아내 나열하면 한결 풀이가 쉬워진다. 제시문의 경우 첫 번째 문단은 '가속화되고 있는 금융의 디지털 전환', 두 번째 문단은 '신기술과 결합하여 성장한 디지털금융', 세 번째 문단은 '선도형 디지털 경제에 기여하는 디지털금융', 마지막 문단은 '해외와 달리 디지털금융의 발전속도를 따라가지 못하는 국내 전자금융거래법'이다. 이러한 나열을 통해 마지막 문단에 이어질 내용으로는 전자금융거래법의 개선 방안이나 개선 촉구가 올 것임을 추측할 수 있다.

27 다음은 미국 금리 인상과 관련된 자료이다. 이를 읽고 추론한 내용으로 적절하지 않은 것은?

> 2016년 12월 15일 새벽(한국 시간), 미국 정책금리를 결정하는 FOMC* 회의에서 연방준비제도이
> 사회는 기준금리를 0.25%p 인상하여 0.75%로 상승하였다. 이는 12개월 만의 미국 정책금리 인상
> 이다. 또한 2017년에도 금리가 세 차례 추가 인상될 것을 예고했다. FOMC 이후 기자회견에서 옐
> 런 의장은 "(1년간) 3번의 금리 인상은 여전히 아주 작은 수준"이라며 "최근 주가 상승은 정책 기대
> 가 반영된 것일 뿐 비정상적인 수준은 아니다."라고 지적했다.
> 미국이 금리 인상을 한 궁극적인 이유는 경제성장에 대한 자신감으로 경기의 회복세에 맞춰 초저금
> 리정책을 중단해야 한다고 판단했기 때문이다. 이러한 미국의 금리 인상은 일반적으로 신흥국 경기
> 침체, 달러화 강세, 유가 하락 등을 유발한다. 특히 미국의 저금리 기조하에 한국과 신흥국에 유입
> 됐던 선진국 자금이 급격히 유출될 수 있으며, 유가와 신흥국 경기에 민감한 석유·화학, 자동차,
> 철강 등의 업종이 큰 타격을 입을 것이다. 또한 한국 경제의 입장에서는 국채의 경쟁력 하락은 물론,
> 국내의 자본이 국외로 유출될 가능성도 크다.
>
> * FOMC(Fedral Open Market Committee, 연방공개시장위원회) : 미국의 중앙 은행제도인 연방준비제도
>   (FRS)에 있어서 연방준비제도이사회(FRB)의 통화·금리 정책을 결정하는 기구

① 미국 경제 회복의 상승세가 보였기 때문에 FOMC에서는 금리 인상을 결정했을 것이다.

② 미국의 저금리 기조하에 한국과 신흥국에 유입됐던 선진국 자금은 미국의 금리가 인상하면서
   급격히 유출될 것이다.

③ 2017년의 금리인상 계획은 3월, 7월, 9월에 예정되어 있다.

④ 2016년 12월 15일의 미국 금리 인상은 1년만의 정책금리 인상이다.

⑤ 여러 업종들 중 석유·화학, 자동차, 철강 등의 업종은 신흥국 경기에 민감하기 때문에 큰 타격을
   입을 것이다.

정답 | 해설

연방준비제도이사회는 2017년에 세 차례의 금리 인상을 예고했지만, 정확한 일정은 자료에 언급되어 있지 않다.

[오답분석]
① 두 번째 문단의 '미국이 금리 인상을 한 궁극적인 이유는 경제성장에 대한 자신감으로 경기의 회복세에 맞춰 초저금리
   정책을 중단해야 한다고 판단'이라는 문장을 통해서 추론할 수 있다.
② 두 번째 문단의 '미국의 저금리 기조하에 한국과 신흥국에 유입됐던 선진국 자금이 급격히 유출될 수 있으며'라는
   문장을 통해 추론할 수 있다.
④ 첫 번째 문단에서 12개월 만의 미국 정책금리 인상이라고 언급하고 있다.
⑤ 두 번째 문단에서 '유가와 신흥국 경기에 민감한 석유·화학, 자동차, 철강 등의 업종이 큰 타격을 입을 것'이라고
   언급하고 있다.

정답 ③

28 다음 글을 읽고 이해한 내용으로 적절한 것은?

> 선물환거래란 계약일로부터 일정 시간이 지난 뒤 특정일에 외환의 거래가 이루어지는 것으로, 현재 약정한 금액으로 미래에 결제하게 되기 때문에 선물환계약을 체결하게 되면 약정된 결제일까지 매매 쌍방 모두 결제가 이연된다. 선물환거래는 보통 환리스크를 헤지(Hedge)하기 위한 목적으로 이용된다. 예를 들어 수출 1개월 이후 달러로 거래 대금을 수령할 예정인 기업은 은행과 1개월 후 달러를 매각하는 대신 원화를 수령하는 선물환계약을 통해 원/달러 환율변동에 따른 환리스크를 헤지할 수 있다.
>
> 이외에도 선물환거래는 금리차익을 얻는 것과 투기적 목적 등도 가지고 있다. 선물환거래는 일방적으로 선물환을 매입하는 것 또는 매도 거래만 발생하는 Outright Forward 거래와 선물환거래가 스왑거래의 일부분으로써 현물환거래와 같이 발생하는 Swap Forward 거래로 구분된다. Outright Forward 거래는 만기 때 실물 인수도가 일어나는 일반 선물환거래와 만기 때 실물의 인수 없이 차액만을 정산하는 차액결제선물환(NDF; Non-Deliverable Forward)거래로 구분된다.
>
> 옵션(Option)이란 거래당사자들이 미리 가격을 정하고, 그 가격으로 미래의 특정시점이나, 그 이전에 자산을 사고파는 권리를 매매하는 계약이다. 선도 및 선물, 스왑거래 등과 같은 파생금융상품이다.
>
> 옵션은 매입권리가 있는 콜옵션(Call Option)과 매도권리가 있는 풋옵션(Put Option)으로 구분된다. 옵션거래로 매입이나 매도할 수 있는 권리를 가지게 되는 옵션매입자는 시장가격의 변동에 따라 자기에게 유리하거나 불리한 경우를 판단하여, 옵션을 행사하거나 포기할 수도 있다. 옵션매입자는 선택할 권리에 대한 대가로 옵션매도자에게 프리미엄을 지급하고, 옵션매도자는 프리미엄을 받는 대신 옵션매입자가 권리를 행사할 경우 반드시 계약을 이행해야 하는 의무를 부담한다. 옵션거래의 손해와 이익은 행사가격, 현재가격 및 프리미엄에 의해 결정된다.

① 선물환거래는 투기를 목적으로 사용되기도 한다.
② 옵션은 미래에 조건이 바뀌어도 계약한 금액을 지불해야 한다.
③ 선물환거래는 권리를 행사하거나 포기할 수 있다.
④ 옵션은 환율변동 리스크를 해결하는 데 좋은 선택이다.
⑤ 선물환거래는 행사가격, 현재가격, 프리미엄가에 따라 손해와 이익이 발생한다.

정답 **해설**

선물환거래는 금리차익을 얻는 것과 투기적 목적 등도 가지고 있다.

오답분석

② · ④ 선물환거래에 대한 내용이다.
③ · ⑤ 옵션에 대한 내용이다.

정답 ①

29 다음 글을 읽고 적절하지 않은 반응을 보인 사람은?

N은행의 모바일뱅킹 플랫폼이 고객감동브랜드지수 1위 스마트뱅킹 앱 부문을 6년 연속 석권했다. 앱은 '고객의 모든 금융활동을 알아서 해결하는 Solution'이라는 브랜드 철학을 담아 출시한 것으로, 고객 편의를 극대화한 것이 특징이다. 이 앱은 고객들이 오픈뱅킹을 더 편리하게 사용할 수 있도록 메인 화면을 N은행 계좌와 다른 은행 계좌로 구분했다. 소비자 요구에 발맞춰 계좌별 잔액보기를 켜고 끌 수 있게 한 것도 눈길을 끈다. 최근에는 고객들이 자산을 더 세부적으로 관리할 수 있도록 등록이나 잔액 등 순서대로 메인 화면을 맞춤 구성할 수 있게 해 호평을 받고 있다.

지난달에 출시한 고자산 고객 전용 서비스도 인기를 끌고 있다. 코로나19로 인해 오프라인 은행 방문이 어려운 고객층에게 모바일 앱을 통해 최적의 포트폴리오를 제안하는 기능을 탑재한 것이다. N은행과 H투자에서 운용되고 있는 자산의 종합 현황 및 수익률 추이도 손쉽게 한눈에 확인할 수 있다.

지난해에는 개인사업자 및 법인 고객 맞춤형 플랫폼도 출시했다. 영업점을 방문하지 않고도 기업뱅킹 서비스를 가입할 수 있게 한 게 특징이다. 기업용 인증서를 사용하지 않고 지문과 패턴을 통한 간편 로그인을 지원하는 것도 큰 장점으로 꼽는다. 관계자는 "앞으로 기업고객도 개인 뱅킹만큼이나 쉽게 은행 서비스를 이용할 수 있도록 서비스를 계속 발전시켜 나갈 것"이라고 말했다.

이 앱이 고객감동브랜드지수 1위를 고수한 데는 다양한 생활편의 서비스를 제공해 삶의 질을 향상시키려는 노력을 한 것도 한몫했다. 대표적인 게 '실손보험 빠른청구 서비스'다. 이를 통해 실손보험 청구 고객은 보험사에 직접 찾아가거나 오랜 시간 전화를 붙잡고 있지 않아도 즉시 실손보험을 청구할 수 있게 됐다. 또한 코로나19 사태로 어려운 국민을 위해 정부 긴급재난지원금을 앱을 통해 직접 신청 가능하도록 개발했으며, 소상공인 지원을 위한 다양한 대출 상품을 빠르게 탑재해 N은행의 따뜻한 금융을 디지털에서 선제적으로 구현했다.

ⓒ 한국경제

---

① 재석 : 긴급재난지원금을 이 앱을 통해 신청할 수 있도록 한 것은 코로나 시기에 적절한 서비스였다고 생각해.

② 명수 : 공개된 장소에서 잔액이 나오는 화면이 떠 있는 게 불편했는데 이 앱은 사용자가 잔액 표시 여부를 선택할 수 있어서 좋아.

③ 준하 : 메인 화면에서 N은행 계좌와 타 은행 계좌가 통합되어 있어서 한눈에 보기 좋아.

④ 하하 : 저번에 이 앱을 통해 실손보험을 신청했는데, 직접 보험사에 방문하는 것보다 빠르게 할 수 있어서 좋았어.

⑤ 홍철 : 요즘 개인화를 목표로 하는 상품들이 많이 등장하고 있는데, 이 앱도 그 트렌드에 맞춰 메인 화면을 자신에게 필요한 것으로 직접 구성할 수 있어서 좋아.

정답 해설

N은행 오픈뱅킹 앱은 메인 화면에 N은행 계좌와 타 은행 계좌가 분리되어 있는 화면을 제공한다고 하였으므로 적절하지 않다.

오답분석

① 코로나19 사태로 긴급재난지원금을 앱을 통해 신청할 수 있도록 하였다고 했으므로 적절하다.

② 소비자 요구에 발맞춰 계좌별 잔액보기를 켜고 끌 수 있게 하였으므로 적절하다.

④ '실손보험 빠른 청구 서비스'를 시행한다고 했으므로 적절하다.

⑤ 고객들이 자산을 더 세부적으로 관리할 수 있도록 등록이나 잔액 등 순서대로 메인 화면을 맞춤 구성할 수 있다고 하였으므로 적절하다.

정답 ③

30 다음 글의 내용으로 적절한 것을 〈보기〉에서 모두 고르면?

> 이슬람 금융 방식은 돈만 빌려 주고 금전적인 이자만을 받는 행위를 금지하는 이슬람 율법에 따라 실물자산을 동반하는 거래의 대가로서 수익을 분배하는 방식을 말한다. 이슬람 금융 방식에는 '무라바하', '이자라', '무다라바', '무샤라카', '이스티스나' 등이 있다.
> 무라바하와 이자라는 은행이 채무자가 원하는 실물자산을 매입할 경우 그것의 소유권이 누구에게 있느냐에 따라 구별된다. 실물자산의 소유권이 은행에서 채무자로 이전되면 무라바하이고, 은행이 소유권을 그대로 보유하면 이자라이다. 무다라바와 무샤라카는 주로 투자 펀드나 신탁 금융에서 활용되는 방식으로서 투자자와 사업자의 책임 여부에 따라 구별된다. 사업 시 발생하는 손실에 대한 책임이 투자자에게만 있으면 무다라바이다. 양자의 협상에 따라 사업에 대한 이익을 배분하긴 하지만, 손실이 발생할 경우 사업자는 그 손실에 대한 책임을 가지지 않는다. 반면에 투자자와 사업자가 공동으로 사업에 대한 책임과 이익을 나누어 가지면 무샤라카이다. 이스티스나는 장기 대규모 건설 프로젝트에 활용되는 금융 지원 방식으로서 투자자인 은행은 건설 자금을 투자하고 사업자는 건설을 담당한다. 완공 시 소유권은 투자자에게 귀속되고, 사업자는 그 자산을 사용해서 얻은 수입으로 투자자에게 임차료를 지불한다.

보기

> ㉠ 사업에 대한 책임이 투자자가 아니라 사업자에게만 있으면 무다라바가 아니라 무샤라카이다.
> ㉡ 은행과 사업자가 공동으로 투자하여 사업을 수행하고 이익을 배분하면 무샤라카가 아니라 이스티스나이다.
> ㉢ 은행이 채무자가 원하는 부동산을 직접 매입 후 소유권 이전 없이 채무자에게 임대하면 무라바하가 아니라 이자라이다.

① ㉠
② ㉢
③ ㉠, ㉡
④ ㉡, ㉢
⑤ ㉠, ㉡, ㉢

정답 | 해설

은행이 채무자가 원하는 실물자산을 매입하였더라도 소유권이 이전되지 않고 여전히 은행에 있는 것은 **이자라**이다. 따라서 ㉢은 옳은 내용이다.

[오답분석]
㉠ 사업 시 발생하는 손실에 대한 책임이 투자자에게만 있으면 무다라바이고, 투자자와 사업자가 공동으로 사업에 대한 책임과 이익을 나누어 가지면 무샤라카이므로 옳지 않은 내용이다.
㉡ 투자자와 사업자가 공동으로 사업에 대한 책임과 이익을 나누어 가지는 것은 무샤라카이다. 이스티스나는 투자는 투자자가 하고 건설은 사업자가 담당하는 구조를 가지는 방식이다.

정답 ②

31 다음은 「농협협동조합법」의 일부이다. 이에 대한 내용으로 옳은 것은?

제11조의7(중앙회 감사위원의 자격요건)

법 제129조 제2항에서 "대통령령으로 정하는 요건에 적합한 외부전문가"란 다음 각 호의 어느 하나에 해당하는 사람을 말한다.

1. 중앙회(중앙회의 자회사 및 손자회사를 포함한다. 이하 이 조에서 같다), 조합 또는 「금융위원회의 설치 등에 관한 법률」제38조에 따른 검사대상기관(이에 상응하는 외국금융기관을 포함한다)에서 10년 이상 종사한 경력이 있는 사람. 다만, 중앙회 또는 조합에서 최근 2년 이내 임직원으로 근무한 사람(중앙회 감사위원으로 근무 중이거나 근무한 사람은 제외한다)은 제외한다.
2. 농업·축산업 또는 금융 관계 분야의 석사학위 이상의 학위소지자로서 연구기관 또는 대학에서 연구원 또는 조교수 이상의 직에 5년 이상 종사한 경력이 있는 사람
3. 판사·검사·군법무관·변호사 또는 공인회계사의 직에 5년 이상 종사한 경력이 있는 사람
4. 「자본시장과 금융투자업에 관한 법률」제9조 제15항 제3호에 따른 주권상장법인에서 법률·재무·감사 또는 회계 관련 업무에 임원으로 5년 이상 또는 임직원으로 10년 이상 종사한 경력이 있는 사람
5. 국가, 지방자치단체, 공공기관 및 금융감독원에서 재무 또는 회계 관련 업무 및 이에 대한 감독 업무에 5년 이상 종사한 경력이 있는 사람

제12조(중앙회 사업전담대표이사 등의 자격요건)

법 제130조 제2항에서 "대통령령으로 정하는 요건에 맞는 사람"이란 다음 각 호의 어느 하나에 해당하는 사람을 말한다.

1. 삭제 〈2017.6.27.〉
2. 상호금융대표이사는 중앙회, 「은행법」에 따른 은행 또는 금융업과 관련된 국가기관, 연구기관, 교육기관, 자기자본 200억 원 이상인 회사에서 10년 이상 종사한 경력이 있는 사람. 이 경우 종전의 법(2016년 12월 27일 법률 제14,481호로 일부개정되기 전의 것을 말한다) 제128조 제1항 제1호 및 같은 조 제2항 제1호에 따른 사업부문에 종사한 경력은 제외한다.
3. 전무이사는 중앙회 또는 농업·축산업이나 금융업과 관련된 국가기관, 연구기관, 교육기관, 자기자본 200억 원 이상인 회사에서 10년 이상 종사한 경력이 있는 사람

제22조(조합감사위원회의 위원장 및 위원의 자격요건)

법 제144조 제3항에서 "대통령령으로 정하는 요건에 맞는 사람"이란 다음 각 호의 어느 하나에 해당하는 사람을 말한다.

1. 조합, 중앙회(중앙회의 자회사 및 손자회사를 포함한다), 연합회 또는 「금융위원회의 설치 등에 관한 법률」제38조에 따른 검사대상기관(이에 상당하는 외국금융기관을 포함한다)의 감사, 회계 또는 농정부문에서 상근직으로 10년 이상 종사한 경력이 있는 사람. 다만, 조합감사위원회의 위원장의 경우에는 조합 또는 중앙회에서 최근 2년 이내에 임직원으로 근무한 사람(조합감사위원으로 근무 중이거나 근무한 사람은 제외한다)은 제외한다.
2. 농업·축산업 또는 금융업과 관련된 국가기관, 연구기관, 교육기관 또는 회사에서 종사한 경력이 있는 사람으로서 제1호에 규정된 사람과 같은 수준 이상의 자격이 있다고 중앙회의 정관으로 정하는 요건에 해당되는 사람
3. 판사·검사·군법무관·변호사 또는 공인회계사의 직에 5년 이상 종사한 경력이 있는 사람

> **제45조의2(농협경제지주회사 대표이사의 자격요건)**
> 법 제161조의3 제2항 본문에서 "대통령령으로 정하는 요건에 맞는 사람"이란 다음 각 호의 어느 하나에 해당하는 사람을 말한다.
> 1. 중앙회, 농협경제지주회사 및 그 자회사에서 10년 이상 종사한 경력이 있는 사람. 이 경우 종전의 법(2011년 3월 31일 법률 제10,522호로 일부개정되기 전의 것을 말한다)에 따른 중앙회의 신용사업(공제사업 및 부대사업을 포함한다)부문에 종사한 경력과 법 제127조 제3항 제1호에 따른 사업부문에 종사한 경력은 제외한다.
> 2. 농업·축산업과 관련된 국가기관·연구기관·교육기관 또는 자기자본 200억 원 이상인 회사에서 10년 이상 종사한 경력이 있는 사람
>
> **제45조의3(농협경제지주회사 임원추천위원회 외부전문가의 요건)**
> 법 제161조의3 제2항 본문에서 "대통령령으로 정하는 외부전문가"란 농업인단체와 학계 등에서 추천하는 학식과 경험이 풍부한 사람(공무원은 제외한다) 중에서 농협경제지주회사의 이사회가 위촉하는 사람을 말한다.

① 중앙회 또는 조합에서 최근 2년 이내 임직원으로 근무한 사람을 감사위원으로 임명해야 한다.

② 감사위원장은 중앙회 또는 농업·축산업이나 금융업과 관련된 국가기관, 연구기관, 교육기관, 자기자본 200억 원 이상인 회사에서 10년 이상 종사한 경력이 있는 사람을 임명해야 한다.

③ 조합감사위원은 판사·검사·군법무관·변호사 또는 공인회계사의 직에 15년 이상 종사한 경력이 있는 사람이어야 한다.

④ 대표이사는 제조업과 관련된 자기자본 200억 원 이상인 회사에서 10년 이상 종사한 사람을 임명한다.

⑤ 외부전문가는 농업인단체와 학계 등에서 추천하는 학식과 경험이 풍부한 사람(공무원은 제외한다) 중에서 농협경제지주회사의 이사회가 위촉하는 사람을 말한다.

정답 | 해설

제45조의3에 따르면 대통령령으로 정하는 외부전문가의 요건은 농업인단체와 학계 등에서 추천하는 학식과 경험이 풍부한 사람(공무원은 제외한다) 중에서 농협경제지주회사의 이사회가 위촉하는 사람이다.

오답분석
① 제11조의7에서 다만, 중앙회 또는 조합에서 최근 2년 이내 임직원으로 근무한 사람(중앙회 감사위원으로 근무 중이거나 근무한 사람은 제외한다)은 제외한다.
② 제12조에 따르면 대표이사의 자격조건에 해당한다.
③ 제22조에서 판사·검사·군법무관·변호사 또는 공인회계사의 직에 5년 이상 종사한 경력이 있는 사람이어야 한다.
④ 제45조의2에서 농업·축산업과 관련된 국가기관·연구기관·교육기관 또는 자기자본 200억 원 이상인 회사에서 10년 이상 종사한 경력이 있는 사람이어야 한다.

정답 ⑤

32 다음 글을 읽고, 〈보기〉의 ㉠ ~ ㉫을 가장 적절한 순서대로 나열한 것은?

> 농협의 온라인 거래소는 산지 농산물을 인터넷이나 모바일을 통해 경매나 정가·수의매매로 거래할 수 있는 농산물 공영유통시장이다. 기존의 도매시장처럼 경매나 정가·수의매매로 거래하되, 거래 방법은 출하처가 지정한다. 입찰 경매는 하루에 두 번, 오전과 오후에 진행되지만, 정가 거래는 별도의 시간 제약이 없다.
>
> 온라인 거래소는 생산자의 결정권이 강화되었다는 평가를 받는다. 정가 거래 시 출하처가 등록한 희망 가격으로만 거래할 수 있으며, 입찰 거래 시에도 출하처가 입찰 최저가격과 출하권역, 배송 최소물량 등을 미리 지정하기 때문이다. 구매자는 출하처가 제시한 최저가격과 물량으로만 입찰할 수 있다. 대신 가격 안정과 거래 활성화를 위해 입찰 거래는 낙찰자 제시가 중 최저가를 일괄 적용한다.
>
> 온라인 거래소는 일반 도매시장과 달리 출하 표준규격이 없다. 중도매인 외에 식자재 업체나 마트 바이어 등 다양한 구매자가 참여하는 만큼 특정 규격을 지정하기보다 주요 생산 품목을 다양하게 등록할 수 있도록 했다. 또한 낙찰 이후 배송이 지체되면 가격변동으로 인해 구매 의욕 저하가 발생할 수 있기 때문에 산지직송을 통한 익일배송을 원칙으로 한다.
>
> 온라인 거래소는 정산 주체의 역할도 수행한다. 출하처에 대금을 선지급하고, 차후 구매자가 결제하는 방식이다. 다만 클레임 발생으로 인한 재정산, 정산취소를 방지하기 위해 구매자 상품 수령과 검품 절차를 마친 거래 확정 건에 대해서만 정산한다.

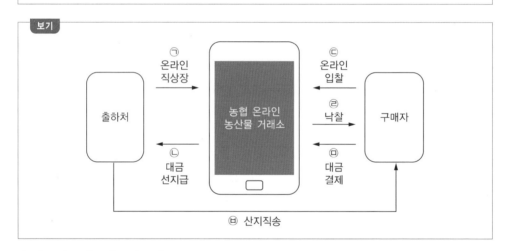

① ㉠ – ㉡ – ㉢ – ㉣ – ㉤ – ㉫ ② ㉠ – ㉢ – ㉡ – ㉣ – ㉫ – ㉤
③ ㉠ – ㉢ – ㉣ – ㉤ – ㉡ – ㉫ ④ ㉠ – ㉢ – ㉣ – ㉫ – ㉡ – ㉤
⑤ ㉢ – ㉠ – ㉣ – ㉫ – ㉤ – ㉡

정답 │ 해설

먼저 출하처가 농협의 온라인 거래소에 입찰 최저가격과, 배송 최소물량 등을 지정하여 상장하면 구매자는 출하처가 제시한 최저가격과 물량으로 입찰을 한다. 경매를 통한 낙찰 이후에는 익일배송을 원칙으로 하므로 출하처에서 바로 구매자에게 직접 배송을 하게 된다. 이후 온라인 거래소가 구매자 상품 수령과 검품 절차를 마친 거래 확정 건에 대하여 출하처에 대금을 선지급하고, 구매자가 최종적으로 온라인 거래소에 대금을 결제함으로써 거래가 완료된다. 따라서 온라인 거래소를 통한 입찰 경매는 ㉠ – ㉢ – ㉣ – ㉫ – ㉡ – ㉤의 순서로 이루어진다.

정답 ④

33 다음 중 후광효과(Halo Effect)에 해당하는 사례로 옳은 것은?

> 후광효과는 한 대상의 두드러진 특성이 그 대상의 다른 세부 특성을 평가하는 데에도 영향을 미치는 현상으로, 사람에 대한 인상을 형성하거나 상품 선택에 영향을 미치는데 이는 배리 스토(Barry Staw) 교수의 무작위 실험을 통해 확인할 수 있다.
> 배리 스토 교수는 학생들을 여러 조로 나눠 A사의 매출 결과를 예측하게 했다. 그리고 어떤 조에는 과제에 대한 칭찬을, 그 외의 조에는 비판을 한 뒤, 학생들이 자신의 결과물을 자체 평가하게 했다. 이때 칭찬을 받은 조의 학생은 자신의 결과물에 긍정적인 평가를 내렸고, 비판을 받은 조의 학생은 부정적인 평가를 내렸다. 이는 배리 스토 교수의 평가가 학생들에게 지대한 영향을 미쳤기 때문이었다. 이러한 후광효과는 어떤 상품이나 브랜드에 대한 호감이나 반감으로 이어져 구매에 영향을 끼치기도 한다. 대표적으로 K사의 자동차 브랜드 '소울'을 예로 들 수 있다. 2014년 한국을 방문한 프란치스코 교황은 국내에서 가장 작은 차를 타고 싶다는 메시지를 전했고, 경호와 안전 문제 등을 종합적으로 고려하여 최종적으로 선택된 차량이 K사의 소울이었다. K사가 교황을 마케팅에 이용한다는 비판을 피하고자 따로 광고하지 않았음에도 불구하고, 곧장 판매량의 변화로 나타났다. 하루 평균 판매량이 10대 미만이던 차량이 32.5대로 증가한 것이다. 또한 이는 해외 판매량의 상승으로 이어졌다.

① 업계에서 항상 판매량 2위를 차지하던 라면 제조 회사는 자신들이 언젠간 1등을 하겠다는 솔직한 광고 문구를 통해 소비자들의 동정심을 얻었고, 그 결과 매출도 크게 늘어났다.

② 어느 대기업이 신제품을 출시하자 대기업의 제품이 다른 기업의 제품에 비해 성능이 뛰어날 것이라는 소비자들의 인식으로 인해 동일한 기능의 제품을 판매하던 다른 기업의 매출이 떨어졌다.

③ TV홈쇼핑을 시청하던 소비자는 많은 고객이 해당 제품을 주문하고 있다는 쇼호스트의 말을 듣고 충동구매를 하게 되었다.

④ 운동화 시장에 새롭게 진출한 신발 제조업체는 제품에 대한 설명 없이 브랜드와 제품의 이미지를 SNS에 반복적으로 노출시킴으로써 인지도를 높였다.

⑤ 미국의 한 전자제품 제조 회사는 노트북, 태블릿 PC, 휴대전화 등의 디자인을 통일하고 제품 간 호환성을 강화함으로써 소비자들의 구매를 유도한다.

정답 해설

후광효과란 어떤 대상이나 사람에 대한 **일반적 견해가 그것의 구체적 특성을 평가하는 데 영향을 미치는** 현상으로, 대기업의 제품이 다른 제품에 비해 성능이 뛰어날 것이라는 생각으로 상품을 구매하는 것은 후광효과의 대표적인 사례에 해당한다.

오답분석

① 경쟁에서 열세에 있는 약자를 더 응원하고 지지하는 언더독(Underdog) 효과의 사례에 해당한다.

③ 타인들과의 관계에서 소외되지 않기 위해 대중적으로 유행하는 정보를 따라 상품을 구매하는 밴드왜건(Band Wagon) 효과의 사례에 해당한다.

④ 처음에는 싫어하거나 무관심했지만, 대상에 대한 반복 노출이 거듭될수록 호감도가 증가하게 되는 에펠탑(Eiffel Tower) 효과의 사례에 해당한다.

⑤ 하나의 제품을 구입한 후 그와 어울리는 물건을 계속 구매하는 디드로(Diderot) 효과의 사례에 해당한다.

정답 ②

34 다음 글을 바탕으로 〈보기〉의 ㉠ ~ ㉢에 들어갈 단어를 바르게 연결한 것은?

고령 사회로 접어들면서 65세 이상 고령 운전자에 의한 교통사고 및 사망 건수가 급속도로 증가하고 있다. 경찰청의 연령대별 교통사고 통계자료에 따르면 전체 사고 중 65세 이상 고령 운전자의 교통사고 비중은 매년 증가하고 있다. 고령자는 왜 운전 사고에 취약할까?

고령 운전자의 사고 원인으로는 노화에 따른 시력 저하나 인지지각 기능 및 운동능력의 감소 등이 있다. 이들 중 사고의 위험을 가장 높이는 원인은 시력 저하이다. 한국교통연구원의 연구결과에 따르면 60세 이상부터 동체 시력이 30대의 80% 수준으로 떨어지는 것으로 나타났다. 동체 시력은 움직이는 물체를 정확하고 빠르게 인지하는 시각적 능력으로, 자동차의 이동속도가 빠를수록 저하되는 경향을 보인다. 정지 시력이 1.2인 사람이 50km/h의 속도로 운전하면 동체 시력은 0.5 이하로 떨어진다. 노화로 동체 시력이 떨어진 상태에서 자동차의 속도감이 더해지면 도로표지를 읽는게 힘들어지고 속도감이 떨어져 과속하게 되며, 다른 차나 보행자의 움직임을 제대로 구별하기 어려워 교통사고의 위험이 커지게 된다. 보통 60세 이상의 40%가량이 시력 문제로 야간운전 능력이 저하되는 것으로 추정된다.

인지 및 반응속도 감소도 고령 운전자의 사고 위험을 높이는 요인이다. 한 연구 결과에 의하면 운전 중 제동능력 평가 실험에서 고령 운전자의 제동거리는 30 ~ 50대 운전자의 약 2배인 것으로 나타났다. 또 돌발 상황을 가정해 측정한 결과, 비고령 운전자의 반응 시간은 0.7초인 데 비해 고령 운전자의 반응 시간은 1.4초가 넘었다.

경찰청은 고령 운전자 교통사고를 예방하기 위해 75세 이상 운전자의 면허 갱신 기간을 5년에서 3년으로 줄였으며, 고령 운전자 교통안전교육을 이수해야 면허 취득·갱신이 가능하도록 했다. 특히 교통안전교육에서 총 3단계의 '인지능력 자가진단' 과정을 모두 통과하지 못하면 운전면허를 반납해야 한다.

우리나라보다 먼저 고령화가 시작된 미국과 일본 등에서는 운전면허 반납제도와 면허 갱신제도 등을 지속적으로 시행하고 있으며, 주변 차량이 쉽게 인식할 수 있는 고령자 차량 인증마크 부착과 고령자 맞춤 교통표지판 설치와 같은 도로 환경 개선을 병행하고 있다. 우리나라도 고령자의 자동차 운전면허증 반납 확대 외에도 다양한 교통안전 대책을 생각하여 고령 운전자의 교통사고 감소 대책을 마련해야 한다.

보기

고령 운전자의 반응 시간은 비고령 운전자에 비해 ㉠ 빠른 / 느린 1.4초로 나타났고, 제동거리는 비고령 운전자보다 ㉡ 길다 / 짧다. 이에 따라 고령 운전자의 면허 갱신 기간이 ㉢ 줄어들었다 / 늘어났다.

	㉠	㉡	㉢		㉠	㉡	㉢
①	빠른	길다	늘어났다	②	빠른	길다	줄어들었다
③	느린	길다	줄어들었다	④	느린	짧다	줄어들었다
⑤	느린	짧다	늘어났다				

정답 | 해설

㉠ 느린 : 고령 운전자의 반응 시간은 1.4초이므로 0.7초인 비고령 운전자에 비해 느리다.
㉡ 길다 : 고령 운전자의 제동거리는 30 ~ 50대 운전자의 약 2배이므로 비고령 운전자보다 길다.

© 줄어들었다 : 고령 운전자 교통사고를 예방하기 위해 75세 이상 운전자의 면허 갱신 기간을 5년에서 3년으로 **줄였다.**

정답 ③

35 다음 글을 이해한 내용으로 적절하지 않은 것은?

> ### N은행, 사회공헌금액 '최다'
>
> 국내 5대 시중은행 중 지난해 사회공헌활동에 가장 많은 자금을 지원한 은행은 N은행으로 조사됐다. 국회 정무위원회 의원이 전국은행연합회의 사회공헌활동 보고서와 금융감독원 공시 실적 등을 분석한 결과다. 지난해 N은행의 당기순이익 대비 사회공헌금액 비중은 12.2%로 5대 시중은행 중 가장 높았다. 이어 S은행(6.7%), K은행(6.3%), W은행(6.2%), H은행(5.7%) 순서였다.
> 사회공헌금액 규모만 따져봤을 때도 N은행은 1,911억 원으로 5대 시중은행 중 가장 많았다. 이어 K은행(1,619억 원), S은행(1,450억 원), H은행(1,359억 원), W은행(1,354억 원)이 뒤를 이었다. 조사 대상인 19개 은행 가운데 작년 적자(7,960억 원)를 낸 C은행을 제외하고 당기순이익 대비 사회공헌금액 비중이 가장 높은 곳은 JJ은행(13.5%)으로 집계됐다. JB(11.2%), GJ(11.0%), DG(10.6%), KN(10.2%) 등 지방은행 비중은 10%를 웃돌았다. 이 비중이 가장 낮은 곳은 인터넷전문은행 X은행(0.15%)이었다. 인터넷전문은행 Z은행의 사회공헌금액 비중도 0.31%에 불과했다.
> 은행연합회 회원 기관과 은행연합회는 지난해 사회공헌 사업에 1조 617억 원을 지원했다. 지원액은 3년 연속 1조 원을 넘었지만, 2006년 보고서 발간 후 가장 많았던 2019년(1조 1,300억 원)보다 적고 2020년(1조 919억 원)보다도 약 300억 원 감소했다. 2년 연속 줄어든 것이다.
> 지원액은 서민금융에 가장 많은 4,528억 원이 쓰였다. 지역 및 공익 사업에도 4,198억 원이 투입됐다. 이어 학술·교육(1,034억 원), 메세나·체육(738억 원), 환경(68억 원), 글로벌(51억 원) 순서로 많았다.

① 5대 시중은행 중 당기순이익 대비 사회공헌금액의 비중이 10% 이상인 은행은 1곳이다.

② 전국은행연합회는 회원사들의 사회공헌활동에 관한 보고서를 작성한 바 있다.

③ 5대 시중은행의 사회공헌 규모는 모두 1,000억 원 이상이다.

④ 당기순이익 대비 사회공헌금액 비중이 가장 높은 은행은 N은행이다.

⑤ 최근 3년간 은행들의 사회공헌 지원액이 가장 많았던 해는 2019년이다.

정답 | **해설**

JJ은행의 당기순이익 대비 사회공헌금액 비중은 13.5%로 N은행의 12.2%보다 높다.

[오답분석]
① 5대 시중은행 중 N은행을 제외하고 당기순이익 대비 사회공헌금액 비중이 가장 높은 은행은 S은행이며 그 비중은 6.7%이다.
② 전국은행연합회의 사회공헌활동 보고서를 기초로 분석한 결과에 관한 기사이다.
③ 5대 시중은행 중 사회공헌금액이 가장 작은 W은행의 액수는 1,354억 원이다.
⑤ 2019 ~ 2021년 중 사회공헌금액이 가장 많았던 해는 2019년이다.

정답 ④

조선시대 장리(長利)와 환곡(還穀)은 농업금융수단이었다. 장리는 봄에 곡식이나 돈을 꿔 주어 농사를 짓게 하고, 한 해 이자로 꿔 준 곡식의 절반 이상을 가을에 받는 것이며, 환곡은 사창(社倉)에 저장해 둔 곡식을 흉년이나 춘궁기에 꿔 주고 가을에 이자를 붙여 거두는 것이다. 이 외에도 농민들은 금전 융통을 위해 상호부조의 정신을 바탕으로 계(契)를 들었다. 계는 공익, 친목, 공동노동 등 여러 목적에 따라 저축계(貯蓄契)·산통계(算筒契)·식리계(殖利契) 등 다양하게 조직되었다.

우리나라의 근대적 협동조합금융은 1907년 지방금융조합이 설립되면서 실시되었다. 비록 식민지 정책의 일환으로 일본인 재정고문의 건의에 따라 설립된 관제조합이었지만, 조직이나 운영은 대체로 독일의 라이파이젠 협동조합의 조직원리에 따른 신용조합의 성격을 지녔었다. 전남 광주지방금융조합을 시작으로 등장한 지방금융조합은 급격하게 확대되었으며, 1918년 지방금융조합령이 금융조합령으로 개정됨에 따라 도시에도 금융조합을 설립할 수 있게 되었고 도 단위에 금융조합연합회가 설치되었다.

금융조합은 광복 후 상업금융에 치중하는 한편 정부의 구매·보관·배급 등 각종 업무와 농회의 비료 업무, 대한식량공사의 양곡조작 및 고공품 업무를 대행하였다. 그런데 이러한 대행사업의 폐지 및 이관으로 금융조합의 경영이 악화되었고, 협동조합과 농업금융기관의 설립이 촉진되었다. 1957년 「농협법」과 「농업은행」이 공포됨에 따라 금융조합 및 금융조합연합회가 폐지되었으며, 조직·업무 등이 구 농협과 농업은행으로 이어졌다.

1958년 농협은 이동조합 – 시군조합 – 중앙회의 3단계 조직으로 중앙회 창립총회를 개최하였으며, 농업은행은 융자대상을 농민·농협 및 동 중앙회와 농업단체로 확대하는 등의 법안 수정을 거쳐 발족하였다. 그러나 농협 시군조합과 중앙회의 신용사업은 법에 의해 배제되었으며, 농업은행의 농협에 대한 자금지원 및 협조는 매우 소극적이었다. 이에 따라 전국에 방대한 조직망을 갖춘 농협은 대부분 개점휴업 상태가 되었으며, 농민 경제단체로서의 기능을 제대로 발휘하지 못했다.

농업협동조합과 농업은행의 통합 문제는 1961년 '협동조합을 재편성하여 농촌경제를 향상시킨다.'는 방침 하에 급진전하였다. 농림부 장관을 위원장으로 한 농협·농업은행통합처리위원회가 새 농협법안과 시행령안을 작성하였으며, 국민 대다수인 농민의 이해관계와 결부되는 법률인 만큼 신중하게 심의를 거친 끝에 공포되었다. 새로운 「농협법」에 따라 경제사업과 신용사업을 함께 수행하는 새로운 종합농협은 금융부를 비롯한 중앙회 10개 부와 8개 도지부, 140개 군조합, 2만 1,042개의 이동조합을 갖춘 3단계 조직을 구축하고 8월 15일 광복절에 역사적인 창립기념식을 개최하였다.

36 윗글의 제목으로 가장 적절한 것은?

① 근대적 협동조합금융의 도입
② 종합농협 이전의 농업금융
③ 농협과 농업은행의 비우호적 관계
④ 농협의 경영위기 극복 과정
⑤ 종합농협 출범의 역사

정답 **해설**

제시문은 조선시대 전통적인 농업금융수단부터 근대적 협동조합금융의 설립을 아우르며 **종합농협이 출범하기까지의 역사**를 설명하고 있다. 따라서 제목으로 가장 적절한 것은 '종합농협 출범의 역사'이다.

오답분석

① 두 번째 문단의 제목으로 적절하다.
② 첫 번째 ~ 네 번째 문단의 제목으로 적절하다.
③ 네 번째 문단에서 언급된 내용이지만, 글의 제목으로 적절하지 않다.
④ 제시문에 언급되지 않은 내용이다.

정답 ⑤

37 윗글을 읽고 이해한 내용으로 적절하지 않은 것은?

① 조선시대부터 계·장리·환곡 등의 전통적인 금융수단이 존재하였다.
② 지방금융조합령의 '지방'을 삭제함으로써 도시에도 금융조합을 설립할 수 있었다.
③ 광복 후 협동조합과 농업금융기관은 정부, 농회, 대한식량공사의 각종 업무를 대행했다.
④ 1950년대 후반 농협과 농업은행이 발족하였으나 상호 간 업무 협조가 원활하지 않았다.
⑤ 1960년대 초반 농협과 농업은행이 통합된 종합농협이 출범하였다.

정답 **해설**

세 번째 문단에서 광복 후 **금융조합**은 상업금융에 치중하는 한편 정부, 농회, 대한식량공사의 각종 업무를 대행했으나, 대행사업의 폐지 및 이관으로 금융조합의 경영이 악화되어 협동조합과 농업금융기관의 설립이 촉진되었다는 것을 알 수 있다.

정답 ③

38 다음 글의 내용으로 적절하지 않은 것은?

생각만으로도 따뜻해지는 나의 고향에 힘을 보태주기 위한 고향사랑기부제가 2023년 1월 1일부터 행정안전부 주재로 시작되었다. 고향사랑기부제는 개인이 주소지 이외의 지방자치단체에 일정 금액을 기부하면 세액공제와 함께 답례품을 받는 제도이다. 행정안전부는「고향사랑 기부금에 관한 법률」및 같은 법 시행령, 지자체 조례에 따라 고향사랑기부제를 시행하고 있다.

기부금 한도는 개인당 연간 500만 원으로 주민등록상 주소지를 제외한 모든 지자체에 기부할 수 있다. 기부금액 10만 원 이하는 전액 세액공제가 되며, 10만 원 초과 시에는 16.5%를 공제받을 수 있다. 또 기부자에게는 기부금액의 30% 이내에 해당하는 답례품이 제공된다. 예를 들어 10만 원을 기부하면 세액공제 10만 원, 답례품 3만 원을 합해 13만 원의 혜택을 돌려받을 수 있다. 100만 원을 기부하면 54만 8,500원(세액공제 24만 8,500원, 답례품 30만 원)의 혜택을 받게 된다.

답례품은 해당 지역에서 생산되는 지역특산품 등으로, 지자체 간 과도한 경쟁이 일어나지 않도록 개인별 기부금 총액의 30% 이내로 정해져있다. 지자체는 답례품 및 답례품 공급업체의 공정한 선정을 위해 답례품선정위원회를 운영하여 농ㆍ축ㆍ수산물, 가공식품, 생활용품, 관광ㆍ서비스, 지역 상품권 등 2,000여 종의 답례품을 선정하여 기부자에게 증정하고 있다.

각 지자체는 정부 광고매체를 활용해 모금할 수 있다. 다만 법령에서는 개별적인 전화ㆍ서신, 호별 방문, 향우회ㆍ동창회 등 사적 모임을 통한 모금의 강요나 권유ㆍ독려, 지자체가 주최ㆍ주관ㆍ후원하는 행사에 참석ㆍ방문해 적극적으로 권유ㆍ독려하는 방법을 금지하고 있으며 이를 위반했을 경우에는 최대 8개월까지 기부금 모금이 제한되고, 지자체의 모금이 제한된 경우에는 해당 기관의 누리집 등을 통해 알려야 한다.

고향사랑기부제는 국내에서는 올해 처음 시행된 제도로 모인 기부금은 지자체를 통해 주민복리 증진과 지역활성화에 사용된다. 지자체는 기부금으로 조성된 고향사랑기금을 투명하게 사용할 수 있도록 지방기금법에 따라 관리ㆍ운용하고 있으며, 여기서 기부금의 모집ㆍ운용 등에 쓸 수 있는 기금의 범위는 전년도 기부금의 15% 이내이다.

행정안전부는 기부자가 쉽고 편리하게 해당 제도를 이용할 수 있도록 원스톱 정보시스템인 '고향사랑e음'을 구축하여 운용하고 있다. 기부자는 고향사랑e음에서 전국 243개 지자체에 편리하게 기부할 수 있고, 국세청 연말정산시스템과 연계하여 자동으로 세액공제 혜택을 받을 수 있다. 또한 기부자가 원하는 시기에 원하는 답례품을 선택할 수 있도록 기부금의 30%를 포인트로 적립해 준다. '고향사랑e음' 시스템 외에도 전국 5,900여 개 농협 창구를 직접 방문해 기부할 수도 있다. 창구를 이용할 경우 본인 신분증(주민등록증ㆍ운전면허증 등)을 가지고 농협 근무시간(오전 9시 ~ 오후 3시 30분)에 방문해 현장에서 기부할 수 있다. 기부금액에 따른 답례품 선택 등도 안내받을 수 있다.

① 온라인 이외에도 은행에 방문하여 현장에서 기부할 수 있다.

② 고향사랑e음을 통해 기부하면 자동으로 세액공제 혜택을 받을 수 있다.

③ 기부금 모금 독려는 지자체가 주관하는 지방행사에서 가능하다.

④ 고향사랑e음을 통해 기부자는 답례품을 자신이 원하는 시기에 원하는 물건으로 받을 수 있다.

정답 | 해설

네 번째 문단에 따르면 각 지자체는 정부 광고매체를 활용해 모금할 수 있지만, **지자체가 주최·주관·후원하는 행사에서 권유·독려를 금지**하고 있으며 이를 위반했을 경우 최대 8개월까지 기부금 모금이 제한된다.

[오답분석]

① 기부자는 주민등록증·운전면허증 등 신분증을 가지고 <u>농협 근무시간에 방문하여 현장에서 기부할 수 있다.</u>

② 고향사랑e음은 <u>국세청 연말정산시스템과 연계하여 자동으로 세액공제 혜택을 받을 수 있다.</u>

④ 고향사랑e음을 통해 기부 시 <u>기부금의 30%를 포인트로 받아</u> 원하는 시기에 원하는 <u>답례품을 선택할 수 았다.</u>

정답 ③

(가) 따라서 급속하게 증가하는 고령화로 인한 국민의 노후에 대한 불안을 해소하고 치매·중풍 등으로 거동이 불편한 노인의 '삶의 질' 향상과 그 가족의 부양부담을 경감하기 위한 사회안전망으로써 사회보장이 필요하다.

(나) 결국 노인 장기요양보험은 노인 요양문제에 따르는 젊은층의 노인 부양비용을 사회적 연대원리에 의해 충당하는 제도로서, 젊은층의 안정적 생활을 위해 반드시 마련되어야 하는 사회보험제도라는 인식 개선이 필요하다.

(다) 사람이라면 누구든지 치매·중풍 등의 노화 현상과 노인성질환 등으로 인한 장기요양의 필요성으로부터 자유로울 수 없으며, 노인 장기요양보험제도는 이러한 장기요양의 문제를 사회적으로 공동 해결하기 위하여 노인 및 그 가족뿐만 아니라 국민 전체에 의한 사회적 부양이라는 측면에서 사회적 연대원리로 운영되는 사회보험제도이다.

(라) 우리 사회의 급격한 고령화에 따라 치매·중풍·파킨슨 등 노인성질병으로 일상생활을 혼자서 수행하기 어려운 노인들이 급속히 증가하고 있다. 요양이 필요한 노인은 증가하고 있지만 우리 사회의 핵가족화와 여성의 사회참여 증가로 가정에 의한 돌봄은 이미 한계에 도달하였고, 치매·중풍 등의 노인을 돌보는 가정에서는 비용부담, 부양문제로 인한 가족 간의 갈등이 빈번하게 발생하고 있는 실정이다.

| 2018 상반기 지역농협 6급

39 윗글을 논리적 순서대로 바르게 나열한 것은?

① (다) – (나) – (가) – (라)
② (다) – (나) – (라) – (가)
③ (다) – (라) – (가) – (나)
④ (라) – (가) – (다) – (나)
⑤ (라) – (나) – (가) – (다)

정답 | **해설**

제시문은 우리 사회의 고령화 문제와 그에 따른 사회보험제도인 노인 장기요양보험에 대하여 이야기하고 있다. 따라서 (라) 우리 사회의 급격한 고령화로 인한 갈등과 문제 발생 – (가) 따라서 고령화 문제 해소를 위한 사회보장이 필요함 – (다) 사람이라면 누구든지 노화가 오며 이로 인한 사회보험제도, 즉 노인 장기요양보험이 필요함 – (나) 노인 장기요양보험은 젊은층의 안정적 생활을 위해 반드시 마련되어야 함의 순서로 나열하는 것이 흐름상 적절하다.

정답 ④

40 윗글의 주제로 가장 적절한 것은?

① 사회보험의 현재와 미래
② 고령화의 원인과 해결방안
③ 고령화와 사회보장
④ 우리나라의 사회보험제도
⑤ 장기요양의 필요성

정답 해설

제시문에서는 **고령화에 따른 사회보장**, 즉 사회보험제도 중 노인 장기요양보험에 대해 설명하고 있다. 따라서 글의 주제로 '**고령화와 사회보장**'이 가장 적절하다.

정답 ③

41 윗글이 어떤 질문에 대한 답이 된다면, 그 질문으로 가장 적절한 것은?

① 사회보장이란 무엇인가요?
② 노인 장기요양보험은 왜 필요한가요?
③ 고령화를 극복하기 위한 방법에는 무엇이 있나요?
④ 다른 나라와 우리나라의 사회보험제도의 차이점은 무엇인가요?
⑤ 노인성질환이란 무엇인가요?

정답 해설

제시문은 우리나라의 급격한 고령화에 따른 갈등과 문제해결의 방법으로 **사회보험제도인 노인 장기요양보험의 필요성**에 대해 이야기하고 있다. 따라서 윗글이 답이 되기에 적절한 질문은 노인 장기요양보험이 어째서 필요한지에 대한 의문인 ②이다.

정답 ②

문제풀이 Tip

제시문 하나에 2 ~ 3 문제가 이어지는 세트 문제 유형의 경우 글을 읽기 전 문제에서 묻는 바를 먼저 파악해야 시간을 단축할 수 있다.
또한 처음 글의 내용을 온전히 파악하지 못하면 문제를 제대로 풀지 못할 가능성이 높다. 따라서 시간이 없다 하더라도 최소한 제시문이 말하고자 하는 바 정도는 이해할 수 있도록 읽어두는 것이 좋다.

42 다음 글에서 〈보기〉의 문단이 들어갈 위치로 가장 적절한 곳은?

농림축산식품부는 농업·농촌의 공익기능 증진과 농업인의 소득 안정을 위해 '공익직불제'를 시행하고 있다. 공익직불제는 농업활동을 통해 환경보전, 농촌 공동체 유지, 먹거리 안전 등 공익을 창출할 수 있도록 농업인에게 보조금을 지원하는 제도이다.

(가) 공익직불제는 기존 직불제의 한계점을 해결하기 위해 시행되었다. 먼저 모든 작물을 대상으로 동일금액을 지급하여 작물 간의 형평성을 제고하고 쌀 중심의 농정 패러다임을 전환하도록 유도하였다. 또한 경영규모가 작을수록 높은 단가를 적용하는 등 중·소규모 농가에 대한 소득안정기능을 강화하여 농가 간 형평성을 제고하였다. 마지막으로 다양한 준수사항을 설정하여 농업인의 공익 준수의무를 강화하였다.

(나) 직불금을 받는 농업인은 공익을 위해 다음의 준수사항을 실천해야 한다. 첫째, 농지의 형상 및 기능을 유지하는 등 생태계 보전을 위해 노력해야 한다. 둘째, 농약 안전사용기준이나 농산물 출하제한 명령 등을 준수하여 먹거리 안전을 실현해야 한다. 셋째, 마을 공동체 활동 참여 등 공동체 활성화에 이바지해야 한다. 넷째, 영농일지 작성, 농업 증진 교육 이수 등 영농활동을 준수해야 한다. 다섯째, 화학비료, 하천·지하수 이용 기준을 준수하는 등 환경보호에 힘써야 한다. 이러한 준수사항을 위반할 경우 직불금의 총액이 감액될 수 있다.

(다) 공익직불제는 실제 농사를 짓는 농업인이 직불금을 받을 수 있도록 규정되어 있다. 위조, 거짓신청, 농지분할, 무단점유 등 부정수급을 막기 위하여 사업신청정보 통합관리 시스템으로 직불금 자격요건 검증 및 심사를 강화하고 있으며, 특별사법경찰관·명예감시원 등을 통해 관리·감독을 시행하고 있다. 이를 위반한 경우 부당이익금 전액이 환수되며, 최대 5배까지 제재부가금이 부과된다. 이 밖에도 부정수급 적발을 위해 신고포상금제도도 운영하고 있다.

(라) 2023년 현재 공익직불제는 시행 4년 차를 맞아 더욱 다양한 농업인에게 폭넓은 혜택을 제공할 수 있도록 확대되었다. 공익직불제는 부정수급 관련 문제나 제도 사각지대 등 여러 문제점이 아직 존재하지만 점차 개선 중에 있으며 농업의 다원적 기능과 공익적 역할을 유도하는 데 많은 도움을 주고 있다.

보기

2004년 WTO 재협상 이후 수입쌀이 값싼 가격에 들어오면서 정부는 농가 피해보전을 위해 쌀 소득보전 직불제를 도입하여 농가소득안정과 규모화 및 생산구조 효율화에 기여하였다. 그러나 이는 쌀의 과잉공급을 초래하였고 다른 작물을 재배하는 소규모 농가에 대한 소득안전망 기능 미흡 등 다양한 문제점이 있었다.

① (가)　　　　　　　　② (나)

③ (다)　　　　　　　　④ (라)

정답 | 해설

보기는 **기존의 쌀 소득보전 직불제의 도입 배경과 한계점**에 대한 내용이다. 공익직불제는 쌀 과잉공급 등 기존 직불제의 한계점을 해결하기 위해 시행된 제도이므로 보기의 문단이 들어갈 위치로 가장 적절한 곳은 (가)이다.

정답 ①

43 다음 글 뒤에 이어질 문단을 논리적 순서대로 바르게 나열한 것은?

> Past research has shown that experiencing frequent psychological stress can be a significant risk factor for cardiovascular disease, a condition that affects almost half of those aged 20 years and older in the United States.

> (A) Does this mean, though, that people who drive on a daily basis are set to develop heart problems, or is there a simple way of easing the stress of driving?
>
> (B) According to a new study, there is. The researchers noted that listening to music while driving helps relieve the stress that affects heart health.
>
> (C) One source of frequent stress is driving, either due to the stressors associated with heavy traffic or the anxiety that often accompanies inexperienced drivers.

① (A) − (C) − (B)　　　　　　　② (B) − (A) − (C)

③ (C) − (A) − (B)　　　　　　　④ (C) − (B) − (A)

정답　해설

제시된 글은 과거의 연구 결과에 의하면 'frequent stress(잦은 스트레스)'를 경험하는 것이 심혈관 질환의 주요 원인이 될 수 있다는 내용이다. 이는 (C)의 '잦은 스트레스의 한 가지 원인'과 연결되는데, (C)에서는 그 원인으로 운전을 제시하고 있다. 이 내용은 (A)에서 'this'로 받아서 그렇다면 운전을 하면 심장병에 걸리게 되는지 질문을 던지며 스트레스를 줄일 방안이 있는지 묻는다. 그에 대한 대답으로 (B)에서 'there is(존재한다)'라고 이어지며, 운전 중 음악 청취라는 방법을 소개한다. 따라서 (C)−(A)−(B) 순서로 나열되어야 한다.

• risk factor : 위험 요인, 위험 요소
• cardiovascular : 심혈관의
• on a daily basis : 매일
• stressor : 스트레스 요인

> 과거의 연구는 빈번한 심리적 스트레스를 경험하는 것이 미국의 20세 이상 성인 중 거의 절반에게 영향을 주는 문제인 심혈관 질환의 주요 위험 요인이 될 수 있다는 것을 보여주었다.
>
> (C) 잦은 스트레스의 한 가지 원인은 운전으로, 그것은 교통체증과 연관된 스트레스 요인이거나 또는 초보 운전자들에게 흔히 동반되는 불안일 수도 있다.
>
> (A) 그렇지만, 이 말은 매일 운전하는 사람들이 심장병에 걸리게 된다는 의미일까? 그게 아니면 운전 스트레스를 덜어줄 간단한 방법이 있을까?
>
> (B) 새로운 연구에 따르면, 존재한다. 연구원들은 운전하면서 음악을 듣는 것이 심장 건강에 영향을 미치는 스트레스를 완화시키는 데 도움을 준다는 것에 주목했다.

정답 ③

44 다음 글을 읽고, (A) ~ (C)에 들어갈 표현으로 가장 적절한 것을 고르면?

> The decline in death rates, which has meant an overall increase in the world population, (A) bought under / bought about the birth control movement. Scientific advances during the eighteenth and nineteenth centuries (B) resulted from / resulted in better food supplies, the control of diseases, and safer work environments for those living in developed countries. These improvements combined with progress in medicine to save and prolong human lives. During the 1800s, the birth rate, which in earlier times had been (C) added to / offset by the death rate, became a concern to many who worried that population growth would outstrip the planet's ability to provide adequate resources to sustain life.

	(A)	(B)	(C)
①	brought under	resulted from	added to
②	brought about	resulted in	added to
③	brought under	resulted from	offset by
④	brought about	resulted in	offset by

정답 해설

(A) 산아제한 운동을 억압한 것이 아니라, 초래한 것이므로 'brought about'이 적당하다.
(B) 선진국 사람들에게 식량 공급, 질병 통제, 안전한 작업 환경 등을 야기한 것이지, 그것들이 원인이라는 이야기가 아니다. 따라서 'resulted in'이 적당하다.
(C) 사망률이 출산율을 차감한 것이지, 사망률이 출산율에 더해지는 것이 아니다. 따라서 'offset by'가 적당하다.
• bring under : ~을 억압하다, 진압하다
• birth control : 산아제한
• result from : ~이 원인이다
• combine with : ~와 결합되다
• prolong : 연장하다
• add to : ~을 늘리다
• outstrip : (크기, 중요성 등에서) 앞지르다
• resource : 자원

> 세계 인구의 전체적인 증가를 의미하는 사망률의 하락은 산아제한 운동을 초래했다. 18 ~ 19세기의 과학적 진보들은 더 나은 식량 공급, 질병의 통제, 그리고 더 안전한 작업 환경 등을 선진국에 사는 사람들에게 가져다주었다. 이러한 발달은 의학의 진보와 결합되어 사람의 생명을 구해주고, 연장시켜 주었다. 1800년대 동안 예전에는 사망률에 의해 차감되던 출산율은 인구 증가율이 생명을 유지하기 위해 필요한 자원들을 제공하는 지구의 능력을 앞지를까봐 걱정하는 사람들에게 걱정거리가 되기 시작했다.

정답 ④

45 다음 빈칸에 들어갈 단어로 가장 적절한 것은?

> In recent years, there has been a great deal of interest in ecology, the science of the relationship between living things and there environment.
> Human beings have no control over events of nature such as snow, rain, and lightning. _____, there are other things that are caused by people. It is possible in the near future that people may cause enough harm to the environment to change the climate of the earth forever.

① Accordingly
② In short
③ For example
④ However

정답 해설

빈칸의 앞 문장에서는 인간이 자연 현상에 대한 통제력이 없다는 내용이 나오고 뒷부분에서는 인간이 환경을 해친다는 상반되는 내용이 나오므로 역접의 접속사 'However'가 들어가는 것이 가장 적절하다.

• ecology : 생태학
• living things : 생명체, 생물
• human beings : 인간

> 최근 몇 년간 생명체와 그들의 환경 사이의 관계에 대한 과학인 생태학에 상당한 관심이 있었다. 인간은 눈, 비, 번개와 같은 자연 현상에 대한 통제력이 없다. 그러나, 인간이 원인이 되는 다른 현상들이 있다. 이들은 근래에 사람들이 지구의 기후를 영원히 변화시킬 만큼 환경을 해칠 가능성이 있다.

정답 ④

문제풀이 Tip

대조나 역접을 나타내는 'but', 'however'와 같은 접속사가 등장하는 경우 빈칸의 앞내용과 뒷내용이 상반된다. 이를 응용하면 앞내용이나 뒷내용만을 읽고도 반대편의 흐름을 파악할 수 있으므로 제시문을 읽으면서 가장 먼저 살펴봐야 할 내용이라고 볼 수 있다.

46 다음은 농협에서 하는 일에 대한 설명이다. 이 일은 무엇인가?

We operate a Farm Stay program to boost farmers' income. Farm Stay is an experiential tourism program where people can experience living on a farm and participating in village festivals. The program helps explore other-than-farming income sources for farmers via urban and rural area exchanges, boosting the agricultural economy and revitalizing rural communities. Other benefits of the program include helping rural households by promoting Farm Stay as Korea's representative agricultural experiential tourism product and publicizing the role of NongHyup to our customers as well as to local governments. We will provide systematic and consistent support to Farm Stay villages and work hard to attract urban citizens to experience our rural culture.

①

②

③

④

⑤

제시문은 농업인의 소득 증진을 위한 농촌체험관광 프로그램인 '팜스테이 사업'에 대한 글이다.

> 우리는 농업인의 소득 증진을 위해 팜스테이 사업을 하고 있습니다. 팜스테이(Farm Stay)란 농가에서 숙박하면서 마을 축제에 참여할 수 있는 농촌체험관광 프로그램입니다.
> 이 프로그램은 도시 및 농촌 지역 교류를 통한 농외 소득원 개발과 농촌사회의 활력 증진, 농촌경제를 재활성화하는 데 도움이 됩니다. 이 프로그램의 또 다른 이점은 팜스테이를 한국의 대표적인 농촌체험관광 상품으로 홍보하고, 농협의 역할을 지방자치단체는 물론 고객에게 홍보함으로써 농촌 가정을 돕는 것입니다. 우리는 팜스테이 마을에 대한 체계적이고 지속적인 지원을 하여 농촌 문화를 체험하는 도시민 유치를 활성화하는 데 노력할 것입니다.

[오답분석]
② 농협주유소 사업
③ 찾아가는 방역서비스, 공동방제단
④ 목우촌(축산시품), 농협목우촌
⑤ 의료지원

정답 ①

문제풀이 Tip

위 문제의 경우 의사소통능력과 농협에 관한 상식이 결합된 유형으로 영어 독해능력과 농협에 대한 사전지식 없이는 쉽게 풀기 어려운 문제이다. 그러나 'farm'이나 'experience' 등과 같은 단어를 통해 농촌과 관련된 경험을 했다는 사실을 추측하여 문제의 정답률을 최대한 높일 수 있다.

수리능력

합격 Cheat Key

수리능력은 사칙연산·통계·확률의 의미를 정확하게 이해하고 이를 업무에 적용하는 능력으로, 기초연산과 기초통계, 도표분석 및 작성의 문제 유형으로 출제된다. 수리능력 역시 채택하지 않는 금융권이 거의 없을 만큼 필기시험에서 중요도가 높은 영역이다.

수리능력은 NCS 기반 채용을 진행한 거의 모든 기업에서 다루었으며, 문항 수는 전체의 평균 16% 정도로 많이 출제되었다. 특히, 난이도가 높은 금융권의 시험에서는 도표분석, 즉 자료해석 유형의 문제가 많이 출제되고 있고, 응용수리 역시 꾸준히 출제하는 기업이 많기 때문에 기초연산과 기초통계에 대한 공식의 암기와 자료해석능력을 기를 수 있는 꾸준한 연습이 필요하다.

1 응용수리능력의 공식은 반드시 암기하라!

응용수리능력은 지문이 짧지만, 풀이 과정은 긴 문제도 자주 볼 수 있다. 그렇기 때문에 응용수리능력의 공식을 반드시 암기하여 문제의 상황에 맞는 공식을 적절하게 적용하여 답을 도출해야 한다. 따라서 문제에서 묻는 것을 정확하게 파악하여 그에 맞는 공식을 적절하게 적용하는 꾸준한 노력과 공식을 암기하는 연습이 필요하다.

2 통계에서 사건이 동시에 발생하는지 개별적으로 발생하는지 구분하라!

통계에서는 사건이 개별적으로 발생했을 때, 경우의 수는 합의 법칙, 확률은 덧셈정리를 활용하여 계산하며, 사건이 동시에 발생했을 때, 경우의 수는 곱의 법칙, 확률은 곱셈정리를 활용하여 계산한다. 특히, 기초통계능력에서 출제되는 문제 중 순열과 조합의 계산 방법이 필요한 문제도 다수이므로 순열(순서대로 나열)과 조합(순서에 상관없이 나열)의 차이점을 숙지하는 것 또한 중요하다. 통계 문제에서의 사건 발생 여부만 잘 판단하여도 계산과 공식을 적용하기가 수월하므로 문제의 의도를 잘 파악하는 것이 중요하다.

3 자료의 해석은 자료에서 즉시 확인할 수 있는 지문부터 확인하라!

대부분의 수험생들이 어려워 하는 영역이 수리영역 중 도표분석, 즉 자료해석능력이다. 자료는 표 또는 그래프로 제시되고, 쉬운 지문은 증가 혹은 감소 추이, 간단한 사칙연산으로 풀이가 가능한 문제 등이 있고, 자료의 조사기간 동안 전년 대비 증가율 혹은 감소율이 가장 높은 기간을 찾는 문제들도 있다. 따라서 일단 증가·감소 추이와 같이 눈으로 확인이 가능한 지문을 먼저 확인한 후 복잡한 계산이 필요한 지문을 확인하는 방법으로 문제를 풀이한다면, 시간을 조금이라도 아낄 수 있다. 특히, 그래프와 같은 경우에는 그래프에 대한 특징을 알고 있다면, 그래프의 길이 혹은 높낮이 등으로 대강의 수치를 빠르게 확인이 가능하므로 이에 대한 숙지도 필요하다. 또한, 여러 가지 보기가 주어진 문제 역시 지문을 잘 확인하고 문제를 풀이한다면 불필요한 계산을 생략할 수 있으므로 항상 지문부터 확인하는 습관을 들이기를 바란다.

4 도표작성능력에서 지문에 작성된 도표의 제목을 반드시 확인하라!

도표작성은 하나의 자료 혹은 보고서와 같은 수치가 표현된 자료를 도표로 작성하는 형식으로 출제되는데, 대체로 표보다는 그래프를 작성하는 형태로 많이 출제된다. 지문을 살펴보면 각 지문에서 주어진 도표에도 소제목이 있는 경우가 대부분이다. 이때, 자료의 수치와 도표의 제목이 일치하지 않는 경우 함정이 존재하는 문제일 가능성이 높으므로 도표의 제목을 반드시 확인하는 것이 중요하다. 도표작성의 경우 대부분 비율 계산이 많이 출제되는데, 도표의 제목과는 다른 수치로 작성된 도표가 존재하는 경우가 있다. 그렇기 때문에 지문에서 작성된 도표의 소제목을 먼저 확인하는 연습을 하여 간단하지 않은 비율 계산을 두 번 하는 일이 없도록 해야 한다.

01 | 기초연산

| 유형분석 |

- 사칙연산을 활용하여 크고 복잡한 수를 정확하게 계산할 수 있는지 평가한다.
- 괄호연산을 올바른 순서대로 적용하여 주어진 식을 풀이할 수 있는지 평가한다.

다음 제시된 $\boxed{\text{식을 계산한 값}}$ 으로 옳은 것은?

$$27 \times \frac{12}{9} \times \frac{1}{3} \times \frac{3}{2}$$

❶ 36

❷ 12

❸ 18

① 8

② 14

✔③ 18

④ 20

⑤ 21

1) 질문 의도
: 제시된 식 기초연산

2) 계산 순서
: 모두 곱셈이므로 순서대로

3) 정답 도출
: $12 \times \frac{3}{2} = 18$

정답 | 해설

$$27 \times \frac{12}{9} \times \frac{1}{3} \times \frac{3}{2} = 3 \times 12 \times \frac{1}{3} \times \frac{3}{2} = 3 \times 6 = 18$$

정답 ③

유형풀이 Tip

① 사칙연산 : $+$, $-$, $\times$, $\div$
왼쪽을 기준으로 순서대로 계산하되 $\times$와 $\div$를 먼저 계산한 뒤 $+$와 $-$를 계산한다.
예 $1+2-3\times4\div2$
→ $1+2-12\div2$
→ $1+2-6$
→ $3-6=-3$

② 괄호연산 : ( ), { }, [ ]
소괄호 ( ) → 중괄호 { } → 대괄호 [ ]의 순서대로 계산한다.
예 $[\{(1+2)\times3-4\}\div5]6$
→ $\{(3\times3-4)\div5\}\times6$
→ $\{(9-4)\div5\}\times6 = (5\div5)\times6 = 1\times6 = 6$

③ 곱셈공식
다항식의 곱들을 공식화한 것으로, 중간 단계의 복잡한 계산을 생략하고 바로 답을 도출하기 위해 사용한다.
- $a^b \times a^c \div a^d = a^{b+c-d}$
- $ab \times cd = ac \times bd = ad \times bc$
- $a^2 - b^2 = (a+b)(a-b)$
- $(a+b)(a^2-ab+b^2) = a^3 + b^3$
- $(a-b)(a^2+ab+b^2) = a^3 - b^3$

02 | 수열추리

| 유형분석 |

- 나열된 수의 규칙을 찾아 해결하는 문제이다.
- 등차·등비수열 등 다양한 수열 규칙을 미리 알아두면 쉽게 풀어나갈 수 있다.
- ⊕ 응용문제 : 문자로 치환된 수열 문제

다음 숫자들이 나열된 규칙을 찾아 '?'에 들어갈 숫자로 적절한 것을 고르면?

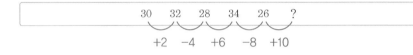

| 30 | 32 | 28 | 34 | 26 | ? |

+2 −4 +6 −8 +10

① 30
✅ 36
③ 38
④ 40
⑤ 44

1) 질문의도 : 규칙

2) 규칙찾기
   : 건너뛰기 수열

3) 정답도출
   : 26+10=36

정답 | 해설

2의 배수를 홀수 번째 자리에서는 더하고 짝수 번째 자리에서는 빼는 규칙을 갖는 수열이다.
∴ ?=26+10=36

정답 ②

유형풀이 Tip

주요 수열 규칙

구분	내용
등차수열	앞의 항에 일정한 수를 더해 이루어지는 수열
등비수열	앞의 항에 일정한 수를 곱해 이루어지는 수열
피보나치 수열	앞의 두 항의 합이 그 다음 항의 수가 되는 수열
건너뛰기 수열	두 개 이상의 수열 또는 규칙이 일정한 간격을 두고 번갈아가며 적용되는 수열
계차수열	앞의 항과 차가 일정하게 증가하는 수열
군수열	일정한 규칙성으로 몇 항씩 묶어 나눈 수열

03 | 최대·최소

| 유형분석 |

- 최대공약수나 최소공배수 개념을 활용하여 풀이하는 문제이다.
- 수학적 이론을 활용하는 문제는 수리능력뿐만 아니라 문제해결능력, 자원관리능력 등에서도 출제되고 있다.
- ⊕ 응용문제 : 요일·날짜 구하는 문제

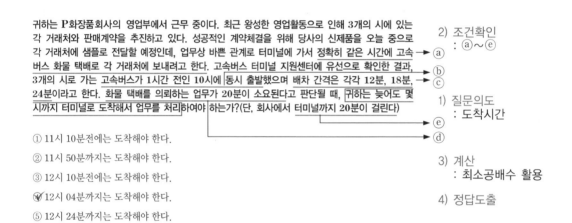

귀하는 P화장품회사의 영업부에서 근무 중이다. 최근 왕성한 영업활동으로 인해 3개의 시에 있는 각 거래처와 판매계약을 추진하고 있다. 성공적인 계약체결을 위해 당사의 신제품을 오늘 중으로 각 거래처에 샘플로 전달할 예정인데, 업무상 바쁜 관계로 터미널에 가서 정확히 같은 시간에 고속버스 화물 택배로 각 거래처에 보내려고 한다. 고속버스 터미널 지원센터에 유선으로 확인한 결과, 3개의 시로 가는 고속버스가 1시간 전인 10시에 동시 출발했으며 배차 간격은 각각 12분, 18분, 24분이라고 한다. 화물 택배를 의뢰하는 업무가 20분이 소요된다고 판단될 때, 귀하는 늦어도 몇 시까지 터미널로 도착해서 업무를 처리하여야 하는가?(단, 회사에서 터미널까지 20분이 걸린다)

2) 조건확인
: ⓐ~ⓔ
→ ⓐ
→ ⓑ
→ ⓒ

1) 질문의도
: 도착시간

→ ⓔ
→ ⓓ

① 11시 10분전에는 도착해야 한다.
② 11시 50분까지는 도착해야 한다.
③ 12시 10분전에는 도착해야 한다.
✔ 12시 04분까지는 도착해야 한다.
⑤ 12시 24분까지는 도착해야 한다.

3) 계산
: 최소공배수 활용

4) 정답도출

세 종류의 버스 배차간격은 12분, 18분, 24분이므로 세 버스가 동시에 출발하는 시간 간격은 각 버스 배차시간의 최소공배수이다. 12, 18, 24를 각각 소인수분해하면 $12=2\times2\times3$, $18=2\times3\times3$, $24=2\times2\times2\times3$이므로 12, 18, 24의 최소공배수는 $2\times2\times2\times3\times3=72$분=1시간 12분 간격으로 동시에 출발한다.

10시 이후 세 버스가 동시에 출발하는 시각은 11시 12분, 12시 24분, 13시 36분, …이다.

현재 시각은 11시이고 회사에서 터미널까지 20분이 걸린다고 하였으므로 빨라야 11시 20분에 터미널에 도착할 수 있다. 따라서 세 버스가 동시에 출발하는 시각 중 가장 빠른 11시 12분에는 터미널에 도착할 수 없으므로 그 다음 시각인 12시 24분에 고속버스 화물 택배로 각 거래처에 보낼 수 있다. 화물 택배를 의뢰하는 업무가 20분이 소요된다고 했으므로 12시 04분까지는 터미널에 도착해야 한다.

정답 ④

유형풀이 Tip

• 먼저 문제에 제시된 조건을 확인한 다음, 필요한 공식을 적절하게 활용하여 정확히 계산한다.

이론 더하기

최소공배수(Least Common Multiple)
두 개 이상의 자연수의 공통인 배수인 공배수 중 가장 작은 수

최대공약수(Greatest Commmom Divisor)
두 개 이상의 자연수의 공통인 약수인 공약수 중에서 가장 큰 수

최소공배수와 최대공약수의 관계
두 자연수 A, B의 최대공약수가 G이고 최소공배수가 L일 때 $A=a\times G$, $B=b\times G(a,\ b$는 서로소)라 하면 다음이 성립한다.
① $L=a\times b\times G$
② $A\times B=L\times G$

04 | 응용수리

| 유형분석 |

- 문제에서 제공하는 정보를 바탕으로 사칙연산을 활용하여 계산하는 전형적인 수리문제이다.
- 다양한 업무 상황과 연관을 지어 복잡한 문제로 출제되지만 실제로 정답을 도출하는 과정은 단순하다.
- 문제를 풀기 위한 정보가 산재되어 있는 경우가 많으므로 꼼꼼히 읽어야 한다.
- ⊕ 응용문제 : 거·속·시, 농도, 날짜·요일·시간 등 방정식·부등식 문제, 경우의 수·확률 문제, 예금·적금 이자 계산 등 금융상품 문제

K건설회사는 ○○시 신도시 아파트 분양을 위하여 다음 주에 모델하우스를 오픈한다. 아파트 입주 자 모집을 성황리에 마무리 짓기 위해 방문하시는 고객에게 소정의 사은품을 나눠 줄 예정이다. K 건설회사에 근무 중인 A사원은 오픈행사 시 고객 1인당 1개의 쇼핑백을 나눠 줄 수 있도록 준비 중인데, 각 쇼핑백에 각티슈 1개, 위생장갑 1pack, 롤팩 3개, 물티슈 2개, 머그컵 1개가 들어가야 한다. 각 물품 수량을 다음과 같이 보유하고 있다면 최대 몇 명에게 사은품을 줄 수 있는가?(단, 사 은품 구성 물품과 수량은 1개라도 부족해서는 안 된다)

$$\frac{각티슈\ 200개}{1}=200,\ \frac{위생장갑\ 250pack}{1}=250,\ \frac{롤팩\ 600개}{3}=200,\ \frac{물티슈\ 400개}{2}=200,\ \frac{머그컵\ 150개}{1}=150$$

(K건설회사 로고가 찍힌 쇼핑백은 사은품 구성 Set만큼 주문할 예정임)

- ☑ 150명
- ② 200명
- ③ 250명
- ④ 300명
- ⑤ 350명

2) 조건확인
: ⓐ~ⓒ
→ ⓐ
→ ⓑ

1) 질문의도
: 최대 증정 인원 수
ⓒ

3) 계산

4) 정답도출
: 최대 150명

정답 해설

사은품 구성 물품과 수량이 1개라도 부족해서는 안 되므로, 각 물품마다 몇 명분이 나오는지 구한 뒤 사은품을 줄 수 있는 최대 인원을 구하면 된다. 각티슈는 1개씩 들어가므로 200명분, 위생장갑은 1pack씩 들어가므로 250명분, 롤팩은 3개씩 들어가므로 200명분, 물티슈는 2개씩 들어가므로 200명분, 머그컵은 1개씩 들어가므로 150명분이 된다. 따라서 사은품을 줄 수 있는 최대 인원은 150명이다.

정답 ①

• 문제에서 묻는 것을 정확하게 확인한 후, 필요한 조건 또는 정보를 구분하여 신속하게 풀어간다. 단, 계산실수를 하지 않도록 유의하여야 한다.

이론 더하기

방정식·부등식의 활용

① 거리·속력·시간

$$(거리)=(속력)\times(시간), \quad (속력)=\frac{(거리)}{(시간)}, \quad (시간)=\frac{(거리)}{(속력)}$$

② 일

전체 작업량을 1로 놓고, 단위 시간 동안 한 일의 양을 기준으로 식을 세움

③ 농도

• $(소금물의 농도)=\dfrac{(소금의 양)}{(소금물의 양)}\times100$

• $(소금의 양)=\dfrac{(소금물의 농도)}{100}\times(소금물의 양)$

④ 나이

문제에서 제시된 조건의 나이가 현재인지 과거인지를 확인한 후 구해야 하는 한 명의 나이를 변수로 잡고 식을 세움

⑤ 비율

• x가 $a\%$ 증가 : $x\times\left(1+\dfrac{a}{100}\right)$

• x가 $a\%$ 감소 : $x\times\left(1-\dfrac{a}{100}\right)$

⑥ 금액

㉠ • $(정가)=(원가)+(이익)$

  • $(이익)=(원가)\times(이율)$

㉡ $(a원에서 b\% 할인한 가격)=a\times\left(1-\dfrac{b}{100}\right)$

㉢ 단리법·복리법(원금 : a, 이율 : r, 기간 : n, 원리합계 : S)

단리법	복리법
• 정의 : 원금에 대해서만 약정된 이자율과 기간을 곱해 이자를 계산 • $S=a\times(1+r\times n)$	• 정의 : 원금에 대한 이자를 가산한 후 이 합계액을 새로운 원금으로 계산 • $S=a\times(1+r)^n$

경우의 수와 확률

순열	조합
① 서로 다른 n개에서 r개를 순서대로 나열하는 경우의 수 ② ${}_n\mathrm{P}_r=\dfrac{n!}{(n-r)!}$ ③ ${}_n\mathrm{P}_n=n!,\ 0!=1,\ {}_n\mathrm{P}_0=1$	① 서로 다른 n개에서 r개를 순서에 상관없이 나열하는 경우의 수 ② ${}_n\mathrm{C}_r=\dfrac{n!}{(n-r)!\times r!}$ ③ ${}_n\mathrm{C}_r={}_n\mathrm{C}_{n-r},\ {}_n\mathrm{C}_0={}_n\mathrm{C}_n=1$

05 | 자료계산

| 유형분석 |

- 통계와 관련한 이론을 활용하여 계산하는 문제이다.
- 주로 상대도수, 평균, 표준편차, 최댓값, 최솟값 등의 개념이 활용된다.

귀하는 C은행의 지점에서 수신업무를 담당하고 있다. 본사로부터 2019년도 고객서비스 만족도 평가를 위해 조사기간 동안 내방한 고객들을 대상으로 설문을 실시하여 보고하라는 지침을 받았다. 귀하는 상담했던 고객들에게 해당 지점의 만족도에 대한 설문을 요청하였으며, 취합한 결과는 다음과 같다. 이후 조사결과를 지점장에게 보고하였는데, 잘못된 설문이 있다고 지적을 받았다. 이에 해당하는 것은?

1) 질문의도
: 자료의 잘못된 부분 찾기

만족도	응답자 수(명)	비율(%)
매우 만족	(A)	20%
만족	33	22%
보통	(B)	(C)
불만족	24	16%
매우 불만족	15	(D)
합계	150	100%

3) 선택지 풀이

② ④ ⑤ ① ③

① 은행업무 상담 고객 중 150명을 대상으로 은행서비스 만족도를 조사하였습니다.

② 응답해주신 고객 중 30명이 본 지점의 서비스를 매우 만족한다고 평가해 주셨고, 특히 ○○○ 행원이 친절하다는 칭찬을 많이 해주셨습니다.

③ 내방 고객의 약 3분의 1이 본 지점의 서비스 만족도를 '보통'으로 평가해 주셨습니다. 지점 내 행원을 대상으로 서비스마인드를 고취하기 위한 교육이 필요해 보입니다.

④ '불만족' 이하 구간이 26%로 큰 비중을 차지하고 있습니다. 고객이 제안해주신 개선안을 바탕으로 본행의 고객응대 매뉴얼을 수정할 필요가 있다고 생각됩니다.

⑤ 전체 고객 중 5분의 1이 '매우 불만족'으로 평가해주셨는데, 지점 내의 서비스 교육과 고객응대 매뉴얼 수정을 통해 향후 만족도를 개선시킬 수 있을 것으로 판단됩니다.

2) 선택지 키워드 찾기

4) 정답도출
: $\dfrac{15}{150} = \dfrac{1}{10}$

'매우 불만족'으로 평가한 고객 수는 전체 150명 중 15명이므로 전체 10%의 비율을 차지한다. 따라서 10분의 1이 '매우 불만족'으로 평가했다는 것을 알 수 있다.

오답분석

① 응답자의 합계를 확인하면 150명이므로 올바른 설명이다.
② '매우 만족'이라고 평가한 응답자의 비율이 20%이므로, 150×20%=30명이다.
③ '보통'이라고 평가한 응답자의 수를 역산하여 구하면 48명이고, 비율은 32%이다. 따라서 약 3분의 1이라고 볼 수 있다.
④ '불만족' 이하 구간은 '불만족' 16%와 '매우 불만족' 10%의 합인 26%이다.]

정답 ⑤

유형풀이 Tip

• 정확한 값을 계산하기보다 어림값을 잡아서 선택지를 빠르게 소거할 수 있다.

예 ③에서 '보통'으로 평가한 사람은 48명이다. $\frac{48}{150} \fallingdotseq \frac{50}{150} \fallingdotseq \frac{1}{3}$ 과 같으므로 내방 고객의 약 3분의 1이 지점의 서비스 만족도를 '보통'으로 평가했다.

이론 더하기

① 평균 : 자료 전체의 합을 자료의 개수로 나눈 값
② 분산 : 변량이 평균으로부터 떨어져 있는 정도를 나타낸 값
③ 표준편차 : 통계집단의 분배정도를 나타내는 수치, 자료의 값이 얼마나 흩어져 분포되어 있는지 나타내는 산포도 값의 한 종류
④ 상대도수 : 도수분포표에서 도수의 총합에 대한 각 계급의 도수의 비율
⑤ 최빈값 : 자료의 분포 중에서 가장 많은 빈도로 나타나는 변량
⑥ 중앙값 : 자료를 크기 순서대로 배열했을 때, 중앙에 위치하게 되는 값

06 | 자료추론 ①

| 유형분석 |

- 문제에 주어진 그래프 또는 표를 분석하여 각 선택지를 판단하는 문제이다.
- 정답을 도출하는 데 상당한 시간이 걸리며, 증감률·비율·추세 등을 자주 묻는다.
- ⊕ 응용문제 : 도표(그래프, 표)와 함께 신문기사 혹은 보도자료 등을 함께 제공하여 복합적으로 판단하는 문제

다음은 2021년도 국가별 국방예산 그래프이다. 그래프를 이해한 내용으로 옳지 않은 것은?
(단, 비중은 소수점 둘째 자리에서 반올림한다)

1) 질문 의도
   : 도표 분석

3) 도표 분석
   : 국가별 국방예산

① 국방예산이 가장 많은 국가와 가장 적은 국가의 예산 차이는 324억 원이다.

2) 선택지 키워드 찾기

② 사우디아라비아 국방예산은 프랑스 예산보다 14% 이상 많다.

③ 인도보다 국방예산이 적은 국가는 5개 국가이다.

4) 정답 도출

④ 영국과 일본의 국방예산 차액은 독일과 일본의 국방예산 차액의 55% 이상이다.

⑤ 8개 국가 국방예산 총액에서 한국이 차지하는 비중은 약 8.8%이다.

독일과 일본의 국방예산 차액은 461−411=50억 원이고, 영국과 일본의 차액은 487−461=26억 원이다. 따라서 영국과 일본의 차액은 독일과 일본의 차액의 $\frac{26}{50} \times 100 = 52\%$를 차지한다.

[오답분석]

① 국방예산이 가장 많은 국가는 러시아(692억 원)이며, 가장 적은 국가는 한국(368억 원)으로 두 국가의 예산 차액은 692−368=324억 원이다.

② 사우디아라비아의 국방예산은 프랑스의 국방예산보다 $\frac{637-557}{557} \times 100 ≒ 14.4\%$ 많다.

③ 인도보다 국방예산이 적은 국가는 영국, 일본, 독일, 한국, 프랑스이다.

⑤ 8개 국가 국방예산 총액은 692+637+487+461+411+368+559+557=4,172억 원이며, 한국이 차지하는 비중은 $\frac{368}{4,172} \times 100 ≒ 8.8\%$이다.

정답 ④

유형풀이 Tip

• 선택지를 먼저 읽고 제시된 자료에서 필요한 정보만 선택적으로 찾아 빠르게 풀이한다.

이론 더하기

• [증감률(%)] : $\frac{(비교값)-(기준값)}{(기준값)} \times 100$

[예] N은행의 작년 신입사원 수는 500명이고, 올해는 700명이다. N은행의 전년 대비 올해 신입사원 수의 증가율은?

$\frac{700-500}{500} \times 100 = \frac{200}{500} \times 100 = 40\%$ → 전년 대비 40% 증가하였다.

[예] N은행의 올해 신입사원 수는 700명이고, 내년에는 350명을 채용할 예정이다. N은행의 올해 대비 내년 신입사원 수의 감소율은?

$\frac{350-700}{700} \times 100 = -\frac{350}{700} \times 100 = -50\%$ → 올해 대비 50% 감소할 것이다.

07 | 자료추론 ②

| 유형분석 |

- 문제에서 주어진 도표를 분석하여 각 선택지의 정답 유무를 판단하는 문제이다.
- 주로 그래프와 표로 많이 출제되며, 증감률·비율·추세 등을 자주 묻는다.
- ⊕ 응용문제 : 도표(그래프, 표)와 함께 신문기사 혹은 보도자료 등을 제공하여 복합적으로 판단하는 문제

A사원이 아래 자료들을 해석한 내용으로 옳은 것만을 모두 고른 것은?

1) 질문의도
  : 도표분석

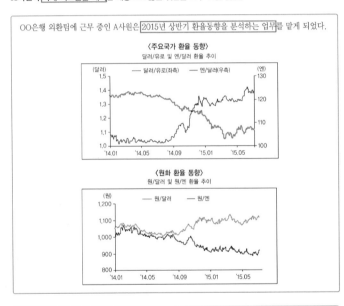

OO은행 외환팀에 근무 중인 A사원은 2015년 상반기 환율동향을 분석하는 업무를 맡게 되었다.

〈주요국가 환율 동향〉
달러/유로 및 엔/달러 환율 추이

〈원화 환율 동향〉
원/달러 및 원/엔 환율 추이

3) 도표분석
  : 2015년 동향 분석

⊙ 유로화는 유럽중앙은행(ECB)의 양적완화 확대 등으로 달러화 대비 약세가 심화되고 있다.
ⓒ 엔화는 달러화에 대해 전반적으로 전년 대비 강세를 보이고 있으나, 글로벌 안전자산 선호 등으로 낙폭은 제한되고 있다.
ⓒ 원/달러 환율은 전년 대비 상승하였으나, 방향성이 부재한 가운데 1,000원을 중심으로 등락을 지속하고 있다.
ⓔ 원/엔 환율은 전반적으로 900원선을 상회하는 수준에서 완만하게 움직였다.

2) 선택지 키워드 찾기

→ 약세

→ 1,110원

① ⊙, ⓒ
④ ⊙, ⓒ, ⓔ
⑤ ⊙, ⓒ, ⓒ, ⓔ

② ⊙, ⓔ
③ ⊙, ⓒ, ⓒ

4) 정답도출

㉠ 유로화가 달러화 대비 약세가 심화되고 있는 부분은 **첫 번째 그래프에서 달러/유로 환율 추이**를 통해 알 수 있다. 2014년 9월까지 1유로당 1.3 ~ 1.4달러 사이를 유지하다가 그 이후부터 **하락하기 시작**하여 2015년에 들어와서 1유로당 1.1달러 내외인 것을 확인할 수 있으므로 유로화는 달러화 대비 약세를 보이고 있다는 것은 **옳은 내용**이다.

㉣ 원/엔 환율 추이를 통해 2015년 원/엔 환율이 전반적으로 900원 선에서 상회하고 있다는 것을 확인할 수 있다. 비록 문장에서 '2015년 상반기'라는 말이 언급되지 않더라도 해당 문제가 2015년 상반기 환율변동에 대해서 분석하는 것이므로 이를 감안하고 분석내용을 이해해야 한다.

[오답분석]

㉡ 엔화는 달러화에 대해 전반적으로 전년 대비 약세를 보이고 있는데, 이는 첫 번째 그래프에서 엔/달러 환율 추이를 통해 확인할 수 있다. 2014년에는 1달러당 100엔 근처에서 형성되었으나, 2015년에 와서 1달러당 120엔을 넘었다. 즉, 1달러당 지불해야 할 엔화가 늘어난 것으로 달러는 강세, 엔화는 약세로 해석할 수 있다.

㉢ 두 번째 그래프에서 원/달러 환율 추이를 통해 원/달러 환율이 전년 대비 상승했다는 것을 확인할 수 있다. 그러나 원/달러 환율이 1,000원대가 아닌 1,100원대에서 형성되어 있다. 따라서 1,000원을 중심으로 등락하고 있다는 설명은 틀렸다.

정답 ②

유형풀이 Tip

그래프의 종류

꺾은선(절선)그래프	• 시간적 추이(시계열 변화)를 표시하는 데 적합하다. • 경과·비교·분포를 비롯하여 상관관계 등을 나타낼 때 사용한다.
막대그래프	• 비교하고자 하는 수량을 표시하고, 그 길이를 비교하여 각 수량 간 대소 관계를 나타내는 데 적합하다. • 내역·비교·경과·도수 등을 표시하는 용도로 사용한다.
원그래프	• 내역이나 내용의 구성비를 분할하여 나타내는 데 적합하다. • 원그래프를 정교하게 작성할 때는 수치를 각도로 환산해야 한다.
점그래프	• 지역분포를 비롯한 도시, 지방, 기업, 상품 등의 평가나 위치, 성격을 표시하는 데 적합하다. • 종축과 횡축에 두 요소를 두고, 보고자 하는 것이 어떤 위치에 있는가를 알고자 할 때 사용한다.
층별그래프	• 합계와 각 부분의 크기를 백분율 혹은 실수로 나타내고 시간적 변화를 보는 데 적합하다. • 선의 움직임보다는 선과 선 사이의 크기로써 데이터 변화를 나타내는 그래프이다.
레이더 차트 (거미줄그래프)	• 다양한 요소를 비교할 때, 경과를 나타내는 데 적합하다. • 비교하는 수량을 직경, 또는 반경으로 나누어 원의 중심에서의 거리에 따라 각 수량의 관계를 나타내는 그래프이다.

08 | 자료변환

| 유형분석 |

- 문제에서 주어진 자료를 읽고 올바르게 작성한 도표를 고르는 문제이다.
- ⊕ 응용문제 : 주어진 자료에 있는 수치와 그래프 또는 표에 있는 수치가 서로 일치하는지 여부를 판단하는 문제

귀하는 OO산업의 제1공장 시설관리를 담당하고 있다. 과거 가뭄으로 인하여 공업용수 부족 등의 피해가 발생되어 제품생산에 차질을 빚어왔다. 이러한 문제점을 예방하고자 과거 강수량 추이를 분석하여 예비 공업용수를 확보하는 등의 예방대책을 수립하고자 한다. 다음과 같은 자료를 분석하여 작성한 기간별 연간 강수량 그래프로 적절하지 않은 것은?

1) 질문의도
  : 자료의 시각화

우리나라의 항구적 가뭄대책

2015년 10월까지의 강수량은 619mm로, 11월과 12월의 2개월간에 대해 지난 55년간 해당 기간의 최대 강수량인 236mm를 더한다고 해도 855mm에 불과하다. 같은 기간 평균 강수량인 71mm를 더하면 690mm이고, 최소 강수량인 10mm를 더하면 629mm이다.

1966 ~ 2015년 기간 중 강수량이 1,100mm 미만이었던 것은 1973년의 1,065mm, 1977년의 1,007mm, 1982년의 1,000mm이다. 또한 1,000mm 미만이었던 것은 1988년의 895mm, 2001년의 997mm, 2008년의 988mm, 그리고 2014년의 809mm이다. 이러한 수치로 보아 올해는 50년만에 최악의 가뭄을 겪은 것으로 분석된다. 뿐만 아니라 지난 50년간 한 번도 연속해서 2년간 강수량이 1천mm 미만을 보인 적은 없었다.

(중략)

→ ②
→ ③

3) 자료 찾기

---

① 1966 ~ 1975년 연간 강수량

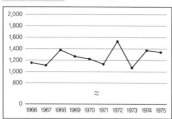

② 1976 ~ 1985년 연간 강수량

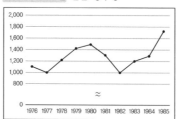

2) 도표제목 확인

③ 1986 ~ 1995년 연간 강수량

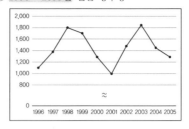

④ 1996 ~ 2005년 연간 강수량

4) 정답도출
: 1,000mm 이상 X

⑤ 2006 ~ 2014년 연간 강수량

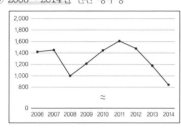

정답 | 해설

주어진 자료에서는 1988년의 강수량이 895mm로 1,000mm 미만인데, 보기의 그래프에서는 1988년이 1,000mm 이상에 위치하고 있으므로 적절하지 않다.

정답 ③

유형풀이 Tip

- 각 선택지에 있는 도표의 제목을 먼저 확인하도록 한다. 제목에서 어떠한 정보가 필요한지 확인한 후에 주어진 자료를 읽으면서 일치 여부를 판단하면 오류를 찾기 한결 수월해진다.
- 선택지를 대조하여 특징적인 부분이 있는 문항부터 먼저 판단하는 것도 시간을 줄일 수 있는 좋은 방법이다.

02 | 유형점검

| STEP 1 |

※ 다음 식을 계산한 값을 구하시오. [1~3]

| 2022 하반기 지역농협 6급(70문항)

01

$$414-13\times32+323$$

① 311   ② 321

③ 331   ④ 341

⑤ 351

정답 | 해설

$414-(13\times32)+323=414-416+323=321$

정답 ②

문제풀이 Tip

사칙연산을 풀이할 때는 다음과 같은 규칙이 적용되는지를 순차적으로 판단한다.
① ×와 ÷를 먼저 계산한 뒤 +와 −를 계산
② 소괄호 ( ) → 중괄호 { } → 대괄호 [ ]의 순서대로 계산

| 2022 상반기 지역농협 6급(60문항)

02

$$4,646-2,351-5,456+5,441$$

① 2,080   ② 2,180

③ 2,280   ④ 2,380

정답 | 해설

$4,646-2,351-5,456+5,441=10,087-7,807=2,280$

정답 ③

03

$$\frac{35}{77} \times 11^2 + 25$$

① 70 ② 75
③ 80 ④ 85
⑤ 90

정답 | 해설

$\frac{35}{77} \times 11^2 + 25 = 5 \times 11 + 25 = 80$

정답 ③

04 다음 중 계산한 값이 가장 큰 수는?

① $0.28 + 2.4682 - 0.9681$ ② $6.1 \times 1.2 - 1.163$
③ $70.668 \div 151 + 6.51$ ④ $89.1 \div 33 + 5.112$
⑤ $9.123 - 1.5 \times 1.3$

정답 | 해설

$89.1 \div 33 + 5.112 = 7.812$

[오답분석]
① $0.28 + 2.4682 - 0.9681 = 1.7801$
② $(6.1 \times 1.2) - 1.163 = 6.157$
③ $(70.668 \div 151) + 6.51 = 6.978$
⑤ $9.123 - (1.5 \times 1.3) = 7.173$

정답 ④

문제풀이 Tip

풀이 순서를 논리적으로 결정한다. 먼저 선택지 전체를 확인하고, 눈대중으로 거를 수 있는 선택지를 판단한다. 다른 숫자들은 정수 자리가 최소 6 이상일 것으로 보이는데, ①의 경우 최대 2의 정수를 갖는다. 때문에 ① 선택지는 계산하지 않고 소거한다. 다음으로 ②의 선택지도 눈으로 봤을 때, +6.51을 해주는 ③의 선택지보다 작아 보이므로 소거한다. 만약 자신이 조금 더 눈썰미가 있다면 ⑤의 값이 최소 7 이상이라는 것을 발견했을 것이고, ③의 70.668÷ 151이 0.5 이하라는 것도 알았을 것이다($\because$ 151×0.5=75.5>70.668). 이에 따라 ③도 소거 가능하므로, 남은 ④와 ⑤의 값만 계산하여 답을 구한다.

05 A는 음수, B는 양수일 때 항상 옳은 것은?(단, A와 B는 정수이다)

① $B < A$ ② $AB > 0$

③ $A^2 \geq 0$ ④ $A + B < 0$

정답 해설 ──────────────────────────────────○

정수에서 0을 제외한 어떤 수의 제곱은 언제나 양수이므로 항상 참이다.

오답분석

① $B > A$

② $AB < 0$

④ $|A| > |B|$이면 $A + B < 0$, $|A| < |B|$이면 $A + B > 0$

정답 ③

문제풀이 Tip

수리영역에서 개념을 활용한 문제는 여전히 출제되고 있는 유형 중 하나이다. 이러한 유형을 풀이할 때는 반례를 찾는 연습을 한다.

예 ④ $A + B < 0$ → 만약 $A = -2$, $B = 10$이면 $A + B = 8$이다.

06 다음의 계산식이 성립한다면 $(7 \blacktriangledown 25) \triangle 7$은 얼마인가?

- 기호 $\triangle$는 그 기호의 양측의 수의 차에 10을 곱하는 연산이다.
- 기호 $\blacktriangledown$는 그 기호의 좌측의 수에 2를 곱한 뒤, 두 수의 차를 계산하는 연산이다.

① -40 ② -18

③ 4 ④ 40

정답 해설 ──────────────────────────────────○

$(7 \blacktriangledown 25) \triangle 7 = (25 - 14) \triangle 7 = 11 \triangle 7 = (11 - 7) \times 10 = 40$

정답 ④

07 연속된 두 자리 숫자 3개의 합이 54일 때, 가장 작은 숫자와 가장 큰 숫자의 곱은?

① 289

② 306

③ 323

④ 342

정답 해설

연속된 두 자리 숫자 3개를 $a-1$, a, $a+1$이라고 하자.
$(a-1)+a+(a+1)=54 \rightarrow 3a=54 \rightarrow a=18$
따라서 연속된 숫자는 17, 18, 19이므로 17×19=323이다.

정답 ③

문제풀이 Tip

제시된 선택지는 일의 자리 숫자가 모두 다르다. 때문에 전체를 계산해보지 않고, 일의 자리수만 계산하면 끝자리가 3인 것을 알 수 있다. 따라서 답은 ③이다.

PART 1

08 다음은 일정한 규칙을 가진 수를 나열한 것이다. 이 중 규칙이 다른 것은?

① 4 8 12 16 20

② 3 6 9 12 15

③ 1 2 4 8 16 32

④ 2 4 6 8 10 12

⑤ 5 10 15 20 25

정답 해설

'1 2 4 8 16 32'는 2배로 커지는 규칙이다.

오답분석

①·②·④·⑤는 가장 처음 항이 더해지는 규칙이다.

정답 ③

CHAPTER 02 수리능력 • 143

※ 다음과 같이 일정한 규칙으로 수를 나열할 때, 빈칸에 들어갈 알맞은 수를 고르시오. [9~17]

▎2023 하반기 지역농협 6급(70문항)

09

| 2 | 5 | 14 | 41 | 122 | ( ) |

① 364   ② 365

③ 366   ④ 367

⑤ 368

정답 | 해설 ────────────────────────────────────○

앞의 항에 $+3^1$, $+3^2$, $+3^3$, $+3^4$, …인 수열이다.
따라서 ( )$=122+3^5=122+243=365$이다.

정답 ②

문제풀이 Tip

수열을 풀이할 때는 다음과 같은 규칙이 적용되는지를 순차적으로 판단한다.
① 각 항에 일정한 수를 사칙연산($+$, $-$, $\times$, $\div$)하는 규칙
② 홀수 항, 짝수 항 규칙
③ 피보나치 수열과 같은 계차를 이용한 규칙
④ 군수열을 활용한 규칙
⑤ 항끼리 사칙연산을 하는 규칙

▎2023 하반기 지역농협 6급(60문항)

10

| 1 | 2 | 3 | 5 | 8 | ( ) |

① 12   ② 13

③ 14   ④ 15

정답 | 해설 ────────────────────────────────────○

앞의 두 항의 합이 다음 항이 되는 피보나치 수열이다.
따라서 ( )$=5+8=13$이다.

정답 ②

11

| 2 | 1 | 3 | 4 | 0 | 5 | 1 | 4 | 1.5 | 3.5 | 3 | ( ) |

① 0

② 0.5

③ 1

④ 1.5

⑤ 2

정답 **해설**

각 항을 네 개씩 묶고 각각을 A, B, C, D라고 하면 다음과 같은 규칙을 갖는다.

$\underline{A\ B\ C\ D} \rightarrow A+B+C+D=10$

$\underline{1.5\ 3.5\ 3\ (\quad)} \rightarrow 1.5+3.5+3+(\quad)=10$

따라서 ( )$=10-1.5-3.5-3=10-8=2$이다.

정답 ⑤

문제풀이 Tip

$3\sim4$의 항이 묶인 군수열 형태로 규칙이 형성될 수 있다.

따라서 일반적인 방법으로 규칙이 보이지 않는다면 군수열을 의심하고, n개의 항을 묶어서 생각한다.

12

| $\frac{101}{399}$ | $\frac{126}{374}$ | ( ) | $\frac{221}{279}$ | $\frac{284}{216}$ |

① $\frac{112}{578}$

② $\frac{67}{312}$

③ $\frac{19}{481}$

④ $\frac{77}{223}$

⑤ $\frac{572}{644}$

정답 **해설**

(분자)+(분모)$=500$인 수열이다.

따라서 ( )$=\frac{19}{481}$ 이다.

정답 ③

PART 1

13

$$\underline{2 \quad 1 \quad 3 \quad 6} \quad \underline{4 \quad 5 \quad 2 \quad 11} \quad \underline{5 \quad 6 \quad 2 \quad (\ )}$$

① 10

② 11

③ 12

④ 13

정답 해설

나열된 수를 각각 A, B, C, D라고 하면 다음과 같은 관계가 성립한다.

$\underline{A \ B \ C \ D} \rightarrow A + B + C = D$

따라서 ( )$=5+6+2=13$이다.

정답 ④

문제풀이 Tip

군수열이 출제되는 경우 $3 \sim 4$개의 항이 군으로 묶여 출제된다.
이때 각 군의 수가 일정한 방정식을 이루는 경우가 대부분이므로, 군별로 비교하여 규칙을 찾아낸다.

14

$$\underline{3 \quad 8 \quad 25} \quad \underline{4 \quad 5 \quad 21} \quad \underline{5 \quad 6 \quad (\ )}$$

① 27

② 28

③ 29

④ 30

⑤ 31

정답 해설

나열된 수를 각각 A, B, C라고 하면 다음과 같은 관계가 성립한다.

$\underline{A \ B \ C} \rightarrow (A \times B) + 1 = C$

따라서 ( )$=5 \times 6 + 1 = 31$이다.

정답 ⑤

15

| 0 | 3 | 5 | 10 | 17 | 29 | 48 | ( ) |

① 55 ② 60
③ 71 ④ 79
⑤ 84

정답 **해설**

n을 자연수라 하면 $(n+1)$항에서 n항을 더하고 $+2$를 한 값이 $(n+2)$항이 되는 수열이다.
따라서 ( )$=48+29+2=79$이다.

정답 ④

16

| 1 | 4 | 13 | 40 | 121 | ( ) | 1,093 |

① 351 ② 363
③ 364 ④ 370
⑤ 392

정답 **해설**

앞의 항에 $\times 3+1$을 적용한 수열이다.
따라서 ( )$=121\times 3+1=364$이다.

정답 ③

17

| 3 | 4 | 12 | 48 | ( ) |

① 478 ② 487
③ 550 ④ 576

정답 **해설**

바로 앞의 두 항을 곱하면 다음 항이 되는 수열이다.

3	4	12	48
		$3\times$	$4\times$
		4	12

$\therefore 12\times 48=576$

정답 ④

18 다음은 규칙적으로 나열된 표이다. 빈칸에 들어갈 알맞은 수는?

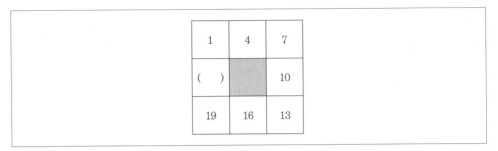

① 21   ② 22

③ 23   ④ 24

정답 | **해설** ────────────────────────────○

화살표에서 시작하여 시계 방향으로 앞의 항에 +3을 하는 규칙이다.
따라서 (　　)=19+3=22이다.

정답 ②

19 자산 운용가 갑돌이는 원금 4,000,000원으로 작년 말에 수익률 200%를 달성하였으나, 올해 재투자에 실패하여 올해 말에는 수익률이 −60%가 되었다. 2년간의 누적 수익률은 얼마인가?(단, 재투자의 경우 작년 원금과 투자수익 모두 투자하였다)

① 5%   ② 10%

③ 20%   ④ 25%

⑤ 30%

정답 | **해설** ────────────────────────────○

2년 동안의 수익률과 연말 금액을 정리하면 다음과 같다.

구분	수익률	연말 금액
작년 말	200%	400만 원×3=1,200만 원
올해 말	−60%	1,200만 원×0.4=480만 원

따라서 원금 400만 원에서 480만 원이 되었으므로 누적 수익률은 20%이다.

정답 ③

■ 문제풀이 Tip

누적 수익률과 평균 수익률은 동일하지 않다.

또한 산술평균으로 계산하면 수익률은 $\dfrac{200\%+(-60\%)}{2}=70\%$가 나오지만, 실제로는 그렇지 않다.

20 다음 한 변의 길이가 20cm인 정사각형 안에 있는 넓이가 113cm²인 큰 원과 넓이가 78cm²인 작은 원이 있다. 이 원의 공통넓이가 가장 클 때의 값은?

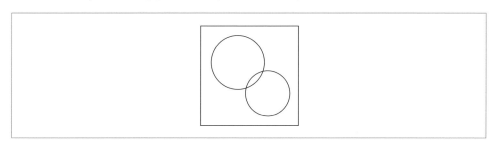

① 0

② 54cm²

③ 78cm²

④ 113cm²

⑤ 400cm²

작은 원이 큰 원에 속할 때 공통넓이가 가장 크다. 따라서 작은 원의 넓이인 78cm²가 가장 큰 공통넓이의 값이다.

정답 ③

---

21 철수는 다음 그림과 같은 원기둥에 물을 채우려고 한다. 원기둥에 가득 채워지는 물의 부피로 옳은 것은?[단, 원주율(π)은 3으로 계산한다]

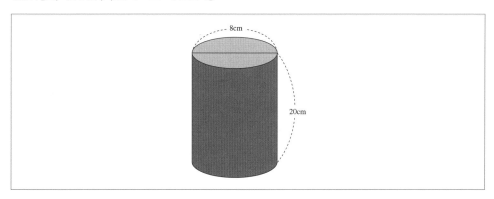

① 240cm³

② 480cm³

③ 720cm³

④ 960cm³

원기둥 윗면의 넓이는 $\pi r^2 = 3 \times 4^2 = 48\text{cm}^2$(단, r은 원의 반지름)이고, 원기둥의 높이는 20cm이다.
따라서 원기둥의 부피는 $48\text{cm}^2 \times 20\text{cm} = 960\text{cm}^3$이다.

정답 ④

22 1,163KRW/1USD, 1.3USD/1CAD일 때, 1CAD에 얼마의 KRW가 필요한가?

① 1,395.6KRW ② 1,511.9KRW

③ 1,628.2KRW ④ 1,744.5KRW

> **정답** **해설** ─────────────────────────────────○
>
> 1CAD를 환전하려면 1.3USD가 필요하고, 1USD를 환전하려면 1,163KRW가 필요하다.
> 따라서 1CAD에 1,163×1.3=1,511.9KRW가 필요하다.
>
> 정답 ②

▌ **문제풀이 Tip**

> 환율 문제는 단위를 반드시 확인해야 한다. 대부분 원/달러로 출제되지만, 묻는 환율이 '달러/캐나다 달러' 또는
> '달러/유로' 등이라면 계산이 더욱 복잡해진다. 또한, 수수료의 유무를 반드시 확인해야 한다.

23 철수가 3월 2일에 995,565원을 달러로 환전하여 미국을 여행한 후, 남은 달러 전부를 3월 6일에
다시 원화로 팔았더니 256,125원이 되었다. 철수는 미국 여행 중 몇 달러를 사용하였는가?(단,
환율 수수료는 고려하지 않는다)

구분	통화명	살 때	팔 때
2018년 3월 2일	1달러(미국)	1,070.5원	1,034.5원
2018년 3월 6일	1달러(미국)	1,052.5원	1,024.5원

① 660달러 ② 680달러

③ 700달러 ④ 720달러

⑤ 740달러

> **정답** **해설** ─────────────────────────────────○
>
> 철수가 3월 2일에 환전한 달러는 995,565÷1,070.5=930달러이며, 3월 6일에 원화로 환전하기 전의 남은 달러는
> 256,125÷1,024.5=250달러이다. 따라서 철수가 미국 여행 중에 사용한 달러는 930−250=680달러이다.
>
> 정답 ②

▌ **문제풀이 Tip**

> 은행 환율을 계산할 때, 살 때와 팔 때는 소비자의 입장에서 말하는 것이다. 만약 소수점 자리까지 나눗셈이 어렵다면
> 소수점 없이 계산한다. 선택지처럼 일의 자리 값으로 답이 변하는 경우가 아니라면 소수점 없이 계산한 값으로 답을
> 추론하는 게 어렵지 않다.
>
> 예 995,565÷1,070=930.43…달러이고, 256,125÷1,024.5=250.12…달러이다. 이의 차는 약 680달러이다.

24 1, 2, 3 세 개의 자연수로 만드는 세 자리 숫자의 경우의 수는?(단, 숫자는 중복해서 사용할 수 있다)

① 6가지
② 9가지
③ 18가지
④ 27가지

정답 **해설**

숫자를 중복해서 사용할 수 있다.
따라서 셋째 자리에 3가지, 둘째 자리에 3가지, 첫째 자리에 3가지로 총 $3 \times 3 \times 3 = 27$가지이다.

정답 ④

문제풀이 Tip

n자리 숫자를 만드는 경우의 수는 첫째 자리에 0이 올 수 없는 것과, 제시된 조건이 홀수 / 짝수를 묻는 경우인지를 확인해야 한다.

25 세 자리 자연수를 12로 나눌 때 몫과 나머지가 같은 것은 몇 개인가?

① 1개
② 2개
③ 3개
④ 4개

정답 **해설**

세 자리 자연수이므로 최솟값은 100이다. $100 \div 12 = 8.333\cdots$이므로 몫은 8 이상이 되어야 한다.
다음으로 나머지는 12보다 작아야 하므로 최대 11까지 가능하다.
따라서 $12 \times 8 + 8$, $12 \times 9 + 9$, $12 \times 10 + 10$, $12 \times 11 + 11$로 4개이다.

정답 ④

문제풀이 Tip

응용수리 문제를 풀 때는 공식을 이해하고 잘 적용하는 것도 중요하지만, 기본적인 원리를 이해하고 있는 것도 중요하다. 특히 최소공배수, 최대공약수, 나머지와 같은 문제는 난이도가 쉽게 출제되는 편이지만, 어렵게 출제되면 정확한 개념을 가지고 논리적으로 풀이 방법을 찾아야 한다.

26 어느 해의 3월 1일이 금요일이라면, 그 해의 5월 25일은 무슨 요일인가?

① 목요일   ② 금요일

③ 토요일   ④ 일요일

⑤ 월요일

정답 │ 해설 ──────────────────────────────○

3월 2일에서 5월 25일까지의 일수는 $30+30+25=85$일이다.
$85 \div 7 = 12 \cdots 1$
따라서 5월 25일은 토요일이다.

정답 ③

이론 더하기

- 요일을 구하는 문제는 처음 제시된 날짜의 다음 날부터 일수를 계산해야 한다.
  예 3월 1일 금요일 → 3월 2일부터 3월 31일까지 일수는 30일
- 날짜와 요일의 단위를 처음부터 정리하여 계산하면 실수 없이 풀이할 수 있다.
  ① 1일=24시간=1,440(=24×60)분=86,400(=1,440×60)초
  ② 월별 일수 : 31일 - 1, 3, 5, 7, 8, 10, 12월
  　　　　　　　 30일 - 4, 6, 9, 11월
  　　　　　　　 28일 또는 29일(윤년, 4년에 1회) - 2월
  ③ 날짜・요일 단위별 기준이 되는 숫자가 다르므로 실수하지 않도록 유의한다.

---

27 두 사람이 이번 주 토요일에 함께 미용실을 가기로 약속했다. 두 사람이 약속한 토요일에 함께 미용실에 다녀온 후에는 한 명은 20일마다, 한 명은 15일마다 미용실에 간다. 처음으로 다시 두 사람이 함께 미용실에 가게 되는 날은 무슨 요일인가?

① 월요일   ② 화요일

③ 수요일   ④ 목요일

⑤ 금요일

정답 │ 해설 ──────────────────────────────○

두 사람은 이번 주 토요일 이후에 각각 15일, 20일마다 미용실에 간다.
15와 20의 최소공배수를 구하면 60이므로 60일마다 두 사람은 미용실에 함께 가게 된다.
처음으로 다시 두 사람이 미용실에 같이 가는 요일은 $60 \div 7 = 7 \times 8 + 4$이므로, 토요일의 4개 요일 후는 수요일이다.

정답 ③

28 N회사에 근무하는 A씨는 2일마다 쉬고, B씨는 3일마다 쉰다. A씨는 월요일에 쉬었고, B씨는 그다음 날에 쉬었다면 처음으로 A와 B가 동시에 쉬는 날은 무슨 요일인가?

① 수요일   ② 목요일

③ 금요일   ④ 토요일

정답 **해설** ───────────────────────────────○

A씨는 월요일부터 시작하여 2일 간격으로 쉬고, B씨는 그다음 날인 화요일부터 3일마다 쉬므로, 요일로 정리하면 다음 표와 같다.

월	화	수	목	금	토	일
A		A		A		A
	B			B		

따라서 A와 B가 동시에 쉬는 날은 같은 주 **금요일**이다.

정답 ③

---

29 육상선수 갑, 을, 병이 운동장을 각각 8분에 4바퀴, 9분에 3바퀴, 4분에 1바퀴를 돈다. 세 사람이 4시 30분에 같은 방향으로 동시에 출발하였다면, 출발점에서 다시 만나는 시각은?

① 4시 39분   ② 4시 40분

③ 4시 41분   ④ 4시 42분

⑤ 4시 43분

정답 **해설** ───────────────────────────────○

1바퀴를 도는 데 갑은 2분, 을은 3분, 병은 4분이 걸린다.
2, 3, 4의 **최소공배수는 12**, 즉 세 사람이 다시 만나는 데 걸리는 시간은 12분이다.
따라서 출발점에서 다시 만나는 시각은 **4시 42분**이다.

정답 ④

30 인천 광역 버스 1300번, 790번, 1301번의 배차시간은 차례대로 30분, 60분, 80분이다. 이 세 버스가 같은 정류장에서 오전 7시에 첫차로 출발한다고 할 때, 이 정류장에서 두 번째로 같이 출발하는 시각은 언제인가?

① 오전 9시 30분
② 오전 10시
③ 오전 11시
④ 오전 11시 30분
⑤ 오전 11시 40분

정답 **해설**

3대의 버스 배차시간은 30분, 60분, 80분으로 첫차 시간인 오전 7시 이후에 다시 같이 출발하는 시각은 배차시간의 최소공배수를 구하면 된다.
배차시간의 최소공배수는 $10 \times 3 \times 2 \times 4 = 240$분으로 $240 \div 60 = 4$시간마다 3대의 버스가 같이 출발한다.
따라서 오전 7시 다음에 같은 정류장에서 같이 출발하는 시각은 $7 + 4 = 11$시(오전)임을 알 수 있다.

정답 ③

31 N호텔은 고객들을 위해 무료로 매일 분수쇼와 퍼레이드를 보여주는 이벤트를 하고 있으며, 시간은 오전 10시부터 시작한다. 분수쇼는 10분 동안 하고 35분 쉬고, 퍼레이드는 20분 공연하고 40분 휴식을 한다. 사람들이 오후 12시부터 오후 7시 사이에 분수쇼와 퍼레이드의 시작을 동시에 볼 수 있는 기회는 몇 번인가?

① 1번
② 2번
③ 3번
④ 4번
⑤ 5번

정답 **해설**

분수쇼는 오전 10시에 시작한 뒤 매 45분마다 반복하여 시작되며, 퍼레이드는 60분마다 진행된다.
45와 60의 최소공배수는 180분이므로 두 이벤트의 시작을 함께 볼 수 있는 시간은 오전 10시 이후 3시간마다 반복된다.
따라서 오후 12시부터 오후 7시 사이에는 오후 1시와 오후 4시 총 2번 볼 수 있다.

정답 ②

32 철수와 영희가 5 : 3 비율의 속력으로 A지점에서 출발하여 B지점으로 향했다. 영희가 30분 먼저 출발했을 때 철수가 영희를 따라잡은 시간은 철수가 출발하고 나서 몇 분 후인가?

① 30분 ② 35분

③ 40분 ④ 45분

정답 해설

철수가 출발하고 나서 영희를 따라잡은 시간을 x분이라고 하자.

철수와 영희는 5 : 3 비율의 속력으로 간다고 했으므로 철수의 속력을 $5am$/분이라고 하면 영희의 속력은 $3am$/분이다.

→ $5am$/분×x분=$3am$/분×30분+$3am$/분×x분

→ $5ax=90a+3ax$

→ $2ax=90a$

∴ $x=45$

따라서 철수가 영희를 따라잡은 시간은 $x=45$분 후이다.

정답 ④

33 A가 시속 40km/h로 30km를 가는 데 45분이 걸렸고, B가 시속 30km/h로 $x$km만큼 갔을 때, B의 시간은 A보다 5분 덜 걸렸다. B가 이동한 거리는?

① 15km ② 20km

③ 25km ④ 30km

⑤ 35km

정답 해설

B는 시속 30km/h로 $x$km의 거리를 45−5=40분 만에 갔다.

∴ $x=30×\dfrac{40}{60}=20$

따라서 B는 20km를 이동했다.

정답 ②

문제풀이 Tip

거리·속력·시간 유형을 풀이할 때 가장 신경 써야 하는 것은 단위이다. 문제와 선택지를 먼저 확인하고 문제에서 원하는 단위로 변환하여 계산한다.

34 슬기와 경서는 꽁꽁 언 강 위에서 각각 다른 일정한 속력으로 썰매를 타고 있다. 경서는 슬기의 출발선보다 1.2m 앞에서 동시에 출발하여 슬기가 따라잡기로 하였다. 경서의 속력은 0.6m/s이며, 슬기가 출발하고 6초 후 경서를 따라잡았다고 할 때, 슬기의 속력은 몇 m/s인가?

① 0.8m/s
② 1.0m/s
③ 1.2m/s
④ 1.4m/s

정답 해설

(속력)$=\dfrac{(거리)}{(시간)}$ 공식을 이용하여 슬기의 속력을 구하려면 먼저 거리를 알아야 한다. 슬기는 경서가 움직인 거리보다 1.2m 더 움직였으므로 거리는 0.6×6+1.2=4.8m이다.

따라서 슬기는 출발하고 6초 후에 경서를 따라잡았으므로 속력은 $\dfrac{4.8}{6}=0.8$m/s이다.

정답 ①

35 길이가 40m인 기차가 200m 길이의 터널을 완전히 통과하는 데 30초가 걸렸다. 이 기차의 속력은 몇 m/s인가?

① 5m/s
② 6m/s
③ 7m/s
④ 8m/s
⑤ 9m/s

정답 해설

기차가 터널을 완전히 통과하기 위해 이동한 거리는 200+40=240m이다.

기차가 터널을 완전히 통과하는 데 30초가 걸렸으므로 기차의 초속은 $\dfrac{240}{30}=8$m/s이다.

정답 ④

문제풀이 Tip

추가적인 거리나 속력을 계산해야 하는 대표적인 유형으로는 기차가 터널을 통과해야 하는 경우, 배를 타고 물의 속력을 계산해야 하는 경우가 있다.

36 N은행 A지점 내 동아리에서 임원진(회장, 부회장, 총무)을 새롭게 선출하려고 한다. 동아리 전체 인원이 17명일 때, 회장, 부회장, 총무를 각 1명씩 뽑는 경우의 수는?(단, 작년에 임원진이었던 3명은 연임하지 못한다)

① 4,080가지
② 2,730가지
③ 2,184가지
④ 1,360가지

정답 **해설**

작년의 임원진 3명은 연임하지 못하므로 올해 임원 선출이 가능한 인원은 17-3=14명이다.

14명 중에서 회장, 부회장, 총무를 각 1명씩 뽑을 수 있는 방법은 다음과 같다.

$_{14}\mathrm{P}_3 = 14 \times 13 \times 12 = 2,184$

따라서 올해 임원을 선출할 수 있는 경우의 수는 2,184가지이다.

정답 ③

---

37 N은행은 하반기 공채에서 9명의 신입사원을 채용하였고, 신입사원 교육을 위해 조를 나누기로 하였다. 신입사원들을 한 조에 3명씩 3개의 조로 나누고 3개의 조를 각각 A, B, C로 나누는 경우의 수는?

① 1,240가지
② 1,460가지
③ 1,680가지
④ 1,800가지
⑤ 1,930가지

정답 **해설**

신입사원 9명을 A, B, C조로 나누는 방법은 다음과 같다.

$_9\mathrm{C}_3 \times _6\mathrm{C}_3 \times _3\mathrm{C}_3 = 84 \times 20 \times 1 = 1,680$

따라서 신입사원들을 나누는 경우의 수는 1,680가지이다.

정답 ③

38 A사원과 B사원이 함께 일하면 이틀 만에 마칠 수 있는 일이 있다. A사원이 하루 동안 작업한 후 나머지를 B사원이 나흘 동안 작업하여 마쳤다고 할 때, B사원이 이 일을 혼자 하면 며칠이 걸리는가?

① 4일   ② 5일
③ 6일   ④ 7일
⑤ 8일

정답 해설

전체 일의 양을 1로 하고, A사원과 B사원이 하루 동안 하는 일의 양을 x, B사원은 y라고 하자.
$(x+y) \times 2 = 1 \rightarrow 2x + 2y = 1 \cdots$ ㉠
$x + 4y = 1 \cdots$ ㉡

㉠, ㉡을 연립하면 $x = \dfrac{1}{3}$, $y = \dfrac{1}{6}$ 이다.

따라서 B사원이 하루에 할 수 있는 일의 양은 $\dfrac{1}{6}$ 이므로, B사원이 혼자 일하는 데 걸리는 기간은 6일이다.

정답 ③

문제풀이 Tip

일률이나 비율 문제의 경우에는 정확한 전체의 값을 제시해주지 않으므로 전체를 1이나 미지수로 놓고 풀이한다.

39 서주임과 김대리는 공동으로 프로젝트를 끝내고 보고서를 제출하려고 한다. 이 프로젝트를 혼자 할 때 서주임은 24일이 걸리고, 김대리는 16일이 걸린다. 처음 이틀은 같이 하고, 이후에는 김대리 혼자 프로젝트를 하다가 보고서 제출 하루 전날에는 같이 하였다고 할 때, 보고서를 제출할 때까지 총 며칠이 걸렸는가?

① 11일   ② 12일
③ 13일   ④ 14일
⑤ 15일

정답 해설

프로젝트를 끝내는 일의 양을 1이라고 가정한다.

하루에 할 수 있는 일의 양은 혼자 일을 할 경우 서주임은 $\dfrac{1}{24}$, 김대리는 $\dfrac{1}{16}$ 이며, 함께 할 경우 $\dfrac{1}{24} + \dfrac{1}{16} = \dfrac{5}{48}$ 이다.

서대리와 김대리는 3일간 함께 일을 했으며, 김대리 혼자 일을 한 날을 x일이라 하면 다음과 같은 식이 성립한다.

$\dfrac{5}{48} \times 3 + \dfrac{1}{16} \times x = 1 \rightarrow \dfrac{5}{16} + \dfrac{1}{16} \times x = 1 \rightarrow \dfrac{1}{16} \times x = \dfrac{11}{16}$

$\therefore x = 11$

따라서 김대리가 혼자 일한 기간은 11일이고, 보고서를 제출할 때까지 3+11=14일이 걸린다.

정답 ④

40 농협에서 근무하는 갑, 을, 병 사원은 고객설문조사 업무를 맡았다. 갑 사원이 혼자 할 경우 12일 걸리고, 을 사원은 18일, 병 사원은 36일이 걸린다고 한다. 3명의 사원이 함께 업무를 진행한다고 할 때, 걸리는 기간은 며칠인가?

① 8일　　　　　　　　　　　② 7일

③ 6일　　　　　　　　　　　④ 5일

정답 **해설** ─────────────────────────────○

고객설문조사 업무량을 1이라고 하면 갑, 을, 병 사원이 하루에 할 수 있는 업무량은 각각 $\frac{1}{12}$, $\frac{1}{18}$, $\frac{1}{36}$이다. 3명이 함께 일할 경우 하루에 끝내는 업무량은 $\frac{1}{12}+\frac{1}{18}+\frac{1}{36}=\frac{3+2+1}{36}=\frac{6}{36}=\frac{1}{6}$이다.

따라서 3명의 사원이 함께 업무를 진행한다고 할 때 걸리는 기간은 6일이다.

정답 ③

41 은미는 지름이 다른 A ~ C 세 가지 호스를 사용하여 수족관에 물을 채우려고 한다. A호스 하나를 사용하여 물을 채우면 6분, B호스는 18분, C호스는 36분이 걸린다. A, B, C호스를 각각 수도관에 연결하여 동시에 수족관 물을 채운다고 할 때, 은미가 수족관 물을 다 채울 때까지 걸리는 시간은 몇 분인가?

① 1분 30초　　　　　　　　　② 3분

③ 4분　　　　　　　　　　　④ 4분 30초

정답 **해설** ─────────────────────────────○

수족관에 물을 다 채웠을 때 물의 양을 1이라 하면 세 호스가 1분 동안 수족관에 채울 수 있는 물의 양은 A는 $\frac{1}{6}$, B는 $\frac{1}{18}$, C는 $\frac{1}{36}$이다. 이 세 호스를 한꺼번에 사용하여 물을 채울 때 걸리는 시간을 x분이라고 하면 다음과 같은 식이 성립한다.

$\frac{x}{6}+\frac{x}{18}+\frac{x}{36}=1 \rightarrow \frac{6x+2x+x}{36}=1 \rightarrow 9x=36$

∴ $x=4$

따라서 은미가 A, B, C호스를 모두 사용하여 수족관에 물을 채우는 데 걸리는 시간은 4분이다.

정답 ③

▌ 문제풀이 Tip

분수로 식을 번거롭게 세울 필요 없이, 세 수의 최소공배수를 찾아 식을 세운다.

예 $6x+2x+x=36 \rightarrow 9x=36$

∴ $x=4$

42 은미는 지름이 다른 A, B, C 세 가지 호스를 사용하여 수족관에 물을 채우려고 한다. A호스 하나를 사용하여 물을 채우면 6분, B호스는 18분, C호스는 36분이 걸린다. A, B, C호스를 각각 수도관에 연결하여 동시에 수족관 물을 채운다고 할 때, 은미가 수족관 물을 다 채울 때까지 걸리는 시간은 몇 분인가?

① 1분 30초 　　　　　　　　　　② 3분
③ 4분 　　　　　　　　　　　　　④ 4분 30초

정답 해설

수족관에 물을 다 채웠을 때 물의 양을 1이라 하면 세 호스가 1분 동안 수족관에 채울 수 있는 물의 양은 A는 $\frac{1}{6}$, B는 $\frac{1}{18}$, C는 $\frac{1}{36}$ 이다. 이 세 호스를 한꺼번에 사용하여 물을 채울 때 걸리는 시간을 x분이라고 하면 다음과 같은 식이 성립한다.

$$\frac{x}{6} + \frac{x}{18} + \frac{x}{36} = 1 \rightarrow \frac{6x + 2x + x}{36} = 1 \rightarrow 9x = 36 \rightarrow x = 4$$

따라서 은미가 A, B, C호스를 모두 사용하여 수족관에 물을 채우는 데 걸리는 시간은 4분이다.

정답 ③

문제풀이 Tip

분수로 식을 번거롭게 세울 필요 없이, 세 수의 최소공배수를 찾아 식을 세운다.
예 $6x + 2x + x = 36 \rightarrow 9x = 36 \rightarrow x = 4$

43 한 어린이집에 구슬과 상자가 있다. 구슬을 5개씩 상자에 담으면 마지막 상자에 3개가 담기고, 구슬을 6개씩 담으면 상자가 2개가 남는다. 상자는 몇 상자인가?

① 9상자 　　　　　　　　　　　② 10상자
③ 11상자 　　　　　　　　　　　④ 12상자

정답 해설

구슬을 5개씩 담으면 마지막 상자에 3개가 담기며, 구슬을 6개씩 담으면 상자 2개가 남으므로, 상자 수를 x상자라고 하고 구슬의 개수로 식을 세우면 다음과 같다.

$5 \times (x-1) + 3 = 6(x-2)$
$\rightarrow 5x - 5 + 3 = 6x - 12$
$\therefore x = 10$

따라서 상자는 10상자이다.

정답 ②

44 A농협은 작년부터 H적금상품을 판매하였다. 올해에는 작년보다 25%가 증가한 450명이 가입하였다면, 작년에 이 상품에 가입한 고객은 몇 명인가?

① 360명   ② 365명

③ 370명   ④ 375명

⑤ 380명

정답 해설

작년에 가입한 고객의 수를 x명이라고 하자.

$x \times 1.25 = 450$

$\rightarrow x = \dfrac{450}{1.25} = 360$

따라서 작년에 H적금상품에 가입한 고객은 360명이다.

정답 ①

45 U식당은 매주 시장에서 생닭을 일정량 주문한다고 한다. 지난주는 1,400원짜리 생닭을 70만 원어치 주문했고, 이번 주도 같은 양을 주문했다. 이번 주에 주문한 생닭 한 마리 가격이 2,100원일 때, 이번 주에 지불한 비용은 얼마인가?

① 99만 원   ② 101만 원

③ 105만 원   ④ 109만 원

⑤ 114만 원

정답 해설

지난주에 주문한 생닭의 양은 $\dfrac{700,000}{1,400} = 500$마리이다. 이번 주의 한 마리당 금액은 2,100원이라고 했으므로 생닭 구매로 총 지불한 비용은 $2,100 \times 500 = 1,050,000$원이다.

정답 ③

문제풀이 Tip

금액 계산 문제의 경우 0을 최대한 생략하고 계산한다.

46 C사원은 퇴근하면서 딸기를 구매하기 위해 마트에 들렀다. 마침 마트에 싱싱한 딸기가 있어 근처에 사시는 부모님 것까지 사기로 하였다. 딸기는 한 박스(1kg)에 7,600원이었으며, 3박스 묶음으로 구매 시 5% 할인해주고, 6박스 묶음 구매 시 두 박스는 30% 할인을 해준다. C사원이 딸기 6박스 묶음으로 하나를 구입한다고 할 때, 3박스 묶음 두 개 구입가격과 금액의 차이는 얼마인가?

① 2,280원 덜 낸다. ② 2,280원 더 낸다.
③ 2,490원 덜 낸다. ④ 2,490원 더 낸다.
⑤ 금액은 동일하다.

정답 해설

딸기 6박스 묶음 하나를 구매할 때 가격은 $7,600 \times 4 + 7,600 \times 2 \times 0.7 = 41,040$원이며, 딸기 3박스 묶음 2개의 구입가격은 $7,600 \times 6 \times 0.95 = 43,320$원이다.
따라서 6박스 묶음으로 구입하는 것이 $43,320 - 41,040 = 2,280$원 덜 낸다.

정답 ①

47 유진이와 은미는 제주도에 놀러가 감귤 농장 체험프로그램에 참여하였다. 체험프로그램에서는 1시간 30분 동안 감귤을 따서 마음대로 바구니에 담아 가지고 갈 수 있다고 한다. 유진이는 90개를 1시간 10분 동안 따고 20분 쉬었으며, 은미는 프로그램 시간 내내 95개를 땄다. 은미가 농장에서 일한 능률은 유진이 농장에서 일한 능률의 약 몇 %를 차지하는가?(단, 능률은 쉬는 시간을 제외하고 한 시간 동안 딴 감귤의 개수를 말하며, 능률 및 비율의 소수점 이하는 생략한다)

① 73% ② 75%
③ 77% ④ 81%
⑤ 83%

정답 해설

능률은 쉬는 시간을 제외한 시간에서 한 시간 동안 딴 감귤의 개수라고 하였으므로, 유진이의 능률은 $90 \div \dfrac{70}{60} ≒ 77$개,

은미는 $95 \div \dfrac{90}{60} ≒ 63$개이다. 따라서 은미가 농장에서 일한 능률은 유진이의 능률의 $\dfrac{63}{77} \times 100 ≒ 81\%$이다.

정답 ④

48 Y씨는 농협마트에서 장을 보고 있다. 사야 할 목록을 확인하던 중 지금까지 고른 물건의 중간 계산을 해보니 버섯 1봉지, 두부 2모, 대파 1묶음, 우유 2팩, 계란 1판으로 총 12,500원이었다. 우유는 세일 제품으로 2팩에 4,200원, 계란은 1판에 3,400원이며, 버섯 1봉지와 두부 1모의 가격은 대파 3묶음 가격보다 300원 저렴하고, 버섯 1봉지는 두부 1모보다 300원 비싸다고 할 때, 대파 1묶음의 가격은 얼마인가?

① 1,500원　　　　　　　　② 1,400원
③ 1,350원　　　　　　　　④ 1,200원
⑤ 1,000원

정답 해설

버섯 1봉지 가격을 x원, 두부 1모를 y원, 대파 1묶음을 z원이라고 하자.

$x+2y+z+4,200+3,400=12,500 \cdots \bigcirc$

$x+y=3z-300 \cdots \bigcirc\!\!\!\bigcirc$

$x=y+300 \cdots \bigcirc\!\!\!\bigcirc\!\!\!\bigcirc$

ⓒ을 ⊙, ⓛ에 대입하여 구하고자 하는 대파 1묶음의 가격 z를 구하면 다음과 같다.

⊙ : $x+2y+z=12,500-7,600=4,900 \rightarrow y+300+2y+z=4,900 \rightarrow 3y+z=4,600 \cdots$ ⓔ

ⓛ : $x+y=3z-300 \rightarrow y+300+y-3z=-300 \rightarrow 2y-3z=-600 \cdots$ ⓜ

ⓔ과 ⓜ을 연립하면 $11z=11,000 \rightarrow z=1,000, \ y=1,200$

따라서 대파 1묶음은 1,000원이고, 버섯 1봉지는 1,500원, 두부 1모는 1,200원임을 알 수 있다.

정답 ⑤

문제풀이 Tip

식이 3개 이상이 나오는 연립방정식을 풀이할 때는 식의 개수를 줄이는 데 집중한다. 식을 줄일 때는 가장 간단한 식을 대입하는 것도 좋지만, 각 식을 비교했을 때, 소거되고 남는 부분의 공통된 부분이 있는지를 판단해야 한다. 만약 ⓛ을 ⊙에 대입했다면 남는 미지수는 y와 z가 된다. 이는 ⓒ의 x, y와 공통된 미지수가 아니므로 계산이 어렵다.

49 경기도에 있는 농협 모든 지점의 직원 수를 조사한 결과 여자는 작년보다 10% 감소하였으며, 남자는 8% 증가하였다. 작년 총원은 820명이었고, 올해 총원은 작년보다 10명이 감소하였다. 이때, 작년 여자 직원 수는 몇 명인가?

① 400명   ② 420명

③ 422명   ④ 430명

⑤ 432명

정답 | 해설

작년 남자와 여자 직원 수를 각각 a명, b명이라고 할 때, 다음과 같은 식이 성립한다.

$a+b=820 \rightarrow a=820-b \cdots \text{㉠}$

$1.08a+0.9b=810 \rightarrow 12a+10b=9,000 \cdots \text{㉡}$

작년 여자 직원 수 b명을 구하기 위해 ㉠을 ㉡에 대입하면

$12(820-b)+10b=9,000 \rightarrow 9,840-12b+10b=9,000 \rightarrow 2b=840 \rightarrow b=420$

따라서 작년 여자 직원 수는 420명이며, 남자 직원 수는 400명이다.

정답 ②

문제풀이 Tip

인원수나 개수를 구하는 연립방정식 문제를 풀이할 때, 항상 미지수 2개로 식을 세울 필요는 없다. 미지수를 줄일 수 있는 만큼 줄여서 식을 세우면 풀이 시간을 단축할 수 있다.

예 작년 여자 직원의 수를 a명이라고 할 때, 남자 직원의 수는 $820-a$명이다.

올해 여자 직원 수는 10% 감소하였고, 남자 직원 수는 8% 증가하였으므로

$-0.1a+0.08(820-a)=-10 \rightarrow -10a+8(820-a)=-1,000 \rightarrow -18a=7,560$

$\therefore a=420$

50 회사에서 사회공헌활동의 일환으로 복지아동센터에 봉사활동을 가려고 한다. 회사직원들의 스케줄을 고려하여 날짜를 정하기로 하였는데 수요일에 가능한 직원은 47명이며, 수요일과 목요일 모두 가능한 직원은 12명이었다. 또한 모두 불가능한 직원은 15명이라고 했을 때, 목요일에 봉사활동이 가능한 직원의 수는 몇 명인가?(단, 전체 직원 수는 100명이다)

① 20명   ② 30명

③ 40명   ④ 50명

⑤ 60명

정답 | 해설

• 총직원 수에서 봉사활동이 가능한 직원 : $100-15=85$명
• 목요일만 가능한 직원 : $85-47=38$명

따라서 목요일에 봉사활동이 가능한 직원은 $12+38=50$명이다.

정답 ④

문제풀이 Tip

집합의 포함관계가 바로 머릿속에 그려지지 않으면 그림을 그려 나타낸다.

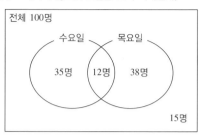

| 2017 지역농협 6급

51 올해 농가소득지원부의 팀원 25명의 평균 나이가 38세이다. 다음 달에 52세의 팀원이 나가고 27세의 신입사원이 입사할 예정일 때, 내년 이 부서의 평균 나이는?(단, 제시된 조건만 고려한다)

① 34세　　　　　　　　　　　② 35세

③ 36세　　　　　　　　　　　④ 37세

⑤ 38세

정답　해설

$$\frac{25 \times 38 - 52 + 27}{25} + 1 = 38세$$

정답 ⑤

이론 더하기

• 산술평균

n개로 이루어진 집합 x_1, x_2, x_3, $\cdots$, x_n이 있을 때 원소의 총합을 개수로 나눈 것

$$m = \frac{x_1 + x_2 + \cdots + x_n}{n}$$

• 가중평균

n개로 이루어진 집합 x_1, x_2, x_3, $\cdots$, x_n이 있을 때, 각 원소의 중요도나 영향도를 f_1, f_2, f_3, $\cdots$, f_n이라고 하면 각 원소의 중요도나 영향도를 가중치로 곱하여 가중치의 합인 N으로 나눈 것

$$m = \frac{x_1 f_1 + x_2 f_2 + \cdots + x_n f_n}{N}$$

예 B학생의 성적이 다음과 같다.

과목	국어	수학	영어
점수	70점	90점	50점

B학생의 산술평균 성적은 $\frac{70 + 90 + 50}{3} = 70$점이다.

A대학교는 이공계 특성화 대학이다. 때문에 국어, 수학, 영어에 각각 $2:5:3$의 가중치를 두어 학생을 선발할 예정이다. 이때 B학생 성적의 가중평균을 구하면 $\frac{70 \times 2 + 90 \times 5 + 50 \times 3}{2 + 5 + 3} = \frac{740}{10} = 74$점이다.

52 작년 기획팀 팀원 20명의 평균 나이는 35세였다. 올해 65세 팀원 A와 55세 팀원 B가 퇴직하고 새로운 직원 C가 입사하자 기획팀의 평균 나이가 작년보다 3세 줄었다고 할 때, C의 나이는?

① 28세

② 30세

③ 32세

④ 34세

⑤ 35세

정답 **해설** ───○

작년 기획팀 팀원 전체 나이의 합은 $20 \times 35 = 700$세였다. 여기서 65세 팀원 A와 55세 팀원 B가 퇴직하였으므로 두 직원을 제외한 팀원 전체 나이의 합은 $700 - (65 + 55) = 580$세이다.

이때, 새로 입사한 직원 C의 나이를 c라고 하면, 다음과 같은 등식이 성립한다.

$$\frac{580 + c}{19} = 32$$

따라서 위 등식을 정리하면 직원 C의 나이는 28세이다.

정답 ①

53 평균연령이 30세인 팀에 25세 신입이 들어와서 팀 평균연령이 한 살 어려졌다. 신입이 들어오기 전의 팀원 수는 몇 명인가?

① 3명

② 4명

③ 5명

④ 6명

⑤ 7명

정답 **해설** ───○

기존 팀원 수를 x명이라고 할 때, 다음과 같은 식이 성립한다.

$$\frac{30 \times x + 25}{x + 1} = 29 \rightarrow 30 \times x + 25 = 29 \times x + 29$$

$\therefore x = 4$

따라서 신입이 들어오기 전 팀원 수는 4명이다.

정답 ②

54 주정차할 수 있는 최대 항공기 수가 70대인 공항이 있다. 현재 30대가 세워져 있고 활주로로 착륙하여 들어오는 항공기는 시간당 9대이며 이륙하여 나가는 항공기는 시간당 3대일 때, 몇 시간이 지나야 더 이상 항공기를 세워 둘 수 없는 시점이 도래하겠는가?

① 5시간 30분 ② 5시간 40분
③ 6시간 40분 ④ 6시간 50분
⑤ 7시간 40분

정답 **해설** ─────────────────────────────────○

착륙하여 들어오는 항공기가 시간당 9대이고, 이륙하는 항공기가 시간당 3대이므로 시간당 6대의 항공기를 보관하는 것과 같다.

현재 추가로 보관 가능한 항공기의 수는 70-30=40대이므로 40대가 모두 꽉 찰 때까지 걸리는 시간은 $40 \div 6 = 6\frac{2}{3}$ 시간이다.

따라서 6시간 40분 이후에는 더 이상 항공기를 세울 수 없다.

정답 ③

---

55 필기시험 응시자의 60%가 필기시험에 합격하여 면접시험을 준비한다. 응시자 4명을 팀으로 15분씩 면접을 보며, 한 팀이 끝날 때마다 다음 팀의 면접 시작 전에 면접관은 5분간 휴식을 갖는다. 하루에 면접시험 진행시간을 4시간 이하로 정했을 경우, 2일 동안 실시되는 면접시험에서 면접관의 휴식시간은 총 얼마인가?(단, 필기시험 응시자는 160명이고, 면접시험 진행시간에는 휴식시간도 포함한다)

① 1시간 40분 ② 1시간 45분
③ 1시간 50분 ④ 1시간 55분

정답 **해설** ─────────────────────────────────○

필기시험 응시자는 160명이고, 면접시험에 응시할 수 있는 인원은 필기시험 응시자의 60%로 160×0.6=96명이다. 그리고 면접시험은 4명씩 한 팀으로 면접시험을 보는 팀은 $\frac{96}{4}$=24팀이다. 또한 한 팀당 15분간의 면접이 진행되고 한 팀이 끝날 때마다 5분의 휴식시간이 있으므로 한 팀당 20분씩 계산하면 1시간 동안 3팀의 면접을 끝낼 수 있다. 하루 면접시험 진행시간은 4시간 이하이므로 4×3=12팀이 면접을 볼 수 있고, 마지막 12번째 팀이 끝나면 휴식시간이 필요 없다. 즉, 하루의 면접시험 진행시간 중 면접관의 휴식시간은 5×11=55분임을 알 수 있다.

따라서 2일 동안 실시되는 면접시험에서 면접관의 휴식시간은 55×2=110분=1시간 50분이다.

정답 ③

56 5kg 물체를 당기는 힘은 5N이고, 3kg 물체를 당기는 힘이 3N일 때 각각의 물체는 같은 가속도로 운동을 한다. 두 물체를 줄로 연결하여 함께 당긴다고 할 때, 두 물체가 가속도 $3m/s^2$으로 운동하려면 얼마의 힘으로 당겨야 하는가?[단, 모든 마찰과 공기 저항은 무시하고 모든 물체는 직선운동을 하며, (힘)=(가속도)×(질량)이다]

① 35N ② 30N

③ 24N ④ 20N

⑤ 16N

정답 해설

'(가속도)$=\dfrac{(\text{힘})}{(\text{질량})}$'이므로 5kg 물체를 당기는 힘은 5N, 3kg 물체를 당기는 힘은 3N일 때 각각의 물체의 가속도 $\dfrac{5N}{5kg}$ $=\dfrac{3N}{3kg}=1m/s^2$으로 같다. 따라서 두 물체를 함께 당길 때 두 물체가 가속도 $3m/s^2$으로 운동하려면 '(힘)=(가속도)× (질량)'이므로 $3m/s^2 \times 8kg = 24N$으로 당겨야 한다.

정답 ③

문제풀이 Tip

위의 문제는 거리·속력·시간 유형의 다른 언어일 뿐이다. 당황하지 말고 동일한 방식으로 풀이를 한다.

57 다음은 어느 농가의 수확량이다. 각 수확량의 소득이 10%로 동일할 때 2015 ~ 2017년 총소득 순서를 바르게 나열한 것은?(단, 옥수수, 감자, 가지의 가격은 동일하다)

(단위 : 천 개)

구분	2015년	2016년	2017년
옥수수	100	200	300
감자	200	150	150
가지	150	200	100

① 옥수수 – 감자 – 가지 ② 감자 – 옥수수 – 가지

③ 옥수수 – 가지 – 감자 ④ 감자 – 가지 – 옥수수

⑤ 가지 – 옥수수 – 감자

정답 해설

- 옥수수 : $(100+200+300) \times 10\% = 60$
- 감자 : $(200+150+150) \times 10\% = 50$
- 가지 : $(150+200+100) \times 10\% = 45$

정답 ①

문제풀이 Tip

매년 소득이 전체의 10%로 동일하기 때문에 전부 계산하지 않아도 합계가 많은 해의 수익이 가장 높다.

58 다음은 N사의 간이재무제표이다. 해당 재무제표에서 2021년과 2022년 중 이자보상비율이 더 높은 연도와 그 비율을 바르게 연결한 것은?(단, 이자보상배율은 소수점 둘째 자리에서 반올림한다)

〈N사 간이재무제표〉

(단위 : 억 원)

구분		2021년	2022년
재무상태표	유동자산	1,400	1,700
	유동부채	160	200
	자산총계	5,000	5,200
	부채총계	3,000	3,700
	자본총계	2,000	1,500
손익계산서	영업이익	485	525
	이자비용	320	540
	당기순이익	125	10

- (이자보상배율)$=\dfrac{(영업이익)}{(이자비용)}$

- (이자보상비율)$=\dfrac{(영업이익)}{(이자비용)} \times 100$

① 2021년, 150%   ② 2021년, 125%

③ 2022년, 150%   ④ 2022년, 125%

정답 해설

2021년	2022년
- (이자보상배율)$=\dfrac{485}{320}=1.515625 ≒ 1.5$배	- (이자보상배율)$=\dfrac{525}{540}=0.9722222\cdots ≒ 1$배
- (이자보상비율)$=1.5 \times 100=150\%$	- (이자보상비율)$=1 \times 100=100\%$

2021년의 이자보상비율은 150%로 2022년의 100%보다 50%가량 높다.

정답 ①

59 다음은 N헬스장의 2019년 4분기 운동 프로그램 회원 수와 2020년도 1월 예상 회원 수에 대한 자료이다. 〈조건〉을 보고 방정식 $2a+b=c+d$가 성립할 때, b에 들어갈 알맞은 회원 수는?

〈K헬스장 운동 프로그램 회원 현황〉

(단위 : 명)

구분	2019년 10월	2019년 11월	2019년 12월	2020년 1월
요가	50	a	b	−
G.X	90	98	c	−
필라테스	106	110	126	d

조건

• 2019년 11월 요가 회원은 전월 대비 20% 증가했다.
• 2019년 4분기 필라테스 총회원 수는 G.X 총회원 수보다 37명이 더 많다.
• 2020년 1월 필라테스의 예상 회원 수는 2019년 4분기 월 평균 회원 수일 것이다.

① 110명
② 111명
③ 112명
④ 113명
⑤ 114명

정답 **해설**

첫 번째 조건에서 2019년 11월 요가 회원은 $a=50\times1.2=60$명이 되고, 세 번째 조건에서 2020년 1월 필라테스 예상 회원 수는 2019년 4분기 월 평균 회원 수가 되어야 하므로 $d=\dfrac{106+110+126}{3}=\dfrac{342}{3}=114$명이다.

두 번째 조건에 따라 2019년 12월 G.X 회원 수 c를 구하는 식은 다음과 같다.

$(90+98+c)+37=106+110+126 \rightarrow c=342-225=117$

b를 구하기 위해 방정식 $2a+b=c+d$에 a, c, d에 해당하는 수를 대입하면 다음과 같다.

$2\times60+b=117+114 \rightarrow b=231-120=111$

따라서 2019년 12월에 요가 회원 수는 111명임을 알 수 있다.

정답 ②

※ 다음은 농촌에서 도시 또는 도시에서 농촌으로 이동한 3년간의 순유입 인구현황이다. 이어지는 질문에 답하시오. **[60~61]**

〈순유입 인구현황〉

(단위 : 백 명)

구분	2015년	2016년	2017년
농촌 → 도시	500	600	700
도시 → 농촌	400	300	100

60 2014년의 농촌의 인구가 150,000명, 도시의 인구가 300,000명이다. 2017년의 도시와 농촌의 인구는 각각 몇 명인가?

	도시	농촌		도시	농촌
①	43만 명	2만 명	②	42만 명	3만 명
③	41만 명	4만 명	④	40만 명	5만 명
⑤	39만 명	6만 명			

정답 **해설**

• 도시 : 30만+5만+6만+7만−4만−3만−1만=40만 명
• 농촌 : 15만−5만−6만−7만+4만+3만+1만=5만 명

정답 ④

61 2014년의 농촌의 인구가 150,000명, 도시의 인구가 300,000명이다. 도시와 농촌의 2015년 대비 2017년의 인구 증감율은 얼마인가?(단, 소수점 이하는 생략한다)

	도시	농촌		도시	농촌
①	27%	−66%	②	28%	−65%
③	29%	−64%	④	30%	−63%
⑤	31%	−62%			

정답 **해설**

• 도시 : $\dfrac{40-31}{31} \times 100 ≒ 29\%$

• 농촌 : $\dfrac{5-14}{14} \times 100 ≒ -64\%$

정답 ③

■ 문제풀이 Tip

자료계산 문제에서는 항상 단위에 유의한다. 단위 때문에 답을 틀리는 일은 생각보다 빈번하다.

| STEP 2 |

※ 다음과 같이 일정한 규칙으로 문자를 나열할 때, 빈칸에 들어갈 알맞은 문자를 고르시오. **[1~4]**

| 2023 하반기 지역농협 6급(70문항)

01

| ㄱ | ㄷ | ㄴ | ( ) | ㄹ | ㅅ |

① ㅁ   ② ㅅ

③ ㅇ   ④ ㅈ

⑤ ㅋ

정답 **해설**

홀수 항은 2씩 곱하고, 짝수 항은 2씩 더하는 문자열이다.

ㄱ	ㄷ	ㄴ	(ㅁ)	ㄹ	ㅅ
1	3	2	5	4	7

정답 ①

이론 더하기

• 한글 자음, 한글 모음, 알파벳이 숫자로 제시되는 경우 각각의 주기를 갖는다. 이를 고려하여 풀이에 활용한다.
  - 한글 자음 : +14
  - 한글 모음 : +10
  - 알파벳 : +26

한글 자음의 숫자 변환

ㄱ	ㄴ	ㄷ	ㄹ	ㅁ	ㅂ	ㅅ	ㅇ	ㅈ	ㅊ	ㅋ	ㅌ	ㅍ	ㅎ
1	2	3	4	5	6	7	8	9	10	11	12	13	14
ㄱ	ㄴ	ㄷ	ㄹ	ㅁ	ㅂ	ㅅ	ㅇ	ㅈ	ㅊ	ㅋ	ㅌ	ㅍ	ㅎ
15	16	17	18	19	20	21	22	23	24	25	26	27	28

알파벳의 숫자 변환

A	B	C	D	E	F	G	H	I	J	K	L	M
1	2	3	4	5	6	7	8	9	10	11	12	13
N	O	P	Q	R	S	T	U	V	W	X	Y	Z
14	15	16	17	18	19	20	21	22	23	24	25	26

02

$$c \quad A \quad (\quad) \quad D \quad g \quad P$$

① b   ② c
③ d   ④ e

정답 **해설** ───○

홀수 항은 2씩 더하고, 짝수 항은 4씩 곱하는 문자열이다.

c	A	(e)	D	g	P
3	1	5	4	7	16

정답 ④

03

$$F \quad G \quad E \quad H \quad D \quad (\quad) \quad C$$

① B   ② I
③ J   ④ K
⑤ Z

정답 **해설** ───○

앞의 항에 +1, -2, +3, -4, +5, …인 문자열이다.

F	G	E	H	D	(I)	C
6	7	5	8	4	9	3

정답 ②

04

$$ㅍ \quad ㅌ \quad ㅋ \quad ㅊ \quad ㅈ \quad (\quad)$$

① ㄱ   ② ㄹ
③ ㅂ   ④ ㅇ

정답 **해설** ───○

제시된 문자열은 앞의 항에 -1씩 더하는 문자열이다.

ㅍ	ㅌ	ㅋ	ㅊ	ㅈ	(ㅇ)
13	12	11	1	9	8

정답 ④

05 다음 식이 성립하고 미지수 a와 b의 값이 $-10 \leq a \leq 10$, $-5 \leq b \leq 5$인 정수일 때, a와 b의 값을 순서대로 나열한 것은?

$$7a \div \frac{1}{2} - b \sqrt{49} = 168$$

① 9, -3

② 9, -4

③ 10, -3

④ 10, -4

정답 **해설**

$7a \div \dfrac{1}{2} - b\sqrt{49} = 168$

→ $7a \times 2 - b\sqrt{7^2} = 168$

→ $14a - 7b = 168$ or $14a + 7b = 168$

→ $2a - b = 24$ or $2a + b = 24$

$2a$가 짝수이고 $2a - b$가 짝수이므로 b는 짝수여야 한다.

또한 $-10 \leq a \leq 10$이고 $-5 \leq b \leq 5$이므로 a가 음수일 때에는 $2a - b$의 값이 24가 나올 수 없다.

따라서 $0 \leq 2a \leq 20$이므로 선택지에서는 $a = 10$이고 $b = -4$일 때, 성립한다.

정답 ④

06 자연수 a, b는 $a(a-b) = 23$의 방정식이 성립한다. 이때 $a^2 - b^2$의 값은?

① 40

② 42

③ 43

④ 45

정답 **해설**

23은 소수로 1과 자기 자신만으로 나누어 떨어지는 수이다. 그러므로 a가 1이면 $(a-b)$는 23, 또는 a가 23이면 $(a-b)$는 1이 가능하다. 만약 a가 1일 경우 $(a-b)$가 23이 되어야 하므로 b는 자연수가 아닌 음수(-22)가 되어 적절하지 않다. 따라서 $a = 23$이고, b는 $a - b = 1 \rightarrow 23 - b = 1 \rightarrow b = 22$이므로 $a^2 - b^2 = (a+b)(a-b) = (23+22) \times (23-22) = 45$임을 알 수 있다.

정답 ④

문제풀이 Tip

공식이 생각나지 않아도 풀이가 가능한 문제이다. $a(a-b) = 23$에서 23이 소수이므로 경우의 수가 굉장히 줄어들기 때문이다. 대부분 기업의 NCS 직무능력평가는 지원자의 사고력과 논리력을 평가한다. 문제를 보고 지레짐작해서 포기하기보다는 일단 접근해본다. 의외로 복잡하게 생긴 문제가 간단하게 풀릴 수 있다.

07 a, b, c 세 유리수의 합은 18이다. a는 b와 c 합의 2배이고, c는 b의 3배일 때, 세 유리수 중에서 가장 큰 수는?

① $\dfrac{27}{2}$

② 11

③ 12

④ $\dfrac{44}{3}$

⑤ 15

정답 해설

$a+b+c=18 \cdots \bigcirc$

$a=2\times(b+c) \cdots \bigcirc\!\bigcirc$

$c=3b \cdots \bigcirc\!\bigcirc\!\bigcirc$

$\bigcirc\!\bigcirc\!\bigcirc$을 $\bigcirc\!\bigcirc$에 대입하여 a를 b로 나타내면 $a=2\times(b+c) \rightarrow a=2\times(b+3b) \rightarrow a=2\times4b \rightarrow a=8b$

$\bigcirc$을 b에 관한 식으로 정리하면 $a+b+c=18 \rightarrow 8b+b+3b=18 \rightarrow 12b=18 \rightarrow \boxed{b=\dfrac{18}{12}=\dfrac{3}{2}}$

따라서 $\boxed{a=8b=8\times\dfrac{3}{2}=12}$, $\boxed{c=3b=3\times\dfrac{3}{2}=\dfrac{9}{2}}$ 이므로 세 유리수 중 가장 큰 수는 $a=12$이다.

정답 ③

08 연속된 세 자연수의 합이 129일 때, 세 자연수 중 가장 작은 수와 가장 큰 수의 합은?

① 84

② 85

③ 86

④ 88

⑤ 89

정답 해설

세 자연수 중 가운데 수를 a라고 하자.

$(a-1)+a+(a+1)=129$이므로 $a=43$이 된다.

따라서 $(a-1)+(a+1)=42+44=86$이 된다.

정답 ③

이론 더하기

- 연속한 두 자연수 : x, $x+1$
- 연속한 세 자연수 : $x-1$, x, $x+1$
- 연속한 두 짝수(홀수) : x, $x+2$
- 연속한 세 짝수(홀수) : $x-2$, x, $x+2$
- 십의 자릿수가 x, 일의 자릿수가 y인 두 자리 자연수 : $10x+y$
- 백의 자릿수가 x, 십의 자릿수가 y, 일의 자릿수가 z인 세 자리 자연수 : $100x+10y+z$

09 정육면체의 겉넓이가 96cm² 일 때, 부피는?

① 16cm³

② 64cm³

③ 96cm³

④ 128cm³

정육면체의 한 변의 길이를 $a$cm라고 하면 정사각형의 넓이는 a^2cm² 이므로

$6a^2 = 96 \rightarrow a^2 = 16$

$\therefore a = 4(a > 0)$

따라서 정육면체 한 변의 길이는 4cm이고, 부피는 $4 \times 4 \times 4 = 64$cm³ 이다.

정답 ②

10 N고등학교 운동장은 다음과 같이 양 끝이 반원 모양이다. 한 학생이 운동장 가장자리를 따라 한 바퀴를 달린다고 할 때, 학생이 달린 거리는 몇 m인가?(단, 원주율 $\pi ≒ 3$으로 계산한다)

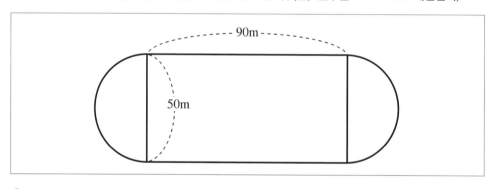

① 300m

② 310m

③ 320m

④ 330m

⑤ 340m

제시된 그림의 운동장 둘레는 왼쪽과 오른쪽 반원을 합친 지름이 50m인 원의 원주(지름×원주율)와 위아래 직선거리 90m를 더하면 된다.

따라서 학생이 운동장 한 바퀴를 달린 거리는 $(50 \times 3) + (90 \times 2) = 330$m이다.

정답 ④

11 N펀드는 A, B, C주식에 각각 30%, 20%, 50%를 투자하였다. 매입가에서 A주식이 20%, B주식이 40% 각각 오르고, C주식이 40% 내렸다면, 몇 %의 손해를 보았는가?

① 2%

② 4%

③ 6%

④ 8%

⑤ 10%

정답 해설 ──────────────────────────○

전체 투자금액을 a원이라고 할 때, A, B, C주식에 투자한 금액은 각각 $0.3a$원, $0.2a$원, $0.5a$원이다.

• A주식 최종 가격 : $0.3a \times 1.2 = 0.36a$
• B주식 최종 가격 : $0.2a \times 1.4 = 0.28a$
• C주식 최종 가격 : $0.5a \times 0.6 = 0.3a$

즉, A, B, C주식의 최종 가격은 $0.36a + 0.28a + 0.3a = 0.94a$원이므로 투자 대비 6%의 손해를 보았다.

정답 ③

12 A, B, C 세 병에 담긴 물의 양이 총 13L일 때, A : B = 1 : 2, B : C = 3 : 1이면 C에 담긴 물의 양은?

① $\dfrac{13}{11}$ L

② $\dfrac{26}{11}$ L

③ $\dfrac{39}{11}$ L

④ $\dfrac{78}{11}$ L

⑤ $\dfrac{89}{11}$ L

정답 해설 ──────────────────────────○

A, B, C 각 병에 담긴 물의 양을 a, b, c라고 하면 $a + b + c = 13$

• A : B = 1 : 2 = 3 : 6
• B : C = 3 : 1 = 6 : 2
→ A : B : C = 3 : 6 : 2

일반상수 k에 대해 $3k + 6k + 2k = 13$ → $k = \dfrac{13}{11}$

∴ $c = 2k = \dfrac{26}{11}$

따라서 C에 담긴 물의 양은 $\dfrac{26}{11}$L이다.

정답 ②

▌ **문제풀이 Tip**

비율에 관한 문제가 출제될 때는 미지수를 하나만 사용한다.

13 A사원은 휴대전화를 구입하면서 한 달에 45,000원(부가세 포함)인 요금제에 가입했다. 휴대전화의 구입 가격은 360,000원이고 24개월 할부이며, 할부 월 이자는 0.5%라고 할 때, 한 달에 납부해야 하는 금액은?(단, 요금제에서 초과 이용하지 않는다)

① 61,000원

② 61,300원

③ 61,500원

④ 61,600원

⑤ 61,800원

정답 **해설** ○

• 휴대전화 한 달 요금제 : 45,000원
• 휴대전화 한 달 할부금액 : 360,000÷24=15,000원
• 휴대전화 할부 월 이자 : 360,000×0.005=1,800원

따라서 A사원이 한 달에 납부해야 하는 금액은 45,000+15,000+1,800=61,800원이다.

정답 ⑤

14 갑국은 초콜릿 1kg 생산에 50명이, 커피 1kg 생산에 20명의 인원이 필요하며, 을국은 초콜릿 1kg 생산에 75명이, 커피 1kg 생산에 80명의 인원이 필요하다. 두 나라에는 각각 300명의 노동인력이 있으며, 비교우위에 의해 하나의 품목만 특화하여 생산한 후 상호 이익이 되는 조건에서 적정량을 교환하기로 합의하였다. 이때, 갑국이 생산할 품목과 생산량을 바르게 나열한 것은?(단, 각국은 모두 노동인력만을 생산요소로 사용하며, 생산품목의 종류·품질·노동력 질 등 제반여건은 모두 동일하다)

① 초콜릿, 2.5kg

② 초콜릿, 4kg

③ 커피, 2.5kg

④ 커피, 6kg

⑤ 커피, 15kg

정답 **해설** ○

갑국이 초콜릿과 커피 생산에서 절대우위에 있지만, 비교우위에 의해 특화 품목을 상호 교환하기로 하였으므로, **갑국은 커피를**, 을국은 초콜릿을 생산하는 게 유리하다.

갑국이 커피 1kg을 생산하는 데 필요한 인원은 20명이므로, 300명의 노동인력이 투입된 생산량은 $\frac{300}{20}=15$kg이다.

정답 ⑤

15 프로젝트를 완료하는 데 A사원이 혼자 하면 7일, B사원이 혼자 하면 9일이 걸린다. 3일 동안 두 사원이 함께 프로젝트를 진행하다가 B사원이 병가를 내는 바람에 나머지는 A사원이 혼자 처리하게 되었다. A사원이 남은 프로젝트를 완료하는 데에는 며칠이 더 걸리겠는가?

① 1일
② 2일
③ 3일
④ 4일
⑤ 5일

정답 | 해설

프로젝트를 완료하는 일의 양을 1이라 하면, A사원은 하루에 $\frac{1}{7}$, B사원은 하루에 $\frac{1}{9}$ 만큼의 일을 할 수 있다.

3일 동안 같이 한 일의 양은 $\left(\frac{1}{7}+\frac{1}{9}\right)\times 3=\frac{16}{21}$ 이므로, A사원이 혼자 해야 하는 일의 양은 $\frac{5}{21}$ 이다.

이때 A사원 혼자 프로젝트를 완료하는 데 걸리는 시간을 x일이라고 하면 다음과 같은 식이 성립한다.

$$\frac{1}{7}\times x=\frac{5}{21} \;\rightarrow\; x=\frac{5}{3}$$

따라서 A사원 혼자 프로젝트를 완료하는 데에는 총 2일이 더 걸린다.

정답 ②

16 O씨는 구매대행사인 N사에서 신용카드를 사용하여 청소기와 영양제를 직구하려고 한다. 이 직구 사이트에서 청소기와 영양제의 가격이 각각 540달러, 52달러이고, 각각 따로 주문한다면, 원화로 지불할 금액은 얼마인가?

- 200달러 초과시 20% 관세 부과
- 배송비 : 30,000원
- 구매 당일 환율(신용카드 사용시 매매기준율을 적용) : 1,128원/달러

① 845,600원
② 846,400원
③ 848,200원
④ 849,600원
⑤ 850,000원

정답 | 해설

- 청소기
  - 가격 : 540×1,128=609,120원
  - 관세 : 540×0.2×1,128=121,824원
  - 배송비 : 30,000원
  - → 540×1.2×1,128+30,000=**760,944원**

- 영양제
  - 가격 : 52×1,128=58,656원
  - 관세 : 없음
  - 배송비 : 30,000원
  - → 52×1,128+30,000=**88,656원**

따라서 원화로 지불할 금액은 760,944+88,656=849,600원이다.

정답 ④

17 5%의 소금물 320g에 물 80g을 섞으면 몇 %의 소금물이 되는가?

① 3%   ② 3.5%

③ 4%   ④ 4.5%

정답 **해설** ─────────────────────────────────○

5%의 소금물 320g에 들어있는 소금의 양은 $\dfrac{5}{100} \times 320 = 16 \rightarrow \dfrac{16}{320+80} \times 100 = 4$g이다.

따라서 소금물 320g에 물 80g을 섞으면 4%의 소금물이 된다.

정답 ③

18 농도가 15%인 소금물 800g에서 소금물을 조금 퍼내고, 150g의 물을 부었다. 이때 소금물의 농도가 12%라면, 처음에 퍼낸 소금물의 양은 얼마인가?

① 100g   ② 150g

③ 200g   ④ 250g

⑤ 300g

정답 **해설** ─────────────────────────────────○

처음에 퍼낸 소금물의 양을 xg이라고 할 때, 다음과 같은 식이 성립한다.

$\dfrac{(800-x) \times 0.15}{800-x+150} = 0.12 \rightarrow 800-x = \dfrac{0.12}{0.15} \times (950-x) \rightarrow 800-760 = x-0.8x \rightarrow x = 200$

따라서 처음에 퍼낸 소금물의 양은 200g임을 알 수 있다.

정답 ③

19 농도가 10%인 소금물 300L가 있다. 생수를 채워서 소금물의 농도를 2%p 줄이려고 한다. 생수는 얼마나 더 넣어야 할까?

① 55L   ② 60L

③ 75L   ④ 80L

더 넣은 생수의 양을 xL라고 할 때, 10% 소금물에 들어있는 소금의 양은 $300 \times \dfrac{10}{100} = 30$g이다.

$$\dfrac{30}{300+x} \times 100 = 8 \rightarrow 3,000 = 2,400 + 8x \rightarrow 600 = 8x$$

$$\therefore \ x = 75$$

따라서 생수는 75L 더 넣어야 한다.

정답 ③

문제풀이 Tip

생수를 추가해서 농도가 감소하는 경우에는 전체 소금물의 양은 증가하지만 소금의 양은 변화하지 않는다.
이때 항상 구하는 값을 미지수로 두는 것을 염두에 둔다.

20 김과장은 월급의 $\dfrac{1}{4}$은 저금하고, 나머지의 $\dfrac{1}{4}$은 모임회비, $\dfrac{2}{3}$는 월세로 사용하며, 그 나머지의

$\dfrac{1}{2}$은 부모님께 드린다고 한다. 나머지를 생활비로 쓴다면 생활비는 월급의 얼마인가?

① $\dfrac{1}{32}$

② $\dfrac{1}{16}$

③ $\dfrac{1}{12}$

④ $\dfrac{1}{8}$

⑤ $\dfrac{1}{4}$

전체 월급을 1이라고 할 때,

• 저금하고 남은 돈 : $1 - \dfrac{1}{4} = \dfrac{3}{4}$

• 모임회비 및 월세 : $\dfrac{3}{4} \times \dfrac{1}{4} + \dfrac{3}{4} \times \dfrac{2}{3} = \dfrac{11}{16}$

• 모임회비 및 월세를 낸 후 나머지 : $\dfrac{3}{4} - \dfrac{11}{16} = \dfrac{1}{16}$

• 부모님 용돈 : $\dfrac{1}{16} \times \dfrac{1}{2} = \dfrac{1}{32}$

따라서 생활비로 남은 돈은 $\dfrac{1}{16} - \dfrac{1}{32} = \dfrac{1}{32}$이다.

정답 ①

문제풀이 Tip

복잡한 식이 쓰이는 문제는 아니지만, 사소한 실수로 오답률이 높은 유형 중 하나이다. 사칙연산의 단계가 많은
문제를 풀 때는 문제 조건을 하나하나 잘 확인해가면서 풀고, 식을 단축시키는 노력을 하기보다 중간에 실수해도
바로 확인할 수 있도록 풀이를 쓴다.

21 현재 1,000만 원을 보유한 A씨는 매년 이자가 10%인 N예금상품에 3년 동안 전액을 예치하려고 한다. 예금방식에는 단리식과 복리식이 있을 때, 두 경우의 원리합계 금액의 합은?(단, 연 복리를 적용하고, $(1.1)^3 = 1.331$로 계산한다)

- 단리예금 : 목돈을 원하는 만큼 맡기고, 원금에 대해서만 이자를 산정하여 만기 시까지 추가 입금이 불가한 금융상품
- 복리예금 : 원금과 이자에 대한 이자를 받을 수 있고, 만기 시까지 추가 입금이 불가하며, 이자 지급기간에 따라 연 복리, 월 복리, 일 복리로 구분하는 금융상품

---

① 2,122만 원

② 2,482만 원

③ 2,631만 원

④ 2,896만 원

정답 | 해설

단리예금일 경우 이자는 원금에 대해서만 붙으므로 3년 후 $1,000 \times 0.1 \times 3 = 300$만 원이 되며, 원리합계는 $1,000 + 300 = 1,300$만 원이다.

복리예금일 경우 원리합계는 $1,000 \times (1.1)^3 = 1,000 \times 1.331 = 1,331$만 원이 된다.

따라서 두 경우의 원리합계 금액의 합은 $1,300 + 1,331 = 2,631$만 원이다.

정답 ③

이론 더하기

- 예금과 적금
  ① 예금 : 일정한 계약에 의해 은행에 돈을 맡기는 일을 의미하지만, 시험에서 묻는 예금의 의미는 일정한 금액을 한 번에 납입한 후 추가 납입 없이 이자를 받는 방식을 의미한다.
  ② 적금 : 일정 금액을 계약 기간 동안 정기적으로 추가 납입하여 이자를 받는 방식을 의미한다.
- 단리와 복리
  ① 단리
    ㉠ 개념 : 원금에만 이자가 발생
    ㉡ 계산 : 이율이 r%인 상품에 원금 a를 총 n번 이자가 붙는 동안 예치한 경우 $a(1+nr)$
  ② 복리
    ㉠ 개념 : 원금과 이자에 모두 이자가 발생
    ㉡ 계산 : 이율이 r%인 상품에 원금 a를 총 n번 이자가 붙는 동안 예치한 경우 $a(1+r)^n$

22 A씨는 주택을 구입하기 위해 연초에 N은행에서 20년간 고정금리로 4억 원을 대출받았다. 1회 차 원금 상환액은 1,000만 원이고, 연간 저당상수가 0.09일 때, 대출금리를 구하면?(단, 원리금균 등상환방식이며, 매년 말 연 단위 상환한다)

① 연 4.0%

② 연 4.5%

③ 연 5.0%

④ 연 6.0%

⑤ 연 6.5%

정답 **해설** ─────────────────────────────○

원리금균등상환 시 원리금은 (대출금액)×(저당상수)이므로, 4억×0.09＝3,600만 원이다.

1회 차의 경우 납부 원금 1,000만 원＋(납부 이자)＝3,600만 원이므로, (납부 이자)＝3,600－1,000＝2,600만 원이다.

따라서 대출금리는 $\dfrac{(납부이자)}{(대출금액)} = \dfrac{2,600}{40,000} = 0.065 = 6.5\%$이다.

정답 ⑤

23 농협에 방문한 은경이는 목돈 5,000만 원을 정기예금에 맡기려고 한다. 은경이가 고른 상품은 월 단리 예금상품으로 월이율 0.6%이며, 기간은 15개월이다. 은경이가 이 상품에 가입했을 경우 만기 시 받는 이자는 얼마인가?(단, 정기예금은 만기일시지급식이다)

① 4,500,000원

② 5,000,000원

③ 5,500,000원

④ 6,000,000원

정답 **해설** ─────────────────────────────○

단리예금에서 이자는 예치금에 대해서만 발생하고, 이자 공식은 $a \times r \times n(a$는 예치금, r은 이자율, n은 기간)이다.

따라서 은경이가 받을 이자는 $5,000 \times \dfrac{0.6}{100} \times 15 = 4,500,000$원이다.

정답 ①

24 연이율 1.8%를 제공하는 2년 만기 정기예금에 500만 원을 예치하고 180일 후에 해지하였다면 수령할 총금액은?(단, 이자는 단리를 적용하고, 한 달은 30일로 계산한다. 또한 중도해지금리는 적용하지 않는다)

① 504만 원

② 504만 5천 원

③ 505만 원

④ 505만 5천 원

⑤ 506만 원

정답 | **해설** ───────────────────────────────────────○

단리 이자 계산 공식은 이자를 S라 할 때 $S=$(원금)×(이율)×(기간)이다.

따라서 이자는 $5,000,000×0.018×\dfrac{6}{12}=45,000$원이고, 수령할 총 금액은 $5,000,000+45,000=5,045,000$원이다.

정답 ②

이론 더하기

- 이율과 기간

  ① (월이율)$=\dfrac{(연이율)}{12}$

  ② n개월$=\dfrac{n}{12}$년

- 예치금의 원리합계

  원금 a원, 연이율 $r\%$, 예치기간 n개월일 때,

  ① 단리 예금의 원리합계 : $a\left(1+\dfrac{r}{12}n\right)$

  ② 월복리 예금의 원리합계 : $a\left(1+\dfrac{r}{12}\right)^n$

  ③ 연복리 예금의 원리합계 : $a(1+r)^{\frac{n}{12}}$

- 적금의 원리합계

  월초 a원씩, 연이율 $r\%$일 때, n개월 동안 납입한다면,

  ① 단리 적금의 n개월 후 원리합계 : $an+a×\dfrac{n(n+1)}{2}×\dfrac{r}{12}$

  ② 월복리 적금의 n개월 후 원리합계 : $\dfrac{a\left(1+\dfrac{r}{12}\right)\left\{\left(1+\dfrac{r}{12}\right)^n-1\right\}}{\dfrac{r}{12}}$

  ③ 연복리 적금의 n개월 후 원리합계 : $\dfrac{a(1+r)^{\frac{1}{12}}\left\{(1+r)^{\frac{n}{12}}-1\right\}}{(1+r)^{\frac{1}{12}}-1}$

25 다음과 같은 조건으로 정기예금에 가입할 때, 만기 시 받을 이자금액의 합계는 얼마인가?

- 상품명 : N은행 정기예금
- 계약기간 : 1년
- 저축금액 : 10만 원
- 저축방법 : 거치식
- 적용금리 : 연 10%
- 이자지급방식 : 6개월 마다 지급 - 복리식

① 10,100원

② 10,150원

③ 10,250원

④ 10,300원

⑤ 10,400원

정답 해설

- 6개월 후 지급 이자 : 10만 원$\times 10\% \times \dfrac{6}{12} = 5,000$원

- 1년 후 지급 이자 : 10만 5,000원$\times 10\% \times \dfrac{6}{12} = 5,250$원

따라서 만기 시 받을 이자금액은 $5,000 + 5,250 = 10,250$원이다.

정답 ③

26 유속 10m/s로 흐르는 강물에서 유진이는 일정한 속력으로 움직이는 배를 타고 있다. 배가 내려올 때의 속력이 반대로 올라갈 때 속력의 1.5배와 같을 때, 배 자체의 속력은 몇 m/s인가?

① 45m/s

② 50m/s

③ 55m/s

④ 60m/s

정답 해설

배의 속력을 xm/s라고 하면, 내려올 때의 속력은 올라갈 때 속력의 1.5배와 같다.
$x + 10 = 1.5 \times (x - 10) \rightarrow x + 10 = 1.5x - 15 \rightarrow 0.5x = 25$
$\therefore x = 50$
따라서 유진이가 탑승한 배 자체의 속력은 50m/s이다.

정답 ②

문제풀이 Tip

배를 타고 강을 거슬러 올라갈 때는 배의 속력이 강물의 속력만큼 감소하고, 배를 타고 강을 따라 내려갈 때는 배의 속력이 강물의 속력만큼 증가한다.

27 사고 난 차를 견인하기 위해 A, B 두 견인업체에서 견인차를 보내려고 한다. 사고지점은 B업체보다 A업체와 40km 더 가깝고, A업체의 견인차가 시속 63km의 일정한 속력으로 달리면 40분만에 사고지점에 도착한다. B업체에서 보낸 견인차가 A업체의 견인차보다 늦게 도착하지 않으려면 B업체의 견인차가 내야 하는 최소 속력은?

① 120km/h

② 121km/h

③ 122km/h

④ 123km/h

정답 | 해설

B업체 견인차의 속력을 $x$km/h(단, $x \neq 0$)라 하면, A업체 견인차의 속력이 63km/h일 때, 40분만에 사고지점에 도착하므로 A업체부터 사고지점까지의 거리는 $63 \times \dfrac{40}{60} = 42$km이다.

사고지점은 B업체보다 A업체에 40km 더 가까우므로 B업체에서 사고지점까지의 거리는 $42 + 40 = 82$km이다.
B업체의 견인차가 A업체의 견인차보다 늦게 도착하지 않으려면 사고지점에 도착하는 데 걸리는 시간이 40분보다 적거나 같아야 한다.

$\dfrac{82}{x} \leq \dfrac{2}{3} \rightarrow 2x \geq 246 \rightarrow x \geq 123$

따라서 B업체의 견인차가 내야 하는 최소 속력은 123km/h이다.

정답 ④

---

28 경서는 인터넷 쇼핑몰 A, B에서 각각 상품을 주문했다. A쇼핑몰의 상품은 오늘 오전에 도착할 예정이고, B쇼핑몰의 상품은 내일 오전에 도착할 예정이다. 택배가 정시에 도착할 확률은 $\dfrac{1}{3}$, 늦게 도착할 확률은 $\dfrac{1}{2}$이라고 할 때, A쇼핑몰의 상품은 예정대로 도착하고, B쇼핑몰의 상품은 예정보다 늦게 도착할 확률은?

① $\dfrac{1}{6}$

② $\dfrac{1}{3}$

③ $\dfrac{2}{3}$

④ $\dfrac{5}{6}$

⑤ $\dfrac{3}{5}$

정답 | 해설

A쇼핑몰은 정시에 도착하고, 동시에 B쇼핑몰은 예정보다 늦어야 하므로, 두 확률의 곱을 계산해야 한다.

따라서 $\dfrac{1}{3} \times \dfrac{1}{2} = \dfrac{1}{6}$이 된다.

정답 ①

- (사건 A가 일어날 확률)=$\dfrac{(사건\ A가\ 일어나는\ 경우의\ 수)}{(모든\ 경우의\ 수)}$

- 여사건의 확률 : 사건 A가 일어날 확률이 p일 때, 사건 A가 일어나지 않을 확률은 $(1-p)$이다.

- 확률의 덧셈정리 : 두 사건 A, B가 동시에 일어나지 않을 때 A가 일어날 확률을 p, B가 일어날 확률을 q라고 하면, 사건 A 또는 B가 일어날 확률은 $(p+q)$이다.

- 확률의 곱셈정리 : A가 일어날 확률을 p, B가 일어날 확률을 q라고 하면, 사건 A와 B가 동시에 일어날 확률은 $(p\times q)$이다.

| 2016 하반기 지역농협 6급

29 50원, 100원, 500원짜리 동전이 있다. 이 동전들이 총 14개 있고, 합이 2,250원이라면 50원짜리 동전은 모두 몇 개인가?

① 5개

② 6개

③ 7개

④ 8개

⑤ 9개

정답 해설

50원, 100원, 500원짜리 동전의 개수를 각각 x개, y개, z개라고 하자.

$x+y+z=14 \cdots \bigcirc$

$50x+100y+500z=2,250 \rightarrow x+2y+10z=45 \cdots \bigcirc\!\!\bigcirc$

$\bigcirc$에 의해 $x=-(y+z)+14$이므로 이를 $\bigcirc\!\!\bigcirc$에 대입하면 $y+9z=31 \cdots \bigcirc\!\!\bigcirc\!\!\bigcirc$

이때 $\bigcirc$의 조건에 의해 $\bigcirc\!\!\bigcirc\!\!\bigcirc$을 만족하는 경우는 $y=4$, $z=3$이다.

따라서 50원짜리는 7개, 100원짜리는 4개, 500원짜리는 3개가 된다.

정답 ③

문제풀이 Tip

방정식 문제를 풀이할 때, 가끔 미지수를 추론해야 하는 경우가 있다.

이때는 조건이 있는지를 확인하고 계수가 가장 큰 것부터 확인한다.

예를 들어 $y+9z=31$는 y의 값이 14 이하여야 한다. 때문에 z의 값을 2부터 추론해 볼 수 있다.

그밖에도 동전의 개수(사물)는 $-$값이 될 수 없다. 이러한 점에 유의하여 풀이한다.

30 사과 1.2kg은 15,000원이고, 같은 무게일 때 배의 가격은 사과의 2배, 귤의 가격은 사과의 $\frac{1}{2}$배이며, 사과 하나의 무게는 120g, 배는 400g, 귤은 200g이다. 각 과일마다 90,000원어치를 구매한다고 할 때, 구입한 사과, 배, 귤의 개수는 총 몇 개인가?

① 140개

② 141개

③ 142개

④ 143개

⑤ 144개

정답 해설

사과, 배, 귤이 각각 1.2kg일 때 가격은 차례대로 15,000원, 30,000원, 7,500원이며, 1.2kg당 사과, 배, 귤의 개수와 90,000원어치를 샀을 때의 개수는 다음과 같다.

(단위 : 원, 개)

구분	사과	배	귤
1.2kg당 가격	15,000	30,000	7,500
1.2kg당 개수	1,200÷120=10	1,200÷400=3	1,200÷200=6
90,000원어치 개수	$\frac{90,000}{15,000} \times 10 = 60$	$\frac{90,000}{30,000} \times 3 = 9$	$\frac{90,000}{7,500} \times 6 = 72$

따라서 사과, 배, 귤을 구매한 개수는 총 60+9+72=141개이다.

정답 ②

문제풀이 Tip

위와 같은 문제를 풀이할 때는 하나의 기준을 정하고, 그 기준에 따라 단계별로 답을 구하는 것이 중요하다. 또한, 기준은 항상 1이나 10일 필요가 없으며, 자신이 문제를 봤을 때 계산하기 쉬운 값으로 정한다.

31 N중학교에서 올해 1학기 중간고사를 보았다. 1학년 2반의 전체 평균이 72점이었고, 2반 정원은 15명이다. 중간고사 평균 50점과 60점을 받은 학생 수가 같고, 다음 평균점수표를 참고할 때 60점을 받은 학생은 몇 명인가?

<1학년 2반 중간고사 평균점수 현황>

(단위 : 명)

구분	50점	60점	70점	80점	90점	100점
인원	( )	( )	5	4	( )	1

① 1명   ② 2명

③ 3명   ④ 4명

정답 | **해설**

평균 50점이나 60점을 받은 학생 수를 x명, 90점을 받은 학생을 y명이라고 할 때,

1학년 2반 학생 정원 15명에 관한 방정식은

$2x+5+4+y+1=15 \rightarrow 2x+y=5 \cdots$ ㉠

반 전체 평균은 72점이므로 15명의 평균을 모두 합하여 전체 평균을 구하는 방정식은

$50x+60x+70\times5+80\times4+90\times y+100\times1=72\times15 \rightarrow 110x+90y=310$

$\rightarrow 11x+9y=31 \cdots$ ㉡

㉠, ㉡ 두 방정식을 연립하여 풀기 위해 ㉠을 ㉡에 대입하면

$11x+9(5-2x)=31 \rightarrow -7x=31-45 \rightarrow x=2$

따라서 1학년 2반에서 중간고사 평균 60점을 받은 학생은 2명이며, 50점을 받은 학생도 2명이다.

또한 ㉠에 $x=2$를 대입하면 90점을 받은 학생은 1명임을 알 수 있다.

정답 ②

문제풀이 Tip

문제의 단서를 최대한 제시된 표에 쓰고, 풀이를 시작한다.

구분	50점	60점	70점	80점	90점	100점
인원	x	x	5	4	y	1

1학년 2반은 15명이고, 72점의 평균을 받았다. 즉, 총점은 $15\times72=1,080$점이다.

32 다음 그림과 같은 직사각형 모양의 식탁에 6명이 둘러앉는 경우의 수는?(단, 회전하여 일치하는 경우는 모두 같은 것으로 본다)

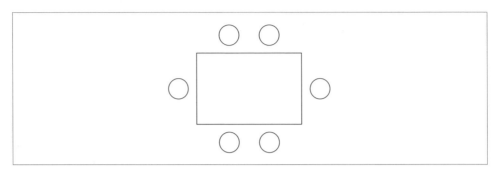

① 120가지

② 240가지

③ 360가지

④ 600가지

⑤ 720가지

정답 | 해설

6명을 일렬로 나열하는 경우에서 다음의 2가지는 배열 순서가 같다.

따라서 구하는 경우의 수는 $\dfrac{6!}{2}$ =360가지이다.

정답 ③

---

33 N은행의 A사원은 일주일 동안 방문하는 고객들이 사는 곳을 조사해 통계를 내려고 한다. A사원은 조사한 고객들을 가 ~ 마 다섯 지역으로 나누어 통계결과표를 작성하였다. 가지역에 사는 고객이 72.8%로 가장 높았으며, 그다음 다지역이 21.4%로 높았다. 마지역에 사는 고객 비율은 다지역 비율의 $\dfrac{1}{8}$ 이며, 나지역의 고객 수 비율은 라지역의 1.5배라고 할 때, N은행에 방문했던 라지역의 고객 비율은 몇 %인가?

① 1.25%

② 1.475%

③ 1.55%

④ 1.875%

일주일 동안 N은행에 방문했던 가지역과 다지역을 제외한 세 곳에 사는 고객 수의 비율은 $100-72.8-21.4=5.8\%$이며, 마지역에 사는 고객은 다지역에 사는 고객이 차지하는 비중의 $\frac{1}{8}$이므로 그 비율은 $\frac{21.4}{8}=2.675\%$임을 알 수 있다.

또한 구하고자 하는 라지역의 비율을 a라고 할 때, 나지역은 라지역의 1.5배이므로 $1.5a$이고 나지역과 라지역 비율의 합은 $a+1.5a=5.8-2.675=3.125\%$이다.

따라서 일주일 동안 N은행에 방문했던 라지역의 고객 비율은 $2.5a=3.125\% \rightarrow a=1.25\%$이다.

정답 ①

34 B씨가 작년에 구입한 김장 재료량과 그 가격은 다음과 같다. B씨가 올해 김장할 양도 작년과 같다고 할 때, N식자재몰에서 제시한 작년 대비 가격 변동률에 따라 예상되는 총재료비는 얼마인가?

〈김장 재료별 가격 및 증감률〉

구분	마늘 2.5kg	대파 5단	절임배추 10kg	새우젓 500g	무 1개	고춧가루 250g	굴 1kg
작년 가격	16,500원	14,000원	52,000원	14,000원	5,000원	7,500원	13,000원
변동률	10%	5%	20%	-10%	-10%	8%	2%

※ 변동률 : 작년 가격 대비 올해 가격의 증감률

① 131,610원
② 133,710원
③ 135,710원
④ 137,910원
⑤ 139,910원

변동률을 적용한 재료별 올해 예상 가격은 다음과 같다.

구분	올해 예상 가격
마늘 2.5kg	$16,500\times1.1=18,150$원
대파 5단	$14,000\times1.05=14,700$원
절임배추 10kg	$52,000\times1.2=62,400$원
새우젓 500g	$14,000\times0.9=12,600$원
무 1개	$5,000\times0.9=4,500$원
고춧가루 250g	$7,500\times1.08=8,100$원
굴 1kg	$13,000\times1.02=13,260$원

따라서 올해 김장에 필요한 예상 재료비는 총 $18,150+14,700+62,400+12,600+4,500+8,100+13,260=133,710$원이다.

정답 ②

※ 어떤 사람이 24벌의 옷을 만들어서 원가의 150% 이익을 남기고 팔다가, 보관실에 원가의 25%를 보관료로 지불하고 남은 옷을 보관하였다. 남은 옷을 판매가의 40%를 할인해서 팔았더니, 총이익금으로 111,000원을 얻었다. 처음 팔 때와 나중에 팔 때 이익금의 비율이 6 : 1이었다고 할 때, 이 옷의 원가를 구하려고 한다. 다음 〈풀이〉의 빈칸을 채우시오(단, 보관료는 한 번만 지불한다). **[35~41]**

〈풀이〉

원가를 x원으로, 처음 a벌을 팔았다고 하자.

이 옷을 할인 판매하기 전의 한 벌당 정가는 $x + 1.5x = \boxed{35}$ 원이고 이때 a벌을 정가로 판매했을 때의 이익은 $\left(\dfrac{5}{2}x - x\right)a = \boxed{36}$ 원이다.

다음으로 판매하고 남은 옷의 수는 $(24-a)$벌이고, 한 벌당 할인 판매가는 $\dfrac{5}{2}x \times \dfrac{6}{10} = \boxed{37}$ 원이다.

이때 할인 판매하여 얻은 이익은 $\left(\dfrac{3}{2}x - x\right)(24-a) = \boxed{38}$ 원이다.

마지막으로 남은 옷을 보관할 때 지불한 금액은 $x \times 0.25 = \boxed{39}$ 원이다.

총이익금 111,000은 (정가 판매 이익)+(할인가 판매 이익)−(총보관료)이므로

$111{,}000 = \boxed{36} + \boxed{38} - \boxed{39} = ax + \dfrac{47}{4}x \cdots \text{㉠}$

정가로 판매했을 때와 할인가로 판매했을 때의 이익금 비율이 6 : 1이므로

$a = \boxed{40} \cdots \text{㉡}$

㉡을 ㉠에 대입하면 $x = \boxed{41}$ 이므로 원가는 $\boxed{41}$ 원이다.

---

① $\dfrac{3}{2}x$　　② $\dfrac{5}{2}x$　　③ $\dfrac{1}{4}x$　　④ $\dfrac{3}{2}xa$

⑤ $\dfrac{5}{2}ax$　　⑥ $\dfrac{5}{4}ax$　　⑦ $\dfrac{5}{4}ax + 6$　　⑧ 4,000

⑨ 5,000　　⑩ 6,000　　⑪ 48　　⑫ 24

⑬ 16　　⑭ 8　　⑮ 4　　⑯ $\dfrac{1}{2}x \times (24-a)$

⑰ $\dfrac{1}{3}x \times (24-a)$　　⑱ $\dfrac{1}{4}x \times (24-a)$　　⑲ $\dfrac{3}{2}x \times (24-a)$　　⑳ $\dfrac{5}{2}x \times (24-a)$

---

35 (　　　)　　　　**36** (　　　)

37 (　　　)　　　　**38** (　　　)

39 (　　　)　　　　**40** (　　　)

41 (　　　)

원가를 x원으로, 처음 a벌을 팔았다고 하자.

이 옷을 할인 판매하기 전의 한 벌당 정가는 $x+1.5x=$ ② $\dfrac{5}{2}x$ 원이고 이때 a벌을 정가로 판매했을 때의 이익은 $\left(\dfrac{5}{2}x-x\right)a=$

④ $\dfrac{3}{2}xa$ 원이다.

다음으로 판매하고 남은 옷의 수는 $(24-a)$벌이고, 한 벌당 할인 판매가는 $\dfrac{5}{2}x\times\dfrac{6}{10}=$ ① $\dfrac{3}{2}x$ 원이다. 이때 할인 판매하여

얻은 이익은 $\left(\dfrac{3}{2}x-x\right)(24-a)=$ ⑯ $\dfrac{1}{2}x\times(24-a)$ 원이다.

마지막으로 남은 옷을 보관할 때 지불한 금액은 $x\times0.25=$ ③ $\dfrac{1}{4}x$ 원이다.

총이익금 111,000은 (정가 판매 이익)+(할인가 판매 이익)−(총보관료)이므로

$111{,}000=$ ④ $\dfrac{3}{2}xa$ $+$ ⑯ $\dfrac{1}{2}x\times(24-a)$ $-$ ③ $\dfrac{1}{4}x$ $=ax+\dfrac{47}{4}x \cdots$ ㉠

정가로 판매했을 때와 할인가로 판매했을 때의 이익금 비율이 $6:1$이므로

$a=$ ⑬ 16 $\cdots$ ㉡

㉡을 ㉠에 대입하면 $x=$ ⑧ 4,000 이므로 원가는 ⑧ 4,000 원이다.

문제풀이 Tip

150%의 이익이 남았다는 것은 기준 값의 1.5배가 아닌 2.5배라는 뜻이므로, 이에 유의한다.
- (정가)=(원가)+(이익)
- (이익)=(원가)×(1+이율)
- (a원에서 b% 할인한 가격)$=a\times\left(1-\dfrac{b}{100}\right)$

※ A와 B 두 사람이 길이 10m 다리의 가운데서 가위바위보 게임을 했다. A는 보폭이 60cm이고 B는 보폭이 80cm이며, 이기면 동쪽으로 3걸음, 지면 서쪽으로 2걸음을 갔다. A가 11승 9패일 때 두 사람 사이의 거리를 구하려고 한다. 다음 빈칸을 채우시오(단, 비기는 경우는 생각하지 않는다). **[42~46]**

〈풀이〉

A가 11승 9패일 때

A는 동쪽으로 [42] 걸음, B는 동쪽으로 [43] 걸음을 갔다.

출발점에서 떨어진 거리가 A는 동쪽으로 [44] m, B는 동쪽으로 [45] m이므로 둘 사이의 거리는 [46] m이다.

---

① 1 　　　② 2 　　　③ 3 　　　④ 4
⑤ 5 　　　⑥ 6 　　　⑦ 7 　　　⑧ 8
⑨ 9 　　　⑩ 10 　　　⑪ 11 　　　⑫ 12
⑬ 13 　　　⑭ 14 　　　⑮ 15 　　　⑯ 16
⑰ 17 　　　⑱ 18 　　　⑲ 19 　　　⑳ 20

42 (　　　)　　　　　**43** (　　　)

44 (　　　)　　　　　**45** (　　　)

46 (　　　)

정답 **해설**

A가 11승 9패이므로 B는 9승 11패이다.
동쪽을 +, 서쪽을 −라고 하면, 이기면 +3, 지면 −2이므로
동쪽으로 A는 11×(+3)+9×(−2)=+[15] 걸음, B는 9×(+3)+11×(−2)=+[5] 걸음을 갔다.
출발점에서 두 사람이 움직인 거리는 A가 (+15)×0.6=+[9] m, B는 (+5)×0.8=+[4] m이다.
따라서 A는 다리에서 벗어나 동쪽으로 9m, B는 다리 위에서 동쪽으로 4m에 있으므로 둘 사리의 거리는 [5] m이다.

문제풀이 Tip

10m는 1,000cm와 같다. 또한 비기는 경우는 생각하지 않으므로, 한 사람이 이겼다면 한 사람은 반드시 졌다. 따라서 식을 세우고 계산할 때 양쪽을 모두 빼먹지 않고 계산한다.

47 A시는 2021년에 폐업 신고한 전체 자영업자를 대상으로 창업교육 이수 여부와 창업부터 폐업까지의 기간을 조사하였다. 다음은 조사결과를 이용하여 창업교육 이수 여부에 따른 기간별 생존비율을 비교한 자료이다. 이에 대한 설명으로 옳은 것은?

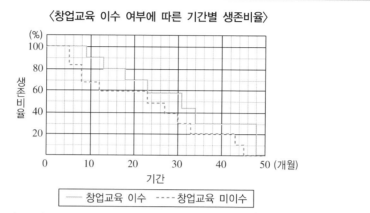

〈창업교육 이수 여부에 따른 기간별 생존비율〉

※ 창업교육을 이수(미이수)한 폐업 자영업자의 기간별 생존비율은 창업교육을 이수(미이수)한 폐업 자영업자 중 생존기간이 해당 기간 이상인 자영업자의 비율임
※ 생존기간은 창업부터 폐업까지의 기간을 의미함

① 창업교육을 이수한 폐업 자영업자 수가 창업교육을 미이수한 폐업 자영업자 수보다 더 많다.
② 창업교육을 미이수한 폐업 자영업자의 평균 생존기간은 창업교육을 이수한 폐업 자영업자의 평균 생존기간보다 더 길다.
③ 창업교육을 이수한 폐업 자영업자의 생존비율과 창업교육을 미이수한 폐업 자영업자의 생존비율의 차이는 창업 후 20개월에 가장 크다.
④ 창업교육을 미이수한 폐업 자영업자 중 생존기간이 10개월 미만인 자영업자의 비율은 20% 이상이다.

정답 해설

창업교육을 미이수한 폐업 자영업자 중 생존기간이 10개월인 자영업자의 비율이 약 68%이어서 생존기간이 10개월 미만인 자영업자의 비율은 약 32%이다. 따라서 옳은 내용임을 알 수 있다.

오답분석
① 주어진 그래프를 통해서는 기간별 생존비율만을 알 수 있을 뿐 창업교육을 이수 또는 미이수한 폐업 자영업자 수는 알 수 없다.
② 0 ~ 5개월 구간과 48 ~ 50개월 구간에서는 두 그룹의 생존비율이 같으나 나머지 구간에서는 모두 창업교육 미이수 그룹의 생존비율이 이수 그룹에 비해 낮다. 따라서 평균 생존기간은 이수 그룹이 더 길다.
③ 창업교육을 이수한 폐업 자영업자의 생존비율과 창업교육을 미이수한 폐업 자영업자의 생존비율의 차이는 창업 후 45 ~ 48개월의 구간에서 약 30%p로 가장 크다는 것을 알 수 있으므로 옳지 않은 내용이다.

정답 ④

01 A씨는 N자유적금을 2020년 9월에 가입하였고, 20개월 동안 매월 100,000원씩 납입하고자 한다. 〈보기〉에 따라 우대금리의 적용을 받을 때, 만기 도래 시 A씨가 받을 적용금리와 만기 환급금액으로 옳은 것은?

○ 상품명 : N자유적금
○ 가입대상 : 실명의 개인
○ 계약기간 : 6개월 이상 36개월 이하(월 단위)
○ 정액적립식 : 신규 약정 시 약정한 월 1만 원 이상의 저축금액을 매월 약정일에 동일하게 저축
○ 세금 : 비과세혜택 적용
○ 이자지급방식 : 만기일시지급식, 단리식
○ 기본금리

구분	6개월 이상 12개월 미만	12개월 이상 24개월 미만	24개월 이상 36개월 미만	36개월
금리	1.4%	1.8%	2.0%	2.2%

※ 만기 전 해지 시 1.1%의 금리가 적용됨

○ 우대금리
다음 각 우대조건에 따른 우대금리는 0.2%p로 동일함

구분	우대조건
자동이체 저축	이 적금의 계약기간에 해당하는 개월 수 이상 회차를 납입한 계좌 중 총납입회차의 2/3 이상을 자동이체를 이용하여 입금한 경우
장기거래	이 적금의 신규 시에 예금주 N은행 거래기간이 5년 이상인 경우
첫 거래	이 적금의 신규 시에 N은행의 예적금(청약 관련상품 제외) 상품을 보유하지 않은 경우
주택청약종합저축	이 적금의 신규일로부터 3개월이 속한 달의 말일을 기준으로 주택청약종합저축을 보유한 경우

> **보기**
> • A씨는 2020년 9월 납입분부터 2021년 8월 납입분까지를 자동이체로 납입하였다.
> • A씨는 2021년 9월 납입분부터 2022년 2월 납입분까지를 인터넷뱅킹으로 납입하였다.
> • A씨는 2014년부터 N은행을 이용해 거래하였다.
> • A씨는 2020년 11월 9일에 N은행을 통해 주택청약종합저축에 가입하였다.
> • A씨는 2019년 1월에 계약기간이 12개월인 N은행의 K적금 상품에 가입하였다.

	적용금리	만기 환급금액
①	2.2%	2,015,000원
②	2.2%	2,020,000원
③	2.4%	2,021,000원
④	2.4%	2,042,000원

A씨가 적용받는 우대사항은 '장기거래'와 '첫 거래', '주택청약종합저축'이다.

- A씨는 총 12회를 자동이체를 통해 납입하였는데, 이는 20개월의 2/3 이상인 14회에 미달되므로 '자동이체 저축' 우대이율은 적용받지 못한다.
- 인터넷뱅킹 관련 우대조건은 없다.
- 2014년부터 5년 이상 거래하였으므로 '장기거래' 우대이율을 적용받는다.
- 2020년 11월 31일 이전에 주택청약종합저축에 가입하였으므로 우대이율을 적용받는다.
- 2019년 1월에 가입한 K적금 상품은 2020년 9월 이전에 만기이므로, '첫 거래' 우대이율을 적용받는다.

따라서 적용금리는 기본금리 1.8%에 우대금리 0.6%p를 더한 2.4%이다.

이때의 환급이자는 $100,000 \times \frac{20 \times 21}{2} \times \frac{0.024}{12} = 42,000$원이고, 원금은 $100,000 \times 20 = 2,000,000$원이다.

따라서 만기 환급금액은 2,042,000원이다.

정답 ④

02 현수가 연이율 2.4%인 월복리 적금 상품에 원금 총 2,400만 원을 납입하고자 한다. 2년 만기 적금 상품에 매월 초 100만 원씩 납입할 때 만기 시 원리합계와 1년 만기 적금 상품에 매월 초에 200만 원씩 납입할 때 만기 시 원리합계의 차이는?(단, $1.002^{12} = 1.024$, $1.002^{24} = 1.049$로 계산하며, 이자 소득에 대한 세금은 고려하지 않는다)

① 50.1만 원
② 50.2만 원
③ 50.3만 원
④ 50.4만 원

월복리 적금 상품의 연이율이 2.4%이므로 월이율은 $\frac{0.024}{12} = 0.002 = 0.2\%$이다.

- 월초에 100만 원씩 24개월간 납입할 때 만기 시 원리합계

$: \frac{100 \times 1.002 \times (1.002^{24} - 1)}{1.002 - 1} = \frac{100 \times 1.002 \times (1.049 - 1)}{0.002} = 2,454.9$만 원

- 월초에 200만 원씩 12개월간 납입할 때 만기 시 원리합계

$: \frac{200 \times 1.002 \times (1.002^{12} - 1)}{1.002 - 1} = \frac{200 \times 1.002 \times (1.024 - 1)}{0.002} = 2,404.8$만 원

따라서 차이는 $2,454.9 - 2,404.8 = 50.1$만 원이다.

정답 ①

03 다음은 2014년과 2019년의 분기별 및 시도별 한육우 농가 수 및 마리 수에 대한 자료이다. 이에 대한 설명으로 옳지 않은 것은?

〈시도별 한육우 농가 수〉

(단위 : 개)

구분	2014년				2019년			
	1/4	2/4	3/4	4/4	1/4	2/4	3/4	4/4
전국	131,975	127,127	122,852	116,441	95,855	94,943	94,360	94,007
서울	5	5	4	4	2	2	2	1
부산	158	158	157	145	105	105	103	102
대구	796	773	735	689	491	486	473	473
인천	607	599	585	582	553	540	526	507
광주	264	253	242	219	180	172	170	172
대전	239	231	229	226	183	184	187	183
울산	2,114	2,088	2,038	1,983	1,659	1,644	1,631	1,624
세종	826	817	825	786	701	690	697	695
경기	9,254	8,958	8,844	8,499	7,624	7,461	7,559	7,555
강원	9,618	9,314	8,988	8,501	7,080	7,016	7,007	6,938
충북	8,067	7,843	7,578	7,268	5,978	5,930	5,925	5,891
충남	16,716	16,074	15,623	14,663	12,187	12,090	12,070	12,026
전북	12,181	11,742	11,428	10,841	9,333	9,314	9,255	9,227
전남	24,068	23,125	22,209	20,933	17,162	17,029	16,800	16,794
경북	27,180	26,375	25,550	24,363	20,108	19,921	19,755	19,698
경남	18,983	17,912	16,976	15,928	11,820	11,672	11,515	11,441
제주	899	860	841	811	689	687	685	680

〈시도별 한육우 마리 수〉

(단위 : 마리)

구분	2014년				2019년			
	1/4	2/4	3/4	4/4	1/4	2/4	3/4	4/4
전국	3,082,740	3,149,275	3,103,583	3,027,737	3,059,327	3,242,394	3,268,546	3,237,055
서울	190	139	193	206	104	100	100	98
부산	2,228	2,260	2,108	1,994	1,513	1,535	1,572	1,575
대구	17,642	17,307	16,985	16,595	13,524	14,287	13,690	13,538
인천	22,832	23,021	22,133	22,162	20,607	20,996	20,593	21,061
광주	5,415	5,370	5,050	4,718	4,197	4,456	4,441	4,566
대전	4,998	5,161	5,562	5,063	4,642	5,177	4,997	4,750
울산	34,271	35,765	34,965	33,707	32,544	34,466	35,053	34,321
세종	25,200	25,971	25,883	25,145	25,300	26,788	26,877	26,347

경기	292,647	296,994	292,486	286,588	285,677	301,325	306,641	305,160
강원	203,354	212,122	207,020	200,999	214,952	233,608	235,155	231,612
충북	211,555	220,681	219,699	214,021	209,390	226,185	226,862	222,012
충남	382,052	391,715	386,519	373,816	374,162	398,599	404,254	400,150
전북	352,773	361,729	359,585	354,428	367,667	392,426	397,912	394,925
전남	502,580	501,710	490,473	478,206	507,438	532,586	541,120	537,968
경북	669,196	689,460	681,306	667,722	670,466	709,276	708,077	702,696
경남	317,677	321,120	316,655	305,438	290,949	303,824	305,064	300,263
제주	38,130	38,750	36,961	36,929	36,195	36,760	36,138	36,013

① 2019년 4분기에 인천 한육우의 농가 수는 직전분기 대비 5% 이상 감소하였다.

② 2014년 하반기 대비 2019년 하반기에 전국의 한육우 농가 수는 감소하였지만, 한육우의 마리 수는 증가하였다.

③ 1분기부터 4분기까지 전북의 한육우 농가 수의 증감추이는 2014년과 2019년에 동일하다.

④ 2019년 2분기 대비 4분기에 한육우 마리 수가 증가한 지역은 총 7곳이다.

⑤ 2014년 1분기 대비 3분기에 대전의 한육우 마리 수는 10% 이상 증가하였다.

정답 │ 해설

2019년 4분기에 인천의 한육우 농가 수는 직전분기 대비 $\frac{526-507}{526}\times100=3.6\%$ 감소하였다. 따라서 틀린 설명이다.

[오답분석]

② 전국의 2014년 3분기와 4분기 대비 2019년 3분기와 4분기의 한육우 농가 수는 감소하였고, 마리 수는 증가하였다.

③ 2014년과 2019년 전북의 한육우 농가 수의 증감추이는 매 분기 감소로 동일하다.

④ 2019년 2분기 대비 4분기에 한육우 마리 수가 증가한 지역은 부산, 인천, 광주, 경기, 충남, 전북, 전남으로 7곳이다.

⑤ 대전의 2014년 1분기 한육우 마리 수는 4,998마리이고, 3분기의 한육우 마리 수는 5,562마리이다.

따라서 $\frac{5,562-4,998}{4,998}\times100≒11.3\%$ 증가하였다.

정답 ①

04 N기업은 1인 가구를 대상으로 한 서비스를 기획하고자 한다. 해당 업무를 맡게 된 귀하는 1인 가구의 생활 및 소비행태에 대해 분석하여 다음과 같은 보고서를 작성하였고, 보고서의 내용을 뒷받침할 근거자료를 추가하여 보완하려고 한다. 다음 중 보고서에 활용하지 못하는 근거자료는 무엇인가?

〈1인 가구의 생활 및 소비행태의 분석〉

1인 가구로 생활한 기간은 10년 이상(25.3%), 5 ~ 10년 미만(25.3%), 2 ~ 5년 미만(25.1%), 2년 미만(24.3%) 순으로 단기, 중장기 기간에 걸쳐 고루 분포되어 1인 가구의 증가 추세가 최근 몇 년 사이에 일어난 단기현상이 아님을 보여주고 있다.

성별과 연령별로 생활 기간의 차이를 보면 남성이 여성보다 단기(2년 미만), 장기(10년 이상) 생활 기간이 많은 것으로 나타났다. 연령별로는 생활 기간에 따라 완만한 상승 또는 하강의 곡선을 보일 것이라는 예상과 달리 30대의 경우 5 ~ 10년 미만 생활 기간이 31.4%로 가장 많이 나타났으며 나머지 생활 기간들도 비슷한 비율을 보여 다양한 1인 가구 생활 기간을 가진 연령대를 대표한다고 볼 수 있다. 50대 이상 연령대의 경우 40대에 비해 2년 미만 생활 기간이 상대적으로 높게 나타나 결혼 상태나 생애주기의 변화에 따른 1인 가구화가 점차 시작되는 연령대임을 알 수 있다.

1인 가구로 생활하게 된 주된 이유에 대해서는 '본인의 직장·학업 때문에'라는 응답이 50.0%로 과반수를 차지하였으며, 그 다음으로 '자유롭게 생활하고 싶어서' 26.9%, '같이 살 가족이 없어서' 11.6% 순으로 나타났다.

최근 1년간 소비생활에 있어 가계지출 항목별 지출 비중을 조사한 결과, 가장 많은 지출 비중을 차지하고 있는 항목은 식생활비로 전체의 25.7%를 차지하고 있으며, 그 다음으로 주생활비 16.6%, 금융비 13.7%, 의생활비 10.6% 순으로 나타났다. 즉, 의식주 관련 총생활비가 52.9%로 지출의 과반수 이상을 차지하고 있으며, 금융비까지 포함하면 66.6%로 가계지출의 2/3 정도를 차지하는 것으로 나타났다. 가장 낮은 지출 비중은 외국어 등 자기개발과 자녀학원비 등을 포함한 교육비로 1.7%로 나타났다.

---

① 성별 1인 가구 생활 기간(단위 : %)

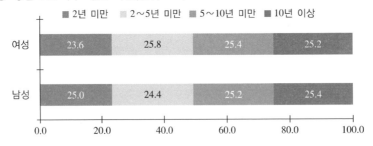

② 1인 가구 생활 기간

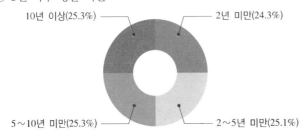

③ 연령별 1인 가구 생활 기간

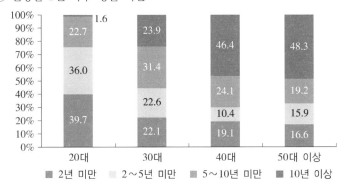

④ 전체 및 연령대별 가계지출 비중(단위 : %)

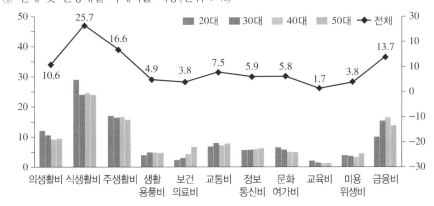

⑤ 1인 가구로 생활하게 된 주된 이유(단위 : %)

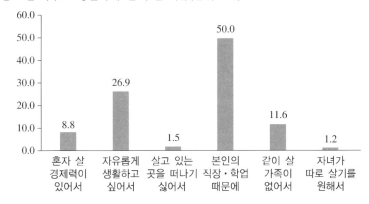

정답 | 해설

보고서에서는 50대 이상 연령대가 40대에 비해 2년 미만 생활 기간이 상대적으로 높게 나타났다고 설명하고 있으나, 그래프에서는 반대로 40대가 50대 이상보다 더 높게 나타나 있다.

정답 ③

05 다음은 2010년을 100으로 하여 농가판매 및 구입 가격지수를 작성한 자료이다. 이에 대한 내용으로 옳지 않은 것은?

<농가판매 및 구입 가격지수 증감률(2005 ~ 2015년)>

농가판매 가격지수(2010=100)			농가구입 가격지수(2010=100)		
구분	2005년	2015년	구분	2005년	2015년
전체	92.5	113.8	전체	81.8	109.0
곡물	101.5	109.6	가계용품	85.0	108.1
청과물	88.5	121.3	농업용품	73.8	107.3
축산물	93.0	107.3	농촌임료금	84.9	134.6

① 2005년보다 2015년에 농가판매 가격지수가 농가구입 가격지수보다 상승폭이 크다.

② 2005년 대비 2015년의 농가판매 및 구입 가격지수 증가율 중 가장 높은 것은 농촌임료금이다.

③ 2005년 대비 2015년의 농가판매 가격지수는 청과물의 증가율이 가장 높다.

④ 2005년 대비 2015년의 농가구입 가격지수는 가계용품의 증가율이 가장 낮다.

⑤ 2005년 대비 2015년의 농가판매 및 구입 가격지수 증가율 중 가장 낮은 것은 곡물이다.

정답 | 해설

2005년 대비 2015년의 **농가판매 가격지수의 상승폭**은 113.8−92.5=**21.3**이고, **농가구입 가격지수의 상승폭**은 109.0−81.8=**27.2**이다.
따라서 농가구입 가격지수의 상승폭이 더 크다.

[오답분석]

② 농가판매 및 구입 가격지수에서 2005년 대비 2015년의 상승폭은 농촌임료금이 가장 높고, 2005년의 지수는 농업용품 다음으로 농촌임료금이 낮다. 농업용품과 농촌임료금의 2005년 대비 2015년 농가판매 및 구입 가격지수의 증가율은 각각 $\frac{107.3-73.8}{73.8} \times 100 ≒ 45.4\%$, $\frac{134.6-84.9}{84.9} \times 100 ≒ 58.5\%$이므로 농촌임료금의 증가율이 가장 높다.

③ 농가판매 가격지수에서 2005년 대비 2015년의 상승폭은 청과물이 가장 높고(분자가 큼), 2005년의 지수 또한 청과물이 가장 낮기(분모가 작음) 때문에 청과물의 증가율이 가장 높다.

④ 농가구입 가격지수에서 2005년 대비 2015년의 상승폭은 가계용품이 가장 낮고(분자가 작음), 2005년의 지수 또한 가계용품이 가장 크기(분모가 큼) 때문에 가계용품의 증가율이 가장 낮다.

⑤ 농가판매 및 구입 가격지수에서 2005년 대비 2015년의 상승폭은 곡물이 가장 낮고(분자가 작음), 2005년의 지수 또한 곡물이 가장 크기(분모가 큼) 때문에 곡물의 증가율이 가장 낮다.

정답 ①

문제풀이 Tip

지수에 관한 문제가 출제되면 기준 값이 가장 중요하다. 특히 직접적으로 가격에 대한 문제나 선지가 출제되면 함정이 있는지를 항상 의심해야 한다.

06 N은행은 다년간 고객 신용등급 변화를 분석한 확률 자료를 통해 고객의 신용등급 변화를 예측하고 있다. 귀하가 관리하는 고객의 신용등급이 2017년 현재 B등급일 때, 2019년에도 B등급일 확률은?

〈고객 신용등급 변화 확률〉

구분		t+1년			
		A	B	C	D
현재(t)	A	0.70	0.20	0.08	0.02
	B	0.14	0.65	0.16	0.05
	C	0.05	0.15	0.55	0.25

※ 고객 신용등급은 매년 1월 1일 0시에 연 1회 산정되며, A등급이 가장 높고 B, C, D등급 순임
※ 한 번 D등급이 되면 고객 신용등급은 5년 동안 D등급을 유지함
※ 고객 신용등급 변화 확률은 매년 동일함

① 약 40%
② 약 42%
③ 약 47%
④ 약 49%
⑤ 약 52%

정답 | 해설

제시된 자료에 의하면 한 번 D등급이 된 고객 신용등급은 5년 동안 D등급을 유지하므로 2018년에 D등급을 받으면 2019년에 B등급이 될 수 없다. 따라서 2019년의 신용등급이 B등급일 경우는 다음과 같다.

• 2018년에 A등급, 2019년에 B등급을 받을 경우
 − 2017년 B등급 → 2018년 A등급 : 0.14
 − 2018년 A등급 → 2019년 B등급 : 0.20
 따라서 2018년에 A등급, 2019년에 B등급을 받을 확률은 0.14×0.2=0.028이다.

• 2018년에 B등급, 2019년에 B등급을 받을 경우
 − 2017년 B등급 → 2018년 B등급 : 0.65
 − 2018년 B등급 → 2019년 B등급 : 0.65
 따라서 2018년에 B등급, 2019년에 B등급을 받을 확률은 0.65×0.65=0.4225이다.

• 2018년에 C등급, 2019년에 B등급을 받을 경우
 − 2017년 B등급 → 2018년 C등급 : 0.16
 − 2018년 C등급 → 2019년 B등급 : 0.15
 따라서 2018년에 C등급, 2019년에 B등급을 받을 확률은 0.16×0.15=0.024이다.

그러므로 2019년의 신용등급이 B등급일 확률은 0.028+0.4225+0.024=0.4745×100≒47%이다.

정답 ③

07 T씨는 연 3%인 연 복리 예금상품에 4,300만 원을 예치하였다. T씨가 만기 시 금액으로 원금의 2배를 받는 것은 몇 년 후인가?(단, log1.03 ≒ 0.01, log2 ≒ 0.3으로 계산한다)

① 18년 후

② 20년 후

③ 26년 후

④ 30년 후

정답 | **해설**

원금을 a원, 연 이자율을 r, 기간을 n년이라고 가정하면 연 복리 예금의 경우 n년 후 받을 수 있는 총금액은 $a(1+r)^n$ 원이다. T씨가 연 3%인 연 복리 예금상품에 4,300만 원을 넣고 금액이 2배가 될 때를 구하면 다음과 같다.

$$4{,}300 \times (1+0.03)^n = 4{,}300 \times 2 \rightarrow (1+0.03)^n = 2 \rightarrow n\log1.03 = \log2 \rightarrow n = \frac{\log2}{\log1.03} = \frac{0.3}{0.01}$$

$$\therefore n = 30$$

따라서 T씨가 만기 시 금액으로 원금의 2배를 받는 것은 30년 후이다.

정답 ④

문제풀이 Tip

문제에 log, π와 같은 기호의 값이 제시된다면 오히려 난이도가 쉬운 문제이다. 문제에서 제시하고 있는 기호를 활용해서 문제를 풀라는 단서이기 때문이다. 숫자도 다른 문제에 비해 단순하고 깔끔하게 나오는 편이므로 반드시 풀이한다.

08 다음은 영농자재 구매사업의 변화 양상이다. 이에 대한 설명으로 옳은 것은?

〈영농자재 구매사업 변화 현황〉

(단위 : %)

구분	비료	농약	농기계	면세유류	종자·종묘	배합사료	일반자재	자동차	합계
1970년	74.1	12.6	5.4	0	3.7	2.5	1.7	0	100
1975년	59.7	10.8	8.6	0	0.5	12.3	8.1	0	100
1980년	48.5	12.7	19.6	0.3	0.2	7.1	11.6	0	100
1990년	30.6	9.4	7.3	7.8	0.7	31.6	12.6	0	100
2000년	30.2	12.2	8.5	13.0	0	19.2	16.9	0	100
2010년	23.5	11.0	4.3	29.7	0	20.5	10.9	0.1	100

① 일반자재는 자료에 제시된 기간 동안 항상 사용량이 증가하였다.

② 영농자재구매 중 비료는 항상 가장 높은 비율을 차지하였다.

③ 배합사료와 농기계는 자료에 제시된 기간 동안 증가와 감소를 교대로 반복하였다.

④ 2010년 이후 자동차의 비율이 가장 크게 증가할 것이다.

⑤ 면세유류는 1970년부터 감소한 적이 없다.

면세유류는 1980년부터 사용량이 계속 증가하였고, 2010년에는 가장 높은 비율을 차지하였다.

오답분석

① 일반자재는 2000년까지 증가한 이후 감소하였다.
② 1990년에는 배합사료, 2010년에는 면세유류가 가장 높은 비율을 차지하였다.
③ 배합사료는 증가와 감소를 반복하였으나, 농기계는 1970 ~ 1980년까지 비율이 증가한 이후 증가와 감소를 반복하였다.
④ 제시된 자료만으로 2010년 이후의 상황은 알 수 없다.

정답 ⑤

이론 더하기

자료해석 출제 유형

• 읽기 유형
① 선택지에서 원하는 내용을 계산 없이 주어진 자료에서 찾아 빠르게 판단하는 유형이다.
대표적으로 증감추이 판단하기, 최댓값·최솟값 찾기 등의 유형으로 출제된다.
② 이러한 유형이 선택지로 출제되면 가장 먼저 풀이하고, 소거한다.
③ 자료를 정확하게 읽는 능력이 필요한 유형으로 집중력이 중요하다. 따라서 줄을 헷갈리거나 값을 헷갈리지 않는 연습이 필요하다.

• 추론 유형
① 단순하게 숫자만 판단하는 것이 아닌 유형이다. 대표적으로 지수형 자료, 비율형 자료가 출제된다.
② 이러한 유형의 경우 보통 기준값의 여부를 판단하면 쉽게 풀이할 수 있다.
③ 지수의 경우 기준이 되는 값은 100이고, 이를 따라 다른 변수들의 값을 판단한다. 또한, 비율형 자료의 경우 해당 변수의 크기 비교에 관한 문제가 주로 출제되는데, 알 수 없는 경우가 많다.

• 계산 유형
① 선택지에서 계산을 요구하는 유형이다. 비율, 증감폭, 증감률 등의 문제가 출제되며, 가장 많은 시간을 필요로 하는 유형이다.
② 선택지에서 많은 양의 정보를 요구한다면, 해당 선택지를 가장 늦게 풀이한다.
③ 어림값을 잘 활용하는 것이 중요하고, 정석대로 풀기보다는 역으로 생각하는 것이 중요하다.

PART 1

09 다음은 2014년부터 2018년까지 생활 폐기물 처리 현황에 대한 자료이다. 이에 대한 설명으로 옳지 않은 것은?(단, 비율은 소수점 둘째 자리에서 반올림한다)

〈생활 폐기물 처리 현황〉

(단위 : 톤)

구분	2014년	2015년	2016년	2017년	2018년
매립	9,471	8,797	8,391	7,613	7,813
소각	10,309	10,609	11,604	12,331	12,648
재활용	31,126	29,753	28,939	29,784	30,454
합계	50,906	49,159	48,934	49,728	50,915

① 매년 생활 폐기물 처리량 중 재활용 비율이 가장 높다.

② 전년도 대비 소각 증가율은 2016년도가 2017년도의 2배 이상이다.

③ 2014년부터 2018년까지 소각량 대비 매립량은 60% 이상이다.

④ 생활 폐기물 처리방법 중 매립은 2014년부터 2017년까지 계속 감소하고 있다.

⑤ 생활 폐기물 처리 현황에서 2018년 전체 대비 재활용 비율은 2014년 전체 대비 소각량 비율의 3배보다 작다.

정답 해설

2016년과 2017년의 전년도 대비 소각 증가율은 다음과 같다.

- 2016년 : $\dfrac{11,604-10,609}{10,609}\times100 ≒ 9.4\%$

- 2017년 : $\dfrac{12,331-11,604}{11,604}\times100 ≒ 6.3\%$

전년도 대비 2016년도 소각 증가율은 2017년도 소각 증가율의 2배인 약 12.6%보다 작으므로 옳지 않다.

[오답분석]

① 재활용량은 매년 전체 생활 폐기물 처리량 중 50% 이상을 차지한다.

③ 5년간 소각량 대비 매립량 비율은 다음과 같다.

- 2014년 : $\dfrac{9,471}{10,309}\times100 ≒ 91.9\%$

- 2015년 : $\dfrac{8,797}{10,609}\times100 ≒ 82.9\%$

- 2016년 : $\dfrac{8,391}{11,604}\times100 ≒ 72.3\%$

- 2017년 : $\dfrac{7,613}{12,331}\times100 ≒ 61.7\%$

- 2018년 : $\dfrac{7,813}{12,648}\times100 ≒ 61.8\%$

따라서 매년 소각량 대비 매립량 비율은 60% 이상임을 알 수 있다.

④ 2014년부터 2017년까지 매립량은 감소하고 있다.

⑤ 2018년도 재활용된 폐기물량 비율은 $\dfrac{30,454}{50,915}\times100 ≒ 59.8\%$로, 2014년 소각량 비율 $\dfrac{10,309}{50,906}\times100 ≒ 20.3\%$의 3배인 60.9%보다 작으므로 옳다.

정답 ②

문제풀이 Tip

비율을 모두 다 구하는 것보다 전체 값의 60%를 계산하는 게 더 빠른 풀이 방법일 수 있다.
- 2014년 : 10,309×0.6=6,185.4톤<9,471톤
- 2015년 : 10,609×0.6=6,365.4톤<8,797톤
- 2016년 : 11,604×0.6=6,962.4톤<8,391톤
- 2017년 : 12,331×0.6=7,398.6톤<7,613톤
- 2018년 : 12,648×0.6=7,588.8톤<7,813톤

따라서 매년 60% 이상임을 알 수 있다.

| 2017 지역농협 6급

10 사회초년생 A씨는 결혼자금을 마련하기 위하여 급여의 일부를 저축하였다. A씨는 재작년 1월 초에 B은행을 방문하여 2년 만기 저축계좌를 개설하였고 매월 100만 원씩 납입하였다. 금리는 연 5%이고, 이자소득세는 15.4%라면, 만기시점에 A씨의 통장에 입금될 금액은?(단, 금리는 연말마다 단리로 일괄 적용한다)

① 24,950,000원
② 25,015,200원
③ 25,522,800원
④ 25,800,000원
⑤ 26,030,400원

정답 해설

단리는 원금에 대해서만 이자가 발생하며, (세후이자)=(원금)×(금리)×{1−(이자소득세)}이다.
A씨는 매월 100만 원씩 납입하였으므로 2년 만기 시 납입액의 합은
1,000,000×24=2,400만 원
매년 연말에 단리로 5%의 금리를 적용하므로 가입 1년(12개월) 후 이자소득세를 적용한 세후이자는
12,000,000×0.05×(1−0.154)=507,600원
가입 2년(24개월) 후 이자소득세를 적용한 세후이자는
24,000,000×0.05×(1−0.154)=1,015,200원
따라서 만기시점에 A씨의 통장에 입금될 금액은 24,000,000+507,600+1,015,200=25,522,800원이다.

정답 ③

문제풀이 Tip

이자소득세는 원금을 포함하여 징수하는 금액이 아닌 이자에만 징수하는 금액이다. 계산할 때 항상 주의한다.

11 다음은 연도별 국내은행 대출 현황을 나타낸 자료이다. 이에 대한 내용으로 적절하지 않은 것은?

〈연도별 국내은행 대출 현황〉

(단위 : 조 원)

구분	2013년	2014년	2015년	2016년	2017년	2018년	2019년	2020년	2021년
가계대출	437.1	447.5	459.0	496.4	535.7	583.6	620.0	647.6	655.7
주택담보대출	279.7	300.9	309.3	343.7	382.6	411.5	437.2	448.0	460.1
기업대출	432.7	449.2	462.0	490.1	537.6	546.4	568.4	587.3	610.4
부동산담보대출	156.7	170.9	192.7	211.7	232.8	255.4	284.4	302.4	341.2

※ (은행대출)=(가계대출)+(기업대출)

① 2017년 대비 2021년 부동산담보대출 증가율이 가계대출 증가율보다 높다.

② 주택담보대출이 세 번째로 높은 연도에서 부동산담보대출이 기업대출의 50% 이상이다.

③ 2018 ~ 2021년 동안 가계대출의 전년 대비 증가액은 기업대출보다 매년 높다.

④ 2015년도 은행대출은 2018년 은행대출의 80% 이상 차지한다.

⑤ 2014 ~ 2021년 동안 전년 대비 주택담보대출이 가장 많이 증가한 해는 2017년이다.

정답 | **해설**

2018 ~ 2021년 가계대출과 기업대출의 전년 대비 증가액은 다음 표와 같다.

(단위 : 조 원)

구분	2018년	2019년	2020년	2021년
가계대출	583.6−535.7=47.9	620−583.6=36.4	647.6−620=27.6	655.7−647.6=8.1
기업대출	546.4−537.6=8.8	568.4−546.4=22	587.3−568.4=18.9	610.4−587.3=23.1

따라서 2021년 기업대출의 전년 대비 증가액은 가계대출 증가액보다 높다.

[오답분석]

① 2017년 대비 2021년 부동산담보대출 증가율은 $\frac{341.2-232.8}{232.8} \times 100 = 46.6\%$이며, 가계대출 증가율은 $\frac{655.7-535.7}{535.7} \times 100 = 22.4\%$이므로 부동산담보대출 증가율이 가계대출 증가율보다 더 높다.

② 주택담보대출이 세 번째로 높은 연도는 2019년이며, 이때 부동산담보대출(284.4조 원)이 기업대출의 50%인 $\frac{568.4}{2}$ =284.2조 원보다 많다.

④ 2015년도 은행대출은 459+462=921조 원이며, 2018년 은행대출은 583.6+546.4=1,130조 원이므로 2015년도의 은행대출은 2018년도 은행대출의 $\frac{921}{1,130} \times 100 = 81.5\%$를 차지한다.

⑤ 2014 ~ 2021년 동안 전년 대비 주택담보대출이 가장 많이 증가한 해는 2017년이다.

(단위 : 조 원)

구분	2014년	2015년	2016년	2017년	2018년	2019년	2020년	2021년
증가액	300.9 −279.7 =21.2	309.3 −300.9 =8.4	343.7 −309.3 =34.4	382.6 −343.7 =38.9	411.5 −382.6 =28.9	437.2 −411.5 =25.7	448 −437.2 =10.8	460.1 −448 =12.1

정답 ③

12 L씨가 다음과 같은 〈조건〉으로 N은행의 EQ(Easy & Quick)론 대출을 했을 경우, 맨 첫 달에 지불해야 하는 월 상환액은 얼마인가?(단, 소수점은 절사한다)

〈N-Bank EQ(Easy & Quick)론〉

- 상품특징 : N은행 – N캐피탈 간 협약상품으로 쉽고 간편하게 최고 1,000만 원까지 이용가능한 개인 소액대출 전용상품
- 대출대상 : CSS 심사대상자로 N캐피탈의 보증서가 발급되는 개인
- 대출기간 : 4개월 이상 1년 이내로 거치기간 없음(다만, 원리금 상환을 위하여 자동이체일과 상환기일을 일치시키는 경우에 한하여 최장 13개월 이내에서 대출기간 지정 가능)
- 대출한도 : 300만 원 이상 1,000만 원 이내
- 대출금리 : 신용등급에 따라 차등적용

신용등급	1	2	3	4	5	6
기준금리	5.69%	6.39%	7.09%	7.78%	8.46%	8.99%

- 중도상환 : 수수료 없음

조건

- 대출금액 : 5백만 원
- 대출환급방법 : 만기일시상환
- 신용등급 : 6등급
- 대출기간 : 6개월

① 33,264원
② 34,581원
③ 35,362원
④ 36,442원
⑤ 37,458원

정답 **해설**

신용등급이 6등급인 L씨가 대출을 받을 경우 기준금리는 8.99%이다. 대출 후에 매월 원금에 대한 이자를 납입하고 최종 상환일에 원금을 납입하는 방법인 만기일시상환 방법으로 대출을 하였으므로 첫 달에 지불하는 상환액은 5백만 원에 대한 이자이다.

따라서 총대출이자는 $5,000,000 \times 0.0899 \times \dfrac{6}{12} = 224,750$원이며, 첫 달에 지불하는 상환액은 $224,750 \div 6 \fallingdotseq $ **37,458원** 이다.

정답 ⑤

13 다음은 N은행의 '올원 5늘도 적금'에 대한 세부사항이다. 30대인 장과장은 저축습관을 기르기 위해 6월 1일에 계좌 하나를 개설하였다. 장과장이 가입한 내용이 〈정보〉와 같고 자동이체를 빠짐없이 한다고 할 때, 만기 시 받는 이자액은 얼마인가?(단, $\frac{115}{365} ≒ 0.4$이고, 이자액의 소수점 이하는 생략한다)

〈올원 5늘도 적금〉

상품특징	매일 자동이체를 통해 저축습관의 생활화를 추구하는 비대면전용 적립식 상품	
가입대상	개인(1인 최대 3계좌)	
가입기간	6개월(=183일)	
가입금액	• 매회 1천 원 이상 10만 원 이내 • 계좌당 매월(1일부터 말일까지) 70만 원 이내에서 자유적립 (단, 자동이체 입금 : 1천 원 이상 3만 원 이내)	
적립방법	자유적립식, 비과세	
우대금리	우대조건을 만족하는 경우 가입일 현재 기본금리에 가산하여 만기해지 시 적용(기본금리 : 0.75%)	
	조건내용	우대금리
	평일 18:00~24:00 또는 휴일 신규가입 시	0.1%p
	만기 전일까지 매일 자동이체를 통한 입금 60회 이상 성공 시	0.3%p
	적립 원금(이자 제외)에 따른 우대(중복불가) – 만기해지 시 적립 원금 200만 원 이상 : 0.1%p – 만기해지 시 적립 원금 300만 원 이상 : 0.2%p	최대 0.2%p

※ 입금건별 입금일부터 해지 전일까지 기간에 대하여 약정 이율로 계산한 이자금액을 합산하여 지급
　[(입금건별 이자 계산 예시)=(입금액)×(약정금리)×(예치일수)÷365]
※ 약정금리는 만기해지 시 적용되는 금리

〈정보〉

• 장과장의 신규금액 및 자동이체 금액은 매일 만 원이다.
• 6월 1일 월요일 오후 8시에 비대면으로 신규가입하였다.
• 적금은 자동이체만 이용하며 적금 납입 기간 동안 매일 입금된다.
• 장과장은 가입기간 도중 해지하지 않는다.

① 1,817,822원 ② 1,826,502원
③ 1,830,730원 ④ 1,836,734원
⑤ 1,843,822원

장과장이 만기 시까지 중도해지를 하지 않고 유지하므로 약정금리는 **기본금리 0.75%**에 우대금리를 합한 것과 같다. 장과장은 **월요일 오후 8시**에 신규가입을 하였고(0.1%p), 만기 전일까지 매일 자동이체를 통한 입금 횟수는 183회로 60회 이상(0.3%p)이다. 만기해지 시 적립원금은 200만 원 이상이 되지 않으므로 이에 대한 우대금리는 적용하지 않는다. 이에 따라 적용되는 금리는 0.75+0.1+0.3=1.15%이다.

장과장은 183일 동안 매일 10,000원씩 납입하고, 입금건별 이자는 (입금액)×(약정금리)×(예치일수)÷365이다. 이에 따라 1일부터 183일까지 납입하여 받을 수 있는 이자를 구하면 다음과 같다.

- 1일 : $10,000 \times 0.0115 \times 1 \div 365 \fallingdotseq 0.4$원
- 2일 : $(10,000 \times 0.0115 \times 1 \div 365) + (10,000 \times 0.0115 \times 2 \div 365)$
- 3일 : $(10,000 \times 0.0115 \times 1 \div 365) + (10,000 \times 0.0115 \times 2 \div 365) + (10,000 \times 0.0115 \times 3 \div 365)$

  $\vdots$

- 182일 : $(10,000 \times 0.0115 \times 1 \div 365) + (10,000 \times 0.0115 \times 2 \div 365) + (10,000 \times 0.0115 \times 3 \div 365) + \cdots + (10,000 \times 0.0115 \times 182 \div 365)$
- 183일 : $(10,000 \times 0.0115 \times 1 \div 365) + (10,000 \times 0.0115 \times 2 \div 365) + (10,000 \times 0.0115 \times 3 \div 365) + \cdots + (10,000 \times 0.0115 \times 182 \div 365) + (10,000 \times 0.0115 \times 183 \div 365)$

즉, 공차가 0.4이고 항이 183개인 **등차수열의 합**이다. 등차수열의 합 공식은 $\dfrac{2a_1 + (n-1)d}{2} n$이므로($n$은 항의 수, d는 공차, a_1은 첫째항), 이를 통해 총 이자액을 구하면 다음과 같다.

$$\frac{2 \times 0.4 + (183-1) \times 0.4}{2} \times 183 = \frac{73.6}{2} \times 183 = 6,734.4$$원

따라서 **원금 총액**은 183×10,000=1,830,000원이고, **이자액**은 6,734원이므로 만기환급 금액은 1,830,000+6,734=1,836,734원이다.

정답 ④

문제풀이 Tip

예금이나 적금 수익을 구하는 문제의 경우 대부분 공식을 통해 풀이가 가능하다. 그러나 그중에서도 적립되는 기간이 월초인지, 월말인지 혹은 적금이 적립되는 방식이 무엇인지에 따라 계산하는 방법이 완전히 달라지므로, 원리를 이해하고 있어야 한다. 적금은 대부분 등차수열과 등비수열의 합 공식을 활용한다.

14 다음은 N은행의 보험상품인 '노란우산'에 관한 자료이다. 빈칸 (가) ~ (다)에 들어갈 내용이 바르게 연결된 것은?

〈노란우산〉

- 상품설명

  소기업·소상공인이 폐업이나 노령 등의 생계위협으로부터 생활의 안정을 기하고, 사업재기의 기회를 얻을 수 있도록 「중소기업협동조합법」 제115조에 따라 중소기업중앙회가 관리·운용하는 사업주의 퇴직금(목돈)마련을 위한 공제제도

- 상품혜택

  - 연간 최대 500만 원 소득공제

  - 납입부금에 대해 연간 최대 500만 원 소득공제 혜택을 부여하므로 세 부담이 높은 사업자의 절세 전략으로 탁월

구분	사업(또는 근로) 소득금액	최대소득공제한도	예상세율	최대절세효과
개인·법인	4천만 원 이하	(가)	6.6 ~ 16.5%	330,000 ~ 825,000원
개인	4천만 원 초과 1억 원 이하	300만 원	16.5 ~ 38.5%	(나)
법인	4천만 원 초과 5,675만 원 이하			
개인	1억 원 초과	200만 원	(다)	770,000 ~ 924,000원

  ※ 위 예시는 노란우산 소득공제만 받았을 경우의 예상 절세효과 금액임
  ※ 2018년 종합소득세율(지방소득세 포함) 적용 시 절세효과이며, 세법 제·개정에 따라 변경될 수 있음
  ※ 법인대표자는 총급여 약 7천만 원(근로소득금액 5,675만 원) 초과 시 근로소득금액에서 소득공제를 받을 수 없음
  ※ 부동산임대업소득은 소득공제를 받을 수 없음

---

① (가) : 450만 원
② (나) : 495,000 ~ 1,135,000원
③ (나) : 475,000 ~ 1,155,000원
④ (다) : 38.5 ~ 46.2%
⑤ (다) : 37.5 ~ 43.2%

정답 **해설**

제시된 자료에서 '상품혜택'의 빈칸에 해당되는 요소들을 관계식으로 나타내면 (최대소득공제한도)×(예상세율)=(최대절세효과)이며, 이에 따라 빈칸 (가), (나), (다)에 들어갈 내용을 관계식에 대입하여 구하면 다음과 같다.

- (가)

  - (가)$\times 0.066 = 330,000 \rightarrow$ (가) $= \dfrac{330,000}{0.066} = 5,000,000$원

  - (가)$\times 0.165 = 825,000 \rightarrow$ (가) $= \dfrac{825,000}{0.165} = 5,000,000$원

- (나) : $3,000,000 \times 0.165 = 495,000$원 $\sim 3,000,000 \times 0.385 = 1,155,000$원

- (다) : $\dfrac{770,000}{2,000,000} \times 100 = 38.5\% \sim \dfrac{924,000}{2,000,000} \times 100 = 46.2\%$

따라서 각 빈칸에 들어갈 알맞은 내용은 (가) : 500만 원, (나) : 495,000 ~ 1,155,000원, (다) : 38.5 ~ 46.2%이다.

정답 ④

15 다음은 N은행의 '행복이음정기적금' 상품에 대한 내용이다. A고객이 본 상품에 가입 후 만기시점에 받을 세전 금액의 합을 바르게 구한 것은?(단, 상품은 비과세·단리 상품이다)

〈행복이음정기적금〉

• 상품특징 : 도시와 농촌이 상생할 수 있도록 맺고 이어주는 금융상품
• 가입자격 : 실명의 개인
• 대상과목 : 정기적금
• 가입금액 : 최소 가입금액 1만 원 이상(불입한도 없음)
• 기본금리 : 연 2.0%
• 계약기간 : 1년 이상 3년 이내 연 단위(계약기간 연장 불가)
• 우대금리(연 %p, 세전)
  우대조건을 충족하고 이 예금을 만기해지하는 경우 해당 우대금리를 기본금리에 추가하여 제공.
  단, 우대조건 범위 내에서 N은행별로 적용하되 우대금리의 최고한도는 연 0.7%p 이내로 적용

우대조건	우대금리
1. 조합원(준조합원 포함) 우대금리	0.1%p
2. 가족 동반가입 우대	0.1%p
3. 행복이음 패키지 보유고객	0.1%p
4. 가입월부터 만기 전전월까지 N은행 채움/BC카드 승인실적 300만 원 이상(현금서비스 제외)	0.1%p
5. 가입월부터 만기 전전월까지 경제사업이용실적 100만 원 이상	0.1%p
6. N은행별 자체 우대(하나로 가족고객, 공과금 이체 등)	0.2%p

〈A고객의 가입내역〉

• 기간 : 3년
• 금액 : 월 100만 원
• 기타 : 행복이음 패키지 보유, 준조합원, 해당 지점 계좌로 공과금 이체

① 36,221,000원   ② 36,462,000원
③ 37,221,000원   ④ 37,332,000원
⑤ 37,452,000원

정답 해설

A고객의 가입 기간은 3년이며, 월 100만 원씩 입금한다. 연금리는 기본금리 2%에 준조합원 우대금리(0.1%p), 행복이음 패키지 보유(0.1%p), 공과금 이체(0.2%p)를 적용하여 2.4%이다. 적금 단리 공식에 대입하면 다음과 같다.

$$a \times n + a \times \frac{r}{12} \times \frac{n \times (n+1)}{2} \quad (a : \text{월 납입금}, \ r : \text{연금리}, \ n : \text{납입 개월 수})$$

$$1,000,000 \times 36 + 1,000,000 \times \frac{0.024}{12} \times \frac{36 \times (36+1)}{2}$$

$$\rightarrow 36,000,000 + 2,000 \times \frac{1,332}{2} \rightarrow 36,000,000 + 2,000 \times 666$$

$$\rightarrow 36,000,000 + 1,332,000 = 37,332,000원$$

따라서 A고객이 받을 세전 금액의 합은 37,332,000원이다.

정답 ④

16 N은행의 'N주거래우대정기예금' 상품에 가입했던 L씨는 다음 달 만기를 앞두고 N은행의 직원에게 세후 수령액을 문의했다. L씨의 예금 거치금액은 2,000만 원이고 상품 가입기간은 2년 6개월이다. 가입 당시 상품설명서 내용과 L씨의 N은행 거래실적이 다음과 같을 때 L씨가 N은행의 직원에게 안내받을 세후 수령액은?(단, L씨의 해당 상품 가입일은 2014년 10월 1일이다)

〈N주거래우대정기예금〉

- 상품특징 : 은행 거래실적에 따라 우대금리를 제공하는 거치식 상품
- 가입대상 : 개인
- 가입기간 : 1년 이상 ~ 3년 이내(월 단위)
- 가입금액 : 1백만 원 이상, 1인당 5억 원 이내
- 상품과목 : 정기예금
- 적립방법 : 일시거치
- 이자과세 : 15.4%
- 이자지급방법 : 만기일시지급식 – 단리적용
- 우대금리 : 우대사항에 충족되는 경우 기본 만기지급금리에 가산하여 만기해지 시 우대금리를 적용

〈가입기간별 기본 만기지급 금리〉

(단위 : 연 %)

가입기간	12개월 이상 24개월 미만	24개월 이상 36개월 미만	36개월 이상
기본금리	1.4	1.5	1.6

〈우대사항 및 우대금리〉

(단위 : %p)

구분	우대금리
가입일부터 만기 전월까지 기간 중 3개월 이상 N은행에 급여 이체 시	0.1
만기 전 전월에 N주거래우대통장에서 납부자(타행) 자동이체 또는 출금이체(자동납부)로 3건 이상 출금(단, 실시간 이체는 제외)	0.1
가입월부터 만기 전월까지 기간 중 N은행 채움카드(개인 신용·체크) 월 평균 20만 원 이상 이용(단, 현금서비스 제외)	0.1
만기일 전월 말 기준으로 N은행의 주택청약종합저축(청약저축 포함) 또는 적립식(임의식) 펀드 중 1개 이상 가입 시	0.1

> 〈L씨의 거래실적〉
>
> 기간 : 2014년 10월 1일 ~ 2017년 3월 1일
> - 2016년 3월부터 매달 N주거래우대통장에서 휴대전화 요금, 아파트 관리비, 실비 보험료 자동이체
> - 채움 체크카드로 월 평균 25만 원 사용
> - N주거래우대정기예금 상품 가입 시 N은행의 주택청약종합저축 상품도 함께 가입하고 유지 중

① 20,500,400원   ② 20,651,400원

③ 20,761,400원   ④ 20,856,000원

⑤ 20,900,000원

정답 | **해설**

L씨의 상품 가입기간이 30개월(=2년 6개월)이므로 기본 만기지급금리는 연 1.5%이다. L씨의 거래실적내용에 따르면 L씨는 N주거래우대통장에서 2016년 3월부터 매달 3건의 자동이체 출금을 했고, 채움 체크카드로 월 평균 25만 원 사용 및 주택청약종합저축 상품을 보유하고 있으므로 우대금리는 0.1+0.1+0.1=0.3%p이다. 따라서 만기 시 적용되는 총금리는 1.5+0.3=1.8%이다.

- 세전 이자 : 20,000,000×2.5(년)×0.018=900,000원(∵ 2년 6개월=2.5년)

- 이자 과세 : $900,000 \times \dfrac{15.4}{100} = 138,600$원

- 세후 이자 : (세전 이자)−(이자 과세)=900,000−138,600=761,400원

따라서 세후 수령액은 (거치금액)+(세후 이자)=20,000,000+761,400=20,761,400원이다.

정답 ③

17 다음은 N은행에서 6개의 추천 상품별 만족도와 항목에 따른 가중치를 정리한 자료이다. 신입사원 A씨가 기록을 잘못하여 기본금리와 우대금리의 만족도를 바꿔 기록하였을 때, 순위가 올라간 상품은?(단, 평점은 만족도에 가중치를 곱하여 구한 값의 평균이다)

〈상품별 항목 만족도〉

(단위 : 점)

구분	기본금리	우대금리	계약기간	납입금액
a적금	4	3	2	2
b적금	2	2	3	4
c펀드	5	1	2	3
d펀드	3	4	2	3
e적금	2	1	4	3

〈항목 순위 및 가중치〉

구분	1위	2위	3위	4위
가중치	50	30	15	5
항목	기본금리	납입금액	우대금리	계약기간

① a적금, b적금
② c펀드, d펀드
③ b적금, d펀드
④ d펀드, e적금
⑤ c펀드, e적금

정답 | 해설

N은행 주요 고객이 뽑은 항목 순위에 따른 상품별 평점과 A사원이 잘못 기록한 평점 순위는 다음과 같다.

1) 중요 항목 순위에 따른 평점

구분	총점	상품 순위
a적금	$(4 \times 50 + 2 \times 30 + 3 \times 15 + 2 \times 5) \div 100 = 3.15$점	2
b적금	$(2 \times 50 + 4 \times 30 + 2 \times 15 + 3 \times 5) \div 100 = 2.65$점	4
c펀드	$(5 \times 50 + 3 \times 30 + 1 \times 15 + 2 \times 5) \div 100 = 3.65$점	1
d펀드	$(3 \times 50 + 3 \times 30 + 4 \times 15 + 2 \times 5) \div 100 = 3.10$점	3
e적금	$(2 \times 50 + 3 \times 30 + 1 \times 15 + 4 \times 5) \div 100 = 2.25$점	5

2) 기본금리와 우대금리가 바뀐 항목 순위에 따른 평점

구분	총점	상품 순위
a적금	$(3 \times 50 + 2 \times 30 + 4 \times 15 + 2 \times 5) \div 100 = 2.80$점	2
b적금	$(2 \times 50 + 4 \times 30 + 2 \times 15 + 3 \times 5) \div 100 = 2.65$점	3
c펀드	$(1 \times 50 + 3 \times 30 + 5 \times 15 + 2 \times 5) \div 100 = 2.25$점	4
d펀드	$(4 \times 50 + 3 \times 30 + 3 \times 15 + 2 \times 5) \div 100 = 3.45$점	1
e적금	$(1 \times 50 + 3 \times 30 + 2 \times 15 + 4 \times 5) \div 100 = 1.90$점	5

따라서 A사원이 잘못 기록하여 기존의 상품 순위에서 상승한 것은 b적금과 d펀드이다.

정답 ③

18 다음은 농작물재해보험상품 안내 책자의 일부이다. 농부 김씨의 보험가입금액은 5,000만 원이고, 순보험료의 60%를 정부에서 지원받았다. 올해 수확량은 평년 수확량 대비 40%에 불과했고, 보험금 산정과 관련한 미보상감수량은 평년 수확량 대비 5%에 해당한다. 보험금 수령과 관련한 다른 조건은 만족한다고 가정할 때, 김씨가 올해 수령하게 될 수확감소보험금의 금액은?

〈자기부담비율에 따른 정부지원보험료 차등지원〉

자기부담비율	10%형, 15%형, 20%형	30%형	40%형
정부지원비율	순보험료의 50%	순보험료의 55%	순보험료의 60%
수확감소보험금 산정방식	(보험가입금액)×(피해율*−자기부담비율) $*(\text{피해율}) = \dfrac{(\text{평년수확량}) - (\text{수확량}) - (\text{미보상감수량})}{(\text{평년수확량})}$		

① 250만 원 ② 500만 원

③ 750만 원 ④ 1,000만 원

⑤ 1,250만 원

정답 **해설**

순보험료의 60%를 지원받았으므로 김씨의 자기부담비율은 40%이다. 제시된 피해율 산정식을 변형하면 다음과 같다.

$$(\text{피해율}) = 1 - \frac{(\text{수확량})}{(\text{평년수확량})} - \frac{(\text{미보상감수량})}{(\text{평년수확량})}$$

따라서 주어진 자료를 통해 계산한 피해율은 1−0.4−0.05=55%이므로 보험금 산정액은 5,000×(0.55−0.4)=750만 원이다.

정답 ③

PART 1

19 C고객은 N은행으로부터 예금만기 문자를 통보받고 은행을 방문하였다. C고객이 가입한 예금상품 정보가 다음과 같을 때, 만기 시 수령할 수 있는 금액은 얼마인가?

〈꿈드림 예금상품〉

- 가입자 : C
- 계약기간 : 20개월
- 저축금액 : 1백만 원
- 저축방법 : 거치식
- 이자지급방식 : 만기일시지급 – 단리식
- 기본금리(계약 당시, 세전)

1개월	6개월	12개월	24개월	36개월	48개월
연 0.75%	연 1.20%	연 1.30%	연 1.35%	연 1.50%	연 1.60%

- 우대금리(세전)
  - 계약 당시 자신이 세운 목표 혹은 꿈을 성취했을 경우 : 0.1%p 가산
  - 본인의 추천으로 해당 상품을 지인이 가입할 경우 : 0.1%p 가산
  - 타인의 추천으로 해당 상품을 본인이 가입할 경우 : 0.1%p 가산
- 기타사항
  - C고객은 지인으로부터 추천을 받아 해당 상품을 가입하였음
  - 해당 상품 계약 시 세운 목표를 성취하였으며, 은행에서 확인받음
  - 해당 상품에서 발생되는 이자는 15.4%가 과세됨

---

① 1,019,000원　　　　　　② 1,019,800원

③ 1,020,050원　　　　　　④ 1,021,150원

⑤ 1,025,000원

정답 　해설

예금 가입 기간이 20개월이므로 기본이자율은 연 1.30%(12개월)가 적용된다. 그리고 우대금리 중 첫 번째와 세 번째 항목을 충족하였으므로 0.2%가 가산된다. 따라서 만기 시 적용되는 금리는 1.30%+0.2%=1.50%이다.

단, 단리식으로 적용된다고 하였으므로 만기 시 이자는 $1,000,000원 \times (1.50\% + 1.50\% \times 8/12) = 25,000원$이 되며, 이자 금액에 대한 세금을 제외하고 나면 $25,000 \times (1-15.4\%) = 21,150원$이 된다. 최종적으로 C고객이 만기에 받을 금액은 1,000,000원+21,150원=1,021,150원이 된다.

정답 ④

문제풀이 Tip

적금이자를 구하는 문제는 조건을 항상 먼저 확인해야 한다. 특히 우대금리가 어떻게 적용되는지, 중도해지를 했다면 이율이 어떠한 조건으로 적용되는지를 먼저 확인한다.

20 수연이는 뉴욕 여행을 위해 N은행에서 환율 우대 조건으로 우대환율 70%를 적용받아 9월 14일에 500달러, 9월 15일에 300달러를 환전하였다. 하지만 여행에서 카드만 사용하여 환전한 현금을 사용하지 않았으며, 10월 18일부터 20일까지 N은행에서 환율 이벤트로 우대환율 20%p가 추가 적용될 때 팔려고 한다. 현금을 하루에 모두 팔 때, 날짜별 이익 및 손해 금액이 바르게 연결된 것은?(단, 다른 수수료는 적용하지 않는다)

〈일일 달러 환율〉

(단위 : 원/달러)

구분	9월 14일	9월 15일	10월 18일	10월 19일	10월 20일
매매기준율	1,140	1,145	1,158	1,150	1,143
현찰 살 때	1,152	1,155	1,170	1,160	1,155
현찰 팔 때	1,128	1,135	1,146	1,140	1,131

※ 환율우대 적용
- 현찰 살 때 적용환율 : (살 때 환율)－[(살 때 환율－매매기준율)×우대환율]
- 현찰 팔 때 적용환율 : (팔 때 환율)＋[(매매기준율－팔 때 환율)×우대환율]

	날짜	차액		날짜	차액
①	10월 18일	3,000원 이익	②	10월 19일	9,240원 이익
③	10월 18일	9,240원 손해	④	10월 19일	3,000원 손해
⑤	10월 20일	2,760원 손해			

정답 | 해설

수연이가 여행 전 800달러를 살 때 지불한 원화를 우대환율 70%를 적용하여 계산하면 다음과 같다.

구분	9월 14일	9월 15일	합계
적용 환율	1,152－(1,152－1,140)×0.7 ＝1,143.6원/달러	1,155－(1,155－1,145)×0.7 ＝1,148원/달러	－
지불 금액	1,143.6×500=571,800원	1,148×300=344,400원	916,200원

여행 후 10월 18일부터 20일까지 현찰을 팔 때, 우대환율은 20%p가 추가되어 90%가 적용된다. 날짜별 우대환율 90%를 적용한 후 800달러를 원화로 환전하면 다음과 같다.

구분	10월 18일	10월 19일	10월 20일
적용 환율	1,146＋(1,158－1,146)×0.9 ＝1,156.8원/달러	1,140＋(1,150－1,140)×0.9 ＝1,149원/달러	1,131＋(1,143－1,131)×0.9 ＝1,141.8원/달러
환전 금액	1,156.8×800=925,440원	1,149×800=919,200원	1,141.8×800=913,440원

따라서 수연이가 800달러를 원화로 환전했을 때 날짜별 손익을 구하면 다음과 같다.
- 10월 18일 : 925,440－916,200＝＋9,240원
- 10월 19일 : 919,200－916,200＝＋3,000원
- 10월 20일 : 913,440－916,200＝－2,760원

정답 ⑤

문제풀이 Tip

우대환율이 제시되는 문제는 위의 문제처럼 조건이 제시되는 친절한 문제도 있지만, 지원자의 지식을 평가하기 위해 제시해 주지 않는 경우도 있으므로 알아두는 것이 좋다.

PART 1

21 다음은 N은행의 '샐러리맨 우대대출' 상품이다. 고객이 〈보기〉와 같은 조건으로 대출했을 때, 첫 달에 지불해야 하는 월 상환액은 얼마인가?

〈샐러리맨 우대대출〉

○ 상품특징

일반 기업체에 재직하고 있는 직장인을 대상으로 한 일반 직장인 전용상품

○ 대출대상

• 일반 기업체에 정규직 급여소득자로 1년 이상 재직하고 있는 고객(단, 인터넷 또는 모바일을 통한 영업점 무방문 대출은 1년 이상 재직하고 있고, 소득금액증명원상 최근 귀속연도 소득금액으로 소득확인이 가능한 고객이다. 또한 사업주 및 법인대표자는 제외한다)

• 연간소득 3,000만 원 이상인 고객

※ 다음의 요건을 모두 충족하는 고객

○ 대출기간

• 일시상환 : 1년 이내(1년 이내의 단위로 연장 가능)

• 할부상환 : 7년 이내(거치기간 둘 수 없음)

• 종합통장(마이너스 통장) : 1년(1년 이내의 단위로 연장 가능)

※ 단, 인터넷 또는 모바일을 통한 영업점 무방문 대출은 종합통장 제외

○ 대출한도

최대 1억 원(단, 인터넷 또는 모바일을 통한 영업점 무방문 대출은 최대 5천만 원)

○ 대출금리

구분	기준금리	가산금리	기본금리	우대금리	최저금리
당행 기준금리(1년)	1.70%	2.45%p	4.15%	0.30%p	3.85%
당행 기준금리(6개월)	1.64%	2.52%p	4.16%	0.30%p	3.86%

○ 거래실적 우대(최대 0.2%p)

하나로 고객 골드(0.1%p), 신용카드 이용(3개월) 300만 원 이상(0.1%p), 본회 급여이체(매월)(0.1%p) 등

○ 기타 우대금리(최대 0.1%p)

단기 변동금리(변동주기 6개월 이하) 우대(0.09%p), 당행 여신거래 고객(3년 이내 거래 존재)(0.09%p), (1년 이하) 단기대출(0.09%p) 등

○ 중도상환

(중도상환해약금)=(중도상환금액)×[중도상환적용 요율(0.8%)]×(잔여기간/대출기간)

※ 대출기간은 대출개시일로부터 대출만료일까지의 일수로 계산하되, 대출기간이 3년을 초과하는 경우에는 3년이 되는 날을 대출기간 만료일로 함

※ 잔여기간은 대출기간에서 대출개시일로부터 상환일까지의 경과일수를 차감하여 계산함

보기

• 대출금 : 10,000,000원

• 상환방법 : 만기일시상환

• 대출기간 : 1년

• 거래실적내역 : N은행 신용카드를 1개월 동안 200만 원 사용, 당행 여신 2년 전 거래

---

① 32,500원 　　　　　　② 32,083원

③ 32,916원 　　　　　　④ 33,750원

⑤ 34,583원

만기일 일시상환은 약정기간 동안 이자만 부담하고 만기에 대출금을 모두 상환하는 방식의 대출이다. 첫 달 납입해야 하는 상환액은 (원금)×[금리(연)/12(개월)]이다. 고객은 단기대출(1년 이하)을 신청하였고, 당행 여신거래로 최대 0.1%의 기타 우대금리를 받는다. 따라서 대출금리는 기본금리에서 0.1%를 제한 4.05%이다.

그러므로 10,000,000×(0.0405÷12)=33,750원이 한 달 대출이자이다.

정답 ④

| 2015 NH농협은행 6급

22 2016년 5월 1일 N은행 콜센터에 근무 중인 귀하에게 B고객으로부터 금융 상품 해지 건이 접수되었다. 상담한 결과 B고객은 1년 전에 A예금을 가입하였으나 불가피한 사정으로 해당 예금 상품을 해지할 계획이며, 해지할 경우 환급금이 얼마인지 문의하였다. 귀하가 B고객에게 안내할 A예금의 환급금(세전)은 얼마인가?

〈1년 전 B고객의 A예금 가입내역〉

- 가입기간 : 5년
- 가입금액 : 1백만 원
- 이자 지급 방식 : 만기일시지급 - 단리식
- 기본금리 : 3.0%
- 우대금리 : 0.2%(중도인출 및 해지 시에는 적용하지 않음)
- 중도해지이율(연 %, 세전)
  - 3개월 미만 : 0.2%
  - 6개월 미만 : 0.3%
  - 12개월 미만 : (기본금리)×20%
  - 18개월 미만 : (기본금리)×30%
  - 24개월 미만 : (기본금리)×40%
- 만기 후 이율(세전)
  - 만기 후 3개월 이내 : 만기 시점 국고채 1년물 금리
  - 만기 후 6개월 이내 : 일반정기예금 계약기간별 기본금리의 20%
  - 만기 후 6개월 초과 : 일반정기예금 계약기간별 기본금리의 10%
- 예금자보호 여부 : 해당됨

---

① 1,003,000원　　　　② 1,006,000원

③ 1,009,000원　　　　④ 1,012,000원

⑤ 1,030,000원

예금을 중도해지할 경우에는 최초 가입 시 설정된 (기본금리)+(우대금리)가 아닌 중도해지이율이 적용된다. B고객은 해당 예금상품을 1년 동안 보유했으므로 중도해지이율 중 18개월 미만에 해당되어 기본금리의 30%가 적용된다. 따라서 환급금은 1,000,000원×(1+0.03×0.3)=1,009,000원이 된다.

정답 ③

23 다음은 농업 부문 생산액을 나타낸 자료이다. 이에 대한 설명으로 옳은 것은?(단, 비율 및 증감률은 소수점 둘째 자리에서 반올림한다)

<농업 부문 생산액 전망>

(단위 : 10억 원)

구분		2016년	2017년	2018년	2019년	2020년	증감률(%)	
							17/16	18/17
농업 총생산액		44,519	42,937	43,277	44,475	48,886	−3.6	0.8
	재배업	25,307	24,673	24,342	24,496	25,060	−2.5	−1.3
	곡물류	8,830	7,633	7,741	6,850	6,200	−13.6	1.4
	채소류	8,989	9,700	9,194	9,752	10,278	7.9	−5.2
	과실류	3,687	3,453	3,531	3,742	4,069	−6.3	2.2
	기타	1,474	1,466	1,465	1,638	1,871	−0.5	−0.1
	축잠업	19,212	18,264	18,935	19,978	23,826	−4.9	3.7
	한육우	4,708	4,465	4,388	4,700	5,374	−5.2	−1.7
	돼지	6,967	6,770	6,660	7,077	8,497	−2.8	−1.6
	닭	1,910	1,990	2,084	2,286	2,865	4.2	4.7
	계란	1,837	1,563	2,214	1,947	2,441	−14.9	41.6
	젖소	2,285	2,215	2,219	2,316	2,464	−3.1	0.2
	오리	814	618	706	915	1,313	−24.0	14.2

※ 재배업과 축잠업의 하위항목 중 일부만 표시함
※ 17/16은 2016년 대비 2017년 증감률이며, 18/17은 2017년 대비 2018년 증가율을 의미함

① 2017년부터 2020년까지 재배업과 축잠업의 생산액 전망 증감 추이는 동일하다.

② 2017년 재배업 항목에서 두 번째로 높은 항목이 2019년도에 농업 총생산액에서 차지하는 비중은 20% 이상이다.

③ 젖소의 2018년 생산액의 전년 대비 증감률은 2020년 축잠업 항목에서 세 번째로 높은 항목의 2018년 전년 대비 증감률보다 5.0%p 이상 더 높다.

④ 2019년 농업 총생산액에서 재배업의 기타, 축잠업의 닭, 오리 생산액 비율은 약 10.9%이다.

2019년에 농업 총생산액에서 재배업의 기타, 축잠업의 닭, 오리 생산액 비율은 $\dfrac{1,638+2,286+915}{44,475} \times 100 = \dfrac{4,839}{44,475}$ $\times 100 \fallingdotseq 10.9\%$이다.

오답분석

① 재배업 생산액은 '감소 – 감소 – 증가 – 증가'이며, 축잠업 생산액은 '감소 – 증가 – 증가 – 증가'이다.

② 재배업 항목에서 생산액이 두 번째로 높은 항목은 '곡물류'이며, 2019년도에 곡물류가 농업 총생산액에서 차지하는 비중은 $\dfrac{6,850}{44,475} \times 100 \fallingdotseq 15.4\%$를 차지한다.

③ 젖소의 2018년 전년 대비 증감률은 표에서 0.2% 증가했음을 알 수 있으며, 2020년 축잠업 항목에서 세 번째로 높은 항목은 닭으로 2018년 생산액의 전년 대비 증감률은 4.7%이다. 따라서 젖소의 증가율이 닭의 증가율보다 4.7－0.2＝ 4.5%p 더 낮다.

정답 ④

문제풀이 Tip

증감률이 정확하게 제시되는 수치가 아닌 $n\%$ 이상이라는 선택지가 나올 때는 어림값을 활용하기 좋다. 정확한 값을 요구하는 문제가 아니기 때문이다. $\dfrac{6,850}{44,475} \times 100 \fallingdotseq \dfrac{7,000}{44,000} \times 100 \fallingdotseq 15.9\%$이고, 이는 20% 미만이다.

PART 1

24 직장인 H씨는 N은행 적금 베스트 상품 중 하나를 가입하려고 한다. 다음 3가지 상품 정보와 〈조건〉을 참고할 때 가장 높은 이자를 받을 수 있는 적금상품과 이자금액은 얼마인가?[단, $\dfrac{0.023}{12} = 0.0019$, $\left(1+\dfrac{0.023}{12}\right)^{24} = 1.047$, $1.026^{\frac{1}{12}} = 1.002$, $1.026^2 = 1.05$로 계산하며, 이자금액의 백원 이하는 생략한다]

<N은행 적금 베스트 3종>

구분	NH직장인 월 복리 적금	e금리우대적금	NH쏠쏠적금
상품유형	목돈 모으기		
상품특징	급여이체 및 교차거래 실적에 따라 금리가 우대되는 직장인 전용 월 복리 상품	N은행 비대면 대표 적금상품	N은행 NH쏠쏠카드 보유 고객 대상 금리우대를 제공하는 NH쏠쏠패키지 내 자유 적립식 상품
가입대상	만 18세 이상 개인	개인(1인 1계좌)	N은행 NH쏠쏠카드를 보유한 개인(1인 1계좌)
가입기간	12개월 이상 36개월 이내 (월 단위)	12개월 이상 36개월 이내 (월 단위)	12개월 이상 36개월 이내 (월 단위)
예금자보호 여부	○	○	○
우대금리	- 급여이체 여성 연계상품 0.3%p - 당행 주택청약종합저축(청약저축 포함) 또는 적립식 펀드 중 1개 이상 가입 0.2%p - 당행 신용 또는 체크카드 실적 월 100만 원 이상 0.3%p	- 급여이체 여성 연계상품 0.1%p - 당행 신용 또는 체크카드 사용 중 0.1%p - 당행 적립식 펀드 1개 이상 가입 0.2%p	- 급여이체 여성 연계상품 0.1%p - NH쏠쏠카드 실적 월 30만 원 이상 50만 원 미만 0.1%p(50만 원 이상 0.2%p) - NH쏠쏠패키지대출 보유 시 0.1%p
기본금리(연)	1.8%	2.2%	1.8%

※ NH직장인 월 복리 적금 외의 상품은 연 복리 적금상품임

조건
• 직장인 H씨는 여성이다.
• NH쏠쏠신용카드로 매월 30만 원에서 40만 원 정도 사용한다.
• 급여이체로 N은행을 이용하고 있다.
• 매월 초 30만 원씩 자동이체와 2년 동안 적금 가입을 원한다.
• 당행 적립식 펀드를 가입한 지 3개월이 되었다.

	적금상품	이자금액
①	NH직장인 월 복리 적금	315,000원
②	e금리우대적금	315,000원
③	NH직장인 월 복리 적금	235,000원
④	e금리우대적금	235,000원
⑤	NH쏠쏠적금	325,000원

직장인 H씨가 N은행 적금 베스트 3종에서 우대금리까지 고려하여 가입 시 적용되는 금리는 다음과 같다.

구분	적용되는 우대금리	최종 적용금리
NH직장인 월 복리 적금	– 급여이체 여성 연계상품 0.3%p – 당행 적립식 펀드 중 1개 이상 가입 0.2%p	1.8+0.3+0.2=2.3%
e금리우대적금	– 급여이체 여성 연계상품 0.1%p – 당행 신용 또는 체크카드 사용 중 0.1%p – 당행 적립식 펀드 1개 이상 가입 0.2%p	2.2+0.1+0.1+0.2=2.6%
NH쏠쏠적금	– 급여이체 여성 연계상품 0.1%p – NH쏠쏠신용카드 실적 월 30만 원 이상 50만 원 미만 0.1%p	1.8+0.1+0.1=2.0%

e금리우대적금과 NH쏠쏠적금은 연 복리 적금상품으로 최종 적용금리에서 e금리우대적금이 더 높기 때문에 e금리우대적금의 이자와 NH직장인 월 복리 적금의 이자만 비교해보면 된다.

구분	이자금액
NH직장인 월 복리 적금	$300,000 \times \left(1+\dfrac{0.023}{12}\right) \times \left\{\left(1+\dfrac{0.023}{12}\right)^{24}-1\right\} \div \left(\dfrac{0.023}{12}\right) - 300,000 \times 24$ $=300,000 \times 1.0019 \times \dfrac{1.047-1}{0.0019} - 7,200,000 ≒ 7,435,152 - 7,200,000 ≒ 235,000원$
e금리우대적금	$300,000 \times (1+0.026)^{\frac{1}{12}} \times \dfrac{(1+0.026)^{\frac{24}{12}}-1}{(1+0.026)^{\frac{1}{12}}-1} - 300,000 \times 24$ $=300,000 \times 1.002 \times \dfrac{1.05-1}{1.002-1} - 7,200,000 = 7,515,000 - 7,200,000 = 315,000원$

따라서 e금리우대적금의 이자액이 315,000원으로 가장 높다.

정답 ②

이론 더하기

복리 적금의 이자는 다음과 같이 구한다(단, r=이자율(연), n=납입 개월 수).

- 이자(연 복리 적금) : (월 납입금)$\times (1+r)^{\frac{1}{12}} \times \dfrac{(1+r)^{\frac{n}{12}}-1}{(1+r)^{\frac{1}{12}}-1} -$(적립 원금)

- 이자(월 복리 적금) : (월 납입금)$\times \left(1+\dfrac{r}{12}\right) \times \left\{\left(1+\dfrac{r}{12}\right)^{n}-1\right\} \div \left(\dfrac{r}{12}\right) -$(적립 원금)

25 다음은 연도별 국고채, 회사채, CD금리, 콜 금리, 기준금리에 해당하는 평균 금리를 나타낸 표와 용어에 대한 설명이다. 이에 대한 설명으로 옳은 것은?(단, 평균은 소수점 셋째 자리에서 반올림한다)

〈연도별 평균 금리 현황〉

(단위 : %)

구분	2012년	2013년	2014년	2015년	2016년	2017년	2018년	2019년
국고채 3년	3.13	2.79	2.59	1.79	1.44	1.80	2.10	1.53
국고채 5년	3.24	3.00	2.84	1.98	1.53	2.00	2.31	1.59
국고채 10년	3.45	3.28	3.18	2.30	1.75	2.28	2.50	1.70
회사채 3년	3.77	3.19	2.99	2.08	1.89	2.33	2.65	2.02
CD금리	3.30	2.72	2.49	1.77	1.49	1.44	1.68	1.69
콜 금리(1일물)	3.08	2.59	2.34	1.65	1.34	1.26	1.52	1.59
기준금리	2.75	2.50	2.00	1.50	1.25	1.50	1.75	1.25

- 콜 금리 : '콜'이란 일시적으로 자금이 부족한 금융기관이, 자금이 남는 다른 기관에 자금을 빌려달라고 요청하는 것을 뜻한다. 금융기관 간에 발생한 자금 거래시장을 '콜 시장'이라고 한다. 빌려주는 금융기관이 '콜 론'을 내놓으면 자금이 부족한 금융기관이 '콜 머니'를 빌릴 때 형성되는 금리이다. 즉, 콜 시장에서 결정되는 금리이다.
- CD금리 : CD(Certificate of Deposit)는 '양도성예금증서'를 뜻하고, 은행에서 단기 자금조달을 위해 해당증서의 양도를 가능하게 하는 무기명 상품으로 발행한다. 만기는 보통 91일(3개월) 또는 181일(6개월) 금리가 있다. CD금리는 매일 금융투자협회에서 고시하며, 오전과 오후, 하루에 두 번씩 10개의 증권사가 적정 금리를 보고하고, 최고·최저 금리를 제외한 8개 금리의 평균으로 결정된다.
- 국고채 : 정부가 공공목적에 필요한 자금 확보 및 공급하는 공공자금관리기금의 부담으로 발행되는 채권이다. 국가가 보증하는 만큼 나라가 망하지 않는 한 떼일 위험이 없으므로 다른 채권에 비해 비싸다. 만기는 3년·5년·10년·20년·30년으로 5가지의 고정금리부 채권과 만기 10년의 물가연동 국고채권이 있다.
- 회사채 : 기업이 자금조달을 위해 직접 발행하는 채권으로 '사채'라고도 한다. 금융기관에서 지급을 보증하는 보증사채와 무보증사채, 담보부사채가 있으며, 상장기업 또는 증권감독원에 등록된 법인이 기업자금조달을 위해서 직접 발행한다. 회사채는 주식과는 달리 회사의 수익에 관계없이 일정률의 이자가 지급되고, 약속한 날짜에 원금을 상환해야 한다. 또한 회사가 해산했을 시 잔여 재산으로 주식보다 먼저 상환되어야 한다.

① 2019년 금융기관 간에 발생한 자금 거래시장에서 형성된 금리는 2012년 기준금리의 60% 이상이다.

② 2012 ~ 2019년 동안 정부가 자금 확보를 위해 발행한 채권은 만기 기간이 짧을수록 평균 금리는 높아진다.

③ 2012 ~ 2019년 동안 회사채 3년 금리가 국고채 10년 금리보다 높았던 해는 5번이다.

④ 2012 ~ 2019년까지 매일 금융투자협회에서 고시하는 금리의 평균은 약 3%이다.

⑤ 기업자금조달을 위한 사채로 만기 3년인 금리는 전년 대비 2013년부터 2017년까지 감소했다.

2012 ~ 2019년 동안 **회사채 3년 금리가 국고채 10년 금리**보다 높았던 해는 2012년, 2016 ~ 2019년으로 **총 5번**이다.

오답분석

① 금융기관 간에 발생한 자금 거래시장에서 형성된 금리는 '**콜 금리**'를 말하며, 2019년 콜 금리는 1.59%이다.

2012년 기준금리인 2.75%의 $\dfrac{1.59}{2.75} \times 100 = 57.82\%$로 60% 미만을 차지한다.

② 2012 ~ 2019년 동안 정부가 자금확보를 위해 발행한 채권인 국고채는 만기 기간이 길수록 평균 금리도 높아진다.

④ 매일 금융투자협회에서 고시하는 금리는 CD금리로 2012 ~ 2019년 동안의 금리 평균은

$\dfrac{3.30 + 2.72 + 2.49 + 1.77 + 1.49 + 1.44 + 1.68 + 1.69}{8} = \dfrac{16.58}{8} = 2.0725\%$이다.

⑤ 기업자금조달을 위한 사채로 만기 3년인 금리, 즉 **회사채 3년 금리**는 전년 대비 2013년부터 2016년까지 감소했으며, 2017년은 전년 대비 증가했다.

정답 ③

문제풀이 Tip

제시된 문제는 최근 농협은행의 출제경향에 해당하는 PSAT형 문제이다. PSAT형 문제는 자료가 다양한 형태로 여러 개 나오므로 한 자료에 여러 가지 정보를 미리 표시해 놓는 것도 좋다.

PART 1

26 N은행 행원인 귀하에게 A고객이 찾아와 상품 해지 시 환급금이 얼마인지를 물어보았다. A고객의 가입 정보가 다음과 같을 때 귀하가 안내할 세전 환급금은 얼마인가?(단, 약정금리는 기본금리로 한다)

〈1년 6개월 전 A고객의 가입 정보〉

- 상품명 : 큰만족실세예금
- 가입기간 : 3년
- 예치방식 : 거치식 예금
- 가입금액 : 300만 원
- 기본금리 : 1%
- 우대금리 : 0.2%p
- 중도해지 안내
  - 횟수 : 최종해지 포함 3회 이내
  - 이율 : 중도해지이율 적용
  - 세금우대종합저축 또는 Magic Tree(또는 e-뱅킹) 연결계좌로 가입 시에는 분할해지 불가
- 중도해지이율(연 %, 세전)
  - 3개월 미만 : 0.15%
  - 6개월 미만 : (약정금리)×20%
  - 9개월 미만 : (약정금리)×30%
  - 12개월 미만 : (약정금리)×40%
  - 18개월 미만 : (약정금리)×45%
  - 24개월 미만 : (약정금리)×50%
  - 30개월 미만 : (약정금리)×55%
- 만기 후 금리(세전) : 일반정기예금 계약기간별 기본 금리의 50%
- 이자지급방식 : 만기일시지급
- 예금자보호 여부 : 해당

① 3,025,500원   ② 3,048,000원
③ 3,015,000원   ④ 3,016,200원
⑤ 3,020,800원

정답 | 해설

중도해지 시 이율은 중도해지이율이 적용되고, 현재 가입기간은 18개월이기 때문에 중도해지이율은 24개월 미만인 [약정금리(1%)]×50%가 적용된다.
따라서 해지환급금은 3,000,000원×(1+0.01×0.50)=3,015,000원이 된다.

정답 ③

문제풀이 Tip

약정금리는 가입기간에 상관없는 기본금리를 말한다.

27 다음은 2017년도 연령별 인구수 현황을 나타낸 그래프이다. 다음 그래프에서 각 연령대를 기준으로 남성 인구가 40% 이하인 연령대 ㉠과 여성 인구가 50%를 초과한 연령대 ㉡이 바르게 연결된 것은?

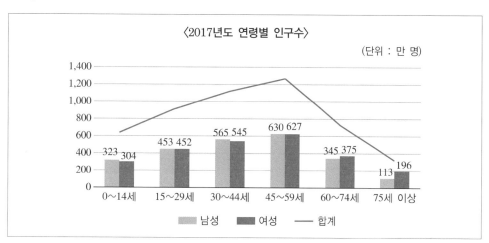

	㉠	㉡
①	0 ~ 14세	15 ~ 29세
②	30 ~ 44세	15 ~ 29세
③	45 ~ 59세	60 ~ 74세
④	75세 이상	60 ~ 74세
⑤	75세 이상	45 ~ 59세

정답 해설

각 연령대를 기준으로 남성과 여성의 인구비율을 계산하면 다음과 같다.

구분	남성	여성
0 ~ 14세	$\dfrac{323}{627} \times 100 ≒ 51.5\%$	$\dfrac{304}{627} \times 100 ≒ 48.5\%$
15 ~ 29세	$\dfrac{453}{905} \times 100 ≒ 50.1\%$	$\dfrac{452}{905} \times 100 ≒ 49.9\%$
30 ~ 44세	$\dfrac{565}{1,110} \times 100 ≒ 50.9\%$	$\dfrac{545}{1,110} \times 100 ≒ 49.1\%$
45 ~ 59세	$\dfrac{630}{1,257} \times 100 ≒ 50.1\%$	$\dfrac{627}{1,257} \times 100 ≒ 49.9\%$
60 ~ 74세	$\dfrac{345}{720} \times 100 ≒ 47.9\%$	$\dfrac{375}{720} \times 100 ≒ 52.1\%$
75세 이상	$\dfrac{113}{309} \times 100 ≒ 36.6\%$	$\dfrac{196}{309} \times 100 ≒ 63.4\%$

남성 인구가 40% 이하인 연령대는 75세 이상(36.6%)이며, 여성 인구가 50%를 초과한 연령대는 60 ~ 74세(52.1%)와 75세 이상(63.4%)이다. 따라서 ㉠은 '75세 이상', ㉡은 '60 ~ 74세'이다.

정답 ④

28 다음은 1인 1일 이메일과 휴대전화 스팸 수신량을 나타낸 그래프이다. 이에 대한 설명으로 옳은 것은?

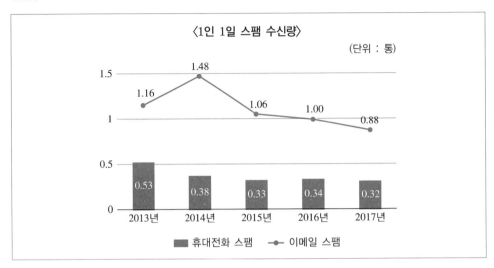

① 2015년부터 2017년까지 휴대전화 스팸 수신량과 이메일 스팸 수신량 증감추세는 같다.

② 전년도 대비 2016년도 휴대전화 스팸 증가량과 2015년 대비 2017년도 휴대전화 스팸 감소량은 같다.

③ 전년도 대비 2015년 이메일 스팸 감소율은 전년도 대비 2016년도 감소율의 4배 이하이다.

④ 이메일 스팸 수신량이 가장 많은 해는 2014년이고, 휴대전화 스팸 수신량이 가장 적은 해는 2016년이다.

⑤ 이메일 스팸 수신량은 같은 해의 휴대전화 스팸 수신량보다 항상 2.5배 이상이다.

정답 | **해설**

2016년의 휴대전화 스팸 수신량은 2015년도보다 0.34-0.33=0.01통 많으며, 2017년도에는 2015년도보다 0.33-0.32=0.01통이 적다.
따라서 증가량과 감소량이 0.01통으로 같음을 알 수 있다.

[오답분석]

① 2015년부터 2017년까지 휴대전화 스팸 수신량은 2016년도에 증가하고 다음 해에 감소했으며, 이메일 스팸 수신량은 계속 감소했다.

③ 전년도 대비 이메일 스팸 수신량 감소율은 2015년에 $\frac{1.48-1.06}{1.48} \times 100 ≒ 28.4\%$이고, 2016년은 $\frac{1.06-1.00}{1.06} \times 100 ≒ 5.7\%$로 2015년의 감소율이 2016년의 약 5배이다. 따라서 옳지 않다.

④ 휴대전화 스팸 수신량이 가장 적은 해는 2017년도이다.

⑤ 2013년도의 이메일 스팸 수신량은 1.16통으로 휴대전화 스팸 수신량의 2.5배인 약 1.3통보다 작다.

정답 ②

문제풀이 Tip

꺾은선그래프와 막대그래프가 문제에 제시되었을 때, 경사가 가장 급한 부분의 증감률과 증감폭이 크다. 이를 먼저 판단하고, 문제에서 원하는 부분을 골라서 계산한다.

29 다음 자료는 FTA 이행 이후 우리나라 농축산물 수입 개황에 관한 그래프이다. 이에 대한 설명으로 옳지 않은 것은?

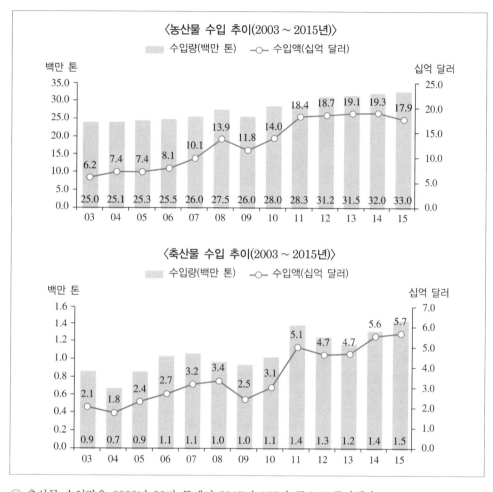

① 축산물 수입량은 2003년 90만 톤에서 2015년 150만 톤으로 증가했다.

② 축산물 수입액은 2004년부터 2008년까지 꾸준히 증가하고 있다.

③ 농산물 수입량은 2003년 약 2,500만 톤에서 2015년 약 3,300만 톤으로 증가했다.

④ 농산물 수입량은 2003년부터 2006년까지 변동폭이 상대적으로 크지 않다.

⑤ 농산물 수입액은 2003년부터 2014년까지 2009년을 제외하고 지속적으로 증가하고 있으며, 곡류를 제외하면 더 빠르게 증가함을 알 수 있다.

정답 해설

2009년을 제외하고 2003년부터 2014년까지 농산물 수입액이 지속적으로 증가하고 있는 것은 맞지만, **곡류의 유무가 증가에 영향을 주는지의 여부는 주어진 그래프만으로는 판단할 수 없다.**

정답 ⑤

30 다음은 N은행에서 추천하는 적금 및 예금 상품에 대한 가입현황을 그래프로 나타낸 자료이다. '올원 5늘도 적금(＝적금)'의 가입 계좌 수는 23,000건이고, 'NH왈츠회전예금(＝예금)'의 가입 계좌 수는 350,000건이며, 적금에 가입한 고객 중 30%는 예금도 함께 가입하였다. 가입 계좌 수와 가입 고객 수가 같다고 할 때, 〈보기〉에서 자료에 대한 설명으로 옳지 않은 것을 모두 고르면?(단, 비율은 소수점 둘째 자리에서 반올림한다)

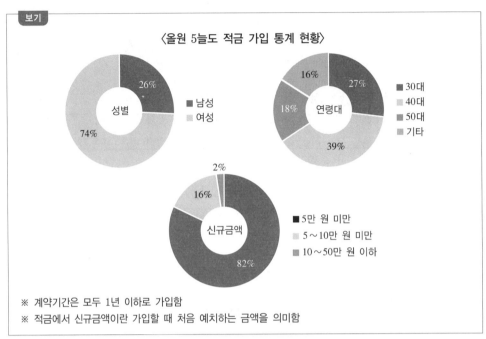

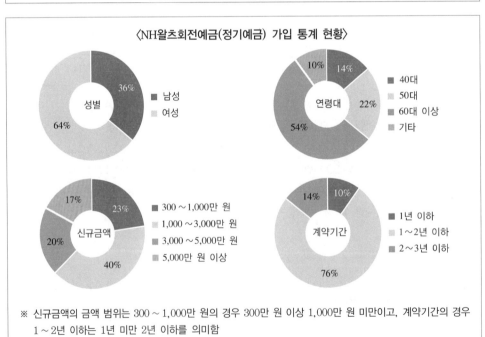

ⓐ 예·적금 상품에 한 개 이상 가입한 총고객은 남성보다 여성이 더 많다.

ⓑ 적금은 40대, 예금은 60세 이상 고객이 각각 가장 많으며, 두 계좌 수의 차이는 170,030건이다.

ⓒ 예금에 가입한 남성 고객 중 0.8%가 적금도 가입하였을 때, 예·적금 상품을 동시에 가입한 전체 고객 중 남성 고객 비율은 15% 이상이다.

ⓓ 적금의 계약기간은 1년 이하이며, 예금은 예치금이 300만 원 이상이고 계약기간은 최대 3년이다.

ⓔ 예금의 신규금액에서 비율이 가장 낮은 범위에 가입한 계좌의 25%가 계약기간이 1년 이하일 때, 이 계좌 수는 예금 전체 계좌 수에서 약 6.3%를 차지한다.

① ⓐ, ⓑ, ⓔ   ② ⓐ, ⓒ, ⓓ

③ ⓑ, ⓒ, ⓔ   ④ ⓑ, ⓓ, ⓔ

⑤ ⓒ, ⓓ, ⓔ

정답 | 해설

ⓑ 적금 가입 통계 현황의 연령대 비율을 보면 40대가 39%, $23,000 \times 0.39 = 8,970$건이며, 예금의 경우 60세 이상이 54%, $350,000 \times 0.54 = 189,000$건으로 각각 가장 많음을 알 수 있다. 따라서 두 계좌 수의 차이는 $189,000 - 8,970 = 180,030$건이다.

ⓒ 예금에 가입한 남성 고객 $350,000 \times 0.36 = 126,000$명 중 0.8%가 적금도 가입했으므로 1,008명의 남성이 예금과 적금 모두 가입했다. 따라서 동시에 가입한 전체 고객 $23,000 \times 0.3 = 6,900$명에서 남성의 비율은 $\frac{1,008}{6,900} \times 100 = 14.6\%$로 15% 미만이다.

ⓔ 예금 신규금액에서 비율이 가장 낮은 범위는 17%인 5,000만 원 이상이며, 이 금액으로 가입한 계좌의 25%인 $350,000 \times 0.17 \times 0.25 = 14,875$건이 계약기간 1년 이하이다. 이 계좌 수가 예금 전체 계좌에서 차지하는 비율은 $\frac{14,875}{350,000} \times 100 = 4.25\%$이다.

오답분석

ⓐ 예·적금상품에 가입한 성별에 따른 인원은 다음과 같다.

구분	남성	여성
올원 5늘도 적금	$23,000 \times 0.26 = 5,980$명	$23,000 \times 0.74 = 17,020$명
NH올츠회전예금	$350,000 \times 0.36 = 126,000$명	$350,000 \times 0.64 = 224,000$명
합계	131,980명	241,020명

만약 두 상품을 모두 가입한 고객이 여성이라고 하면 여성 고객은 최소 $241,020 - 23,000 \times 0.3 = 241,020 - 6,900 = 234,120$명이다. 따라서 한 개 이상의 상품에 가입한 고객의 인원은 남성보다 여성이 많다.

ⓓ 적금의 계약기간은 모두 1년 이하라고 했으므로 이 상품의 계약기간은 1년 이하인 것을 알 수 있다. 예금은 신규금액이 300만 원 미만은 없고, 계약기간에서는 모두 3년 이하이므로 예금은 가입금액은 300만 원 이상이고, 계약기간은 최대 3년인 상품이다.

정답 ③

문제풀이 Tip

문제에서 자료의 정확한 수를 제시했다면 선택지에 반드시 출제된다. 때문에 미리 구할 수 있는 정확한 수치를 다 계산하고, 선택지를 확인하면 오히려 문제를 빨리 푸는 방법이 될 수도 있다.

예 ⓔ에서 예금 전체 계좌에서 차지하는 비중을 계산하는 것은 계좌 수를 직접 구하지 말고 비율을 이용해 곱해주면 $0.17 \times 0.25 = 4.25\%$를 바로 구할 수 있다.

문제해결능력

합격 Cheat Key

문제해결능력은 업무를 수행하면서 여러 가지 문제 상황이 발생하였을 때, 창의적이고 논리적인 사고를 통하여 이를 올바르게 인식하고 적절히 해결하는 능력을 말한다. 하위능력으로는 사고력과 문제처리능력이 있다.

문제해결능력은 NCS 기반 채용을 진행하는 대다수의 금융권에서 채택하고 있으며, 문항 수는 평균 24% 정도로 상당히 많이 출제되고 있다. 하지만 수험생들은 더 많이 출제되는 다른 영역에 몰입하고 문제해결능력에는 집중하지 않는 실수를 하고 있다. 다른 영역보다 더 많은 노력이 필요할 수는 있지만 그렇기에 차별화를 할 수 있는 득점 영역이므로 포기하지 말고 꾸준하게 노력해야 한다.

1 질문의 의도를 정확하게 파악하라!

문제해결능력은 문제에서 무엇을 묻고 있는지 정확하게 파악하여 먼저 풀이 방향을 설정하는 것이 가장 효율적인 방법이다. 특히, 조건이 주어지고 답을 찾는 창의적·분석적인 문제가 주로 출제되고 있기 때문에 처음에 정확한 풀이 방향이 설정되지 않는다면 시간만 허비하고 결국 문제도 풀지 못하게 되므로 첫 번째로 출제의도 파악에 집중해야 한다.

2 중요한 정보는 반드시 표시하라!

위에서 말한 출제의도를 정확히 파악하기 위해서는 문제의 중요한 정보는 반드시 표시나 메모를 하여 하나의 조건, 단서도 잊고 넘어가는 일이 없도록 해야 한다. 실제 시험에서는 시간의 압박과 긴장감으로 정보를 잘못 적용하거나 잊어버리는 실수가 많이 발생하므로 사전에 충분한 연습이 필요하다.
가령 명제 문제의 경우 주어진 명제와 그 명제의 대우를 본인이 한눈에 파악할 수 있도록 기호화, 도식화하여 메모하면 흐름을 이해하기가 더 수월하다. 이를 통해 자신만의 풀이 순서와 방향, 기준 또한 생길 것이다.

3 반복 풀이를 통해 취약 유형을 파악하라!

길지 않은 한정된 시간 동안 모든 문제를 다 푸는 것은 조금은 어려울 수도 있다. 따라서 고득점을 할 수 있는 효율적인 문제 풀이 방법을 찾아야 한다. 이때, 반복적인 문제 풀이를 통해 자신이 취약한 유형을 파악하는 것이 중요하다. 취약 유형 파악은 종료 시간이 임박했을 때 빛을 발할 것이다. 풀 수 있는 문제부터 빠르게 풀고 취약한 유형은 나중에 푸는 효율적인 문제 풀이를 통해 최대한의 고득점을 하는 것이 중요하다. 그러므로 본인의 취약 유형을 파악하기 위해서는 많은 문제를 풀어 봐야 한다.

4 타고나는 것이 아니므로 열심히 노력하라!

대부분의 수험생들이 문제해결능력은 공부해도 실력이 늘지 않는 영역이라고 생각한다. 하지만 그렇지 않다. 문제해결능력이야말로 노력을 통해 충분히 고득점이 가능한 영역이다. 정확한 질문 의도 파악, 취약한 유형의 반복적인 풀이, 빈출유형 파악 등의 방법으로 충분히 실력을 향상시킬 수 있다. 자신감을 갖고 공부하기 바란다.

01 | 명제

| 유형분석 |

- 주어진 문장을 토대로 논리적으로 추론하여 참 또는 거짓을 구분하는 문제이다.
- 주로 연역추론을 활용한 명제 문제가 출제되고 있다.

다음 문장을 읽고 유추할 수 있는 것은?

        B   C

- 마라톤을 좋아하는 사람은 인내심이 있다.
- 몸무게가 무거운 사람은 체력이 좋다.
- 명랑한 사람은 마라톤을 좋아한다.

      A   B

$\Rightarrow$ A → B → C
∴ ~C → ~A

1) 질문의도 : 명제추리

2) 문장분석 : 기호화

① 체력이 좋은 사람은 인내심이 없다.
② 인내심이 없는 사람은 명랑하지 않다. (= ~C → ~A)
③ 마라톤을 좋아하는 사람은 몸무게가 가볍다.
④ 몸무게가 무겁지 않은 사람은 인내심이 있다.
⑤ 명랑하지 않은 사람은 몸무게가 무겁다.

3) 정답도출

'명랑한 사람 → 마라톤을 좋아함 → 인내심이 있음'이므로 '명랑한 사람은 인내심이 있다.'가 성립된다.
따라서 이 명제의 대우인 '인내심이 없는 사람은 명랑하지 않다.'도 유추할 수 있다.

정답 ②

유형풀이 Tip

- 명제 유형의 문제에서는 항상 '명제의 역은 성립하지 않지만, 대우는 항상 성립한다.'
- 단어의 첫 글자나 알파벳을 이용하여 명제를 도식화한 후 명제의 대우를 활용하여 각 명제들을 연결하여 답을 찾는다.
  - [예] 채식주의자라면 고기를 먹지 않을 것이다.
    - → (역) 고기를 먹지 않으면 채식주의자이다.
    - → (이) 채식주의자가 아니라면 고기를 먹을 것이다.
    - → (대우) 고기를 먹는다면 채식주의자가 아닐 것이다.

명제의 역, 이, 대우

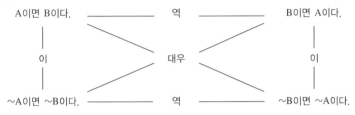

02 | 환경분석

| 유형분석 |

- 상황에 대한 환경분석을 통해 주요 과제 및 해결 방안을 도출하는 문제이다.
- SWOT 분석뿐 아니라 3C 분석을 활용하는 문제가 출제될 수 있으므로, 해당 분석 도구에 대한 사전 학습이 요구된다.

귀하의 회사에서 OOO 제품을 개발하여 중국시장에 진출하고자 한다. 귀하의 상사가 3C 분석 결과를 건네며, 사업 계획에 반영하고 향후 해결해야 할 회사의 전략 과제가 무엇인지 정리하여 보고하라는 지시를 내렸다. 다음 중 회사에서 해결해야 할 전략 과제로 적절하지 않은 것은?

Customer	Competitor	Company

• 전반적인 중국시장은 매년 10% 성장
• 중국시장 내 제품의 규모는 급성장 중임
• 20~30대 젊은 층이 중심
• 온라인 구매가 약 80% 이상 → ②
• 인간공학 지향
  └→ ⑤
	• 중국기업들의 압도적인 시장점유
	• 중국기업들 간의 치열한 가격경쟁
	• A/S 및 사후관리 취약
	  └→ ④
	• 생산 및 유통망 노하우 보유
		• 국내시장 점유율 1위
		• A/S등 고객서비스 부문 우수 → ③
		• 해외 판매망 취약 → ①
		• 온라인 구매시스템 미흡 (보안, 편의 등)
		  └→ ②
		• 높은 생산원가 구조
		  └→ ④
		• 높은 기술개발력 ④

① 중국 시장의 판매유통망 구축
② 온라인 구매시스템 강화
✓ 고객서비스 부문 강화
④ 원가 절감을 통한 가격 경쟁력 강화
⑤ 인간공학을 기반으로 한 제품 개발 강화

1) 질문의도
  : 3C 분석
    → 전략과제

2) 결과분석

3) 정답도출
  : 이미 우수함
   = 과제가 아님

해결해야 할 전략 과제란 취약한 부분에 대해 보완해야 할 과제를 말한다. 따라서 이미 우수한 고객서비스 부문을 강화한다는 것은 전략 과제로 삼기에 적절하지 않다.

[오답분석]

① 해외 판매망이 취약하다고 분석되었으므로 중국시장의 판매유통망을 구축하는 전략 과제를 세우는 것은 적절하다.

② 중국시장에서 ○○○ 제품의 구매 방식이 대부분 온라인으로 이루어지는 데 반해, 자사의 온라인 구매시스템은 미흡하기 때문에 온라인 구매시스템을 강화한다는 전략 과제는 적절하다.

④ ○○○ 제품에 대해 중국기업들 간의 가격경쟁이 치열하다는 것은 제품의 가격이 내려가고 있다는 의미인데, 자사는 생산원가가 높다는 약점이 있다. 그러므로 원가 절감을 통한 가격경쟁력을 강화한다는 전략은 적절하다.

⑤ 중국시장에서 인간공학이 적용된 제품을 지향하고 있으므로 인간공학을 기반으로 한 제품 개발을 강화하는 것은 적절한 전략 과제이다.

정답 ③

유형풀이 Tip

SWOT 분석

기업의 내부환경과 외부환경을 분석하여 강점(Strength), 약점(Weakness), 기회(Opportunity), 위협(Threat) 요인을 규정하고 이를 토대로 경영전략을 수립하는 기법으로, 미국의 경영컨설턴트인 알버트 험프리(Albert Humphrey)에 의해 고안되었다. SWOT 분석의 가장 큰 장점은 기업의 내・외부환경 변화를 동시에 파악할 수 있다는 것이다. 기업의 내부환경을 분석하여 강점과 약점을 찾아내며, 외부환경 분석을 통해서는 기회와 위협을 찾아낸다. SWOT 분석은 외부로부터의 기회는 최대한 살리고 위협은 회피하는 방향으로 자신의 강점은 최대한 활용하고 약점은 보완한다는 논리에 기초를 두고 있다. SWOT 분석에 의한 경영전략은 다음과 같이 정리할 수 있다.

Strength 강점 기업 내부환경에서의 강점	S	W	Weakness 약점 기업 내부환경에서의 약점
Opportunity 기회 기업 외부환경으로부터의 기회	O	T	Threat 위협 기업 외부환경으로부터의 위협

3C 분석

자신(Company)	고객(Customer)	경쟁자(Competitor)
• 자사의 핵심역량은 무엇인가? • 자사의 장단점은 무엇인가? • 자사의 다른 사업과 연계되는가?	• 주 고객군은 누구인가? • 그들은 무엇에 열광하는가? • 그들의 정보습득/교환은 어디에서 일어나는가?	• 경쟁사는 어떤 회사가 있는가? • 경쟁사의 핵심역량은 무엇인가? • 잠재적인 경쟁사는 어디인가?

03 | 문제처리

| 유형분석 |

- 주어진 상황과 정보를 종합적으로 활용하여 풀이하는 문제이다.
- 비용, 시간, 순서, 해석 등 다양한 상황이 출제된다.
- 2문제 혹은 3문제가 묶여서 출제되기도 하며, 제시되는 조건이 많아 풀이 시간이 오래 걸린다.

※ 다음 상황을 보고 이어지는 질문에 답하시오.

공기업 자재관리팀에 근무 중인 귀하는 회사 행사 때 사용할 배너를 제작하는 업무를 맡았다.

■ 다음은 행사 장소를 나타낸 도면이다.

■ 행사 장소 : 본 건물 3관

■ 배너 설치 비용(배너 제작비+배너 거치대)
- 배너 제작 비용 : 일반 배너 한 장당 15,000원, 양면 배너 한 장당 20,000원
- 배너 거치대 : 건물 내부용 10,000원, 건물 외부용 15,000원

■ 현수막 제작 비용
- 기본 크기(세로×가로) : 1m×3m → 5,000원
- 기본 크기에서 추가 시 → 1m²당 3,000원씩 추가

3) 조건확인 ii
   : 제작 비용

귀하는 배너 비용을 계산한 후 이를 상사에게 보고하였다. 상사의 추가 지시에 따라 계산한 현수막 설치 비용은?

상사 : 행사장 위치를 명확하게 알리려면 현수막도 설치하는 것이 좋을 것 같네요. 정문하고 후문에 하나씩 걸고 2관 건물 입구에도 하나를 답시다. 정문하고 후문에는 3m×8m의 크기로 하고, 2관 건물 입구에는 1m×4m의 크기가 적당할 것 같아요. 견적 좀 부탁할게요. ⓐ
ⓑ

① 84,000원
② 98,000원
③ 108,000원
④ 120,000원
☑ 144,000원

1) 질문의도
   : 추가 지시
   → 비용 산출

2) 조건확인 i
   : ⓐ~ⓑ

4) 정답도출
   : 설치 비용 계산

현수막의 기본 크기는 $1m \times 3m (= 3m^2)$이고, 가격은 5,000원이다.

그리고 $1m^2$만큼 추가될 때 3,000원씩 비용이 추가된다.

상사가 추가로 요청한 현수막을 살펴보면 '$3m \times 8m$' 2개, '$1m \times 4m$' 1개이다.

- $3m \times 8m = 24m^2$

  $5,000 + (24-3) \times 3,000 = \mathbf{68,000}$원
- $1m \times 4m = 4m^2$

  $5,000 + (4-3) \times 3,000 = \mathbf{8,000}$원

따라서 현수막 설치에 필요한 총비용은 $68,000 \times 2 + 8,000 = \mathbf{144,000}$원이다.

정답 ⑤

유형풀이 Tip

- 문제에서 묻는 것을 파악한 후, 필요한 상황과 정보를 활용하여 문제를 풀어간다.
- 전체적으로 적용되는 공통 조건과 추가로 적용되는 조건이 동시에 제시될 수 있다. 따라서 공통 조건이 무엇인지 먼저 판단한 후 경우에 따라 추가 조건을 고려하여 풀이한다. 추가 조건은 표 하단에 작은 글자로 제시되기도 하므로 유의한다.

  예 • 공통적으로 적용되는 비용 : 현수막 제작 기본 크기($1m \times 3m$)
    • 추가로 적용되는 비용 : $1m^2$당 비용

PART 1

04 │ 모듈형 – 사고력

| 유형분석 |

- 문제해결에 필요한 사고력을 평가하기 위한 문제이다.
- 주로 피라미드 구조 기법, 5Why 기법, So What 기법 등을 활용한 문제들이 출제되고 있다.

인사업무를 담당하고 있는 귀하는 전 직원을 대상으로 몇 년 동안의 기혼 여부와 업무성과를 연계하여 조사를 실시해왔다. 그 결과 안정적인 가정을 꾸린 직원이 더 높은 성과를 달성한다는 사실을 확인할 수 있었다. 조사 내용 중 특히 신입사원의 혼인율이 급격하게 낮아지고 있으며, 최근 그 수치가 매우 낮아 향후 업무성과에 좋지 못한 영향을 미칠 것으로 예상되었다. 이러한 문제의 근본원인을 찾아 도식화하여 팀장에게 보고하려고 한다. 다음 중 현상 간의 인과관계를 따져볼 때 귀하가 (D) 부분에 입력할 내용으로 적절한 것은 무엇인가?

1) 질문의도
: 근본원인+인과관계
→ 5Why 기법

2) 사고법 적용

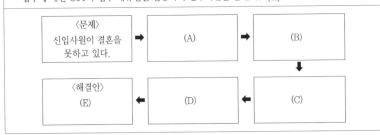

- 배우자를 만날 시간이 없다. (A)
- 신입사원이어서 업무에 대해 잘 모른다. (D)
- 매일 늦게 퇴근한다. (B)
- 업무를 제때에 못 마친다. (C)
- 업무에 대한 OJT나 업무 매뉴얼을 활용하여 업무시간을 줄인다. (E)

① 배우자를 만날 시간이 없다.
☑ 신입사원이어서 업무에 대해 잘 모른다.
③ 매일 늦게 퇴근한다.
④ 업무를 제때에 못 마친다.
⑤ 업무에 대한 OJT나 업무 매뉴얼을 활용하여 업무시간을 줄인다.

3) 정답도출

주어진 문제에 대해서 계속해서 원인을 물어 가장 근본이 되는 원인을 찾는 5Why의 사고법을 활용하여 푸는 문제이다. 주어진 내용을 토대로 인과관계를 고려하여 나열하면 신입사원이 결혼을 못하는 원인은 배우자를 만날 시간이 없어서이며, 이는 매일 늦게 퇴근하기 때문이다. 또한 늦게 퇴근하는 원인은 업무를 제때 못 마치기 때문이며, 이는 신입사원이어서 업무에 대해 잘 모르기 때문이다. 따라서 그 해결방안으로 업무에 대한 OJT나 업무 매뉴얼을 활용하여 업무시간을 줄이도록 할 수 있다.

정답 ②

유형풀이 Tip

• 질문을 읽고 문제를 해결하기 위해 필요한 사고법을 선별한 뒤 적용한다.

대표적인 사고법

① 피라미드 구조 기법 : 하위의 사실이나 현상으로부터 상위의 주장을 만들어 나가는 방법

② 5Why 기법 : 주어진 문제에 대해서 계속하여 이유를 물어 가장 근본이 되는 원인을 찾는 방법

③ So What 기법 : '그래서 무엇이지?'라고 자문자답하며 눈앞에 있는 정보로부터 의미를 찾아내어 가치 있는 정보를 이끌어 내는 방법

03 | 유형점검

| STEP 1 |

※ 제시된 명제가 모두 참일 때, 빈칸에 들어갈 명제로 옳은 것을 고르시오. [1~3]

| 2017 지역농협 6급

01

- 모든 미술가는 피카소를 좋아한다.
- 나는 미술가가 아니다.
- 그러므로 _____

① 나는 피카소를 좋아한다.
② 나는 피카소를 좋아하지 않는다.
③ 어떤 미술가는 미켈란젤로를 좋아한다.
④ 미술가인 아버지는 피카소를 좋아하지 않는다.
⑤ 내가 피카소를 좋아하는지 좋아하지 않는지 알 수 없다.

정답 | 해설

모든 미술가는 피카소를 좋아하지만, 미술가가 아닌 사람(나)이 피카소를 좋아하는지 아닌지는 알 수 없다.

정답 ⑤

문제풀이 Tip

해당 문제는 최근 출제 경향 중 하나인 벤다이어그램을 활용한 삼단논법이다. '모든', '어떤'과 같은 표현이 나오면 벤다이어그램을 활용하는 문제인지를 확인한다.

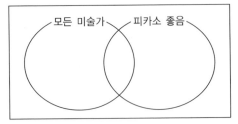

02

> • 어떤 경위는 파출소장이다.
>
> • _____
>
> • 30대 중 파출소장인 사람이 있다.

① 어떤 경위는 30대이다.

② 어떤 경위는 30대가 아니다.

③ 30대는 모두 경위이다.

④ 모든 경위는 30대이다.

PART 1

정답 | 해설

'경위'를 A, '파출소장'을 B, '30대'를 C라고 하면, 첫 번째 명제와 마지막 명제는 다음과 같은 벤다이어그램으로 나타낼 수 있다.

1) 첫 번째 명제

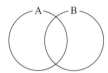

2) 마지막 명제

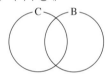

마지막 명제가 참이 되기 위해서는 **B와 공통되는 부분의 A와 C가 연결되어야** 하므로 A를 C에 모두 포함시켜야 한다. 즉, 다음과 같은 벤다이어그램이 성립할 때 마지막 명제가 참이 될 수 있으므로 빈칸에 들어갈 명제는 '모든 경위는 30대이다.'이다.

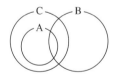

[오답분석]

①·② 다음과 같은 경우 성립하지 않는다.

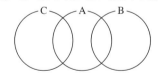

③ 다음과 같은 경우 성립하지 않는다.

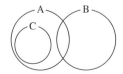

정답 ④

03

> • 서로를 사랑하면 세계에 평화가 찾아온다.
> • _____
> • 그러므로 타인을 사랑하면 세계에 평화가 찾아온다.

① 서로를 사랑하지 않는다는 것은 타인을 사랑하지 않는다는 것이다.
② 세계가 평화롭지 않으면 서로를 싫어한다는 것이다.
③ 서로를 사랑하면 타인을 사랑하지 않게 된다.
④ 세계에 평화가 찾아오면 서로를 사랑하게 된다.
⑤ 세계에 평화가 찾아오면 서로를 미워하게 된다.

> **정답** | **해설** ────────────────────────────────○
>
> 명제의 대우는 항상 참이다.
> 삼단논법이 성립하려면 '타인을 사랑하면 서로를 사랑한다.'라는 명제가 필요한데, 이 명제의 대우는 ①이다.
>
> 정답 ①

※ 제시된 명제가 모두 참일 때, 항상 옳은 것을 고르시오. [4~7]

04

> • 창조적인 기업은 융통성이 있다.
> • 오래 가는 기업은 건실하다.
> • 오래 가는 기업이라고 해서 모두가 융통성이 있는 것은 아니다.

① 융통성이 있는 기업은 건실하다.
② 창조적인 기업이 오래 갈지 아닐지 알 수 없다.
③ 융통성이 있는 기업은 오래 간다.
④ 어떤 창조적인 기업은 건실하다.

> **정답** | **해설** ────────────────────────────────○
>
> 창조적인 기업은 융통성이 있고, 융통성이 있는 기업 중의 일부는 오래간다. 즉, '창조적인 기업이 오래 갈지 아닐지 알 수 없다.'는 항상 옳다.
>
> 정답 ②

05

> • 축산업이 발전하면 소득이 늘어난다.
> • 해외수입이 줄어들면 축산업이 발전한다.

① 해외수입이 줄어들면 소득이 줄어든다.

② 해외수입이 늘어나면 소득이 늘어난다.

③ 축산업이 발전되지 않으면 소득이 늘어난다.

④ 해외수입이 줄어들면 소득이 늘어난다.

정답 | 해설

'축산업이 발전함'을 p, '소득이 늘어남'을 q, '해외수입이 줄어듦'을 r이라고 하면

$p \rightarrow q$, $r \rightarrow p$이므로 $r \rightarrow p \rightarrow q$의 관계가 되어 $r \rightarrow q$인 '해외수입이 줄어들면 소득이 늘어난다.'를 추론할 수 있다.

정답 ④

문제풀이 Tip

문제를 풀이할 때 p, q, r과 같은 기호로 나타내는 것보다 자신이 빠르게 알아볼 수 있게 표현하는 것이 좋다.

• 축산업 ○ → 소득 ○
• 해외수입 × → 축산업 ○

이를 정리하면 다음과 같다.

• 해외수입 × → 축산업 ○ → 소득 ○
• 해외수입 × → 소득 ○

따라서 답은 ④이다.

06

- 관수는 보람보다 크다.
- 창호는 보람보다 작다.
- 동주는 관수보다 크다.
- 인성은 보람보다 작지 않다.

① 인성은 창호보다 크고 관수보다 작다.
② 보람은 동주, 관수보다 작지만 창호보다는 크다.
③ 창호는 관수, 보람보다 작지만 인성보다는 크다.
④ 동주는 관수, 보람, 창호, 인성보다 크다.
⑤ 관수는 인성보다 작지만, 창호보다 크다.

정답 | 해설

동주는 관수보다, 관수는 보람이보다, 보람이는 창호보다 크다. 따라서 동주 - 관수 - 보람 - 창호 순서로 크다. 그러나 보람과 창호를 제외한 인성과 다른 사람과의 관계는 알 수 없다.

정답 ②

문제풀이 Tip

문제를 풀 때 인성이와 다른 사람의 관계도 도식화시켜 표현하면 편리하다.
예 동주>관수>보람>창호 / 인성>보람>창호

07

- 수박을 사면 감자를 산다.
- 귤을 사면 고구마를 사지 않는다.
- 사과를 사면 배도 산다.
- 배를 사면 수박과 귤 중 하나를 산다.
- 고구마를 사지 않으면 감자를 산다.

① 사과를 사면 수박과 귤 모두 산다.
② 수박을 사지 않으면 고구마를 산다.
③ 배를 사지 않으면 수박과 귤 모두 산다.
④ 귤을 사면 감자도 같이 산다.

정답 | 해설

두 번째와 마지막 명제를 보면 귤을 사면 고구마를 사지 않고, 고구마를 사지 않으면 감자를 산다고 했으므로 '귤을 사면 감자도 같이 산다.'는 옳은 내용이다.

① 세 번째와 네 번째 명제에서 '사과를 사면 수박과 귤 모두 산다.'가 아닌 '사과를 사면 수박과 귤 중 하나를 산다.'를 추론할 수 있다.

② 알 수 없는 내용이다.

③ 네 번째 명제의 '이' 명제는 '배를 사지 않으면 수박과 귤을 모두 사거나 사지 않는다.'이지만 명제가 참이라고 하여 '이' 명제가 반드시 참이 될 수는 없다.

정답 ④

문제풀이 Tip

제시된 명제가 많다면 최대한 간소화해서 표현한다.
- 수박 ○ → 감자 ○
- 귤 ○ → 고구마 ×
- 사과 ○ → 배 ○
- 배 ○ → 수박 or 귤 ○
- 고구마 × → 감자 ○

이를 정리하면 다음과 같다.
- 사과 ○ → 배 ○ → 수박 or 귤 ○
- 귤 ○ → 고구마 × → 감자 ○
- 수박 ○ → 감자 ○

따라서 답은 ④이다.

| 2015 지역농협 6급

08 '캐럴이 울리면 사슴이 달린다.'라는 문장의 대우가 되는 문장은?

① 사슴이 걸으면 캐럴이 울린다.

② 사슴이 뛰면 캐럴이 꺼진다.

③ 사슴이 달리니 캐럴이 울린다.

④ 사슴이 달리지 않으면 캐럴이 울리지 않는다.

정답 | 해설

주어진 명제를 기호화하면 '캐럴이 울린다. → 사슴이 달린다.'가 되고, 그 대우는 '사슴이 달리지 않는다. → 캐럴이 울리지 않는다.'이다.

정답 ④

문제풀이 Tip

명제의 역·이·대우

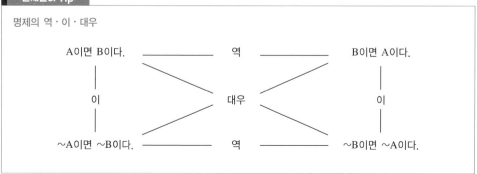

09 김대리는 체육대회에 참여할 직원 명단을 작성하고자 한다. A~F 6명의 직원들이 다음 〈조건〉에 따라 참여한다고 할 때, 체육대회에 반드시 참여하는 직원의 수는?

조건

- A가 참여하면 F는 참여하지 않고, B는 체육대회에 참여한다.
- C가 체육대회에 참여하면 D가 체육대회에 참여하지 않는다.
- E가 체육대회에 참여하지 않으면 C는 체육대회에 참여한다.
- B와 E 중 1명만 체육대회에 참여한다.
- D는 체육대회에 참여한다.

---

① 2명　　　　　　　　　　　　　② 3명

③ 4명　　　　　　　　　　　　　④ 5명

⑤ 6명

정답 | 해설 ────────────────────────────────────○

다섯 번째 조건에 의해 D가 참여하므로 두 번째 조건의 대우인 D → ~C에 의해 C는 참여하지 않고, 세 번째 조건의 대우인 ~C → E에 의해 E는 참여한다. E가 참여하므로 네 번째 조건에 의해 B는 참여하지 않는다. 또한 첫 번째 조건의 대우인 F or ~B → ~A에 의해 A는 참여하지 않는다. 그리고 F는 제시된 조건으로는 반드시 참여하는지 알 수 없다. 따라서 반드시 체육대회에 참여하는 직원은 D, E 2명이다.

정답 ①

문제풀이 Tip

제시된 조건을 다음과 같이 기호화하여 빠르게 문제를 해결할 수 있도록 한다.
- A → ~F & B
- C → ~D
- ~E → C
- B or E
- D
이를 정리하면 다음과 같다.
- D → ~C
- ~C → E → ~B
- F or ~B → ~A

10 N대학교의 기숙사에서는 기숙사에 거주하는 가 ~ 라 4명을 1층부터 4층에 매년 새롭게 배정하고 있다. 올해도 다음 〈조건〉에 따라 배정할 때, 반드시 참인 것은?

조건

- 한 번 거주한 층에는 다시 거주하지 않는다.
- 가와 라는 2층에 거주한 적이 있다.
- 나와 다는 3층에 거주한 적이 있다.
- 가와 나는 1층에 거주한 적이 있다.
- 가, 나, 라는 4층에 거주한 적이 있다.

---

① 다는 4층에 배정될 것이다.

② 라는 3층에 거주한 적이 있을 것이다.

③ 라는 1층에 거주한 적이 있을 것이다.

④ 다는 2층에 거주한 적이 있을 것이다.

⑤ 기숙사에 3년 이상 산 사람은 가밖에 없다.

정답 | 해설

한 번 거주했던 층에는 다시 거주할 수 없기 때문에 가 ~ 라 4명의 기숙사 배치를 표로 정리하면 다음과 같다.

구분	가	나	다	라
4층	×	×		×
3층		×	×	
2층	×			×
1층	×	×		

마지막 조건에 따라 4층에 거주할 수 있는 사람은 다 1명뿐이다. 따라서 반드시 참인 것은 ①이다.

오답분석

② · ③ · ④ 주어진 조건만으로는 판단하기 힘들다.

⑤ 매년 새롭게 층을 배정하기 때문에 나 또한 3년 이상 거주했을 것이다.

정답 ①

11 N백화점 명품관에서 도난 사건이 발생했다. CCTV 확인을 통해 그 시각 백화점 명품관에 있던 용의자 A ~ F가 검거됐다. 이들 중 범인인 두 사람이 거짓말을 하고 있다면, 범인인 사람은?

- A : F가 성급한 모습으로 나가는 것을 봤어요.
- B : C가 가방 속에 무언가 넣는 모습을 봤어요.
- C : 나는 범인이 아닙니다.
- D : B 혹은 A가 훔치는 것을 봤어요.
- E : F가 범인인 게 확실해요. CCTV를 자꾸 신경 쓰고 있었거든요.
- F : 얼핏 봤는데, 제가 본 도둑은 C 아니면 E예요.

① A, C   ② B, C

③ B, F   ④ D, E

정답 | 해설

B와 C의 발언이 모순되므로, B와 C 둘 중 한 명은 거짓말을 하고 있다. B의 발언이 참이라면 C가 범인이고 F도 참이 된다. F는 C 또는 E가 범인이라고 했으므로 C가 범인이라면 E는 범인이 아니고, E의 발언 역시 참이 되어야 한다. 하지만 E의 발언이 참이라면 F가 범인이어야 하므로 모순이다.

따라서 B의 발언이 거짓이며, C 또는 E가 범인이라는 F 역시 범인임을 알 수 있다.

정답 ③

12 N사의 갑 ~ 정 4명은 각각 다른 팀에 근무하는데, 각 팀은 2 ~ 5층에 위치하고 있다. 〈조건〉이 다음과 같을 때, 항상 참인 것은?

> **조건**
>
> • 갑, 을, 병, 정 중 2명은 부장, 1명은 과장, 1명은 대리이다.
> • 대리의 사무실은 을보다 높은 층에 있다.
> • 을은 과장이다.
> • 갑은 대리가 아니다.
> • 갑의 사무실이 가장 높다.

① 부장 중 한 명은 반드시 2층에 근무한다.
② 갑은 부장이다.
③ 대리는 4층에 근무한다.
④ 을은 2층에 근무한다.
⑤ 병은 대리이다.

정답 │ 해설

을이 과장이므로 대리가 아닌 갑은 부장의 직책을 가진다.

[오답분석]

조건에 따라 갑, 을, 병, 정의 사무실 위치를 정리하면 다음과 같다.

구분	2층	3층	4층	5층
경우 1	부장	을과장	대리	갑부장
경우 2	을과장	대리	부장	갑부장
경우 3	을과장	부장	대리	갑부장

① 갑부장 외의 또 다른 부장은 2층, 3층 또는 4층에 근무한다.
③ 대리는 3층 또는 4층에 근무한다.
④ 을은 2층 또는 3층에 근무한다.
⑤ 병의 직책은 알 수 없다.

정답 ②

13 N회사 사무실에 도둑이 들었다. 범인은 2명이고, 용의자로 지목된 A ~ E 5명이 다음과 같이 진술했다. 이 중 2명이 거짓말을 하고 있다고 할 때, 다음 중 동시에 범인이 될 수 있는 사람으로 짝지어진 것은?

- A : B나 C 중에 1명만 범인이에요.
- B : 저는 확실히 범인이 아닙니다.
- C : 제가 봤는데 E가 범인이에요.
- D : A가 범인이 확실해요.
- E : 사실은 제가 범인이에요.

---

① A, B
② D, E
③ B, C
④ B, D
⑤ C, E

정답 | 해설 ───────────────────────────○

A를 기준으로 A의 진술이 참인 경우와 A의 진술이 거짓인 경우가 있는데, 만약 A의 진술이 거짓이라면 B와 C가 모두 범인인 경우와 B와 C가 모두 범인이 아닌 경우로 나눌 수 있고, A의 진술이 참이라면 B가 범인인 경우와 C가 범인인 경우로 나눌 수 있다.

- **A의 진술이 거짓이고 B와 C가 모두 범인인 경우**
  B, C, D, E의 진술이 모두 거짓이 되어 5명이 모두 거짓말을 한 것이 되므로 조건에 어긋난다.
- **A의 진술이 거짓이고 B와 C가 모두 범인이 아닌 경우**
  B의 진술이 참이 되므로 C, D, E 중 1명의 진술만 거짓, 나머지는 참이 되어야 한다. C의 진술이 참이면 E의 진술도 반드시 참, C의 진술이 거짓이면 E의 진술도 반드시 거짓이므로 D가 거짓, C, E가 참을 말하는 것이 되어야 한다. 따라서 이 경우 D와 E가 범인이 된다.
- **A의 진술이 참이고 B가 범인인 경우**
  B의 진술이 거짓이 되기 때문에 C, D, E 중 1명의 진술만 거짓, 나머지는 참이 되어야 하므로 C, E의 진술이 참, D의 진술은 거짓이 된다. 따라서 이 경우 B와 E가 범인이 된다.
- **A의 진술이 참이고 C가 범인인 경우**
  B의 진술이 참이 되기 때문에 C, D, E 중 1명의 진술만 참, 나머지는 거짓이 되어야 하므로 C, E의 진술이 거짓, D의 진술은 참이 된다. 따라서 범인은 A와 C가 된다.

따라서 보기 중 ②만 동시에 범인이 될 수 있는 사람으로 짝지어져 있다.

정답 ②

문제풀이 Tip

참·거짓 유형 중 90% 이상은 다음 두 가지 방법으로 풀 수 있다. 주어진 진술을 빠르게 훑으며 다음 두 가지 중 어떤 경우에 해당되는지 확인한 후 문제를 풀어나간다.
- **두 명 이상의 발언 중 한쪽이 진실이면 다른 한쪽이 거짓인 경우**
  ① A가 진실이고 B가 거짓인 경우, B가 진실이고 A가 거짓인 경우 두 가지로 나눌 수 있다.
  ② 두 가지 경우에서 각 발언의 진위 여부를 판단한다.
  ③ 주어진 조건과 비교한다(범인의 숫자가 맞는지, 진실 또는 거짓을 말한 인원수가 조건과 맞는지 등).
- **두 명 이상의 발언 중 한쪽이 진실이면 다른 한쪽도 진실인 경우**
  ① A와 B가 모두 진실인 경우, A와 B가 모두 거짓인 경우 두 가지로 나눌 수 있다.
  ② 두 가지 경우에서 각 발언의 진위 여부를 판단하여 범인을 찾는다.
  ③ 주어진 조건과 비교한다(범인의 숫자가 맞는지, 진실 또는 거짓을 말한 인원수가 조건과 맞는지 등).

14 N은행의 A사원은 동계 연수에 참가하고자 한다. 연수 프로그램의 참여 조건이 다음과 같을 때, 〈보기〉의 ㉠ ~ ㉣ 중 옳은 설명을 모두 고르면?

〈참여 조건〉

- 전략기획연수에는 반드시 참여해야 한다.
- 노후관리연수에 참여하면 직장문화연수에도 참여한다.
- 자기관리연수에 참여하면 평생직장연수에는 참여하지 않는다.
- 직장문화연수에 참여하면 전략기획연수에는 참여하지 않는다.
- 자기관리연수와 노후관리연수 중 한 가지 프로그램에는 꼭 참여한다.

보기

㉠ A사원은 노후관리연수에 참여한다.
㉡ A사원은 자기관리연수에 참여한다.
㉢ A사원은 직장문화연수에 참여하지 않는다.
㉣ A사원은 평생직장연수에 참여한다.

① ㉠, ㉡
② ㉠, ㉢
③ ㉡, ㉢
④ ㉡, ㉣
⑤ ㉢, ㉣

정답 | 해설

참여 조건을 명제 관계로 정리하여 나타내면 다음과 같다.
- 전략기획연수 ○
- 노후관리연수 ○ → 직장문화연수 ○
- 자기관리연수 ○ → 평생직장연수 ×
- 직장문화연수 ○ → 전략기획연수 ×
- 자기관리연수 ○ → 노후관리연수 × or 자기관리연수 × → 노후관리연수 ○
이를 명제의 대우 관계로 풀어내면
전략기획연수 ○ → 직장문화연수 × → 노후관리연수 × → 자기관리연수 ○ → 평생직장연수 ×
따라서 ㉡, ㉢이 옳은 설명이다.

정답 ③

15 다음 글과 동일한 오류를 범하고 있는 것은?

> 예수님은 존재하지 않아. 우리 중에 예수님을 본 사람이 있으면 나와 보라고 해. 거 봐, 없잖아.

① 애, 빨리 가서 공부해. 공부를 못하면 착한 어린이가 아니야.

② 저는 학생에게서 돈을 빼앗지 않았습니다. 제가 돈을 뺏는 걸 본 사람이 없는걸요.

③ 여러분, 저 사람이 바로 민족의 명예를 더럽힌 사건의 주범입니다.

④ 그 집의 막내아들도 좋은 대학에 합격할 거야. 그 아이의 형들이 다 명문대 학생이거든.

⑤ 지난번 돼지꿈을 꾸고 복권에 당첨되었어. 이번에도 돼지꿈을 꾸었으니까 복권에 당첨될 거야.

정답 | 해설

제시문은 어떤 주장에 대해 증명할 수 없거나 결코 알 수 없음을 들어 거짓이라고 반박하는 무지에 호소하는 오류를 범하고 있으며, ②의 문장 또한 이와 같은 오류에 해당한다.

오답분석

① 원천 봉쇄의 오류 : 어떤 주장에 대한 반론이 일어날 수 있는 원천을 막고 봉쇄하여 자신의 주장을 선제적으로 변호하려는 오류

③ 군중에 호소하는 오류 : 자신의 주장을 설득하기 위해 다수가 지지한다는 것을 근거로 내세우는 데서 비롯되는 오류

④ 결합의 오류 : 개별적으로는 참이나, 그 부분의 결합인 전체로는 거짓인 것을 참이라고 주장하는 데로 비롯되는 오류

⑤ 원인 오판의 오류 : 두 사건이 우연히 선후관계에 있거나 단순한 상관관계에 지나지 않음에도 한 사건을 다른 사건의 원인으로 간주할 때 발생하는 오류

정답 ②

문제풀이 Tip

오류에 대한 개념을 이론적으로 정확하게 알고 있는 것이 아니라면 다음과 같은 예시를 많이 접해두는 것이 좋다.

예 ㉠ 계속 울면 호랑이가 잡아 간다.

㉡ 내가 뭘 잘못했다고 그래? 너는 더 했잖아.

㉢ 조선의 힘이 강했다면 오히려 일본을 침략했을 것이므로 일본의 조선 침략은 정당합니다.

㉣ 우리가 동시에 관두면 회사는 큰 손해를 입게 될 것입니다.

위의 예를 보면 정확하게 어떤 오류가 있는지 설명하긴 어렵더라도 크게 두 가지로 분류할 수는 있을 것이다. ㉠과 ㉣은 상대방을 위협함으로써 자신의 의견을 표현하고 있고, ㉡과 ㉢은 역으로 상대방을 공격해서 자신의 잘못을 정당화하고 있다. 오류에 관한 문제는 정확한 이론적 지식을 묻지 않기 때문에 많은 사례를 접하고 분류하는 연습을 하면 좋은 결과를 얻을 수 있다.

㉠·㉣ 공포에 호소하는 오류 : 상대방을 윽박지르거나 증오심을 표현하여 자신의 주장을 받아들이게 하는 오류

㉡·㉢ 피장파장의 오류(역공격의 오류) : 자신이 비판받는 내용이 상대방에게도 적용될 수 있음을 내세워 공격함으로써 벗어나는 오류

16

┃ 2015 지역농협 6급

> 도깨비는 있다. 왜냐하면 지금까지 도깨비가 없다는 것을 증명한 사람은 없기 때문이다.

① 논점 일탈의 오류

② 무지에 호소하는 오류

③ 흑백 논리의 오류

④ 잘못된 유추의 오류

정답 해설

전제가 지금까지 거짓으로 증명되어 있지 않은 것을 근거로 참인 것을 주장하는 것은 무지에 호소하는 오류에 해당한다.

오답분석

① 논점 일탈의 오류 : 원래의 논점과는 다른 방향으로 논지를 이끌어감으로써 무관한 결론에 이르게 되는 오류

③ 흑백 논리의 오류 : 어떤 집합의 원소가 단 두 개밖에 없다고 여기고, 이것이 아니면 저것일 수밖에 없다고 단정 짓는 데서 오는 오류

④ 잘못된 유추의 오류 : 유사성이 없는 측면까지 유사성이 있는 것처럼 부당하게 비유를 적용하는 오류

정답 ②

17

┃ 2020 지역농협 6급(70문항)

> 농업에 종사하는 사람이라면 농협에 가입해야 하고, 가입하지 않는 사람은 농업에 종사하는 사람이 아니다. 따라서 농협에 가입하지 않은 사람이라면 농업인이라고 할 수 없다.

① 성급한 일반화의 오류

② 피장파장의 오류

③ 순환 논증의 오류

④ 거짓 딜레마의 오류

⑤ 미끄러운 비탈길 오류

정답 해설

거짓 딜레마의 오류는 어떠한 문제 상황에서 제3의 선택지가 존재함에도 불구하고 이를 묵살하여 단 두 가지의 선택지가 있는 것처럼 상대에게 양자택일을 강요하는 것이다. 단, 참 또는 거짓과 같은 명제의 진릿값이 존재하거나 양자택일이 명확한 논제라면 거짓 딜레마의 오류라고 볼 수 없다.

오답분석

① 성급한 일반화의 오류 : 몇 개의 사례나 경험으로 전체 또는 전체의 속성을 단정 짓고 판단하는 데서 발생하는 오류

② 피장파장의 오류 : 인신공격 오류의 일종으로 주장을 제시한 자의 비일관성이나 도덕성의 문제를 이유로 제시된 주장을 잘못이라고 판단하는 오류

③ 순환 논증의 오류 : 추론자가 논증할 명제를 논증의 근거로 하는 오류

⑤ 미끄러운 비탈길 오류 : 논의 중인 주제에서 관심을 돌려 다른 문제를 고려하게 만드는 오류

정답 ④

18 다음 중 '후광효과'의 사례에 해당하는 것은?

① 국내 1위 기업인 S기업에서 개발한 신제품이 채 시장에 출시되기도 전에 경쟁 기업들의 매출이 하락했다.

② 평소 인품이 뛰어난 것으로 알려져 있던 B대표는 횡령 혐의로 인해 여론의 지탄을 받았다.

③ L사의 신형 스마트폰은 과거 L사의 히트작 시리즈의 파생상품으로 출시되었으나 큰 반향을 일으키지 못한 채 사라지게 되었다.

④ N사의 신상 화장품은 높은 가격에도 불구하고 뛰어난 미백효과로 인해 많은 고객들에게 사랑받고 있다.

⑤ 연예인 A씨는 뛰어난 요리 솜씨와 입담으로 최근 각종 요리 프로그램에서 사랑받고 있다.

정답 해설

S기업의 신제품이 시장에 출시되어 반응을 얻기 전부터 경쟁 기업들의 매출이 하락했다는 것은 후광효과에 의한 영향임을 추측할 수 있다.

[오답분석]

②·③ 후광효과를 받지 못한 경우에 해당한다.

④·⑤ 제품의 실제 효과가 뛰어나거나 실력이 뛰어나 성공하는 경우는 후광효과에 해당한다고 보기 어렵다.

정답 ①

19 다음 중 브레인스토밍(Brainstorming) 방식으로 회의를 진행할 때의 내용으로 옳지 않은 것은?

① 아이디어가 많을수록 질적으로 우수한 아이디어가 나온다.

② 다수의 의견을 도출해낼 수 있는 사람을 회의의 리더로 선출한다.

③ 논의하고자 하는 주제를 구체적이고 명확하게 정한다.

④ 다른 사람과 자유롭게 의견을 공유하고 비판한다.

정답 해설

브레인스토밍은 어떤 문제의 해결책을 찾기 위해 여러 사람이 자유롭게 아이디어를 제시하도록 요구하는 방법으로, 가능한 한 많은 양의 아이디어를 모아 그 속에서 해결책을 찾는 방법이다. 따라서 제시된 아이디어에 대해 비판해서는 안 되며, 다양한 아이디어를 결합하여 최적의 방안을 찾아야 한다.

정답 ④

브레인스토밍 진행 방법

① 주제를 구체적이고 명확하게 정한다.
② 구성원의 얼굴을 볼 수 있는 좌석 배치와 큰 용지를 준비한다.
③ 구성원들의 다양한 의견을 도출할 수 있는 사람을 리더로 선출한다.
④ 구성원은 다양한 분야의 사람들 5 ~ 8명 정도로 구성한다.
⑤ 발언은 누구나 자유롭게 할 수 있도록 하며, 모든 발언 내용을 기록한다.
⑥ 아이디어에 대해 비판해서는 안 된다.

| 2023 하반기 지역농협 6급(60문항)

20 SCAMPER 방법론에 따라 다음 제시된 상품의 마케팅 사례를 분석할 때, 가장 연관성이 높은 기법은?

- 제품명 : 텀블러 블렌더
- 제품 특징 : 텀블러를 들고 다니며 내용물을 마실 수 있으며, 텀블러의 뚜껑에 블렌더 날과 모터가 내장되어 있으므로 텀블러를 뒤집고 버튼을 누르면 모터가 작동되어 블렌더로 텀블러 내부의 내용물을 분쇄한다.

① Substitute   ② Combine
③ Adapt   ④ Eliminate

정답 해설

제시된 사례에서 텀블러 블렌더는 음료를 보관하고 쉽게 휴대할 수 있는 텀블러의 기능과 내용물을 분쇄하여 취식할 수 있는 블렌더의 기능을 결합한 제품으로써 두 가지 기능을 하나의 상품에 결합한 것이다. 이는 SCAMPER 방법론 중 조합·결합(Combine)에 해당한다.

정답 ②

이론 더하기

스캠퍼(SCAMPER) 기법
창의적 사고를 유도하여 신제품이나 서비스 등을 생각하는 발상 도구이다.
- S : 대체하기(Substitute)
- C : 조합하기(Combine)
- A : 적용하기(Adapt)
- M : 수정·확대·축소하기(Modify·Magnify·Minify)
- P : 다른 용도로 사용하기(Put to other use)
- E : 제거하기(Eliminate)
- R : 재배치하기(Rearrange)

21 다음에서 설명하는 창의적 사고 개발 방법은?

> 일정한 주제에 관하여 회의를 하고, 참가하는 인원이 자유발언을 통해 아이디어를 제시하는 것으로 다른 사람의 발언에 비판하지 않는다.

① 스캠퍼 기법 ② 여섯 가지 색깔 모자
③ 브레인스토밍 ④ TRIZ

정답 | **해설** ─────────────────────────────────────○

브레인스토밍(Brainstorming)
• 한 사람이 생각하는 것보다 다수가 생각하는 아이디어가 많다.
• 아이디어 수가 많을수록 질적으로 우수한 아이디어가 나올 수 있다.
• 아이디어에 비판이 가해지지 않으면 그 수가 많아진다.

[오답분석]
① 스캠퍼(Scamper) 기법 : 창의적 사고를 유도하여 신제품이나 서비스 등을 생각하는 발상 도구
② 여섯 가지 색깔 모자(Six Thinking Hats) : 각각 중립적, 감정적, 부정적, 낙관적, 창의적, 이성적 사고를 뜻하는 여섯 가지 색의 모자를 차례대로 바꾸어 쓰면서 모자 색깔이 뜻하는 유형대로 생각해보는 방법
④ TRIZ(Teoriya Resheniya Izobretatelskikh Zadatch) : 문제에 대하여 이상적인 결과를 정하고, 그 결과를 얻는 데 모순이 되는 것을 찾아 모순을 극복할 수 있는 해결안을 찾는 40가지 방법에 대한 이론

정답 ③

---

22 다음은 MECE(Mutually Exclusive, Collectively Exhaustive)의 적용 절차이다. 〈보기〉 중 (가) ~ (마)에 들어갈 절차를 순서대로 바르게 나열한 것은?

> 1. 문제 파악(문제의 핵심)
> 2. _____(가)_____
> 3. _____(나)_____
> 4. _____(다)_____
> 5. _____(라)_____
> 6. _____(마)_____
> 7. 메시지 전달(결과 보고)

[보기]

ⓐ 불필요한 문제 제거하기 ⓒ 계획 수립하기(세부 내용)
ⓒ 문제 분해하기(중복과 누락 검사 등) ⓔ 분석하고 종합하기(검증)
ⓜ 가설 세우기(실행 가능 요소)

① ㉠ - ㉡ - ㉢ - ㉢ - ㉣ ② ㉠ - ㉢ - ㉢ - ㉡ - ㉣
③ ㉢ - ㉠ - ㉢ - ㉡ - ㉣ ④ ㉢ - ㉢ - ㉠ - ㉡ - ㉣

MECE는 중복되지 않고, 누락이 없게 하는 것으로 다음과 같은 절차를 거친다.

1. 문제 파악
2. 문제 분해
3. 불필요한 문제 제거
4. 가설
5. 계획 수립
6. 분석과 종합
7. 메시지 전달

정답 ③

23 다음 (가) ~ (다)의 문제해결 방법을 바르게 연결한 것은?

> (가) : 상이한 문화적 토양을 가지고 있는 구성원을 가정하고, 서로의 생각을 직설적으로 주장하고 논쟁이나 협상을 통해 서로의 의견을 조정해 가는 방법이다. 이때 논리, 즉 사실과 원칙에 근거한 토론이 중심적 역할을 한다.
>
> (나) : 깊이 있는 커뮤니케이션을 통해 서로의 문제점을 이해하고 공감함으로써 창조적인 문제해결을 도모한다. 초기에 생각하지 못했던 창조적인 해결 방법이 도출되고, 동시에 구성원의 동기와 팀워크가 강화된다.
>
> (다) : 조직 구성원들을 같은 문화적 토양을 가지고 이심전심으로 서로를 이해하는 상황으로 가정한다. 무언가를 시사하거나 암시를 통하여 의사를 전달하고 기분을 서로 통하게 함으로써 문제해결을 도모하려고 한다.

	(가)	(나)	(다)
①	퍼실리테이션	하드 어프로치	소프트 어프로치
②	소프트 어프로치	하드 어프로치	퍼실리테이션
③	소프트 어프로치	퍼실리테이션	하드 어프로치
④	하드 어프로치	퍼실리테이션	소프트 어프로치

(가) **하드 어프로치** : 하드 어프로치에 의한 문제해결 방법은 상이한 문화적 토양을 가지고 있는 구성원을 가정하고, 서로의 생각을 직설적으로 주장하고 논쟁이나 협상을 통해 서로의 의견을 조정해 가는 방법이다.

(나) **퍼실리테이션** : 퍼실리테이션이란 '촉진'을 의미하며, 어떤 그룹이나 집단이 의사결정을 잘 하도록 도와주는 일을 의미한다. 퍼실리테이션에 의한 문제해결 방법은 깊이 있는 커뮤니케이션을 통해 서로의 문제점을 이해하고 공감함으로써 창조적인 문제해결을 도모한다.

(다) **소프트 어프로치** : 소프트 어프로치에 의한 문제해결 방법은 대부분의 기업에서 볼 수 있는 전형적인 스타일로 조직 구성원들을 같은 문화적 토양을 가지고 이심전심으로 서로를 이해하는 상황을 가정한다.

정답 ④

※ 다음은 A, B, C사의 농기계(트랙터, 이앙기, 경운기)에 대한 농민들의 평가를 나타낸 자료이다. 이어지는 질문에 답하시오. [24~25]

〈A, B, C사 트랙터 만족도〉

구분	가격	성능	안전성	디자인	연비	사후관리
A사	5	4	5	4	2	4
B사	4	5	3	4	3	4
C사	4	4	4	4	3	5

〈A, B, C사 이앙기 만족도〉

구분	가격	성능	안전성	디자인	연비	사후관리
A사	4	3	5	4	3	4
B사	5	5	4	4	2	4
C사	4	5	4	5	4	5

〈A, B, C사 경운기 만족도〉

구분	가격	성능	안전성	디자인	연비	사후관리
A사	3	3	5	5	4	4
B사	4	4	3	4	4	4
C사	5	4	3	4	3	5

※ 모든 항목의 만족도는 5점(최상) ~ 1점(최하)으로 1점 단위로 평가함

| 2016 하반기 지역농협 6급

24 세 가지 농기계의 평가를 모두 고려했을 때, 농민들이 가장 선호하는 회사와 만족도 점수를 구하면?(단, 만족도 비교는 총점수의 합으로 한다)

① A사, 71점
② B사, 70점
③ C사, 75점
④ B사, 72점
⑤ C사, 73점

정답 **해설**

A사 71점, B사 70점, C사 75점으로 농민들의 만족도는 C사가 가장 높다.

정답 ③

문제풀이 Tip

위의 경우는 각 사의 자료 값을 모두 더해야 하는 문제이다. 숫자가 1 ~ 5 사이의 수이므로 이런 경우에는 표별로 합계를 구하는 것보다 공통된 수의 개수를 확인하고, 곱하는 방식이 더 빠르다.
• A사 : 5×5+4×8+3×4+2=71점
• B사 : 5×3+4×11+3×3+2=70점
• C사 : 5×6+4×9+3×3=75점

25 가격과 성능만을 고려하여 세 가지 농기계를 한 회사에서 구입하려고 할 때, 해당 회사와 만족도 점수는 어떻게 되는가?(단, 만족도 비교는 총점수의 합으로 한다)

① A사, 22점   ② B사, 27점

③ C사, 26점   ④ A사, 28점

⑤ C사, 25점

정답 **해설** ────────────────────────────────○

가격과 성능의 만족도 합은 B사가 27점으로 가장 높다.

정답 ②

26 다음 중 시네틱스에 대한 설명으로 옳은 것은?

① 서로 관련이 없어 보이는 것들을 조합하여 새로운 아이디어를 생각하는 방법이다.

② 생각나는 대로 자유롭게 발상하는 방법으로 여러 사람의 아이디어를 합친 후 최적의 대안을 찾는다.

③ 각종 힌트에 강제적으로 연결 지어서 발상하는 방법이다.

④ 대상과 비슷한 것을 찾아내어 그것을 힌트로 새로운 아이디어를 생각하는 방법이다.

정답 **해설** ────────────────────────────────○

시네틱스(Synetics)는 서로 관련이 없어 보이는 것들을 조합하여 새로운 것을 도출하는 방법으로 비교발상법 중 하나이다.

[오답분석]
② 자유연상법 중 브레인스토밍에 대한 설명이다.
③ 강제연상법에 대한 설명이다.
④ 비교발상법 중 NM법에 대한 설명이다.

정답 ①

| STEP 2 |

01 N씨가 다음 〈조건〉에 따라 금융상품에 가입하고자 할 때, 반드시 거짓인 것은?

> 조건
>
> • N씨는 햇살론, 출발적금, 희망예금, 미소펀드, 대박적금 중 세 개의 금융상품에 가입한다.
> • 햇살론에 가입하면 출발적금에는 가입하지 않으며, 미소펀드에도 가입하지 않는다.
> • 대박적금에 가입하지 않으면 햇살론에 가입한다.
> • 미소펀드에 반드시 가입한다.
> • 미소펀드에 가입하거나 출발적금에 가입하면 희망예금에 가입한다.

① 희망예금에 가입한다.
② 대박적금에 가입한다.
③ 미소펀드와 햇살론 중 하나의 금융상품에만 가입한다.
④ 출발적금에 가입한다.
⑤ 햇살론에는 가입하지 않는다.

정답 **해설**

조건의 주요 명제들을 순서대로 논리 기호화하여 표현하면 다음과 같다.
• 두 번째 명제 : 햇살론 → (~출발적금 ∧ ~미소펀드)
• 세 번째 명제 : ~대박적금 → 햇살론
• 네 번째 명제 : 미소펀드
• 다섯 번째 명제 : (미소펀드 ∨ 출발적금) → 희망예금
네 번째 명제에 따라 미소펀드는 반드시 가입하므로, 다섯 번째 명제에 따라 출발적금 가입 여부와 무관하게 희망예금에 가입하고, 두 번째 명제의 대우 '(미소펀드 ∨ 출발적금) → ~햇살론'에 따라 햇살론에는 가입하지 않는다.
따라서 세 번째 명제의 대우 '~햇살론 → 대박적금'에 따라 대박적금은 가입하게 되고, 첫 번째 명제에 따라 미소펀드, 희망예금, 대박적금 3가지를 가입하므로 햇살론, 출발적금은 가입하지 않는다.

정답 ④

02 N은행 인사팀의 A사원, B대리, C팀장, D주임과 홍보팀의 E사원, F팀장은 신입사원 채용시험 진행을 위해 회의실에 모였다. 다음 〈조건〉에 따라 A ~ F가 원형 테이블에 앉는다고 할 때, 항상 옳은 것은?

> **조건**
> • 홍보팀의 E사원과 F팀장은 서로 나란히 앉는다.
> • 채용시험의 총괄을 맡은 인사팀의 C팀장은 홍보팀 F팀장과 마주 앉는다.
> • B대리와 C팀장은 서로 사이가 좋지 않아 나란히 앉지 않는다.
> • D주임은 C팀장의 왼쪽에 앉아 회의록을 작성한다.

① E사원은 D주임과 마주 앉는다.
② D주임은 B대리와 마주 앉는다.
③ B대리는 D주임 옆자리에 앉는다.
④ A사원은 F팀장과 나란히 앉지 않는다.
⑤ C팀장의 오른쪽에는 B대리가 앉는다.

정답 | 해설

원형 테이블에 먼저 기준이 되는 C팀장을 앉히고 나머지를 배치하면, 마지막 조건에 따라 C팀장 왼쪽 자리에는 D주임이 앉아야 한다. 다음으로 두 번째 조건에 따라 C팀장 맞은편에는 F팀장이 앉아야 하며, 첫 번째 조건에 따라 F팀장 바로 옆자리에는 E사원이 앉아야 한다. 이때, E사원은 F팀장의 오른쪽 또는 왼쪽에 모두 앉을 수 있으므로 가능한 경우를 고려하여 정리하면 다음과 같다.

ⅰ) E사원이 F팀장의 왼쪽에 앉았을 때

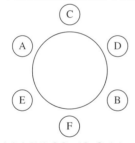

ⅱ) E사원이 F팀장의 오른쪽에 앉았을 때

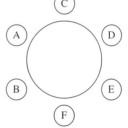

따라서 항상 옳은 것은 ④이다.

오답분석
① E사원은 D주임과 마주 앉을 수도 아닐 수도 있다.
② D주임은 B대리와 마주 앉을 수도 아닐 수도 있다.
③ B대리는 D주임 옆자리에 앉을 수도 아닐 수도 있다.
⑤ C팀장의 오른쪽에는 A사원이 앉는다.

정답 ④

03 A~G 7명이 원형 테이블에 〈조건〉과 같이 앉아 있을 때, 다음 중 직급이 사원인 사람과 대리인 사람이 바르게 연결된 것은?(단, A~G는 모두 사원, 주임, 대리, 과장, 차장, 부장, 이사 중 하나의 직급에 해당하며, 이 중 동일한 직급인 직원은 없다)

> **조건**
> • A의 왼쪽에는 부장이, 오른쪽에는 차장이 앉아 있다.
> • E는 사원과 이웃하여 앉지 않았다.
> • B는 부장과 이웃하여 앉아 있다.
> • C의 직급은 차장이다.
> • G는 차장과 과장 사이에 앉아 있다.
> • D는 A와 이웃하여 앉아 있다.
> • 사원은 부장, 대리와 이웃하여 앉아 있다.

	사원	대리			사원	대리
①	A	F		②	B	E
③	B	F		④	D	E
⑤	D	G				

정답 | 해설 ─────────────────────────────○

주어진 조건을 토대로 다음과 같이 정리해 볼 수 있다. 원형 테이블은 회전시켜도 좌석 배치는 동일하므로, 좌석에 1~7번으로 번호를 붙이고, A가 1번 좌석에 앉았다고 가정하여 배치하면 다음과 같다.

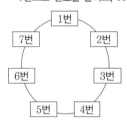

첫 번째 조건에 따라 2번에는 부장이, 7번에는 차장이 앉게 된다. 세 번째 조건에 따라 부장과 이웃한 자리 중 비어있는 3번에 B가 앉게 된다. 네 번째 조건에 따라 7번에 앉은 사람은 C가 된다. 다섯 번째 조건에 따라 5번에 과장이 앉게 되고, 과장과 차장 사이인 6번에 G가 앉게 된다. 여섯 번째 조건에 따라 A와 이웃한 자리 중 직원명이 정해지지 않은 2번의 부장 자리에는 D가 앉게 된다. 마지막 조건에 따라 4번에는 대리, 3번에는 사원이 앉는 것을 알 수 있으며, 3번에 앉는 사람이 B인 것 또한 확인할 수 있다.

두 번째 조건에 따라 E는 사원과 이웃하지 않고 직원명이 정해지지 않은 5번의 과장 자리에 앉게 된다.

이를 정리하면 다음과 같은 좌석 배치가 되며, F는 이 중 유일하게 직원명이 정해지지 않은 4번 대리 자리에 앉게 된다.

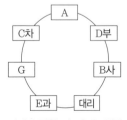

따라서 사원 직급은 B, 대리 직급은 F가 해당되는 것을 알 수 있다.

정답 ③

04 N은행에 근무 중인 L사원은 국내 금융시장에 대한 보고서를 작성하면서 N은행에 대한 SWOT 분석을 진행하였다. 다음 중 위협 요인에 들어갈 내용으로 적절하지 않은 것은?

〈SWOT 분석 결과〉

강점(Strength)	약점(Weakness)
• 지속적 혁신에 대한 경영자의 긍정적 마인드 • 고객만족도 1위의 높은 고객 충성도 • 다양한 투자 상품 개발	• 해외 투자 경험 부족으로 취약한 글로벌 경쟁력 • 타 은행에 비해 부족한 금융 자금
기회(Opportunity)	위협(Threat)
• 국내 유동자금의 증가 • 해외 금융시장 진출 확대 • 정부의 규제 완화 정책	

① 정부의 정책 노선 혼란 등으로 인한 시장의 불확실성 증가

② 경기 침체 장기화

③ 부족한 리스크 관리 능력

④ 금융업의 경계 파괴에 따른 경쟁 심화

정답 | 해설

리스크 관리 능력의 부족은 기업 내부환경의 약점 요인에 해당한다. 위협은 외부환경 요인에 해당하므로 위협 요인에는 회사 내부를 제외한 **외부에서 비롯되는 요인**이 들어가야 한다.

정답 ③

문제풀이 Tip

SWOT 분석

기업의 내부환경과 외부환경을 분석하여 강점(Strength), 약점(Weakness), 기회(Opportunity), 위협(Threat) 요인을 규정하고 이를 토대로 경영전략을 수립하는 기법으로, 미국의 경영컨설턴트인 알버트 험프리(Albert Humphrey)에 의해 고안되었다.

Strength 강점 기업 내부환경에서의 강점	S	W	Weakness 약점 기업 내부환경에서의 약점
Opportunity 기회 기업 외부환경으로부터의 기회	O	T	Threat 위협 기업 외부환경으로부터의 위협

05 다음 SWOT 분석 결과를 바탕으로 섬유 산업이 발전할 수 있는 방안으로 적절한 것을 〈보기〉에서 모두 고른 것은?

<SWOT 분석 결과>

강점(Strength)	약점(Weakness)
• 빠른 제품 개발 시스템	• 기능 인력 부족 심화 • 인건비 상승
기회(Opportunity)	위협(Threat)
• 한류의 영향으로 한국 제품 선호 • 국내 기업의 첨단 소재 개발 성공	• 외국산 저가 제품 공세 강화 • 선진국의 기술 보호주의

보기

ⓐ 한류 배우를 모델로 브랜드 홍보 전략을 추진한다.
ⓑ 단순 노동 집약적인 소품종 대량 생산 체제를 갖춘다.
ⓒ 소비자 기호를 빠르게 분석하여 제품 생산에 반영한다.
ⓓ 선진국의 원천 기술을 이용한 기능성 섬유를 생산한다.

① ㉠, ㉡ 　　　　　　　　　② ㉠, ㉢
③ ㉡, ㉢ 　　　　　　　　　④ ㉡, ㉣

정답 | 해설

㉠ 한류의 영향으로 한국 제품을 선호하므로 한류 배우를 모델로 하여 적극적인 홍보 전략을 추진한다.
㉢ 빠른 제품 개발 시스템이 있기 때문에 소비자 기호를 빠르게 분석하여 제품 생산에 반영한다.

오답분석

㉡ 인건비 상승과 외국산 저가 제품 공세 강화로 인해 적절한 대응이라고 볼 수 없다.
㉣ 선진국은 기술 보호주의를 강화하고 있으므로 적절한 대응이라고 볼 수 없다.

정답 ②

06 다음은 SWOT 분석에 대한 설명과 유전자 관련 업무를 수행 중인 A사에 대한 SWOT 분석 자료이다. 〈보기〉의 ㉠ ~ ㉢ 중 빈칸 (가)와 (나)에 들어갈 내용이 적절하게 연결된 것은?

SWOT 분석은 기업의 내부환경과 외부환경을 분석하여 강점(Strength), 약점(Weakness), 기회(Opportunity), 위협(Threat) 요인을 규정하고 이를 토대로 경영전략을 수립하는 기법으로, 미국의 경영컨설턴트인 앨버트 험프리(Albert Humphrey)에 의해 고안되었다.

- 강점(Strength) : 내부환경(자사 경영자원)의 강점
- 약점(Weakness) : 내부환경(자사 경영자원)의 약점
- 기회(Opportunity) : 외부환경(경쟁, 고객, 거시적 환경)에서 비롯된 기회
- 위협(Threat) : 외부환경(경쟁, 고객, 거시적 환경)에서 비롯된 위협

〈A사에 대한 SWOT 분석 결과〉

강점(Strength)	약점(Weakness)
• 유전자 분야에 뛰어난 전문가로 구성 • (가)	• 유전자 실험의 장기화

기회(Opportunity)	위협(Threat)
• 유전자 관련 업체 수가 적음 • (나)	• 실험 부작용에 대한 고객들의 부정적 인식

보기

㉠ 투자 유치의 어려움
㉡ 특허를 통한 기술 독점 가능
㉢ 점점 증가하는 유전자 관련 업무 의뢰
㉣ 높은 실험 비용

	(가)	(나)		(가)	(나)
①	㉠	㉣	②	㉡	㉠
③	㉠	㉢	④	㉡	㉢
⑤	㉢	㉣			

정답 해설

㉡ 특허를 통한 기술 독점은 기업의 내부환경으로 볼 수 있다. 따라서 **내부환경의 강점(Strength)** 사례로 적절하다.
㉢ 점점 증가하는 유전자 관련 업무 의뢰는 기업의 외부환경으로 볼 수 있다. 따라서 **외부환경에서 비롯된 기회(Opportunity)**의 사례로 적절하다.

오답분석

㉠ 투자 유치의 어려움은 기업의 외부환경으로 볼 수 있다. 따라서 <u>외부환경에서 비롯된 위협(Threat)</u>의 사례로 적절하다.
㉣ 높은 실험비용은 기업의 내부환경으로 볼 수 있다. 따라서 <u>내부환경의 약점(Weakness)</u> 사례로 적절하다.

정답 ④

07 다음은 농민·농촌을 사업 근거로 하는 특수은행인 N은행의 SWOT 분석 결과를 정리한 것이다. ㉠ ~ ㉣ 중 SWOT 분석에 들어갈 내용으로 적절하지 않은 것은?

〈SWOT 분석 결과〉

강점 (Strength)	• 공적 기능을 수행하는 농민·농촌의 은행이라는 위상은 대체 불가능함 • 전국에 걸친 국내 최대의 영업망을 기반으로 안정적인 사업 기반 및 수도권 이외의 지역에서 우수한 사업 지위를 확보함 • 지자체 시금고 예치금 등 공공금고 예수금은 안정적인 수신 기반으로 작용함 • ㉠ 은행권 최초로 보이스피싱 차단을 위해 24시간 '대포통장 의심 계좌 모니터링' 도입 • BIS자기자본비율, 고정이하여신비율, 고정이하여신 대비 충당금커버리지비율 등 자산 건전성 지표가 우수함 • 디지털 전환(DT)을 위한 중장기 전략을 이행 중이며, 메타버스·인공지능(AI)을 활용한 개인 맞춤형 상품 등 혁신 서비스 도입 추진
약점 (Weakness)	• 수수료 수익 등 비이자 이익의 감소 및 이자 이익에 편중된 수익 구조 • N중앙회에 매년 지급하는 농업지원 사업비와 상존하는 대손 부담으로 인해 시중은행보다 수익성이 낮음 • ㉡ 인터넷전문은행의 활성화 및 빅테크의 금융업 진출 확대 추세 • 금리 상승, 인플레이션, 경기 둔화 등의 영향으로 차주의 상환 부담이 높아짐에 따라 일정 수준의 부실여신비율 상승이 불가피할 것으로 예상
기회 (Opportunity)	• ㉢ 마이데이터(Mydata)로 제공할 수 있는 정보 범위의 확대 및 암호화폐 시장의 성장 • 2023년 홍콩, 중국, 호주, 인도에서 최종 인가를 획득하는 등 해외 영업망 확충 • 금융 당국의 유동성 지원 정책과 정책자금 대출을 기반으로 유동성 관리가 우수함 • 법률에 의거해 농업금융채권의 원리금 상환을 국가가 전액 보증하는 등 유사시 정부의 지원 가능성이 높음 • 귀농·귀촌 인구의 증가 및 농촌에 대한 소비자의 인식 변화로 새로운 사업 발굴 가능
위협 (Threat)	• 자산관리 시장에서의 경쟁 심화 • 사이버 위협에 대응해 개인정보 보안 대책 및 시스템 마련 시급 • ㉣ 이자 이익 의존도가 높은 은행의 수익 구조에 대한 비판 여론 • 금리 및 물가 상승 영향에 따른 자산 건전성 저하 가능성 존재 • 주택 시장 침체, 고금리 지속 등으로 가계여신 수요 감소 전망 • 경기 침체, 투자 심리 위축으로 기업여신 대출 수요 감소 전망 • 보험사, 증권사, 카드사 등의 은행업(지급 결제, 예금·대출) 진입 가능성 • 은행에 있던 예금·적금을 인출해 주식·채권으로 이동하는 머니무브의 본격화 조짐

① ㉠

② ㉡

③ ㉢

④ ㉣

정답 | **해설**

㉡의 '인터넷전문은행의 활성화 및 빅테크의 금융업 진출 확대 추세'는 강력한 경쟁 상대의 등장을 의미하므로 조직 내부의 약점(W)이 아니라 **조직 외부로부터의 위협(T)**에 해당한다.

[오답분석]
㉠ 조직의 목표 달성을 촉진할 수 있으며 조직 내부의 통제 가능한 강점(S)에 해당한다.
㉢ 조직 외부로부터 비롯되어 조직의 목표 달성에 도움이 될 수 있는 통제 불가능한 기회(O)에 해당한다.
㉣ 조직 외부로부터 비롯되어 조직의 목표 달성을 방해할 수 있는 통제 불가능한 위협(T)에 해당한다.

정답 ②

08 고객 A와 B는 N사의 보험에 가입하려고 한다. 제시된 고객 정보와 보험상품 정보를 고려하여 각각의 고객에게 추천할 최적의 보험을 바르게 연결한 것은?

〈고객 정보〉

- A는 만 62세로, 2년 전 당뇨 진단을 받은 이력이 있다. 암 보장형 상품을 가장 선호하며, 납입주기가 월납인 보험을 가입하고자 한다. 세제혜택 가능 여부에 대하여는 관심이 없으나 납입한 보험료를 전액 돌려받을 수 있는 상품 가입을 선호하며, 보험료 인상이 되도록 없는 상품에 가입하고자 한다.
- B는 만 48세로, 현재까지 특별한 병력은 없으나 건강에 대한 염려로 인해 앞으로 건강검진을 자주 받고자 한다. 보험상품이 필요한 기간만 가입하는 것을 선호하고, 정기적인 보험료 납입보다 단발성 납입을 선호한다.

〈보험상품 정보〉

구분	(가)보험	(나)보험	(다)보험
상품특징	• 보험료 인상 없이 주요 질환 110세까지 보장 • 기납입 보험료 최대 80% 환급	• 보장기간 100세까지 보험료 인상 없이 보장 • 유병자 / 고령자도 가입 가능 (간편가입형) • 납입한 보험료 100% 환급	• 건강검진에서 자주 발견되는 종양, 폴립 즉시 보장 • 간경변증, 당뇨 진단과 성인특정질환 수술급여금 보장
납입주기	• 월납, 연납, 일시납	• 월납	• 일시납
가입나이	• 만 15 ~ 최고 65세	• (일반가입) 만 15 ~ 60세 • (간편가입) 만 40 ~ 70세	• 만 20 ~ 60세
보험기간	• 80세 만기, 110세 만기	• 100세	• 1년, 3년
가입한도	−	−	• 100만 원
가입형태	• 암 보장형, 3대 질병 보장형	• 암 보장형, 3대 질병 보장형	• 단일플랜
세제혜택	• 보장성보험 세액공제 적용 가능	−	−

	A	B
①	(가)보험	(가)보험
②	(가)보험	(다)보험
③	(나)보험	(가)보험
④	(나)보험	(나)보험
⑤	(나)보험	(다)보험

정답 | 해설

- A : 만 62세이므로 (가)보험이나, (나)보험에 가입이 가능하다. 두 상품 모두 A가 선호하는 월납 방식 선택이 가능하며, 암 보장형 상품에 해당한다. 하지만 (가)보험은 이미 납입한 보험료에 대해 80%까지만 환급이 가능하므로 A의 요구조건을 충족하지 못한다. 따라서 A의 경우 **(나)보험**을 가입하는 것이 적절하다.
- B : 단발성 납입을 선호하므로 월납 등 정기적인 납부방식이 적용된 (가)・(나)보험보다 (다)보험이 적합하다. 또한 필요기간만 가입하는 것을 선호하므로, 보험기간이 1년・3년으로 타 상품에 비해 상대적으로 단기인 **(다)보험**을 추천하는 것이 적절하다.

정답 ⑤

09 다음은 미성년자(만 19세 미만)의 전자금융서비스 신규·변경·해지 신청에 필요한 서류와 관련한 자료이다. 이를 이해한 내용으로 옳은 것은?

구분	미성년자 본인 신청(만 14세 이상)	법정대리인 신청(만 14세 미만은 필수)
신청서류	• 미성년자 실명확인증표 • 법정대리인(부모) 각각의 동의서 • 법정대리인 각각의 인감증명서 • 미성년자의 가족관계증명서 • 출금계좌통장, 통장인감(서명)	• 미성년자의 기본증명서 • 법정대리인(부모) 각각의 동의서 • 내방 법정대리인 실명확인증표 • 미내방 법정대리인 인감증명서 • 미성년자의 가족관계증명서 • 출금계좌통장, 통장인감
	※ 유의사항 ① 미성년자 실명확인증표 : 학생증(성명·주민등록번호·사진 포함), 청소년증, 주민등록증, 여권 등(단, 학생증에 주민등록번호가 포함되지 않은 경우 미성년자의 기본증명서 추가 필요) ② 전자금융서비스 이용신청을 위한 법정대리인 동의서 : 법정대리인 미방문 시 인감 날인(단, 한부모가정인 경우 친권자 동의서 필요 – 친권자 확인 서류 : 미성년자의 기본증명서) ③ 법정대리인이 자녀와 함께 방문한 경우 법정대리인의 실명확인증표로 인감증명서 대체 가능 ※ 동의서 양식은 '홈페이지 → 고객센터 → 약관·설명서·서식 → 서식자료' 중 '전자금융게시' 내용 참고		

① 만 13세인 희수가 전자금융서비스를 해지하려면 반드시 법정대리인이 신청해야 한다.
② 법정대리인이 자녀와 함께 방문하여 신청할 경우, 반드시 인감증명서가 필요하다.
③ 올해로 만 18세인 지성이가 전자금융서비스를 변경하려면 신청서류로 이름과 사진이 들어있는 학생증과 법정대리인 동의서가 필요하다.
④ 법정대리인 신청 시 동의서는 부모 중 한 명만 있으면 된다.
⑤ 법정대리인 동의서 양식은 지점 방문 시 각 창구에 갖춰져 있다.

정답 | 해설

전자금융서비스 신규·변경·해지 신청에서 만 14세 미만은 법정대리인 신청이 필수이므로 만 13세인 희수는 전자금융서비스 해지를 위해 법정대리인을 신청해야 한다.

오답분석
② 법정대리인이 자녀와 함께 방문한 경우 법정대리인의 실명확인증표로 인감증명서가 대체 가능하다.
③ 만 18세인 지성이가 전자금융서비스를 변경하기 위해서는 법정대리인 동의서와 성명·주민등록 번호·사진이 포함된 학생증이 필요하다. 학생증에 주민등록번호가 포함되지 않은 경우, 미성년자의 기본증명서가 추가로 필요하다.
④ 법정대리인 신청 시 부모 각각의 동의서가 필요하다.
⑤ 법정대리인 동의서 양식은 '홈페이지 → 고객센터 → 약관·설명서·서식 → 서식자료' 중 '전자금융게시'의 내용을 참고하면 된다.

정답 ①

문제풀이 Tip

해당 문제는 의사소통능력의 세부내용 파악 유형과 비슷한 방법으로 풀이할 수 있다. 따라서 어렵게 생각하는 대신 먼저 주어진 제시문을 꼼꼼하게 읽고, 선택지를 소거한다.

10 다음은 N은행에서 판매하는 신용카드에 대한 정보이다. 고객 A와 B에 대한 정보가 〈보기〉와 같을 때, A와 B에게 추천할 카드를 바르게 짝지은 것은?

〈신용카드 정보〉

구분	휴가중카드	Thepay카드	Play++카드
연회비	국내전용 : 23,000원 해외겸용 : 25,000원	국내전용 : 10,000원 해외겸용 : 12,000원	국내전용 : 63,000원 해외겸용 : 65,000원
혜택 내용	해외 이용 금액에 따른 N포인트 적립 우대 1. 전월실적 없음 : 기본적립 2% 2. 전월실적 50만 원 이상 150만 원 미만 : 추가적립 1% 3. 전월실적 150만 원 이상 : 추가 적립 3% * 월 적립한도 : 10만 포인트	1. 국내 및 해외 온·오프라인 결제에 대하여 1% 할인 제공 * 월 할인한도 : 제한 없음 2. 온라인 간편결제 등록 후 결제 시 1.2% 할인 제공 * 월 통합할인한도 : 10만 원	1. 앱 결제 10% 청구 할인 - 이용 건당 1만 원 이상 결제 시 제공 - 앱 결제 합산 일 1회 및 월 2회 최대 5천 원 할인 제공 (단, Y앱 관련 결제 제외) 2. 이동통신요금 10% 청구할인 - 월 1회 최대 5천 원 할인 제공 - 이동통신요금 자동납부 건에 한하여 제공(단, 알뜰폰 통신사 제외)

보기

구분	정보
A고객	• Y앱 구독서비스 이용자이므로 국내 결제금액에 대해 할인을 받고자 한다. • 국내 알뜰폰 통신사를 이용하고 있다. • 통신요금에서도 할인받기를 희망한다.
B고객	• 해외여행 및 해외출장이 잦다. • 간편결제 서비스를 이용하지 않는다. • 적립 혜택보다는 할인 혜택을 희망한다.

	A고객	B고객		A고객	B고객
①	휴가중카드	휴가중카드	②	Thepay카드	휴가중카드
③	Thepay카드	Thepay카드	④	Play++카드	Thepay카드

정답 **해설**

• A고객 : Y앱 관련 결제에 대한 할인과 알뜰폰 통신사에 대한 할인을 제공하지 않는 Play++카드는 A씨에게 부적절하다. 남은 카드 중에서 국내 결제에 대하여 할인을 제공하는 카드는 Thepay카드이므로 A씨가 사용하기에 적절한 카드는 Thepay카드이다.

• B고객 : 해외여행 및 해외출장이 잦으므로 휴가중카드 또는 Thepay카드를 사용하는 것이 적절하지만, 할인혜택을 제공하는 카드는 Thepay카드뿐이므로 B씨가 사용하기에 적절한 카드는 Thepay카드이다.

정답 ③

11 다음은 N은행에서 진행하고 있는 이벤트 포스터이다. 해당 이벤트를 고객에게 추천할 경우 사전에 확인해야 할 사항으로 적절하지 않은 것은?

N은행 가족사랑 패키지 출시 기념 이벤트

▲ 이벤트 기간 : 2015년 11월 2일(월) ~ 12월 31일(목)
▲ 세부내용

대상	응모요건	경품
가족사랑 통장 적금 대출 신규 가입고객	㉠ 가족사랑 통장 신규 ㉡ 가족사랑 적금 신규 ㉢ 가족사랑 대출 신규	가입고객 모두에게 OTP 또는 보안카드 무료 발급
가족사랑 고객	가족사랑 통장 가입 후 다음 중 1가지 이상 신규 ㉠ 급여이체 신규 ㉡ 가맹점 결제대금 이체 신규 ㉢ 신용(체크)카드 결제금액 20만 원 이상 ㉣ 가족사랑 대출 신규(1천만 원 이상)	• 여행상품권(200만 원)(1명) • 최신 핸드폰(3명) • 한우세트(300명) • 연극 티켓 2매(전 고객)
○○행복카드 가입고객	○○행복카드 신규+당행 결제계좌 등록 (동 카드로 임신·출산 바우처 결제 1회 이상 사용)	어쩌다 엄마(책)(500명)

▲ 당첨자 발표 : 2016년 1월 중순(예정), 홈페이지 공지 및 영업점 통보

※ 유의사항
• 상기 이벤트 당첨자 중 핸드폰 등 연락처 불능, 수령 거절 등의 고객 사유로 1개월 이상 경품 미수령 시 당첨이 취소될 수 있습니다.
• 제세공과금은 N은행이 부담하며, 본 이벤트는 당행의 사정으로 변경 또는 중단될 수 있습니다.
• 당첨 고객은 추첨일 현재 대상 상품 유지고객에 한하며, 당첨 발표는 추첨일 기준 일월 중 N은행 홈페이지에서 확인하실 수 있습니다.
• 기타 자세한 내용은 인터넷 홈페이지를 참고하시거나 가까운 영업점, 고객센터(0000-0000)에 문의하시기 바랍니다.

---

① 가족사랑 패키지 출시 이벤트는 11월부터 약 2개월 동안 진행되는구나.
② 가족사랑 대출을 신규로 가입했을 경우에 OTP나 보안카드를 무료로 발급받을 수 있구나.
③ 가족사랑 통장을 신규로 가입한 후, 급여이체를 설정하면 OTP가 무료로 발급되고 연극 티켓도 받을 수 있구나.
④ 제세공과금은 N은행이 부담하므로 해당 이벤트를 통해 고객에게 별도의 부담금은 없다고 설명해야겠구나.
⑤ 2016년 1월에 이벤트 당첨자를 발표하는데, 별도의 통보가 없으니 홈페이지 및 영업점을 방문하시라고 설명해야겠구나.

정답 해설

이벤트 포스터에서 당첨자는 홈페이지에 공지하거나 영업점에서 통보한다고 되어 있다.

정답 ⑤

문제풀이 Tip

약관이나 설명문이 출제되면 유의사항이나 작게 표시된 주의사항도 꼼꼼히 읽는다. 답으로 출제되지 않더라도, 선택지 중 하나로 반드시 출제된다.

12 다음은 N은행의 적금 상품 중 하나인 '희망채움 적립식 통장'과 관련한 자료이다. 자료를 검토한 뒤 이해한 내용으로 옳지 않은 것은?

〈희망채움 적립식 통장〉

■ 상품특징
적립식 통장 : 3년 가입 시 2.5%p의 우대금리 제공

■ 가입기간
6개월 이상 36개월 이내(월 단위)

■ 가입금액
1천 원 이상, 월 50만 원 이내
(단, 만기일 전 3개월 이내에는 그 이전에 적립한 금액의 합계액을 초과하여 적립 불가)

■ 적립방법
자유적립

■ 우대금리
• 가입기간 3년 미만 : 1.5%p
• 가입기간 3년 : 2.5%p

■ 가입대상
• 차상위계층 이하의 장애인 : 장애수당(장애아동수당)수급자확인서, 차상위계층확인서(주민센터)
• 차상위계층 이하의 다문화가정 : 결혼이민자 본인으로 가족관계증명서 및 혼인관계증명서, 차상위계층확인서 등(단, 귀화한 경우 초본 또는 기본증명서 추가) - (주민센터)
• 북한이탈주민(새터민) : 북한이탈주민 등록확인서 및 북한이탈주민의 보호 및 정착지원에 관한 법률에 따른 정부 지원을 받고 있는 자 - (시·군·구청)
• 기초생활수급자 : 국민기초생활수급자 증명서 - (주민센터, 군청)
• 차상위계층 : 차상위계층확인서(우선돌봄 차상위확인서, 자활근로자 확인서, 차상위 본인부담 경감대상자 증명서 등) - (주민센터)

- 차상위계층 이하 만 65세 이상 노인 : 「노인복지법」에 의거한 노인돌봄종합서비스 대상자 또는 기초연금수급자(노인돌봄종합서비스 대상자 확인서 또는 기초연금수급자 증명서 등) – (주민센터)
- 소년소녀가장 : 소년소녀가장이 확인되는 서류(수급자 증명서 등) – (증명센터)
- 근로장려금 수급자 : 근로장려금 수급자 확인서 또는 근로장려금 결정(환급) 통지서 – (국세청)
- 한부모가족 대상자 : 「한부모가족 지원법」에 의거한 한부모가족 복지급여 수급자(수급자 확인서, 당행에서 발급한 문화누리카드 등) – (시・군・구청)
- 노숙인 : 행정기관・사회복지법인의 노숙인 확인서, 보건복지부장관의 허가를 받은 사회복지법인에서 비치하고 있는 신상명세서 사본

■ 대상예금
자유로우대적금

① "이 상품은 적립식 통장으로 3년 가입 시 2.5%p의 우대금리를 제공해주는 상품이지."
② "귀화 여부와 상관없이 차상위계층 이하의 다문화가정의 결혼이민자가 상품을 가입하려면 필요한 서류로 가족관계증명서 및 혼인관계증명서, 차상위계층 확인서만 있으면 돼."
③ "만기일 전 3개월 이내에는 그 이전에 적립한 금액의 합계액을 초과하여 적립할 수 없어."
④ "가입금액은 1천 원 이상 월 50만 원 이내에서 자유적립이야."
⑤ "가입기간은 6개월 이상 36개월 이내 월 단위야."

정답 | 해설

차상위계층 이하의 다문화가정의 결혼이민자가 귀화한 경우, 상품에 가입하기 위해 필요한 서류로 **초본 또는 기본증명서**가 추가된다.

정답 ②

| 2023 하반기 지역농협 6급(70문항)

13 다음은 고향사랑기부제 특화 카드에 대한 설명이다. 고객의 문의사항에 대한 답변으로 적절한 것은?

〈Zgm. 고향으로카드 정보〉

구분	평일(월 ~ 금)	주말(토 ~ 일)
기본서비스	국내 및 해외 0.7% NH포인트 적립	국내 1%, 해외 0.7% NH포인트 적립
우대서비스	–	1. 기부지역 광역시・도 오프라인 가맹점 1.7% 2. 전국 N판매장(N마트, N주유소) 1.7%
비고	1. 전월실적 조건 및 적립한도 없음 2. 해외이용 시 국제브랜드 및 해외서비스 수수료는 별도로 청구	1. 카드를 발급받은 회원 중 "고향사랑기부제" 참여 또는 기부한 고객에 한하여 우대서비스 제공 2. 전월실적 40만 원 이상일 경우 우대서비스 제공(적립 한도 없음) 3. 카드 사용 등록일로부터 그다음 달 말일까지 전월실적 미달이어도 우대서비스 제공

> **〈고객 문의사항〉**
>
> 'Zgm.고향으로카드'는 국내 이용에서 이용할 때, 해외에서 이용할 때보다 더 많은 포인트가 적립되나요? 그리고 사용할 때 우대서비스를 받으려면 전월실적이 있어야 하는지도 궁금합니다.

① 네, 국내에서 이용하시는 경우, 해외에서 이용하시는 것보다 결제금액당 더 많은 포인트가 적립됩니다. 또한 우대서비스는 기본적으로 제공되는 서비스이므로, 전월실적과는 무관하게 혜택을 받으실 수 있습니다.

② 주말에 국내에서 이용하시는 경우 적립 포인트는 해외 이용 시보다 0.3%p 더 많이 적립되지만, 평일에 이용하시는 경우는 국내와 해외의 적립률은 동일합니다. 또한 우대서비스를 적용받으시려면, 전월실적 40만 원 이상을 충족하셔야 합니다. 단, 카드 사용 등록일로부터 그다음 달 말일까지 전월실적과 무관하게 우대서비스를 받으실 수 있습니다.

③ 국내에서 이용하는 경우와 해외에서 이용하는 경우 모두 적립한도는 없습니다. 또한 우대서비스를 적용받으시려면, 전월실적 40만 원 이상을 충족하셔야 합니다. 다만 카드 사용 등록일로부터 그다음 달 말일까지 전월실적과 무관하게 우대서비스를 받으실 수 있습니다.

④ 주말에 국내에서 이용하시는 경우 적립 포인트는 해외 이용 시보다 0.3%p 더 많이 적립되지만, 평일에 이용하시는 경우 국내와 해외의 적립률은 동일합니다. 또한 우대서비스는 기본적으로 제공되는 서비스이므로, 전월실적과는 무관하게 혜택을 받으실 수 있습니다.

⑤ 네, 국내에서 이용하시는 경우, 해외에서 이용하시는 것보다 결제금액당 더 많은 포인트가 적립됩니다. 또한 우대서비스를 받으시려면, 전월실적 40만 원 이상을 충족하셔야 합니다. 다만 카드 사용 등록일로부터 그다음 달 말일까지는 전월실적과 무관하게 우대서비스를 받으실 수 있습니다.

정답 | **해설**

고객은 'Zgm.고향으로카드'를 해외에서 이용할 때보다 국내에서 이용할 때 더 많은 포인트가 적립되는지 여부 및 우대서비스를 적용받기 위한 전월실적의 필요여부에 대해 문의하고 있다.

첫 번째 문의는 평일에는 적립률이 국내와 해외 모두 동일하고, 주말에는 국내에서 이용하는 경우가 해외에서 이용하는 경우보다 0.3%p 더 많이 적립됨을 안내하면 된다.

두 번째 문의는 우대서비스를 적용받으려면 전월실적 40만 원 이상이 필요하지만, 카드 사용 등록일로부터 그다음 달 말일까지는 **전월실적을 충족하지 않아도 서비스가 제공됨**을 안내하면 된다.

정답 ②

14 다음은 N은행 '탄소Zero챌린지 적금' 상품에 대한 설명이다. 이 상품에 가입하고자 하는 고객 A씨에 대한 정보가 〈보기〉와 같을 때, 이에 대한 설명으로 옳지 않은 것은?

〈탄소Zero챌린지 적금〉

- 대상과목 : 정기적금
- 가입방법 : 스마트뱅킹
- 가입금액(계좌당)
  - 초입금 : 1만 원 이상
  - 가입한도 : 월 10만 원, 연 120만 원
  - 회차별 적립금 : 1만 원 이상 ~ 10만 원 이하
- 가입기간 : 12개월 만기(가입기간 연장 불가)
- 기본이율 : 신규 가입일의 정기적금 12개월 이율(세전 연 3.3%) 적용
- 우대이율
  - 최고 우대이율 : 0.25%p

우대조건		우대이율(세전)
조건	충족횟수	
1) 탄소Zero생활 실천 우대	8회	0.1%p
2) 대중교통 이용 우대	10회 이상	0.2%p
3) 종이거래Zero 실천 우대	1회	0.05%p

  1) 탄소중립 생활실천 12개 항목 중 8개 이상의 항목에 '참여동의' 시 우대이율 적용
  2) 본 적금 가입 후 만기전전월 말일까지 N은행 채움카드 후불교통카드(신용 및 체크카드)로 대중교통(버스, 지하철) 이용 실적이 10회 이상일 때 우대이율 적용(단, 실물카드로 결제하는 경우에만 우대이율이 적용되며 각종 페이 및 결재앱 등의 비실물카드의 이용실적은 미인정)
  3) 본 적금 가입 후 만기일까지 종이통장 발급 이력이 없는 경우 우대이율 적용
- 이자지급방식 : 만기일시지급
- 기타
  - 무통장거래 가능하며, 재예치 불가능
  - 분할해지 등의 중도인출은 불가능하며, 중도해지 시 보통예탁금 금리 적용

- A씨는 N은행 스마트뱅킹을 통해 탄소Zero챌린지 적금 상품에 가입하고자 한다.
- 2023년 9월 5일에 가입하여 10만 원을 초입금으로 하고, 월 9만 원을 납입하고자 한다.
- 가입 시 실물통장을 발급받고자 한다.
- 2023년 10월부터 2024년 6월까지 매월 5회 이상 N은행 채움카드 후불교통카드를 이용할 것이다.
- 탄소중립 생활실천 12개 항목 중 5개 항목은 동의하지 않았다.

① A씨가 받을 수 있는 금리는 연 3.5%이다.

② A씨는 탄소Zero챌린지 적금 상품을 신청할 수 있다.

③ A씨는 재예치를 통해 2025년 9월을 만기로 할 수 있다.

④ A씨는 2024년 5월에 중도인출을 하고자 하더라도 인출할 수 없다.

⑤ A씨가 가입 신청 시 종이통장을 발급받지 않는다면 최고 우대이율을 적용받을 수 있다.

정답 | **해설**

탄소Zero챌린지 적금 상품은 재예치가 불가능한 상품이므로 만기일은 2024년 9월 5일이고 이후에 재예치할 수 없다.

오답분석

① A씨는 탄소Zero생활실천 12개 항목 중 5개 항목은 동의하지 않았으므로 탄소Zero생활 실천 우대이율의 조건에 충족하지 않는다. 또한 실물 종이통장을 발급받았으므로 종이거래Zero 실천 우대이율을 받을 수 없다. 반면, 2023년 10월부터 2024년 6월까지 9개월 동안 매월 5회 이상 N은행 채움카드 후불교통카드를 이용할 것이므로 대중교통 이용 우대 조건을 충족하여 우대이율 0.2%p를 받을 수 있다. 따라서 A씨는 3.3+0.2=3.5%의 연이율을 받는다.

② A씨는 스마트뱅킹을 통해 초입금 1만 원 이상, 매월 1만 원 이상 10만 원 이하를 납입할 예정이므로 가입 조건을 충족한다.

④ 탄소Zero챌린지 적금 상품은 중도인출이 불가능한 상품이다.

⑤ 종이통장을 발급받지 않는다면 종이거래Zero 실천 우대이율 0.05%p의 추가이율을 적용받아 최고우대이율 0.25%를 받을 수 있다.

정답 ③

15 다음은 N은행 갑 ~ 정 4개 지점의 대표적인 상품들에 대한 설명이다. 〈보기〉의 A ~ D사원 각각의 성향에 맞는 적절한 상품을 바르게 짝지은 것은?

〈지점별 금융상품〉

구분	상품 특징
갑	□□투자 ELS지수연계솔루션 증권투자신탁[주식혼합-파생형] • 운용대상 : 주식관련 50% 미만, 채권 50% 미만 투자 • 투자기간 : 적립식(2년 이상), 임의식(제한 없음) • 가입금액 : 최초가입금 및 추가금액 5만 원 이상 • 가입대상 : 제한 없음
을	☆☆주거래우대적금 • 가입기간 : 12개월 이상 36개월 이내(월 단위) • 가입금액 : 초입금 및 매회 입금 1만 원 이상, 1인당 분기별 3백만 원 이내 자유적립 • 가입대상 : 개인 • 적립방법 : 목돈모으기(자유적립식)
병	지수연동예금(ELD) 12-1호 1형 • 상품특징 : 기초자산 지수(주가)의 변동에 연동하여 수익률이 결정되는 원금보장 예금상품 • 가입기간 : 1년 • 가입금액 : 계좌당 100만 원 이상 • 가입대상 : 개인, 법인
정	◇◇코스닥 150 1.5배레버리지 증권투자신탁[주식-파생형] • 운용대상 : 주식 80% 이상, 집합투자증권 20% 이하 • 투자기간 : 자유적립식(2년 이상), 임의식(제한 없음) • 가입금액 : 최초가입금 5만 원 이상 • 가입대상 : 제한 없음

> **보기**
>
> A사원 : 난 내가 투자한 원금의 손실이 전혀 없었으면 좋겠어.
> B사원 : 그래도 원금의 손실이 전혀 없다는 건 수익도 없는 것 아냐? 나도 물론 대부분의 내 투자금에 대한 손실이 없었으면 좋겠지만, 어느 정도의 위험은 감수할 수 있어.
> C사원 : 난 투자를 하면 투자에 상응하는 위험은 늘 어느 정도 발생한다고 생각해. 그래서 내가 얻고자 하는 기대 수익에 대한 원금 손실은 상관없어. 이왕이면 안전성과 수익 두 가지를 다 잡아야 하지 않겠어?
> D사원 : 너희 모두 간이 작구나! 이왕 투자하려면 나처럼 화끈하게 해야지! 난 무조건 높은 수익률만 생각하며 투자할 거야.

① 갑 - A사원
② 을 - C사원
③ 병 - D사원
④ 정 - D사원
⑤ 을 - B사원

갑 – C사원 : **위험 중립형**
을 – A사원 : **안전형**
병 – B사원 : **안전 추구형**
정 – D사원 : **적극 투자형**

- **안전형** : 초저위험·초저수익을 추구하는 투자자로, 원금에 대한 손실을 원하지 않는다. 따라서 기대 수익률이 낮더라도 원금 손실이 거의 없는 안전한 금융상품에 주로 투자한다. 미래의 확실한 원금보전과 환금성을 고려한 투자 계획을 구성하므로 재무목표 달성을 위한 기대 수익률을 맞추기에는 다소 어려움이 있다.
- **안전 추구형** : 저위험·저수익을 추구하는 투자자이며, 안전형보다는 위험을 조금 더 감수한다. 예·적금의 수익보다는 높은 수익을 원하므로 일정 부분까지의 위험을 허용하지만, **궁극적으로는 대부분의 투자원금이 보호되는 자산에 투자하는 것을 희망한다.**
- **위험 중립형** : 중위험·중수익을 추구하며, 안전성과 수익 두 가지를 다 잡고 싶어하는 투자자이다. 투자에 상응하는 **투자 위험을 어느 정도 인식하고 있으므로 일정 수준의 손실 위험을 감수할 수 있다.** 따라서 기대 수익을 얻기 위한 어느 정도의 원금 손실은 인정한다.
- **적극 투자형** : 고위험·고수익을 추구한다. 유동성 확보를 위한 일부 자산을 제외하고는 위험이 높은 자산에 투자하기 때문에 위험도가 높다. 하지만 그만큼 높은 수익률을 기대할 수 있다.

정답 ④

문제풀이 Tip

위의 문제는 모듈형이 섞인 문제해결능력이다. 따라서 금융상품에 대한 지식과 문제의 조건을 결합하여 풀이하여야 한다. 보기의 선택지 내용을 먼저 확인하고, 제시문에 표시를 하면서 읽는다. 만약 정답이라는 확신이 들면 해당 상품의 선택지는 완전히 소거하여 두 번 확인하지 않는다.

지점	상품 특징
갑	□□투자 ELS지수연계솔루션 증권투자신탁[주식혼합-파생형] • 운용대상 : <u>주식관련 50% 미만, 채권 50% 미만 투자 C사원</u> • 투자기간 : 적립식(2년 이상), 임의식(제한 없음) • 가입금액 : 최초가입금 및 추가금액 5만 원 이상 • 가입대상 : 제한 없음
을	☆☆주거래우대적금 A사원 • 가입기간 : 12개월 이상 36개월 이내(월 단위) • 가입금액 : 초입금 및 매회 입금 1만 원 이상, 1인당 분기별 3백만 원 이내 자유적립 • 가입대상 : 개인 • 적립방법 : 목돈모으기(자유적립식)
병	지수연동예금(ELD) 12-1호 1형 • 상품특징 : 기초자산 지수(주가)의 변동에 연동하여 수익률이 결정되는 <u>원금보장 예금상품 B사원</u> • 가입기간 : 1년 • 가입금액 : 계좌당 100만 원 이상 • 가입대상 : 개인, 법인
정	◇◇코스닥 150 1.5배레버리지 증권투자신탁[주식-파생형] • 운용대상 : <u>주식 80% 이상, 집합투자증권 20% 이하 D사원</u> • 투자기간 : 자유적립식(2년 이상), 임의식(제한 없음) • 가입금액 : 최초가입금 5만 원 이상 • 가입대상 : 제한 없음

16 다음은 '2016년 전국친환경농산물 품평회' 참가 협조 요청문이다. 공문을 읽고 이해한 내용으로 옳지 않은 것은?

◇ 품평회 개요
- 행사명 : 2016년 전국친환경농산물 품평회
- 일시 : 16. 8. 18(목) 09:00 ~ 17:00
- 장소 : K관 D홀(서울 강남구 삼성동)
- 주최·주관 : (사)전국친환경농업협의회, 농협중앙회
- 후원 : 농림축산식품부, 국립농산물품질관리원, 한국농수산식품유통공사, KOTRA

◇ 참가신청 안내
- 참가대상 : 친환경농업인, 생협, 영농법인, 가공업체, 농협, 조공법인, 연합사업단 등
- 참가부문 : 곡류, 과일류, 채소류, 가공식품 부문(인증기준 : 세부내용 붙임 1 참조)
- 신청방법 : 양식(붙임 2) 작성 후 기한 내 제출(우편, 팩스)
  (신청 누락 방지를 위해 개인우편도 발송 – 총무팀 우차장 앞)

◇ 참가신청서 제출기한

구분	농업인 → 지역(품목)농협 각 지자체(시·군), (사)한국유기농업협회 회원 → (사)한국유기농업협회	농협, 영농법인, 가공공장 → 농협지역본부	농협지역본부, (사)한국유기농업협회 → 농협 회원경제지원부
제출기한	16. 8. 3(수)	16. 8. 4(목)	16. 8. 5(금)

◇ 심사 및 시상
- 심사방법 : 심사위원 평가·소비자 평가
- 시상내역 : 총 20점 / 1,890만 원

구분	수량	시상금	
		개별 시상금	총액
대통령상	1점	2,000천 원	2,000천 원
국무총리상	3점	1,500천 원	4,500천 원
농림축산식품부장관상	4점	1,000천 원	4,000천 원
국립농산물품질관리원장상	4점	800천 원	3,200천 원
농협중앙회장상 (곡류, 과일)	2점	700천 원	2,800천 원
한국농수산식품유통공사장상 (채소, 가공식품)	2점		
전국친환경농업협의회장상 (곡류, 과일)	2점	600천 원	2,400천 원
한국유기농업협회장상 (채소, 가공식품)	2점		

※ 상(賞)은 부문별 1점씩 선정, 대통령상이 수여되는 부문에서는 국무총리상은 제외

◇ 부상내역

　농협흙사랑(주)에서 유기질 퇴비 총 750포 수여

　(단, 가공식품류 제외한 수상자당 각 50포 제공)

붙임 1. 2016년 전국 친환경농산물 품평회 개최 계획

붙임 2. 친환경농산물 품평회 출품 명세서

붙임 3. 역대 친환경농산물 품평회 수상자 명단(13 ~ 15년)

붙임 4. 지역본부 친환경업무 담당자 명단

① 참가신청서는 신청 누락 방지를 위해 개인우편으로도 발송해야 한다.

② 심사는 심사위원 평가와 소비자 평가를 함께 진행한다.

③ 품평회는 2016년 8월 18일 목요일 오전 9시부터 오후 5시까지이다.

④ 부상으로 모든 수상자에게 농협흙사랑(주)에서 유기질 퇴비를 수여한다.

⑤ 참가부문은 곡류, 과일류, 채소류, 가공식품 부문이다.

정답 | **해설**

가공식품류를 제외하고 수상자당 각 50포의 유기질 퇴비를 제공한다.

정답 ④

※ A사원은 그날의 날씨와 평균기온을 고려하여 〈보기〉의 조건에 따라 자신이 마실 음료를 고른다. 다음은 음료의 메뉴판과 이번 주 일기예보 자료이다. 이어지는 질문에 답하시오. [17~18]

〈메뉴판〉

(단위 : 원)

커피류			차 및 에이드류		
구분	작은 컵	큰 컵	구분	작은 컵	큰 컵
아메리카노	3,900	4,300	자몽에이드	4,200	4,700
카페라테	4,400	4,800	레몬에이드	4,300	4,800
바닐라라테	4,600	5,000	자두에이드	4,500	4,900
카페모카	5,000	5,400	밀크티	4,300	4,800

〈이번 주 일기예보〉

구분	7월 22일 일요일	7월 23일 월요일	7월 24일 화요일	7월 25일 수요일	7월 26일 목요일	7월 27일 금요일	7월 28일 토요일
날씨	흐림	맑음	맑음	흐림	비	비	맑음
평균기온	24℃	26℃	28℃	27℃	27℃	25℃	26℃

보기

• A사원은 맑거나 흐린 날에는 차 및 에이드류를 마시고, 비가 오는 날에는 커피류를 마신다.
• 평균기온이 26℃ 미만인 날에는 작은 컵으로, 26℃ 이상인 날은 큰 컵으로 마신다.
• 커피를 마시는 날 중 평균기온이 25℃ 미만인 날은 아메리카노를, 25℃ 이상 27℃ 미만인 날은 바닐라라테를, 27℃인 날은 카페라테를, 28℃ 이상인 날은 카페모카를 마신다.
• 차 및 에이드류를 마시는 날 중 평균기온이 27℃ 미만인 날은 자몽에이드를, 27℃ 이상인 날은 자두에이드를 마신다. 단, 비가 오지 않는 화요일과 목요일에는 반드시 밀크티를 마신다.

17 오늘이 7월 26일이라고 할 때, 〈보기〉에 따라 A사원이 오늘 마실 음료는?

① 아메리카노 큰 컵

② 카페라테 큰 컵

③ 바닐라라테 작은 컵

④ 카페모카 큰 컵

⑤ 자두에이드 작은 컵

26일은 비가 오는 날이므로 A사원은 **커피류**를 마신다. 그리고 평균기온이 27℃로 26℃ 이상이므로 큰 컵으로 마시고, 세 번째 조건에 따라 **카페라테**를 마신다.

정답 ②

문제풀이 Tip

보기의 조건들을 이번 주 일기예보에 미리 적어 놓으면 풀이 시에 바로 찾아서 답을 체크할 수 있다.

7월 22일 일요일	7월 23일 월요일	7월 24일 화요일	7월 25일 수요일	7월 26일 목요일	7월 27일 금요일	7월 28일 토요일
흐림	맑음	맑음	흐림	비	비	맑음
24℃	26℃	28℃	27℃	27℃	25℃	26℃
차, 에이드 작은 컵 자몽에이드	차, 에이드 큰 컵 자몽에이드	차, 에이드 큰 컵 밀크티	차, 에이드 큰 컵 자두에이드	커피 큰 컵 카페라테	커피 작은 컵 바닐라라테	차, 에이드 큰 컵 자몽에이드

18 A사원은 24일에 직장동료인 B사원에게 음료를 사주고자 한다. B사원에게는 자신이 전날 마신 음료와 같은 종류의 음료를 사준다고 할 때, A사원이 음료 두 잔을 주문하며 지불할 금액은?

① 8,700원

② 9,000원

③ 9,200원

④ 9,500원

⑤ 9,700원

24일은 비가 오지 않는 화요일이며 28℃이므로 A사원 자신은 밀크티 큰 컵을 마신다.
23일은 맑은 날이었고 26℃였으므로 A사원은 **자몽에이드 큰 컵**을 마셨다. 따라서 B사원에게는 자몽에이드 큰 컵을 사줄 것이다.
따라서 A사원이 지불할 금액은 4,800+4,700=9,500원이다.

정답 ④

※ 다음은 N은행에서 판매하고 있는 주택화재보험 약관의 일부와 2022년 8월에 내린 폭풍우로 피해를 입은 A ~ D농가의 피해 산정액에 대한 자료이다. 이어지는 질문에 답하시오. **[1~2]**

〈특수건물 풍수재위험담보 특별약관〉

제1조(보상하는 손해)

회사는 보통약관 제3조(보상하는 손해) 외에 화재로 인한 재해보상과 보험가입에 관한 법률 제2조 제3호와 동법 시행령 제2조 제1항에서 정하는 특수건물(동산은 제외합니다. 이하 「특수건물」이라 합니다)에 대하여는 아래의 위험으로 인하여 보험의 목적에 생긴 손해를 보상하여 드립니다.
- 태풍, 회오리바람, 폭풍, 폭풍우, 홍수, 해일, 범람 및 이와 비슷한 풍재 또는 수재

제2조(보상하지 않는 손해)

회사는 아래와 같은 손해는 보상하여 드리지 않습니다.
1. 보험의 목적에 생긴 분실 또는 도난 손해
2. 지진 또는 분화로 생긴 손해
3. 풍재 또는 수재와 관계없이 댐 또는 제방이 터지거나 무너져 생긴 손해
4. 바람, 비, 눈, 우박 또는 모래, 먼지가 들어옴으로써 생긴 손해. 그러나 보험의 목적인 건물이 풍재 또는 수재로 직접 파손되어 보험의 목적에 생긴 손해는 보상하여 드립니다.
5. 추위, 서리, 얼음, 눈으로 생긴 손해
6. 풍재의 직접, 간접에 관계없이 보험의 목적인 네온사인 장치에 전기적 사고로 생긴 손해 및 건식 전구의 필라멘트에(만) 생긴 손해

제3조(지급보험금의 계산)

회사가 특수건물에 생긴 손해에 대하여 지급할 보험금은 아래에 따라 계산합니다.
1. 보험가입금액이 보험가액의 80% 해당액과 같거나 클 때 : 보험가입금액을 한도로 손해액 전액을 지급합니다(단, 보험가입금액이 보험가액보다 많을 때에는 보험가액을 한도로 합니다).
2. 보험가입금액이 보험가액의 80% 해당액보다 작을 때 : 보험가입금액을 한도로 아래의 금액을 지급합니다.

$$(손해액) \times \frac{(보험가입금액)}{(보험가액의\ 80\%\ 해당액)}$$

3. 동일한 계약의 목적과 동일한 사고에 관하여 보험금을 지급하는 다른 계약(공제계약을 포함합니다)이 있는 경우에는 제1항 내지 제2항에 추가하여 보통약관 제9조(지급보험금의 계산) 제2항의 계산방식을 따릅니다.

제4조(준용규정)

이 특별약관에 정하지 않은 사항은 보통약관을 따릅니다.

〈2022년 8월 폭풍우로 인한 A ~ D농가의 피해 산정액〉

(단위 : 백만 원)

구분	A농가	B농가	C농가	D농가
손해액	20	24	5	25
보험가액	500	400	800	300
보험가입금액	450	300	600	500

| 2023 상반기 지역농협 6급(60문항)

01 A ~ D농가 중 지급받는 보험금액이 가장 많은 농가는?

① A농가

② B농가

③ C농가

④ D농가

정답 해설

A ~ D농가의 손해액과 보험가액의 80%, 보험가입금액은 다음과 같다.

(단위 : 백만 원)

구분	A농가	B농가	C농가	D농가
손해액	20	24	5	25
보험가액의 80%	400	320	640	240
보험가입금액	450	300	600	500

A ~ D농가의 보험지급액은 다음과 같다.

• A농가 : 20백만 원

• B농가 : $24 \times \dfrac{300}{320} = 22.5$백만 원

• C농가 : $5 \times \dfrac{600}{640} = 4.6875$백만 원

• D농가 : 25백만 원

따라서 보험지급액이 가장 많은 농가는 D농가이다.

정답 ④

| 2023 상반기 지역농협 6급(60문항)

02 A ~ D농가 중 보험료율이 가장 높은 농가는?(단, 보험료율은 보험가입금액에 대한 보험지급액의 백분율이다)

① A농가

② B농가

③ C농가

④ D농가

정답 해설

$(보험료율) = \dfrac{(보험지급액)}{(보험가입금액)} \times 100$이므로 A ~ D농가의 보험료율은 다음과 같다.

• A농가 : $\dfrac{20}{450} \times 100 = 4.44\%$

• B농가 : $\dfrac{22.5}{300} \times 100 = 7.5\%$

• C농가 : $\dfrac{4.6875}{600} \times 100 = 0.78\%$

• D농가 : $\dfrac{25}{500} \times 100 = 5\%$

따라서 보험료율이 가장 높은 농가는 B농가이다.

정답 ②

※ A씨는 매달 30만 원을 납입하는 적금 상품에 가입하고자 한다. A씨가 현재 가입 가능한 적금 상품에 대한 정보가 다음과 같을 때, 이어지는 질문에 답하시오. [3~4]

<적금 상품>

구분	기간	상품	기본금리	우대사항	우대금리
K은행	5년	단리 상품	연 5.0%	App 가입 시	연 2.0%p
		복리 상품	연 2.0%		연 4.0%p
C은행		단리 상품	연 6.0%	카드 가입 시	연 1.5%p
		복리 상품	연 3.0%		연 2.0%p
N은행		단리 상품	연 6.5%	보험 가입 시	연 0.5%p

조건

- $(1.02)^{\frac{1}{12}} ≒ 1.002$, $(1.03)^{\frac{1}{12}} ≒ 1.003$, $(1.05)^{\frac{1}{12}} ≒ 1.004$, $(1.06)^{\frac{1}{12}} ≒ 1.005$
- $(1.02)^{\frac{61}{12}} ≒ 1.106$, $(1.03)^{\frac{61}{12}} ≒ 1.162$, $(1.05)^{\frac{61}{12}} ≒ 1.281$, $(1.06)^{\frac{61}{12}} ≒ 1.345$

| 2021 NH농협은행 5급

03 A씨가 우대사항에 해당되는 상품 가입 없이 예금한다고 할 때, 만기 환급액이 가장 많은 적금 상품은?(단, 십 원 단위에서 반올림한다)

① K은행 단리 상품
② K은행 복리 상품
③ C은행 단리 상품
④ C은행 복리 상품
⑤ N은행 단리 상품

정답 | 해설

문제의 조건에 따라 적금 상품별 만기 환급금을 계산하면 다음과 같다.

구분	상품	만기 환급금
K은행	단리 상품	$30×60+30×\dfrac{60×61}{2}×\dfrac{0.05}{12}=2,028.75$만 원
	복리 상품	$30×\dfrac{(1.02)^{\frac{61}{12}}-(1.02)^{\frac{1}{12}}}{(1.02)^{\frac{1}{12}}-1}=30×\dfrac{1.106-1.002}{0.002}=1,560$만 원
C은행	단리 상품	$30×60+30×\dfrac{60×61}{2}×\dfrac{0.06}{12}=2,074.5$만 원
	복리 상품	$30×\dfrac{(1.03)^{\frac{61}{12}}-(1.03)^{\frac{1}{12}}}{(1.03)^{\frac{1}{12}}-1}=30×\dfrac{1.162-1.003}{0.003}=1,590$만 원
N은행	단리 상품	$30×60+30×\dfrac{60×61}{2}×\dfrac{0.065}{12}≒2,097.38$만 원

정답 ⑤

a＝월 납입금, n＝납입 개월 수, r＝연금리일 때,

• 단리 상품 만기 환급금＝$a \times n + a \times \dfrac{r}{12} \times \dfrac{n \times (n+1)}{2}$

• 복리 상품 만기 환급금＝$a \times \dfrac{(1+r)^{\frac{n+1}{12}} - (1+r)^{\frac{1}{12}}}{(1+r)^{\frac{1}{12}} - 1}$

PART 1

| 2021 NH농협은행 5급

04 A씨가 우대사항에 해당되는 모든 상품 가입까지 고민하여 예금한다고 할 때, 만기 환급액이 가장 많은 적금 상품과 가장 적은 적금 상품의 금액 차이는?(단, 십 원 단위에서 반올림한다)

① 921,100원

② 942,500원

③ 1,031,300원

④ 1,124,000원

⑤ 1,200,500원

정답 | 해설

문제의 조건에 따라 적금 상품별 만기 환급금을 계산하면 다음과 같다.

구분	상품	만기 환급금
K은행	단리 상품	$30 \times 60 + 30 \times \dfrac{60 \times 61}{2} \times \dfrac{0.07}{12} = 2,120.25$만 원
	복리 상품	$30 \times \dfrac{(1.06)^{\frac{61}{12}} - (1.06)^{\frac{1}{12}}}{(1.06)^{\frac{1}{12}} - 1} = 30 \times \dfrac{1.345 - 1.005}{0.005} = 2,040$만 원
C은행	단리 상품	$30 \times 60 + 30 \times \dfrac{60 \times 61}{2} \times \dfrac{0.075}{12} \fallingdotseq 2,143.13$만 원
	복리 상품	$30 \times \dfrac{(1.05)^{\frac{61}{12}} - (1.05)^{\frac{1}{12}}}{(1.05)^{\frac{1}{12}} - 1} = 30 \times \dfrac{1.281 - 1.004}{0.004} = 2,077.5$만 원
N은행	단리 상품	$30 \times 60 + 30 \times \dfrac{60 \times 61}{2} \times \dfrac{0.07}{12} = 2,120.25$만 원

만기 환급액이 가장 많은 적금 상품은 C은행 단리 상품이고 가장 적은 상품은 K은행 복리 상품으로 그 차액은 2,143.13만 원－2,040만 원＝103.13만 원이다.

정답 ③

※ 다음은 N은행 대출상품 이용고객 A ~ E에 대한 자료이다. 이어지는 물음에 답하시오. **[5~7]**

〈대출고객 정보〉

구분	신용등급	대출상품	대출상환 기간	대출금액
A	5	X	2018.8. ~ 2023.7.	4,000만 원
B	4	Y	2020.5. ~ 2023.4.	7,000만 원
C	6	Y	2019.12. ~ 2022.11.	3,000만 원
D	3	Z	2021.1. ~ 2021.12.	5,000만 원
E	6	X	2019.4. ~ 2023.3.	6,000만 원

〈대출상품별 정보〉

구분	이자율	대출가능 신용등급	중도상환수수료 유무	중도상환수수료율	중도상환수수료 면제대상
X상품	5,000만 원 이하 12.5% 5,000만 원 초과 16.9%	5등급 이상	무	–	–
Y상품	3,000만 원 이하 11.8% 3,000만 원 초과 19.4%	6등급 이상	유	15.8%	총대출기간 1년 미만 또는 남은 대출기간 1년 미만
Z상품	8,000만 원 이하 8.8% 8,000만 원 초과 14.4%	4등급 이상	유	12.2%	없음

※ 고객 A, B, C, D, E 모두 원리금균등상환 방식임
※ 중도상환수수료율은 남은 대출원금에 대해서만 부과함

| 2021 NH농협은행 5급

05 신입직원이 실수로 대출고객 정보를 잘못 기입했다. 어느 고객의 정보인가?

① 고객 A ② 고객 B
③ 고객 C ④ 고객 D
⑤ 고객 E

정답 **해설**

X상품은 신용등급 5등급 이상(1 ~ 5등급)일 경우 대출 가능한 상품이다. 따라서 고객 E의 신용등급 또는 대출상품 정보가 잘못 입력되었다.

정답 ⑤

06 2021년 9월 현재, 전체 대출기간 중 절반 이상 지난 고객은 올해 10월에 중도상환을 한다고 하였다. 다음 중 해당하지 않는 고객은?(단, 고객 E의 신용등급은 5등급이다)

① 고객 A   ② 고객 B

③ 고객 C   ④ 고객 D

⑤ 고객 E

정답 | 해설 ──────────────────────────────────

고객별 대출기간이 $\frac{1}{2}$ 이 지났을 때 날짜는 다음과 같다.

- 고객 A : 2018년 8월부터 5년 대출이므로 2년 6개월 경과 후 날짜는 2021년 2월이다.
- 고객 B : 2020년 5월부터 3년 대출이므로 1년 6개월 경과 후 날짜는 2021년 11월이다.
- 고객 C : 2019년 12월부터 3년 대출이므로 1년 6개월 경과 후 날짜는 2021년 6월이다.
- 고객 D : 2021년 1월부터 1년 대출이므로 6개월 경과 후 날짜는 2021년 7월이다.
- 고객 E : 2019년 4월부터 4년 대출이므로 2년 경과 후 날짜는 2021년 4월이다.

따라서 대출기간 중 $\frac{1}{2}$ 이상이 지나지 않은 고객은 B이다.

정답 ②

07 2021년 9월 현재, 모든 고객이 중도상환을 신청하였다. 예상되는 중도상환수수료는 총 얼마인가? (단, 고객마다 중도상환수수료 계산 시 천의 자리에서 버림한다)

① 748만 원   ② 891만 원

③ 993만 원   ④ 1,014만 원

⑤ 1,102만 원

정답 | 해설 ──────────────────────────────────

X상품의 경우 중도상환수수료가 없으므로 고객 A, E는 중도상환수수료가 없다.

Y상품의 경우 총 대출기간이 1년 미만이거나 남은 대출기간이 1년 미만일 경우 중도상환수수료를 면제받는다. 고객 B는 2021년 4월에 최종 대출상환월로 남은 기간이 1년 이상이고, 고객 C도 2020년 11월이 최종 대출상환월로 남은 기간이 1년 이상이므로 중도상환수수료를 내야 한다. 고객 B, C의 중도상환수수료를 계산하면 다음과 같다.

- 고객 B : $7,000 \times \frac{20}{36} \times 0.158 \fallingdotseq 614$만 원

- 고객 C : $3,000 \times \frac{15}{36} \times 0.158 \fallingdotseq 197$만 원

Z상품의 경우 중도상환수수료 면제대상이 없으므로 고객 D의 중도상환수수료를 계산하면,

- 고객 D : $5,000 \times \frac{4}{12} \times 0.122 \fallingdotseq 203$만 원

따라서 모든 고객의 중도상환수수료는 총 1,014만 원이다.

정답 ④

※ 다음은 'NH진짜사나이적금' 상품 설명과 2021년 1월 1일에 24개월 만기로 가입한 간부 A ~ D의 NH 농협은행 금융거래 실적에 대한 자료이다. 이어지는 질문에 답하시오. [8~9]

〈NH진짜사나이적금〉

- 상품 특징 : 군간부 및 간부후보생 급여실적 및 교차거래에 따른 우대금리 제공 적립식 상품
- 가입 대상 : 군간부(장교, 부사관, 군의관, 법무관 등) 및 간부후보생(사관생도 등)과 복무중인 병역법 제5조 제1항 제3호 나목의 보충역(사회복무요원 제외) 대상(*1인 1계좌)
- 가입기간 : 12개월 이상 24개월 이내(월 단위)
- 가입금액 : 초입금/매회 1만 원 이상, 매월 50만 원 이하(1인당) 금액을 만기일 전까지 자유 적립
- 저축방법 : 자유적립식, 비과세
- 이자지급방식 : 만기일시지급식, 월복리식
- 적용금리 : 기본금리 연 3.1%+우대금리
- 우대금리 : 최대 연 3.7%p(우대조건을 충족하는 경우 만기해지 시 적용)

세부조건	우대금리(%p)
이 적금 가입기간 중 만기 전전월까지 6개월 이상 농협은행에 급여이체 시	3.0
가입 월부터 만기 전전월까지 은행에서 발급한 NH농협 개인신용카드 및 체크카드(채움) 월 평균 20만 원 이상 이용 시	0.2
만기일 전전월 말 기준으로 농협은행의 주택청약종합저축(청약저축 및 청년우대형 포함) 가입 시	0.2
만기일 전전월 말 기준으로 농협은행의 적립식(임의식) 펀드 중 1개 이상 가입 시	0.1
만기일 전전월 말 기준으로 농협은행의 대출 실적 보유 시	0.2

〈간부 A ~ D NH농협은행 금융거래 실적〉

A	• 월 30만 원 적립 • 2021년 1월부터 2022년 12월까지 농협은행에 급여 입금 내역 존재 • 2021년 1월부터 2022년 12월까지 NH농협 개인신용카드 및 체크카드(채움) 월 평균 50만 원 사용 • NH농협은행의 주택청약종합저축 미가입 • NH농협은행의 적립식 펀드 미가입 • 2022년 12월 NH농협은행 대출 실적 보유
B	• 월 50만 원 적립 • 2021년 1월부터 2022년 12월까지 농협은행에 급여 입금 내역 없음 • 2021년 1월부터 2022년 12월까지 NH농협 개인신용카드 및 체크카드(채움) 사용 내역 없음 • 2022년 12월 NH농협은행의 주택청약종합저축 가입 • NH농협은행의 적립식 펀드 미가입 • NH농협은행 대출 실적 미보유
C	• 월 20만 원 적립 • 2022년 9월부터 2022년 12월까지 농협은행에 급여 입금 내역 존재 • 2021년 1월부터 2022년 12월까지 NH농협 개인신용카드 및 체크카드(채움) 평균 월 70만 원 사용 • 2022년 6월 NH농협은행의 주택청약종합저축 가입 • 2022년 12월 NH농협은행의 적립식 펀드 가입 • 2021년 8월 NH농협은행 대출 실적 보유
D	• 월 40만 원 적립 • 2022년 1월부터 2022년 12월까지 농협은행에 급여 입금 내역 존재 • 2021년 1월부터 2022년 12월까지 NH농협 개인신용카드 및 체크카드(채움) 월 평균 15만 원 사용 • 2021년 3월 NH농협은행의 주택청약종합저축 가입 • 2021년 6월 NH농협은행의 적립식 펀드 가입 • 2021년 3월 NH농협은행 대출 실적 보유

08 간부 A ~ D의 적금 만기 시 적용되는 금리가 적은 사람부터 순서대로 나열한 것은?

① B − A − C − D

② B − C − A − D

③ B − A − D − C

④ B − C − D − A

⑤ B − D − C − A

정답 | 해설

간부 A ~ D의 적금 만기 시 적용금리는 다음과 같다.

• A : 3.1(기본금리)+3.0(급여이체)+0.2(카드 사용)=6.3%

• B : 3.1%(기본금리)

• C : 3.1(기본금리)+0.2(카드 사용)+0.2(주택청약 가입)+0.2(대출 실적 보유)=3.7%

• D : 3.1(기본금리)+3.0(급여이체)+0.2(주택청약 가입)+0.1(펀드 가입)+0.2(대출 실적 보유)=6.6%

따라서 적금 만기 시 적용되는 금리가 적은 사람부터 순서대로 나열하면 B − C − A − D이다.

정답 ②

09 간부 A ~ D의 적금 만기 시 원리합계 금액이 바르게 나열된 것은?(단, 근삿값은 주어진 표를 따르고 소수점 셋째 자리에서 반올림하며, 이자는 월말에 발생한다)

$\left(1+\dfrac{0.031}{12}\right)^{24}$	1.064	$\left(1+\dfrac{0.062}{12}\right)^{24}$	1.131
$\left(1+\dfrac{0.033}{12}\right)^{24}$	1.068	$\left(1+\dfrac{0.063}{12}\right)^{24}$	1.133
$\left(1+\dfrac{0.036}{12}\right)^{24}$	1.075	$\left(1+\dfrac{0.066}{12}\right)^{24}$	1.141
$\left(1+\dfrac{0.037}{12}\right)^{24}$	1.077	$\left(1+\dfrac{0.068}{12}\right)^{24}$	1.145

	A	B	C	D
①	723.67만 원	1,206.38만 원	480.64만 원	970.15만 원
②	731.65만 원	1,224.68만 원	492.13만 원	1,017.25만 원
③	763.99만 원	1,241.91만 원	501만 원	1,031.09만 원
④	765.36만 원	1,237.2만 원	497.76만 원	1,023.36만 원
⑤	781.61만 원	1,295.94만 원	501.15만 원	1,051.66만 원

간부 A ~ D의 적금 만기 시 원리합계는 다음과 같다.

• A : 매월 30만 원씩 입금하였고, 만기 시 연 이율이 6.3%이므로

$$\frac{30\times\left(1+\dfrac{0.063}{12}\right)\times\left\{\left(1+\dfrac{0.063}{12}\right)^{24}-1\right\}}{\dfrac{0.063}{12}}=\frac{30\times(12+0.063)\times(1.133-1)}{0.063}=763.99만 원$$

• B : 매월 50만 원씩 입금하였고, 만기 시 연 이율이 3.1%이므로

$$\frac{50\times\left(1+\dfrac{0.031}{12}\right)\times\left\{\left(1+\dfrac{0.031}{12}\right)^{24}-1\right\}}{\dfrac{0.031}{12}}=\frac{50\times(12+0.031)\times(1.064-1)}{0.031}≒1,241.91만 원$$

• C : 매월 20만 원씩 입금하였고, 만기 시 연 이율이 3.7%이므로

$$\frac{20\times\left(1+\dfrac{0.037}{12}\right)\times\left\{\left(1+\dfrac{0.037}{12}\right)^{24}-1\right\}}{\dfrac{0.037}{12}}=\frac{20\times(12+0.037)\times(1.077-1)}{0.037}≒501만 원$$

• D : 매월 40만 원씩 입금하였고, 만기 시 연 이율이 6.6%이므로

$$\frac{40\times\left(1+\dfrac{0.066}{12}\right)\times\left\{\left(1+\dfrac{0.066}{12}\right)^{24}-1\right\}}{\dfrac{0.066}{12}}=\frac{40\times(12+0.066)\times(1.141-1)}{0.066}≒1,031.09만 원$$

정답 ③

| 2021 지역농협 6급(60문항)

10 다음은 A공공기관의 직원들이 작년 한 해 동안 선물을 주고받은 자료이다. 다음 〈보기〉 중 「김영란법(부정청탁 및 금품 등 수수의 금지에 관한 법률)」에 위배되는 사람을 모두 고른 것은?(단, 주어진 정보 이외의 법은 무시하며 A공공기관의 회계연도는 1/1 ~ 12/31이다)

부정청탁 및 금품 등 수수의 금지에 관한 법률

제3장 제8조(금품 등의 수수 금지)

① 공직자 등은 직무 관련 여부 및 기부·후원·증여 등 그 명목에 관계없이 동일인으로부터 1회에 100만 원 또는 매 회계연도에 300만 원을 초과하는 금품 등을 받거나 요구 또는 약속해서는 아니 된다.

<보기>

- A : 1분기에 산삼 액기스 1개, 홍삼 4개, 인삼주 5개, 상황버섯 6개를 J로부터 선물받았다.
- B : 여름에는 사과 주스 착즙액 12개, 도라지 고농축액 8개, 상황버섯 4개를 P에게, 가을에는 홍삼 3개, 인삼주 2개를 R에게 각각 선물하였다.
- C : 1년 동안 F에게 산삼 액기스 2개, 홍삼 4개, 사과 주스 착즙액 5개, 도라지 고농축액 3개, 인삼주 3개, 상황버섯 1개를 짝수달 마다 한 품목씩 선물하였다.
- D : 작년 1월 설연휴 3일 동안 날마다 산삼 액기스 1개, 4월 식목일에 홍삼 2개, 5월 어린이날 도라지 고농축액 2개, 6월 현충일에 인삼주 6개를 G로부터 선물받았다. 인삼주는 한 번에 받았다.
- E : 2분기에 산삼 액기스 1개, 인삼주 5개를 K로부터 선물받았고, 4분기에 K에게 홍삼 5개, 상황버섯 2개를 선물하였다.

※ 한 번에 받았다고 명시되지 않은 선물은 여러 번에 나누어 주고 받은 것임

〈상품 가격〉

- 산삼 액기스 : 38만 원
- 사과 주스 착즙액 : 6만 원
- 인삼주 : 18만 원

- 홍삼 : 24만 원
- 도라지 고농축액 : 11만 원
- 상황버섯 : 12만 원

※ 모두 상품 하나당 가격임

---

① A, B
② B, C
③ C, D
④ D, E

정답 | 해설

5명이 주거나 받은 선물과 총가격은 다음과 같다.

- A
  한 해 동안 선물받은 총가격은 다음과 같다.
  $38+24\times4+18\times5+12\times6 \rightarrow 38+96+90+72=296$만 원이므로 법에 위배되지 않는다.
- B
  − 여름 : $6\times12+11\times8+12\times4=72+88+48=208$만 원
  − 가을 : $24\times3+18\times2=72+36=108$만 원
  총 316만 원이지만, **각각 다른 사람에게 주었으므로** 법에 위배되지 않는다.
- C
  한 해 동안 선물한 총가격은 다음과 같다.
  $38\times2+24\times4+6\times5+11\times3+18\times3+12 \rightarrow 76+96+30+33+54+12=301$만 원
  한 회계연도에 300만 원 초과이므로 법에 위배된다.
- D
  인삼주를 한 번에 받았으므로 $18\times6=108$만 원으로 1회에 100만 원 초과이므로 법에 위배된다.
- E
  − 2분기 : $38\times1+18\times5=38+90=128$만 원
  − 4분기 : $24\times5+12\times2=120+24=144$만 원
  총 272만 원을 받았으며, **한 회계연도에 300만 원 미만**이므로 법에 위배되지 않는다.

정답 ③

※ 다음은 N은행의 개인종합자산관리계좌(ISA)에 관한 자료이다. 이어지는 질문에 답하시오. [11~12]

<개인종합자산관리계좌(ISA)>

개인종합자산관리계좌란 한 계좌에서 예금, 펀드 등 여러 금융상품에 분산투자하며 비과세 혜택까지 받을 수 있는 자산관리계좌입니다.

• 개인종합자산관리계좌(ISA) 안내

가입대상	– 거주자 중 직전 과세기간 또는 당해 과세기간에 근로소득 또는 사업소득이 있는 자 및 대통령령으로 정하는 농어민(전 금융기관 1인 1계좌만 개설 가능) – 신규취업자 등은 당해 연도 소득이 있는 경우 가입 가능 ※ 직전 연도 금융소득종합과세 대상자는 제외
납입한도	연간 2천만 원(5년간 누적 최대 1억 원) ※ 기가입한 재형저축 및 소장펀드 한도는 납입한도에서 차감
투자가능 상품	– 예·적금, 예탁금 – 파생결합증권(ELS, ELB, DLB, ETN 등), 펀드
가입기한	2021.12.31까지 가입 가능
상품 간 교체	가능
의무가입기간	– 일반형(5년) – 청년형, 자산형성지원금수령자, 서민형·농어민(3년)
세제혜택	계좌 내 상품 간 손익통산* 후 순이익 중 200만 원까지 비과세 ※ 서민형 가입자의 경우 400만 원까지 비과세 ※ 200(400)만 원 초과분 9.9% 분리과세(지방소득세 포함) ※ ISA 계좌를 5년 이내에 해지하면 각 상품에서 실현한 이익금의 15.4%를 세금으로 내게 되며, 이 경우 해지수수료는 없으나, 절세혜택이 사라지게 됨
특별중도해지	– 가입자의 사망, 해외이주 : 기간 제한 없이 신청 가능 – 천재지변, 퇴직, 폐업, 가입자의 3개월 이상 입원 또는 요양을 요하는 상해·질병, 수탁자의 영업정지, 영업인가·허가 취소, 해산결의 또는 파산선고 : 사유발생일로부터 6개월 이내 신청
일반중도해지	일반과세(손해는 고려하지 않고 이익금에만 15.4%) 적용

* 손익통산 : ISA계좌를 통해 금융상품에 가입·운용하는 경우 예금, 펀드 등 계좌 내 편입한 모든 금융상품에서 발생한 이익에서 손실을 차감한 순이익을 기준으로 과세하는 것

• 유형별 제출서류 안내

구분		가입대상	비과세 한도	필수서류제출
일반형	일반형	직전 과세기간 또는 당해 과세기간에 근로소득 또는 사업소득이 있는 거주자	200만 원	소득확인증명서
	청년형	직전 과세기간 또는 당해 과세기간에 근로소득 또는 사업소득이 있는 거주자 중 병역이행기간 차감 연령이 만 15세 이상 만 29세 이하인 경우	200만 원	– 소득확인증명서 – 30세 이상의 경우 병적증명서
	자산형성 지원금 수령자	직전 과세기간 또는 당해 과세기간에 근로소득 또는 사업소득이 있는 거주자이면서 자산형성지원금을 지급받은 자	200만 원	– 소득확인증명서 – 자산형성지원금 지급확인서

	농어민	농업인 또는 어업인 거주자 ※ 단, 직전 과세기간 종합소득금액이 3,500만 원을 초과하지 않는 자	400만 원	경영주	농·어업 경영체 등록 확인서
농어민				경영주 외 농어민	농·어업인 확인서
	청년형	농업인 또는 어업인 거주자 중 병역이행기간 차감 연령이 만 15세 이상 만 29세 이하인 경우	200만 원	− 농어민 확인 서류 − 30세 이상의 경우 병적증명서	
	자산형성 지원금 수령자	농업인 또는 어업인 거주자이면서 자산형성지원금을 지급받은 자	200만 원	− 농어민 확인서류 − 자산형성지원금 지급확인서	
서민형		직전 과세기간 총급여액 5,000만 원 이하인 거주자 또는 종합소득금액이 3,500만 원 이하인 거주자	400만 원	소득확인증명서	

• 유의사항
  − 과세기준 및 과세방법은 향후 세법개정 등에 따라 변동될 수 있습니다.
  − 개인종합자산관리계좌에 편입된 운용상품 중 금융투자상품은 원금의 전부 또는 일부손실이 발생할 수 있으며, 투자로 인한 손실발생 시 그 책임은 투자자 본인에게 있습니다.
  − 신탁보수 또는 일임수수료가 발생할 수 있으며, 가입 전에 상품설명서, 계약권유문서, 계약서를 반드시 읽어보시기 바랍니다.
  − 당행은 이 상품에 관하여 충분히 설명할 의무가 있으며, 투자자는 투자에 앞서 상품 등에 대한 충분한 설명을 들으신 후 신중하게 투자결정을 내리시기 바랍니다.

| 2020 NH농협은행 6급

11 다음 중 개인종합자산관리계좌(ISA)를 바르게 이해한 사람은?

① A : S은행에서 ISA를 개설하여 투자했는데 나름대로 수익이 괜찮더라고. N은행에서 하나 더 개설해야겠어.

② B : 지난해 금융소득에 대한 소득세를 납부하였다면 내년까지 ISA를 개설할 수 없겠군.

③ C : ISA로 펀드에 투자할 수는 있지만, 상장지수증권과 같은 증권 상품에는 투자할 수 없어서 아쉬워.

④ D : ISA를 중도에 해지하려 했는데 퇴직한 지 이미 6개월이 지나버려서 해지수수료를 물어야 해.

⑤ E : ISA로 펀드에 투자했다가 원금의 일부를 잃었다고 해서 그 책임을 은행 직원에게 물을 순 없어.

정답 | 해설 ──○

'유의사항'에 따르면 은행이 상품에 관하여 충분히 설명할 의무가 있지만, 투자로 인한 손실이 발생할 경우 그 책임은 투자자 본인에게 있음을 명시하고 있다.

오답분석
① '가입대상'에 따르면 ISA는 전 금융기관에서 한 사람당 하나의 계좌만 개설할 수 있으므로 A는 더 이상 ISA를 개설할 수 없다.

② '가입대상'에 따르면 직전 연도 금융소득종합과세 대상자는 ISA를 개설할 수 없으므로 지난해 금융소득에 대한 소득세를 납부한 사람은 올해 ISA를 개설할 수 없다. 그러나 직전 연도에 대한 소득세가 적용되는 것이므로 내년까지 개설할 수 없는 것은 아니다.

③ '투자가능상품'에 따르면 예·적금, 예탁금, 펀드뿐만 아니라 주가연계증권(ELS)이나 상장지수증권(ETN) 등의 파생결합증권 상품에 투자할 수 있다.

④ '특별중도해지'에 따르면 퇴직 등의 사유가 발생할 경우 발생일로부터 6개월 이내 특별중도해지를 신청해야 한다. 그러나 세제혜택에 따르면 별도의 해지수수료가 없고, 절세혜택이 사라질 뿐이므로 해지수수료를 물어야 하는 것은 아니다.

정답 ⑤

12 N은행을 이용 중인 S씨와 J씨는 은행 직원의 추천에 따라 X상품과 Y상품에 같은 금액을 투자하기로 하였다. S씨는 일반형 ISA를 통해 두 개의 상품에 투자하였고, J씨는 ISA를 통하지 않고 두 개의 상품에 투자하였다. 이때, X상품을 통해 500만 원의 이익이, Y상품을 통해 50만 원의 손해가 발생하였다면, J씨는 S씨보다 얼마의 세금을 더 내야 하는가?(단, J씨가 얻은 금융이익에는 일반 과세를 적용한다)

① 324,500원
② 445,500원
③ 522,500원
④ 602,500원
⑤ 770,000원

정답 | 해설

ISA로 투자할 경우 계좌 내 금융상품에서 발생한 이익에서 손실을 차감한 순이익을 기준으로 과세하는 손익통산이 적용된다. 또한 일반형 ISA의 경우 200만 원까지 비과세 혜택을 받을 수 있으며, 초과분에 대해서는 9.9%의 분리과세가 적용된다. 이를 고려하여 S씨와 J씨의 세금을 계산하면 다음과 같다.

구분	S씨	J씨
과세 기준	500(이익)-50(손실)-200(비과세 혜택)=250만 원	500만 원
과세	9.9%	15.4%
세금	247,500원	770,000원

따라서 J씨는 S씨보다 770,000-247,500=522,500원의 세금을 더 내야 한다.

정답 ③

문제풀이 Tip

은행 상품 약관에 대한 문제가 출제되면 상품 설명에 대한 문제와 우대금리와 같은 계산이 필요한 문제가 출제된다. 우대금리나 포인트 점수 계산 정도의 문제가 출제되면 난이도가 쉬운 편이지만, 이자 계산 등의 문제가 출제되면 어렵게 느껴질 수 있다. 보통 은행 상품 약관 문제가 출제되면 농협은행의 현재 판매 중인 상품에 대한 문제가 출제되므로 시험을 보기 전에 상품별 약관을 살펴보고 가거나, 적금 금액을 계산해보고 가는 것도 좋은 방법이다.

※ 다음은 N은행의 'Ü Card(위 카드)' 주요 혜택에 관한 자료이다. 이어지는 질문에 답하시오. [13~14]

〈Ü Card(위 카드)〉

1) 전 가맹점 포인트 적립 서비스 : 전월 실적 50만 원 이상 이용 시 전 가맹점 적립 서비스 제공(단, 카드 사용 등록일부터 익월 말일까지는 전월 실적 미달 시에도 정상 적립)

건별 이용금액	10만 원 미만	10만 원 이상		
업종	전 가맹점	전 가맹점	온라인	해외
적립률	0.7%	1.0%	1.2%	1.5%

※ 즉시결제 서비스 이용금액은 전 가맹점 2만 원 이상 이용 건에 한해 0.2% 적립

2) 보너스 캐시백 : 매년 1회 연간 이용금액에 따라 캐시백 서비스 제공

연간 이용금액	3천만 원 이상	5천만 원 이상	1억 원 이상
캐시백	5만 원	10만 원	20만 원

※ 매년 카드발급월의 익월 15일(휴일인 경우 익영업일)에 카드 결제계좌로 입금

3) 바우처 서비스 : 매년 1회씩 제공되며, 하나의 혜택만 선택 가능(단, 해당 기간 내 미신청 시 혜택 소멸)

쇼핑	• 백화점상품권(15만 원) • 농촌사랑상품권(15만 원) • 면세점 선불카드 교환권(16만 원)
주유	• 주유권(15만 원)
외식	• 통합 외식이용권(18만 원) • 플래티넘 외식통합이용권(17만 원)
포인트	• NH포인트(15만 점)
여가	• 영화관람권 8매+통합 선불카드(8만 원)

※ 카드발급 초년도 1백만 원 이상, 2차년도부터 1천만 원 이상 이용 시 신청 가능(단, 연회비 정상 결제한 경우에 한함)
※ 바우처 신청 가능 기간 : 매년 카드발급월 익월 1일부터 12개월

4) 서비스 이용조건
 • 연간 이용금액 산정 기준일 : 매년 카드발급월 포함 12개월
 • 이용금액 산정은 승인 일자 기준으로 적용
 • 무이자 할부, 상품권, 기프트카드 및 대학등록금, 제세공과금(국세, 지방세, 우체국우편요금), 단기카드대출(현금 서비스), 장기카드대출(카드론) 등의 이용금액은 적립 및 산정 기준에서 제외

13 K대리는 N은행의 '위 카드'를 2020년 9월 22일에 발급을 받았다. 발급받은 당일부터 카드 사용등록을 하고 연회비도 모두 지불했을 때, K대리가 이 카드를 사용하면서 받을 수 있는 혜택으로 옳지 않은 것은?

① 가맹점에서 K대리가 12만 원을 사용했을 때, 적립된 포인트는 금액의 1%이다.

② 카드 발급 후 처음 1년 동안 200만 원을 사용했을 시 K대리는 바우처를 신청할 수 있다.

③ K대리가 자동차를 24개월 무이자 할부로 결제하면 매달 포인트 적립이 된다.

④ K대리가 카드 발급 후 1년간 4천만 원의 사용실적이 있을 시 보너스 캐시백은 2021년 10월 15일에 5만 원을 받게 된다.

⑤ K대리가 즉시결제 서비스로 10만 원을 온라인 결제했을 시 포인트 적립은 불가하다.

정답 | 해설

'서비스 이용조건'에서 무이자 할부 등의 이용금액은 적립 및 산정기준에서 제외되므로 자동차의 무이자 할부 구매금액은 적립을 받을 수 없다.

오답분석

① '전 가맹점 포인트 적립 서비스'에서 가맹점에서 10만 원 이상 사용했을 때, 적립 포인트는 사용금액의 1%이다.

② '바우처 서비스'에서 카드발급 초년도 1백만 원 이상 사용 시 신청이 가능하다고 했으므로 K대리는 바우처를 신청할 수 있다.

④ '보너스 캐시백'을 보면 매년 1회 연간 이용금액에 따라 캐시백이 제공된다. 따라서 K대리가 1년간 4천만 원을 사용했을 경우 3천만 원 이상으로 5만 원을 캐시백으로 받을 수 있다. 매년 카드발급월 익월 15일에 카드 결제계좌로 입금이 되어 2021년 10월 15일에 입금이 된다.

⑤ '전 가맹점 포인트 적립 서비스'에서 즉시결제 서비스 이용금액은 전 가맹점 2만 원 이상 이용 건에 한해 0.2%가 적립되므로 온라인에서 즉시결제한 이용금액은 적립 대상이 아니다.

정답 ③

문제풀이 Tip

제시문에 작게 쓰인 추가 설명과 예외라고 쓰인 부분에 집중한다. 이에 따라 위 문제를 풀이하면 다음과 같다.

② 카드 발급 후 처음 1년 동안 200만 원을 사용했을 시 K대리는 바우처를 신청할 수 있다. → 바우처 서비스 추가 설명

③ K대리가 자동차를 24개월 무이자 할부로 결제하면 매달 포인트 적립이 된다. → 서비스 이용조건 중 제외 조건

④ K대리가 카드 발급 후 1년간 4천만 원의 사용실적이 있을 시 보너스 캐시백은 2021년 10월 15일에 5만 원을 받게 된다. → 익월 15일에 입금

⑤ K대리가 즉시결제 서비스로 10만 원을 온라인 결제했을 시 포인트 적립은 불가하다. → 전 가맹점 포인트 적립 서비스에 대한 추가 설명

14 다음은 K대리의 11월 카드 사용내역서이다. 카드 사용내역서에 따라 11월에 적립되는 포인트는 총 몇 점인가?(단, 카드를 사용한 곳은 모두 가맹점이다)

<11월 카드 사용내역서>

구분	가맹점명	사용금액	비고
2020-11-06	B가구	200,000원	3개월 무이자 할부
2020-11-06	A햄버거 전문점	12,000원	-
2020-11-10	지방세	2,400원	-
2020-11-13	현금 서비스	70,000원	-
2020-11-13	C영화관	40,000원	-
2020-11-20	D할인점	85,000원	-
2020-11-22	카드론(대출)	500,000원	-
2020-11-23	M커피	27,200원	즉시결제
2020-11-25	M커피	19,000원	즉시결제
2020-11-25	E스시	100,000원	-
합계	-	1,055,600원	-

※ 비고가 빈칸(-)인 경우 일시불을 뜻한다.

① 2,013.4점
② 2,025.4점
③ 2,034.4점
④ 2,042.4점
⑤ 2,057.4점

정답 | 해설

K대리의 11월 신용카드 사용내역서에서 '서비스 이용조건'에 제시된 이용금액이 적립 및 산정 기준에서 제외되는 경우는 무이자할부, 제세공과금, 카드론(장기카드대출), 현금 서비스(단기카드대출)이다. 이 경우를 제외하고, 전 가맹점에서 10만 원 미만 0.7%, 10만 원 이상 1%이며, 2만 원 이상 즉시결제 서비스 이용 시 0.2%가 적립된다.

구분	사용금액	비고	포인트 적립
B가구	200,000원	3개월 무이자 할부	무이자 할부 제외
A햄버거 전문점	12,000원	-	0.7%
지방세	2,400원	-	제세공과금 제외
현금 서비스	70,000원	-	현금 서비스 제외
C영화관	40,000원	-	0.7%
D할인점	85,000원	-	0.7%
카드론(대출)	500,000원	-	카드론 제외
M커피	27,200원	즉시결제	0.2%
M커피	19,000원	즉시결제	2만 원 미만으로 적립 제외
E스시	100,000원	-	1%

따라서 K대리가 11월에 적립하는 포인트는 {(12,000+40,000+85,000)×0.007}+(27,200×0.002)+(100,000×0.01)=959+54.4+1,000=2,013.4점이다.

정답 ①

※ 다음은 2019년에 개정된 자동차사고 과실비율 인정기준과 과실상계에 관한 내용을 나타낸 자료이다. 이를 바탕으로 이어지는 질문에 답하시오. [15~16]

〈자동차사고 과실비율 인정기준 개정〉

1) 일방과실 적용 확대

과실비율 인정기준의 차 대 차사고 과실비율 기준 총 57개 중 일방과실 기준은 9개에 불과해, 과실비율 기준이 없는 '피해자가 피하기 불가능한 사고'의 경우 보험회사가 쌍방과실로 유도한다는 소비자의 불만이 지속됐다. 이에 피해자가 피하기 불가능한 사고 등에 대해 일방과실로 인정하도록 기준을 신설 및 변경하였다.

(예시)

구분		변경	신설
사고 상황		동일 차로 뒤에서 주행하던 B차량이 근접거리에서 중앙선을 침범하여 전방의 A차량을 급하게 추월하다가 추돌한 사고	직진신호에 직진·좌회전 노면표시가 있는 곳에서 A차량은 직진하고, B차량은 직진 노면표시가 있는 곳에서 좌회전 중 발생한 사고
기본 과실	기존	20 : 80 (A : B)	−
	개정	0 : 100 (A : B)	0 : 100 (A : B)

2) 최신 법원 판례 경향 및 법령 개정사항 반영

최근 법원에서 과실비율 인정기준과 다르게 판결한 사례가 발생하고, 소방기본법·도로교통법 등의 법규 개정에 따라 과실비율 변경의 필요성이 제기돼 왔다. 이에 법원의 판례를 반영하여 인정기준의 과실비율을 신설 및 변경하였으며, 관계법령의 개정과 관련된 사항을 반영하였다.

(예시)

구분		변경	신설
사고 상황		정체도로에서 우측 가장자리에서 교차로에 진입하는 A이륜차와 측면 또는 맞은편에서 교차로에 진입하는 B차량 간 사고	교차로에서 녹색신호에 직진하는 A차량과 긴급상황으로 적색신호에 직진하는 B긴급차량과의 사고
기본 과실	기존	30 : 70 (A : B)	−
	개정	70 : 30 (A : B)	60 : 40 (A : B)

〈교통사고 과실상계〉

교통사고에 있어서 과실상계는 피해자에게 과실이 존재할 때 교통사고로 인해 상호 발생한 손해에 대하여 자신의 과실만큼 상대방의 손해를 배상하는 것이다.

(예시)

구분	A차량 운전자		B차량 운전자	
과실 비율	20%	a	80%	b
피해액	100만 원	c	200만 원	d
과실상계	B차량에게 보상하는 금액		A차량에게 보상하는 금액	
	$a \times d = 40$만 원		$b \times c = 80$만 원	

15 개정된 자동차사고 과실비율 인정기준에서 B차량이 모든 기본과실을 책임져야 하는 사고 상황을 〈보기〉에서 모두 고른 것은?

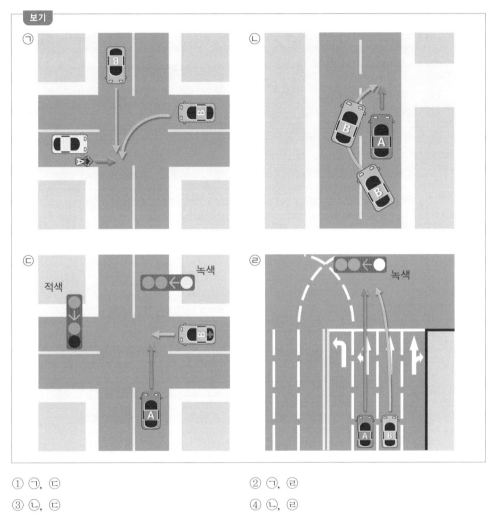

① ㉠, ㉢

② ㉠, ㉣

③ ㉡, ㉢

④ ㉡, ㉣

⑤ ㉢, ㉣

정답 해설

개정된 자동차사고 과실비율이 B차량에게 모든 기본과실을 책임져야 하는 상황은 '일방과실 적용 확대'에 포함되는 상황을 말한다.

㉡ 기본과실 비율이 변경된 사고 상황으로 동일 차로 뒤에서 주행하던 B차량이 중앙선을 침범하여 앞에 가고 있는 A차량을 급하게 추월하다가 추돌하는 경우로 기존의 기본과실은 A차량 : B차량=20 : 80에서 A차량 : B차량=0 : 100으로 개정되었다.

㉣ 신설된 사고 상황으로 직진신호에 A차량은 직진·좌회전 노면표시가 있는 곳에서 직진하고, B차량은 직진 노면표시만 있는 곳에서 좌회전을 하여 사고가 발생할 경우, 기본과실은 A차량 : B차량=0 : 100이다.

㉠ '최신 법원 판례 경향 및 법령 개정사항 반영'의 예시에서 기본과실이 변경된 상황으로 A이륜차(오토바이)가 정체도로에서 우측 가장자리에서 교차로에 진입하고 있고, 측면 또는 맞은편에서 교차로에 진입하는 B차량과 사고가 났을 경우로 기존과실은 A이륜차 : B차량=30 : 70에서 A이륜차 : B차량=70 : 30으로 수정되었다.
㉢ '최신 법원 판례 경향 및 법령 개정사항 반영'의 예시에서 신설된 사고 상황으로 교차로에서 녹색신호에 직진하는 A차량과 적색신호에 직진하는 B긴급차량이 사고 났을 경우 기본과실은 A차량 : B차량=60 : 40이다.

정답 ④

16 자동차사고 과실비율 인정기준 개정의 '최신 법원 판례 경향 및 법령 개정사항 반영'의 기존과실이 변경된 예시와 같은 사고가 발생하였다. A이륜차의 피해액은 80만 원, B차량의 피해액은 130만 원이 나왔다. A이륜차가 B차량에 배상해야 하는 금액의 개정 전·후 차이는 얼마인가?

① 36만 원
② 42만 원
③ 49만 원
④ 52만 원
⑤ 55만 원

정답 해설

'최신 법원 판례 경향 및 법령 개정사항 반영'의 기존과실이 변경된 예시에서 A이륜차와 B차량이 보상해야 하는 비율은 A이륜차 : B차량=30 : 70에서 A이륜차 : B차량=70 : 30으로 변경되었다. 따라서 A이륜차가 B차량에게 보상해야 하는 금액은 B차량 피해액의 30%에서 70%로 비율이 증가했으므로 보상금액은 $130 \times (0.7 - 0.3) = 52$만 원을 더 지불해야 한다.

정답 ④

※ A고객은 노후대비 은퇴자금을 마련하기 위하여 N은행을 방문하였다. N은행의 행원인 귀하는 다음과 같은 상품을 고객에게 추천할 예정이다. 이어지는 물음에 답하시오. [17~18]

〈상품설명서〉

1) 상품 개요
   - 상품명 : N은행 100세 플랜 적금
   - 상품 특징 : 여유롭고 행복한 은퇴를 위한 은퇴자금 마련 적금 상품
2) 거래 조건

구분		내용
가입자격		개인
계약기간		1년 ~ 20년 이내(연 단위) (계약기간 만료 전 1회 연장 가능, 단 총계약기간이 20년을 초과할 수 없음)
적립방식		자유적립식
가입금액		초입 10만 원 이상, 매입금 1만 원 이상(계좌별) / 매월 5백만 원(1인당), 총불입액 10억 원(1인당) 이내
만기금리 (연%, 세전)	기본금리	계약기간별 금리(실제 적용금리는 가입일 당시 고시금리에 따름) <table><tr><th>가입기간</th><th>12개월 이상</th><th>24개월 이상</th><th>36개월 이상</th></tr><tr><td>금리</td><td>연 2.55%</td><td>연 2.75%</td><td>연 3.00%</td></tr></table>
	우대금리 (최고 0.5%)	아래 우대조건을 충족하고 이 적금을 만기 해지하는 경우 각 호에서 정한 우대금리를 계약기간 동안 합산 적용함(중도인출 또는 해지 시에는 적용하지 않음) <table><tr><th colspan="2">우대조건</th><th>우대금리</th></tr><tr><td>㉠</td><td>이 적금 가입시점에 'N은행 100세 플랜 통장'을 보유하고 있는 경우</td><td>0.1%</td></tr><tr><td>㉡</td><td>같은 날 부부가 모두 가입하고 신규금액이 각 10만 원 이상인 경우(각 적금은 만기까지 보유하고 있어야 함)</td><td>0.1%</td></tr><tr><td>㉢</td><td>이 적금 계약기간이 3년 이상이고 만기 시 월 평균 10만 원 이상 입금된 경우</td><td>0.2%</td></tr><tr><td>㉣</td><td>이 적금 신규일로부터 만기일까지 'N은행 100세 플랜 연금'을 6개월 이상 보유하고 있는 경우(신규만 포함)</td><td>0.2%</td></tr><tr><td>㉤</td><td>인터넷 또는 스마트뱅킹으로 본 적금에 가입 시</td><td>0.1%</td></tr></table>
이자지급방식		만기일시지급식
양도 및 담보 제공		은행의 승낙을 받은 경우 양도 및 담보 제공이 가능
제한사항		이 적금은 1년 이상 납입이 없을 경우 계약기간 중이라도 추가 적립할 수 없으며, 질권설정 등의 지급 제한사유가 있을 때에는 원리금을 지급하지 않음
예금자보호 여부	해당	이 상품은 「예금자보호법」에 따라 예금보험공사가 보호하되, 보호한도는 본 은행에 있는 귀하의 모든 예금보호대상 금융상품의 원금과 소정의 이자를 합하여 1인당 '최고 5천만 원'이며, 5천만 원을 초과하는 나머지 금액은 보호하지 않습니다.

17 귀하는 A고객이 'N은행 100세 플랜 적금' 상품을 계약하기 전 해당 상품에 대해서 이해를 돕고자 자세히 설명하고자 한다. 다음 설명 중 적절하지 않은 것은?

① "고객님, 해당 상품은 목돈이 들어가는 예금과 달리 첫 입금 시 10만 원 이상 그리고 계약기간 동안 매월 1만 원 이상 납입하시면 되는 적금이므로 지금 당장 큰 부담이 없습니다."

② "고객님, 해당 상품을 3년 이상 계약하시게 되면 기본금리가 3.00%로 적용되며, 다만 오늘 계약하시지 않을 경우에는 실제로 적용되는 금리가 변동될 수 있습니다."

③ "고객님, 우대금리는 최고 0.5%까지만 적용되는데, 중도인출이나 혹은 중도해지 시에는 우대금리가 적용되지 않습니다."

④ "고객님, 적금 계약기간 중 1년 이상 납입을 하시지 않았을 때, 계약기간 중이더라도 추가 적립을 할 수 없는 부분에 대해서 유의하여 주시길 바랍니다."

⑤ "고객님, 해당 상품은 예금자보호법에 따라 원금과 이자를 합쳐서 1인당 최고 5천만 원까지 보호되는 상품이며, 본 은행의 다른 상품과 별도로 보호되는 금융상품입니다."

정답 해설

'N은행 100세 플랜 적금'상품은 예금자보호가 적용되는 상품이나, 예금자보호법에 따라 N은행에 있는 고객의 모든 예금 보호대상 금융상품에 적용되므로 다른 상품과 구별하여 보호받는다는 ⑤의 설명은 적절하지 않다.

정답 ⑤

문제풀이 Tip

⑤와 같이 예금자보호법에 대한 설명은 모듈형과 결합하여 나온 문제로 볼 수 있다. 예금자보호법에 대해 조금이라도 알고 있는 경우에는 바로 답을 찾을 수 있다.

18 다음 제시된 A고객의 상담내역을 토대로 A고객이 만기시점에 받을 수 있는 세전금리는 몇 %로 예상되는가?

〈A고객의 상담내역〉

• N은행과의 금융거래는 이번이 처음이며, 해당 적금상품만을 가입하였다.

• 행원의 설명에 따라, 매월 납입금액은 20만 원, 계약기간은 5년으로 계약하였다.

• 타 은행보다 높은 금리조건에 만족하여 A고객의 배우자도 함께 가입하였으며, 각각 100만 원을 초입하였다.

• 행원의 추천에 따라 한 달 뒤 'N은행 100세 플랜 연금'을 신규로 가입할 예정이며, 1년간 보유할 계획이다.

• 해당 적금의 계약기간 동안 중도인출 또는 해지할 계획이 없으며, 연체 없이 모두 만기까지 보유할 예정이다.

---

① 2.75%

② 3.05%

③ 3.25%

④ 3.50%

⑤ 3.70%

정답 │ 해설

해당 적금의 만기시점 세전금리는 (기본금리)+(우대금리)이다. 기본금리는 상품설명서 내 [만기금리] → [기본금리] 항목에서 확인할 수 있는데, **A고객의 계약기간이 5년이므로 연 3.00%**임을 확인할 수 있다.

우대금리는 A고객의 상황에서 우대조건 항목에 해당되는 것이 있는지 비교한 후, 해당되는 항목의 우대금리를 모두 합하면 된다.

• 우대조건 ㉠ : A고객은 N은행과 이전에 거래한 적이 없으며, 해당 적금상품만을 가입하였으므로 **우대조건에 해당되지 않는다.**

• 우대조건 ㉡ : A고객은 배우자와 함께 가입하였고, 신규금액이 10만 원 이상이므로 **우대조건에 해당**된다.

• 우대조건 ㉢ : A고객은 매월 20만 원씩 납입, 계약기간 5년이고 만기까지 연체 없이 납입할 예정이므로 **우대조건에 해당**된다.

• 우대조건 ㉣ : A고객은 행원의 추천에 따라 'N은행 100세 플랜 연금'을 신규로 가입하여 6개월 이상 보유할 예정이므로 **우대조건에 해당**된다.

• 우대조건 ㉤ : A고객은 N은행에 방문하여 행원과 해당 적금에 대해 상담을 받아 계약을 하였으므로 **우대조건에 해당되지 않는다.**

따라서 우대조건 ㉡ (0.1%)·㉢ (0.2%)·㉣ (0.2%)를 충족하였으므로 **우대금리는 0.5%**이며, 만기시점 세전금리는 3.00%+0.5%=3.50%이다.

정답 ④

※ 다음 자료를 보고, 이어지는 질문에 답하시오. [19~20]

〈올바른 POINT카드〉

• 기본 정보

가입대상	개인
후불교통카드	신청 가능
연회비	국내 전용 1만 원 / 국내·외 겸용 1만 2천 원

※ 온라인에서 카드 신규 발급 후 익월 말까지 10만 원 이상 이용 시 연회비 캐시백 제공(카드 발급 익익월 15일경 카드 결제계좌로 입금)

• 포인트 적립 : 적립 한도 없이 0.7 ~ 1.5% N포인트 적립

－ 기본 적립

구분	전 가맹점 기본 적립			
적립률	0.7%	0.8%	0.9%	1.0%
전월 실적	30만 원 미만	30만 원 이상 100만 원 미만	100만 원 이상 200만 원 미만	200만 원 이상

－ 추가 적립

구분		적립률	전월 실적
쇼핑	H마트·클럽, N몰(nmall.com)	총금액의 0.5%	30만 원 이상
편의점·잡화	G편의점, C편의점, O잡화		
영화	C영화관		
커피·제과	S커피, P제과		
해외 관련	해외 일시불, 면세점		

※ 편의점·잡화, 커피·제과 : 역사, 백화점 및 아웃렛 입점 매장은 적립 미제공

• N포인트 적립 관련 유의사항

－ 전월 실적 30만 원 미만 시 기본 적립 0.7%만 적용됩니다.

－ N몰 고객 우대 적립은 N몰 고객의 모든 등급(블루, 그린, 로얄, 골드, 탑클래스)에 해당할 경우 적용됩니다.

－ 전월 실적 및 포인트 적립 제외 대상

> 대학(대학원)등록금, 교육비(학부모 분담금), 임대료, 각종 세금 및 공과금, 우체국 우편 요금, 사회보험료(국민건강 / 국민연금 / 고용 / 산재), 아파트 관리비, 도시가스요금, 전기요금, 상품권 및 선불카드류 구매(충전 포함), 단기카드대출(현금서비스), 장기카드대출(카드론), 각종 수수료 및 이자, 연체료, 연회비, 거래 취소금액, 가상 화폐 거래 관련 금액, 포인트 결제 시 포인트 사용분

• N포인트 사용 방법 : 1점 이상 시 현금처럼 사용 가능(1점＝1원)

－ 사용처 : H마트·클럽, N주유소, N몰, N여행, A팜랜드, C영화관 등

－ N은행 인터넷뱅킹에서 금융거래 : 카드 대금 및 연회비 선결제, 장기카드대출(카드론) 선결제 및 중도 상환, SMS 이용 요금, CMS 이체 수수료, 대출 원리금 상환

－ 농촌사랑상품권·기프트카드 구입

－ 포인트 기부 및 양도 가능

19 다음 중 올바른 POINT카드에 대한 설명으로 옳은 것은?

① 교통카드로 사용하고자 할 경우 별도의 신청 없이 금액을 충전하여 사용할 수 있다.

② 온라인을 통해 신규 발급받은 경우 익월 말까지의 이용 금액이 10만 원 이상이면 청구금액에서 연회비가 자동으로 면제된다.

③ 전월 실적이 35만 원인 N몰 고객의 경우 적립 한도 없이 최대 1.5%의 포인트를 적립할 수 있다.

④ 카드를 통해 적립된 포인트는 1점당 1원으로, 1,000점 이상 적립된 경우에 지정된 사용처에서 현금처럼 사용할 수 있다.

⑤ 카드를 통해 적립된 포인트는 인터넷뱅킹의 금융거래에서 수수료 등으로 사용할 수 있으며, 타인에게 기부나 양도가 가능하다.

정답 해설

N포인트 사용 방법에 따르면 적립된 포인트는 농협 인터넷뱅킹의 금융거래에서 CMS 이체 수수료 등으로 사용할 수 있으며, 타인에게 기부나 양도가 가능하다.

[오답분석]
① 해당 카드는 별도의 신청을 통해 후불교통카드로 사용할 수 있다.
② 연회비는 온라인에서 카드를 신규 발급받은 후 익월 말까지의 이용 금액이 10만 원 이상인 경우 익익월 15일경에 캐시백으로 제공된다. 즉, 추후 계좌로 입금되는 것으로 청구금액에서 자동으로 면제되는 것은 아니다.
③ N몰 고객의 경우 해당 카드를 통해 적립 한도 없이 전월 실적에 따라 적립률이 다르게 적용된다. 전월 실적이 30만 원 이상 100만 원 미만일 경우 최대 1.3%, 100만 원 이상 200만 원 미만일 경우 최대 1.4%가 적용되며, 200만 원 이상일 경우 최대 1.5%가 적용된다. 따라서 전월 실적이 200만 원 이상이어야 최대 1.5%의 포인트를 적립할 수 있다.
④ 적립된 포인트는 1점당 1원으로 지정된 사용처에서 현금처럼 사용할 수 있고, 1,000점이 아닌 1점 이상 시 바로 현금처럼 사용할 수 있다.

정답 ⑤

20 K씨는 블루 등급에 해당하는 N몰 고객으로 올바른 POINT카드를 사용하고 있다. K씨의 5 ~ 6월 카드 사용내역이 다음과 같을 때 6월에 적립된 K씨의 N포인트는 총 얼마인가?(단, 실적 및 포인트 적립 제외 대상 외에 모든 포인트가 적립되며, 소수점 이하는 계산하지 않는다)

- 5월 카드 사용내역

날짜	내역	날짜	내역
5/2	C영화관 15,000원	5/18	S커피(P빌딩점) 22,500원
5/8	Z의류매장 105,000원	5/19	H마트 240,600원
5/15	C편의점(P빌딩점) 30,800원	5/20	전기세 납부 42,500원
5/16	N식당 58,000원	5/27	5월분 아파트 관리비 152,000원
5/17	A백화점 상품권 200,000원	5/28	V미용실 선불카드 충전 150,000원

- 6월 카드 사용내역

날짜	내역	날짜	내역
6/1	S커피(S백화점) 4,100원	6/19	O잡화(P빌딩점) 34,900원
6/4	G편의점(P빌딩점) 9,800원	6/20	전기세 납부 80,500원
6/11	N몰 10,700원	6/23	S커피(P빌딩점) 5,500원
6/12	우체국 우편 발송 2,500원	6/27	6월분 아파트 관리비 152,000원
6/17	N식당 48,200원	6/30	S면세점 300,400원

① 4,429점
② 4,696점
③ 5,081점
④ 5,725점
⑤ 6,941점

정답 **해설**

먼저 전기요금과 아파트 관리비, 상품권과 미용실 선불카드 충전을 제외한 K씨의 5월 실적은 $15,000+105,000+30,800+58,000+22,500+240,600=471,900$원이므로 6월에는 0.8%의 기본 적립률이 적용된다.

6월 카드 사용내역에서 S커피(S백화점), 우편 발송, 전기세 납부, 아파트 관리비용은 포인트 적립 제외 대상이다. 추가 적립률 없이 기본 적립률만 적용되는 내역은 48,200원(N식당)이므로 $48,200×0.008≒385$점이고, 추가 적립 0.5%가 가능한 대상은 9,800(G편의점)+10,700(N몰)+34,900(O잡화)+5,500(S커피)+300,400(S면세점)$=361,300$원이다. 이 경우 총적립률은 $0.8+0.5=1.3$%이므로 $361,300×0.013≒4,696$점이 적립된다(소수점 이하 생략). 따라서 6월에 적립된 K씨의 포인트는 총 $385+4,696=5,081$점이다.

정답 ③

문제풀이 Tip

포인트 점수를 계산하는 문제가 출제되면 반드시 점수로 합산되지 않는 항목이 함께 출제된다. 따라서 항상 점수로 합산되지 않는 것을 계산 전에 먼저 확인하고, 잘 나오지는 않지만 혹여 점수가 가산되는 경우가 있는지를 확인한다.

※ 다음 자료를 보고, 이어지는 질문에 답하시오. [21~22]

〈NH 포디 예금〉

• 상품개요
오픈뱅킹 거래 실적에 따라 우대금리를 제공하며, 기금을 출연하여 디지털 소외계층을 위한 사업에 지원하는 비대면 전용 상품
• 가입대상 : 개인(1인 1계좌)
• 가입기간 : 12개월
• 가입금액 : 1백만 원 이상 1억 원 이내(원 단위)
• 적립방법 : 거치식
• 기본금리(연 %)

이자지급방식	금리
만기일시지급식	1.3
월이자지급식	1.2

• 우대금리(연 %p)
아래 우대조건을 만족하는 경우 가입일 현재 기본금리에 가산하여 만기해지 시 적용(최고 0.5%p 우대)

우대조건	우대금리
비대면 가입 특별 금리	0.20
당행에서 오픈뱅킹 서비스에 계좌 등록 후 해당 서비스를 이용하여 타행 계좌로부터 당행 계좌로 이체 실적이 5회(최대 월 1회 인정) 이상인 경우 1) 실적 인정 기준일 : 상품 가입일로부터 만기가 속한 달의 전월 말 이내에 오픈뱅킹 이체 실적이 있는 경우(오픈 뱅킹 등록은 상품 가입 이전 계좌 등록분도 인정) 2) 이체 실적은 최대 월 1회만 인정	0.30

• 중도해지금리(연 %)

경과기간	적용금리 / 적용률
1개월 미만	0.10
3개월 미만	0.20
6개월 미만	(중도해지 기준금리)×40%
9개월 미만	(중도해지 기준금리)×60%
12개월 미만	(중도해지 기준금리)×80%

※ 중도해지 기준금리 : 가입일 당시 기본금리
• 이자지급방식

만기일시지급식	(신규금액)×(약정금리)×(예치일수)/365
월이자지급식	[(신규금액)×(약정금리)×(예치일수)/365]/(개월 수)

• 유의사항
이 예금은 별도의 판매 한도(총 3천억 원)를 정하여 판매하는 상품으로 한도 소진 시 조기 판매 종료될 수 있음

21 다음 중 NH 포디 예금 상품에 대해 잘못 이해한 사람은?

① A : 해당 상품은 비대면 전용 상품이야.

② B : 계약 시 저축 기간과 금리를 미리 정하고 맡긴 돈을 만기에 찾는 방식이므로 만기 전에는 자유롭게 출금할 수 없어.

③ C : 월이자지급식의 이자지급방식을 선택한 경우 만기에 받을 수 있는 총이자를 개월 수로 나누어 매월 지급받으므로, 같은 금액이면 만기일시지급식을 선택한 경우의 이자금액과 차이가 없어.

④ D : 해당 상품에 가입하는 사람들의 가입금액에 따라 상품의 판매가 종료되는 시점이 달라질 수 있겠군.

⑤ E : 오픈뱅킹 서비스를 통해 한 달 동안 다른 은행 계좌에서 당행 계좌로 10회 이상 이체하였더라도 이체 실적은 1회만 인정되므로 우대금리를 적용받으려면 최소 5개월 이상 이용해야 해.

정답 | 해설

만기일시지급식은 가입기간 동안 약정이율로 계산한 이자를 만기에 일시 지급하는 방식이며, 월이자지급식은 총이자를 개월 수로 나누어 매월 지급하는 방식이므로 받을 수 있는 총이자금액은 서로 같다. 그러나 해당상품의 경우 만기일시지급식과 월이자지급식에 따라 적용되는 기본금리가 서로 다르므로 기본금리가 더 높은 만기일시지급식을 선택한 경우의 이자금액이 더 많다.

[오답분석]
① 해당 상품은 은행에 직접 방문하지 않고 스마트폰 등을 통해 가입할 수 있는 비대면 전용 상품이다.
② 거치식 예금에 대한 설명이므로 옳은 내용이다.
④ 해당 상품은 총 3천억 원의 판매 한도를 정하여 판매하는 상품으로 한도 소진 시 조기에 판매가 종료될 수 있다. 따라서 가입하는 사람들의 가입금액에 따라 상품의 판매 종료 시점이 달라질 수 있다.
⑤ 우대조건에 따르면 오픈뱅킹 서비스를 이용하여 타행 계좌로부터 당행 계좌로 이체한 실적이 5회 이상일 경우 우대금리가 적용된다. 이때, 이체 실적은 최대 월 1회만 인정되므로 최소 5개월 이상 이용해야 우대금리를 적용받을 수 있다.

정답 ③

22 5개월 전 L씨는 'NH 포디 예금'에 6,000만 원을 월이자지급식으로 비대면 가입하였고, B씨는 8개월 전 4,000만 원을 만기지급식으로 비대면 가입하였으며, 오픈뱅킹 서비스에 계좌 등록 후 해당 서비스를 이용하여 지금까지 타행 계좌로부터 당행 계좌로 이체 실적이 6회였다. 하지만 L씨와 B씨는 부득이한 사정으로 현재 예금을 중도해지하려고 한다. 각각 받을 수 있는 총이자의 차액은 얼마인가?(단, 한 달은 30일이며, 예치일수는 각각 5개월과 8개월이고, 이자는 백 원 단위에서 반올림한다)

① 87,000원

② 85,000원

③ 83,000원

④ 80,000원

⑤ 78,000원

정답 **해설**

L씨는 월이자지급식으로 신규금액은 6,000만 원이고, B씨는 만기일시지급식으로 4,000만 원을 신규금액으로 하였다. 현재 L씨는 5개월, B씨는 8개월이 지났으며 이에 해당하는 중도해지금리를 정리하면 다음과 같다.

구분	신규금액(만 원)	기본금리(%)	우대금리(%p)	경과기간에 따른 적용금리
L씨	6,000	1.2	비대면 : 0.2	(중도해지 기준금리)×40%
B씨	4,000	1.3	• 비대면 : 0.2 • 오픈뱅킹 서비스 계좌이체 6회 : 0.3	(중도해지 기준금리)×60%

하지만 우대금리 내용을 보면 '우대조건을 만족하는 경우 만기해지 시 적용'이라고 했으므로 두 고객에게는 우대금리가 적용되지 않는 중도해지금리, 즉 L씨의 경우 1.2×0.4=0.48%, B씨는 1.3×0.6=0.78%가 적용된다. 각각 해당되는 이자지급방식에 대입하여 총이자를 구하면 다음과 같다.

• L씨(월이자지급식) : $\dfrac{(신규금액)\times(약정금리)\times(예치일수)}{365}=\dfrac{6,000\times0.0048\times(5\times30)}{365}≒11.8만\ 원$

• B씨(만기일시지급) : $\dfrac{(신규금액)\times(약정금리)\times(예치일수)}{365}=\dfrac{4,000\times0.0078\times(8\times30)}{365}≒20.5만\ 원$

월이자지급식의 이자지급방식에서 '개월 수'로 나누지 않은 이유는 총이자를 구해야 하기 때문이다. 따라서 두 고객의 중도해지 시 받을 수 있는 총이자의 차액은 20.5만 원−11.8만 원=87,000원이다.

정답 ①

문제풀이 Tip

나눠야 하는 값이 크기 때문에 두 번 계산을 하는 것보다 한 번만 계산하는 게 좋다.

• L씨 이자 : $\dfrac{6,000\times0.0048\times(5\times30)}{365}$

• B씨 이자 : $\dfrac{4,000\times0.0078\times(8\times30)}{365}$

$(6,000\times0.0048\times5\times30-4,000\times0.0078\times8\times30)\div365=|(4,320-7,488)|\div365≒8.7만\ 원$

〈Biz Tax(비즈택스) 플래티늄 카드〉

구분	부가세 환급 지원 서비스 제공
가입대상	법인 및 개인사업자
후불 교통카드	신청 가능
연회비	국내·외 겸용 15,000원

부가세 환급 업무 지원 서비스를 이용하려면?

① N데이터(주) 홈페이지에 회원 가입 / 로그인   ② '부가세 환급 지원 – 신용카드 매입' 메뉴에서 조회
③ 부가세 공제 대상, 비대상을 확정   ④ 직접 다운로드 또는 세무 대리인에게 E-mail로 발송
⑤ 직접 신고 또는 세무 대리인을 통해 신고
※ N데이터(주) 고객센터 : 1580-0000

주요 서비스

• 전국 모든 주유소·충전소 청구 할인(3%)
  – 월 4회, 회당 할인 한도 3천 원
• 농협판매장 청구 할인(5%)
  – 월 2회, 회당 할인 한도 5천 원
  – 농협판매장 : 하나로클럽, 하나로마트, 파머스클럽, 신토불이매장, NH여행, 한삼인 체인점, 목우촌 체인점, 안성팜랜드 등
• 커피전문점 청구 할인(10%)
  – 월 2회, 회당 할인 한도 5천 원
  – S커피, B커피, T커피
  – 상품권 구매 및 백화점·할인점 입점 점포 할인 제외

주요 서비스 이용 조건

• 주유소·농협판매장·커피전문점 할인은 해당 카드로 전월(1일 ~ 말일) 일시불 / 할부 이용 금액이 30만 원 이상 시 제공(단, 주유할인은 영업용 차량 주유 금액을 제외한 이용 금액이 30만 원 이상 시 제공)
• 최초 발급 시 카드발급일로부터 다음 달 말일까지는 이용 금액에 관계없이 서비스 제공
• 월간 할인 횟수가 제한된 서비스는 매월별 해당 카드 이용 실적 기준으로 순차적 할인 적용
• 이용 금액 산정 시 상품권, 보험료, 제세공과금(국세, 지방세, 우체국우편요금) 등의 이용 금액은 제외

23 다음 중 '비즈택스 플래티늄 카드'를 법인카드로 사용하는 A ~ E법인에 대한 설명으로 옳은 것은?

① 지난달 카드를 처음 발급받아 현재 사용 내역이 없는 A법인은 모든 청구 할인 서비스를 받을 수 있다.

② 세 달째 이용 중인 카드로 지난달 영업용 차량의 주유비 총 35만 원을 결제한 B법인은 이번 달 주유소 청구 할인 서비스를 받을 수 있다.

③ 1년째 이용 중인 카드로 지난달 선물용 상품권을 40만 원 이상 구매한 C법인은 이번 달 모든 청구 할인 서비스를 받을 수 있다.

④ D법인이 지난달 카드 이용 실적을 모두 채웠다면, S백화점 내 S커피를 방문하여 결제할 경우 이번 달 총 2번의 청구 할인을 받을 수 있다.

⑤ E법인이 지난달 카드 이용 실적을 모두 채웠다면, 하나로마트에서 1회 결제한 15만 원에 대하여 7,500원의 청구 할인을 받을 수 있다.

해당 카드를 처음 발급받은 경우 카드발급일로부터 다음 달 말일까지는 이용 금액과 관계없이 모든 청구 할인 서비스를 받을 수 있다. 따라서 A법인은 지난달 카드를 처음 발급받아 현재까지 사용 내역이 없더라도 모든 청구 할인 서비스를 받을 수 있다.

오답분석

② 주유 할인의 경우 영업용 차량 주유 금액을 제외한 이용 금액이 30만 원 이상일 경우에만 제공되므로 영업용 차량 주유 비용 외에 다른 사용 내역이 없다면 B법인은 주유소에서의 할인 서비스를 받을 수 없다.

③ 전월 이용 금액 산정 시 상품권 이용 금액은 제외되므로 상품권 구매 비용 외에 다른 사용 내역이 없다면 C법인은 모든 청구 할인 서비스를 받을 수 없다.

④ 백화점에 입점한 S커피에서는 청구 할인 서비스를 받을 수 없으므로 D법인이 지난달 이용 실적을 만족하였더라도 백화점 내의 S커피에서는 청구 할인 서비스를 받을 수 없다.

⑤ 농협판매장에서의 청구 할인은 회당 할인 한도가 5천 원이므로 이용 실적을 만족한 E법인이 하나로마트에서 15만 원을 결제하였더라도 최대 5천 원까지만 할인받을 수 있다.

정답 ①

| 2019 NH농협은행 5급

24 옷가게를 운영하는 개인사업자 A씨는 '비즈택스 플래티늄 카드'를 업무에 사용하면 좋을 것 같아 두 달 전부터 사용 중이다. 이번 달 A씨가 카드로 결제한 사용내역을 다음과 같이 정리했을 때, 청구 할인받은 총금액은 얼마인가?(단, A씨는 지난달 카드실적을 달성했다)

〈5월 카드사용 내역〉

• 주유소(영업용 차량 주유 ×) : 2회 이용, 합계 50,000원
• 하나로마트 : 1회 사용, 130,000원
• 안성팜랜드 : 1회 사용, 55,000원
• 커피전문점 영수증

```
          S COFFEE
        현금(소득공제)
   Q백화점 지점
   ─────────────────────
          주문번호 A-99
   ─────────────────────
   아메리카노        2      4,100
   카페라테         1      4,600
   자몽블랙티        2      6,300
   ─────────────────────
          결제금액 _____
   ─────────────────────
   카드 종류 :              BIZ****
   회원 번호 :            9845***7
   승인 번호 :         20548963100
```

```
          B COFFEE
        현금(소득공제)
   시흥시내점
   ─────────────────────
   진동기번호 : 07
   ─────────────────────
   아이스 커피       1      5,000
   Ice 카페라테      2      5,300
   블랙슈가라테       1      7,200
   ─────────────────────
          총액 _____
          합계 _____
   ─────────────────────
   카드 종류 : 7777-****-****-83
   할부 개월 : 일시불
   승인 번호 : 4789621
```

① 15,570원   ② 14,430원

③ 14,070원   ④ 11,730원

⑤ 11,530원

정답 | 해설

개인사업자 A씨는 주유소와 농협판매점, 커피전문점에서 플래티늄 카드로 결제하면 청구 할인을 받을 수 있다. 5월 카드 사용 내역에 나와 있는 장소들은 자료의 '주요 서비스' 청구 할인 대상이다. 장소마다 청구받을 수 있는 금액을 정리하면 다음과 같다.

(단위 : 원)

구분	금액	할인 적용 사항	할인 금액
주유소	50,000	– 청구 할인(3%) – 월 4회, 회당 할인 한도 3천 원	$50,000 \times 0.03 = 1,500$
하나로마트	130,000	– 청구 할인(5%) – 월 2회, 회당 할인 한도 5천 원	$130,000 \times 0.05 = 6,500$ $\rightarrow 5,000$
안성팜랜드	55,000		$55,000 \times 0.05 = 2,750$
S커피	$4,100 \times 2 + 4,600 + 6,300 \times 2 = 25,400$	– 청구 할인(10%) – 월 2회, 회당 할인 한도 5천 원	백화점 입점 점포 제외
B커피	$5,000 + 5,300 \times 2 + 7,200 = 22,800$		$22,800 \times 0.1 = 2,280$

주유소에서 2회 주유한 총금액이 50,000원으로 이에 대한 총할인금액은 회당 할인 한도를 넘지 않고, 하나로마트의 경우 할인 금액이 회당 할인 한도 5천 원보다 높아 5천 원만 할인된다. 또한 S커피는 백화점에 입점한 점포로 할인에서 제외된다. 따라서 청구할인 받은 총금액은 $1,500 + 5,000 + 2,750 + 2,280 = 11,530$원이다.

정답 ⑤

25 유진이는 겨울방학을 맞아 평일에 미술관에 가기로 하였다. 유진이 집에서 미술관에 가는 방법에는 다음 그림과 같이 여러 길이 있다. 미술관까지 가는 여러 가지 방법 중 가장 가까운 거리를 이용할 때, 유진이가 집에서 미술관까지 간 거리는 얼마인가?(단, 그림에서 길을 나타내는 선분 옆의 숫자는 거리를 나타내며, 거리 단위는 km이다)

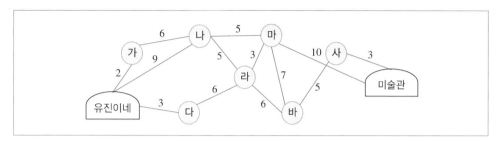

① 21km

② 22km

③ 23km

④ 24km

정답 | 해설

각 구간에서 미술관 바로 전에 거쳐야 하는 지점 '마' 또는 '사'까지 짧은 거리를 찾아 비교한다. 또한 항상 가장 적은 지점 수를 지나는 것이 가까운 것은 아니다.

• 유진이네 → 가 → 나 → 마 → 미술관 … ㉠
• 유진이네 → 다 → 라 → 마 → 미술관 … ㉡
• 유진이네 → 다 → 라 → 바 → 사 → 미술관 … ㉢

㉠~㉢에서의 거리를 비교해보면

• ㉠ : 2+6+5+10=23km
• ㉡ : 3+6+3+10=22km
• ㉢ : 3+6+6+5+3=23km

따라서 유진이가 집에서 미술관까지 가는 가장 가까운 거리는 ㉡의 22km이다.

정답 ②

26 N은행 K사원은 농한기인 1~2월에 자주 발생하는 영농기자재 고장을 방지하고자 영농기자재 관리 방법에 대한 매뉴얼을 작성하여 농가에 배포하려고 한다. 다음 중 K사원이 작성한 매뉴얼에 따라 영농기자재를 바르게 관리한 사람은?

구분	기계 종류	내용
1월	트랙터	(보관 중 점검) • 유압실린더는 완전상승상태로 함 • 엔진 계통의 누유 점검(연료탱크, 필터, 파이프) • 축전지 보충충전
	이앙기	(장기보관 중 점검) • 본체의 누유, 누수 점검 • 축전지 보관상태 점검, 보충충전 • 페인트가 벗겨진 부분에는 방청유를 발라 녹 발생 방지 • 커버를 씌워 먼지, 이물질에 의한 부식방지
	콤바인	(장기보관 중 점검) • 회전부, 작동부, 와이어류에 부식방지를 위해 오일 주입 • 각 부의 누유 여부 점검 • 스프링 및 레버류에 부식방지를 위해 그리스를 바름
2월	트랙터	(사용 전 점검) • 팬밸트 유격 10mm 이상 시 발전기 고정 볼트를 풀어 유격 조정 • 냉각수량 – 외기온도에 알맞은 비중의 부동액 확인(40% 확인) • 축전지액량 및 접속상태, 배선 및 각종 라이트 경고등 점검, 충전상태 점검 • 좌·우 브레이크 페달 유격 및 작동상태 점검
	이앙기	(장기보관 중 점검) • 누유·누수 점검 • 축전지 보충충전 • 녹이 발생된 부분은 녹을 제거하고 방청유를 바름
	콤바인	(장기보관 중 점검) • 엔진을 회전시켜 윤활시킨 후, 피스톤을 압축상사점에 보관 • 각 회전부, 작동부, 와이어류에 부식방지를 위해 오일 주입 • 스프링 및 레버류에 부식방지를 위해 그리스를 바름

① A : 1월에 트랙터의 브레이크 페달 작동상태를 점검함
② B : 2월에 장기보관 중이던 이앙기에 커버를 씌워 먼지 및 이물질에 의한 부식을 방지함
③ C : 1~2월 모두 이앙기에 부식방지를 위해 방청유를 바름
④ D : 트랙터 사용 전에 유압실린더와 엔진 누유상태를 중점적으로 점검함
⑤ E : 2월에 장기보관 중인 콤바인을 꺼낸 후, 타이어 압력을 기종별 취급설명서에 따라 점검함

1~2월 이앙기 관리방법에 모두 방청유를 발라 녹 발생을 방지하는 내용이 있다.

오답분석
① 트랙터의 브레이크 페달 작동상태는 2월의 점검 목록이다.
② 이앙기에 커버를 씌워 먼지 및 이물질에 부식을 방지하는 것은 1월의 점검 목록이다.
④ 트랙터의 유압실린더와 엔진 누유상태의 점검은 트랙터 사용 전 점검이 아니라 보관 중 점검 목록이다.
⑤ 매뉴얼에 없는 내용이다.

정답 ③

문제풀이 Tip

위 제시문은 전체 내용을 먼저 확인했다고 해서 기억을 할 수 있는 성격의 글이 아니다. 때문에 무작정 읽기보다는 항목이 어떻게 구성되어 있는지를 확인한다. 문제 제시문에서 확인할 수 있는 점은 1월과 2월의 트랙터, 이앙기, 콤바인의 항목으로 구성되어 있다는 것이다.
① A : 1월에 트랙터의 브레이크 페달 작동상태를 점검함
② B : 2월에 장기보관 중이던 이앙기에 커버를 씌워 먼지 및 이물질에 의한 부식을 방지함
③ C : 1~2월 모두 이앙기에 부식방지를 위해 방청유를 바름
④ D : 트랙터 사용 전에 유압실린더와 엔진 누유상태를 중점적으로 점검함
⑤ E : 2월에 장기보관 중인 콤바인을 꺼낸 후, 타이어 입력을 기종별 취급설명서에 따라 점검함

CHAPTER 04

자원관리능력

합격 Cheat Key

자원관리능력은 현재 NCS 기반 채용을 진행하는 많은 금융권에서 핵심영역으로 자리 잡아, 일부를 제외한 대부분의 시험에서 출제 영역으로 꼽히고 있다. 전체 문항수의 10 ~ 15% 비중으로 출제되고 있고, 난이도가 상당히 높기 때문에 NCS를 치를 수험생이라면 반드시 준비해야 할 필수 과목이다.

실제 시험 기출 키워드를 살펴보면 비용 계산, 해외파견 지원금 계산, 주문 제작 단가 계산, 일정 조율, 일정 선정, 행사 대여 장소 선정, 최단거리 구하기, 시차 계산, 소요시간 구하기, 해외파견 근무 기준에 부합한 또는 부합하지 않는 직원 고르기 등 크게 자원계산, 자원관리 문제유형이 출제된다. 대표유형을 바탕으로 응용되는 방식의 문제가 출제되고 있기 때문에 비슷한 유형을 계속해서 풀어보면서 감을 익히는 것이 중요하다.

1 시차를 먼저 계산하자!

시간자원관리문제의 대표유형 중 시차를 계산하여 일정에 맞는 항공권을 구입하거나 회의시간을 구하는 문제에서는 각각의 나라 시간을 한국 시간으로 전부 바꾸어 계산하는 것이 편리하다. 조건에 맞는 나라들의 시간을 전부 한국 시간으로 바꾸고 한국 시간과의 시차만 더하거나 빼면 시간을 단축하여 풀 수 있다.

2 선택지를 활용하자!

예산자원관리문제의 대표유형에서는 계산을 해서 값을 요구하는 문제들이 있다. 이런 문제유형에서는 문제 선택지를 먼저 본 후 자리 수가 몇 단위로 끝나는지 확인한다. 예를 들어 412,300원, 426,700원, 434,100원, 453,800원인 선택지가 있다고 할 때, 이 선택지는 100원 단위로 끝나기 때문에 제시된 조건에서 100원 단위로 나올 수 있는 항목을 찾아 그 항목만 계산하여 시간을 단축시키는 방법이 있다.

또한, 일일이 계산하는 문제가 많다. 예를 들어 640,000원, 720,000원, 810,000원 등의 수를 이용해 푸는 문제가 있다고 할 때, 만 원 단위를 절사하고 계산하여 64, 72, 81처럼 요약하여 적는 것도 시간을 단축하는 방법이다.

3 **최적의 값을 구하는 문제인지 파악하자!**

물적자원관리문제의 대표유형에서는 제한된 자원 내에서 최대의 만족 또는 이익을 얻을 수 있는 방법을 강구하는 문제가 출제된다. 이때, 구하고자 하는 값을 x, y로 정하고 연립방정식을 이용해 x, y 값을 구한다. 최소 비용으로 목표생산량을 달성하기 위한 업무 및 인력 할당, 정해진 시간 내에 최대 이윤을 낼 수 있는 업체 선정, 정해진 인력으로 효율적 업무 배치 등을 구하는 문제에서 사용되는 방법이다.

4 **각 평가항목을 비교해보자!**

인적자원관리문제의 대표유형에서는 각 평가항목을 비교하여 기준에 적합한 인물을 고르거나, 저렴한 업체를 선정하거나, 총점이 높은 업체를 선정하는 문제가 출제된다. 이런 문제를 해결할 때는 평가항목에서 가격이나 점수 차이에 영향을 많이 미치는 항목을 찾아 지우면 1 ~ 2개의 선택지를 삭제하고 3 ~ 4개의 선택지만 계산하여 시간을 단축할 수 있다.

5 **문제의 단서를 이용하자!**

자원관리능력은 계산문제가 많기 때문에, 복잡한 계산은 딱 떨어지게끔 조건을 제시하는 경우가 많다. 단서를 보고 부합하지 않는 선택지를 1 ~ 2개 먼저 소거한 뒤 계산을 하는 것도 시간을 단축하는 방법이다.

01 | 시간계획

| 유형분석 |

- 시간자원과 관련된 다양한 정보를 활용하여 문제를 풀어가는 문제이다.
- 대체로 교통편 정보가 제공되며, 이를 근거로 '약속된 시간 내에 도착하기 위한 방안'을 고르는 문제가 출제된다.

식음료 제조회사에 근무하고 있는 사원 L씨는 울산에 있는 공장에 ⓐ 업무차 방문하기 위해 교통편을 알아보고 있는 중이다. L씨는 목요일 오전 업무를 마치고 낮 12시에 출발이 가능하며, 당일 오후 3시까지 공장에 도착해야 한다. 다음의 자료를 보고 L씨가 선택할 교통편으로 가장 적절한 것은?(단, 도보이동 시간은 고려하지 않는다) ⓑ

2) 조건확인 : ⓐ~ⓑ

1) 질문의도
 : 최적 교통편 찾기

▲ 울산 공장 위치

울산광역시 울주군 기성면 망양리 00-0

전화번호 : 052-123-4567

▲ 회사에서 이동수단 장소까지의 소요시간

3) 대안검토

출발지	도착지	소요시간
회사	김포공항	40분 → 12:40분 도착
	고속버스터미널	15분
	서울역	30분

▲ 이동수단별 소요시간

13:00 출발

구분	운행 요일	출발지	출발시간	소요시간
비행기	매일	김포공항	매시 30분, 정각	1시간
고속버스	월/수/금요일	고속버스터미널	매시 정각	4시간 20분
KTX	매일	서울역	매시 정각	2시간 15분

14:00 도착

▲ 공장까지의 소요시간

교통편	출발지	소요시간
버스	울산터미널	1시간 30분
	울산공항	1시간 50분
	울산역	1시간 20분
택시	울산터미널	50분
	울산공항	30분 → 14:30 공장 도착
	울산역	15분
공항 리무진 버스	울산공항	65분

① KTX - 택시
② KTX - 버스
③ 비행기 - 택시
④ 비행기 - 공항 리무진 버스
⑤ 고속버스 - 택시

4) 정답도출

회사에서 김포공항까지 40분, 김포공항에서 울산공항까지 1시간, 울산공항에서 택시를 타고 공장까지 30분이 걸리므로 비행기와 택시를 이용하면 총 2시간 10분이 소요된다. 회사에서 오후 12시에 출발한다면 김포공항에서는 30분 간격으로 비행기를 탈 수 있으므로 오후 1시에 출발하여 울산 공장에 오후 2시 30분에 도착한다. 그러므로 비행기와 택시를 이동수단으로 이용하는 것이 가장 적절한 교통편이다.

[오답분석]

① 회사에서 서울역까지 30분, 서울역에서 울산역까지 2시간 15분, 울산역에서 택시를 타고 공장까지 15분이 걸리므로 KTX와 택시를 이용하면 총 3시간이 소요된다. 오후 12시에 회사에서 출발하면 서울역에서 오후 1시 열차를 탈 수 있으며, 공장에는 오후 3시 30분에 도착하므로 적절하지 않다.

② 회사에서 서울역까지 30분, 서울역에서 울산역까지 2시간 15분, 울산역에서 버스를 타고 공장까지 1시간 20분이 걸리므로 KTX와 버스를 이용하면 이동시간만 총 4시간 5분이 소요된다. 오후 3시까지 도착할 수 없기 때문에 적절하지 않다.

④ 회사에서 김포공항까지 40분, 김포공항에서 울산공항까지 1시간, 울산공항에서 공항 리무진 버스를 타고 공장까지 1시간 5분이 걸리므로 비행기와 공항 리무진 버스를 이용하면 총 2시간 45분이 소요된다. 회사에서 12시에 출발해 김포공항에 12시 40분에 도착하면 오후 1시에 비행기를 탈 수 있다. 울산공항에 도착하는 시간은 2시이며, 공장에는 3시 5분에 도착하므로 적절하지 않다.

⑤ 고속버스는 일주일에 세 번, 월·수·금요일에만 운행하므로 목요일에 이동해야 하는 L씨에게는 적절하지 않다.

정답 ③

유형풀이 Tip

- 먼저 문제에서 묻는 것을 정확히 파악한다. 특히 제한사항에 대해서는 빠짐없이 확인해 두어야 한다. 이후 제시된 정보(교통편 등)에서 필요한 것을 선별하여 문제를 풀어간다.
- 풀이가 여의치 않을 때는 도착한 시간으로부터 역산하는 것도 한 방법이다.

02 | 비용계산

| 유형분석 |

- 예산자원과 관련된 다양한 정보를 활용하여 풀어가는 문제이다.
- 대체로 한정된 예산 내에서 수행할 수 있는 업무 및 예산 가격을 묻는 문제가 출제된다.

※ 영업팀 사원인 B씨는 업무 특성상 외근이 잦은 편이다. 첫 번째 자료는 본사에서 목적지까지의 거리와 B씨가 이용하는 차종의 연비를 제시한 표이고, 두 번째 자료는 분기별 휘발유와 경유의 공급가를 나타낸 그래프이다. 주어진 보기를 바탕으로 이어지는 질문에 답하시오.

목적지	거리	차종	연비
본사 – A사	25km	001	20
A사 – B사	30km	002	15
B사 – C사	25km	003	15
C사 – D사	40km	004	10
D사 – E사	30km	005	10
E사 – F사	50km	006	25

3) 문제풀이

$: \dfrac{10만\ 원}{2천\ 원} \times 25$

$=1,250km$

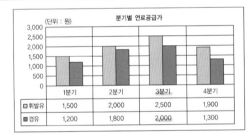

분기별 연료공급가 (단위 : 원)

	1분기	2분기	3분기	4분기
■ 휘발유	1,500	2,000	2,500	1,900
■ 경유	1,200	1,800	2,000	1,300

3분기에 연비가 가장 좋은 차종(경유)으로 거래처를 순회한다면 10만 원의 예산으로 주행할 수 있는 총 거리는 몇 km인가? →ⓐ →ⓑ

1) 질문의도
: 예산 → 총거리

① 1,210km

② 1,220km

③ 1,230km

④ 1,240km

☑ 1,250km

2) 조건확인
: ⓐ~ⓑ

4) 정답도출

3분기 경유는 리터당 2,000원이므로 10만 원의 예산으로 사용할 수 있는 **연료량은 50L**이다. 연비가 가장 좋은 차종은 006이므로 주행 가능한 거리는 $50 \times 25 = 1,250$km가 된다.

정답 ⑤

유형풀이 Tip

- 제한사항인 예산을 고려하여 문제에서 묻는 것을 정확히 파악한 후 제시된 정보에서 필요한 것을 선별하여 풀어간다.

이론 더하기

직접비용(Direct Cost)과 간접비용(Indirect Cost)

① 직접비용 : 제품의 생산이나 서비스를 창출하기 위해 직접 소비된 비용(재료비, 원료와 장비, 시설비, 인건비 등)
   ⊙ 재료비 : 제품의 제조를 위하여 구매된 재료에 대해 지출된 비용
   ⓒ 원료와 장비 : 제품을 제조하는 과정에서 소모된 원료나 필요한 장비에 지출된 비용으로, 실제로 구매나 임대에 사용한
     비용을 모두 포함
   ⓒ 시설비 : 제품을 효과적으로 제조하기 위한 목적으로 건설되거나 구매된 시설에 지출된 비용
   ⓔ 여행(출장) 및 잡비 : 제품 생산 또는 서비스를 창출하기 위해 출장이나 타 지역으로의 이동이 필요한 경우와 기타
     과제 수행상에서 발생하는 다양한 비용
   ⓜ 인건비 : 제품 생산 또는 서비스 창출을 위한 업무를 수행하는 사람들에게 지급되는 비용으로, 계약에 의해 고용된
     외부 인력에 대한 비용도 인건비에 포함되며, 일반적으로 인건비는 전체 비용 중 가장 큰 비중을 차지
② 간접비용 : 제품을 생산하거나 서비스를 창출하기 위해 소비된 비용 중에서 직접비용을 제외한 비용으로, 제품생산에
  직접 관련되지는 않음
  예 보험료, 건물관리비, 광고비, 통신비, 사무비품비, 각종 공과금 등

03 | 품목확정

| 유형분석 |

- 물적자원과 관련된 다양한 정보를 활용하여 풀어가는 문제이다.
- 주로 공정도·제품·시설 등에 대한 가격·특징·시간 정보가 제시되며, 이를 종합적으로 고려하는 문제가 출제된다.

※ 다음 제시문을 읽고 이어지는 질문에 답하시오.

A회사는 2017년 초에 회사 내의 스캐너 15개를 교체하려고 계획하고 있다.

구분	Q스캐너	T스캐너	G스캐너
제조사	미국 B회사	한국 C회사	독일 D회사
가격	180,000원	220,000원	280,000원
스캔 속도	40장 / 분	60장 / 분	80장 / 분
주요 특징	- 양면 스캔 가능 - 50매 연속 스캔 - 소비전력 절약 모드 지원 - 카드 스캔 가능 - 백지 Skip 기능 - 기울기 자동 보정 - A/S 1년 보장 ∴ 5개	- 양면 스캔 가능 - 타 제품보다 전력소모 60% 절감 - 다양한 소프트웨어 지원 - PDF 문서 활용 가능 - 기울기 자동 보정 - A/S 1년 보장 ∴ 4개	- 양면 스캔 가능 - 빠른 스캔 속도 - 다양한 크기 스캔 - 100매 연속 스캔 - 이중급지 방지 장치 - 백지 Skip 기능 - 기울기 자동 보정 - A/S 3년 보장 ∴ 6개

2) 조건검토
: Q → 5개
   T → 4개
   G → 6개

스캐너 구매를 담당하고 있는 귀하는 사내 설문조사를 통해 부서별로 필요한 스캐너 기능을 확인하였다. 이를 참고하였을 때, 구매할 스캐너의 순위는?

1) 질문의도
: 필요기능 → 순위

- 양면 스캔 가능 여부
- 50매 이상 연속 스캔 가능 여부
- 예산 4,200,000원까지 가능
- 카드 크기부터 계약서 크기 스캔 지원
- A/S 1년 이상 보장
- 기울기 자동 보정 여부

① T스캐너 – Q스캐너 – G스캐너
② G스캐너 – Q스캐너 – T스캐너
③ G스캐너 – T스캐너 – Q스캐너
④ Q스캐너 – G스캐너 – T스캐너
⑤ Q스캐너 – T스캐너 – G스캐너

3) 정답도출
: 순위 나열

스캐너 기능별 가용한 스캐너를 찾으면 다음과 같다.
- 양면 스캔 가능 여부 – Q・T・G스캐너
- 카드 크기부터 계약서 크기 스캔 지원 – G스캐너
- 50매 이상 연속 스캔 가능 여부 – Q・G스캐너
- A/S 1년 이상 보장 – Q・T・G스캐너
- 예산 4,200,000원까지 가능 – Q・T・G스캐너
- 기울기 자동 보정 여부 – Q・T・G스캐너

모든 기능에 부합하는 G스캐너가 가장 우선시되고, 그 다음은 Q스캐너, 그리고 T스캐너로 순위가 결정된다.

정답 ②

유형풀이 Tip

- 문제에서 묻고자 하는 바를 정확히 파악하는 것이 중요하다. 문제에서 제시한 물적자원의 정보를 문제의 의도에 맞게 선별하면서 풀어간다.

이론 더하기

물적자원관리 과정
① 사용물품과 보관물품의 구분 : 계속 사용할 물품인지 아닌지를 구분하여 가까운 시일 내에 활용하지 않는 물품은 창고나 박스에 보관한다.
② 동일 및 유사 물품의 분류 : 동일성의 원칙을 반영하여 같은 품종을 같은 장소에 보관하고, 유사성의 원칙대로 유사품을 인접한 장소에 보관한다. 이는 보관한 물품을 찾는 데 소요되는 시간을 단축시킨다.
③ 물품의 특성에 맞는 보관 장소 선정 : 개별적인 물품의 특성(물품 재질, 무게, 부피 등)을 고려하여 보관장소를 선정한 후에 차례로 정리한다. 정리할 때는 회전대응 보관의 원칙을 반영하여 물품의 활용 빈도가 상대적으로 높은 것을 가져다 쓰기 쉬운 위치에 먼저 보관한다.

PART 1

04 | 인원선발

| 유형분석 |

- 인적자원과 관련된 다양한 정보를 활용하여 문제를 풀어가는 문제이다.
- 주로 근무명단, 휴무일, 업무할당 등의 주제로 다양한 정보를 활용하여 종합적으로 풀어나가는 문제가 출제된다.

자동차 회사에서 기계설비를 담당하는 귀하는 12월 주말근무표 초안을 작성하였는데, 이를 토대로 대체근무자를 미리 반영하려고 한다. 다음 중 귀하가 배정한 인원으로 적절하지 않은 것은?

1) 질문의도
  : 대체근무 배정

- **주말근무 규정**

  ① 1~3팀은 순차적으로 주말근무를 실시한다.
  ② 주말근무 후에는 차주 월요일(토요일 근무자) 및 화요일(일요일 근무자)을 휴무일로 한다.
  ③ 주말 이틀 연속 근무는 금지한다. ─────ⓐ
  ④ 주말근무 예정자가 개인사정으로 인하여 근무가 어려울 경우, 해당 주차 휴무이거나 혹은 근무가 없는 팀의 일원 1명과 대체한다.
  ────ⓑ

2) 조건확인
  : ⓐ~ⓑ

- **12월 주말근무표**

구분	1주 차		2주 차		3주 차		4주 차	
	5일(토)	6일(일)	12일(토)	13일(일)	19일(토)	20일(일)	26일(토)	27일(일)
근무자	1팀	2팀	3팀	1팀	2팀	3팀	1팀	2팀

근무가능　근무불가능

3) 조건적용
  : 주말 연속근무 X

- **기계설비팀 명단**

  1팀 : 강단해(팀장), 마징가, 차도선, 이방원, 황이성, 강의찬
  2팀 : 사차원(팀장), 박정훈, 이도균, 김선우, 정선동, 박아천
  3팀 : 마강수(팀장), 이정래, 하선오, 이광수, 김동수, 김대호

구분	휴무 예정일자	휴무 예정자	사유	대체 근무자	대체 근무일자
①	12/5(토)	차도선	가족여행	하선오	12/12(토)
②	12/12(토)	이정래	지인 결혼식	박정훈	12/27(일)
③	12/19(토)	이도균	건강 검진	이방원	12/13(일)
④	12/20(일)	이광수	가족여행	강의찬	12/26(토)
⑤	12/27(일)	박아천	개인사정	김대호	12/12(토)

4) 정답도출
  : 차도선 12일 근무불가

정답	해설

12/5(토)에 근무하기로 예정된 **1팀 차도선**이 개인사정으로 **근무일자를 대체**하려고 할 경우, 그 주에 근무가 없는 **3팀의 한 명**과 대체하여야 한다. 하선오는 3팀에 소속된 인원이긴 하나 대체 근무일자인 12/12(토)에 1팀인 차도선이 근무하게 될 경우, 12/13(일)에도 1팀이 근무하는 날이기 때문에 **주말근무 규정에 어긋나** 적절하지 않다.

정답 ①

유형풀이 Tip

• 문제에서 근무자 배정이나 인력배치 등의 주제가 출제될 경우에는 주어진 규정 혹은 규칙을 꼼꼼히 확인하며 안 되는 일정을 눈에 보이게 소거한 후 선택지가 어긋나지 않는 것을 고른다.

이론 더하기

효율적인 인사관리의 원칙

① 적재적소 배치의 원리 : 해당 직무 수행에 가장 적합한 인재를 배치해야 한다.
② 공정 보상의 원칙 : 근로자의 인권을 존중하고 공헌도에 따라 노동의 대가를 공정하게 지급해야 한다.
③ 공정 인사의 원칙 : 직무 배당, 승진, 상벌, 근무 성적의 평가, 임금 등을 공정하게 처리해야 한다.
④ 종업원 안정의 원칙 : 직장에서 신분이 보장되고 계속해서 근무할 수 있다는 믿음을 갖게 하여 근로자가 안정된 회사 생활을 할 수 있도록 해야 한다.
⑤ 창의력 개발의 원칙 : 근로자가 창의력을 발휘할 수 있도록 새로운 제안·건의 등의 기회를 마련하고, 적절한 보상을 위해 인센티브를 제공해야 한다.
⑥ 단결의 원칙 : 직장 내에서 구성원들이 소외감을 느끼지 않도록 배려하고, 서로 유대감을 가지고 협동·단결하는 체제를 이루도록 한다.

04 | 유형점검

| STEP 1 |

| 2022 상반기 지역농협 6급(60문항)

01 독일인 N씨는 베를린에서 한국을 경유하여 일본으로 가는 비행기표를 구매하였다. N씨의 일정이 다음과 같을 때, N씨가 인천공항에 도착하는 한국시각과 N씨가 참여했을 환승투어를 바르게 연결한 것은?(단, 제시된 조건 외에 고려하지 않는다)

〈N씨의 일정〉

한국행 출발시각 (독일시각 기준)	비행시간	인천공항 도착시각	일본행 출발시각 (한국시각 기준)
11월 2일 19:30	12시간 20분		11월 3일 19:30

※ 독일은 한국보다 8시간 느림
※ 비행 출발 1시간 전에는 공항에 도착해야 함

〈환승투어 코스 안내〉

구분	코스	소요시간
엔터테인먼트	• 인천공항 → 파라다이스시티 아트테인먼트 → 인천공항	2시간
인천시티	• 인천공항 → 송도한옥마을 → 센트럴파크 → 인천공항 • 인천공항 → 송도한옥마을 → 트리플 스트리트 → 인천공항	2시간
산업	• 인천공항 → 광명동굴 → 인천공항	4시간
전통	• 인천공항 → 경복궁 → 인사동 → 인천공항	5시간
해안관광	• 인천공항 → 을왕리해변 또는 마시안해변 → 인천공항	1시간

	도착시각	환승투어		도착시각	환승투어
①	11월 2일 23:50	산업	②	11월 2일 15:50	엔터테인먼트
③	11월 3일 23:50	전통	④	11월 3일 15:50	인천시티

정답 | 해설

• N씨가 인천공항에 도착한 현지 날짜 및 시각
 독일시각 11월 2일 19시 30분
 소요시간   +12시간 20분
 시차   +8시간
    =11월 3일 15시 50분

인천공항에 도착한 시각은 **한국시각**으로 **11월 3일 15시 50분**이고, N씨는 3시간 40분 뒤에 일본으로 가는 비행기를 타야 한다. 비행 출발시각 1시간 전에는 공항에 도착해야 하므로, 참여 가능한 환승투어 코스는 소요시간이 두 시간 이내인 엔터테인먼트, **인천시티**, 해안관광이다.

따라서 N씨의 인천공항 도착시각과 환승투어 코스가 바르게 연결된 것은 ④이다.

정답 ④

02 한국은 뉴욕보다 16시간 빠르고, 런던은 한국보다 8시간 느릴 때, 다음의 비행기가 현지에 도착할 때의 시각(㉠·㉡)이 바르게 연결된 것은?

〈한국 시간 기준 출발 및 도착 일정〉

구분	출발 일자	출발 시각	비행 시간	도착 시각(현지 시간 기준)
뉴욕행 비행기	6월 6일	22:20	13시간 40분	㉠
런던행 비행기	6월 13일	18:15	12시간 15분	㉡

	㉠	㉡		㉠	㉡
①	6월 6일 09시	6월 13일 09시 30분	②	6월 6일 20시	6월 13일 22시 30분
③	6월 7일 09시	6월 14일 09시 30분	④	6월 7일 13시	6월 14일 15시 30분
⑤	6월 7일 20시	6월 14일 20시 30분			

정답 | 해설

한국 시간으로 (출발 일자 & 출발 시각)+(비행 시간)을 구한 후 **시차를 적용**하여 현지에 도착할 때의 시각을 구한다.

ⅰ) 뉴욕행 비행기는 한국에서 6월 6일 22시 20분에 출발하고, 13시간 40분 동안 비행하기 때문에 현지에 도착하는 시각은 6월 7일 12시이다. 한국 시간은 뉴욕보다 16시간 빠른 시차가 나기 때문에 현지 도착 시각은 6월 6일 20시이다.

ⅱ) 런던행 비행기는 한국에서 6월 13일 18시 15분에 출발하고, 12시간 15분 동안 비행하기 때문에 현지에 6월 14일 6시 30분에 도착한다. 한국 시간이 런던보다 8시간이 빠르므로, 현지에 도착하는 시각은 6월 13일 22시 30분이된다.

정답 ②

┃ 문제풀이 Tip

> 시간자원관리 유형 중에서도 시차 유형이 가장 어렵고 헷갈리기 쉽다. 따라서 문제에서 제시된 시차를 수식으로 정리하여 헷갈리지 않고 정확하게 풀이할 수 있도록 한다.
> [예] 한국은 뉴욕보다 16시간 빠르고, 런던은 한국보다 8시간 느리다.
> → 한국=뉴욕+16, 런던=한국-8

03 다음 제시된 1분기 예산서에서 간접비의 총액은?

1분기 예산서		
비목	금액	세목
( )	930,000원	가. 인건비(5명) - 1월 : 300,000원 - 2월 : 250,000원 - 3월 : 380,000원
( )	4,500,000원	나. 장비 및 재료비 - 프로그램 구입비 : 1,000,000원 - 컴퓨터 구입비 : 1,500,000원 - 시제품 제작비 : 2,000,000원
( )	1,200,000원	다. 활동비 - 조사비 : 800,000원 - 인쇄비 : 400,000원
( )	1,000,000원	라. 프로젝트 추진비 - 여비 : 700,000원 - 회의비 : 300,000원
( )	7,500,000원	마. 일반관리비 - 공과금 : 4,000,000원 - 건물관리비 : 3,500,000원
합계	15,130,000원	

① 7,500,000원

② 7,630,000원

③ 8,700,000원

④ 9,700,000원

정답 | **해설**

1분기 예산서 중 간접비는 '마. 일반관리비'이다. 따라서 간접비 총액은 7,500,000원이다.
가 ~ 라는 모두 직접비이다.

정답 ①

문제풀이 Tip

직접비와 간접비에 대한 정보가 문제에 주어지지 않을 수 있다. 따라서 직접비와 간접비를 사전에 명확하게 구분해 두어야 한다.
• 직접비 : 제품의 생산이나 서비스를 창출하기 위해 직접 소비된 비용
　예 재료비, 원료와 장비, 시설비, 여행(출장) 및 잡비, 인건비 등
• 간접비 : 제품을 생산하거나 서비스를 창출하기 위해 소비된 비용 중에서 직접비용을 제외한 비용으로, 제품생산에 직접 관련되지는 않음
　예 보험료, 건물관리비, 광고비, 통신비, 공과금, 사무 비품비 등

04 N사에 근무하는 A씨는 사정이 생겨 회사를 그만두게 되었다. A씨의 근무기간 및 기본급 등의 기본 정보가 다음과 같다면, A씨가 퇴직 시 받게 되는 퇴직금의 세전금액은 얼마인가?

- 성명 : A
- 입사일자 : 2015년 9월 1일
- 퇴사일자 : 2017년 9월 4일
- 재직일수 : 730일
- 월기본급 : 2,000,000원
- 월기타수당 : 월별 상이
- 퇴직 전 3개월 임금 총액 계산(세전금액)

퇴직 이전 3개월간 총일수	기본급(3개월분)	기타수당(3개월분)
80일	6,000,000원	720,000원

- (1일 평균임금)=[퇴직일 이전 3개월간 지급 받은 임금 총액(기본금+기타수당)]/(퇴직일 이전 3개월간 총일수)
- (퇴직금)=(1일 평균임금)×(30일)×(재직일수/365)

① 5,020,000원
② 5,030,000원
③ 5,040,000원
④ 5,050,000원
⑤ 5,060,000원

정답 **해설**

먼저 A씨의 퇴직금을 구하기 위해서는 1일 평균임금을 구해야 한다.
3개월간 임금 총액은 6,000,000+720,000=6,720,000원이고, 1일 평균임금은 6,720,000원/80=84,000원이다.
따라서 퇴직금은 84,000원×30일×(730/365)=5,040,000원이다.

정답 ③

05 I사원은 회사 법인카드를 사용하여 부장 3명과 대리 2명의 제주 출장을 위해 왕복항공권을 구입하려고 한다. 다음은 항공사별 좌석에 따른 편도 비용에 관한 자료이다. 부장은 비즈니스석, 대리는 이코노미석을 이용한다고 할 때, 가장 저렴하게 항공권을 구입할 수 있는 항공사는 어디인가?

〈항공사별 좌석 편도 비용 현황〉

항공사	비즈니스석	이코노미석	비고
A항공사	120,000원	85,000원	–
B항공사	130,000원	70,000원	–
C항공사	150,000원	80,000원	왕복권 구매 시 10% 할인
D항공사	130,000원	75,000원	–
E항공사	150,000원	95,000원	법인카드 사용 시 20% 할인

① A항공사
③ C항공사
⑤ E항공사

② B항공사
④ D항공사

정답 | 해설

제주 출장 시 항공사별 5명(부장 3명, 대리 2명)의 왕복항공권에 대한 총액을 구하면 다음과 같다.

구분	비즈니스석	이코노미석	총액
A항공사	12만 원×6=72만 원	8.5만 원×4=34만 원	72만 원+34만 원=106만 원
B항공사	13만 원×6=78만 원	7만 원×4=28만 원	78만 원+28만 원=106만 원
C항공사	15만 원×6=90만 원	8만 원×4=32만 원	(90만 원+32만 원)×0.9=109.8만 원
D항공사	13만 원×6=78만 원	7.5만 원×4=30만 원	78만 원+30만 원=108만 원
E항공사	15만 원×6=90만 원	9.5만 원×4=38만 원	(90만 원+38만 원)×0.8=102.4만 원

E항공사가 102.4만 원으로 총비용이 가장 적으므로 I사원은 E항공사를 선택할 것이다.

정답 ⑤

문제풀이 Tip

교통 비용을 구할 때 왕복을 구해야 하는지, 편도만 구하면 되는지 확인한다. 대부분 편도 비용을 주고 왕복 시 비용을 묻는다.

06 대구에서 광주까지 편도운송을 하는 N사는 다음과 같이 화물차량을 운용한다. 수송비 절감을 통해 경영에 필요한 예산을 확보하기 위하여 적재효율을 기존 1,000상자에서 1,200상자로 높여 운행 횟수를 줄인다면, N사가 얻을 수 있는 월 수송비 절감액은?

〈N사의 화물차량 운용 정보〉

• 차량 운행대수 : 4대
• 1대당 1일 운행횟수 : 3회
• 1대당 1회 수송비 : 100,000원
• 월 운행일수 : 20일

---

① 3,500,000원   ② 4,000,000원

③ 4,500,000원   ④ 5,000,000원

⑤ 5,500,000원

정답 | 해설

기존의 운행횟수는 12회이므로 1일 운송되는 화물량은 12×1,000=12,000상자이다. 이때, 적재효율을 높여 기존 1,000 상자에서 1,200상자로 늘어나면 10회(=12,000÷1,200)로 운행횟수를 줄일 수 있으므로, 기존 방법과 새로운 방법의 월 수송비를 계산하면 다음과 같다.

(월 수송비)=(1회당 수송비)×(차량 1대당 1일 운행횟수)×(차량 운행대수)×(월 운행일수)

• 기존 월 수송비 : 100,000×3×4×20=24,000,000원
• 신규 월 수송비 : 100,000×10×20=20,000,000원

따라서 월 수송비 절감액은 24,000,000−20,000,000=4,000,000원이다.

정답 ②

문제풀이 Tip

주어진 정보로 식을 세워 필요한 정보를 계산할 수 있어야 한다. 식을 세울 때에는 단위가 매우 중요하다. 식을 세우기 전에 단위를 먼저 정리해 놓으면 식을 세우기도 쉽고 자신이 세운 식에 오류가 있는지도 확인할 수 있다.

예 • 주어진 정보
   - 차량 운행대수 : 4대 → 4대/일
   - 1대당 1일 운행횟수 : 3회 → 3회/1대
   - 1대당 1회 수송비 : 100,000원 → 100,000원/1회
   - 월 운행일수 : 20일 → 20일/월
  • 필요한 정보 : 월 수송비 → 수송비/월
   → (월 수송비)=(1회당 수송비)×(차량 1대당 1일 운행횟수)×(차량 운행대수)×(월 운행일수)
   → 수송비/월=원/1회×회/1대×대/일×일/월=원/월

07 N과장은 사무실의 복합기가 고장이 나서 교체하려고 한다. 복합기의 성능 및 복합기 선택 조건이 다음과 같을 때, 어떤 복합기로 교체해야 하는가?(단, 기간에 따른 월 이자는 고려하지 않는다)

〈복합기 성능 비교 분석〉

구분	사용 가능 용지	분당 출력 매수	비용
A복합기	A3, A4, A5, B4, B5	흑백 : 28매/분 컬러 : 22매/분	(판매)300만 원
B복합기	A4, A5, B4, B5	흑백 : 30매/분 컬러 : (미지원)	(판매)270만 원
C복합기	A3, A4, B4, B5	흑백 : 20매/분 컬러 : (미지원)	(판매)250만 원
D복합기	A3, A4, A5, B4, B5	흑백 : 22매/분 컬러 : 10매/분	(판매)200만 원
E복합기	A3, A4, A5, B4	흑백 : 33매/분 컬러 : 27매/분	(대여)23만 원/월
F복합기	A3, A4, A5	흑백 : 29매/분 컬러 : 17매/분	(대여)15만 원/월
G복합기	A3, A4, A5, B5	흑백 : 35매/분 컬러 : 20매/분	(대여)12만 원/월
H복합기	A4, A5, B4, B5	흑백 : 20매/분 컬러 : 15매/분	(대여)10만 원/월

〈복합기 선택 조건〉

• 사무실에서 주로 사용하는 용지는 A3, A4, B5이다.
• 사무실에서 주로 컬러 인쇄를 사용한다.
• 분당 출력 매수가 적어도 15매는 넘어야 한다.
• 24개월 기준으로 비용이 최소인 것을 선택한다.

① A복합기
② D복합기
③ F복합기
④ G복합기

정답 **해설**

주로 사용하는 용지가 A3, A4, B5이므로 사용 가능 용지에 A3, A4, B5가 포함되어 있지 않은 B, E, F, H는 제외한다. 컬러 인쇄를 주로 사용하므로 C도 제외한다.
남은 A, D, G 중에서 컬러 인쇄의 분당 출력 매수가 15매 미만인 D를 제외한다.
A와 G 중에서 24개월 기준으로 G복합기를 24개월 대여했을 때 비용은 12×24=288만 원이고, A복합기를 구매하면 300만 원이다.
따라서 조건을 만족하는 복합기는 G복합기이다.

정답 ④

08 N공장에서 G제품을 생산하고 있는데, 최대한 비용과 시간을 절약하려고 한다. G제품은 A~F부품 중 3가지 부품으로 구성되며, 다음은 부품별 세부사항에 대한 자료이다. G제품을 완성할 경우 A~F부품에서 〈조건〉에 부합하는 부품 구성으로 옳은 것은?

〈부품별 세부사항〉

구분	가격	조립 시간	필요 개수	구분	가격	조립 시간	필요 개수
A부품	20원	1분	4개	D부품	50원	4분	3개
B부품	35원	2분	2개	E부품	90원	2분 30초	2개
C부품	40원	1분 30초	3개	F부품	120원	3분 30초	1개

※ 가격과 시간은 부품 1개에 해당하며, 필요 개수는 완제품 1개를 만들 때 필요한 개수임

조건
- C부품과 D부품은 같이 사용할 수 없고, 완제품에는 둘 중 한 부품이 필요하다.
- E부품과 F부품은 같이 사용할 수 없고, 완제품에는 둘 중 한 부품이 필요하다.
- C부품을 사용할 경우 B부품과 함께 사용한다.
- 완제품을 만들 때 부품의 총개수가 가장 적어야 한다.
- 완제품을 만들 때 총소요시간이 가장 짧아야 한다.
- 완제품을 만들 때 총가격이 340원 이하여야 한다.
- 부품 구성에서 중요도는 '가격 조건 만족 – 개수 – 소요시간' 순이다.

① B, C, E

② A, D, E

③ B, C, F

④ A, D, F

⑤ B, D, F

정답 해설

선택지별 부품 구성에 따른 총개수 및 총가격과 총소요시간을 계산하면 다음과 같으며, 총소요시간에서 30초는 0.5분으로 환산한다.

구분	부품	총개수	총가격	총소요시간
①	B, C, E	2+3+2=7개	$(35×2)+(40×3)+(90×2)=370$원	$(2×2)+(1.5×3)+(2.5×2)=13.5$분
②	A, D, E	4+3+2=9개	$(20×4)+(50×3)+(90×2)=410$원	$(1×4)+(4×3)+(2.5×2)=21$분
③	B, C, F	2+3+1=6개	$(35×2)+(40×3)+120=310$원	$(2×2)+(1.5×3)+3.5=12$분
④	A, D, F	4+3+1=8개	$(20×4)+(50×3)+120=350$원	$(1×4)+(4×3)+3.5=19.5$분
⑤	B, D, F	2+3+1=6개	$(35×2)+(50×3)+120=340$원	$(2×2)+(4×3)+3.5=19.5$분

중요도에서 가장 먼저 고려해야 할 가격 조건 만족에 해당하는 부품 구성은 (B, C, F), (B, D, F)이다. 이어서 두 번째로 중요도가 높은 부품 개수를 비교하면 6개로 동일하고, 총소요시간은 (B, C, F)가 더 짧다. 따라서 조건에 부합하는 부품 구성은 'B, C, F'이다.

정답 ③

문제풀이 Tip

전체의 경우를 모두 계산하기보다 선택지에 제시된 경우만 계산하여 시간을 단축할 수 있도록 한다.

09 N은행에서는 건물 보수공사를 할 기업을 선정하려고 한다. 후보기업은 A ~ E 다섯 기업이며, 다음은 N은행에서 후보기업에 대한 부문별 점수와 부문별 가중치를 나타낸 표이다. 가중치를 적용한 가중평균점수가 가장 높은 기업을 선정한다고 할 때, N은행에서 선정할 기업은?

〈후보기업별 점수 현황〉

(단위 : 점)

구분	규모	가격	위치
A기업	8	8	7
B기업	7	9	8
C기업	6	10	5
D기업	5	7	10
E기업	8	6	8

〈부문별 가중치〉

구분	규모	가격	위치
가중치	0.2	0.5	0.3

① A기업
② B기업
③ C기업
④ D기업
⑤ E기업

정답 해설

가중평균은 각각에 해당하는 가중치를 적용하여 더한 값을 가중치 총합으로 나눈 것이다. 다섯 기업의 가중치를 적용한 총점을 구하면 다음 표와 같다.

(단위 : 점)

구분	총점
A기업	$8\times0.2+8\times0.5+7\times0.3=7.7$
B기업	$7\times0.2+9\times0.5+8\times0.3=8.3$
C기업	$6\times0.2+10\times0.5+5\times0.3=7.7$
D기업	$5\times0.2+7\times0.5+10\times0.3=7.5$
E기업	$8\times0.2+6\times0.5+8\times0.3=7.0$

가중치의 합은 $0.2+0.5+0.3=1$이므로 가중치를 적용한 총점과 가중평균 값은 같다. 따라서 총점이 가장 높은 B기업이 선정될 것이다.

정답 ②

이론 더하기

가중치
평균치를 산출할 때 각 개별치에 부여되는 중요도

가중평균
중요도나 영향도에 해당하는 각각의 가중치를 곱하여 구한 평균값

10 다음과 같은 〈조건〉의 프로젝트를 최단기간에 완료하는 데 투입되는 최소 인력은?

> **조건**
>
> • 프로젝트는 A부터 E까지의 작업으로 구성되며, 모든 작업은 동일 작업장 내에서 행해진다.
> • 각 작업의 필요 인원과 기간은 다음과 같다.
>
> | 구분 | A작업 | B작업 | C작업 | D작업 | E작업 |
> |---|---|---|---|---|---|
> | 필요 인원(명) | 5 | 3 | 5 | 2 | 4 |
> | 기간(일) | 10 | 18 | 50 | 18 | 16 |
>
>   – B작업은 A작업이 완료된 이후에 시작할 수 있음
>   – E작업은 D작업이 완료된 이후에 시작할 수 있음
> • 각 인력은 A부터 E까지 모든 작업에 동원될 수 있으며, 각 작업에 투입된 인력의 생산성은 동일하다.
> • 각 작업의 필요 인원은 증원 또는 감원될 수 없다.

① 8명
② 9명
③ 10명
④ 12명

정답 해설

우선 프로젝트의 최단기간을 먼저 확인하면, 최단기간에 완료하기 위해서는 각 작업을 동시에 진행해야 한다. 다만, B작업은 A작업이 완료된 이후에 시작할 수 있고, E작업은 D작업이 완료된 이후에 시작할 수 있다는 점을 고려하여야 한다.

C작업은 50일, A+B작업은 28일, D+E작업은 34일이 걸리므로, 프로젝트가 완료되는 **최단기간은 50일**이다. 여기서 C작업은 50일 내내 작업해야 하므로 반드시 5명이 필요한데, 나머지 작업은 50일을 안분하여 진행해도 된다. 그러므로 먼저 A작업에 5명을 투입하고, 작업이 완료된 후 그들 중 3명은 B작업에, 2명은 D작업에 투입한다. 그리고 B, D작업을 완료한 5명 중 4명만 E작업에 투입한다.

따라서 작업기간은 10일(A)+18일(B와 D 동시진행)+16일(E)=44일이 걸리며, 프로젝트를 최단기간에 완료하는 데 투입되는 **최소 인력은 10명**이다.

정답 ③

11 2019년 2월 말부터는 소비자가 달걀을 구입할 때 보다 자세하고 정확한 정보를 확인할 수 있도록 달걀에 산란 일자, 생산자 고유번호, 사육환경번호를 차례대로 표기해야 한다. 사육환경번호의 경우 닭의 사육환경에 따라 1(방사육), 2(축사 내 평사), 3(개선된 케이지), 4(기존 케이지)와 같이 구분된다. 이와 같은 달걀 난각 표시 개정안에 따를 때, 생산자 고유번호가 'AB38E'인 한 농장에서 방사 사육된 닭이 9월 7일에 낳은 달걀의 난각 표시로 적절한 것은?

① AB38E 0907 1
② AB38E 0907 2
③ 0907 1 AB38E
④ 0907 2 AB38E
⑤ 0907 AB38E 1

정답 | 해설

변경된 난각 표시 개정안에 따르면 달걀의 산란 일자 4자리와 생산자 고유번호 5자리, 그리고 사육환경번호 1자리를 차례로 달걀 껍질에 표기해야 한다. 맨 뒤의 사육환경번호는 사육방식에 따라 방사 사육의 경우 1, 축사 내 평사 사육은 2, 개선된 케이지 사육은 3, 기존의 케이지 사육은 4로 표시되므로 9월 7일, 'AB38E'의 고유번호를 지닌 농장에서 방사 사육(1)된 닭이 낳은 달걀에는 ⑤와 같이 표기해야 한다.

정답 ⑤

12 N사원은 인적자원의 효과적 활용에 대한 강연을 듣고, 인맥을 활용하였을 때의 장점에 대해 다음과 같이 정리하였다. 밑줄 친 ⑦ ~ ② 중 N사원이 잘못 메모한 내용은 모두 몇 개인가?

〈인적자원의 효과적 활용〉

• 인적자원이란?

… 중략 …

• 인맥 활용 시 장점
  – ⑦ 각종 정보와 정보의 소스 획득
  – ⑥ '나' 자신의 인간관계나 생활에 대해서 알 수 있음
    ↳ ⑥ 자신의 인생에 탄력이 생김
  – ② '나' 자신만의 사업을 시작할 수 있음 ← 참신한 아이디어 획득

① 0개
② 1개
③ 2개
④ 3개
⑤ 4개

정답 | 해설

인맥을 활용하면 각종 정보와 정보의 소스를 주변 사람으로부터 획득할 수 있다. 또한 '나' 자신의 인간관계나 생활에 대해서 알 수 있으며, 이로 인해 자신의 인생에 탄력을 불어넣을 수 있다. 게다가 주변 사람들의 참신한 아이디어를 통해 자신만의 사업을 시작할 수도 있다. 따라서 N사원의 메모는 모두 옳은 내용이다.

정답 ①

13 다음 중 인적자원에 대한 설명으로 적절하지 않은 것은?

① 주위에 있는 모든 사람들이 하나의 중요한 자원이다.

② 인적자원은 조직차원에서만 중요하다.

③ 인맥은 기본적으로 가족, 친구, 직장동료 등으로 나누어진다.

④ 인맥에는 핵심인맥과 파생인맥 등이 있다.

정답 **해설** ──────────────────────────────────────○

인적자원은 조직차원뿐만 아니라 개인에게 있어서도 매우 중요하다.

정답 ②

14 다음 중 인적자원의 배치·이동의 원칙으로 적절하지 않은 것은?

① 능력주의 ② 실적주의

③ 적재적소주의 ④ 균형주의

정답 **해설** ──────────────────────────────────────○

인적자원의 배치·이동의 원칙
① **능력주의** : 능력을 발휘할 수 있는 기회와 장소를 부여하고, 그 성과를 평가하여 성과에 따른 보상을 제공해야 한다.
② **적재적소주의** : 직원을 능력과 성격에 따라 최적의 위치에 배치하여 최고의 능력을 발휘할 수 있도록 해야 한다.
③ **균형주의** : 모든 직원이 평등한 직장 전체의 적재적소를 고려해야 한다.

정답 ②

이론 더하기

인력배치의 3원칙
① 능력주의
　개인에게 능력을 발휘할 수 있는 기회와 장소를 부여하여, 그 성과를 바르게 평가하고, 평가된 능력과 실적에 대해 그에 상응하는 보상을 주는 원칙을 말하며, 적재적소주의 원칙의 상위개념이라고 할 수 있다.
② 적재적소주의
　팀의 효율성을 높이기 위해 팀원의 능력이나 성격 등과 가장 적합한 위치에 배치하여 팀원 개개인의 능력을 최대로 발휘해 줄 것을 기대하는 것이다. 배치는 작업이나 직무가 요구하는 요건, 개인이 보유하고 있는 조건이 서로 균형 있고, 적합하게 대응되어야 성공할 수 있다.
③ 균형주의
　모든 팀원에 대한 평등한 적재적소, 즉 팀 전체의 적재적소를 고려할 필요가 있다는 것이다. 팀 전체의 능력향상, 의식개혁, 사기양양 등을 도모하는 의미에서 전체와 개체가 균형을 이루어야 할 것이다.

15 N은행 A대리는 상반기 신입사원들을 위한 시간관리 워크숍 자료를 제작하던 중 커피를 흘려 자료의 일부가 지워졌다. 빈칸 (가)에 들어갈 내용으로 가장 적절한 것은?

〈시간관리 매트릭스〉

구분	긴급한 일	긴급하지 않은 일
중요한 일	긴급하면서 중요한 일 • _____(가)_____	긴급하지 않지만, 중요한 일 • _____
중요하지 않은 일	긴급하지만, 중요하지 않은 일 • _____	긴급하지 않고, 중요하지 않은 일 • _____

① 사무용품 사용 현황 보고
② 내년도 사업계획 수립
③ 지난주 매출 실적 및 결과 보고
④ 전 사원 하계 휴가 일정 정리
⑤ 동계 사내 야유회 예산안 작성

정답 해설

빈칸 (가)에 들어갈 내용은 선택지 중 가장 긴급하면서 중요한 일인 ③이 적절하다.

오답분석
① 긴급하지 않고, 중요하지 않은 일
② 긴급하지는 않지만 중요한 일
④ 긴급하지 않고, 중요하지 않은 일
⑤ 긴급하지 않고, 중요하지 않은 일

정답 ③

16 N마트에서는 최근 시간관리 매트릭스에 대한 교육을 실시했다. 시간관리 매트릭스는 효율적으로 시간관리를 할 수 있도록 중요한 일과 중요하지 않은 일의 우선순위를 나누는 분류 방법이다. 다음 중 강의를 들은 A씨가 교육 내용을 적용하여 ㉠ ~ ㉢를 바르게 분류한 것은?

〈시간관리 매트릭스〉

구분	긴급한 일	긴급하지 않은 일
중요한 일	제1사분면	제2사분면
중요하지 않은 일	제3사분면	제4사분면

※ 각 사분면의 좌표의 위치는 우선 순위 정도에 고려하지 않음

A씨는 N마트 고객지원팀 사원이다. A씨는 ㉠ 다음 주에 상부에 보고할 내용을 마무리 하는 도중 고객으로부터 '상품을 먹은 후 두드러기가 나서 일상생활이 힘들 정도다.'라는 ㉡ 불만 접수를 받았다. 고객은 오늘 내로 해결할 방법을 알려달라는 강한 불만을 제기했다. 아직 업무는 다 끝내지 못한 상태고, 오늘 저녁에 ㉢ 친구와 약속이 있다. 약속 시간까지는 2시간 정도 남은 상태이다.

	제1사분면	제2사분면	제3사분면	제4사분면
①	㉠	㉢	㉡	-
②	㉡	㉠	-	㉢
③	㉡, ㉢	-	-	㉠
④	-	㉠	㉢	㉡

정답 **해설** ───

㉡ 고객이 당장 오늘 내로 문제 해결 방법을 알려달라는 강한 불만을 제기했으므로 **긴급하면서도 중요한 문제**이다. 따라서 **제1사분면**에 위치하는 것이 가장 적절하다.

㉠ 다음 주에 상부에 보고해야 하는 업무는 **중요하지만**, 아직 시간이 조금 남아있는 상태이므로 **긴급한** 업무는 아니다. 따라서 **제2사분면**에 위치하는 것이 가장 적절하다.

㉢ 친구와의 약속은 업무에서 **중요하지 않고 긴급한 일이 아니다.** 따라서 **제4사분면**에 위치하는 것이 가장 적절하다.

정답 ②

17 다음 사례에 나타난 N씨의 자원 낭비요인은?

> N씨는 요즘 밤늦게까지 게임을 하느라 잠이 부족하다. 어젯밤에도 다음 날 오전에 친구와 약속이 있다는 것을 알면서도 새벽까지 게임을 하느라 아침이 다 되어 잠이 들었다. 알람이 울려 잠시 눈을 떴지만, 잠을 더 자야겠다는 생각에 알람을 끄고 다시 눈을 감았다. 결국 해가 중천에 뜨고 나서야 일어난 A씨는 잔뜩 화가 난 친구의 문자를 확인하고 친구에게 전화를 걸었지만, 친구는 전화를 받지 않았다.

① 비계획적 행동   ② 편리성 추구
③ 자원에 대한 인식 부재   ④ 노하우 부족
⑤ 잘못된 가치 판단

정답 해설

편리성 추구는 너무 편한 방향으로 자원으로 활용하는 것을 의미한다. 일회용품을 사용하는 것, 늦잠을 자는 것, 주위 사람들에게 멋대로 대하는 것 등이 이에 포함된다. 지나친 편리성 추구는 물적자원뿐만 아니라 시간과 돈의 낭비를 초래할 수 있으며, 주위의 인맥도 줄어들게 될 수 있다.

[오답분석]

① 비계획적 행동 : 자원을 어떻게 활용하는 것인가에 대한 <u>계획이 없는 것</u>으로, 계획 없이 충동적이고 즉흥적으로 행동하여 자원을 낭비하게 된다.
③ 자원에 대한 인식 부재 : 자신이 가지고 있는 <u>중요한 자원을 인식하지 못하는 것</u>으로, 무의식적으로 중요한 자원을 낭비하게 된다.
④ 노하우 부족 : 자원관리의 중요성을 인식하면서도 자원관리에 대한 <u>경험이나 노하우가 부족</u>하여 자원을 효과적으로 활용할 줄 모르는 경우를 말한다.

정답 ②

18 다음 중 빈칸에 들어갈 말로 적절한 것은?

> N회사에 근무 중인 S씨는 물품을 효과적으로 관리하기 위해 _____의 원칙에 따라 안 쓰는 이면지를 서랍 하단에 별도로 모아두고 있다.

① 동일성　　　　　　　　　　　② 유사성
③ 구분성　　　　　　　　　　　④ 명료성
⑤ 변별성

정답　해설

동일성의 원칙은 보관한 물품을 다시 활용할 때보다 쉽고 빠르게 찾을 수 있도록 **같은 품종은 같은 장소에 보관하는** 것을 말한다.

오답분석

② 유사성의 원칙 : 유사품은 인접한 장소에 보관한다.

정답 ①

이론 더하기

효과적인 물적자원관리 과정

① 사용 물품과 보관 물품의 구분
　해당 물품을 앞으로 계속 사용할 것인지, 그렇지 않은지를 구분하는 것이 필요하다. 그렇지 않을 경우 가까운 시일 내에 활용하게 될 물품을 다시 꺼내야 하는 경우가 발생하게 되며, 이러한 과정이 반복되다보면 물품의 보관 상태는 다시 나빠지게 될 것이다.

② 동일 및 유사물품으로의 분류
　같은 품종은 같은 장소에 보관한다는 동일성의 원칙과 유사품은 인접한 장소에 보관한다는 유사성의 원칙에 의해 분류해야 한다. 이는 보관한 물품을 다시 활용하기 위해 보다 쉽고 빠르게 찾을 수 있도록 하기 위해서이다.

③ 물품 특성에 맞는 보관 장소 선정
　분류된 제품들을 일괄적으로 같은 장소에 보관하는 것이 아니라, 개별 물품의 특성을 고려하여 보관 장소를 선정하는 것이 중요하다. 예를 들어 유리의 경우는 쉽게 파손될 우려가 있기 때문에 따로 보관하는 것이 좋으며, 무게가 무겁거나 부피가 큰 것은 별도로 취급하는 것이 바람직하다.

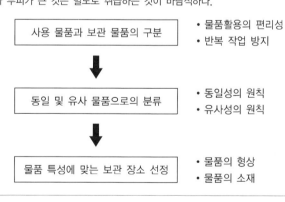

사용 물품과 보관 물품의 구분　• 물품활용의 편리성
　　　　　　　　　　　　　　• 반복 작업 방지

동일 및 유사 물품으로의 분류　• 동일성의 원칙
　　　　　　　　　　　　　　• 유사성의 원칙

물품 특성에 맞는 보관 장소 선정　• 물품의 형상
　　　　　　　　　　　　　　　• 물품의 소재

| STEP 2 |

01 N은행은 4월 안에 N중앙회에서 주관하는 윤리교육을 8시간 이수해야 한다. 윤리교육은 주 2회 같은 요일 오전에 1시간 동안 진행되며, 지점별 일정에 맞춰 요일을 지정할 수 있다. N은행 마포지점의 4월 일정이 다음과 같을 때, 마포지점 직원들이 윤리교육을 수강해야 하는 날은 무슨 요일인가?(단, 전 직원이 모두 함께 윤리교육을 수강한다)

〈4월 일정표〉

월	화	수	목	금	토	일
	1	2	3	4	5	6
7	8	9	10	11	12	13
14 최과장 연차	15	16	17	18	19	20
21	22	23	24	25 오후 김대리 반차	26	27
28	29 오전 성대리 외근	30				

〈N은행 마포지점 행사일정〉

• 4월 3일 오전 : 신임 지점장 취임식
• 4월 7일 오후 ~ 8일 오전 : 1박 2일 전사 워크숍
• 4월 30일 오전 : 조합원 간담회 개최

① 월요일, 수요일

② 화요일, 목요일

③ 수요일, 목요일

④ 수요일, 금요일

⑤ 목요일, 금요일

정답 **해설**

윤리교육은 주 2회 같은 요일 오전에 1시간 동안 진행된다고 했으며, 선택지 내 요일이 두 요일씩 짝지어져 있으므로, 8시간의 윤리교육을 같은 요일에 이수하기 위해서는 해당 요일의 오전 일정이 4주간 비워져 있어야 한다.
월요일은 14일 최과장 연차로 가능한 날이 3주뿐이고, 화요일은 8일 오전 워크숍과 29일 오전 성대리 외근으로 가능한 날이 3주뿐이므로 수강할 수 없다. 목요일은 3일 오전 신임 지점장의 취임식이 있으므로 가능한 날이 3주뿐이다.
수요일은 30일 오전에 조합원 간담회가 있지만, 이 날을 제외하고도 4주 동안 윤리교육 수강이 가능하다. 금요일은 25일에 김대리 반차가 있지만, 오후이므로 4주 동안 윤리교육 수강이 가능하다.
따라서 마포지점 직원들이 윤리교육을 수강해야 하는 날은 '수요일, 금요일'이다.

정답 ④

시간자원관리의 일정관리 유형에서는 '연속으로', '주 x회' 등의 조건은 문제를 푸는 열쇠이다. 따라서 다른 일정을 정리하고 나서 '연속으로', '주 x회'에 부합하지 않는 주를 지워 나간다.

02 다음은 K사원의 한 달간 야근 및 휴일근무 내용이다. 회사의 초과근무수당 규정이 〈보기〉와 같을 때 K사원이 이번 달 받을 수 있는 야근 및 특근수당은 모두 얼마인가?(단, 사원의 연봉은 30,000,000원이고, 규정 근무시간은 월 160시간으로 계산한다)

일	월	화	수	목	금	토
	1 (18 ~ 20시)	2	3	4 (18 ~ 22시)	5	6
7	8	9 (18 ~ 24시)	10	11	12	13
14 (09 ~ 12시)	15	16	17	18	19	20
21	22	23	24	25	26 (18 ~ 21시)	27 (13 ~ 18시)
28	29 (18 ~ 19시)	30				

보기

- 평일 야근은 연봉을 시급으로 환산하였을 때 시급에 5,000원을 가산한다(단, 환산 시 세전 연봉으로 계산한다).
- 주말 특근은 연봉을 시급으로 환산하였을 때 시급에 10,000원을 가산한다.
- 식대는 10,000원을 지급하며, 식대는 야근·특근수당에 포함되지 않는다.
- 야근 시간은 오후 7시부터 적용되며 10시를 초과할 수 없다(초과 시간 수당 미지급).

① 587,600원 ② 569,645원
③ 423,605원 ④ 390,505원
⑤ 390,625원

정답 | 해설

- 연봉 30,000,000원인 K사원의 월 수령액은 30,000,000÷12=2,500,000원이다. 따라서 시급은 2,500,000÷160= 15,625원이다.
- K사원이 평일에 야근한 시간은 1일(1시간), 4일(3시간), 9일(3시간), 26일(2시간)로 총 9시간이다. 따라서 야근수당은 (15,625+5,000)×9=185,625원이다.
- 주말특근수당은 14일(3시간), 27일(5시간)로 총 8시간이며, 금액은 (15,625+10,000)×8=205,000원이다.

따라서 한 달간 야근 및 특근 수당의 총액은 185,625+205,000=**390,625원**이다.

정답 ⑤

03 A씨는 여행을 가기 위해 B자동차를 대여하려 한다. 〈조건〉이 다음과 같을 때 A씨가 B자동차를 대여할 수 있는 첫날의 요일로 옳지 않은 것은?

〈2월 달력〉

일	월	화	수	목	금	토
	1	2	3	4	5	6
7	8	9	10	11 설 연휴	12 설 연휴	13 설 연휴
14	15	16	17	18	19	20
21	22	23	24	25	26	27
28						

조건

- 2월에 주말을 포함하여 3일 동안 연속으로 대여한다.
- 설 연휴에는 대여하지 않는다.
- 설 연휴가 끝난 다음 주 월요일, 화요일에 출장이 있다(단, 출장 중에 대여하지 않는다).
- B자동차는 첫째 주 짝수 날에는 점검이 있어 대여할 수 없다.
- C씨는 24일부터 3일간 B자동차의 대여를 예약하였다.
- 설 연휴가 있는 주의 화요일과 수요일은 업무를 마쳐야 하므로 대여하지 않는다.

① 수요일 ② 목요일
③ 금요일 ④ 토요일
⑤ 일요일

조건에 따라 자동차를 대여할 수 없는 날을 표시하면 다음과 같다.

〈2월 달력〉

일	월	화	수	목	금	토
	1	2 × 짝수 날 점검	3	4 × 짝수 날 점검	5	6 × 짝수 날 점검
7	8	9 × 업무	10 × 업무	11 × 설 연휴	12 × 설 연휴	13 × 설 연휴
14	15 × 출장	16 × 출장	17	18	19	20
21	22	23	24 × C씨 대여 예약	25 × C씨 대여 예약	26 × C씨 대여 예약	27
28						

따라서 B자동차를 대여할 수 있는 날은 주말을 포함한 18 ~ 20일, 19 ~ 21일, 20 ~ 22일, 21 ~ 23일이므로 수요일(17일)은 자동차를 대여할 수 있는 첫 날이 될 수 없다.

정답 ①

문제풀이 Tip

적당한 날짜나 요일을 찾는 유형을 풀이할 때에는 달력을 그려 보도록 한다. 달력을 그려 놓으면 여러 가지 조건에 맞는 날짜를 한눈에 파악하기 쉬워진다.

04 마스크 공급 업체인 N사는 A ~ D지점에 매월 일정량의 마스크를 납품하고 있다. 다음과 같은 상황을 고려할 때, 1월부터 4월까지 N사의 마스크 납품 매출액이 가장 큰 달과 그 매출액으로 옳은 것은?

<지점 납품 정보>

구분	A지점	B지점	C지점	D지점
납품량	70개	120개	95개	115개
납품단가	800원	1,000원	600원	1,100원

- 마스크 공급 업체인 N사는 매월 1일에 위 납품량과 납품단가에 따라 마스크를 납품해왔다.
- 하지만 내부 사정으로 인해 공급량이 줄어들었고, 이에 따라 매달 3개의 지점에만 물량을 공급하기로 했다.

  [예] 1월에는 A지점을 제외한 나머지 지점에 납품량을 공급하고, 그 다음 달은 B지점을 제외한 지점들의 납품량에 맞추어 공급을 한다. D지점까지 돌아간 후 다시 A지점을 제외한 곳에 납품을 진행한다.

	매출액이 큰 달	매출액
①	1월	303,500원
②	1월	304,500원
③	2월	303,500원
④	3월	243,500원
⑤	4월	304,500원

정답 해설

각 지점에 납품하는 경우의 매출을 계산하면 다음과 같다.

구분	A지점	B지점	C지점	D지점
매출액	56,000원	120,000원	57,000원	126,500원

A ~ D지점 중 납품을 하지 않았을 때 매출액에 가장 타격이 적은 지점은 A이다. 따라서 선택지에 제시된 달 중 A지점에 납품하지 않는 1월의 매출액이 가장 크며, 이때의 매출액은 120,000+57,000+126,500=303,500원이다.

정답 ①

05 N은행 M영업점에서는 L과장, J대리, I주임, K사원, H사원이 가계대출 창구에서 근무하고 있다. 오늘 M영업점에서는 영업을 시작하기 한 시간 전에 주간 업무 회의가 있을 예정이며, 오전 중으로 CS교육과 상품교육이 각각 1시간씩 차례로 진행될 예정이다. 한편, 빠른 창구에 고객이 붐비는 11시에는 교육이 진행되지 않으며, 가계대출 창구에는 2명의 직원이 업무 지원을 나가야 한다. 다음 〈조건〉을 참고할 때, J대리가 오전 중 해야 할 업무로 옳지 않은 것은?

> **조건**
> • 주간 업무 회의에는 주임급 이상이 참석한다.
> • 영업시간(09:00 ~ 16:00)에는 2명 이상의 직원이 창구에서 대출 상담 업무를 수행해야 한다.
> • I주임과 K사원은 영업시간 시작 시 안내 방송과 함께 대출 상담 업무를 수행한다.
> • 사원은 빠른 창구 업무를 지원할 수 없으며, 과장 역시 업무 지원자에서 제외된다.
> • 사원 및 주임, 대리는 반드시 하나 이상의 교육에 참석해야 하며, 교육 담당자인 과장은 반드시 모든 교육에 참석해야 한다.

① 대출 상담
② CS교육 참석
③ 상품교육 참석
④ 주간 업무 회의 참석
⑤ 빠른 창구 업무 지원

정답 | 해설

L과장, J대리, I주임, K사원, H사원의 오전 근무 일정을 정리하면 다음과 같다.

구분	L과장	J대리	I주임	K사원	H사원
08:00 ~ 09:00		주간 업무 회의 참석			
09:00 ~ 10:00	CS교육 참석	CS교육 참석	안내 방송, 대출 상담	안내 방송, 대출 상담	CS교육 참석
10:00 ~ 11:00	상품교육 참석	대출 상담	상품교육 참석	상품교육 참석	대출 상담
11:00 ~ 12:00		빠른 창구 업무 지원	빠른 창구 업무 지원		

세 번째 조건에 따라 I주임과 K사원은 영업시간 시작 시 안내 방송과 함께 대출 상담 업무를 수행해야 하므로 9시에 진행되는 CS교육에 참석할 수 없다. 그러나 다섯 번째 조건에 따라 반드시 하나 이상의 교육에 참석해야 하므로 I주임과 K사원은 10시에 진행되는 상품교육에 참석해야 한다. 이때, I주임과 K사원이 상품교육에 참석하게 되면 두 번째 조건에 따라 남은 2명의 직원은 반드시 창구에서 대출 상담 업무를 수행해야 한다. 따라서 J대리와 H사원은 상품교육에 참석할 수 없다.

[오답분석]
① J대리는 L과장과 I주임, K사원이 상품교육에 참석하는 동안 창구에서 대출 상담 업무를 수행한다.
② 반드시 하나 이상의 교육에 참석해야 하므로 J대리는 CS교육에 참석한다.
④ 주임급 이상인 J대리는 주간 업무 회의에 참석한다.
⑤ 사원과 과장은 빠른 창구 업무를 지원할 수 없으므로 J대리와 I주임이 지원을 나가게 된다.

정답 ③

06 N기업의 영업부서에 재직 중인 김대리는 목요일에 2박 3일 동안 일본으로 출장을 간다고 한다. 다음은 일본출장을 가기 위한 교통편에 대한 정보를 나타낸 자료이다. 김대리는 비행기를 탈 경우 기내식을 먹기 원하며, 크루즈를 이용할 경우 회사에서 선착장까지 너무 멀어 회사 차를 이용할 수 없다. 김대리가 다음 〈조건〉에 맞는 교통편을 선택한다고 할 때, 왕복 이용 시 비용은 얼마인가?(단, 비용에는 교통비와 식비를 포함한다)

〈교통편별 편도 금액 및 세부사항〉

구분	편도 금액	식사 포함 유무	좌석	비고
H항공사	310,000원	×	비즈니스석	식사 별도 주문(10,000원/1식)
	479,000원	○	퍼스트클래스	왕복권 구입 시 10% 할인, 식사 제공
P항공사	450,000원	○	퍼스트클래스	식사 제공
N크루즈	292,000원	×	S석	식사 별도 주문(9,000원/1식)
M크루즈	180,000원	○	B석	평일 이용 시 15% 할인

※ 크루즈 이용 시 회사에서 선착장까지 좌석버스 요금은 25,000원임(반대방향도 동일)

> **조건**
> • 비행기는 비즈니스석 이상을 이용한다.
> • 크루즈는 A석 또는 S석을 이용한다.
> • 식사가 포함 안 될 시 별도 주문 및 구매한다.
> • 한 가지 교통편만 이용한다.
> • 가장 저렴한 교통편을 선택한다.

① 900,000원 ② 862,200원
③ 652,000원 ④ 640,000원

정답 해설

조건에서 크루즈 이용 시 A석 또는 S석으로 한다고 하였으므로 M크루즈는 제외된다. 나머지 교통편을 이용할 때 비용을 비교하면 다음과 같다.

구분	비용
H항공사 비즈니스석	(310,000+10,000)×2=640,000원
H항공사 퍼스트클래스	479,000×2×0.9=862,200원
P항공사 퍼스트클래스	450,000×2=900,000원
N크루즈 S석	(25,000+292,000+9,000)×2=652,000원

따라서 김대리는 가장 저렴한 교통편(640,000원)인 H항공사의 비즈니스석을 선택한다.

정답 ④

07 D농협은 작업을 위해 A농협으로부터 2월 14일에 트랙터 2대를 빌려 2월 23일까지 전체 작업을 마칠 예정이었으나 일정상 작업을 빨리 끝내고자 트랙터 2대를 추가로 대여하여 전체 작업을 마치려고 한다. 가장 빠르고 저렴하게 작업을 끝내려고 할 때, 전체 작업이 끝나는 날짜와 총대여 비용은 얼마인가?(단, D농협이 1대의 트랙터를 빌려 하루에 하는 일의 양은 동일하다. 또한 반납된 트랙터는 4일간의 정비 기간을 거쳐 출고되고, 정비 완료된 당일은 기계점검 등의 이유로 대여 불가하다)

> **조건**
>
> • 1월 29일 기준 A농협 보유 트랙터 : 8대
> • 트랙터 1대 대여 시간 : 오전 10시 ~ 오후 4시
> • 트랙터 1대 대여 비용 : 1일 기준 12,000원
> • 4일 이상 대여 시 : 전체 금액에서 10% 할인

〈A농협 트랙터 입·출고 현황〉

29	30	31	2/1	2	3	4
			E농협 대여(2대)		B농협 대여(3대)	
5	**6**	**7**	**8**	**9**	**10**	**11**
					C농협 대여(1대)	
12	**13**	**14**	**15**	**16**	**17**	**18**
	E농협 반납(2대)				정비완료 트랙터 출고 예정(2대)	
19	**20**	**21**	**22**	**23**	**24**	**25**
				B농협 반납 예정(3대)		
26	**27**	**28**	**3/1**	**2**	**3**	**4**
	C농협 반납 예정(1대)					

① 17일, 72,000원　　　　　　　　② 18일, 151,200원

③ 19일, 202,400원　　　　　　　　④ 20일, 223,200원

⑤ 21일, 302,000원

정답 **해설**

D농협이 1대의 트랙터를 빌려 하루에 할 수 있는 일의 양을 1이라고 하면, 전체 작업량은 $2 \times 10 = 20$이다.

14일까지 A농협이 보유한 트랙터는 정비 기간에 있는 2대를 제외하고 D농협이 빌린 2대를 포함하여 모두 대여 중이고, 17일에 정비 완료된 트랙터 2대가 출고 예정이므로 그다음 날인 18일에 트랙터 2대를 추가로 대여할 수 있다.

따라서 전체 작업량이 20이 되려면 기존에 대여한 트랙터와 추가로 대여한 트랙터를 20일까지 빌려야 한다.

• 기존 트랙터 대여 비용(2월 14일 ~ 2월 20일) : $(12,000 \times 2) \times 7 \times 0.9 = 151,200$원
• 추가 트랙터 대여 비용(2월 18일 ~ 2월 20일) : $(12,000 \times 2) \times 3 = 72,000$원

∴ 트랙터 총대여 비용 : $151,200 + 72,000 = 223,200$원

정답 ④

08 I은행 대전 A지점에 근무하는 C계장은 내일 오전 10시에 목포로 출장을 갈 예정이다. 출장 당일 오후 1시에 미팅이 예정되어 있어 늦지 않게 도착하고자 한다. 주어진 교통편을 고려하였을 때, 다음 중 C계장이 선택할 가장 적절한 경로는?(단, 1인당 출장지원 교통비 한도는 5만 원이며, 도보이동에 따른 소요시간은 고려하지 않는다)

- A지점에서 대전역까지 비용

구분	소요시간	비용	비고
버스	30분	2,000원	–
택시	15분	6,000원	–

- 대전역에서 목포역까지 교통수단별 이용정보

구분	열차	출발시각	소요시간	비용	비고
직통	새마을호	10:00 / 10:50	2시간 10분	28,000원	–
직통	무궁화	10:20 / 10:40 10:50 / 11:00	2시간 40분	16,000원	–
환승	KTX	10:10 / 10:50	20분	6,000원	환승 10분 소요
	KTX	–	1시간 20분	34,000원	
환승	KTX	10:00 / 10:30	1시간	20,000원	환승 10분 소요
	새마을호	–	1시간	14,000원	

- 목포역에서 미팅장소까지 비용

구분	소요시간	비용	비고
버스	40분	2,000원	–
택시	20분	9,000원	–

① 버스 – 새마을호(직통) – 버스　　　② 택시 – 무궁화(직통) – 택시
③ 버스 – KTX / KTX(환승) – 택시　　④ 택시 – KTX / 새마을호(환승) – 택시
⑤ 택시 – 새마을호(직통) – 택시

정답　해설

C계장은 **목적지까지 3시간 내로 이동**하여야 한다. 택시를 타고 대전역까지 15분, 열차대기 15분, KTX / 새마을호 이동시간 2시간, 환승 10분, 목포역에서 미팅장소까지 택시 20분이 소요된다. 따라서 총 **3시간**이 걸리므로 적절하다. 비용은 택시 6,000원, KTX 20,000원, 새마을호 14,000원, 택시 9,000원으로 총 49,000원이다. **출장지원 교통비 한도** 이내이므로 적절하다.

[오답분석]
①·②·⑤ **이동시간이 3시간**이 넘어가므로 적절하지 않다.
③ 이동시간은 3시간 이내이지만, **출장지원 교통비 한도**를 넘기 때문에 적절하지 않다.

정답 ④

┃ 문제풀이 Tip

실제 시험에서는 모든 경우의 수를 다 따지며 문제를 확인하고 있을 시간이 없다. 따라서 문제의 선택지에 주어진 경우만 고려한 뒤 적절한 답을 찾도록 한다.

09 다음 제시된 자료에 따라 K사원이 2023년 1월 출장 여비로 받을 수 있는 총액을 구하면?

〈출장 여비 계산기준〉

- 출장 여비는 출장수당과 교통비의 합으로 계산한다.
- 출장수당의 경우 업무추진비 사용 시 1만 원을 차감한다.
- 교통비의 경우 관용차량 사용 시 1만 원을 차감한다.

〈출장지별 출장 여비〉

구분	출장수당	교통비
D시	10,000원	20,000원
D시 이외	20,000원	30,000원

※ D시 이외 지역으로 출장을 갈 경우 13시 이후 출장 시작 또는 15시 이전 출장 종료 시 출장수당에서 1만 원 차감된다.

〈K사원의 2023년 1월 출장 내역〉

구분	출장지	출장 시작 및 종료 시각	비고
1월 8일	D시	14 ~ 16시	관용차량 사용
1월 16일	S시	14 ~ 18시	–
1월 19일	B시	09 ~ 16시	업무추진비 사용

① 6만 원
② 7만 원
③ 8만 원
④ 9만 원
⑤ 10만 원

정답 해설

- 1월 8일
  출장지는 D시이므로 출장수당은 10,000원이고, 교통비는 20,000원이다. 그러나 관용차량을 사용했으므로 **교통비에서 10,000원이 차감**된다. 즉, 1월 8일의 출장 여비는 10,000+(20,000-10,000)=20,000원이다.
- 1월 16일
  출장지는 S시이므로 출장수당은 20,000원이고, 교통비는 30,000원이다. 그러나 출장 시작 시각이 14시이므로 10,000원이 차감된다. 즉, 1월 16일의 출장 여비는 (20,000-10,000)+30,000=40,000원이다.
- 1월 19일
  출장지는 B시이므로 출장수당은 20,000원이고, 교통비는 30,000원이다. 출장 시작 및 종료 시각이 차감대상은 아니지만 업무추진비를 사용했으므로 10,000원이 차감된다. 즉, 1월 19일의 출장 여비는 (20,000-10,000)+30,000=40,000원이다.

따라서 K사원이 1월 출장 여비로 받을 수 있는 금액은 20,000+40,000+40,000=100,000원이다.

정답 ⑤

※ N은행은 별관과 복지동을 연결하는 다리 건설을 계획하고 있으며, 입찰에는 A ~ F기업이 참여하였다. 다음은 N은행의 입찰기준에 따라 입찰업체를 분야별로 10점 척도로 점수화한 자료와 업체별 입찰가격을 나타낸 자료이다. 이어지는 질문에 답하시오. [10~11]

〈업체별 입찰기준 점수〉

입찰기준 업체	경영점수	안전점수	디자인점수	수상실적
A	9점	7점	4점	-
B	6점	8점	6점	2개
C	7점	7점	5점	-
D	6점	6점	4점	1개
E	7점	5점	2점	-
F	7점	6점	7점	1개

※ (입찰점수)=(경영점수)+(안전점수)+(디자인점수)+(수상실적 가점)
※ 수상실적 가점은 수상실적 1개당 2점의 가점을 부과한다.

〈업체별 입찰가격〉

(단위 : 원)

구분	A	B	C	D	E	F
입찰가격	11억	10억 5천만	12억 1천만	9억 8천만	10억 1천만	8억 9천만

| 2018 상반기 지역농협 6급

10 N은행은 다음의 선정방식에 따라 다리 건설 업체를 선정하고자 한다. 최종 선정될 업체는?

- 입찰가격이 12억 원 미만인 업체 중에서 선정한다.
- 입찰점수가 가장 높은 3개 업체를 중간 선정한다.
- 중간 선정된 업체들 중 안전점수와 디자인점수의 합이 가장 높은 곳을 최종 선정한다.

① A업체   ② B업체
③ D업체   ④ E업체
⑤ F업체

정답 | 해설

입찰점수를 계산하여 중간 선정 결과를 나타내면 다음과 같다.

입찰기준 업체	입찰점수	입찰기준 업체	입찰점수
A	20점	D	18점
B	24점	E	14점
C	입찰가격에서 탈락	F	22점

중간 선정된 A, B, F 중 안전점수와 디자인점수의 합이 가장 높은 업체는 B업체이다.

정답 ②

11 N은행은 입찰가격 구간별로 점수화하여 다시 업체를 선정하고자 한다. 입찰가격에 따른 가격점수를 산정하고, 기존 입찰점수에 가격점수를 추가로 합산하여 최종 입찰점수를 계산했을 때, 입찰점수가 가장 높은 업체는?

(단위 : 원)

구분	9억 미만	9억 이상 10억 미만	10억 이상 11억 미만	11억 이상 12억 미만	12억 이상
가격점수	10점	8점	6점	4점	2점

① A업체   ② B업체

③ C업체   ④ D업체

⑤ F업체

PART 1

정답 해설 ──

가격점수를 추가로 합산하여 최종 입찰점수를 계산하면 아래와 같다.

업체 \ 입찰기준	기존 입찰점수	가격점수	최종 입찰점수
A	20점	4점	24점
B	24점	6점	30점
C	19점	2점	21점
D	18점	8점	26점
E	14점	6점	20점
F	22점	10점	32점

따라서 최종 입찰점수가 가장 높은 업체는 F업체이다.

정답 ⑤

12 N사는 천안에 위치한 제빵 회사로 밀가루를 공급해줄 거래처와의 계약 만료를 앞두고 있다. 동일한 양의 밀가루에 대하여 1회 구입 시 기존의 거래처와 새로운 후보들의 지역과 밀가루 가격, 운송료가 다음과 같을 때, 어느 회사와 계약을 하는 것이 가장 적은 비용이 들겠는가?(단, 운송 비용은 최종 거리에 해당하는 가격으로 일괄 적용한다)

구분	A사 (기존 거래처)	B사	C사	D사	E사
위치	충주	청주	대전	안성	공주
거리	90km	60km	75km	35km	50km
밀가루 구입가	89만 원	149만 원	115만 원	186만 원	163만 원

구분	20km 이하	20km 초과 40km 이하	40km 초과 60km 이하	60km 초과 80km 이하	80km 초과 100km 이하
km당 운송료	1만 원	1.1만 원	1.2만 원	1.4만 원	1.5만 원

① A사 ② B사
③ C사 ④ D사
⑤ E사

정답 | 해설

전체 비용은 (구입 가격)+(운송 비용)이다.
- A사 : 89+(1.5×90)=224만 원
- B사 : 149+(1.2×60)=221만 원
- C사 : 115+(1.4×75)=220만 원
- D사 : 186+(1.1×35)=224.5만 원
- E사 : 163+(1.2×50)=223만 원
따라서 C사가 가장 적은 비용이 든다.

정답 ③

13 A와 B는 각각 해외에서 직구로 물품을 구매하였다. 해외 관세율이 다음과 같을 때, A와 B 중 어떤 사람이 더 많은 관세를 냈으며 그 금액은 얼마인가?

<해외 관세율>

(단위 : %)

구분	관세	부가세
책	5	5
유모차, 보행기	5	10
노트북	8	10
스킨, 로션 등 화장품	6.5	10
골프용품, 스포츠용 헬멧	8	10
향수	7	10
커튼	13	10
카메라	8	10
신발	13	10
TV	8	10
휴대폰	8	10

※ 향수, 화장품의 경우 개별소비세 7%, 농어촌특별세 10%, 교육세 30%가 추가됨
※ 100만 원 이상 전자제품(TV, 노트북, 카메라, 핸드폰 등)은 개별소비세 20%, 교육세 30%가 추가됨

<구매 품목>

A : TV(110만 원), 화장품(5만 원), 휴대폰(60만 원), 스포츠용 헬멧(10만 원)
B : 책(10만 원), 카메라(80만 원), 노트북(110만 원), 신발(10만 원)

① A, 91.5만 원
② B, 90.5만 원
③ A, 94.5만 원
④ B, 92.5만 원
⑤ B, 93.5만 원

정답 | 해설

전자제품의 경우 관세와 부가세가 모두 동일하며, 전자제품의 가격이 다른 가격보다 월등하게 높기 때문에 대소비교는 전자제품만 비교해도 된다.
이 중 A의 TV와 B의 노트북은 가격이 동일하기 때문에 굳이 계산할 필요가 없고, TV와 노트북을 제외한 휴대폰과 카메라만 비교하면 된다. B의 카메라가 A의 휴대폰보다 비싸기 때문에 B가 더 많은 관세를 낸다.

구분	전자제품	전자제품 외
A	TV(110만), 휴대폰(60만)	화장품(5만), 스포츠용 헬멧(10만)
B	노트북(110만), 카메라(80만)	책(10만), 신발(10만)

B가 내야할 세금을 계산해 보면, 우선 카메라와 노트북의 관세율은 18%로, $190 \times 0.18 = 34.2$만 원이다. 이때, 노트북은 100만 원을 초과하므로 특별과세 $110 \times 0.5 = 55$만 원이 더 과세된다. 나머지 품목들의 세금은 책이 $10 \times 0.1 = 1$만 원, 신발이 $10 \times 0.23 = 2.3$만 원이다. 따라서 B가 내야 할 관세 총액은 $34.2 + 55 + 1 + 2.3 = 92.5$만 원이다.

정답 ④

14 N은행은 다음과 같은 승진자 선발 방식에 따라 승진후보자 A ~ E주임 중 승진점수가 가장 높은 1명을 승진시키고자 한다. 다음 중 승진할 직원은?

〈승진자 선발 방식〉

- 승진후보자 중 승진점수가 가장 높은 순서대로 승진한다.
- 승진점수는 100점 만점으로 평가한다. 단, 가점을 합산하여 100점을 초과할 수 있다.
- 승진점수는 분기실적(40), 부서동화(30), 성실고과(20), 혁신기여점(10) 항목별 점수의 총합에 연수에 따른 가점을 합산하여 산정한다.
- 각 연수 이수자에게는 다음 표에 따라 가점을 부여한다. 단, 한 승진후보자가 받을 수 있는 가점은 5점을 초과할 수 없다.
- 동점자가 발생한 경우 분기실적 점수와 성실고과 점수의 합이 높은 직원이 우선한다.

〈연수별 가점〉

(단위 : 점)

구분	혁신선도	조직융화	자동화적응	대외협력
가점	2	1	4	3

〈승진후보자 항목별 평가점수〉

(단위 : 점)

구분	분기실적	부서동화	성실고과	혁신기여	이수한 연수
A주임	29	28	12	4	조직융화
B주임	32	29	12	5	혁신선도
C주임	35	21	14	3	자동화적응, 대외협력
D주임	28	24	18	3	–
E주임	30	23	16	7	자동화적응

① A주임
② B주임
③ C주임
④ D주임
⑤ E주임

승진자 선발 방식에 따라 각 승진후보자의 승진점수를 계산하면 다음과 같다.

(단위 : 점)

구분	가점을 제외한 총점	가점	승진점수
A주임	29+28+12+4=73	1	74
B주임	32+29+12+5=78	2	80
C주임	35+21+14+3=73	5 (가점상한)	78
D주임	28+24+18+3=73	–	73
E주임	30+23+16+7=76	4	80

승진점수가 가장 높은 승진후보자는 B주임과 E주임인데, 80점으로 동점이다. 승진자 선발 방식에 따르면 동점자가 발생한 경우 분기실적 점수와 성실고과 점수의 합이 높은 직원이 우선한다고 하였다. 분기실적 점수와 성실고과 점수의 합이 E주임은 30+16=46점, B주임은 32+12=44점이다. 따라서 E주임이 승진한다.

정답 ⑤

15 다음은 연구원들의 성과급 지급 체계에 대한 자료이다. 제시된 기준에 따라 포장재연구팀 연구원들에게 성과급을 지급할 때, 가장 많은 성과급을 지급받을 연구원은?

〈연구원 성과급 지급 기준〉

- 성과급은 전년도 연구 종합기여도에 따른 지급률에 기본급을 곱한 금액을 지급한다.

구분	A등급	B등급	C등급	D등급
지급률	40%	35%	25%	20%

- 연구원 학위별 기본급은 다음과 같다.

구분	학사	석사	박사
기본급	200만 원	240만 원	300만 원

- 전년도 종합기여도는 성과점수 구간에 따라 다음과 같이 산정된다.

구분	90점 이상 100점 이하	80점 이상 90점 미만	72점 이상 80점 미만	72점 미만
종합기여도	A등급	B등급	C등급	D등급

- 성과점수는 개인연구점수, 팀연구점수, 전략기여점수, 가점 및 벌점을 합산하여 산정한다.
  - 개인연구점수, 팀연구점수는 각각 100점 만점으로 산정된다.
  - 전략기여점수는 참여한 중점전략프로젝트의 개수에 3을 곱하여 산정한다.
  - 성과점수는 [(개인연구점수)×60%]+[(팀연구점수)×40%]+(전략기여점수)+(가점)−(벌점)이다.
- 가점 및 벌점 부여기준
  - 전년도 수상내역 1회당 신규획득 자격증 1개당 가점 2점 부여
  - 전년도 징계내역 1회당 다음에 따른 벌점 부여

구분	경고	감봉	정직
벌점	1점	2점	4점

〈포장재연구팀 성과평가〉

구분	학위	개인연구점수	팀연구점수	중점전략프로젝트 참여 개수	전년도 상·벌
A연구원	석사	75	85	2	경고 1회
B연구원	박사	80	80	1	−
C연구원	석사	65	85	−	자격증 1개
D연구원	학사	90	75	−	−
E연구원	학사	75	60	3	수상 1회

① A연구원 ② B연구원
③ C연구원 ④ D연구원
⑤ E연구원

주어진 정보에 따라 각 연구원에 대한 정보를 정리하면 다음과 같다.

구분	성과점수	종합기여도	성과급
A연구원 (석사)	$(75 \times 60\%) + (85 \times 40\%) + (3 \times 2) - 1 = 84$	B	240만 원 $\times 35\% = 84$만 원
B연구원 (박사)	$(80 \times 60\%) + (80 \times 40\%) + (3 \times 1) = 83$	B	300만 원 $\times 35\% = 105$만 원
C연구원 (석사)	$(65 \times 60\%) + (85 \times 40\%) + 2 = 75$	C	240만 원 $\times 25\% = 60$만 원
D연구원 (학사)	$(90 \times 60\%) + (75 \times 40\%) = 84$	B	200만 원 $\times 35\% = 70$만 원
E연구원 (학사)	$(75 \times 60\%) + (60 \times 40\%) + (3 \times 3) + 2 = 80$	B	200만 원 $\times 35\% = 70$만 원

따라서 가장 많은 성과급을 지급받을 연구원은 B연구원이다.

정답 ②

16 N은행은 현재 신입사원을 채용하고 있다. 서류전형과 면접전형을 마치고 다음의 평가지표 결과를 얻었으며, 평가지표별 가중치를 이용하여 각 지원자의 최종 점수를 계산하고, 점수가 가장 높은 두 지원자를 채용하려고 한다. 이때, N은행이 채용할 두 지원자는?

〈지원자별 평가지표 결과〉

(단위 : 점)

구분	면접 점수	영어 실력	팀내 친화력	직무 적합도	발전 가능성	비고
A지원자	3	3	5	4	4	군필자
B지원자	5	5	2	3	4	군필자
C지원자	5	3	3	3	5	–
D지원자	4	3	3	5	4	군필자
E지원자	4	4	2	5	5	군 면제자

※ 군필자(만기제대)에게는 5점의 가산점을 부여함

〈평가지표별 가중치〉

구분	면접 점수	영어 실력	팀내 친화력	직무 적합도	발전 가능성
가중치	3	3	5	4	5

※ 가중치는 해당 평가지표 결과 점수에 곱함

① A, D지원자　　　　　　　② B, C지원자

③ B, E지원자　　　　　　　④ C, D지원자

⑤ D, E지원자

정답 | 해설

평가지표 결과와 지표별 가중치를 이용하여 지원자들의 최종 점수를 계산하면 다음과 같다.
- A지원자 : $3 \times 3 + 3 \times 3 + 5 \times 5 + 4 \times 4 + 4 \times 5 + 5 = 84$점
- B지원자 : $5 \times 3 + 5 \times 3 + 2 \times 5 + 3 \times 4 + 4 \times 5 + 5 = 77$점
- C지원자 : $5 \times 3 + 3 \times 3 + 3 \times 5 + 3 \times 4 + 5 \times 5 = 76$점
- D지원자 : $4 \times 3 + 3 \times 3 + 3 \times 5 + 5 \times 4 + 4 \times 5 + 5 = 81$점
- E지원자 : $4 \times 3 + 4 \times 3 + 2 \times 5 + 5 \times 4 + 5 \times 5 = 79$점

따라서 N은행에서 채용할 지원자는 A, D지원자이다.

정답 ①

17 N회사에서는 신입사원 2명을 채용하기 위하여 서류와 필기 전형을 통과한 갑 ~ 정 네 명의 최종 면접을 실시하려고 한다. 네 개 부서의 팀장이 각각 네 명을 모두 면접하여 채용 우선순위를 결정했을 때, 면접 결과에 대한 〈보기〉의 설명 중 옳은 것을 모두 고른 것은?

〈면접 결과〉

면접관 순위	인사팀장	경영관리팀장	영업팀장	회계팀장
1순위	을	갑	을	병
2순위	정	을	병	정
3순위	갑	정	정	갑
4순위	병	병	갑	을

※ 우선순위가 높은 사람 순서로 2명을 채용함
※ 동점자는 인사, 경영관리, 영업, 회계팀장 순서로 부여한 고순위자로 결정함
※ 각 팀장이 매긴 순위에 대한 가중치는 모두 동일함

보기

㉠ '을' 또는 '정' 중 한 명이 입사를 포기하면 '갑'이 채용된다.
㉡ 인사팀장이 '을'과 '정'의 순위를 바꿨다면 '갑'이 채용된다.
㉢ 경영관리팀장이 '갑'과 '병'의 순위를 바꿨다면 '정'은 채용되지 못한다.

① ㉠

② ㉠, ㉡

③ ㉠, ㉢

④ ㉡, ㉢

⑤ ㉠, ㉡, ㉢

정답 | **해설**

㉠ 각 팀장이 매긴 순위에 대한 가중치는 모두 동일하다고 했으므로 1, 2, 3, 4순위의 가중치를 각각 4, 3, 2, 1점으로 정해 네 사람의 면접점수를 산정하면 다음과 같다.
- 갑 : 2+4+1+2=9
- 을 : 4+3+4+1=12
- 병 : 1+1+3+4=9
- 정 : 3+2+2+3=10

면접점수가 높은 을, 정 중 한 명이 입사를 포기하면 갑, 병 중 한 명이 채용된다. 갑과 병의 면접점수는 9점으로 동점이지만 조건에 따라 인사팀장이 부여한 순위가 높은 갑을 채용하게 된다.

㉢ 경영관리팀장이 갑과 병의 순위를 바꿨을 때, 네 사람의 면접점수를 산정하면 다음과 같다.
- 갑 : 2+1+1+2=6
- 을 : 4+3+4+1=12
- 병 : 1+4+3+4=12
- 정 : 3+2+2+3=10

즉, 을과 **병이 채용**되므로 정은 채용되지 못한다.

오답분석

㉡ 인사팀장이 을과 정의 순위를 바꿨을 때, 네 사람의 면접점수를 산정하면 다음과 같다.
- 갑 : 2+4+1+2=9
- 을 : 3+3+4+1=11
- 병 : 1+1+3+4=9
- 정 : 4+2+2+3=11

즉, 을과 정이 채용되므로 갑은 채용되지 못한다.

정답 ③

※ 다음은 N은행의 1월 일정표이다. 이어지는 질문에 답하시오. [1~3]

<1월 일정표>

월	화	수	목	금	토	일
		1 신정	2	3	4	5 N은행 단합대회
6	7	8	9	10 가래떡 데이 홍보행사 (~1/12)	11 가래떡 데이	12
13	14	15	16 N은행 회장 방문	17	18	19
20	21 1인 가구 대상 소포장 농산물 홍보행사	22	23	24 설 연휴	25 설 연휴	26 설 연휴
27 대체공휴일	28	29	30	31		

| 2022 NH농협은행 5급

01 다음 〈조건〉을 고려할 때, 명절선물세트 홍보일로 가능한 날짜는?

조건
- 홍보행사는 요일에 상관없이 진행할 수 있다.
- N은행에서는 명절선물세트를 3일간 홍보한다.
- 명절선물세트 홍보는 설 연휴 전에 마친다.
- 명절선물세트는 다른 상품 홍보행사와 겹치지 않게 홍보한다.
- 사내행사가 있는 날짜를 피해서 홍보한다.

① 1월 3~5일 　　　　　② 1월 8~10일
③ 1월 13~15일 　　　　④ 1월 19~21일
⑤ 1월 27~29일

다른 상품 홍보행사 또는 사내행사와 겹치지 않으며, 설 연휴 전 홍보할 수 있다.

오답분석

① 5일에 N은행 단합대회로 사내행사가 있으므로 홍보행사를 진행할 수 없다.
② 10일은 가래떡 데이 홍보행사를 시작하는 날이므로 홍보행사를 진행할 수 없다.
④ 21일에 1인 가구 대상 소포장 농산물 홍보행사가 있으므로 홍보행사를 진행할 수 없다.
⑤ 명절선물세트 홍보는 설 연휴 전에 마쳐야 하므로 적절하지 않다.

정답 ③

| 2022 NH농협은행 5급

02 N은행은 1월 중에 직원 진급공고를 내려고 한다. 〈조건〉이 다음과 같을 때 공고가 가능한 날짜는 언제인가?

> 조건
>
> • 사내행사와 홍보행사 당일 및 전날, 다음 날을 제외하고 진급공고를 낸다.
> • 공휴일 및 공휴일 전날이나 다음 날을 제외하고 진급공고를 낸다.
> • 명절선물세트 홍보일은 **01**번 문제에서 정한 날짜로 한다.

① 1월 6일   ② 1월 8일
③ 1월 15일   ④ 1월 23일
⑤ 1월 28일

정답 해설

1월 7~8일에는 행사도 없고 행사 및 공휴일 전날이나 다음 날이 아니므로 8일에 가능하다.

오답분석

① 단합대회 다음 날이므로 진급공고를 낼 수 없다.
③ 명절선물세트 홍보기간이므로 진급공고를 낼 수 없다.
④ 설 연휴 전날이므로 진급공고를 낼 수 없다.
⑤ 대체공휴일 다음 날이므로 진급공고를 낼 수 없다.

정답 ②

03 N은행 직원들은 1월에 연차 휴가를 하루씩 쓰려고 한다. 연차 사용 조건과 다른 직원들의 연차일이 다음과 같을 때 한대리가 연차를 쓸 수 있는 날은 언제인가?

> **조건**
> • 모든 직원들은 명절을 포함하는 주 이전에 연차 휴가를 사용한다.
> • 공휴일은 연차에 포함되지 않는다.
> • 연차일은 사내행사나 홍보행사가 없는 날짜로 한다.
> • 명절선물세트 홍보일은 **01**번 문제에서 정한 날짜로 한다.
> • 연차는 다른 직원과 겹칠 수 없다.
> • 김부장은 1월 3일, 박차장은 1월 8일, 유과장은 1월 17일, 정과장은 1월 2일, 하사원은 1월 6일에 연차를 쓴다.

① 1월 7일
② 1월 10일
③ 1월 14일
④ 1월 20일
⑤ 1월 31일

정답 해설

다른 직원들과 연차가 겹치지 않고, 행사도 없으므로 가능한 날짜이다.

[오답분석]
② 가래떡 데이 홍보행사가 있으므로 연차를 쓸 수 없다.
③ 명절선물세트 홍보행사가 있으므로 연차를 쓸 수 없다.
④·⑤ 설 연휴를 포함하는 주 이전에 연차를 사용해야 하므로 연차를 쓸 수 없다.

정답 ①

04 N은행은 10월 중에 진급심사를 하고자 한다. 인사관리과 A대리는 모든 진급심사 일정에 참여하면서도 10월 내에 남은 연차 2일을 사용해 가족들과 해외여행을 가고자 한다. 인사관리과의 진급심사가 조건에 따라 진행된다고 할 때, 다음 중 A대리가 연차로 사용 가능한 날짜는?

〈10월 달력〉

일	월	화	수	목	금	토
	1	2	3	4	5	6
7	8	9	10	11	12	13
14	15	16	17	18	19	20
21	22	23	24	25	26	27
28	29	30	31			

조건

- 진급심사는 '후보자 선별 → 결격사유 심사 → 실적평가 → 인사고과 심사 → 기관장 면접 → 승진자 취합' 단계로 진행된다.
- 인사고과 심사에는 근무일 3일이 소요되며, 그 외 단계에는 근무일 2일이 소요된다.
- 인사관리과의 근무요일은 월요일부터 금요일까지이다.
- 진급심사의 각 단계는 연이어 진행할 수 없다.
- 후보자 선별은 10월 2일에 시작된다.
- 인사관리과장은 진급심사를 10월 26일까지 완료하여 발표하고자 한다.

① 10월 2, 3일
② 10월 18, 19일
③ 10월 22, 23일
④ 10월 24, 25일
⑤ 10월 25, 26일

정답 **해설**

2 ~ 3일에 후보자 선별, 5일과 8일에 결격사유 심사, 10 ~ 11일에 실적평가, 15 ~ 17일에 인사고과 심사, 22 ~ 23일에 기관장면접, 25 ~ 26일에 승진자 취합을 하는 경우 A대리는 모든 진급심사 일정에 참여하면서도 가족과 여행도 다녀올 수 있다.

오답분석

① 진급심사의 첫 단계인 후보자 선별이 2일부터 시작되므로 적절하지 않다.
③ 최대한 진급심사 완료를 위해 일정을 조정하더라도, 2 ~ 3일에 후보자 선별, 5, 8일에 결격사유 심사, 10 ~ 11일에 실적평가, 15 ~ 17일에 인사고과 심사, 19일과 24일에 기관장 면접을 한다면 진급심사 완료일 26일 이후에 마지막 단계를 위해 근무일이 1일 더 필요하므로 적절하지 않다.
④ 최대한 진급심사 완료를 위해 일정을 조정하더라도, 2 ~ 3일에 후보자 선별, 5, 8일에 결격사유 심사, 10 ~ 11일에 실적평가, 15 ~ 17일에 인사고과 심사, 19, 22일에 기관장 면접을 한 후 24, 25일 동안 여행을 다녀온다면 진급심사 완료일 26일 이후에 마지막 단계를 위해 근무일이 1일 더 필요하므로 적절하지 않다.
⑤ ④와 같이 22일에 기관장 면접을 끝내고, 연이어 승진자 취업단계를 진행하여 24일에 진급심사가 완료되면 가능하지만 그럴 수 없으므로 적절하지 않다.

정답 ②

※ 다음은 N은행에서 신입사원 채용일정을 위해 2월 일정표에 인사부서 직원 및 임원들의 스케줄을 표시한 자료이다. 이어지는 물음에 답하시오. [5~6]

<표>

〈2월 일정표〉

월	화	수	목	금	토	일
						1
2 B(연차)	3	4	5 병	6 갑	7	8
9	10	11 D	12 을, 병	13 B, C	14	15
16	17 A, C	18	19 E	20	21	22
23 갑	24	25 N은행 사내행사	26 N은행 사내행사	27 N은행 사내행사	28 N은행 사내행사	29

※ 출장인 직원 및 임원은 일정표에 직책을 제외하고 표시한다.

보기

• 채용일정은 '서류 접수 – 서류합격자 발표 – 필기시험 – 필기합격자 발표 – 면접시험 – 최종합격자 발표' 순서로 진행한다.
• 최종합격자는 80명이고, 필기시험 응시자는 최종합격자의 2배이다.
• 채용일정이 끝날 때마다 다음 날부터 2일 이상의 결재 기간이 필요하다.
• 결재기간은 월요일부터 토요일까지 가능하다.
• 인사부 직원은 A사원, B사원, C대리, D과장, E부장 5명이며, 임원은 갑, 을, 병 3명이다.
• 행사가 있는 날에는 채용일정 진행이 불가능하다.

| 2019 하반기 지역농협 6급(100문항)

05 다음 〈조건〉에 부합하는 면접시험 날짜는 언제인가?

조건

• 필기시험 날짜는 2일 월요일이다.
• 면접관은 임원 1명과 인사부 대리 이상의 직원 2명이 참석한다.
• 면접시험일에 인사부 직원 중 진행요원 2명이 필요하다.
• 합격자 발표는 1일, 면접시험은 연속 2일 동안 진행한다.
• 면접시험은 주중에만 시행할 계획이다.

① 7일   ② 10일
③ 17일   ④ 25일

결재기간은 2일 이상이 필요하므로 기간을 2일씩 가정하고 채용일정을 정리하면 다음과 같다.

2일 월요일은 필기시험일이며, 5일 목요일은 필기합격자 발표일이 되므로 9일 월요일부터 면접시험 날짜로 정할 수 있다. 또한 9일과 10일은 출장인 임직원이 없고, 11일은 D과장만 출장이 있어 면접시험에 참석해야 할 인원 조건에 충족한다. 따라서 면접시험 날짜는 연속 이틀이므로 '9일, 10일' 또는 '10일, 11일'이 가능하다.

오답분석

① 7일은 주말인 토요일이므로 다섯 번째 조건에 따라 면접시험 날짜로 불가능하다. 또한 2일에 필기시험을 보고 3 ~ 4일에 결재를 받고 5일에 필기합격자 발표를 하면 9일부터 면접시험이 가능하다.

③ 17일에 A사원과 C대리가 출장으로 인사부 직원은 B사원, D과장, E부장이 남아있다. 이 중 D과장, E부장은 면접관이 되고, B사원이 혼자 진행요원이 되어 세 번째 조건에 부합하지 않는다.

④ 25일부터 28일까지는 'N은행 사내행사'로 보기 중 마지막 조건에 따라 채용일정은 행사가 있는 날에는 불가능하다.

정답 ②

문제풀이 Tip

해당 문제와 같이 조건이 많은 문제는 조건을 1 ~ 2개씩 놓치기 쉽고, 그만큼 오답을 택할 확률이 높아진다. 그러므로 이미 고려한 조건은 삭제 표시를 하여 놓치는 조건이 없도록 한다.

| 2019 하반기 지역농협 6급(100문항)

06 필기시험 응시자의 60%가 필기시험에 합격하여 면접시험을 준비한다. 응시자 4명을 팀으로 15분씩 면접을 보며, 한 팀이 끝날 때마다 다음 팀의 면접 시작 전에 면접관은 5분간 휴식을 갖는다. 하루에 면접시험 진행시간을 4시간 이하로 정했을 경우, 2일 동안 실시되는 면접시험에서 면접관의 휴식시간은 총 얼마인가?(단, 면접시험 진행시간에는 휴식시간도 포함한다)

① 1시간 40분

② 1시간 45분

③ 1시간 50분

④ 1시간 55분

최종합격자는 80명이며, 필기시험 응시자는 최종합격자의 2배인 160명이 된다. 이 중 면접시험에 응시할 수 있는 인원은 필기시험 응시자의 60%로 160×0.6=96명이다. 그리고 면접시험은 4명씩 한 팀으로 면접시험을 보는 팀은 $\frac{96}{4}=24$팀 이다. 또한 한 팀당 15분간의 면접이 진행되고 한 팀이 끝날 때마다 5분의 휴식시간이 있으므로 한 팀당 20분씩 계산하면 1시간 동안 3팀의 면접을 끝낼 수 있다.

하루 면접시험 진행시간은 4시간 이하이므로 4×3=12팀이 면접을 볼 수 있고, 마지막 12번째 팀이 끝나면 휴식시간이 필요 없다. 즉, 하루의 면접시험 진행시간 중 면접관의 휴식시간은 5×11=55분임을 알 수 있다.

따라서 2일 동안 실시되는 면접시험에서 면접관의 휴식시간은 55×2=110분=1시간 50분이다.

정답 ③

※ 다음은 N은행의 성과급 지급 제도에 대한 자료이다. 이어지는 질문에 답하시오. [7~8]

〈성과급 지급 제도〉

- (성과급 지급액)=(직급별 기본급)×(성과급 지급비율)
- 성과급 지급비율은 평가등급에 따라 결정된다.
- 평가점수는 100점 만점으로 산정되며 다음과 같은 비율과 가중치로 결정된다.
  각 항목의 점수는 항목별 만점에 등급에 따른 가중치를 곱하여 산출한다.
  - 항목별 만점

실적	난이도평가	중요도평가	신속성	총점
30	20	30	20	100

  - 각 항목에 대한 등급별 가중치

구분	실적	난이도평가	중요도평가	신속성
1등급	1	1	1	1
2등급	0.8	0.8	0.8	0.8
3등급	0.6	0.6	0.6	0.6
4등급	0.4	0.4	0.4	0.4

- 직급별 기본급

(단위 : 천 원)

구분	사원	주임	대리	과장	차장	부장
기본급	2,000	2,200	2,800	3,500	3,800	5,500

- 평가등급에 따른 성과급 지급비율

구분	평가점수 구간	성과급 지급비율
A등급	85점 이상	0.8
B등급	75점 이상 85점 미만	0.6
C등급	65점 이상 75점 미만	0.4
D등급	55점 이상 65점 미만	0.2
E등급	55점 미만	0

〈N은행 해외사업팀 팀원들의 개인 성과평가 등급〉

구분	실적	난이도평가	중요도평가	신속성
김사원	1	3	2	1
최주임	2	2	3	4
박대리	4	1	2	2
임과장	3	1	1	4
장차장	3	4	1	3

07 N은행의 성과급 지급 제도에 따를 때, 다음 중 N은행 해외사업팀의 팀원들이 가장 많이 부여받을 평가등급으로 옳은 것은?

① A등급
② B등급
③ C등급
④ D등급
⑤ E등급

정답 | 해설

각 직원의 항목별 평가등급에 따른 가중치를 반영하여 평가점수 총점을 도출하고, 이를 토대로 성과평가 등급을 부여하면 다음과 같다.

구분	실적	난이도평가	중요도평가	신속성	평가점수	평가등급
김사원	30	12	24	20	86	A
최주임	24	16	18	8	66	C
박대리	12	20	24	16	72	C
임과장	18	20	30	8	76	B
장차장	18	8	30	12	68	C

따라서 C등급이 가장 많다.

정답 ③

08 다음 중 N은행 해외사업팀의 팀원들 중 최대성과급 수령액과 최저성과급 수령액 간의 차이로 옳은 것은?

① 910,000원
② 1,050,000원
③ 1,100,000원
④ 1,220,000원
⑤ 1,300,000원

정답 | 해설

07번의 해설을 참고하여 각 팀원들의 평가등급에 따른 성과급 지급비율에 기본급을 곱하여 성과급 수령액을 도출하면 다음과 같다.

구분	평가등급	성과급 지급비율	성과급 지급액
김사원	A	0.8	1,600천 원
최주임	C	0.4	880천 원
박대리	C	0.4	1,120천 원
임과장	B	0.6	2,100천 원
장차장	C	0.4	1,520천 원

따라서 최대성과급 수령액과 최저성과급 수령액의 차이는 2,100−880=1,220천 원이다.

정답 ④

09 N금융 인력지원실 인사부의 P사원은 직원들의 근무평정 업무를 수행하고 있다. 가점평정 기준표를 참고했을 때, P사원이 K과장에게 부여해야 할 가점은?

〈가점평정 기준표〉

구분		내용	가점	인정 범위	비고
근무경력		본부 근무 1개월(본부, 연구원, 인재개발원 또는 정부부처 파견근무기간 포함)	0.03점 (최대 1.8점)	1.8점	동일 근무기간에 다른 근무경력 가점과 원거리, 장거리 및 특수지
		지역본부 근무 1개월(지역본부 파견근무기간 포함)	0.015점 (최대 0.9점)	1.8점	가점이 중복될 경우 원거리, 장거리 및 특수지 근무가점은 $\frac{1}{2}$만 인정
		원거리 근무 1개월	0.035점 (최대 0.84점)		
		장거리 근무 1개월	0.025점 (최대 0.6점)		
		특수지 근무 1개월	0.02점 (최대 0.48점)		
내부평가		내부평가결과 최상위 10%	0.012점/회	0.5점	현 직급에 누적됨 (승진 후 소멸)
		내부평가결과 차상위 10%	0.01점/회		
제안	제안상 결정 시	금상	0.25점/회	0.5점	수상 당시 직급에 한정함
		은상	0.15점/회		
		동상	0.1점/회		
	시행 결과평가	탁월	0.25점/회	0.5점	제안상 수상 당시 직급에 한정함
		우수	0.15점/회		

〈K과장 가점평정 사항〉

- 입사 후 36개월 동안 본사에서 연구원으로 근무
- 연구원 근무 후 지역본부에서 24개월 근무
  - 지역본부에서 24개월 근무 중 특수지에서 12개월 동안 파견근무
- 본부로 복귀 후 현재까지 총 23개월 근무
- 팀장(직급 : 과장)으로 승진 후 현재까지
  - 내부평가결과 최상위 10% 총 12회
  - 내부평가결과 차상위 10% 총 6회
  - 금상 2회, 은상 1회, 동상 1회 수상
  - 시행결과평가 탁월 2회, 우수 1회

① 3,284점
② 3,454점
③ 3,604점
④ 3,854점
⑤ 3,974점

- 본부에서 36개월 동안 연구원으로 근무 : $0.03 \times 36 = 1.08$점
- 지역본부에서 24개월 근무 : $0.015 \times 24 = 0.36$점
- 특수지에서 12개월 동안 파견근무(**지역본부 근무경력과 중복되어 절반만 인정**) : $0.02 \times 12 \div 2 = 0.12$점
- 본부로 복귀 후 현재까지 총 23개월 근무 : $0.03 \times 23 = 0.69$점
- 현재 팀장(과장) 업무 수행 중
  - 내부평가결과 최상위 10% 총 12회 : $0.012 \times 12 = 0.144$점
  - 내부평가결과 차상위 10% 총 6회 : $0.01 \times 6 = 0.06$점
  - 금상 2회, 은상 1회, 동상 1회 수상 : $(0.25 \times 2) + (0.15 \times 1) + (0.1 \times 1) = 0.75$점 → 0.5(∵ **인정범위**)
  - 시행결과평가 탁월 2회, 우수 1회 : $(0.25 \times 2) + (0.15 \times 1) = 0.65$점 → 0.5(∵ **인정범위**)

따라서 K과장의 가점은 $1.08 + 0.36 + 0.12 + 0.69 + 0.144 + 0.06 + 0.5 + 0.5 = 3.454$점이다.

정답 ②

문제풀이 Tip

상대적으로 함정이 많은 유형의 문제라고 할 수 있다. 해당 문제에서는 인정범위와 비고란의 내용이 함정이 될 수 있다. 따라서 문제를 풀 때에는 미리 함정이 될 만한 부분을 크게 표시해 놓는 것은 물론 사소한 부분까지 놓치지 않는 것이 좋다.

10 N은행은 봄철을 맞이하여 3월 한 달간 토요일마다 '우리 땅·우리 농산물 소비 촉진'을 위한 판매 촉진 이벤트를 하려고 한다. 이에 한 달 동안 팀별로 교대 근무를 해야 할 때, 다음 중 셋째 주 토요일에 근무하는 사람을 모두 고르면?

▲ **팀별 명단**

1팀 : 서정훈(팀장), 이광수(주임), 하동훈(주임), 민정훈(사원), 유인영(사원)

2팀 : 강동호(팀장), 김종대(주임), 김종인(사원), 이정은(인턴)

3팀 : 박선미(팀장), 이슬기(주임), 박성인(주임), 정수정(인턴)

4팀 : 이자영(팀장), 신주현(사원), 최안나(인턴)

▲ **토요근무규정**

① 각 팀장은 순서대로 한 주에 한 명씩 배치된다.

　(1팀 → 2팀 → 3팀 → 4팀)

② 개인사정으로 인하여 근무가 어려울 경우, 다른 사람과 대체 가능하다.

　(같은 팀이든 다른 팀이든 상관없지만 대신 같은 직급 내에서만 대체 가능)

③ 근무를 대체할 근무자는 개인사유로 해당 주에 근무가 불가한 사람을 우선순위로 정한다.

▲ **토요근무 배치 예정 인원**

구분	명단
1주 차(4일)	서정훈, 이광수, 김종인, 정수정
2주 차(11일)	강동호, 하동훈, 민정훈, 이슬기
3주 차(18일)	박선미, 유인영, 김종대, 이정은, 최안나
4주 차(25일)	이자영, 박성인, 신주현

▲ **개인사유로 불가한 날짜 및 사유**

구분	사유
1주 차(4일)	이광수(지인 결혼식), 정수정(개인사유)
2주 차(11일)	민정훈(건강검진)
3주 차(18일)	김종대(지인 결혼식), 최안나(병원진료), 박성인(병원진료)
4주 차(25일)	이광수(병원진료), 박성인(병원진료), 신주현(가족여행)

① 박선미, 김종대, 유인영, 정수정, 신주현

② 박선미, 박성인, 유인영, 최안나, 정수정

③ 박선미, 이광수, 유인영, 이정은, 정수정

④ 박선미, 김종대, 하동훈, 이정은, 이슬기

⑤ 박선미, 이광수, 최안나, 신주현, 하동훈

문제의 주어진 규정에 따라 정리하면 다음과 같다.

[1주 차]에 근무 교체 인원을 보면,

- 이광수(주임) : 동일한 주임 직급에서 대체할 사람 중 해당 주에 근무가 불가한 사람은 3주 차의 김종대와 4주 차의 박성인인데, 박성인은 3·4주 차에 근무를 할 수 없으므로 1주 차나 2주 차에 대체근무를 해야 한다. 따라서 **이광수의 대체자**로는 **4주 차의 박성인**이 가장 적절하다.
- 정수정(인턴) : 동일한 인턴 직급에서 대체할 사람은 **3주 차의 최안나**이다.

[2주 차]에 근무 교체 인원을 보면,

- 민정훈(사원) : 동일한 사원 직급에서 대체할 사람은 **4주 차의 신주현**이다.

[3주 차]에 근무 교체 인원을 보면,

- 김종대(주임) : [1주 차]의 근무 교체 인원에 따라 3주 차에 근무 교체를 할 수 있는 사람은 1주 차의 이광수이다.
- 최안나(인턴) : **1주 차의 정수정**과 교체 근무한다.

[4주 차]에 근무 교체 인원을 보면,

- 박성인(주임) : [1주 차]와 [3주 차]의 근무 교체 인원에 따라 근무 교체를 할 수 있는 사람은 3주 차의 김종대이다.
- 신주현(사원) : **2주 차의 민정훈**과 교체 근무한다.

이를 표로 정리하면 다음과 같다.

구분	명단
1주 차(4일)	서정훈(팀장), 박성인(주임), 김종인(사원), 최안나(인턴)
2주 차(11일)	강동호(팀장), 하동훈(주임), 이슬기(주임), 신주현(사원)
3주 차(18일)	박선미(팀장), 이광수(주임), 유인영(사원), 이정은(인턴), 정수정(인턴)
4주 차(25일)	이자영(팀장), 김종대(주임), 민정훈(사원)

따라서 셋째 주인 3주 차에 근무하는 사람은 '박선미(3팀 팀장), 이광수(1팀 주임), 유인영(1팀 사원), 이정은(2팀 인턴), 정수정(3팀 인턴)'이다.

정답 ③

11 A씨는 N마트에서 온라인으로 주문을 하려고 한다. 다음과 같이 장바구니에 담아놓은 상품 중 선택한 상품을 구매하려고 할 때 할인쿠폰을 적용한 최소 주문 금액을 구하면?

• 장바구니

선택	상품	수량	단가
☑	완도김	2	2,300원
☑	냉동 블루베리	1	6,900원
☐	김치 250g	3	2,500원
☑	느타리버섯	1	5,000원
☐	냉동 만두	2	7,000원
☑	토마토	2	8,500원

• 할인쿠폰

적용	쿠폰	중복 할인
☐	상품 총액의 10% 할인 쿠폰	불가
☐	배송비 무료 쿠폰	가능
☐	N카드 사용 시 2% 할인 쿠폰	가능

• 결제방법

　선택
　☐　　N페이
　☑　　신용카드
　　　↳　　선택
　　　　☐　　K카드
　　　　☑　　N카드
　　　　☐　　L카드

• 총주문 금액
　주문 상품 금액＋배송비 3,000원

① 31,830원　　　　　　　② 32,830원

③ 33,150원　　　　　　　④ 34,150원

⑤ 35,830원

장바구니에서 선택된 상품의 총금액을 구해보면 다음과 같다.

선택	상품	수량	단가	금액
☑	완도김	2	2,300원	4,600원
☑	냉동 블루베리	1	6,900원	6,900원
☐	김치 250g	3	2,500원	0원
☑	느타리버섯	1	5,000원	5,000원
☐	냉동 만두	2	7,000원	0원
☑	토마토	2	8,500원	17,000원
총액				33,500원

쿠폰은 중복이 불가한 상품 총액의 10% 할인 쿠폰을 적용하였을 때 금액과 중복이 가능한 배송비 무료 쿠폰과 N카드 사용 시 2% 할인 쿠폰을 중복하여 적용하였을 때 금액을 비교한다.
• 상품 총액의 10% 할인 쿠폰 적용
  $33,500 \times (1-10\%) + 3,000 = 33,150$원
• 배송비 무료 쿠폰과 N카드 사용 시 2% 할인 쿠폰을 중복 적용
  $33,500 \times (1-2\%) = 32,830$원

따라서 배송비 무료 쿠폰과 N카드 사용 시 2% 할인 쿠폰을 중복 적용했을 때 32,830원으로 더 저렴하다.

정답 ②

12 A대리는 3월 전기자동차 품의비를 제출하려고 한다. 한 달 품의비 총액으로 올바른 것은?(단, 품의비에는 렌트비와 충전요금이 포함된다)

〈3월 일정표〉

구분	시간	세부내용
3월 14일(월)	8:00 ~ 13:00	화성 A공장 부지 답사(5명)
3월 15일(화)	18:00 ~ 21:00	수원 B업체와 현장 미팅(4명)
3월 16일(수)	8:00 ~ 12:00	송도 I센터 D홀 국제포럼 참석(7명)
3월 17일(목)	10:00 ~ 15:00	성남 H협력업체 출장(3명)
3월 18일(금)	11:00 ~ 16:00	일산 K홀 방문(2명)
3월 19일(토)	20:00 ~ 22:00	안산 C업체 공장 야간조업 현장 방문(6명)

〈전기자동차 렌트요금〉

구분	4인용	7인용
요금	45,000원	50,000원

※ 전기자동차 이용시간 내에 저압전력으로 20kW씩 1일 1회 충전해야 함
※ 5일 이상 연속으로 이용 시 렌트비 총금액에서 10%를 할인함
※ 충전 가능시간 : 8 ~ 9시, 14 ~ 15시, 20 ~ 21시

〈전기자동차 충전전력요금〉

(단위 : 원/kWh)

구분		기본요금	전력량 요금			
			시간대	여름철	봄·가을철	겨울철
자가소비	저압	2,390원	경부하	57.6	58.7	80.7
			중간부하	145.3	70.5	128.2
			최대부하	232.5	75.4	190.8
	고압	2,580원	경부하	52.5	53.5	69.9
			중간부하	110.7	64.3	101.0
			최대부하	163.7	68.2	138.8

※ 전력량 요금 계산 시 10원 미만은 절사함

〈계절별·시간대별 구분〉

구분	여름철 / 봄·가을철 (6 ~ 8월)/(3 ~ 5월, 9 ~ 10월)	겨울철 (11 ~ 2월)
경부하 시간대	23:00 ~ 09:00	23:00 ~ 09:00
중간부하 시간대	09:00 ~ 10:00 12:00 ~ 13:00 17:00 ~ 23:00	09:00 ~ 10:00 12:00 ~ 17:00 20:00 ~ 22:00
최대부하 시간대	10:00 ~ 12:00 13:00 ~ 17:00	10:00 ~ 12:00 17:00 ~ 20:00 22:00 ~ 23:00

① 273,000원　　　　　　② 275,000원

③ 277,000원　　　　　　④ 279,000원

⑤ 281,000원

정답 | 해설

3월은 계절별 시간대가 봄·가을철에 속하고, 하루에 저압으로 20kW씩 충전해야 하므로, 각 일정의 업무시간에 충전 가능시간을 살펴보면 다음과 같다.

구분	충전 시간대	시간대별 부하	충전요금(원)	렌트비(원)
3월 14일 (월)	8~9시	경부하	58.7×20+2,390=3,564	50,000
3월 15일 (화)	20~21시	중간부하	70.5×20+2,390=3,800	45,000
3월 16일 (수)	8~9시	경부하	58.7×20+2,390=3,564	50,000
3월 17일 (목)	14~15시	최대부하	75.4×20+2,390=3,898	45,000
3월 18일 (금)	14~15시	최대부하	75.4×20+2,390=3,898	45,000
3월 19일 (토)	20~21시	중간부하	70.5×20+2,390=3,800	50,000

해당하는 전력요금에 기본요금을 더해 충전요금을 계산하고 렌트비용은 해당 인원수에 맞춰 계산한다. 이때, 5일 이상 연속으로 이용 시 렌트비의 10%가 할인되므로, 285,000×0.9=256,500원이고, 전력량 요금 계산 시 10원 미만은 절사하므로, 10원 미만 금액을 정리하여 계산하면 다음과 같다.

∴ 3,560+3,800+3,560+3,890+3,890+3,800+256,500=279,000원

정답 ④

13 K씨는 현재 A구청에서 폐기물 처리 업무를 맡고 있으며, 다음은 A구청의 대형폐기물 수거기준 및 비용에 대한 일부 자료이다. 이에 따라 〈보기〉와 같은 A구 주민의 문의전화를 받았을 때, K씨가 안내해야 할 폐기물 처리 비용은 얼마인가?

〈A구청의 대형폐기물 수거기준 및 비용〉

(단위 : 원)

구분	품목	규격	수수료
가구류	문갑	길이 1m당	3,000
	비키니옷장	–	2,000
	서랍장	1단당	1,000
	소파	1인용당	3,000
	신발장	높이 50cm당	1,000
	오디오 장식장	폭 1m당	2,000
	옷걸이	행거, 스텐드	2,000
	의자	–	2,000
	장롱	폭 30cm당	2,000
	장식장	폭 50cm당	2,000
	침대	1인용 매트리스	5,000
		2인용 매트리스	8,000
		2인용 침대틀	7,000
		1인용 침대틀	5,000
	텔레비전 받침	길이 1m당	3,000
	화장대	–	3,000

보기

안녕하세요. 이번에 이사를 가게 되면서 대형폐기물들을 처리하고자 합니다. 폐기물 품목은 길이 2m에 해당하는 문갑 1개와 폭 1.5m에 해당하는 장롱 2개, 어머니가 쓰시던 화장대 2개가 있고요. 또 스텐드형 옷걸이 3개, 2인용 침대의 매트리스 1개와 침대틀 1개, 1인용 매트리스 1개가 있습니다. 텔레비전 받침도 1개 있는데 한 2m 되는 것 같네요. 그리고 2m 높이의 신발장도 2개 처리하려고 합니다. 처리하는 데 드는 총비용이 어떻게 될까요?

① 68,000원
② 70,000원
③ 72,000원
④ 74,000원
⑤ 76,000원

대형폐기물 수거기준의 품목에 대한 **수수료, 규격, 개수**를 통해 계산하면 아래와 같다.

- 길이 2m에 해당하는 문갑 1개 : 3,000×2×1＝6,000원

- 폭 1.5m에 해당하는 장롱 2개 : $2,000×\dfrac{150}{30}×2＝20,000$원

- 화장대 2개 : 3,000×2＝6,000원
- 스텐드형 옷걸이 3개 : 2,000×3＝6,000원
- 2인용 침대 매트리스 1개 : 8,000×1＝8,000원
- 2인용 침대틀 1개 : 7,000×1＝7,000원
- 1인용 침대 매트리스 1개 : 5,000×1＝5,000원
- 길이 2m에 해당하는 텔레비전 받침 1개 : 3,000×2×1＝6,000원

- 높이 2m에 해당하는 신발장 2개 : $1,000×\dfrac{200}{50}×2＝8,000$원

따라서 **폐기물 처리 비용**은 72,000원이다.

정답 ③

문제풀이 Tip

보기를 읽으면서 수집한 정보를 표에 바로 표시하면 한꺼번에 계산할 수 있다.

분야	품목	규격	수수료
가구류	문갑	길이 1m당	3,000×2
	비키니옷장	–	~~2,000~~
	서랍장	1단당	~~1,000~~
	소파	1인용당	~~3,000~~
	신발장	높이 50cm당	1,000×2×4
	오디오 장식장	폭 1m당	~~2,000~~
	옷걸이	행거, 스텐드	2,000×3
	의자	–	~~2,000~~
	장롱	폭 30cm당	2,000×5×2
	장식장	폭 50cm당	~~2,000~~
	침대	1인용 매트리스	5,000×1
		2인용 매트리스	8,000×1
		2인용 침대틀	7,000×1
		1인용 침대틀	~~5,000~~
	텔레비전 받침	길이 1m당	3,000×1×2
	화장대	–	3,000×2

14 김과장은 오후 2시 회의에 참석하기 위해 대중교통을 이용하여 총 10km를 이동해야 한다. 다음 〈조건〉을 고려했을 때, 비용이 두 번째로 많이 드는 방법은?

> **조건**
> • 회의에 지각해서는 안 되며, 오후 1시 40분에 대중교통을 이용하기 시작한다.
> • 회의가 시작되기 전에 먼저 도착하여 대기하는 시간을 비용으로 환산하면 1분당 200원이다.
> • 이용 가능한 대중교통은 버스, 지하철, 택시만 있고, 출발지에서 목적지까지는 모두 직선노선이다.
> • 택시의 기본요금으로 갈 수 있는 거리는 2km이다.
> • 택시의 기본요금은 2,000원이고 추가되는 2km마다 100원씩 증가하며, 2km를 1분에 간다.
> • 지하철은 2km를 2분에 가고 버스는 2km를 3분에 간다. 버스와 지하철은 2km마다 정거장이 있고, 동일노선을 운행한다.
> • 버스와 지하철 요금은 1,000원이며 무료 환승이 가능하다.
> • 환승은 버스와 지하철, 버스와 택시 간에만 가능하고, 환승에 필요한 시간은 2분이며 반드시 버스로 4정거장을 가야만 한다.
> • 환승할 때 느끼는 번거로움 등을 비용으로 환산하면 1분당 450원이다.

① 택시만 이용해서 이동한다.　　　　② 버스만 이용해서 이동한다.
③ 버스와 택시를 환승하여 이동한다.　④ 버스와 지하철을 환승하여 이동한다.
⑤ 지하철만 이용해서 이동한다.

정답 | **해설**

김과장이 회의 장소까지 대중교통을 이용해 이동할 수 있는 경우는 각각 버스 / 지하철 / 택시만 이용하는 경우와, 버스 – 지하철을 이용하는 경우, 버스 – 택시를 이용하는 경우 총 5가지이다.

• 버스만 이용할 경우
 – 교통비 : 1,000원
 – 대기요금(5분) : 200×5=1,000원
 ∴ 1,000+1,000=2,000원

• 지하철만 이용할 경우
 – 교통비 : 1,000원
 – 대기요금(10분) : 200×10=2,000원
 ∴ 1,000+2,000=3,000원

• 택시만 이용할 경우
 – 교통비 : 2,000+400=2,400원
 – 대기요금(15분) : 200×15=3,000원
 ∴ 2,400+3,000=5,400원

• 버스와 지하철을 환승하여 이동할 경우
 – 교통비 : 1,000원
 – 환승요금 : 450×2=900원
 – 대기요금(4분) : 200×4=800원
 ∴ 1,000+900+800=2,700원

• 버스와 택시를 환승하여 이동할 경우
 – 교통비 : 1,000+2,000=3,000원
 – 환승요금 : 450×2=900원
 – 대기요금(5분) : 200×5=1,000원
 ∴ 3,000+900+1,000=4,900원

따라서 버스와 택시를 환승하여 이동하는 경우가 두 번째로 많은 비용이 든다.

정답 ③

문제풀이 Tip

해당 문제는 비용이 두 번째로 많이 드는 방법을 찾으라고 했으므로 모든 경우의 수를 고려해야 하는 문제이다. 가능한 경우 중 실수로 1~2개를 빠트리거나 가능한 경우보다 많은 경우를 고려하지 않도록 주의한다.

15 N대학의 이과대학 H학과장은 자매결연을 맺은 해외 대학 중 1곳을 선택하여 현지 교육시스템 및 캠퍼스를 탐방할 예정이다. 탐방은 2박 3일 일정이고, 1박의 숙박은 각 해외 대학에서 제공하며, 해외에서 이동에 필요한 교통도 현지에서 부담한다. 이때, 방문하는 해외 대학에 따른 총출장비로 적절하지 않은 것은?(단, 출장비는 숙박비, 식비, 항공비, 일비의 합이다)

- N대학 해외 자매결연 대학

국가	캐나다	캄보디아	베트남	독일	미국
지역	토론토	프놈펜	하노이	베를린	LA
대학	V대학	K대학	L대학	F대학	W대학

- 항공비

구분	베트남 – 하노이	캄보디아 – 프놈펜	독일 – 베를린	캐나다 – 토론토	미국 – LA
왕복 항공료	53만 원	66만 원	175만 원	148만 원	145만 원
편도 비행시간	5시간 15분	5시간 20분	11시간 30분	13시간 10분	11시간 40분

※ 편도 비행시간이 8시간 이상 소요되는 해외 대학인 경우 출장기간이 시작하는 전날 오후 6시 이후에 출발하고, 식비와 숙박비를 제외한 금액을 지불함

- 숙박비 및 식비

구분	베트남	캄보디아	독일	캐나다	미국
숙박비(1일)	30,000원		70,000원		
식비(1일)	18,000원	20,000원	40,000원		

※ 식비는 출발하는 날부터 돌아오는 날까지 매일 지급함
※ 해외 출장 시 일비는 '2만 원/일'로 지급하며, 모든 해외 대학을 방문할 때마다 동일함

	해외 대학	출장비		해외 대학	출장비
①	L대학	67.4만 원	②	K대학	83만 원
③	F대학	202만 원	④	V대학	175만 원
⑤	W대학	172만 원			

정답 해설

출장비는 항공비, 숙박비, 식비, 일비를 모두 더한 값으로 H학과장이 각 해외 대학마다 출장을 갈 경우 발생하는 비용을 구한다. 이 중 숙박비는 각 대학마다 1박의 숙박을 제공하므로 1박만 계산하고, 식비는 출장기간 3일 동안 매일 지급되며, 편도 비행시간이 8시간 이상인 경우를 고려한다.

구분	베트남 – L대학	캄보디아 – K대학	독일 – F대학	캐나다 – V대학	미국 – W대학
항공비	53만 원	66만 원	175만 원	148만 원	145만 원
숙박비	3만 원	3만 원	7만 원	7만 원	7만 원
식비	18,000×3 =5.4만 원	20,000×3 =6만 원	40,000×3 =12만 원	40,000×3 =12만 원	40,000×3 =12만 원
일비	20,000×3=6만 원		20,000×4=8만 원		
총출장비	67.4만 원	81만 원	202만 원	175만 원	172만 원

따라서 방문하는 해외 대학에 따른 총출장비로 적절하지 않은 것은 ②이다.

정답 ②

16 N은행은 부서별 프린트기 배분을 위해 월평균 사용량을 조사하였고, 소유하고 있는 프린트 종류에 따른 기능을 정리하였다. 이를 바탕으로 부서별 3개월간 사용량을 계산하여 프린트기를 나눠주고자 할 때, 부서별로 사용할 프린트기가 잘못 연결된 것은?

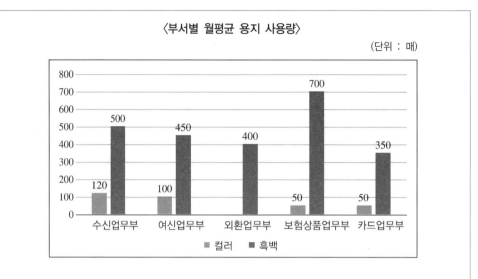

〈부서별 월평균 용지 사용량〉

(단위 : 매)

〈프린트기 종류별 세부사항〉

(단위 : 매)

구분	용지매수		기타 기능
	컬러	흑백	
A프린트기	–	1,500	없음
B프린트기	500	2,000	팩스·복사·스캔
C프린트기	400	2,500	복사·스캔
D프린트기	360	1,700	스캔

〈상황〉

• 보험상품업무부와 카드업무부는 팩스 기능이 반드시 필요하다.
• 수신업무부와 여신업무부는 스캔 기능이 반드시 필요하다.
• 프린트기 한 대당 2개의 부서까지 같이 사용할 수 있다.
• 하나의 부서만 2대의 프린트기를 사용하고, 잉크가 떨어지면 프린트기는 사용할 수 없다.

① 수신업무부 – D프린트기 ② 여신업무부 – C프린트기
③ 외환업무부 – A프린트기 ④ 보험상품업무부 – C프린트기
⑤ 카드업무부 – D프린트기

5개의 부서별 3개월간 사용하는 용지 매수와 각 부서에 꼭 필요한 기능을 정리하면 다음과 같다.

(단위 : 매)

구분	컬러	흑백	필요 기능	사용 가능한 프린트기
수신업무부	120×3=360	500×3=1,500	스캔	B, C, D
여신업무부	100×3=300	450×3=1,350	스캔	B, C, D
외환업무부	–	400×3=1,200	–	A, B, C, D
보험상품업무부	50×3=150	700×3=2,100	팩스	B
카드업무부	50×3=150	350×3=1,050	팩스	B

보험상품업무부와 카드업무부는 팩스 기능을 반드시 사용해야 하므로 이 기능을 가지고 있는 B프린트기를 반드시 사용해야 한다. 두 부서의 컬러 프린트 사용량은 150+150=300매이므로 B프린트기 한 대로 모두 사용 가능하다. 그러나 흑백 프린트의 경우 2,100+1,050=3,150매를 사용할 수 있어야 하므로 두 부서 중 한 부서는 다른 프린트기를 활용해야 한다. 이 중 보험상품업무부는 B프린트기 한 대로 최대 흑백 프린트 부수인 2,000매를 감당할 수 없다. 즉, 카드업무부는 B프린트기만 사용한다. 이 경우 B프린트기로 카드업무부가 인쇄할 수 있는 최대 매수는 2,000−1,050=950매이고, 보험상품업무부가 더 인쇄해야 하는 부수는 2,100−950=1,150매이다.

다음으로 여신업무부와 수신업무부는 스캔 기능을 반드시 사용해야 하는데, B프린트기는 이미 사용할 수 없으므로 C나 D프린트기 중 하나의 프린트기를 선택해야 한다. 따라서 A프린트기는 외환업무부만 사용한다. 외환업무부가 A프린트기를 이용하여 1,200매를 프린트하면 더 프린트할 수 있는 양은 300매이므로 보험상품업무부와 프린트기를 공유할 수 없다.

남은 B와 C프린트기를 바탕으로 보험상품업무부의 남은 프린트매수인 1,150매를 함께 프린트 할 수 있는 경우는 수신업무부가 D프린트기를 사용하고, 보험상품업무부(1,150매)와 여신업무부(1,350매)가 함께 C프린트기를 사용하는 경우이다. 따라서 A프린트기는 외환업무부, B프린트기는 보험상품업무부와 카드업무부, C프린트기는 보험상품업무부와 여신업무부, D프린트기는 수신업무부가 사용한다.

정답 ⑤

17 N기업은 구내식당 기자재의 납품업체를 선정하고자 하며, 각 입찰업체에 대한 정보는 아래와 같다. 다음 선정조건에 따라 업체를 선정할 때, A ~ E업체 중 선정될 업체는?

〈선정조건〉

- **선정방식**

  선정점수가 가장 높은 업체를 선정한다. 선정점수는 납품품질 점수, 가격경쟁력 점수, 직원규모 점수에 가중치를 반영해 합산한 값을 의미한다. 선정점수가 가장 높은 업체가 2개 이상일 경우, 가격 경쟁력 점수가 더 높은 업체를 선정한다.

- **납품품질 점수**

  업체별 납품품질 등급에 따라 다음 표와 같이 점수를 부여한다.

구분	최상	상	중	하	최하
점수	100점	90점	80점	70점	60점

- **가격 경쟁력**

  업체별 납품가격 총액 수준에 따라 다음 표와 같이 점수를 부여한다.

구분	2억 원 미만	2억 원 이상~2억 5천만 원 미만	2억 5천만 원 이상~3억 원 미만	3억 원 이상
점수	100점	90점	80점	70점

- **직원규모**

  업체별 직원규모에 따라 다음 표와 같이 점수를 부여한다.

구분	50명 미만	50명 이상~100명 미만	100명 이상~200명 미만	200명 이상
점수	70점	80점	90점	100점

- **가중치**

  납품품질 점수, 가격경쟁력 점수, 직원규모 점수는 다음 표에 따라 각각 가중치를 부여한다.

구분	납품품질 점수	가격경쟁력 점수	직원규모 점수	합계
가중치	40	30	30	100

〈입찰업체 정보〉

구분	납품품질	납품가격 총액(원)	직원규모(명)
A업체	상	2억	125
B업체	중	1억 7,000만	141
C업체	하	1억 9,500만	91
D업체	최상	3억 2,000만	98
E업체	상	2억 6천만	210

① A업체   ② B업체

③ C업체   ④ D업체

⑤ E업체

업체들의 항목별 가중치 미반영 점수를 도출한 후, 가중치를 적용하여 선정점수를 계산하면 다음 표와 같다.

(단위 : 점)

구분	납품품질 점수	가격 경쟁력 점수	직원규모 점수	가중치 반영한 선정점수
A업체	90	90	90	$90 \times 0.4 + 90 \times 0.3 + 90 \times 0.3 = 90$
B업체	80	100	90	$80 \times 0.4 + 100 \times 0.3 + 90 \times 0.3 = 89$
C업체	70	100	80	$70 \times 0.4 + 100 \times 0.3 + 80 \times 0.3 = 82$
D업체	100	70	80	$100 \times 0.4 + 70 \times 0.3 + 80 \times 0.3 = 85$
E업체	90	80	100	$90 \times 0.4 + 80 \times 0.3 + 100 \times 0.3 = 90$

선정점수가 가장 높은 업체는 90점을 받은 A업체와 E업체이며, 이 중 가격경쟁력 점수가 더 높은 A업체가 선정된다.

정답 ①

문제풀이 Tip

자원관리능력에서는 복잡한 계산 문제가 많다. 이를 빠르게 풀이하기 위해서는 최대한 계산을 줄여야 한다.
해당 문제에 대한 풀이에서는 업체별로 점수를 먼저 부여하고 가중치를 나중에 계산하였다. 하지만 이렇게 되면
계산해야 하는 양이 많아지므로, 가중치를 계산한 점수를 업체별로 부여하고 합산하는 방식으로 조금이라도 계산을
줄일 수 있도록 하자.

18 기획전략처 문화홍보부 A대리는 부서 출장 일정에 맞춰 업무 시 사용할 렌터카를 대여하려고 한다. 제시된 자료를 참고할 때, A대리가 일정에 사용할 렌터카로 옳은 것은?

〈문화홍보부 출장 일정〉

일자	내용	인원	짐 무게
01 – 08(월)	보령 화력 3부두 방문	2명	6kg
01 – 09(화)	임금피크제 도입 관련 세미나 참여	3명	3kg
01 – 10(수)	신서천 화력 건설사업 관련 미팅	5명	–
01 – 11(목)	햇빛새싹발전소(학교태양광) 발전사업 대상지 방문	3명	3kg
01 – 12(금)	제주 LNG복합 건설사업 관련 좌담회	8명	2kg
01 – 15(월)	H그린파워 제철 부생가스 발전사업 관련 미팅	10명	3kg
01 – 16(화)	방만경영 개선 이행실적 발표회	4명	1kg
01 – 17(수)	보령 항로 준설공사현장 방문	3명	2kg
01 – 18(목)	보령 본사 방문	4명	6kg

※ 짐 무게 3kg당 탑승인원 1명으로 취급함

〈렌터카 요금 안내〉

구분	요금	유류	최대 탑승인원
A렌터카	45,000원	경유	4명
B렌터카	60,000원	휘발유	5명
C렌터카	55,000원	LPG	8명
D렌터카	55,000원	경유	6명

※ 렌터카 선정 시 가격을 가장 우선으로 하고, 최대 탑승인원을 다음으로 함
※ 1월 1일~1월 12일까지는 신년 할인행사로 휘발유 차량을 30% 할인함

보내는 이 : A대리
안녕하십니까, 문화홍보부 A대리입니다.
금주 문화홍보부에서 참여하는 햇빛새싹발전소 발전사업 대상지 방문과 차주 보령 본사 방문에 관련된 정보를 첨부합니다. 해당 사항 확인해주시기 바랍니다. 감사합니다.
받는 이 : 문화홍보부

① A렌터카, B렌터카
② A렌터카, D렌터카
③ B렌터카, C렌터카
④ B렌터카, D렌터카
⑤ C렌터카, D렌터카

1월 11일에 있는 햇빛새싹발전소 발전사업 대상지 방문 일정에는 3명이 참가한다. 짐 무게 3kg당 탑승인원 1명으로 취급하므로, 총 4명의 인원이 탈 수 있는 렌터카가 필요하다. 최대 탑승인원을 만족하는 A, B, C, D렌터카 중 가장 저렴한 것은 A렌터카이지만 1월 1일 ~ 1월 12일에 신년 할인행사로 휘발유 차량을 30% 할인하므로 B렌터카의 요금이 $60,000 \times (1-0.3)=42,000$원으로 가장 저렴하다.

1월 18일 보령 본사 방문에 참여하는 인원은 4명인데, 짐 무게 6kg은 탑승인원 2명으로 취급하므로 총 6명이 탈 수 있는 렌터카가 필요하다. 최대 탑승인원을 만족하는 C와 D렌터카는 요금이 동일하므로 조건에 따라 최대 탑승인원이 더 많은 C렌터카를 선택한다.

정답 ③

문제풀이 Tip

자원관리능력에서는 문제에 자료와 조건·상황이 함께 제시되는 경우가 많다. 이 경우 조건·상황을 고려하여 제시된 자료에서 적절하게 자원을 관리할 수 있는지를 평가하기 위해 출제한 문제이다. 따라서 문제를 풀 때 자료부터 보면 절대 빨리 풀 수 없다. 항상 조건·상황을 충분히 파악한 후 자료를 보고 적절한 자원을 찾아야 한다.

PART 1

19 새롭게 비품관리를 담당하게 된 A사원은 기존에 거래하던 B문구와 다른 업체들과의 가격 비교를 위해 C문구와 D문구에 견적서를 요청한 뒤 세 곳을 비교하려고 한다. 비품의 성능 차이는 없으므로 비교 후 가격이 저렴한 곳과 거래할 예정이다. 가능한 모든 혜택을 적용할 때 견적서의 총합계금액과 최종적으로 거래할 업체를 바르게 짝지은 것은?(단, 배송료는 총주문금액 계산 이후 더하며 백 원 미만은 절사한다)

B문구	(사업자 123-45-6789 / 전화 02-123-4567)		
품명	수량	단가	공급가액
MLT-D209S[호환]	1	28,000원	32,000원
A4 복사용지 80G(2박스 묶음)	1	18,900원	31,900원
친환경 진행 문서 파일	1	1,500원	2,500원

※ 총주문금액에서 20% 할인 쿠폰 사용 가능
※ 배송료 : 4,000원(10만 원 이상 구매 시 무료 배송)

C문구	(사업자 702-98-4356 / 전화 02-259-2413)		
품명	수량	단가	공급가액
PGI-909-PINK[호환]	1	20,000원	25,000원
더블비 A4 복사용지 80G(2박스 묶음)	1	17,800원	22,800원
친환경 진행 문서 파일	1	1,200원	1,800원

※ 회원가 구매 시 판매가의 7% 할인
※ 배송료 : 2,500원(7만 원 이상 구매 시 무료 배송)

D문구	(사업자 470-14-0097 / 전화 02-763-9263)		
품명	수량	단가	공급가액
MST-D128S	1	20,100원	24,100원
A4 복사용지 75G(2박스 묶음)	1	18,000원	28,000원
문서 파일	1	1,600원	3,600원

※ 첫 구매 적립금 4,000포인트 사용 가능
※ 45,000원 이상 구매 시 문서 파일 1개 무료 증정
※ 배송료 : 4,500원(6만 원 이상 구매 시 무료 배송)

① B문구 - 49,000원
② C문구 - 46,100원
③ C문구 - 48,600원
④ D문구 - 48,200원
⑤ D문구 - 51,700원

정답 해설

- B문구 : 비품가격은 32,000+31,900+2,500=66,400원이다. 20%를 할인받을 수 있는 쿠폰을 사용하면 총주문금액은 66,400×0.8=53,120원이다. 배송료를 더하면 53,120+4,000=57,120원이므로 견적금액은 57,100이다(∵ 백 원 미만 절사).
- C문구 : 비품가격은 25,000+22,800+1,800=49,600원이다. 회원가 구매 시 판매가의 7%를 할인받으므로 총주문금액은 49,600×0.93=46,128원이다. 배송료를 더하면 46,128+2,500=48,628원이므로 견적금액은 48,600원이다 (∵ 백 원 미만 절사).

- D문구 : 문서 파일을 제외한 비품가격은 24,100+28,000=52,100원이다. 45,000원 이상 구매 시 **문서 파일 1개를 무료 증정**하기 때문에 문서 파일은 따로 살 필요가 없다. 즉, 견적금액은 52,100−4,000(∵ 첫 구매 적립금)=48,100원이고, 배송료를 더하면 48,100+4,500=**52,600원**이다.

정답 ③

| 대표유형 - 품목확정

20 K산업에서 생산하는 완제품은 총 3가지 공정을 순차적으로 거쳐 만들어진다. K산업은 A, B, C생산라인을 갖추고 있는데, 이 중 A와 B생산라인만 첫 공정을 진행할 수 있다. 각 생산라인마다 공정별 생산성이 아래와 같을 때, 다음 중 가장 효율적인 생산 과정은 어느 것인가?

구분	제1공정	제2공정	제3공정
A생산라인	100개/h(불량률 : 20%)	80개/h(불량률 : 10%)	120개/h(불량률 : 20%)
B생산라인	100개/h(불량률 : 10%)	70개/h(불량률 : 20%)	110개/h(불량률 : 10%)
C생산라인	−	80개/h(불량률 : 20%)	100개/h(불량률 : 10%)

① A → B → C

② A → C → B

③ B → C → A

④ B → A → C

⑤ 모두 동일함

정답 **해설**

완제품은 **총 3가지 공정을 순차적으로 거치는데, A, B, C생산라인에서 각 공정을 맡는다면(단, C생산라인은 첫 공정을 맡을 수 없음) 총 4가지의 경우의 수**가 나온다. 또한 앞선 공정에서 생산된 정상품이 다음 공정의 재료가 되고, 각 경우에 따라 최종 완제품을 시간당 얼마나 생산할 수 있는지 구하여 비교하면 된다.

구분	제1공정	제2공정	제3공정
1	A	B	C
	100×(1−0.2)=80개	70×(1−0.2)=56개	56×(1−0.1)=50.4개
	2공정 B생산라인에서는 70개까지 생산 가능함		
2	A	C	B
	100×(1−0.2)=80개	80×(1−0.2)=64개	640×(1−0.1)=57.6개
3	B	A	C
	100×(1−0.1)=90개	80×(1−0.1)=72개	72×(1−0.1)=64.8개
	2공정 A생산라인에서는 80개까지 생산 가능함		
4	B	C	A
	100×(1−0.1)=90개	80×(1−0.2)=64개	64×(1−0.2)=51.2개
	2공정 C생산라인에서는 80개까지 생산 가능함		

따라서 가장 효율적인 생산 과정은 **시간당 완성품 64.8개를 생산할 수 있는 'B−A−C'**이다.

정답 ④

CHAPTER 05

조직이해능력

합격 Cheat Key

조직이해능력은 업무를 원활하게 수행하기 위해 조직의 체제와 경영을 이해하고 국제적인 추세를 이해하는 능력이다. 현재 많은 금융권에서 출제 비중을 높이고 있는 영역이기 때문에 미리 대비하는 것이 중요하다. 실제 업무 능력에서 조직이해능력을 요구하기 때문에 중요도는 점점 높아 질 것이다.

국가직무능력표준 홈페이지 자료에 따르면 조직이해능력의 세부 유형은 조직체제이해능력・경영이해능력・업무이해능력・국제감각으로 나눌 수 있다. 조직도를 제시하는 문제가 출제되거나 조직의 체계를 파악해 경영의 방향성을 예측하고, 업무의 우선순위를 파악하는 문제가 출제된다.

조직이해능력은 NCS 기반 채용을 진행한 금융권 중 30% 정도가 다뤘으며, 문항 수는 전체에서 평균 15% 정도로 상대적으로 적게 출제되었다.

1 문제 속에 정답이 있다!

경력이 없는 경우 조직에 대한 이해가 낮을 수밖에 없다. 그러나 문제 자체가 실무적인 내용을 담고 있어도 문제 안에는 해결의 단서가 주어진다. 부담을 갖지 않고 접근하는 것이 중요하다.

2 경영・경제학원론 정도의 수준은 갖추도록 하라!

지원한 직군마다 차이는 있을 수 있으나, 경영・경제이론을 접목시킨 문제가 꾸준히 출제되고 있다. 따라서 기본적인 경영・경제이론은 익혀 둘 필요가 있다.

3　지원하는 기업의 조직도를 파악하자!

출제되는 문제는 각 기업의 세부내용일 경우가 많기 때문에 지원하는 기업의 조직도를 파악해두어야 한다. 조직이 운영되는 방법과 전략을 이해하고, 조직을 구성하는 체제를 파악하고 간다면 조직이해능력영역에서 조직도가 나올 때 단시간에 문제를 풀 수 있을 것이다.

4　실제 업무에서도 요구되므로 이론을 익혀두자!

각 기업의 직무 특성상 일부 영역에 필기시험의 중요도가 가중되는 경우가 있어서 많은 수험생들이 해당 영역에만 집중하는 경향이 있다. 그러나 실제 업무 능력에는 NCS 직업기초능력의 10개 영역이 골고루 요구되는 경우가 많으며, 필기시험에서 조직이해능력을 출제하는 기업의 비중이 늘어나고 있기 때문에 미리 이론을 익혀 둔다면 모듈형 문제에서 고득점을 노릴 수 있다.

01 | 경영전략

| 유형분석 |

- 조직의 경영목표와 경영방법을 이해하고 있는지를 묻는 문제이다.
- 경영목적, 인적자원, 자금, 전략 등과 관련하여 출제된다.
- 경영에 대한 기본적인 지식이 없으면 어려운 문제이다. 경영학개론 수준의 내용은 정리해두어야 한다.
- 경영 단계와 그 특징에 관한 문제가 주로 출제된다.

다음 중 경영의 4요소에 대한 설명으로 적절한 것을 모두 고르면?

ㄱ. 조직의 목적을 달성하기 위해 경영자가 수립하는 것으로 보다 구체적인 방법과 과정이 담겨 있다. ——→ 경영목적

ㄴ. 조직에서 일하는 구성원으로, 경영은 이들의 직무수행에 기초하여 이루어지기 때문에 이것 의 배치 및 활용이 중요하다. ——→ 인적자원

ㄷ. 생산자가 상품 또는 서비스를 소비자에게 유통시키는 데 관련된 모든 체계적 경영활동이다.

ㄹ. 특정의 경제적 실체에 관하여 이해관계를 이루는 사람들에게 합리적인 경제적 의사결정을 하는 데 있어 유용한 재무적 정보를 제공하기 위한 것으로, 이러한 일련의 과정 또는 체계를 뜻한다.

ㅁ. 경영을 하는 데 사용할 수 있는 돈으로 이것이 충분히 확보되는 정도에 따라 경영의 방향과 범위가 정해지게 된다. ——→ 자금

ㅂ. 조직이 변화하는 환경에 적응하기 위하여 경영활동을 체계화하는 것으로, 목표달성을 위한 수단이다. ——→ 전략

① ㄱ, ㄴ, ㄷ, ㄹ
② ㄱ, ㄴ, ㄷ, ㅁ
③ ㄱ, ㄴ, ㅁ, ㅂ
④ ㄴ, ㄷ, ㄹ, ㅂ
⑤ ㄷ, ㄹ, ㅁ, ㅂ

1) 질문의도
   : 경영의 4요소

2) 선택지 분석

3) 정답도출

경영은 **경영목적, 인적자원, 자금, 전략**의 4요소로 구성된다.
ㄱ. 경영목적
ㄴ. 인적자원
ㅁ. 자금
ㅂ. 전략

오답분석
ㄷ. 마케팅
ㄹ. 회계

정답 ③

유형풀이 Tip

경영의 4요소
① 경영목적
　　㉠ 조직의 목적을 어떤 과정과 방법을 택하여 수행할 것인가를 구체적으로 제시해 준다.
　　㉡ 경영자 평가 : 조직의 목적 달성 여부에 따라 경영자가 평가를 받게 된다.
② 인적자원
　　㉠ 경영성과에 영향 : 조직의 구성원들이 가진 역량과 직무수행 결과에 따라 경영성과가 달라진다.
　　㉡ 경영자 역할 : 경영자는 조직의 목적과 필요에 부합하는 인적자원을 채용하여 이를 적재적소에 배치・활용해야 한다.
③ 자금
　　㉠ 경영활동에 사용할 수 있는 금전을 의미한다.
　　㉡ 사기업에서 새로운 이윤을 창출하는 기초가 된다.
④ 전략
　　㉠ 조직이 가지고 있는 자원의 효율적 운영을 통한 조직의 수행과제와 달성 목표를 제시해 준다.
　　㉡ 기업 내 모든 인적・물적 자원을 경영목적 달성을 위해 조직화하고, 이를 실행에 옮겨 경쟁우위를 달성하는 활동이다.

02 | 조직구조

| 유형분석 |

- 조직의 구조와 목적, 체제 구성요소, 규칙, 규정 등을 이해하고 있는지를 묻는 문제이다.
- 특정 기관의 조직도, 연락처, 조직문화 등과 관련하여 출제된다.

다음은 집단(조직)에 대한 표이다. 적절하지 않은 것은?

구분	공식집단	비공식집단
① 개념	공식적인 목표를 추구하기 위해 조직에서 만든 집단	구성원들의 요구에 따라 자발적으로 형성된 집단
② 집단 간 경쟁의 원인	자원의 유한성, 목표 간의 충돌	
③ 집단 간 경쟁의 장점	각 집단 내부의 응집성 강화, 활동 조직화 강화	
④ 집단 간 경쟁의 단점	자원 낭비, 비능률	
⑤ 예	상설 위원회, 업무 수행을 위한 팀, 동아리	친목회, 스터디 모임, 임시 위원회

1) 질문의도
   : 집단의 유형

2) 선택지 분석

3) 정답도출
   : 동아리 – 비공식집단
     임시 위원회 – 공식집단

정답 해설

공식집단의 예로 제시되어 있는 **동아리**는 **비공식집단**의 예이며, 비공식집단의 예로 제시되어 있는 **임시 위원회**는 **공식집단**의 예이다. 지속 기간의 차이에 따라 상설과 임시로 나누어질 뿐이며 **조직의 공식 목표를 위해 조직에서 만든 위원회는 공식집단**에 속한다.

정답 ⑤

유형풀이 Tip

집단의 유형
① 공식집단 : 조직의 공식적인 목표를 추구하기 위해 의도적으로 만든 집단으로, 목표와 임무가 명확히 규정됨
② 비공식집단 : 구성원들의 요구에 따라 자발적으로 형성된 집단으로, 스터디모임 · 봉사활동 · 동아리 등이 포함됨

03 | 업무이해

PART 1

| 유형분석 |

- 조직원으로서 자신에게 주어진 업무의 성격과 내용을 알고 그에 필요한 지식·기술·행동을 확인할 수 있는지 평가한다.
- 업무에 대한 태도, 결재 관련 상식, 회의록 등 실제 업무에서 겪는 상황들이 주로 출제된다.

N은행 △△지점 직원들은 이번 달 금융상품 홍보 방안을 모색하기 위해 한 자리에 모여서 회의를 하고 있다. 다음 중 회의에 임하는 태도가 적절하지 않은 직원은?

O계장 : 이번 달 실적을 향상시키기 위한 홍보 방안으로는 뭐가 있을까요? 의견이 있으면 주저하지 말고 뭐든지 말씀해 주세요.	→ 안건제시
J사원 : 저는 조금은 파격적인 이벤트 같은 게 있었으면 좋겠어요. 예를 들면 곧 할로윈이니까, 지점 내부를 할로윈 분위기로 꾸민 다음에 가면이나 가발 같은 걸 비치해두고, 고객들이 인증샷을 찍으면 예금이나 환전 추가혜택을 주는 건 어떨까 싶어요.	→ 의견제시
D주임 : 그건 좀 실현가능성이 없지 싶은데요. 그보다는 SNS로 이벤트 응모를 받아서 기프티콘 사은품을 쏘는 이벤트가 현실적이겠어요.	→ 의견반박
C과장 : 가능성 여부를 떠나서 아이디어는 많을수록 좋으니 반박하지 말고 이야기하세요.	→ 의견수용
H사원 : 의견 주시면 제가 전부 받아 적었다가 한꺼번에 정리하도록 할게요.	→ 의견정리

① J사원
③ C과장
⑤ 모두 적절하다.

☑ D주임
④ H사원

1) 질문의도
  : 회의에 임하는 태도

2) 선택지 분석

3) 정답도출
  : 의견반박 X

정답 | 해설

회의의 내용으로 보아 의사결정방법 중 브레인스토밍 기법을 사용하고 있다. 브레인스토밍은 문제에 대한 제안이 자유롭게 이어지고, 아이디어는 많을수록 좋으며, 제안한 모든 아이디어를 종합하여 해결책을 내는 방법이다. 따라서 다른 직원의 의견에 대해 반박을 한 D주임의 태도가 가장 적절하지 않다.

정답 ②

유형풀이 Tip

업무의 특성
① 조직의 공통된 목적 지향
② 요구되는 지식·기술·도구의 다양성
③ 다른 업무와의 관계, 해당 업무의 독립성
④ 업무 수행의 자율성, 재량권

04 | 국제감각

| 유형분석 |

- 다른 나라의 문화를 이해하고 국제적인 동향을 이해할 수 있는지를 묻는 문제이다.
- 문제에서 별다른 단서가 주어지지 않고 국제 예절에 대해 직접적으로 묻기 때문에 주요 국가의 문화를 정리해야 한다.
- 국제 공통 예절과 국가별 예절을 구분할 수 있어야 하고, 특히 식사 및 비즈니스 예절은 필수로 알아두어야 한다.

직장생활을 하면서 해외 바이어를 만나는 경우도 있다. 알아두고 있어야 할 국제매너로 옳지 않은 것은?

① 악수를 한 이후 명함을 건네는 것이 순서이다.

② 러시아, 라틴아메리카 사람들은 포옹으로 인사를 하는 경우가 많다.

③ 이라크 사람들은 상대방이 약속시간이 지나도 기다려 줄 것으로 생각한다.

④ 미국인들과 악수를 할 때에는 손끝만 살짝 잡아서 해야 한다.

⑤ 중국인들과 차를 마실 때는 찻잔을 가득 채우면 안 된다.

1) 질문의도
  : 국제매너

2) 정답도출
  : 손끝만 X
    → 잠시 힘주어
      잡아야 함

정답 | 해설

미국인들과 악수를 할 때에는 손끝만 살짝 잡아서는 안 되며 오른손으로 상대방의 오른손을 잠시 힘주어서 잡아야 한다.

정답 ④

유형풀이 Tip

국가별 주요 비즈니스 매너

- 미국
  ① 눈을 피하거나 보지 않으면 무례하다고 생각할 수 있으므로 악수 시에는 상대방의 눈을 보면서 해야 한다.
  ② 명함은 헤어질 때 교환하는 것이 일반적이다.
  ③ 저녁식사는 개인적인 관계에서 사용되므로 비즈니스적인 식사초대의 경우 점심시간에 잡는 것이 좋다.
- 일본
  ① 식사 시 밥과 국그릇은 들고 먹으며 젓가락은 건더기를 먹을 때 사용한다.
  ② 술자리에서 옆 사람의 술잔을 비게 하지 않는다.
  ③ 명함은 악수나 인사를 한 뒤 교환하는 것이 일반적이다.
- 중국
  ① 술잔은 가득 채우되 차는 반만 따른다. 술잔을 가득 채우는 것은 존경을 의미하지만 차를 가득 채우는 것은 업신여김을 뜻한다.
  ② 식사 시 음식은 남기는 것이 예의이다.

05 | 농협·농업 상식

| 유형분석 |

- 농협에 대한 상식을 묻는 문제이다.
- 주로 농협 홈페이지에서 찾아볼 수 있는 내용이 출제된다.

다음 보기의 항목 중 농협 임직원들의 사회공헌활동으로 옳은 것을 모두 고른 것은?

> **보기**
>
> ㄱ. 스마트팜(Smart Farm) 지원   ㄴ. 농업인노후보장 컨설팅
> ㄷ. 말벗서비스   ㄹ. 행복채움금융교실

① ㄱ, ㄴ
③ ㄴ, ㄷ
⑤ ㄷ, ㄹ

② ㄱ, ㄷ
④ ㄴ, ㄹ

1) 질문의도
   : 농협의 사회공헌활동

2) 정답도출
   : ㄷ. 말벗서비스
     ㄹ. 행복채움금융교실

정답 **해설**

농협 임직원의 대표적인 재능기부 봉사활동은 임직원 재능나눔 봉사활동인 '행복채움금융교실'과 농촌지역 독거 어르신을 찾아가는 '말벗서비스'이다.

정답 ⑤

유형풀이 Tip

농협 사회공헌
① 1990년대 : 농업인 무료 법률구조사업 등
② 2000년대 : 농업인 자녀 장학금 지원, 농촌사랑운동, 농촌 주거환경 개선사업, 농업인 의료지원사업, 농촌 다문화가정 모국 방문, 홀몸어르신 말벗서비스 등
③ 2010년대 : 사회봉사 대상자 농촌 인력지원, 농협장학관 운영, 행복채움 금융교육, 농촌 다문화 청소년 캠프, 함께하는 마을 만들기, 농업인 행복콜센터, 깨끗하고 아름다운 농촌마을 가꾸기, 지역사회공헌부 신설 등
④ 2020년대 : 코로나19 팬데믹 위기극복, 범농협 임직원 소액기부 캠페인, 방방곡곡 온기나눔 RUN 등

05 | 유형점검

| STEP 1 |

| 2023 상반기 지역농협 6급(60문항)

01 다음 농협의 마스코트에 대한 설명으로 옳지 않은 것은?

① 2000년 농협과 축협이 통합하면서 달걀에서의 '알'을 따와서 이름 지었다.

② 전통 음율 아리랑을 연상하게 하여 '흥', '어깨춤' 등 동적인 이미지를 지닌다.

③ 곡식을 담을 '항아리'를 연상하게 하여 '풍요'와 '결실'의 의미를 지닌다.

④ 통합 농협으로 새 출발하는 미래지향적 기업 이미지를 뜻한다.

정답 | 해설

NH농협의 마스코트 아리(Ari)는 농업의 근원인 씨앗을 모티브로 하여 쌀알, 밀알, 콩알에서의 '알'을 따와서 이름 붙였다. 2000년에 농협이 축협과 통합하면서 새 출발하는 농협의 미래지향적인 기업 이미지를 캐릭터를 통해 발현시키고자 하였으며, 우리의 전통 음율 '아리랑'을 연상하게 하여 '흥', '어깨춤' 등 동적인 이미지를 지님과 동시에 곡식을 담을 '항아리'도 연상케 하여 '풍요'와 '결실'의 의미도 지닌다.

정답 ①

문제풀이 Tip

농협의 마스코트는 본래 토끼였으나 2000년 농협이 통합농협으로 출범하면서 아리로 바뀌게 되었다.

02 다음 중 농협의 5대 핵심가치와 그에 대한 설명이 바르게 연결되지 않은 것은?

① 농업인과 소비자가 함께 웃는 유통 대변화 : 소비자에게 합리적인 가격으로 더 안전한 먹거리를, 농업인에게 더 많은 소득을 제공하는 유통개혁 실현

② 미래 성장 동력을 창출하는 디지털 혁신 : 4차 산업혁명 시대에 부응하는 디지털 혁신으로 농업·농촌·농협의 미래 성장 동력 창출

③ 정체성이 살아 있는 든든한 농협 : 농업인 영농지원 강화 등을 통한 농업경쟁력 제고로 농업인 소득 증대 및 삶의 질 향상

④ 지역과 함께 만드는 살고 싶은 농촌 : 지역사회의 구심체로서 지역사회와 협력하여 살고 싶은 농촌 구현 및 지역경제 활성화에 기여

정답 | 해설

농협의 핵심가치 중 '정체성이 살아 있는 든든한 농협'은 '농협의 정체성 확립과 농업인 실익 지원 역량 확충을 통해 농업인과 국민에게 신뢰받는 농협 구현'을 내용으로 한다.

정답 ③

이론 더하기

농협의 5대 핵심가치

① 농업인과 소비자가 함께 웃는 유통 대변화
　소비자에게 합리적인 가격으로 더 안전한 먹거리를, 농업인에게 더 많은 소득을 제공하는 유통개혁 실현
② 미래 성장 동력을 창출하는 디지털 혁신
　4차 산업혁명 시대에 부응하는 디지털 혁신으로 농업·농촌·농협의 미래 성장 동력 창출
③ 경쟁력 있는 농업, 잘사는 농업인
　농업인 영농지원 강화 등을 통한 농업경쟁력 제고로 농업인 소득 증대 및 삶의 질 향상
④ 지역과 함께 만드는 살고 싶은 농촌
　지역사회의 구심체로서 지역사회와 협력하여 살고 싶은 농촌 구현 및 지역경제 활성화에 기여
⑤ 정체성이 살아 있는 든든한 농협
　농협의 정체성 확립과 농업인 실익 지원 역량 확충을 통해 농업인과 국민에게 신뢰받는 농협 구현

PART 1

03 다음 중 농협의 커뮤니케이션 브랜드인 'NH'의 뜻으로 옳지 않은 것은?

① New Happiness

② New Honor

③ Nature & Human

④ New Hope

정답 | 해설

농협의 커뮤니케이션 브랜드인 'NH'는 자연과 인간의 조화(Nature & Human), 새로운 희망(New Hope)과 행복(New Happiness)을 상징적으로 표현한다.

정답 ②

04 다음 〈보기〉에서 농협의 영문 브랜드인 'NH'가 상징하는 것을 모두 고르면?

보기

㉠ New Happiness

㉡ Nature & Human

㉢ New Hot

㉣ New Hope

㉤ Nature & Home

① ㉠, ㉡, ㉣

② ㉠, ㉡, ㉤

③ ㉠, ㉢, ㉤

④ ㉡, ㉢, ㉣

⑤ ㉡, ㉣, ㉤

정답 | 해설

'NH'는 고객과의 커뮤니케이션을 위해 농협의 이름과는 별도로 사용되는 영문 브랜드로, 미래지향적이고 글로벌한 농협의 이미지를 표현하고 있다. 농협 영문자(NongHyup)의 머리글자이면서 자연과 인간의 조화(Nature & Human), 새로운 희망(New Hope)과 행복(New Happiness)을 상징적으로 표현한 로고이다.

정답 ①

05 다음 중 농협의 NH Wave가 상징하는 것으로 옳은 것은?

① 공생, 화합, 조화＋변화, 혁신, 새로운 바람

② 공생, 희망, 사랑, 혁신, 새로운 바람

③ 상생, 화합, 조화＋변화, 혁신, 새로운 바람

④ 상생, 화합, 진보, 순수, 따듯한 햇빛

⑤ 상생, 희망, 사랑, 혁신, 따듯한 햇빛

정답 | 해설

농협의 NH Wave는 인간과 자연을 위한 새로운 물결, 상생, 화합, 조화＋변화, 혁신, 새로운 바람을 상징한다.

NH Wave의 그래픽 모티프(가로형)

정답 ③

---

06 다음은 농협의 심볼마크에 대한 설명이다. 빈칸 ㉠에 들어갈 내용으로 적절한 것은?

[V]꼴은 [　]자의 [　]을 변형한 것으로 싹과 벼를 의미하며 농협의 무한한 발전을, [V]꼴을 제외한 아랫부분은 [㉠]자의 [　]을 변형한 것으로 원만과 돈을 의미하며 협동 단결을 상징합니다.

또한 마크 전체는 [　]자의 [　]을 변형한 것으로 [　　]은 농협을 나타내고 항아리에 쌀이 가득 담겨 있는 형상을 표시하여 농가 경제의 융성한 발전을 상징합니다.

① 농
② 업
③ 협
④ 중

정답 | 해설

농협 심볼마크

[V]꼴은 [농]자의 [ㄴ]을 변형한 것으로 싹과 벼를 의미하며 농협의 무한한 발전을, [V]꼴을 제외한 아랫부분은 [업]자의 [ㅇ]을 변형한 것으로 원만과 돈을 의미하며 협동 단결을 상징한다.

또한 마크 전체는 [협]자의 [ㅎ]을 변형한 것으로 [ㄴ＋ㅎ]은 농협을 나타내고 항아리에 쌀이 가득 담겨 있는 형상을 표시하여 농가 경제의 융성한 발전을 상징한다.

정답 ②

07 다음 중 농협의 캐릭터 아리는?

①

②

③

④

⑤

정답 | 해설

오답분석

② 한국전력 사이버지점 캐릭터 케피

③ 에스오일 캐릭터 구도일

④ 카카오프렌즈 캐릭터 무지

⑤ 카카오프렌즈 캐릭터 프로도

정답 ①

08 다음은 농협 로고에 들어가는 색상에 대한 설명이다. 〈보기〉에서 옳은 설명을 모두 고르면?

> **보기**
>
> ㉠ Nature Green : 순수한 자연을 세상에 널리 전하는 농협의 건강한 이미지를 표현
> ㉡ Human Blue : 풍요로운 생활의 중심, 근원이 되는 농협의 이미지를 계승
> ㉢ Heart Yellow : 농협의 앞서가는 젊은 에너지와 전문적인 이미지를 표현

① ㉠　　　　　　　　　　　　　　　　② ㉡

③ ㉢　　　　　　　　　　　　　　　　④ ㉠, ㉡

⑤ ㉡, ㉢

정답 | 해설

'Nature Green'은 순수한 자연을 세상에 널리 전하는 **농협의 건강한 이미지를 표현**한다.

오답분석

㉡ Human Blue : 농협의 앞서가는 젊은 에너지와 전문적인 이미지를 표현한다.
㉢ Heart Yellow : 풍요로운 생활의 중심, 근원이 되는 농협의 이미지를 계승한다.

정답 ①

---

09 다음 중 NH농협은행의 특징으로 옳지 않은 것은?

① NH농협금융지주의 계열사이다.

② 일반은행이 아닌 특수은행에 속한다.

③ 제2금융권에 속한다.

④ 로또복권 1등에 당첨되면 수령할 수 있는 곳이다.

⑤ P2P 금융증서 블록체인 서비스가 있다.

정답 | 해설

농협중앙회가 만든 은행인 **NH농협은행**은 금융기관의 성격을 가진 기관으로 **제1금융권**에 속한다. 제2금융권에 속하는 것은 협동조합의 성격을 가진 기관인 단위농협으로, 지역명이 앞에 붙어 '○○농협', 혹은 지역명이 없이 '농협'으로만 되어 있다.

오답분석

① NH농협은행은 NH농협금융지주의 계열사로 2012년에 법인이 만들어졌다.
② NH농협은행은 특수은행으로 예금, 적금, 방카슈랑스 등의 금융 업무를 한다.
④ NH농협은행 본사에서 로또복권 1등 당첨금을 수령할 수 있다.
⑤ NH농협은행은 P2P 금융증서 블록체인 서비스를 은행권 최초로 출시하였다.

정답 ③

10 다음 중 농협의 인재상과 거리가 먼 것은?

① 시너지 창출가
② 행복의 파트너
③ 진취적 혁명가
④ 정직과 도덕성을 갖춘 인재
⑤ 최고의 전문가

정답 | 해설

농협의 인재상에는 '시너지 창출가', '행복의 파트너', '최고의 전문가', '정직과 도덕성을 갖춘 인재', '진취적 도전가' 등이 있다.

정답 ③

문제풀이 Tip

농협의 인재상

• 최고의 전문가
  꾸준한 자기계발을 통해 자아를 성장시키고, 유통·금융 등 맡은 분야에서 최고의 전문가가 되기 위해 지속적으로 노력하는 인재

• 시너지 창출가
  항상 열린 마음으로 계통 간, 구성원 간에 상호 존경과 협력을 다하여 조직 전체의 성과가 극대화 될 수 있도록 시너지 제고를 위해 노력하는 인재

• 행복의 파트너
  프로다운 서비스 정신을 바탕으로 농업인과 고객을 가족처럼 여기고 최상의 행복 가치를 위해 최선을 다하는 인재

• 정직과 도덕성을 갖춘 인재
  매사에 혁신적인 자세로 모든 업무를 투명하고 정직하게 처리하여 농업인과 고객, 임직원 등 모든 이해관계자로부터 믿음과 신뢰를 받는 인재

• 진취적 도전가
  미래지향적 도전의식과 창의성을 바탕으로 새로운 사업과 성장동력을 찾기 위해 끊임없이 변화와 혁신을 추구하는 역동적이고 열정적인 인재

---

11 다음 중 농협중앙회 총회로부터 독립적으로 운영되는 부서는?

① 조합감사위원회사무처
② 경영감사부
③ 준법지원부
④ 조합구조개선부

정답 | 해설

감사위원회사무처에 속하는 **경영감사부**와 **사업감사부**는 농협중앙회 총회와 독립된 부서이다.

정답 ②

---

12 다음 〈보기〉에서 농협 조합원으로 가능한 사람을 모두 고르면?

> **보기**
>
> ㉠ 조합의 구역에 주소, 거소나 사업장이 있는 농업인
> ㉡ 1천 제곱미터 이상의 농지를 경영 또는 경작하는 자
> ㉢ 1년 중 60일 이상 농업에 종사하는 자

① ㉠

② ㉠, ㉡

③ ㉠, ㉢

④ ㉡, ㉢

⑤ ㉠, ㉡, ㉢

정답 | 해설

오답분석
㉢ 1년 중 90일 이상 농업에 종사하는 자

정답 ②

이론 더하기

농지법 시행령 제3조(농업인의 범위)

1. $1,000m^2$ 이상의 농지에서 농작물 또는 다년생식물을 경작 또는 재배하거나 1년 중 90일 이상 농업에 종사하는 자
2. 농지에 $330m^2$ 이상의 고정식온실·버섯재배사·비닐하우스, 그 밖의 농림축산식품부령으로 정하는 농업생산에 필요한 시설을 설치하여 농작물 또는 다년생식물을 경작 또는 재배하는 자
3. 대가축 2두, 중가축 10두, 소가축 100두, 가금(家禽 : 집에서 기르는 날짐승) 1천수 또는 꿀벌 10군 이상을 사육하거나 1년 중 120일 이상 축산업에 종사하는 자
4. 농업경영을 통한 농산물의 연간 판매액이 120만 원 이상인 자

13 다음 중 농협 조합원의 당연 탈퇴 사유로 옳지 않은 것은?

① 성년후견개시의 심판을 경우
② 조합원인 법인이 해산한 경우
③ 조합원의 자격이 없는 경우
④ 파산한 경우
⑤ 고의 또는 중대한 과실로 조합에 손실을 끼치거나 조합의 신용을 잃게 한 경우

정답 | 해설

농협 조합원 탈퇴는 임의 탈퇴, 양도 탈퇴, 당연(법정) 탈퇴, 제명으로 구분된다. 고의 또는 중대한 과실로 조합에 손실을 끼치거나 조합의 신용을 잃게 한 경우는 제명사유에 해당된다.

정답 ⑤

PART 1

14 다음 중 농협의 농업인 법률구조사업에 대한 설명으로 옳지 않은 것은?

① 농업인의 경제적 · 사회적 지위 향상을 위한 무료법률구조사업이다.

② 농업인이 대한법률구조공단에 구조 신청을 하면, 공단이 농협에 소송을 의뢰한다.

③ 농협은 법률구조에 필요한 증거수집 등의 중계 활동을 한다.

④ 대한법률구조공단은 농협과 공동으로 농촌 현지 법률상담 등의 피해 예방 활동을 한다.

⑤ 기준 중위소득 150% 이하인 농업인 등이 대상이 된다.

정답 | 해설

농업인이 농협에 법률구조신청서를 제출하면 농협이 대한법률구조공단에 소송을 의뢰한다.
• 직접 신청 : 대한법률구조공단에 법률구조신청서 제출
• 대리 신청 : 농협을 통해 법률구조신청서 제출

[오답분석]
① 농협과 대한법률구조공단이 공동으로 농업인의 법률적 피해에 대한 구조와 예방 활동을 전개함으로써 농업인의 경제적 · 사회적 지위 향상을 도모하는 농업인 무료법률구조사업이다.
③ 농협은 소송에 필요한 비용을 대한법률구조공단에 출연하고, 법률구조에 필요한 증거수집 등의 중계 활동을 한다.
④ 대한법률구조공단은 법률상담 및 법률구조 활동을 하고, 농협과 공동으로 농촌 현지 법률상담 등의 피해 예방 활동을 한다.
⑤ 기준 중위소득 150% 이하인 농업인 및 별도의 소득이 없는 농업인의 배우자, 미성년 직계비속, 주민등록상 동일 세대를 구성하는 직계존속 및 성년의 직계비속이 대상자가 된다.

정답 ②

---

15 농협창업농지원센터에서는 미래의 농업 · 농촌을 이끌어 나갈 예비 청년 농업인들을 육성하기 위한 '청년농부사관학교'를 운영하고 있다. 다음 중 청년농부사관학교에 대한 설명으로 적절하지 않은 것은?

① 보통 6개월의 교육 기간을 거쳐 진행된다.

② 농가 현장 인턴 등 실습 위주로 교육한다.

③ 만 30세 이하 창농 희망자를 대상으로 한다.

④ 졸업 후에도 사후케어링 시스템을 운영한다.

정답 | 해설

청년농부사관학교의 모집 대상은 만 39세 이하(당해 연도 1월 1일 기준)의 창농 희망자이다.

정답 ③

16 다음에서 설명하고 있는 농협의 사업으로 옳은 것은?

> 기업의 경영자나 단체의 대표를 명예 이장으로 위촉하고, 소속 임직원이나 회원들을 명예 주민으로 참여시킨 새로운 협동 모델로, 마을의 숙원사업과 소득 증대 등을 목표로 하는 프로젝트이다.

① 1사 1촌 자매결연 운동

② 원 테이블 원 플라워 운동

③ 사랑의 1% 나눔 운동

④ 또 하나의 마을 만들기 운동

⑤ 실버프렌드

정답 해설

농협이 추진하는 '또 하나의 마을 만들기 운동'은 기업의 CEO 등을 명예 이장으로 위촉하고, 소속 임직원을 명예 주민으로 참여시켜 마을의 숙원사업을 지원하는 등의 활동을 하는 사업으로, 농촌 마을이 축소되고 없어지는 등의 위기를 타개하고자 시작되었다.

오답분석

① 1사 1촌 자매결연 운동 : 농협에서 농촌과 도시의 교류 활성화를 위하여 시작된 사업으로, 기업 하나와 마을 하나가 자매결연을 하여 일손 돕기, 농산물 직거래, 농촌 체험 및 관광, 마을 가꾸기 등 다양한 교류 활동을 시행하는 사업

② 원 테이블 원 플라워 운동 : 코로나19로 어려워진 화훼 농가를 지원하기 위해 진행된 운동으로, 사무실 책상 하나에 하나의 화분을 키우는 내용의 사업

③ 사랑의 1% 나눔 운동 : 자신의 월급이나 수입에서 1%를 떼어 기부하는 운동

⑤ 실버프렌드 : 독거노인들의 외로움을 달래고 안전사고를 예방하기 위해 SK하이닉스에서 인공지능 AI 스피커 '실버프렌드'를 제공하는 서비스 지원 사업

정답 ④

17 다음에서 설명하고 있는 것은?

> • 4천억 원 규모 농협재단을 설립 8,741쌍 1사 1촌 자매결연 등 범국민 농촌사랑운동 전개
> • 장학사업·다문화 가정 지원사업 등 다양한 지원사업 전개

① 상조경영

② 나눔경영

③ 우리경영

④ 복지경영

⑤ 윤리경영

정답 해설

농협은 1961년 창립 이후 농업인의 복지 증진과 지역사회 발전을 위해 '나눔경영'을 지속적으로 실천하고 있으며, 그 활동으로는 교육지원사업, 농협재단 설립, 농촌사랑운동 등이 있다.

정답 ②

18 다음 중 농협의 윤리경영에 대한 설명으로 옳지 않은 것은?

① 일반적으로 CEO나 임직원이 기업 활동에서 갖추어야 할 윤리를 말한다.

② 부정을 저지르지 않는 것을 궁극적인 목표로 한다.

③ 임직원의 구체적인 행동지침을 문서화한 것이 행동강령이다.

④ 농협은 청렴계약제도를 도입하였다.

⑤ 윤리경영은 시장경쟁 우위, 기업생존, 업무 효율성에 기여한다.

정답 해설

윤리경영의 궁극적인 목표는 부정을 저지르지 말자는 소극적 의미를 넘어 글로벌 스탠다드에 맞게 경영을 투명하게 하는 것이며 고객의 신뢰를 바탕으로 기업가치를 향상시켜 궁극적으로 지속 가능한 기업경영을 영위하기 위함이다.

정답 ②

이론 더하기

농협윤리경영

농협은 경제적, 법적, 윤리적 책임 등을 다함으로써 농협의 모든 이해 관계자인 고객, 농민조합원, 협력업체, 지역 농·축협, 직원 등 모두가 함께 성장 발전하여 청렴한 농협, 투명한 농협, 깨끗한 농협을 구현하여 함께 성장하는 글로벌 협동조합을 만든다.

• 윤리경영의 궁극적인 목표

부정을 저지르지 말자는 소극적 의미를 넘어 글로벌 스탠다드에 맞게 경영을 투명하게 하는 것이며 고객의 신뢰를 바탕으로 기업가치를 향상시켜 궁극적으로 지속 가능한 기업경영을 영위하기 위함이다.

• 윤리경영의 필요 이유

사회적 책임 수행요구, 가치를 추구하는 주주고객 등장, 국제적인 윤리경영 노력 강화, 기업신뢰도 및 국가신인도 향상 등을 이유로 들 수 있으나 궁극적으로 기업가치를 향상시켜 지속적으로 기업경영을 영위하기 위함이다.

• 청렴계약제도

농협은 2002년 9월부터 '청렴계약제'를 도입하여, 협력업체와의 거래 시 각종 뇌물이나 선물, 향응접대, 편의제공 등을 요구하거나, 받거나, 받기로 약속하거나 결탁하여 일방에게 유리한 또는 불리한 판단을 내리지 않도록 서약하는 제도를 시행하고 있다. 본 제도는 거래 업무 계약 시 협력업체와 거래 부서 간에 청렴한 거래를 할 것을 다짐하는 절차로서 입찰 전에 청렴계약제 안내문을 작성하여 충분히 이해할 수 있도록 공고하고, 계약담당자와 계약업체가 청렴계약이행각서를 각각 작성하여 계약서에 첨부하도록 하고 있다. 농협은 협력업체가 청렴계약을 위반한 경우, 입찰제한, 계약해지, 거래중단 등의 조치를 취하게 된다.

19 다음 중 농협 윤리경영위원회의 업무가 아닌 것은?

① 농업인의 강령 실천에 관한 사항

② 윤리경영 관련규정의 제정 및 개정

③ 윤리경영 추진에 관한 중요정책 결정

④ 윤리경영관련 중요 규정에 대한 유권해석

정답 | 해설 ○

'농업인'이 아닌 '임직원'의 강령 실천에 관한 사항이 농협 윤리경영위원회의 업무에 해당한다.

정답 ①

이론 더하기

농협 윤리경영위원회의 업무(농협중앙회 임직원 윤리강령 제31조 제2항)

윤리경영위원회는 다음 각 호의 1에 해당하는 업무를 수행한다.

1. 윤리경영 추진에 관한 중요정책 결정
2. 윤리경영 관련 규정의 제정 및 개정
3. 윤리경영 관련 중요 규정에 대한 유권해석
4. 임직원의 강령 실천에 관한 사항
5. 기타 윤리경영 실천·강령의 운영 및 이행 등을 위하여 필요한 사항

20 다음 중 구제역과 관련이 없는 동물은?

① 소

② 말

③ 양

④ 돼지

⑤ 사슴

정답 | 해설 ○

구제역은 발굽이 둘로 갈라진 우제류에 속하는 동물에게 퍼지는 바이러스성 감염병으로, 발굽이 하나인 말이나 당나귀 등의 기제류 동물은 구제역에 걸리지 않는다.

정답 ②

21 다음 중 농약의 포장지 앞면에 표시하는 사항과 그 위치가 바르게 연결되지 않은 것은?

① '농약' 문자 표기 : 최상단 중앙

② 독성·행위금지 등 그림문자 : 정중앙

③ 해독·응급처치 방법 : 그림문자 상단

④ 품목명 : 상표명 하단

정답 | 해설

'독성·행위금지 등 그림문자'는 **그림문자**로 **최하단**에 표기되어야 한다.

정답 ②

이론 더하기

농약, 원제 및 농약활용기자재의 표시기준 제4조(표시방법 및 기준 등) 제1호

표시사항은 포장지 전체를 고려하여 사용자가 쉽게 알아볼 수 있도록 크게 하여야 하며 아래의 개별 표시사항은 포장지 앞면(다단일 경우에는 상표명 표시부분)에 우선적으로 배치하여야 한다.

구분	표기 문자	표기 위치
'농약' 문자 표기	한글	최상단 중앙
품목등록번호	한글 및 숫자	'농약' 문자 우측 표기
용도 구분	한글	'농약' 문자 좌측 표기
상표명	한글	임의배치
품목명	한글	상표명 하단
기본 주의사항 및 해독·응급처치 방법	한글	독성·행위금지 등 그림문자 상단
포장단위	숫자, OGS단위	임의배치
상호	한글, 숫자 및 영문	임의배치
인축독성·어독성 구분	한글 및 로마자	품목등록번호 하단
작용기작 그룹 표시	한글, 숫자 및 영문	용도 구분 하단
독성·행위금지 등 그림문자	그림문자	최하단
독성·행위금지 등 그림문자 설명	한글	독성·행위금지 등 그림문자 우측 또는 하단

22 다음 중 조직의 유형에 대한 설명으로 옳은 것은?

① 공식조직은 비공식조직에 비해 규모가 거대한 조직을 가리킨다.

② 조직발달사에 따르면, 공식조직의 내부집단으로서 비공식조직들이 발생하였다.

③ 환경보존을 홍보하는 상품을 직접 판매하고, 그 수익을 극대화하기 위해 운영되는 조직은 비영리 조직에 해당한다.

④ 비공식조직 내에서의 행동유형 공유는 공식조직의 기능을 지원하기도 한다.

⑤ 정부조직은 비영리조직이자 비공식조직에 해당한다.

정답 | 해설

비공식조직이 회사 내 동호회와 같이 공식조직 내에 있을 경우, 비공식조직 내에서의 취미 공유 등 행동의 공유는 **공식조직에서의 업무 효율을 증대시키기도** 한다.

오답분석

① 공식조직과 비공식조직의 구분 기준은 규모가 아니라 공식화 정도이다.

② 조직발달의 역사는 인간관계에 기반을 둔 비공식조직에서 시작하여 여러 공식적인 체계가 형성되는 공식조직 순서로 발전하였다.

③ 환경보존이라는 공익적 메시지를 담은 상품을 판매하더라도, 그 수익을 극대화하려는 목적에서 운영된다면 영리조직에 해당된다.

⑤ 정부조직은 대표적인 비영리조직이자 공식조직에 해당한다.

정답 ④

23 다음은 경영전략 추진과정을 나타낸 것이다. 경영전략 추진과정에서 (가) 부분에 대한 사례 중 그 성격이 다른 것은?

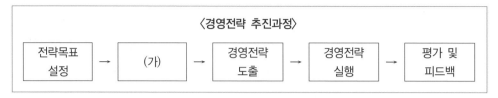

① 제품 개발을 위해 우리가 가진 예산의 현황을 파악해야 해.

② 우리 제품의 시장 개척을 위해 법적으로 문제가 없는지 확인해봐야겠군.

③ 이번에 발표된 정부의 정책으로 우리 제품이 어떠한 영향을 받을 수 있는지 확인해 볼 필요가 있어.

④ 신제품 출시를 위해 경쟁사들의 동향을 파악해봐야겠어.

⑤ 우리가 공급받고 있는 원재료들의 원가를 확인해보자.

정답 | 해설 ───────────────────────────────────────○

(가)는 경영전략 추진과정 중 **환경분석**을 나타내며, 환경분석은 외부환경 분석과 내부환경 분석으로 구분된다. **외부환경**으로는 기업을 둘러싸고 있는 경쟁자, 공급자, 소비자, 법과 규제, 정치적 환경, 경제적 환경 등이 있으며, **내부환경**은 기업구조, 기업문화, 기업자원 등이 해당된다.
①에서 설명하는 예산은 기업자원으로 내부환경 분석의 성격을 가지며, 다른 사례들은 모두 외부환경 분석의 성격을 가짐을 알 수 있다.

정답 ①

24 다음 중 경영에 대한 설명으로 옳지 않은 것은?

① 조직의 목적을 달성하기 위한 전략·관리·운영활동이다.

② 과거에는 단순히 관리라고 생각하였다.

③ 경영활동에서는 전략·관리·운영이 동시에 복합적으로 이루어진다.

④ 조직을 둘러싼 환경이 급변하면서 이에 적응하기 위한 전략의 중요성이 감소하고 있다.

⑤ 인적자원은 조직에서 일하는 구성원으로, 이들의 직무수행에 기초하여 경영이 이루어진다.

정답 | 해설 ───────────────────────────────────────○

조직을 둘러싼 환경이 급변하면서 이에 적응하기 위한 **경영 전략**의 중요성이 점점 증가하고 있다.

정답 ④

경영의 구성 요소

① 경영목적
  ㉠ 조직의 목적을 어떤 과정과 방법을 택하여 수행할 것인가를 구체적으로 제시해 준다.
  ㉡ 경영자 평가 : 조직의 목적 달성 여부에 따라 경영자가 평가를 받게 된다.
② 인적자원
  ㉠ 경영성과에 영향 : 조직의 구성원들이 가진 역량과 직무수행 결과에 따라 경영성과가 달라진다.
  ㉡ 경영자 역할 : 경영자는 조직의 목적과 필요에 부합하는 인적자원을 채용하여 이를 적재적소에 배치·활용해야 한다.
③ 자금
  ㉠ 경영활동에 사용할 수 있는 금전을 의미한다.
  ㉡ 사기업에서 새로운 이윤을 창출하는 기초가 된다.
④ 전략
  ㉠ 조직이 가지고 있는 자원의 효율적 운영을 통한 조직의 수행과제와 달성 목표를 제시해 준다.
  ㉡ 기업 내 모든 인적·물적 자원을 경영목적 달성을 위해 조직화하고, 이를 실행에 옮겨 경쟁우위를 달성하는 활동이다.

┃ 2020 지역농협 6급(60문항)

25 다음 BCG 매트릭스의 네 가지 사업 기준에 대한 설명 중 옳지 않은 것은?

① 스타 : 수익이 많이 발생되나 시장지위를 유지하기 위해 자금 투자 역시 많이 소요되는 사업
② 캐시카우 : 시장점유율이 높아 현금유입이 많고 성장성이 있어 시장에서 선도적인 지위를 구축하고 있는 사업
③ 물음표 : 시장성장률은 높으나 상대적으로 시장점유율은 낮아 후에 성공적으로 사업을 영위할 수 있을지 의문시되는 사업
④ 도그 : 활동을 통해 얻는 이익도 크지 않지만 그만큼 자금도 많이 소요되지 않는 사업

정답 | 해설

캐시카우(Cash Cow)는 시장점유율이 높아 이윤이나 현금흐름은 양호하지만 향후 성장가능성은 낮은 사업이다.

정답 ②

이론 더하기

BCG 매트릭스(BCG Matrix)
미국의 보스턴 컨설팅 그룹(BCG)가 개발한 전략평가 기법이다. BCG는 기업이 사업에 대한 전략을 결정할 때 시장점유율(Market Share)과 사업의 성장률(Growth) 이 두 가지 요소를 기준으로 기업의 사업을 '스타(Star) 사업', '캐시카우(Cash Cow) 사업', '물음표(Question Marks) 사업', '도그(Dog) 사업'으로 나누었다.

| STEP 2 |

| 2023 하반기 지역농협 6급(70문항)

01 다음 중 농협의 사회공헌사업의 중점 과제로 옳지 않은 것은?

① 농업인의 경제·사회·문화적 지위 향상

② 농촌복지·의료·문화·교육서비스 확대

③ 농업의 공익적 가치를 국민과 공유

④ 전통문화 계승·발전, 도시민 힐링

⑤ 이웃사랑·소외계층 나눔 확대

> **정답 | 해설**
>
> 농업인의 경제·사회·문화적 지위 향상은 농협의 윤리경영에서 추구하는 가치이다.
>
> 정답 ①

> **이론 더하기**
>
> 농협 사회공헌사업의 중점 과제
> • 경관보전, 깨끗하고 아름다운 마을 조성
> • 농촌복지·의료·문화·교육서비스 확대
> • 농업의 공익적 가치를 국민과 공유
> • 전통문화 계승·발전, 도시민 힐링
> • 이웃사랑·소외계층 나눔 확대

| 2019 NH농협은행 5급

02 다음 중 농업협동조합의 특징으로 옳지 않은 것은?

① 경제·지도·신용사업을 수행한다.

② 조합원은 출자자이자 경영자이며 이용자이기도 하다.

③ 우리나라는 종합농협보다 전문농협의 형태를 취하고 있다.

④ 농업금융은 농업은행이, 경제사업은 농업협동조합이 각각 담당한다.

⑤ 중앙회는 최상위 기관으로 비영리적인 연합조직체이다.

> **정답 | 해설**
>
> 미국 등의 나라는 농민 스스로 조직한 전문농협이 대부분이나, 우리나라는 정부에 의하여 설립·육성되어 신용사업 등의 여러 사업을 겸영하는 종합농협의 형태를 취하고 있다.
>
> 정답 ③

03 다음 중 농협의 교육지원 업무에 대한 설명으로 적절한 것을 모두 고르면?

> ㉠ 미래의 농업·농촌의 발전을 이끌 영농 인력을 육성하기 위한 지도 사업을 실시한다.
> ㉡ 농업 현장의 어려움과 개선사항을 정책에 적극 반영하기 위한 농정 활동을 시행한다.
> ㉢ 농업인의 복지 증진과 지역사회의 발전을 위해 지속적으로 사회공헌 활동을 실천한다.
> ㉣ 농업·농촌에 대한 범국민적 공감대를 형성하기 위해 '또 하나의 마을 만들기' 같은 도농협동 운동을 추진한다.

① ㉠, ㉡   ② ㉢, ㉣

③ ㉡, ㉢, ㉣   ④ ㉠, ㉡, ㉢, ㉣

정답 | 해설

㉠ **미래 농업·농촌을 이끌 영농 인력 육성** : 농협은 미래 농업·농촌의 발전을 이끌어갈 영농 인력 조직과 양성을 위한 다양한 지도 사업을 실시한다. 농촌 지역 일손 부족 해소를 위한 영농 인력 공급과 취약농가 인력 지원 사업도 지속적으로 추진한다.

㉡ **농업·농촌의 가치를 알리는 농정홍보 활동** : 농협은 농업 현장의 어려움과 개선사항을 정책에 적극 반영하기 위한 농정 활동, 농업·농촌의 가치를 전 국민에게 알리기 위한 홍보 활동을 다방면으로 펼친다.

㉢ **사회공헌 및 국제교류** : 농협은 농업인의 복지 증진과 지역사회 발전을 위해 지속적으로 사회공헌 활동을 실천하며, 활발한 국제교류 활동을 통해 세계 속의 한국 협동조합을 알린다.

㉣ **농촌에 활력을 불어넣는 다양한 교류 사업 추진** : 농협은 우리 농업·농촌에 대한 범국민적 공감대를 형성하고 이를 통해 농촌 마을에 활력을 불어넣고자 '또 하나의 마을 만들기' 등 다양한 도농협동 운동을 펼친다.

정답 ④

---

04 다음 중 농협이 주관하는 농촌체험브랜드로, 농촌·문화·관광이 결합된 농촌체험여행을 의미하는 것은?

① 일손나눔   ② 농촌스테이

③ 팜스테이   ④ 팜랜드

⑤ 농촌문화체험

정답 | 해설

농협이 주관하는 농촌체험브랜드 **팜스테이(Farmstay)**는 농가에서 숙식하면서 **농사, 생활, 문화체험**과 주변관광지 관광 및 마을축제 등에 참여할 수 있는 **농촌·문화·관광**이 결합된 **농촌체험여행**을 의미한다.

정답 ③

05 다음 기사의 빈칸 ㉠에 공통으로 들어갈 사업은?

농협중앙회 농협경제연구소는 D시에 위치한 농업기술센터에서 '___㉠___ 현장설명회'를 개최했다고 밝혔다.

___㉠___은/는 미래에 부담해야 하는 의료비 등 사회적 비용 감소를 위해 경제적 취약계층을 대상으로 영양 보충적 지원을 하기 위해 시작되었으며, 채소·과일 등 농식품을 구입할 수 있는 정부 상품권을 전자카드 형태로 지원하는 사업이다. 이 사업은 지난해 10월 예비타당성 조사 대상 과제로 선정돼 현재 조사 진행 중이며 국정과제로도 지정되었고, 올해 276억 원 규모의 예산으로 달성군을 포함한 18개 지자체가 시범사업을 진행하고 있다.

이날 설명회에는 농협 관내 조합장과 농림축산식품부 식생활소비정책과장, 농협경제연구소 부장을 비롯한 농협 임직원 등 30여 명이 참석했다. D시의 관내 농협 조합장을 대상으로 ___㉠___ 운영현황과 정부의 향후 진행 방향을 공유했다.

농식품부 식생활소비정책과장은 "국내산 농산물에 대한 관심 증가 및 소비 확대, 취약계층의 식생활 개선 등 지원에 따른 긍정적 효과가 뚜렷하다."고 설명했다.

농협경제연구소 부장은 "취약계층의 건강한 식생활을 지원하고 농가경제 활성화를 도모하는 ___㉠___ 이/가 확대되고 본 사업으로 지정될 수 있도록 힘을 모아주시길 바란다."고 밝혔다.

---

① 방방곡곡 온기나눔 RUN   ② 농식품바우처

③ 하나로 행복나눔   ④ 농식품올바로

정답 | 해설

농식품바우처 사업은 소득 불평등 심화, 고령화 등으로 경제적 취약계층이 확대되고, 영양섭취 수준과 식습관 악화로 건강 위협이 심화됨에 따라 미래에 부담해야 하는 의료비 등 사회적 비용 감소를 위해 경제적 취약계층을 대상으로 영양 보충 정책의 일환으로 시행되는 제도이다. 농식품바우처 시범지역은 2023년 기준 부산, 인천, 대구 등 총 18개 지역에서 실행되고 있으며, 농협하나로마트, 온라인 농협몰 등 다양한 곳에서 사용할 수 있다.

오답분석
① 방방곡곡 온기나눔 RUN : 전국 농촌·도시 취약계층에 100억 원 상당의 우리 농산물 및 생필품 꾸러미를 나누는 농협의 사회공헌사업
③ 하나로 행복나눔 : 농업인과 사회취약계층 후원을 위해 하나로마트에서 판매하는 178개 품목을 행복나눔상품으로 지정하고 판매금액의 일부를 후원금으로 적립하는 사회공헌 캠페인
④ 농식품올바로 : 건강·웰빙 트렌드를 반영하여 식품 영양 및 기능성 정보 등 다양한 정보를 제공하는 농촌진흥청 사이트

정답 ②

06 다음 중 농협이 시행한 사회공헌 활동으로 적절하지 않은 것은?

① 농협장학관

② 독거노인 말벗 서비스

③ 행복채움 금융교실

④ 농산물 산지유통센터

정답 | 해설

'**농산물 산지유통센터**'는 산지 생산자 조직 구축과 연합사업 활성화를 통한 **산지유통혁신의 활동**이므로 농협의 사회공헌 활동으로 보기 어렵다.

오답분석

① 농협장학관 : **농업인 자녀를 위한 대학생 생활관**으로 2011년 개관하여 농업인 대학생 자녀의 주거문제 해결을 통해 농업인의 경제적 부담 경감에 기여하고 있다.

② 독거노인 말벗 서비스 : 농협은행이 지속하고 있는 사회공헌 활동으로 상담사가 70세 이상 고객에게 매주 2~3회 전화를 걸어 **안부를 묻고 건강상태를 확인하는 서비스**이다.

③ 행복채움 금융교실 : 청소년금융교육센터에서 접근이 어려운 지역의 **청소년에게 금융교육 기회를 제공하는 맞춤형 교육프로그램**이다.

정답 ④

07 다음은 농협의 심볼마크이다. 이 마크에 대한 설명으로 적절하지 않은 것은?

① [V]꼴은 [농]자의 [ㄴ]을 변형한 것으로 쌀과 보리를 의미한다.

② [V]을 제외한 아랫부분은 [업]자의 [ㅇ]을 변형한 것으로 원만과 돈을 의미한다.

③ 심볼마크 전체는 [협]자의 [ㅎ]의 변형으로 농협을 나타낸다.

④ 심볼마크는 항아리에 쌀이 가득 담겨 있는 형상이다.

⑤ 심볼마크는 농가 경제의 융성한 발전을 상징한다.

정답 | 해설

[V]꼴은 [농]자의 [ㄴ]을 변형한 것으로 싹과 벼를 의미하고, 농협의 무한한 발전을 뜻한다.

정답 ①

※ 다음은 농협의 부서별 업무분장표이다. 이어지는 질문에 답하시오. [8~9]

구분		업무사항	
운영지원과	인사관리팀	• 인사/노무/보수관리 • 인사 및 근태관리 • 급여 및 보상관리 • 대외업무	• 규정/규칙/지침 제·개정 • 채용관리 • 성과관리
	정보화개발팀	• 정보시스템 운영관리 • 정보시스템 구축/유지관리 • 정보보안	• 정보화 기획 • 정보통신망 구축/운영 • 개인정보 보호
홍보사업과	행사캠페인운영팀	• 대중매체 광고 전담	• 분야별 광고소재/매체 검토
	기관홍보팀	• 대국민홍보 • 대외협력(보도자료 작성) • 온라인 홍보	• 대언론홍보 • 언론 모니터링
	홍보콘텐츠운영팀	• 기관 간행물 제작	• 기관 홍보물 제작
연구개발과	전문인력양성팀	• 강사 구성 및 섭외 • 교육 결과보고/적용방안 검토	• 외부교육 지원 • 교육 커리큘럼 구성
	지역사업 평가팀	• 지역사업부 평가사업 추진 • 평가지표 설명회 진행	• 지역사업부 평가결과 보고
기획예산과	기획팀	• 규정집 관리 및 유지 • 연도별 사업실적 작성	• 규정 제·개정의 승인
	재무팀	• 회계/결산관리 • 경영평가 등 각종 공시	• 출납업무

| 2016 지역농협 6급

08 귀하가 고객의 요청에 따라 개인정보를 수정하는 과정에서 전산 오류가 발생하였다면 업무 협조를 요청할 부서는 어디인가?

① 인사관리팀
② 정보화개발팀
③ 기획팀
④ 재무팀
⑤ 기관홍보팀

정답 | **해설**

정보화개발팀의 업무 중 '정보시스템 구축/유지관리' 업무에 해당한다.

정답 ②

09 다음 〈보기〉의 업무와 그 업무를 담당하는 부서를 바르게 짝지은 것은?

> **보기**
>
> ㉠ 급여 및 보상관리
> ㉡ 회사 홍보를 위한 광고소재 및 매체 검토
> ㉢ 언론 홍보자료 작성
> ㉣ 회계 및 결산관리
> ㉤ 연도별 사업실적 작성

① ㉠ – 인사관리팀　　　　　　　　② ㉡ – 홍보콘텐츠운영팀
③ ㉢ – 행사캠페인운영팀　　　　　④ ㉣ – 전문인력양성팀
⑤ ㉤ – 지역사업평가팀

정답 | **해설**

급여 및 보상관리는 **인사관리팀**의 업무이다.

[오답분석]
㉡ 회사 홍보를 위한 광고소재 및 매체 검토는 **행사캠페인운영팀**의 업무이다.
㉢ 언론 홍보자료 작성은 <u>기관홍보팀</u>의 업무이다.
㉣ 회계 및 결산관리는 <u>재무팀</u>의 업무이다.
㉤ 연도별 사업실적 작성은 <u>기획팀</u>의 업무이다.

정답 ①

문제풀이 Tip

얼핏 보기에는 복잡해 보이지만 사실은 단순히 부서별 업무분장표와 대조하여 해결할 수 있는 문제이다. 따라서 조직이나 업무분장에 대한 사전지식이 없더라도 포기하지 말고 문제의 지문을 잘 읽어 무엇을 요구하는지 살펴볼 수 있도록 한다.

10 다음은 농협의 조직도이다. 이 중 농협의 최고 의사결정 기구는?

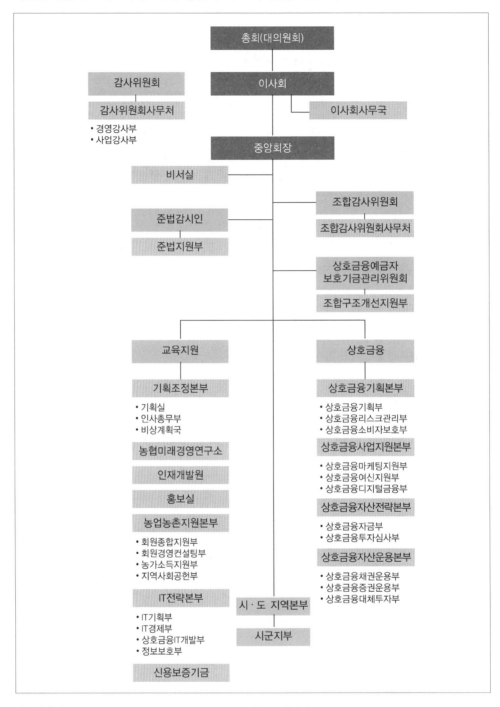

① 이사회   ② 중앙회장

③ 이사회사무국   ④ 감사위원회

⑤ 총회(대의원회)

정답 | 해설

조직도의 가장 상위에 놓인 **총회(대의원회)**가 **최고 의사결정권**을 갖는다.

정답 ⑤

문제풀이 Tip

농협중앙회 홈페이지에서 찾을 수 있는 정보이다. 조직 현황은 매해 변경될 수 있으므로, 시험 전 반드시 최신 정보를 숙지해 두어야 한다.

| 2017 지역농협 6급

11 다음 중 농협은 어떤 종류의 은행인가?

① 특수은행
② 중앙은행
③ 일반은행
④ 지방은행
⑤ 비은행금융기관

정답 | 해설

특수은행은 일반은행이 수익성이나 재원조달상의 제약 등으로 자금을 공급하지 못하는 국민경제의 특수 분야에 대한 **금융지원**을 위해 설립된 은행으로 은행법의 적용을 받는 일반은행과 달리 **특별 단행 법령의 적용**을 받는다. 농협, 수협, 한국산업은행, 기업은행, 수출입은행 등이 특수은행에 속해 있다.

오답분석

② 중앙은행 : 화폐를 관리하는 은행인 한국은행만 속해 있다. 독점적 화폐발행권을 가지고 통화신용정책을 수립 집행하여 통화가치를 안정시키는 역할을 한다.
③ 일반은행 : 일반적으로 거래하는 은행을 지칭하며 우리은행, 국민은행, 하나은행 등이 속해 있다.
④ 지방은행 : 대구은행, 부산은행, 경남은행, 전주은행, 제주은행 등 지방도시에 본점을 두고 그 지역의 기업이나 일반인 등과 밀접한 관계를 맺는 일반은행이다.
⑤ 비은행금융기관 : 은행법의 적용을 받지 않으면서 일반은행과 유사한 기능을 담당하는 기관으로 제2금융권이라고도 한다. 신협, 새마을금고, 산림조합, 저축은행 등이 속해 있다.

정답 ①

12 다음 사례에 나타난 효과로 옳은 것은?

> 국내의 한 우유 제조 회사는 제조 일자를 제품 전면에 표기함으로써 우유의 신선도에 대한 소비자 인식의 틀을 바꾸었다. 소비자들은 우유의 신선도를 유통기한이 아닌 제조 일자로 판단하게 되었고, 해당 우유 회사는 신선한 우유를 만드는 기업으로 인식되면서 매출이 크게 향상되었다.

① 바넘 효과(Barnum Effect)　　　　② 앵커링 효과(Anchoring Effect)
③ 헤일로 효과(Halo Effect)　　　　③ 프레이밍 효과(Framing Effect)
⑤ 피그말리온 효과(Pygmalion Effect)

정답 | 해설

프레이밍 효과란 동일한 사건이나 상황임에도 불구하고 문제의 표현 방식에 따라 개인의 판단이나 선택이 달라질 수 있는 현상을 의미한다. '제조 일자'를 표기함으로써 우유의 신선도에 대한 소비자 인식의 틀을 바꾼 우유 제조 회사의 사례는 프레이밍 효과의 대표적인 사례에 해당한다.

오답분석
① 바넘 효과 : 사람들의 보편적 성격이나 심리적 특징을 주관적으로 해석하여 자신만의 특징으로 여기는 심리적 현상
② 앵커링 효과 : 최초에 제시된 숫자가 기준점으로 작용하여 이후의 판단에 영향을 미치는 현상
③ 헤일로 효과(=후광 효과) : 어떤 대상이나 사람에 대한 일반적 견해가 그것의 구체적 특성을 평가하는 데 영향을 미치는 현상
⑤ 피그말리온 효과 : 타인의 기대나 관심으로 인하여 능률이 오르거나 결과가 좋아지는 현상

정답 ④

---

13 다음과 같은 비즈니스 에티켓 특징을 가지고 있는 국가는?

> • 인사 : 중국계의 경우 악수로 시작하는 일반적인 비즈니스 문화를 가지고 있으며, 말레이계의 경우 이성과 악수를 하지 않는 것이 일반적이다. 인도계 역시 이성끼리 악수를 하지 않고 목례를 한다.
> • 약속 : 약속 없이 방문하는 것은 실례이므로 업무상 필수적으로 방문해야 하는 경우에는 약속을 미리 잡아 일정 등에 대한 확답을 받은 후 방문한다. 미팅에서는 부수적인 이야기를 거의 하지 않으며 바로 업무에 관한 이야기를 한다. 이때 상대방의 말을 끝까지 경청해야 한다. 명함을 받을 때는 두 손으로 받는 것이 일반적이다.

① 미국　　　　　　　　　　　② 싱가포르
③ 인도네시아　　　　　　　　④ 필리핀
⑤ 태국

정답 | 해설

싱가포르는 중국계(74.1%), 말레이계(13.4%), 인도계(9.2%), 기타(3.3%)의 다민족 국가로 그에 맞는 비즈니스 에티켓을 지켜야 한다. 말레이계, 인도계 등은 이성끼리 악수를 하지 않는 편이며, 싱가포르 현지인은 시간관념이 매우 철저하므로 약속 시간을 엄수하고 일을 진행하기 전 먼저 약속을 잡는 것이 바람직하다.

정답 ②

14 조직의 유지와 발전에 책임을 지는 조직의 경영자는 다양한 역할을 수행해야 한다. 다음 중 조직 경영자의 역할로 가장 적절하지 않은 것은?

① 대외적으로 조직을 대표한다.

② 대외적 협상을 주도한다.

③ 조직 내에서 발생하는 분쟁을 조정한다.

④ 외부 변화에 대한 정보를 수용한다.

⑤ 제한된 자원을 적재적소에 배분한다.

정답 | 해설

조직의 **경영자**는 조직을 둘러싼 외부 환경에 대해 항상 관심을 가져야 하며, 외부 환경에 변화가 생겼을 경우 이를 조직에 전달하여야 한다.

정답 ④

이론 더하기

경영자의 역할

• 대인적 역할 : 조직의 대표자, 조직의 리더, 상징자·지도자
• 정보적 역할 : 외부환경 모니터, 변화 전달, 정보전달자
• 의사결정적 역할 : 문제 조정, 대외적 협상 주도, 분쟁조정자·자원배분자·협상가

15 다음 중 중국의 식사예절에 어긋나는 것은?

① 식사 중에 젓가락을 사용하지 않을 때는 접시 끝에다 걸쳐놓는다.

② 식사가 끝나면 젓가락은 상 위가 아닌 받침대에 처음처럼 올려놓는다.

③ 적당량의 음식을 자기 앞에 덜어먹고, 새 요리가 나올 때마다 새 접시를 쓰지 않도록 한다.

④ 젓가락으로 요리를 찔러 먹어서는 안 된다.

정답 | 해설

중국에서는 하나의 요리접시를 중심으로 둘러앉아 덜어 먹는다. 개인 접시에 덜어 담는 요리가 남으면 실례가 되므로 처음부터 적당한 양을 덜어 먹어야 하며, 새로운 요리가 나올 때마다 새 접시를 쓰는 것이 예의이다.

정답 ③

PART 1

16 다음 중 내부 벤치마킹에 대한 설명으로 옳은 것은?

① 벤치마킹 대상의 적대적 태도로 인해 자료 수집에 어려움을 겪을 수 있다.

② 다각화된 우량기업의 경우 효과를 보기 어렵다.

③ 경쟁 기업을 통해 경영 성과와 관련된 정보를 획득할 수 있다.

④ 같은 기업 내의 타 부서 간 유사한 활용을 비교 대상으로 삼을 수 있다.

⑤ 문화 및 제도적인 차이로 발생할 수 있는 효과에 대한 검토가 필요하다.

정답 | 해설

내부 벤치마킹은 같은 기업 내의 다른 지역이나 타 부서, 국가 간 유사한 활용을 비교 대상으로 한다.

오답분석

①·③ 경쟁적 벤치마킹에 대한 설명이다.

② 다각화된 우량기업을 대상으로 할 경우 효과가 크다.

⑤ 글로벌 벤치마킹에 대한 설명이다.

정답 ④

이론 더하기

비교 대상에 따른 벤치마킹의 유형

• 내부 벤치마킹
같은 기업 내의 다른 지역, 타 부서, 국가 간의 유사한 활동을 비교 대상으로 한다. 자료 수집이 용이하며 다각화된 우량기업의 경우 효과가 큰 대신 관점이 제한적일 수 있으며 편중된 내부 시각에 대한 우려가 있다.

• 경쟁적 벤치마킹
동일 업종에서 고객을 직접적으로 공유하는 경쟁기업을 대상으로 한다. 경영성과와 관련된 정보 입수가 가능하며 업무 및 기술에 대한 비교가 가능한 대신 윤리적인 문제가 발생할 수 있고, 대상의 적대적 태도로 인해 자료 수집이 어렵다.

• 비경쟁적 벤치마킹
제품, 서비스, 프로세스의 단위 분야에서 가장 우수한 실무를 보이는 비경쟁적 기업 내 유사 분야를 대상으로 한다. 혁신적인 아이디어 창출 가능성이 높은 대신 다른 환경 사례를 가공하지 않고 그대로 적용할 경우 효과를 보지 못할 가능성이 높다.

• 글로벌 벤치마킹
프로세스에서 최고로 우수한 성과를 보유한 동일 업종의 비경쟁적 기업을 대상으로 한다. 접근 및 자료 수집이 용이하며 비교 가능한 업무 및 기술 습득이 상대적으로 용이하지만, 문화 및 제도적 차이로 인해 발생되는 효과를 검토하지 않으면 잘못된 분석결과를 낳을 수 있다.

17 다음 사례의 쟁점과 협상전략을 바르게 연결한 것은?

> 대기업 영업부장인 A씨는 기존 재고를 처리할 목적으로 업체 W사와 협상 중이다. 그러나 W사는 자금 부족을 이유로 이를 거절하고 있다. 하지만 A씨는 자신의 회사에서 물품을 제공하지 않으면 W사가 매우 곤란한 지경에 빠진다는 사실을 알고 있다. 그래서 A씨는 앞으로 W사와 거래하지 않을 것이라고 엄포를 놓았다.

① 자금 부족 - 협력전략
② 재고 처리 - 갈등전략
③ 재고 처리 - 경쟁전략(강압전략)
④ 정보 부족 - 양보전략(유화전략)
⑤ 정보 부족 - 경쟁전략(강압전략)

정답 | 해설

제시된 사례의 쟁점은 **재고 처리**이며, 여기서 A씨는 W사에 대하여 **경쟁전략(강압전략)**을 사용하고 있다. 강압전략은 'Win-Lose' 전략이다. 즉, 내가 승리하기 위해서 당신은 희생되어야 한다는 'I Win, You Lose' 전략이다. **명시적 또는 묵시적으로 강압적 위협이나 강압적 설득, 처벌 등의 방법으로 상대방을 굴복시키거나 순응시킨다.** 자신의 주장을 확실하게 상대방에게 제시하고 상대방에게 이를 수용하지 않으면 보복이 있을 것이며 협상이 결렬될 것이라는 등의 위협을 가하는 것이다. 즉, 강압전략은 **일방적인 의사소통으로 일방적인 양보를 받아내려는 경우에 사용된다.**

정답 ③

이론 더하기

주요 협상전략

• 유화전략(Smoothing Strategy)
  양보전략, 순응전략, 화해전략, 수용전략, 굴복전략으로도 불린다. 상대방이 제시하는 것을 일방적으로 수용하여 협상의 가능성을 높이는 전략으로, 상대방의 욕구와 주장에 자신의 욕구와 주장을 조정하고 순응시켜 굴복한다. 주로 협상 결과물보다는 상대방과의 인간관계 유지를 선호하고 충돌을 피하고자 할 때 사용한다.

• 회피전략(Avoiding Strategy)
  무행동전략이자 협상 철수전략으로, 협상을 피하거나 잠정적으로 중단 혹은 철수하는 전략이다. 나와 상대방 모두가 피해를 입는 전략으로 상대방에게 돌아갈 결과나 자신에게 돌아올 결과에 대해서 전혀 관심을 가지지 않을 때 사용할 수 있다. 주로 협상의 가치가 낮거나 협상을 중단하고자 하여 상대방에게 심리적 압박감을 주어 양보를 얻어내고자 할 때, 또는 협상 이외의 방법을 대안으로 가지고 있을 때나 협상 진행이 불리하여 상황을 타개하고자 할 때 사용할 수 있다.

• 강압전략(Forcing Strategy)
  공격적 전략이자 경쟁전략으로 자신이 상대방보다 힘에 있어 우위를 점유하고 있을 때 자신의 이익을 극대화하고자 할 때 사용한다. 상대방의 주장을 무시하고 힘으로 밀어붙여 자신의 입장을 강요하는 전략으로 일방적인 의사소통을 통해 일방적인 양보를 받아낸다. 따라서 합의도출이 어려우며, 자신의 힘이 강하고 상대방과의 인간관계가 나쁘며 신뢰가 전혀 없을 때, 실질적 결과를 극대화하고자 할 때 사용할 수 있다.

| 2023 하반기 지역농협 6급(70문항)

01 다음 중 농업·농촌의 발전을 위해 농협이 시행한 사회 운동을 시대 순으로 바르게 나열한 것은?

① 신토불이 → 또 하나의 마을 만들기 → 食사랑農사랑 → 새농민
② 신토불이 → 새농민 → 食사랑農사랑 → 또 하나의 마을 만들기
③ 새농민 → 食사랑農사랑 → 신토불이 → 또 하나의 마을 만들기
④ 새농민 → 신토불이 → 食사랑農사랑 → 또 하나의 마을 만들기
⑤ 또 하나의 마을 만들기 → 신토불이 → 食사랑農사랑 → 새농민

정답 | 해설

농협의 사회 운동을 시대 순으로 바르게 나열하면 다음과 같다. 새농민(1965년) → 신토불이(1989년) → 食사랑農사랑(2011년) → 또 하나의 마을 만들기(2016년)

정답 ④

이론 더하기

농협의 사회운동

• 새농민 운동(1965년) : 농협이 창립 4주년을 맞아 자립·과학·협동을 모토로 농민 주체 의식 확립과 선도 농민을 육성하기 위해 시행되었다.
• 신토불이 운동(1989년) : 우루과이라운드 협상으로 인한 농산물 시장 개방을 저지하기 위한 국산 농산물 장려운동으로 우리 농산물이 우리 몸에 더 좋다는 뜻의 신토불이(身土不二)를 구호로 사용하여 큰 호응을 얻었다.
• 食사랑農사랑 운동(2011년) : 농협이 창립 50주년을 맞아 식(食)을 통한 농(農)의 가치 확산을 목표로 시행한 농산물 장려운동이다. 농산물 수입 자유화와 식품 산업화가 급격히 진행되는 상황에서 우리 농산물을 기반으로 올바른 식문화를 확산시키는 등 국민 건강과 농촌의 가치를 증진시키기 위한 운동이다.
• 또 하나의 마을 만들기 운동(2016년) : 농협에서 추진하는 도농 협동 사업모델로 기업 CEO나 단체장 등을 농촌마을의 '명예이장'으로 위촉하고, 기업의 임원 및 직원을 '명예주민'으로 참여시켜 일손 돕기, 전화·서신교환, 마을 농산물 홍보 등 다양한 지역사회 활동을 통해 농촌마을에 '또 하나의 마을'을 만들어 도농협동을 통한 농촌 활력화 증진을 도모하는 운동이다.

02 다음 중 농협의 역사에 대한 설명으로 옳은 것은?

① 1999년 농업·축산업·인삼협동조합의 중앙회를 통합한 통합농협이 출범하였다.

② 농협의 인터넷뱅킹 서비스는 2000년대 이후 실시되었다.

③ 농협은 1970년에 국제협동조합연맹의 정회원으로 승격되었다.

④ 농협은 1972년부터 상호금융업무를 실시하였다.

⑤ 농협과 농업은행은 1961년에 합병하였다.

정답 | 해설

1961년 구 농업은행법과 구 농업협동조합법이 폐기되고, 새로운 농업협동조합법이 공표됨에 따라 **구농협**과 농업은행이 통합된 **종합농협**이 발족하였다.

[오답분석]

① 2000년

② 1999년

③ 1972년

④ 1969년

정답 ⑤

03 다음 중 「농업협동조합법」에서 정의하는 '조합'에 해당하지 않는 것은?

① 품목별 협동조합

② 업종별 협동조합

③ 지역농업협동조합

④ 지역축산업협동조합

⑤ 농업협동조합중앙회

정답 | 해설

농업협동조합법 제1장 제2조 제1호에 따르면 조합은 지역조합과 품목조합을 의미한다. 이때 지역조합은 지역농업협동조합과 지역축산업협동조합을, 품목조합은 품목별·업종별 협동조합을 의미한다.

정답 ⑤

이론 더하기

농업협동조합법 제1장 제2조(정의)

이 법에서 사용하는 용어의 뜻은 다음과 같다.

1. '조합'이란 지역조합과 품목조합을 말한다.

2. '지역조합'이란 이 법에 따라 설립된 지역농업협동조합과 지역축산업협동조합을 말한다.

3. '품목조합'이란 이 법에 따라 설립된 품목별·업종별 협동조합을 말한다.

4. '중앙회'란 이 법에 따라 설립된 농업협동조합중앙회를 말한다.

04 귀하는 NH농협은행의 직원이다. 다음 손님의 정보를 보고 추천할 수 있는 카드로 가장 적절한 것은 무엇인가?

- 2달에 한 번씩 전국의 놀이공원을 이용한다.
- 월 이용실적이 100만 원을 넘는다.
- 연회비에 부담을 느끼지 않는다.
- 1년에 2번 해외여행을 떠나며 인천 공항라운지를 이용한다.

---

① NH20 해봄카드
② 쏠쏠카드(SolSol)
③ 그린카드v2(비씨)
④ NH올원 All100(올백)카드
⑤ 매직카드

정답 | 해설

NH20 해봄카드는 월 1회, 연 2회 인천공항라운지를 무료로 이용할 수 있는 여행해봄 서비스와 월 1회, 연 6회 30 ~ 50% 전국 놀이공원 이용권을 할인받을 수 있는 놀이해봄 서비스 중 선택해서 사용할 수 있다.

[오답분석]
② 쏠쏠카드(SolSol) : 영화, 편의점, 주유 등 주요 12대 생활업종에 대해 3 ~ 12% 청구할인받는 서비스 제공
③ 그린카드v2(비씨) : 국내 전 가맹점에서 에코머니 포인트를 적립할 수 있는 서비스 제공
④ NH올원 All100(올백)카드 : 가맹점에서 채움포인트를 10% 적립할 수 있는 서비스 제공
⑤ 매직카드 : 월 1회 렌탈료를 할인 받을 수 있는 서비스 제공

정답 ①

문제풀이 Tip

농협카드 홈페이지에서 찾을 수 있는 정보이다. 카드 종류 및 혜택은 매우 다양하며 매해 변경될 수 있다. 하지만 농협 상품에 대한 문제가 출제될 가능성이 있으므로, 최소한 새로 출시된 카드 또는 인기상품에 대한 정보는 숙지하고 있는 것이 좋다.

05 A농협지역본부장은 잇따른 신상품 개발 추진과 더불어 최근 판매 부진으로 적자를 보이고 있는 A지역 내 농협 영업소의 발전을 위해 농협중앙회에 컨설팅 교육지원을 신청했다. 다음 조직도를 참고하였을 때, 농협지역본부의 종합적인 컨설팅 교육을 지원하는 부서는 어디인가?

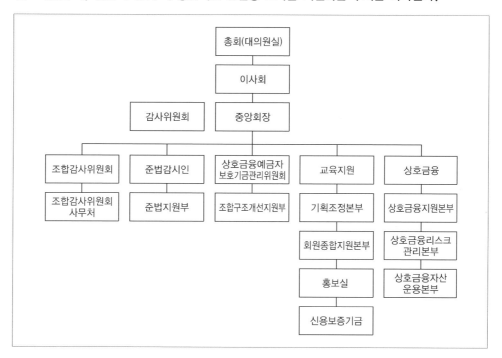

① 준법지원부
② 조합구조개선지원부
③ 상호금융지원본부
④ 회원종합지원본부
⑤ 홍보실

정답 | 해설

농협지역본부의 컨설팅 교육을 지원하는 부서는 **회원종합지원본부**이다. 2016년 6월 회원종합지원부 산하에 컨설팅지원단을 신설하여 각 농협지역본부의 교육을 지원하고 있다.

정답 ④

문제풀이 Tip

농협의 전국 계통조직 체계나 농협중앙회 조직도는 홈페이지 등에서 바로 확인할 수 있으며 해마다 갱신되므로 틈틈이 체크할 수 있도록 한다.

06 다음은 전국 농협 조직도의 일부이다. 이에 대한 설명으로 적절하지 않은 것은?

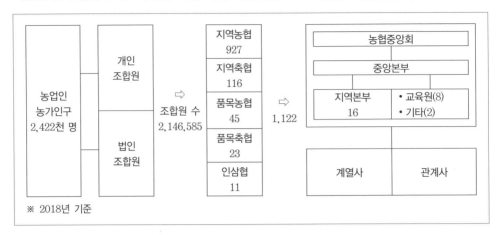

① 농협의 개인조합원 수는 2백만 명 이상이다.

② 농협의 중앙본부에는 8개의 교육원이 있다.

③ 품목 농·축협과 인삼협의 사무소는 지역축협의 수보다 적다.

④ 농협중앙회는 전국에 총 16개의 지역본부 사무소를 두고 있다.

정답 | 해설

조직도에 따르면 **농협의 조합원 수는 2백만 명 이상**이지만, 이는 **개인조합원과 법인조합원 모두를 합한 것이므로 개인조합원의 수는 알 수 없다.**

정답 ①

이론 더하기

전국농협의 계통조직 체계(24. 01. 기준)

농업인 농가인구 2,166천 명	개인 조합원		조합원 수 206만 명	지역농협 916개		농·축협 1,111개	농협중앙회	
	법인 조합원			지역축협 116개			중앙본부	
				품목농협 45개			지역본부 16개	• 교육원 7개 • 해외사무소 3개 • 기타 2개
				품목축협 23개			계열사	관계사
				인삼협 11개				

07 농협은 '협동과 혁신으로 농업인에게 풍요로운 미래를, 고객에게는 최고의 가치를 제공하여, 국가와 지역사회 발전에 공헌한다.'는 미션을 지니고 있다. 다음 자료는 농협의 미션을 도식화한 것이다. (가) ~ (라)에 들어갈 내용으로 적절한 것을 고르면?

PART 1

〈협동과 혁신〉
"협동과 혁신으로 농업인에게 풍요로운 미래를,
고객에게는 최고의 가치를 제공하여 국가와 지역사회 발전에 공헌한다."

(가)	(나)	(다)	(라)
협동과 혁신	고객에게 최고의 가치	농업인의 풍요로운 미래	국가와 지역사회 발전에 공헌
• '같이의 가치'를 통해 함께 협력하고 더불어 발전한다. • '지속가능경영'을 위한 변화와 혁신을 추구한다.	• 고객은 농협의 지속가능 성장을 위한 파트너이다. • 안전먹거리, 금융서비스, 농업·농촌의 가치를 제공한다.	• 농협은 농업인의 행복과 발전을 위해 존재한다. • 농업인의 경제적·사회적·문화적 지위 향상 추구한다.	• 국가, 지역사회는 농협 발전의 근간이다. • 협동과 혁신을 기반으로 나눔과 상생을 실천한다.

	(가)	(나)	(다)	(라)
①	행동의 원칙과 기준	사업 파트너 존중	궁극적 지향점	사회적 역할
②	사업파트너 존중	궁극적 지향점	행동의 원칙과 기준	사회적 역할
③	행동의 원칙과 기준	사업 파트너 존중	사회적 역할	궁극적 지향점
④	사업 파트너 존중	행동의 원칙과 기준	사회적 역할	궁극적 지향점
⑤	사회적 역할	행동의 원칙과 기준	사업 파트너 존중	궁극적 지향점

정답 | 해설

농협은 행동의 원칙과 기준을 협동과 혁신으로 삼고 있으며, 사업 파트너로서의 고객을 존중하며 최고의 가치를 제공한다. 또한 농업인의 풍요로운 미래를 궁극적인 지향점으로 삼아 국가와 지역사회 발전에 공헌하는 것을 농협의 사회적 역할로 삼고 있다.

정답 ①

※ 다음은 농협이 하는 일에 대한 내용이다. 이어지는 질문에 답하시오. [8~9]

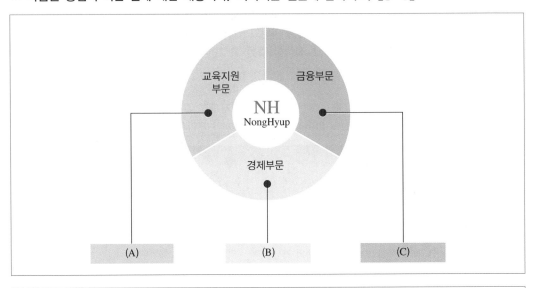

ⓐ 농협 본연의 활동에 필요한 자금과 수익을 확보하고, 차별화된 농업금융 서비스 제공
ⓑ 농업인의 권익을 대변하고 농업발전과 농가 소득 증대를 통해 농업인 삶의 질 향상에 기여
ⓒ 농업인이 영농활동에 안정적으로 전념할 수 있도록 생산·유통·가공·소비에 이르기까지 다양한 사업 지원

| 2016 지역농협 6급

08 농협이 하는 일과 그 내용이 바르게 짝지어진 것은?

	(A)	(B)	(C)
①	ⓐ	ⓑ	ⓒ
②	ⓐ	ⓒ	ⓑ
③	ⓒ	ⓑ	ⓐ
④	ⓑ	ⓒ	ⓐ
⑤	ⓒ	ⓐ	ⓑ

정답 **해설**

농협이 하는 일은 크게 교육지원부문, 경제부문, 금융부문으로 나뉜다. 교육지원부문은 농업인의 권익을 대변하고 농업발전과 농가 소득 증대를 통해 농업인 삶의 질 향상에 도움을 주는 것에 목적이 있다. 또한 경제부문은 농업인이 영농활동에 안정적으로 전념할 수 있도록 생산·유통·가공·소비에 이르기까지 다양한 경제사업 지원을 목적으로 하며, 금융부문은 농협 본연의 활동에 필요한 자금과 수익을 확보하고, 차별화된 농업금융 서비스를 제공하는 것을 목적으로 하고 있다.

정답 ④

09 다음 〈보기〉에서 농협의 경제부문에서 하는 일은 모두 몇 가지인가?

> **보기**
>
> ㉠ 도농교류　　　　　　　　　　㉡ 산지유통혁신
> ㉢ 영농자재 공급　　　　　　　　㉣ 도매사업
> ㉤ 축산지도(컨설팅 등)　　　　　㉥ 농촌지역 금융 서비스

① 없음　　　　　　　　　　　　② 1개
③ 2개　　　　　　　　　　　　④ 3개
⑤ 4개

정답 **해설**

경제부문에서 농협이 추진하고 있는 사업은 **농업경제사업**과 **축산경제사업**으로 나뉜다. 우선 농업경제사업에는 **영농자재 공급, 산지유통혁신, 도매사업, 소비지유통 활성화, 안전한 농식품 공급 및 판매** 사업이 있으며, 축산경제사업에는 **축산물 생산·도축·가공·유통·판매사업, 축산지도(컨설팅 등), 지원 및 개량 사업, 축산 기자재(사료 등) 공급 및 판매** 사업이 있다.

[오답분석]
㉠은 **교육지원부문**, ㉥은 **금융부문**에 속한다.

정답 ⑤

이론 더하기

농협이 하는 일(24. 01. 기준)
① 교육지원부문
　농업인의 권익을 대변하고 농업 발전과 농가 소득 증대를 통해 농업인 삶의 질 향상에 도움을 주고 있다. 또한 또 하나의 마을 만들기 운동 등을 통해 농업·농촌에 활력을 불어넣고 농업인과 도시민이 동반자 관계로 함께 성장·발전하는데 기여하고 있다.
　• 교육지원사업 : 농·축협 육성·발전지도·영농 및 회원 육성·지도, 농업인 복지증진, 농촌사랑·또 하나의 마을 만들기 운동, 농정활동 및 교육사업·사회공헌 및 국제 협력 활동 등
② 경제부문
　농업인이 영농활동에 안정적으로 전념할 수 있도록 생산·유통·가공·소비에 이르기까지 다양한 경제사업을 지원하고 있다. 경제사업 부문은 크게 농업경제 부문과 축산경제 부문으로 나누어지며, 농·축산물 판로확대, 농·축산물 유통구조 개선을 통한 농가소득 증대와 영농비용 절감을 위한 사업에 주력하고 있다.
　• 농업경제사업 : 영농자재(비료, 농약, 농기계, 면세유 등) 공급, 산지유통혁신, 도매사업, 소비자유통활성화, 안전한 농식품 공급 및 판매
　• 축산경제사업 : 축산물 생산, 도축, 가공, 유통, 판매 사업, 축산 지도(컨설팅 등), 지원 및 개량사업, 축산기자재(사료 등) 공급 및 판매
③ 금융부문
　농협의 금융사업은 농협 본연의 활동에 필요한 자금과 수익을 확보하고, 차별화된 농업금융 서비스 제공을 목적으로 하고 있다. 금융사업은 시중 은행의 업무 외에도 NH카드, NH보험, 외국환 등의 다양한 금융 서비스를 제공하여 가정경제에서 농업경제, 국가경제까지 책임을 다해 지켜나가는 우리나라의 대표 금융기관이다.
　• 상호금융사업
　　농촌지역 농업금융 서비스 및 조합원 편익제공, 서민금융 활성화
　• 농협금융지주
　　종합금융그룹(은행, 보험, 증권, 선물 등)

10 다음 중 한국농협의 정체성에 대한 설명으로 옳은 것은?

① 한국농협은 설립 당시부터 오늘날까지 협동조합 입법과 농업정책 수행이라는 측면에서 정부와는 대립적인 관계를 유지하고 있다.

② 한국농협의 경쟁척도로서의 역할은 시장이 경쟁구조로 전환된 이후 새로운 기술의 도입과 사업 효율성 제고를 통해 수행하고 있다.

③ 농업협동조합의 세 가지 원칙, 즉 이용자가 소유하고, 통제하며, 수익을 갖는 원칙은 한국 농협협 동조합법에 명시적으로 규정되어 있으며 이러한 점에서 한국농협은 주식회사와 명확하게 구별되 는 협동조합의 정체성을 갖는다.

④ 한국의 농협중앙회는 서구의 농협중앙회와 다르게 연합회 역할 외에 직접 사업을 하지 않는다.

정답 | 해설

농업협동조합은 이용자가 소유하고 통제하며 수익을 갖기 때문에 주식회사와 다른 협동조합의 정체성을 갖고 있다.

오답분석
① 한국농협은 설립 당시부터 오늘날까지 협동조합 입법과 농업정책 수행이라는 측면에서 정부와는 밀접한 관계를 유지 하고 있다.
② 한국농협은 새로운 기술의 도입과 사업 효율성 제고를 통해 시장선도자 역할을 수행하며, 경쟁척도로서 사업 초기단계 에는 조합원이 실감할 수 있는 이익을 제공하는 역할을 맡고 있다.
④ 한국농협이 서구 농협과 다른 특성은 다양한 사업을 수행하는 종합농협이라는 점이다.

정답 ③

문제풀이 Tip

「농업협동조합법」은 국가법령정보센터(www.law.go.kr)에서 확인할 수 있으나 본칙만 하더라도 177조에 이른다. 따라서 제1조 목적, 제2조 정의, 제3조 명칭, 제4조 법인격 등 각 조의 제목에서 문제로 출제될 가능성이 엿보이는 것들은 숙지해 두도록 한다.

11 다음 중 농업협동조합중앙회에 대한 설명으로 옳지 않은 것은?

① 교육지원사업, 농업경제사업, 상호금융사업 등의 업무를 수행한다.

② 각 지역 단위 농업협동조합이 갖는 지역적 한계를 극복하고, 회원으로 가입한 조합 공통의 이익을 추구하기 위해 만들어졌다.

③ 단위 농협과 같은 법인으로 단위 농협을 대표한다.

④ 총회에서 직접 선출하는 회장은 회원인 조합의 조합원이어야 한다.

⑤ 회원의 조합원이 생산한 농산물 등의 원활한 유통을 지원하기 위하여 유통지원자금을 운용할 수 있다.

정답 | 해설

농업협동조합중앙회는 단위 조합과 특수조합의 공동 이익 증진과 발전 도모를 추구하는 전국 단위의 연합조직체로서 비영리 법인이며, 단위 농협과 별도의 법인으로 운영된다.

정답 ③

12 다음 〈보기〉 중 비영리조직에 해당하는 것을 모두 고른 것은?

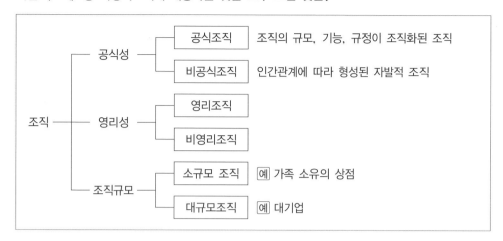

보기

㉠ 사기업   ㉡ 정부조직
㉢ 병원   ㉣ 대학
㉤ 시민단체

① ㉠, ㉡   ② ㉠, ㉢, ㉣
③ ㉡, ㉤   ④ ㉡, ㉣, ㉤
⑤ ㉡, ㉢, ㉣, ㉤

정답 | 해설

영리조직의 사례로는 이윤 추구를 목적으로 하는 다양한 사기업을 들 수 있으며, 비영리조직으로는 정부조직, 대학, 시민단체, 종교단체 등을 들 수 있다.

정답 ⑤

이론 더하기

• 영리조직
  재산상의 이익을 목적으로 활동하는 조직으로 경제적 가치, 즉 이윤을 극대화하는 것을 그 목적으로 한다. 하지만 기업이 생산 및 영업활동을 하면서 환경경영, 윤리경영, 사회 공헌이나 지역사회 등 사회 전체의 이익을 동시에 추구하는 사회적 책임(Corporate Social Responsibility; CSR)을 도외시할 경우 사회적 논란과 함께 국제적인 분쟁으로 이어지기도 한다.
• 비영리조직
  재산상의 공공 목적에 봉사하는 정부와 기업 이외의 자발적 비영리단체로 예산 한도 내에서 사회적 가치를 창출하는 것을 그 목적으로 한다. 하지만 그만큼 기부금의 확보가 중요하며 기부금의 출처에 따라 본래의 목적에서 멀어지는 경우도 있다.

CHAPTER 06

정보능력

합격 Cheat Key

정보능력은 업무를 수행함에 있어 기본적인 컴퓨터를 활용하여 필요한 정보를 수집, 분석, 활용하는 능력을 의미한다. 또한 업무와 관련된 정보를 수집하고, 이를 분석하여 의미있는 정보를 얻는 능력이다.

국가직무능력표준에 따르면 정보능력의 세부 유형은 컴퓨터활용능력 · 정보처리능력으로 나눌 수 있다.

정보능력은 NCS 기반 채용을 진행한 곳 중 52% 정도가 다뤘으며, 문항 수는 전체에서 평균 6% 정도 출제되었다.

1 평소에 컴퓨터 활용 스킬을 틈틈이 익혀라!

윈도우(OS)에서 어떠한 설정을 할 수 있는지, 응용프로그램(엑셀 등)에서 어떠한 기능을 활용할 수 있는지를 평소에 직접 사용해 본다면 문제를 보다 수월하게 해결할 수 있다. 여건이 된다면 컴퓨터활용능력에 관련된 자격증 공부를 하는 것도 이론과 실무를 익히는 데 도움이 될 것이다.

2 문제의 규칙을 찾는 연습을 하라!

일반적으로 코드체계나 시스템 논리체계를 제공하고 이를 분석하여 문제를 해결하는 유형이 출제된다. 이러한 문제는 문제해결능력과 같은 맥락으로 규칙을 파악하여 접근하는 방식으로 연습이 필요하다.

3 현재 보고 있는 그 문제에 집중하자!

정보능력의 모든 것을 공부하려고 한다면 양이 너무나 방대하다. 그렇기 때문에 수험서에서 본인이 현재 보고 있는 문제들을 집중적으로 공부하고 기억하려고 해야 한다. 그러나 엑셀의 함수 수식, 연산자 등 암기를 필요로 하는 부분들은 필수적으로 암기를 해서 출제가 되었을 때 오답률을 낮출 수 있도록 한다.

4 사진·그림을 기억하자!

컴퓨터활용능력을 파악하는 영역이다 보니 컴퓨터 속 옵션, 기능, 설정 등의 사진·그림이 문제에 같이 나오는 경우들이 있다. 그런 부분들은 직접 컴퓨터를 통해서 하나하나 확인을 하면서 공부한다면 더 기억에 잘 남게 된다. 조금 귀찮더라도 한 번씩 클릭하면서 확인을 해보도록 한다.

01 | 컴퓨터활용능력

| 유형분석 |

- 컴퓨터와 관련된 지식을 올바르게 습득하고 있는지를 평가하는 문제이다.
- 컴퓨터에 대한 기초 지식부터 윈도우 OS에서 사용되는 단축키나 프로그램 등 다양한 기능에 관련된 문제들이 주로 출제된다.
- 컴퓨터활용능력 2급 자격증 시험에 출제되는 수준의 문제들로 구성되어 있다.

다음 중 컴퓨터 데이터량 단위의 이해로 옳지 않은 것은?

① 1메가바이트(MB)는 1,024킬로바이트(KB)이다.

② 1킬로바이트(KB)는 1,024바이트(B)이다.

③ 1기가바이트(GB)는 1,024메가바이트(MB)이다.

④ 1엑사바이트(EB)는 1,024테라바이트(TB)이다.

⑤ 1테라바이트(TB)는 1,024기가바이트(GB)이다.

1) 질문의도
   : 잘못된 데이터량 단위 비교

2) 정답도출
   : 테라바이트 < 페타바이트 < 엑사바이트
    ⇒ 1,048,576TB=1,024PB=1EB

정답 | **해설**

1엑사바이트(EB)는 1,024페타바이트(PB)이며, 테라바이트(TB)로 계산 시 1,048,576테라바이트(TB)이다.

정답 ④

유형풀이 Tip

정보의 데이터량 단위

단위	정의	단위	정의
비트(bit)	1 bit=0 또는 1	페타바이트(PetaByte)	1024 TB=1 PB
바이트(Byte)	8 bit=1 byte	엑사바이트(ExaByte)	1024 PB=1 EB
킬로바이트(KiloByte)	1024 byte=1 KB	제타바이트(ZettaByte)	1024 EB=1 ZB
메가바이트(MegaByte)	1024 KB =1 MB	요타바이트(YottaByte)	1024 ZB=1 YB
기가바이트(GigaByte)	1024 MB=1 GB	브론토바이트(BrontoByte)	1024 YB=1 BB
테라바이트(TeraByte)	1024 GB=1 TB		

02 | 스프레드시트(엑셀)

| 유형분석 |

- 업무에서 활용되는 스프레드시트(엑셀) 사용법을 올바르게 이해하고 있는지를 평가하는 문제이다.
- 스프레드시트의 기능, 스프레드시트 함수와 관련된 문제가 주로 출제된다.
- 컴퓨터활용능력이나 정보처리기능사 시험에 출제되는 수준의 문제들로 구성되어 있다.

다음 시트에서 [찾기 및 바꾸기] 기능을 통해 찾을 내용에 '가?'를, 바꿀 내용에 'A'를 입력한 후, 모두 바꾸기를 실행 하였을 경우 나타나는 결괏값 으로 옳은 것은?

◢	A
1	가수 레이디 가가
2	가정평화
3	가지꽃
4	가족가정

1) 질문의도
   : 모두 바꾸기 실행 후 결괏값 찾기

2) 상황 파악
   : 찾을 내용에 '가?' 바꿀 내용에 'A'
   = '가'로 시작하는 두 글자 단어 바꾸기

3) 정답도출

①

◢	A
1	A
2	A
3	A
4	A

②

◢	A
1	A 레이디 가가
2	A평화
3	A꽃
4	A

③

◢	A
1	A 레이디 A
2	A평화
3	A꽃
4	AA

④

◢	A
1	A 레이디 A
2	A
3	A
4	AA

⑤

◢	A
1	A 레이디 가가
2	A평화
3	A꽃
4	AA

정답 **해설**

와일드카드 문자인 '?'는 해당 위치의 한 문자를 대신할 수 있으며, '*'는 모든 문자를 대신할 수 있다. 따라서 찾을 내용에 '가?'는 '가'로 시작하는 두 글자 단어를 나타내며, 모두 바꾸기를 실행하였을 경우 나타나는 결괏값으로는 ③이 적절하다.

정답 ③

06 | 유형점검

❙ 2021 NH농협은행 5급

01 다음 〈보기〉의 내용 중 옳지 않은 것을 모두 고르면?

> **보기**
> ㉠ 빅데이터란 디지털 환경에 들어서면서 단일화된 형태로 단시간 동안 생성된 막대한 양의 데이터를 말한다.
> ㉡ 블록체인은 데이터를 변형시키거나 거짓으로 생성하는 데이터 해킹수법을 막기 위하여 모든 데이터를 하나의 서버에서 전적으로 관리하는 기술을 말한다.
> ㉢ 사물인터넷은 인터넷을 통해 유형의 사물 상호 간에 데이터를 공유하는 기술로, 이를 통해 이용자들은 별도의 조작 없이도 편리한 서비스를 제공받을 수 있다.
> ㉣ 인공지능은 인간의 개입 없이도 컴퓨터 스스로가 학습하고 판단하여 이를 결정하는 지능을 말한다.

① ㉠, ㉡ ② ㉡, ㉢

③ ㉢, ㉣ ④ ㉠, ㉡, ㉢

⑤ ㉠, ㉢, ㉣

정답 | 해설

㉠ 빅데이터란 디지털 환경에 들어서면서 단시간동안 생성된 많은 양의 데이터를 말하며, 이것은 단일화된 형태가 아닌 수치 데이터, 문자 데이터, 영상 데이터와 같이 다양한 종류로 구성되어 있다.

㉡ 블록체인은 하나의 서버가 아닌 여러 대의 서버가 이를 함께 관리하여 서로 간에 데이터를 검증 할 수 있도록 하는 기술이다.

㉢ 사물인터넷은 유무형에 관계없이 모든 사물 및 공간이 인터넷을 통해 상호 간에 데이터를 공유하는 기술로, 이를 통해 이용자들은 이용자들의 별도의 조작 없이도 편리한 서비스를 제공받을 수 있다. 예를 들어 침대에서 일어나면 자동적으로 커튼이 쳐지거나 불이 켜지는 서비스가 이에 해당된다.

오답분석

㉣ 기존의 컴퓨터가 인간이 만들어낸 데이터와 프로그램을 통해서 진행이 되었다면, 인공지능은 이러한 인간의 개입 없이도 기계학습 기술을 통해 스스로 학습하여 판단하고 결정하는 능력을 가지게 된 컴퓨터이다.

정답 ④

02 다음 중 클라우드 컴퓨팅의 장점이 아닌 것은?

① 유연성과 확장성   ② 안전성과 보안성

③ 접근성과 이용성   ④ 비용의 절감

⑤ 개방성과 융합성

정답 | 해설

클라우드 컴퓨팅은 인터넷을 통해 이루어지는 기술이므로 **완전한 보안성을 보장할 수 없다**. 따라서 사용자 스스로 보안 설정을 철저히 하고, 정기적으로 보안 강화를 위한 조치를 취해야 한다.

오답분석

① 클라우드 컴퓨팅은 필요에 따라 자원을 유연하게 조절할 수 있으므로 확장성이 높다.

③ 클라우드 컴퓨팅은 인터넷만 연결되어 있으면 사용이 가능하므로 이용하는 데 제약이 적다.

④ 클라우드 컴퓨팅은 기업이 직접 데이터 센터나 서버 구축 및 유지보수에 대한 비용을 부담하지 않아도 된다.

⑤ 클라우드 컴퓨팅은 다양한 서비스와 융합되어 데이터 교환 등이 용이하므로 개방성이 높다.

정답 ②

03 다음 빈칸에 들어갈 말로 가장 적절한 것은?

> 아마존에서 시행 중인 북매치(Bookmatch) 기능은 소비자들로 하여금 여러 책들에 대해서 평가를 하도록 하여, 각각 소비자들의 평가 결과를 바탕으로 소비자 개개인의 취향을 파악해 관심 있을 만한 책을 소개해주는 서비스이다. 이는 상품과 상품 간의 _____을 기반으로 만들어진 기능으로, 이를 통해 아마존은 고객 개개인에게 맞춤형 서비스를 제공할 수 있게 되었다.

① 근접성   ② 상대성

③ 유사성   ④ 절대성

⑤ 총체성

정답 | 해설

유사성이란 다른 대상과 서로 비교하여 볼 때 가지고 있는 동일한 성질을 말한다. 자료에서 소비자들로 하여 여러 책들에 대한 평가를 한 뒤 이것을 바탕으로 책을 소개해 준다고 했으므로, 각 책에 대한 평가결과의 유사성을 기반으로 하여 추천한 것임을 추측할 수 있다.

오답분석

① 근접성 : 어떤 대상과의 시간적 또는 공간적인 거리 관계에 대한 성질을 말한다.

② 상대성 : 대상이 자체적으로 독립하여 존재하지 못하고, 다른 대상에 대립되거나 또는 비교되어 존재하는 의존적인 성질을 말한다.

④ 절대성 : 어떤 대상과도 서로 비교할 수 없는 성질을 말한다.

⑤ 총체성 : 대상을 각각의 요소로 나누어 보는 것이 아닌, 대상이 가지고 있는 전체적인 성질을 말한다.

정답 ③

04 다음 〈보기〉에서 사물인터넷(IoT; Internet of Things)에 대한 설명으로 옳은 것을 모두 고르면?

> **보기**
>
> ㉠ 인터넷 없이도 사물 간의 정보 공유가 가능한 기술이다.
> ㉡ 물리적 센서가 부착되어진 사물에 한해 사물 간의 정보 공유가 가능하다.
> ㉢ 사물 간의 자율적인 정보 공유를 위해서 사람의 일정부분 개입이 필요하다.
> ㉣ 시간과 장소, 사물의 형체 유무에 관계없이 인터넷 공간을 통해 각 사물 간 데이터를 공유하는 인터넷 환경을 말한다.

① ㉠, ㉡   ② ㉡, ㉣
③ ㉠, ㉡, ㉣   ④ ㉠, ㉢, ㉣
⑤ ㉠, ㉡, ㉢, ㉣

정답 | 해설

㉡ 각 사물은 물리적 센서를 통해 인터넷 환경에 접속하여 상호 간의 정보를 공유하는 것이므로, 물리적 센서가 부착되어 있지 않다면 해당 기능의 수행은 불가능하다.
㉣ 각 사물은 시간과 장소, 사물의 형체 유무에 관계없이 물리적 센서와 인터넷 주소만 있다면 인터넷 공간을 통해 상호 간에 데이터를 공유할 수 있게 되었고, 이러한 환경을 사물인터넷이라고 한다.

오답분석

㉠ 사물에 부착되어진 센서를 통해 인터넷 환경에서 상호 간의 정보를 공유하는 기술이다. 따라서 인터넷이 없다면 이용할 수 없는 기술이다.
㉢ 이전까지의 기술에서는 사람의 조작을 통해 데이터 공유가 가능했다면, 사물인터넷 시대에서는 사람의 조작 없이도 각 사물 간의 데이터 공유가 가능해지게 되었다.

정답 ②

05 다음 중 DNS 서버의 역할은 무엇인가?

① 클라이언트와 서버 간의 연결을 유지해 준다.
② 도메인 이름과 IP 주소를 연결해 준다.
③ 웹사이트의 정보를 저장한다.
④ 네트워크에 연결된 사용자 간 정보 교환을 가능하게 해준다.
⑤ 개인 컴퓨터의 파일을 서버에 저장해 준다.

정답 | 해설

DNS(Domain Name System)는 인터넷에서 도메인의 이름과 IP 주소 간의 매핑을 제공하는 서비스이다. 일반적으로 인터넷 사용자는 도메인 이름을 사용하여 웹사이트를 방문하거나 이메일을 보내지만, 실제로 컴퓨터 네트워크는 IP 주소를 사용하여 통신하므로 사용자가 도메인 이름을 입력하면 DNS 서버는 해당 도메인 이름과 매핑된 IP 주소를 제공하여 해당 웹사이트에 접속할 수 있도록 도와준다.

정답 ②

06 다음 중 RAM과 ROM에 대한 설명으로 옳지 않은 것은?

① RAM은 전원이 꺼지면 데이터가 소멸되는 휘발성 저장매체이다.

② RAM은 응용프로그램을 로딩하거나, 데이터를 임시 저장하는 데 사용된다.

③ ROM은 컴퓨터 바이오스에 사용된다.

④ ROM은 RAM에 비해 속도가 비교적 느리다.

⑤ RAM과 ROM 모두 쉽게 삭제나 수정이 가능한 저장매체이다.

정답 | 해설

ROM은 한번 기록을 하고 나면 일반적인 방법으로는 **삭제나 수정이 어렵다.**

정답 ⑤

이론 더하기

RAM과 ROM

• RAM(Random Access Memory)
 – 읽기와 쓰기 모두 가능하다.
 – 휘발성 기억장치로 전원이 꺼지면 데이터가 소실된다.
 – CPU가 모든 주소 위치에 직접 액세스할 수 있다.
 – ROM에 비해 속도가 빠르다.
 – 주기억장치로서 CPU의 연산 및 동작에 필요한 내용이 임시로 저장된다.
• ROM(Read Only Memory)
 – 일반적으로 읽기만 가능하다.
 – 비휘발성 기억장치로 전원이 꺼져도 데이터가 유지된다.
 – 데이터 수정 및 삭제가 불가능하거나 특별한 장치가 필요하다.
 – 컴퓨터 바이오스(BIOS), 펌웨어, 운용체제 저장 등에 사용된다.

07 다음 중 머신러닝에 대한 설명으로 옳지 않은 것은?

① 컴퓨터 프로그램이 데이터를 분석하고 스스로 학습하여 문제를 해결하는 능력을 갖도록 하는 기술이다.

② 패턴인식, 자연어 처리 등 다양한 분야에서 활용된다.

③ 학습 데이터를 분석하여 일반화된 모델을 만든다.

④ 모델의 학습을 위해서는 입력 데이터와 이에 상응하는 정답 데이터(출력 데이터)가 반드시 제공되어야 한다.

⑤ 학습된 모델을 통해 새로운 데이터에 대한 예측을 수행한다.

정답 | 해설

출력 데이터가 제공되지 않아도 데이터의 내부 패턴을 스스로 찾아내는 비지도 학습이 가능하다.

정답 ④

이론 더하기

머신러닝 방식의 종류
- 지도 학습(Supervised Learning) : 입력 데이터와 상응하는 정답을 함께 제공하여 학습하는 방식
- 비지도 학습(Unsupervised Learning) : 입력 데이터만으로 패턴이나 구조를 파악하여 학습하는 방식
- 강화 학습(Reinforcement Learning) : 주체가 환경과 상호작용하여 행동하고, 이에 따른 보상을 최대화하는 방향으로 학습하는 방식

08 다음 중 엑셀의 데이터 입력에 대한 설명으로 옳지 않은 것은?

① 〈Alt〉+〈Enter〉를 누르면 셀 포인터가 아래쪽으로 이동한다.

② 여러 셀에 동일한 내용을 입력하는 단축키는 〈Ctrl〉+〈Enter〉이다.

③ 〈Shift〉+〈Tab〉을 누르면 셀 포인터를 셀의 왼쪽으로 이동시킬 수 있다.

④ 데이터 입력 도중 입력을 취소하려면 〈Esc〉키를 클릭한다.

정답 | 해설

〈Alt〉+〈Enter〉를 누르면 하나의 셀에서 줄 바꿈이 되어 두 줄 이상의 데이터를 입력할 수 있다.

정답 ①

09 다음 중 올바른 개인정보 이용에 대한 설명으로 적절하지 않은 것은?

① 최대한의 정보를 이용한다.
② 이용 목적을 명확하게 밝힌다.
③ 정보의 정확성, 완전성 및 최신성이 보장되도록 한다.
④ 정보주체의 동의를 받은 경우 제3자에게 개인정보를 제공할 수 있다.

정답 **해설**

개인정보보호법에 따르면 개인정보처리자는 개인정보의 처리 목적을 명확하게 밝혀야 하고, 그 목적에 필요한 범위에서 **최소한의 개인정보만을** 적법하고 정당하게 사용하여야 한다.

정답 ①

이론 더하기

개인정보

개인정보란 생존하는 개인에 관한 정보로서 정보에 포함되어 있는 성명, 주민등록번호 등의 사항에 의하여 개인을 식별할 수 있는 정보를 말한다.

① 개인정보의 종류

구분	내용
일반 정보	이름, 주민등록번호, 운전면허번호, 주소, 전화번호, 생년월일, 출생지, 본적지, 성별, 국적 등
가족 정보	가족의 이름, 직업, 생년월일, 주민등록번호, 출생지 등
교육 및 훈련 정보	최종학력, 성적, 기술자격증 / 전문면허증, 이수훈련 프로그램, 서클 활동, 상벌 사항, 성격 / 행태보고 등
병역 정보	군번 및 계급, 제대유형, 주특기, 근무부대 등
부동산 및 동산 정보	소유주택 및 토지, 자동차, 저축현황, 현금카드, 주식 및 채권, 수집품, 고가의 예술품, 보석 등
소득 정보	연봉, 소득의 원천, 소득세 지불 현황 등
기타 수익 정보	보험가입 현황, 수익자, 회사의 판공비 등
신용 정보	대부 상황, 저당, 신용카드, 담보설정 여부 등
고용 정보	고용주, 회사주소, 상관의 이름, 직무수행 평가 기록, 훈련기록, 상벌기록 등
법적 정보	전과기록, 구속기록, 이혼기록 등
의료 정보	가족병력기록, 과거 의료기록, 신체장애, 혈액형 등
조직 정보	노조가입, 정당가입, 클럽회원, 종교단체 활동 등
습관 및 취미 정보	흡연 / 음주량, 여가활동, 도박성향, 비디오 대여기록 등

② 개인정보 유출 방지 방법
ㄱ 회원 가입 시 이용 약관 읽기
ㄴ 이용 목적에 부합하는 정보를 요구하는지 확인하기
ㄷ 비밀번호를 정기적으로 변경하기
ㄹ 정체불명의 사이트는 멀리하기
ㅁ 가입 해지 시 정보 파기 여부 확인하기
ㅂ 흔한 비밀번호 쓰지 않기

10 다음 글에서 설명하는 함수로 옳은 것은?

> 주어진 조건에 의해 지정된 셀들의 합계를 구하는 함수로, 특정 문자로 시작하는 셀들의 합계를 구하는 경우, 특정 금액 이상의 셀 합계를 구하는 경우, 구분 항목별 합계를 구하는 경우 등 다양하게 사용할 수 있다.

① SUM
② COUNT
③ AVERAGEA
④ SUMIF
⑤ COUNTIF

정답 | **해설**

SUMIF는 주어진 조건에 의해 지정된 셀들의 합계를 구하는 함수로 조건에 맞는지를 검사할 셀들을 지정하는 Range, 조건을 입력하는 Criteria, 합계를 구하는 셀들의 범위를 지정하는 Sum_range까지 총 3개의 인수가 있다.

[오답분석]
① SUM : 셀들의 합계를 구할 때 사용하는 함수
② COUNT : 숫자가 들어 있는 셀의 개수를 구할 때 사용하는 함수
③ AVERAGEA : 수치가 아닌 셀을 포함하는 인수의 평균값을 구할 때 사용하는 함수
⑤ COUNTIF : 지정된 범위에서 조건에 맞는 셀의 개수를 구할 때 사용하는 함수

정답 ④

이론 더하기

자주 쓰는 엑셀 함수

SUM	셀 내 각 숫자의 값을 합해주는 함수
IF	조건에 맞는 참값과 맞지 않는 거짓값을 구별하는 함수
LOOKUP	두 가지 조건을 만족하는 값을 찾는 함수
VLOOKUP	표나 범위 내에서 해당하는 항목을 찾는 함수
CHOOSE	첫 번째 인수로 나머지 여러 값 중의 한 값을 선택하는 함수
DATE	셀에 나뉘어 있는 번호를 일렬로 만들어 주는 함수
DAYS360	두 날짜 사이의 일수를 계산해주는 함수
FIND	기존 문자열에서 원하는 문자를 찾은 뒤, 문자 위치를 숫자로 반환해주는 함수
MID	텍스트의 시작 위치부터 지정 개수만큼 추출하는 함수
MOD	숫자를 나눈 후 나머지를 구하는 함수

11 다음 중 엑셀의 기능에 대한 설명으로 옳지 않은 것은?

① 대문자와 소문자를 구분하도록 정렬 옵션을 설정하고 오름차순으로 정렬하면 소문자가 대문자보다 우선순위를 갖는다.

② 행 높이와 열 너비를 변경하여도 자동 페이지 나누기의 위치는 변경되지 않는다.

③ 날짜 데이터는 슬래시(/)를 이용하여 연, 월, 일을 구분할 수 있다.

④ 내림차순 정렬일 때 빈 셀은 마지막으로 정렬된다.

정답 | 해설

행 높이와 열 너비를 변경하면 **자동 페이지 나누기의 위치도 변경**된다.

정답 ②

문제풀이 Tip

엑셀과 관련된 문제는 다수의 기업에서 꾸준히 출제되는 문제 유형이다. 기능 활용과 같은 문제의 경우 단기간에 벼락치기로 학습한다고 해서 큰 효과를 보기는 어려우므로 자주 활용되는 단축키나 함수 등을 우선적으로 외우되, 컴퓨터활용능력 문제 전반을 꾸준히 공부하여 내실을 다질 수 있도록 한다.

이론 더하기

자주 쓰는 엑셀 단축키 모음

F4	마지막 동작 반복
〈Ctrl〉+9 / 0	행(9) / 열(0) 숨기기
〈Ctrl〉+〈PageDown / Up〉	시트 이동
〈Ctrl〉+F10	화면 확대 / 축소
〈Ctrl〉+〈F〉 / 〈H〉	찾기〈F〉 / 바꾸기〈H〉
〈Ctrl〉+〈~〉	수식 보기
〈Alt〉+〈↓〉	현재 열의 셀값 드롭다운
〈Ctrl〉+〈:〉	작성날짜 입력
〈Ctrl〉+〈↑〉 / 〈↓〉	데이터 최상단 / 최하단 이동하기
〈Ctrl〉+〈A〉 / 〈*〉	전체시트〈A〉 / 현재 테이블〈*〉 셀 전체 선택
〈Ctrl〉+〈Shift〉+〈1〉	1000 단위 숫자 구분 쉼표
〈Ctrl〉+〈5〉	취소선 긋기

12 N은행은 구입한 비품에 '등록순서 – 제조국가 – 구입일'의 형식으로 관리번호를 부여한다. 다음 스프레드시트에서 [F2] 셀과 같이 비품별 제조국가의 약자를 기입하고자 할 때, [F2] 셀에 들어갈 함수식으로 옳은 것은?

◢	A	B	C	D	E	F
1	등록순서	제품명	관리번호	구입일	가격	제조국가
2	1	A	1-US-0123	1월 23일	12,000	US
3	2	B	2-KR-0130	1월 30일	11,400	
4	3	C	3-US-0211	2월 11일	21,700	
5	4	D	4-JP-0216	2월 16일	34,800	
6	5	E	5-UK-0317	3월 17일	21,000	
7	6	F	6-UK-0321	3월 21일	61,100	
8	7	G	7-KR-0330	3월 30일	20,000	
9	8	H	8-US-0412	4월 12일	16,000	

① $=\text{SEARCH}(C2,3,2)$ ② $=\text{SEARCH}(C2,3,3)$

③ $=\text{MID}(C2,2,2)$ ④ $=\text{MID}(C2,3,2)$

⑤ $=\text{MID}(C2,3,3)$

정답 해설

[C2] 셀의 관리번호의 3번째 문자부터 2개를 반환해야 하므로 MID 함수를 사용해야 한다.
MID 함수의 구문은 「=MID(추출할 문자열, 시작위치, 추출할 문자수)」이므로, 「=MID(C2,3,2)」가 [F2] 셀에 들어갈 함수식으로 옳다.

정답 ④

13 엑셀 프로그램에서 왼쪽과 같은 데이터를 정렬 기능을 사용하여 오른쪽과 같이 정렬할 때, 열과 정렬에 들어갈 항목이 바르게 연결된 것은?

◢	A	B	C
1	이름	성별	나이
2	이선영	여	24
3	박영현	남	19
4	서지웅	남	21
5	주아영	여	23
6	배지은	여	34
7	신광민	남	31
8	우영민	남	28
9	유민지	여	35

→

◢	A	B	C
1	이름	성별	나이
2	박영현	남	19
3	서지웅	남	21
4	주아영	여	23
5	이선영	여	24
6	우영민	남	28
7	신광민	남	31
8	배지은	여	34
9	유민지	여	35

	열	정렬			열	정렬
①	이름	오름차순		②	성별	내림차순
③	성별	오름차순		④	나이	내림차순
⑤	나이	오름차순				

정답 **해설**

오른쪽의 데이터는 나이가 적은 사람부터 많은 사람 순으로 정렬되어 있다. 따라서 열에는 '나이', 정렬에는 '오름차순'을 선택해야 오른쪽과 같이 정렬된다.

정답 ⑤

14 귀하는 이번 달 행사 일정을 정리하기 위하여 다음과 같이 파일을 작성하고 있다. 워크시트에서 [A1:B1] 영역을 선택한 후 채우기 핸들을 이용하여 [B3] 셀까지 드래그했을 때 [A3] 셀, [B3] 셀의 값으로 옳은 것은?

〈출근시간 워크시트〉

◢	A	B
1	가―011	01월15일
2		
3		
4		

① 다―011, 01월17일

② 가―013, 01월17일

③ 가―013, 03월15일

④ 다―011, 03월15일

⑤ 가―011, 01월15일

정답 해설

문자와 숫자가 혼합된 영역을 채우기 핸들로 드래그 입력할 경우 문자는 복사되고 숫자는 하나씩 증가한다. 단 날짜는 1일 단위, 시간은 1시간 단위로 증가한다.

정답 ②

이론 더하기

채우기 핸들로 입력하기

데이터 입력 후 채우기 핸들을 이용하여 입력하는 경우는 다음과 같다.

• 숫자 데이터를 입력한 경우

① 숫자 데이터 입력 후 채우기 핸들을 하면 똑같은 데이터가 복사된다.

② 숫자 데이터 입력 후 〈Ctrl〉키를 누른 채로 채우기 핸들을 하면 하나씩 증가한다.

• 문자 데이터를 입력한 경우

문자 데이터 입력 후 채우기 핸들을 하면 똑같은 데이터가 복사된다.

• 문자+숫자 혼합하여 입력한 경우

① 문자+숫자를 혼합하여 입력 후 채우기 핸들을 하면 문자는 복사되고 숫자가 하나씩 증가한다.

② 문자+숫자를 혼합하여 입력 후 〈Ctrl〉키를 누른 채로 채우기 핸들을 하면 똑같은 데이터가 복사된다.

③ 숫자가 2개 이상 섞여 있을 경우에는 마지막 숫자만 하나씩 증가한다.

• 날짜/시간 데이터

① 날짜 입력 후 채우기 핸들을 하면 1일 단위로 증가한다.

② 시간 입력 후 채우기 핸들을 하면 1시간 단위로 증가한다.

15 다음 엑셀에서 현재를 기준으로 재직기간이 8년 이상인 재직자의 수를 구하려고 한다. 재직연수를 구하는 함수를 [D2]에 넣고 드래그한 후 [F2]에 앞서 구한 재직연수를 이용하여 조건에 맞는 재직자 수를 구하는 함수를 넣으려 할 때, 각 셀에 넣을 알맞은 함수는?

	A	B	C	D	E	F
1	재직자	부서	입사일	재직연수		6년 이상 재직자 수
2	K씨	인사팀	2011-12-21			
3	O씨	회계팀	2009-05-01			
4	G씨	개발팀	2010-10-25			
5	J씨	경영팀	2005-05-05			
6	M씨	마케팅팀	2009-11-02			
7	L씨	디자인팀	2012-02-05			
8	C씨	물류팀	2013-05-07			
9						

	[D2]	[F2]
①	=DATEDIF(C2,TODAY( ),"Y")	=COUNTIF(D2:D8,">=8")
②	=DATEDIF(C2,TODAY( ),Y)	=COUNTIF(D2:D8,>=8)
③	=DATEDIF(C2,NOW( ),"Y")	=COUNTIF(D2:D8,>=8)
④	=DATEDIF(C2,TODAY( ),Y)	=COUNTIF(D2:D8,"<=8")
⑤	=DATEDIF(C2,TODAY( ),"M")	=COUNTIF(D2:D8,"<=8")

정답 해설

엑셀에서 기간을 구하는 함수는 DATEDIF(시작일,종료일,구분 "Y/M/D")로, 재직연수를 구해야 하므로 구분에는 연도로 나타내주는 "Y"가 들어간다. 현재로부터 재직기간을 구하는 것이므로 현재의 날짜를 나타내는 TODAY( ) 함수를 사용해도 되고, 현재 날짜와 시간까지 나타내는 NOW( ) 함수를 사용해도 된다. 조건에 맞는 셀의 개수를 구하는 함수는 COUNTIF(범위,조건)이고 8년 이상이라고 했으므로 조건에는 ">=8"이 들어가야 한다.

정답 ①

※ 다음은 C언어의 연산자에 대한 설명이다. 이어지는 물음에 답하시오. [16~17]

구분	연산자	설명
비트	~	비트를 반전시킨다.
	&	대응되는 비트가 모두 1일 때 1이다(and).
	|	대응되는 비트가 모두 0일 때 0이다(or).
	^	두 개의 비트가 달라야 1이다.
논리	!	논리식의 진위를 반대로 만든다(not).
	&&	논리식이 모두 참이어야 참이다.
	||	논리식 중 하나만 참이면 참이다.
관계	==	좌변과 우변이 같다.
	!=	좌변과 우변이 다르다
	〉	좌변이 우변보다 크다.
	〈	좌변이 우변보다 작다.
	〉=	좌변이 우변보다 크거나 같다.
	〈=	좌변이 우변보다 작거나 같다.
산술	%	두 연산자를 나눈 후 몫은 버리고 나머지 값만 취한다.

| 2021 NH농협은행 6급

16 다음 프로그램의 실행 결과는?

```
#include 〈stdio.h〉
void main( ) {
    int a = 9 % 6;
    int b = 20 % 7;
    if ( !(a == b) ) {
        printf("%d", a + b);
    } else {
        printf("%d", a * b);
    }
}
```

① 3
② 6
③ 9
④ 18
⑤ −6

정답 **해설**

% 연산자는 나머지를 구해주는 연산자이다. '9 % 6'의 결과는 3, '20 % 7'의 결과는 6이다. a의 값과 b의 값을 비교하면 같지 않기 때문에 결과는 거짓이지만 결괏값에 !(역)을 취했기 때문에 if문은 참을 만족하게 되어 a+b의 9가 실행 결과이다.

정답 ③

17 다음 프로그램의 실행 결과는?

```
#include <stdio.h>
void main( ) {
    int a = 7;
    int b = 8;
    if ( a < b ) {
        printf("%d", a | b);
    } else {
        printf("%d", a & b);
    }
}
```

① 3

② 7

③ 10

④ 15

⑤ 17

정답 | 해설

a값과 b값을 비교하였을 때, b의 값이 크면 'a | b'를 수행하고, 아니라면 'a & b'를 수행하는 프로그램이다. '|'는 두 개의 값 중 하나만 참(1)이라면 참을 반환하고, '&'는 두 개의 값이 둘 다 참(1)일 때만 참을 반환한다. b의 값이 크기 때문에 'a | b'를 수행하게 되며 먼저 비트 연산을 하기 위해서 각 값을 2진수로 변환하면 7은 2진수 0111, 8은 2진수 1000으로 표현된다. 이 값들을 '|' 연산을 하게 되면 결과는 1111이 된다. 2진수 1111을 다시 10진수로 표현하면 15가 된다.

정답 ④

| 2022 NH농협은행 6급

18

```java
public class test {
public static void main(String[ ] args) {
int i , sum = 0;
for ( i = 1; i <= 110; i++) {
if( i % 4 == 0)
sum = sum + 1;
}
System.out.printf("%d", sum);
}
}
```

① 25   ② 26

③ 27   ④ 28

⑤ 29

정답 | 해설

if(i % 4==0)에서, i가 4의 배수일 때, sum=sum+1이 수행된다.

I가 1부터 110까지 1씩 증가될 때 4의 배수가 나오면 sum에 +1이 되기 때문에 110 이하의 4의 배수의 개수를 구하면 sum을 알 수 있다. 따라서 110/4=27이다.

정답 ③

19

```
public class test {
public static int r10() {
return 7;
}

public static int r100() {
return (20+r10());
}

public static int r1000() {
return (500+r100());
}

public static void main(String[ ] args) {
System.out.printf("%d\n", r1000());


}


}
```

① 7

② 20

③ 27

④ 527

⑤ 554

정답 | **해설**

Main 함수에서 r1000( ) 함수를 호출하고, r1000( ) 함수에서 r100( ) 함수를, r100( ) 함수에서 r10( ) 함수를 호출한다. 이 과정에서 500과 20, 7이 누적되어 527이라는 결괏값이 출력된다.

정답 ④

20 다음 시트에서 [E2] 셀에 「=DCOUNT(A1:C9,2,A12:B14)」 함수를 입력했을 때 결괏값으로 옳은 것은?

▲	A	B	C	D	E
1	부서	성명	나이		결괏값
2	영업부	이합격	28		
3	인사부	최시대	29		
4	총무부	한행복	33		
5	영업부	김사랑	42		
6	영업부	오지현	36		
7	인사부	이수미	38		
8	총무부	이지선	37		
9	총무부	한기수	25		
10					
11					
12	부서	나이			
13	영업부				
14		>30			

① 0
② 2
③ 3
④ 6
⑤ 7

정답 **해설**

DCOUNT 함수는 범위에서 조건에 맞는 레코드 필드 열에 수치 데이터가 있는 셀의 개수를 계산하는 함수(목록 범위, 목록의 열 위치, 조건 범위)이다. [E2] 셀에 입력한 「=DCOUNT(A1:C9,2,A12:B14)」 함수를 볼 때, [A1:C9] 목록 범위의 두 번째 열은 수치 데이터가 없으므로 결괏값은 0이 산출된다.

정답 ①

21 다음 시트에서 [E10] 셀에 수식 「＝INDEX(E2:E9,MATCH(0,D2:D9,0))」를 입력했을 때, [E10] 셀에 표시되는 결과로 옳은 것은?

	A	B	C	D	E
1	부서	직위	사원명	근무연수	근무월수
2	재무팀	사원	이수연	2	11
3	교육사업팀	과장	조민정	3	5
4	신사업팀	사원	최지혁	1	3
5	교육컨텐츠팀	사원	김다연	0	2
6	교육사업팀	부장	민경희	8	10
7	기구설계팀	대리	김형준	2	1
8	교육사업팀	부장	문윤식	7	3
9	재무팀	대리	한영혜	3	0
10					

① 0
② 1
③ 2
④ 3
⑤ 4

정답 | **해설**

INDEX 함수는 「＝INDEX(배열로 입력된 셀의 범위, 배열이나 참조의 행 번호, 배열이나 참조의 열 번호)」 MATCH 함수는 「＝MATCH(찾으려고 하는 값, 연속된 셀 범위, 되돌릴 값을 표시하는 숫자)」로 표시되기 때문에 「＝INDEX(E2:E9,MATCH (0,D2:D9,0))」을 입력하면 근무연수가 0인 사람의 근무월수가 셀에 표시된다. 따라서 2이다.

정답 ③

22 N기업은 출근 시스템 단말기에 직원들이 카드로 출근 체크를 하면 엑셀 워크시트에 실제 출근시간 (B4:B10) 데이터가 자동으로 전송되어 입력된다. 총무부에서 근무하는 귀하가 데이터에 따라 직원들의 근태상황을 체크하려고 할 때, [C8] 셀에 입력할 함수는?(단, 9시까지는 출근으로 인정한다)

〈출근시간 워크시트〉

	A	B	C	D
1			날짜	2024.01.11
2		〈직원별 출근 현황〉		
3	이름	체크시간	근태상황	비고
4	이청용	7:55		
5	이하이	8:15		
6	구자철	8:38		
7	박지민	8:59		
8	손흥민	9:00		
9	박지성	9:01		
10	홍정호	9:07		

① =IF(B8>=TIME(9,1,0),"지각","출근")

② =IF(B8>=TIME(9,1,0),"출근","지각")

③ =IF(HOUR(B8)>=9,"지각","출근")

④ =IF(HOUR(B8)>=9,"출근","지각")

⑤ =IF(B8>=TIME(9,0,0),"지각","출근")

정답 | **해설**

IF 함수는 논리 검사를 수행하여 TRUE나 FALSE에 해당하는 값을 반환해주는 함수이다. 제시문에서 9시까지는 출근으로 인정한다고 했으므로 [C8] 셀에 입력할 함수는 「=IF(B8>=TIME(9,1,0),"지각","출근")」이 적절하다.

오답분석

② 결괏값이 출근과 지각이 바뀌어 나타난다.

③・⑤ 9시 정각에 출근한 손흥민이 지각으로 표시된다.

정답 ①

23 N사 인사팀에 근무하는 L주임은 다음과 같이 하반기 공채 지원자들의 PT면접 점수를 입력한 후 면접 결과를 정리하고자 한다. 이를 위해 [F3] 셀에 〈보기〉와 같은 함수를 입력하고, 채우기 핸들을 이용하여 [F6] 셀까지 드래그했을 때, [F3] ~ [F6] 셀에 나타나는 결괏값으로 옳은 것은?

	A	B	C	D	E	F
1						(단위 : 점)
2	이름	발표내용	발표시간	억양	자료준비	결과
3	조재영	85	92	75	80	
4	박슬기	93	83	82	90	
5	김현진	92	95	86	91	
6	최승호	95	93	92	90	

보기

$$=IF(AVERAGE(B3:E3)>=90,"합격","불합격")$$

	[F3]	[F4]	[F5]	[F6]
①	불합격	불합격	합격	합격
②	합격	합격	불합격	불합격
③	합격	불합격	합격	불합격
④	불합격	합격	불합격	합격
⑤	불합격	불합격	불합격	합격

정답 | 해설

'AVERAGE(B3:E3)'는 [B3:E3] 범위의 평균을 나타낸다. 또한, IF 함수는 논리 검사를 수행하여 TRUE나 FALSE에 해당하는 값을 반환해주는 함수이다. 즉, 「=IF(AVERAGE(B3:E3)>=90,"합격","불합격")」 함수는 [B3:E3] 범위의 평균이 90 이상일 경우 '합격'이, 그렇지 않을 경우 '불합격'이 입력된다. [F3] ~ [F6]의 각 셀에 나타나는 [B3:E3], [B4:E4], [B5:E5], [B6:E6]의 평균값은 83, 87, 91, 92.5이므로 [F3] ~ [F6] 셀에 나타나는 결괏값은 ①이다.

정답 ①

24 다음 중 Windows 탐색기에서 사용하는 바로가기 키에 대한 설명으로 옳지 않은 것은?

① 〈F4〉 : 선택한 파일 / 폴더의 이름 변경하기

② 〈F3〉 : 검색

③ 〈F1〉 : 도움말 보기

④ 〈F5〉 : 목록 내용을 최신 정보로 수정

⑤ 〈Alt〉+〈F4〉 : 탐색기 종료

정답 | 해설

선택한 파일 / 폴더의 이름을 변경하는 키는 〈F2〉이다.

정답 ①

이론 더하기

파일 탐색기
Windows의 기본 프로그램으로 단축키는 'Window 로고 키+〈E〉'이다. 주로 파일 검색을 위하여 사용되며 선택된 해당 드라이브별 파일을 검색할 수 있다.

25 다음 워크시트의 데이터 입력에 대한 설명 중 옳은 것은?

① 숫자와 문자가 혼합된 데이터가 입력되면 문자열로 입력된다.

② 문자 데이터는 기본적으로 오른쪽으로 정렬된다.

③ 날짜 데이터는 자동으로 셀의 왼쪽으로 정렬된다.

④ 수치 데이터는 셀의 왼쪽으로 정렬된다.

⑤ 시간 데이터는 세미콜론(;)을 이용하여 시, 분, 초를 구분한다.

정답 | 해설 ──────────────────────────────○

숫자와 문자가 혼합된 데이터는 **문자열로 입력**되며, 문자 데이터와 같이 **왼쪽으로 정렬**된다.

[오답분석]
② 문자 데이터는 기본적으로 <u>왼쪽으로 정렬</u>된다.
③ 날짜 데이터는 자동으로 <u>셀의 오른쪽으로 정렬</u>된다.
④ 수치 데이터는 <u>셀의 오른쪽으로 정렬</u>된다.
⑤ 시간 데이터는 세미콜론(;)이 아니라 <u>콜론(:)</u>을 사용한다.

정답 ①

26 다음 〈보기〉 중 Windows 환경에서 키 조합과 그 기능이 바르게 연결된 것을 모두 고르면?

> **보기**
>
> ㉠ Windows 로고 키+〈E〉 : 활성창을 새로 고친다.
> ㉡ Windows 로고 키+〈K〉 : 연결 바로가기를 연다.
> ㉢ 〈Ctrl〉+〈A〉 : 문서나 창에 있는 모든 항목을 선택한다.
> ㉣ 〈Ctrl〉+〈Y〉 : 선택한 항목을 잘라낸다.

① ㉠, ㉡   ② ㉠, ㉢

③ ㉡, ㉢   ④ ㉡, ㉣

⑤ ㉢, ㉣

정답 **해설**

[오답분석]
㉠ Windows 로고 키+〈E〉 : 파일 탐색기를 연다.
㉣ 〈Ctrl〉+〈Y〉 : 작업을 다시 실행한다.

정답 ③

---

27 다음 중 '장치 및 프린터 설정'에서 할 수 있는 것이 아닌 것은?

① 장치 추가   ② 프린터 추가
③ 네트워크 상태   ④ 인쇄 작업 목록 보기

정답 **해설**

네트워크 상태는 [제어판] – [네트워크 및 인터넷] – [네트워크 및 공유 센터]에서 확인 가능하다.

정답 ③

> **문제풀이 Tip**
>
> 프린터 관련 설정 및 기능의 경우 문제로 자주 출제되는 것은 물론 실제 회사 업무에서도 흔히 쓰이는 기능 중 하나이다. 따라서 엑셀 스프레드시트의 함수나 기능, 그리고 워드프로세서에서 자주 쓰이는 단축키 등과 함께 입사 전에 미리 숙지해 두면 큰 도움이 될 것이다.

28 N은행은 사원들만 이용할 수 있는 사내 공용 서버를 운영하고 있다. 이 서버에는 아이디와 패스워드를 입력하지 않고 자유롭게 접속하여 업무 관련 파일들을 올리고 내릴 수 있다. 하지만 얼마 전부터 공용 서버의 파일을 다운로드받은 개인용 컴퓨터에서 바이러스가 감지되어, 우선적으로 공용 서버의 바이러스를 모두 제거하였다. 이런 상황에서 발생한 문제에 대처하기 위한 추가 조치 사항으로 적절한 것을 〈보기〉에서 모두 고른 것은?

> **보기**
> ㉠ 접속하는 모든 컴퓨터를 대상으로 바이러스를 치료한다.
> ㉡ 공용 서버에서 다운로드한 파일을 모두 실행한다.
> ㉢ 접속 후에는 쿠키를 삭제한다.
> ㉣ 임시 인터넷 파일의 디스크 공간을 최대로 늘린다.

① ㉠, ㉡
② ㉠, ㉢
③ ㉡, ㉢
④ ㉢, ㉣
⑤ ㉡, ㉣

정답 | 해설

㉠ 공용 서버 안의 모든 바이러스를 치료한 후에 접속하는 모든 컴퓨터를 대상으로 바이러스 검사를 하고 치료해야 한다.
㉢ 쿠키는 공용으로 사용하는 PC로 인터넷에 접속했을 때 개인정보 유출을 방지하기 위해 삭제한다.

[오답분석]
㉡ 다운로드받은 감염된 파일을 모두 실행하면 바이러스가 더욱 확산된다.
㉣ 임시 인터넷 파일의 디스크 공간 크기는 바이러스 치료와 큰 연관이 없다.

정답 ②

이론 더하기

컴퓨터 바이러스(Computer Virus)
스스로를 복제하여 컴퓨터를 감염시키는 컴퓨터 프로그램의 총칭으로, 복제 기능이 없는 다른 종류의 악성 코드나 애드웨어, 스파이웨어와 혼동하여 쓰이는 경우도 있다.
바이러스는 한 컴퓨터에서 다른 컴퓨터로 확산할 수 있는데 그 경로는 인터넷이나 네트워크를 비롯해 CD나 USB 드라이브 등 다양하다.

작은 기회로부터 종종 위대한 업적이 시작된다.

– 데모스테네스 –

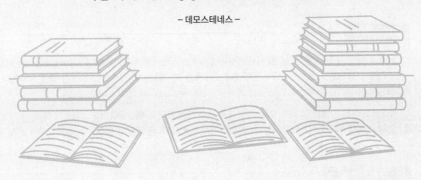

PART **2**

직무상식평가

01 | 농업 · 농촌 상식

▎2023 NH농협은행 6급

01 다음 중 농촌진흥지역에 대한 설명으로 옳지 않은 것은?

① 농촌진흥지역의 지정은 전국의 모든 녹지지역을 대상으로 한다.

② 농업진흥지역은 농업진흥구역과 농업보호구역으로 구분하여 지정된다.

③ 시·도지사는 농림축산식품부장관의 승인을 받아 농업진흥지역을 지정한다.

④ 농업보호구역은 농업진흥구역의 용수원 확보 등 농업 환경을 보호하기 위해 지정된 곳이다.

⑤ 농업진흥구역은 일정 규모의 농지가 집단화되어 농업 목적으로 이용할 필요가 있는 지역이다.

| 정답 | 해설 |

농업진흥지역은 농지를 효율적으로 이용하고 보전하기 위해 지정하는 것으로, 농업진흥구역과 농업보호구역으로 나뉜다. 농업진흥구역은 농업의 진흥을 도모하여야 하는 지역으로 농림축산식품부장관이 정하는 규모로 농지가 집단화되어 농업 목적으로 이용할 필요가 있는 지역을 뜻하며, 농업보호구역은 농업진흥구역의 용수원 확보, 수질 보전 등 농업 환경을 보호하기 위하여 필요한 지역을 뜻한다.

농업진흥지역은 농림축산식품부장관의 승인을 받아 시·도지사가 지정하며, 국토의 계획 및 이용에 관한 법률에 따른 녹지지역, 관리지역, 농림지역 및 자연환경보전지역을 대상으로 한다(단, 특별시의 녹지지역은 제외한다).

정답 ①

02 다음 중 정밀농업에 대한 설명으로 옳지 않은 것은?

① 농경지 및 농작물의 상태, 환경, 조건 등을 모니터링한다.

② IoT 기반 데이터 수집을 통해 농업인에게 정밀한 정보 제공이 가능하다.

③ 토양과 작물의 특성에 맞춰 최적화한 농법으로 경제성과 친환경 모두 충족이 가능하다.

④ 철저한 계산을 통해 최대한 많은 자원을 투입하여 고품질의 생산을 하는 농업이다.

⑤ 환경오염을 줄이고 다량의 농작물을 생산할 수 있다.

정답 해설

정밀농업(Precision Agriculture)은 비료, 물, 노동력 등의 **투입자원을 최소화**하면서 **생산량을 최대화**시키는 농업생산방식으로 토양의 특성과 작물 상태, 기후 조건 등을 모니터링하고 분석해 최적의 소모량을 산출하여 에너지 소비를 줄이고, 고품질의 농작물 생산을 최대화하는 것을 목적으로 한다. 또한 최근 4차 산업혁명으로 사물인터넷(IoT), 클라우드, 빅데이터, 인공지능, 드론 등의 기술과 접목하여 농업인에게 정밀한 정보 및 최적화 예측 등 다양한 데이터를 제공한다.

정답 ④

03 다음 〈보기〉에서 가축전염예방법에서 정한 1종 법정전염병을 모두 고르면?

보기

㉠ 구제역 ㉡ 고병원성 조류인플루엔자
㉢ 광견병 ㉣ 뉴캣슬병
㉤ 브루셀라병 ㉥ 아프리카돼지열병

① ㉠, ㉡, ㉢, ㉣ ② ㉠, ㉡, ㉣, ㉥

③ ㉡, ㉢, ㉤, ㉥ ④ ㉡, ㉣, ㉤, ㉥

⑤ ㉢, ㉣, ㉤, ㉥

정답 해설

가축전염병예방법에서 가축전염병은 전파력, 병원성, 국내발생 여부, 피해 정도 등에 따라 총 65종을 지정하여 관리하고 있으며, 종별 대표 전염병은 다음과 같다.

• 1종 법정전염병 : 구제역, **고병원성 조류인플루엔자, 아프리카돼지열병,** 돼지열병, **뉴캣슬병** 등 15종
• 2종 법정전염병 : 결핵병, 브루셀라병, 소해면상뇌증, 돼지오제스키병, 광견병 등 32종
• 3종 법정전염병 : 소렙토스피라병, 돼지생식기호흡기증후군, 저병원성 조류인플루엔자 등 18종

정답 ②

04 다음 중 농협이 기존에 진행해왔던 일방향적인 농업·농촌운동과 달리 도시와 농촌의 1 대 1 쌍방향 소통 및 교류를 중점으로 진행하는 농업·농촌운동에 해당하는 것은?

① 디지털 새마을 운동

② 농산어촌 유토피아 마을

③ 농촌사랑 1사1촌 자매결연

④ 농업농촌 탄소중립 실천 운동

⑤ 또 하나의 마을 만들기 운동

정답 | 해설

또 하나의 마을 만들기 운동은 기업 또는 단체 대표와 소속 임직원들이 각각 농촌마을의 명예이장과 명예주민으로 위촉받아 도시와 농촌이 1 대 1 쌍방향으로 교류하는 운동이다. 이를 통해 도시민은 농촌으로부터 농산물이나 쉼터를 제공받고, 농촌인은 도시로부터 마을 특성화 사업을 포함한 여러 지원을 받고 있다.

[오답분석]

① 디지털 새마을 운동 : 농촌에 정보통신기술을 결합한 것으로, 농민들이 직접 재배한 농작물을 인터넷을 통해 판매하는 전자상거래가 이에 해당된다.

② 농산어촌 유토피아 마을 : 기존 농촌마을이 아닌 새로운 농촌마을을 만들어 해당 농촌마을에서 행복한 삶을 누릴 수 있도록 경제적·행정적으로 지원받을 수 있는 마을이다.

③ 농촌사랑 1사1촌 자매결연 : 농촌마을의 일손을 돕기 위한 인력 제공 및 농산물의 판매경로 제공이 주된 내용으로, 농촌을 향한 일방적인 지원 운동이다.

④ 농업농촌 탄소중립 실천 운동 : 농산물 재배과정에서 발생할 수 있는 탄소사용을 줄이는 운동으로, 일회용품 줄이기 폐기 농약물품 분리배출하기 등이 이에 해당한다.

정답 ⑤

05 다음 중 농산어촌 유토피아에 대한 설명으로 옳은 것은?

① 전국 농촌지역을 대상으로 2022년부터 시범 시행되는 사업이다.

② 기존의 낙후된 농촌들을 중심으로 다양한 지원 사업을 펼쳐 농촌에 활력을 불어넣는 사업이다.

③ 마을개발, 주거, 교육, 문화, 복지, 인프라향상, 일자리지원, 지역역량강화 등의 사업 중 각 마을이 필요로 하는 사업을 개별적으로 선택하여 지원받는 사업이다.

④ 농촌유학생은 홈스테이형, 지역센터형, 가족체류형 중 하나의 형태로 농촌지역에 체류할 수 있다.

⑤ 농촌유학생은 교육청을 통해 지원금을 지원받을 수 있으며, 해당 지원금이 종료될 경우 농촌유학 또한 종료된다.

정답 | 해설 ⎯⎯⎯⎯⎯⎯⎯⎯⎯⎯⎯⎯⎯⎯⎯⎯⎯⎯⎯⎯⎯⎯⎯⎯⎯⎯⎯⎯⎯⎯⎯⎯○

농촌유학생은 유학생 본인만 지역농가에 거주하는 **홈스테이형** 또는 지역센터에 거주하는 **지역센터형**과 유학생을 포함한 가족 모두 함께 거주하는 **가족체류형** 중 하나의 형태로 농촌지역에서의 거주를 결정한다.

오답분석

① 전국이 아닌 일부 농촌지역을 대상으로 2022년부터 시범적으로 시행된 사업이다.

② 농산어촌 유토피아는 기존의 농촌지역이 아닌 새로운 땅 위에 새로운 농촌을 세우는 사업이다.

③ 농산어촌 유토피아로 선정된 마을은 마을개발, 주거, 교육, 문화, 복지, 인프라향상, 일자리지원, 지역역량강화 등의 사업을 총괄적으로 지원받을 수 있다.

⑤ 농촌유학생은 교육청을 통해 농촌유학에 필요한 지원금을 지급받을 수 있으며, 지원금이 종료된 후에도 개인의 선택에 의해 농촌유학을 계속할 수 있다.

정답 ④

06 다음 〈보기〉에 제시된 농촌운동을 시간 순서대로 배열한 것은?

> **보기**
>
> ㉠ 농촌사랑운동 ㉡ 새농민운동
> ㉢ 신토불이운동 ㉣ 새마을운동
> ㉤ 농도불이운동

① ㉠ - ㉡ - ㉢ - ㉣ - ㉤ ② ㉡ - ㉣ - ㉢ - ㉤ - ㉠

③ ㉡ - ㉤ - ㉠ - ㉣ - ㉢ ④ ㉢ - ㉡ - ㉣ - ㉠ - ㉤

⑤ ㉢ - ㉣ - ㉤ - ㉡ - ㉠

정답 | 해설 ⎯⎯⎯⎯⎯⎯⎯⎯⎯⎯⎯⎯⎯⎯⎯⎯⎯⎯⎯⎯⎯⎯⎯⎯⎯⎯⎯⎯⎯⎯⎯⎯○

우리나라에서 일어난 농촌운동을 시간 순서대로 배열하면 다음과 같다.
㉡ 새농민운동(1965년 ~) - ㉣ 새마을운동(1970 ~ 1980년) - ㉢ 신토불이운동(1989 ~ 1992년) - ㉤ 농도불이운동(1992 ~ 2002년) - ㉠ 농촌사랑운동(2003년 ~)

정답 ②

07 다음 〈보기〉에서 도시농업에 대한 설명으로 옳은 것을 모두 고르면?

보기

㉠ 도시농업의 추진 목적은 귀농·귀촌하는 도시민들의 농촌지역에서의 성공적인 정착을 위한 경제적 지원에 있다.
㉡ 코로나19 이후 도시농업은 도시에서 직접 작물을 재배하여 판매함으로써 수익을 창출해내는 사업으로 인식이 변화되었다.
㉢ 도시농업은 청년층에 한정하여 도시농업 전문인력을 양성하기 위해 전문교육을 실시하고 있다.
㉣ 도시농업 사업은 현재 먹거리 재배뿐만 아니라 미래 먹거리 개발도 추진하고 있다.

① ㉢
② ㉣
③ ㉠, ㉡
④ ㉡, ㉣
⑤ ㉢, ㉣

정답 | 해설

도시농업 사업은 농산물 재배와 더불어 미래 먹거리 개발에도 힘쓰고 있으며, 이밖에도 전문인력 양성, 일자리 창출, 귀농귀촌 교육, 치유농업 프로그램 등 다양한 프로그램을 함께 추진하고 있다.

오답분석

㉠ 도시농업의 추진 목적은 도시에서도 농업을 육성하여 건강한 먹거리를 직접 생산하기 위함에 있다.
㉡ 코로나19 이후 도시농업은 도시에서 직접 작물을 재배하면서 육체적·정신적 건강을 도모하는 여가문화로 인식이 변화되었다.
㉢ 도시농업은 전문인력 양성을 위해 전문교육을 실시하고 있으며, 이는 청년층에 국한된 것이 아닌 다양한 계층의 시민을 대상으로 진행되고 있다.

정답 ②

| 대표유형 - 농업 · 농촌 상식

08 농림축산식품부는 농촌진흥청과 협업하여 농촌현안해결을 위한 프로젝트 사업을 추진한다고 밝힌바 있다. 다음 중 실제로 생활하는 공간에서 연구를 진행하는 실험실을 뜻하는 용어는?

① 리빙랩
② 홈랩
③ 스테이랩
④ 맨션랩
⑤ 라이프랩

정답 | 해설

리빙랩(Living Lab)은 2004년 미국 MIT의 윌리엄 미첼 교수가 처음 제안한 리서치 개념으로, 사람이 살아가는 삶의 현장을 실험실로 삼아 사회 문제의 해법을 찾아보려는 시도를 가리킨다. 양로원이나 학교 등 주거시설 환경부터 야생 멧돼지와 같은 유해 야생동물 피해, 축산 악취 등 농업 시설까지 넓은 범위에 걸친 생활환경 개선을 위해 사용되고 있다.

정답 ①

09 다음 빈칸에 공통으로 들어갈 용어로 옳은 것은?

> 농산물 밭떼기 거래 시 발생하는 재배농가의 피해 예방을 위해 농산물 _____ 표준계약서 보급
> 이 필요하다.
> 농수산물 유통 및 가격안정에 관한 법률에 따라 _____는 반드시 서면계약을 해야 하며, 서면
> 계약의 의무품목인 양배추, 양파 품목은 이를 위반할 경우 매수인은 500만 원 이하, 매도인은 100
> 만 원 이하의 과태료가 부과된다.
> 농산물 표준계약서 보급은 매년 채소류의 _____ 시 농가와 상인의 빈번한 구두 계약과 채소류
> 가격 등락에 따른 잔금 미지급, 계약해지 등으로 발생할 수 있는 농가의 피해를 예방하는 효과가
> 있다.

① 시장매매
② 현물매매
③ 포전매매
④ 계약매매
⑤ 장기매매

정답 해설

포전매매는 법적으로 생산자가 수확하기 이전의 경작상태에서 면적단위 또는 수량단위로 매매하는 것을 말한다(농수산물 유통 및 가격안정에 관한 법률 제53조 제1항). 즉, 수확 전에 밭에 심어져 있는 상태의 작물 전체를 사고파는 것이다. 그런데 포전매매 시 **구두계약이 빈번하여 농가가 피해를 보는 일이 많았다.** 따라서 포전매매에 있어 **표준계약서를 통한 서면계약이 활성화되면 농가의 피해를 줄일 수 있다.**

정답 ③

10 다음 밑줄 친 현상에 대한 문제점 또는 해결방안으로 적절하지 않은 것은?

> 농가가 급감하고 있는 가운데 고령화 농업인의 비율은 10년 전보다 10% 이상 늘어나는 등 <u>이 같은</u>
> <u>현상</u>이 급속도로 진행되고 있다. 진행 속도로 보아 2020년에는 45.2%로, 2030년에는 52.5%로 증
> 가할 전망이다. <u>이 같은 현상</u>이 지속될 경우 점차 소수의 고령화 농가만이 농사를 짓는 상황이 벌어
> 지게 될 것이다.

① 사회 복지 비용이 증가한다.
② 대한민국의 식량 주권을 잃게 될 수 있다.
③ 농업·농촌의 6차 산업화 지원정책을 확대한다.
④ 노인 복지 문제가 심각해질 것이다.
⑤ 시니어 산업을 축소해야 한다.

정답 해설

밑줄 친 '이 같은 현상'은 **농촌의 고령화**이다. 고령화에 대한 문제점을 해결하기 위해서는 **노령층을 위한 시니어 산업을 확대**해야 한다.

정답 ⑤

11 농협미래농업지원센터에서는 미래 농업 · 농촌을 이끌어 나갈 예비 청년 농업인들을 육성하기 위한 '청년농부사관학교'를 운영하고 있다. 다음 중 청년농부사관학교에 대한 설명으로 옳지 않은 것은?

① 드론 및 농기계 국가자격증 취득을 지원한다.

② 총 6개월의 교육기간을 거쳐 진행된다.

③ 기수별로 100명의 인원을 모집한다.

④ 만 30세 이하 창농 희망자를 대상으로 한다.

⑤ 졸업 후에도 사후케어링 시스템을 운영한다.

정답 | 해설

청년농부사관학교의 모집대상은 만 39세 이하 창농 희망자이다.

정답 ④

이론 더하기

농협 청년농부사관학교

고품질 교육을 통한 안정적인 농촌 정착 및 자생력을 갖춘 청년 농업인 육성을 위해 만 39세 이하 창농 희망자를 대상으로 하는 청년귀농 합숙교육과정이다. 2022년 4월 청년농부사관학교 교육과정이 정부 귀농교육과정으로 인증되었다. 6개월간 총 736시간의 교육과정은 다음과 같은 총 4단계의 실습 위주 커리큘럼으로 구성되어 있다.

• 〈온라인교육〉 농업 · 농촌, 농협의 이해
• 〈농업기초교육〉 작물재배 실습, 스마트팜 수경재배 및 환경제어
• 〈농가현장인턴〉 희망작물 실습 농가 파견
• 〈비즈니스플랜〉 사업계획서 작성 및 창농 준비, 농기계(드론 · 트랙터 · 굴삭기 · 지게차 등) 자격증 취득 지원

12 다음 중 농촌 경관이나 농업활동을 활용해 장애인 · 고령자 등 취약계층의 정신적 · 육체적 재활을 돕는 복지모델의 명칭은?

① 복지농장
② 치유농장
③ 은빛농장
④ 재활농장
⑤ 행복농장

정답 | 해설

치유농장(케어팜)은 농촌 경관이나 농업활동을 활용해 장애인 · 고령자 등 취약계층의 정신적 · 육체적 재활을 돕는 농장을 말한다. 2020년 전국적으로 600개 정도가 운영되고 있으며, 정부는 향후 3,000개까지 확대한다는 계획이다.

정답 ②

13 다음 중 정부가 수립한 제1차 지역농산물 이용촉진 및 직거래 활성화 기본계획에서 유통경로의 안정적 정착을 위한 주요과제로 적절하지 않은 것은?

① 직거래장터 활성화

② 로컬푸드직매장 경영안정 및 활성화

③ 온라인직거래 활성화

④ 지역농산물 소비촉진 홍보

⑤ 대형마트 연계 직거래모델 구축

정답 해설

제1차 지역농산물 이용촉진 및 직거래 활성화 기본계획(2017 ~ 2021, 농림축산식품부)
• 직거래 등 新 유통경로의 안정적 정착
  가. 로컬푸드직매장 경영안정 및 활성화
  나. 직거래장터 활성화
  다. 온라인직거래 활성화
  라. 꾸러미 / 공동체지원농업(CSA) 활성화
  마. 홈쇼핑 활용 농산물 판매 확대
  바. **전통시장 연계 직거래모델 구축**

정답 ⑤

이론 더하기

로컬푸드
로컬푸드 운동은 생산자와 소비자 사이의 이동거리를 단축시켜 식품의 신선도를 극대화시키자는 취지로 출발했다. 즉, 먹을거리에 대한 생산자와 소비자 사이의 이동거리를 최대한 줄임으로써 농민과 소비자에게 이익이 돌아가도록 하는 것이다. 예컨대 북미의 100마일 다이어트 운동, 일본의 지산지소(地産地消) 운동 등이 대표적인 예다. 국내의 경우 전북 완주군이 2008년 국내 최초로 로컬푸드 운동을 정책으로 도입한 바 있다.

로컬푸드지수
지역에서 이루어지고 있는 로컬푸드 소비체계 구축활동에 대한 노력과 성과를 평가하기 위한 지표이다. 2021년부터 본격적으로 시행되는 로컬푸드 평가기준으로, 미국의 '로커보어지수(Locavore Index)'에 필적할 만한 지수이다. 계량적 수치 위주의 로커보어지수와 달리 로컬푸드지수는 지역에 미치는 사회적 · 경제적 가치까지도 반영하고 있다.

14 다음 중 농지법상 '농업인'에 해당하지 않는 사람은?

① 1,000m² 이상의 농지에서 농작물 또는 다년생식물을 경작 또는 재배하는 자

② 1년 중 60일 이상 농업에 종사하는 자

③ 농지에 330m² 이상의 고정식온실 · 버섯재배사 · 비닐하우스를 재배하는 자

④ 1년 중 120일 이상 축산업에 종사하는 자

⑤ 농업경영을 통한 농산물의 연간 판매액이 120만 원 이상인 자

정답 | 해설

농업인의 범위(농지법 제2조 제2호, 농지법 시행령 제3조)
농업에 종사하는 개인으로서 대통령령으로 정하는 자를 말한다.
1. 1천m² 이상의 농지에서 농작물 또는 다년생식물을 경작 또는 재배하거나 1년 중 90일 이상 농업에 종사하는 자
2. 농지에 330m² 이상의 고정식온실 · 버섯재배사 · 비닐하우스, 그 밖의 농림축산식품부령으로 정하는 농업생산에 필요한 시설을 설치하여 농작물 또는 다년생식물을 경작 또는 재배하는 자
3. 대가축 2두, 중가축 10두, 소가축 100두, 가금(家禽 : 집에서 기르는 날짐승) 1천 수 또는 꿀벌 10군 이상을 사육하거나 1년 중 120일 이상 축산업에 종사하는 자
4. 농업경영을 통한 농산물의 연간 판매액이 120만 원 이상인 자

정답 ②

15 화학비료는 사용 후 환경오염을 일으킬 수 있어 이에 대한 대안으로 유기질 비료가 주목을 받고 있다. 다음 중 비료에 대한 설명으로 적절하지 않은 것은?

① 농촌진흥청에서 고시하는 비료 공정규격설정에 따르면 비료의 종류는 모두 100종이 넘는다.

② 전국적으로 과다 시비에 따른 결과로 양분이 과잉 집적된 토양이 늘어남에 따라 모든 비료의 적정량 사용이 요구된다.

③ 유기질 비료의 일종인 어박(어분 포함) 비료에는 질소나 인산 등 화학적 성분이 없으며, 전량 유기물로만 구성된다.

④ 가축분 퇴비는 동물의 분뇨를 50% 이상 사용해야 하며, 퇴비 원료로 사용할 수 없는 원료를 동물의 먹이로 이용해 배설한 분뇨는 원료로 사용할 수 없다.

⑤ 유기질 비료는 흙에 들어간 다음 무기화되는 과정을 거치게 되고, 흙의 상태에 따라 효과가 나타나는 시기가 달라진다.

정답 | 해설

비료 공정규격 설정(2021년 12월 일부 개정)에 따르면 어박(어분 포함) 비료는 어류에서 기름 등을 짜거나 추출하고 남은 부산물로 제조한 것이다. 질소(4% 이상)와 인산(3% 이상) 및 유기물(60% 이상) 등을 포함해야 하며, 질소와 인산의 합계가 10%를 초과할 수 없다. 또한 염분은 건물 중 10% 이하이어야 한다.

① 비료 공정규격 설정에 따르면 비료의 종수는 112종(보통비료 81종＋부산물비료 31종)에 달한다. 다만 농촌진흥청장은 3년마다 이 규정을 재검토하므로 변경될 수 있다.

② 국내 비료산업의 시장 규모는 크게 무기질 비료 7,000억 원, 유기질 비료 9,000억 원 등 1조 6,000억 원 정도로 추산된다. 그러나 양분이 과잉 집적된 토양이 늘어나고 적정 시비에 대한 인식이 확산되면서 비료에 대한 수요가 줄어들 것으로 예상된다.

④ 가축분 퇴비는 인분뇨 처리잔사, 구비, 우분뇨, 돈분뇨, 계분, 동애등에 및 지렁이 등 그 밖의 동물의 분뇨를 원료로 삼을 수 있다.

⑤ 유기질 비료는 흙에 들어간 다음부터 무기화되는 과정을 거치게 되며, 흙의 온도, 수분, 유기물 종류 등에 따라 효과가 나타나는 시기가 달라지므로 원하는 작황을 조절하기 어렵다.

정답 ③

| 대표유형 - 농업 · 농촌 상식

16 다음 중 농약 안전관리를 강화하는 것으로, 국내외 합법적으로 사용된 농약에 한하여 잔류허용기준을 설정하고 그 외에는 불검출 수준으로 관리하는 제도는?

① PSS
② PPL
③ PRS
④ PLS
⑤ PET

정답 | 해설

농약 허용물질목록관리제도(PLS; Positive List System)는 농약의 안전관리를 위해 도입한 제도로, 국내 잔류 허용기준이 설정된 농약 이외에는 일률기준(0.01mg/kg)으로 관리한다. 2019년 1월 1일부로 모든 농산물에 전면 시행되었다.

정답 ④

이론 더하기

농약 허용물질목록관리제도(PLS)

농산물을 재배하는 과정에서 사용이 가능한 농약들을 목록으로 만들어 미리 설정된 잔류기준 내에서의 사용을 허가하고, 목록에 포함되어 있지 않은 농약은 잔류 허용기준을 0.01mg/kg으로 설정하여 사실상 사용을 금지하는 제도이다. 농약 잔류허용 기준은 농약 안전사용방법에 따라 올바르게 사용하였을 때, 농산물 등에 법적으로 허용된 농약의 양을 정하는 기준을 말한다. 만약 국외에서 합법적으로 사용되는 농약을 새로 지정하고 싶은 경우에는 식품의약품안전처에 수입식품 중 잔류 허용기준 설정 신청을 할 수 있다.

농약관리법

농약의 제조·수입·판매 및 사용에 관한 사항을 규정함으로써 농약의 품질향상, 유통질서의 확립 및 안전사용을 도모하고 농업생산과 생활환경보전에 이바지하기 위해 제정한 법률이다. 농약의 제조업·원제업 또는 수입업을 하고자 하는 자는 농촌진흥청장에게 등록하여야 한다. 농약의 판매업을 하고자 하는 사람은 업소의 소재지를 관할하는 시장·군수 및 구청장에게 등록하여야 한다. 수출입식물방제업을 하고자 하는 사람은 국립식물검역기관의 장에게 신고하여야 한다. 농약의 제조업자·원제업자·수입업자는 품목별로 농촌진흥청장에게 등록하여야 한다. 농림부장관은 농약의 수급안정 등을 위해 제조업자·원제업자·수입업자 또는 판매업자에 대하여 농약의 수급조절과 유통질서의 유지를 요청할 수 있으며, 농업협동조합중앙회에 대하여 농약의 비축·공급을 권고할 수 있다.

17 다음 중 생산단계에서 판매단계까지의 농산식품 안전관리체계를 구축하여 소비자에게 안전한 농산물을 공급하고자 국립농산물품지관리원에서 2006년부터 본격 시행한 제도는?

① ORP
② GAP
③ ERP
④ OTB
⑤ HACCP

정답 | 해설

농산물우수관리(GAP; Good Agricultural Practices) 인증은 소비자에게 안전하고 위생적인 농산물을 공급할 수 있도록 생산자가 지켜야 하는 생산 및 취급 과정에서의 발생할 수 있는 위해요소를 차단하는 제도이다.

[오답분석]
⑤ HACCP : 위해분석과 중요관제점(HACCP; Hazard Analysis and Critical Control Points)은 생산 – 제조 – 유통의 전 과정에서 식품의 위생에 해로운 영향을 미칠 수 있는 위해요소를 분석하고, 이러한 위해 요소를 제거하거나 안전성을 확보할 수 있는 단계에 중요 관리점을 설정하여 식품의 안전을 관리하는 제도이다.

정답 ②

이론 더하기

농산물우수관리제도(GAP)
우수 농산물에 대한 체계적 관리와 안정성 인증을 위해 2006년부터 시행된 제도이다. 농산물의 생산 · 수확 · 포장 · 판매 단계에 이르기까지 농약 · 중금속 · 미생물 등 위해요소를 종합적으로 관리하는 국제적 규격제도다. 농림축산식품부 장관은 농산물 우수관리의 기준을 정하여 고시하고, 우수관리인증에 필요한 인력과 시설 등을 갖춘 기관에 대해 심사를 거쳐 우수관리인증기관으로 지정할 수 있으며, 우수관리인증기관으로부터 농산물우수관리인증을 받은 자는 우수관리기준에 따라 우수관리인증 표시를 할 수 있다. 표지도형의 기본 색상은 녹색으로 하되, 포장재의 색깔 등을 고려하여 파란색 또는 빨간색으로 할 수 있으며, 표지도형 밑에 인증기관명과 인증번호를 표시한다.

농업보조금제도
WTO 농업협정상 농업보조금은 국내보조금과 수출보조금 두 가지로 나눈다. 이 협정에서 보조금 규정은 다른 협정상의 규정보다 우선적으로 적용되며, 그 개념 또한 통상적인 보조금의 의미보다 넓은 개념으로 쓰인다.
• 국내보조금 : 국내보조금은 규율하는 대상이 일반적인 재정지출을 통한 지원보다 넓은 범위의 실질적인 지원의 개념이다. 불특정 다수의 농민에게 혜택을 주는 방식과 같은 정부가 직접적으로 행하는 사업 등을 포함한다.
• 수출보조금 : 수출보조금은 감축을 해야 할 보조를 여섯 가지 형태로 말하고 있으며, 재정지출을 통한 직접적인 보조뿐만 아니라 공공재고를 싸게 판매하고 운송비를 깎아주는 등 실질적인 지원을 포함하도록 정하고 있다.

18 농촌 지역의 경제 활성화를 위해 '이것' 직매장을 개설하는 곳이 늘고 있다. 다음 중 우리말로 '지역 먹거리'라고 풀이할 수 있는 '이것'은 무엇인가?

① 실버 푸드(Silver Food)　　　　　② 로컬 푸드(Local Food)

③ 프랑켄 푸드(Franken Food)　　　　④ 컨비니언스 푸드(Convenience Food)

⑤ 할랄 푸드(Halal Food)

| 정답 | 해설 |

로컬 푸드란 장거리 운송(50km 이내)을 거치지 않아 생산자는 유통비 절감과 판로 확보를 할 수 있고, 소비자는 신선한 농산물과 가공 식품을 상대적으로 저렴한 가격에 구입할 수 있는 유통 시스템을 뜻한다.

오답분석

① 실버 푸드 : 음식을 섭취하기 힘든 노년층을 위해 파우더나 젤리, 죽 등의 형태로 출시된 건강 제품
③ 프랑켄 푸드 : 유전자 조작에 반대하는 환경 보호론자가 만든 용어로, 유전자 조작으로 개발된 농산물을 이르는 말
④ 컨비니언스 푸드 : 인스턴트 식품이나 레토르트 식품 등 조리하는 수고와 시간이 절약되는 식품류
⑤ 할랄 푸드 : 이슬람 율법에 어긋나지 않고 무슬림에게 허용된 식품류

정답 ②

| 이론 더하기 |

GMO(유전자변형 농산물)

유전자 재조합기술(Biotechnology)로 생산된 농산물로 미국 몬산토사가 1995년 유전자변형 콩을 상품화하면서 대중에게 알려지기 시작했다. 공식적인 용어는 LGMO(Living Genetically Modified Organisms)이다. 유전자 변형은 작물에 없는 유전자를 인위적으로 결합시켜 새로운 특성의 품종을 개발하는 유전공학적 기술을 말한다. 어떤 생물의 유전자 중 추위, 병충해, 살충제, 제초제 등에 강한 성질 등 유용한 유전자만을 취하여 새로운 품종을 만드는 방식이다.

할랄

과일 · 야채 · 곡류 등 모든 식물성 음식과 어류 · 어패류 등의 모든 해산물과 같이 이슬람 율법 아래에서 무슬림이 먹고 쓸 수 있도록 허용된 제품을 총칭하는 용어다. 육류 중에서는 이슬람식 알라의 이름으로 도살된 고기(주로 염소고기, 닭고기, 쇠고기 등)나 이를 원료로 한 화장품 등이 할랄 제품에 해당한다. 반면 술과 마약류처럼 정신을 흐리게 하는 것, 돼지고기 · 개 · 고양이 등의 동물, 자연사했거나 인간에 의해 도살된 짐승의 고기 등과 같이 무슬림에게 금지된 음식의 경우는 '하람(Haram)' 푸드라고 한다.

19 인공지능(AI) 등 미래 첨단기술이 농촌에도 활용 가능성을 제시하고 있다. 다음 중 이러한 변화에 대한 설명으로 적절하지 않은 것은?

① 농촌진흥청에서 과채류의 접목작업을 자동으로 수행하는 '초정밀 접목로봇'을 개발해 중국에 수출했다.

② 네덜란드에서 인공지능(AI) 기술을 접목해 운영하고 있는 '레츠그로우(Letsgrow)'는 농업 빅데이터 플랫폼이다.

③ 농업기술실용화재단의 '종합검정기준'을 반드시 통과해야 농업 현장에서 농약 살포용 드론으로 쓰일 수 있다.

④ 현재 농업에서 AI의 활용도가 높은 분야는 병해충 감별이며, AI를 활용하면 노동력과 농자재 투입을 크게 줄일 수 있다.

⑤ 농림축산식품부는 '스마트팜 혁신밸리' 추진사업을 벌이고 있으며, 이와 관련해 스마트팜 전문 인력 육성과 관련 기업의 기술 혁신을 지원하고 있다.

정답 해설

드론 생산업체가 의뢰할 경우에만 심사를 실시하며, 이 시험에 합격하면 공식 등록되어 정부·지자체의 보조를 받아 구입할 수 있다. 그러나 이륙중량을 기준으로 25kg 이하이면 '종합검정기준'을 충족하지 않아도 농업용으로 이용할 수 있어서 무등록 드론이 판매되고 있으며, 이로 인해 농가에서 균일하지 않은 약제 살포로 인한 피해를 입기도 한다. 전문가들은 정부에 방제 기준 마련을 촉구하고 있다.

오답분석

① 농촌진흥청이 개발한 '초정밀 접목로봇'은 박과·가짓과 작물의 연작장해 예방에 필수적인 육묘 접목작업을 자동화한 것으로, 2017년 농업용 로봇 국내 보급사업 대상으로 선정됐으며, 중국과 인도에 수출됐다.

② 네덜란드에서는 농가의 다수가 '레츠그로우'에 연결되어 작물 생산 정보뿐만 아니라 날씨와 판매 가격에 대한 정보를 축적해 활용하고 있다.

④ 농업은 정보 수집이 쉽고 민감한 개인정보가 없으며 활용도가 넓기 때문에 AI 개발업체의 경쟁이 치열하다. 최근 잎을 촬영한 사진을 보고 병해충 정보를 수집하는 방법이 개발됐으며, 실제 영농 현장에서 발생하는 병해충이나 바이러스를 스마트폰으로 촬영하면 이를 즉시 진단하고 방제법 등을 제공하는 '인공지능 병해충 영상진단 서비스'를 31개 주요 농작물 344개 병해충을 대상으로 2024년부터 대국민 서비스를 실시한다.

⑤ 〈스마트팜 확산방안〉에 따라 스마트농업 인력·기술의 확산 거점으로 '스마트팜 혁신밸리' 조성을 추진하고 있다. 전라북도 김제(21.11.29. 준공식)를 시작으로 경상북도 상주, 경상남도 밀양, 전라남도 고흥의 4개소를 선정하였으며, 스마트팜 혁신밸리 내에는 로봇 자동화 시설·청년창업 보육센터·임대형 스마트팜·스마트 농산물 산지유통센터·수출 전문 스마트팜 등이 조성된다.

정답 ③

20 정부에서 매년 정하는 공공비축용 벼 매입 가격은 농가 소득의 증감에 큰 영향을 끼친다. 다음 중 공공비축제에 대한 설명으로 적절하지 않은 것은?

① 공공비축제는 우루과이라운드에서 합의한 쌀시장 개방 유예 기간 종료 이후인 2015년에 도입됐다.

② 공공비축제에 따른 쌀 매입가격은 10 ~ 12월, 즉 수확기의 산지 가격의 전국 평균값에 따라 결정된다.

③ 산물벼가 포대벼에 비해 등급별로 가격이 조금씩 낮은 것은 포대벼 기준 매입가격에서 포장비(자재비＋임금)를 빼기 때문이다.

④ 식량 위기에 대비해 일정 물량의 식량을 비축하는 제도로서, 비축 규모는 연간소비량의 17 ~ 18% 수준(2개월분)으로 결정된다.

⑤ 농가 자금 유동성을 위해 일정 금액을 농가가 수매한 달의 말일에 지급하고(중간정산), 쌀값이 확정되면 최종정산한다.

▌**정답** **해설** ─────────────────────────────────○

공공비축제는 2005년 양정개혁을 단행하면서 추곡수매제를 폐지한 뒤 **쌀 직불제와 함께 도입**되었다. 우루과이라운드의 합의에 따라 2014년까지 쌀시장 개방이 유예됐으며, 2015년부터 쌀시장이 전면 개방됨에 따라 **관세(513%)만 물면 누구나 외국산 쌀을 수입할 수 있다.**

[오답분석]
② 쌀 매입가격은 80kg들이 기준 산지 쌀값에서 가공임을 뺀 후 도정수율 및 벼 40kg당 가격을 뜻하는 0.5를 곱해 최종 매입가를 정한다.

정답 ①

▌**이론 더하기**

친환경안전축산직불제, 공익직불제 및 공공비축제
• 친환경안전축산직불제 : 친환경축산 실천 농업인에게 초기 소득 감소분 및 생산비 차이를 보전함으로써 친환경축산의 확산을 도모하고, 환경보전을 통한 지속 가능한 축산 기반을 구축하기 위한 제도이다.
• 공익직불제 : 농업 활동을 통해 환경보전, 농촌공동체 유지, 식품안전 등의 공익 기능을 증진하도록 농업인에게 보조금을 지원하는 제도이다. 기존에는 6개의 직불제(쌀고정·쌀변동·밭농업·조건불리·친환경·경관보전)로 분리했으나, 이를 개편해 선택형 공익직불(경관보전직불·친환경직불·논활용직불)과 기본형 공익직불(면적직불금·소농직불금)로 나뉜다. 종전의〈농업소득 보전에 관한 법률〉이 2020년 5월부터 현행〈농업·농촌 공익기능 증진 직접지불제도 운영에 관한 법률〉로 전부개정되면서 공익직불제가 시행됐다.
• 공공비축제 : 추곡수매제가 WTO 체제에서 감축보조에 해당되어 축소·폐지가 불가피하게 됨에 따라 2005년도에 양정 제도를 시장친화적으로 개편하면서 비상시 안정적 식량 확보를 위해 공공비축제를 도입하였다. 2013년에 공공비축 대상을 쌀에서 쌀, 밀, 콩으로 확대하였다. 연간 소비량의 17 ~ 18% 수준을 비축하며 농민으로부터 수확기(10 ~ 12월) 산지 전국 평균 쌀 가격으로 매입하되 농가의 자금 유동성을 위해 일정 금액을 농가가 수매한 달의 말일에 지급하고(중간 정산), 쌀값이 확정되면 최종 정산한다.

21 벌은 식물의 수분매개체로, 개체수가 감소할 경우 농업 생산에 심각한 악영향을 끼친다. 이런 문제에 대응하기 위해 정부는 2019년부터 토종벌 육성사업을 추진하고 있다. 다음 중 이 사업에 대한 설명으로 적절하지 않은 것은?

① 토종벌을 15군 이상 보유하고, 벌 사육 경력이 7년 이상인 농가를 대상으로 한다.

② 섬이나 산맥으로 격리되어 있고, 반경 3km 이내에 다른 토종벌 농가가 없는 경우 우선 지원 대상이 된다.

③ 사업대상자는 기존에 보유하고 있는 봉군의 여왕벌을 낭충봉아부패병(SD) 저항성 토종벌로 전부 교체해야 한다.

④ 사업대상자는 농촌진흥청에서 확인한 '낭충봉아부패병 저항성 토종벌' 생산 농가로부터 해당 토종벌을 구입해야 한다.

⑤ 낭충봉아부패병(SD) 저항성 토종벌을 생산하고 분양하는 농가는 여왕벌에 일련번호 및 생산이력이 가능한 표식을 해야 한다.

정답 | **해설**

벌 개체수의 감소는 전 세계적인 현상으로서 인류의 미래 식량 확보에 큰 영향을 끼치는데, 주로 기후 변화, 집약적 농업, 살충제 과다 사용 등이 원인으로 꼽힌다. 토종벌 육성사업의 지원 대상은 토종벌을 10군 이상 보유하고, 벌 사육 경력이 5년 이상인 농가이다.

[오답분석]

② 제주도를 제외한 섬 또는 산맥으로 격리되어 있고, 반경 3km 이내에 다른 토종벌 농가가 없거나 낭충봉아부패병 바이러스(SBV) 음성인 경우 우선 지원 대상이 된다.

③ 사업대상자는 기존에 보유하고 있는 봉군의 여왕벌을 낭충봉아부패병(SD) 저항성 토종벌로 전부 교체해야 하며, SD 저항성 토종벌을 이용하여 증식한 봉군은 벌통마다 고유번호를 부여하여 관리해야 한다.

④ 낭충봉아부패병(SD) 저항성 토종벌 생산 농가 및 분양받는 농가는 보급 전 15일 이전에 시·군의 SD 음성 증명을 받아야 하며, 시·군은 임상증상만으로 SD 확진이 어렵다고 판단할 경우 SBV 검사를 실시하여 음성이 나와야 한다.

⑤ 낭충봉아부패병(SD) 저항성 토종벌을 생산·분양하는 농가는 여왕벌에 등번호를 부착하거나 색칠하는 등 일련번호 및 생산이력이 가능한 표식을 해야 한다.

정답 ①

이론 더하기

토종벌 육성사업

낭충봉아부패병(SD; Sacbrood Disease) 저항성 토종벌을 농가에 보급하여 토종벌 산업의 안정화 및 농가소득 증대를 유도하기 위한 제도이다. 토종벌을 10군 이상 보유한 토종벌 분야의 농업경영체 등록 농가와 토종벌 사육 경력이 5년 이상인 농가가 신청할 수 있다. 시·도는 사업대상자의 신청 물량·금액 이내에서 각 농가의 지원액을 결정하며, 정부에서 SD 저항성 토종벌 및 벌통 구입비를 지원받을 수 있다.

22 2017년 살충제에 오염된 계란 파동 이후 정부는 계란 유통 과정의 안전성을 높이는 정책을 강구하였으며, 이에 따라 '계란 이력제'를 도입했다. 다음 중 계란 이력제에 대한 설명으로 적절하지 않은 것은?

① 2020년 1월 1일부터 닭·오리 사육에서 닭·오리고기, 계란의 유통까지 거래 단계별 정보를 기록·관리하는 '닭·오리·계란 이력제'가 시행되었다.

② 계란 수집판매업자는 입고된 제품의 이력번호를 확인하고, 거래일로부터 5일 이내에 입·출고 및 거래내역 등을 신고해야 한다.

③ 미등록 농장의 경영자는 식품의약품안전처의 검사 합격 판정을 받은 후에 식품의약품안전처에 농장 식별번호 신청을 해야 한다.

④ '계란 이력제' 시행에 따라 소비자는 계란의 포장지에 표시된 이력번호 12자리를 조회하면 생산자, 도축업자, 포장판매자 등 자세한 정보를 알 수 있다.

⑤ 농장 경영자는 농장식별번호를 발급받아야 하고, 사육 중인 닭과 오리의 마릿수를 신고해야 한다.

정답 | 해설

등록이 되지 않은 농장의 경영자는 **가축 및 축산물 이력관리에 관한 법률에 따라** 농림축산식품부의 산하기관인 축산물품질평가원에 농장 식별번호 신청을 하여야 하고, 이 경우 지체 없이 식별번호를 발급받을 수 있다. 농장 식별번호가 없는 계란은 출하가 제한되고, 식별번호를 신청하지 않으면 500만 원 이하의 과태료 처분을 받는다.

오답분석

① 계란 뿐 아니라 닭과 오리의 이력제 또한 2020년 1월부터 시행되었다.
② 계란 수집판매업자는 입·출고처, 거래내역 등을 거래일로부터 5일 이내에 신고해야 한다.
④ 소비자는 닭·오리·계란의 포장지에 표시된 이력번호 12자리를 모바일 앱, 축산물 이력제 홈페이지(mtrace.go.kr)에서 조회하면 생산자, 도축업자, 포장판매자 및 축산물 등급 등의 정보를 확인할 수 있다.
⑤ 농장 경영자는 농장경영자임을 증명하는 서류를 제출하고, 농장식별번호 발급을 신청해야 하며, 사육 중인 닭과 오리의 마릿수를 정기적으로 신고해야 한다.

정답 ③

이론 더하기

축산물 이력제

소·돼지·닭·오리·계란 등 축산물의 도축부터 판매에 이르기까지의 정보를 기록·관리하여 위생·안전의 문제를 사전에 방지하고, 문제가 발생할 경우 그 이력을 추적하여 신속하게 대처하기 위해 시행되고 있는 제도이다.
축산물의 사육·도축·가공·판매에 이르기까지의 과정을 이력번호를 통해 조회할 수 있도록 하여, 위생·안전의 문제를 사전에 방지하고, 문제가 발생할 경우에 신속하게 대처할 수 있다.
축산물이력제에 따라 해당하는 축산물을 키우는 농장 경영자는 축산물품질평가원에 농장등록을 해야 하며, 가축을 이동시키는 경우에는 반드시 이동 사실을 신고해야 한다. 또한, 도축업자와 축산물 포장처리·판매업자 등 축산물의 유통에 관련이 있는 사람은 도축 처리결과나 거래 내역 등을 신고해야 한다. 이런 의무사항을 위반하는 경우에 최대 500만 원의 과태료가 부과된다.

23 미래 식품 산업의 블루오션으로 식용 곤충이 주목을 받고 있다. 다음 중 식용 곤충 산업에 대한 설명으로 적절하지 않은 것은?

① 곤충은 물 소비량이나 사료의 소비량이 다른 가축에 비해 경제적이다.

② 법적으로 '가축'으로 인정되는 곤충은 모두 20종이며, 이 가운데 '식용'은 6종이다.

③ 곤충을 사육해 단백질 1kg을 생산하는 데 드는 물의 양은 소의 경우에 비해 24%밖에 되지 않는다.

④ 곤충 특유의 혐오감과 처음 접하는 식재료에 대한 부정적 인식 등은 식용 곤충 산업의 장애물로 인식된다.

⑤ 곤충생산업·곤충가공업을 하려는 자는 해당 사업장의 소재지를 관할하는 지방자치단체의 장에게 신고해야 한다.

정답 | 해설

〈축산법 시행령〉 제2조의 위임에 따라 농림축산식품부장관이 개정하는 '가축으로 정하는 기타 동물(2023년 9월 5일 개정)' 규정에 따르면 가축으로 인정된 곤충은 갈색거저리, 넓적사슴벌레, 누에, 늦반딧불이, 머리뿔가위벌, 방울벌레, 벼메뚜기, 아메리카동애등에, 왕귀뚜라미, 왕지네, 여치, 애반딧불이, 장수풍뎅이, 톱사슴벌레, 호박벌, 흰점박이꽃무지 등 모두 16종이다. 이 가운데 식용 곤충은 갈색거저리 유충(고소애·밀웜), 장수풍뎅이 유충(장수애), 흰점박이꽃무지 유충, 누에(유충·번데기)의 4종이며, 여기에 메뚜기, 백강잠, 풀무치, 쌍별귀뚜라미, 아메리카왕거저리 유충, 수벌 번데기의 6종을 더해 모두 10종의 곤충이 식품 원료로 인정되었다(농촌진흥청).

오답분석

① 소고기, 돼지고기, 닭고기를 각각 1kg 생산하는 데 필요한 물의 양은 15,400L, 6,000L, 4,300L이지만, 곤충 1kg을 생산하는 데 필요한 물의 양은 3,700L이다. 또한 사료의 양도 다른 가축은 1kg을 생산하는 데 54kg을 소비하는 데 비해, 곤충은 4kg의 사료를 소비한다.

③ 소를 사육해 단백질 1kg을 생산하려면 약 15,400L의 물이 필요하지만, 곤충의 경우에는 3,700L에 불과하다. 또한 100kg의 사료를 급여하면 소는 6.5kg, 곤충은 45kg을 사육할 수 있다.

④ 식용 곤충을 대중화하려면 분말·육수·소스 등 형태를 변형하는 가공 과정이 필요하다. 또한 조리 과정에서 만두처럼 다른 재료로 감싸 눈에 보이지 않게 할 수도 있다.

⑤ 곤충생산업·곤충가공업을 하려는 자는 해당 사업장의 소재지를 관할하는 특별자치시장·특별자치도지사·시장·군수·구청장(자치구의 구청장을 말한다)에게 신고해야 하며(곤충산업의 육성 및 지원에 관한 법률 제12조 제1항), 이를 위반하여 신고를 하지 않고 곤충 또는 곤충의 산물·부산물을 생산·가공한 자에게는 30만 원 이하의 과태료를 부과한다(동법 제17조 제1항 제1호).

정답 ②

24 정부는 농촌 인구의 지나친 고령화를 해소하고 청년 인재의 농업 분야 진출을 촉진하기 위해 '청년 후계농 선발 및 영농 정착 지원 사업'을 시행하고 있다. 이 사업에 대한 설명으로 적절하지 않은 것은?

① 농지 임대, 창업 자금, 기술·경영 교육과 컨설팅이 함께 연계되어 지원된다.

② 농협에서 '청년농업희망카드'를 발급하여 바우처 방식으로 지원금을 지급한다.

③ 자격 연령은 사업 시행 연도를 기준으로 만 20세 이상부터 만 45세 미만까지이다.

④ 영농 초기 소득이 불안정한 청년 후계농에게는 최장 3년간 매월 최대 100만 원의 영농 정착 지원금을 지급한다.

⑤ 독립경영 3년 이하의 영농 경력이 있어야 하며, 독립경영 1년 차, 2년 차, 3년 차에게 지원금을 차등 지급한다.

정답 해설

자격 연령은 사업 시행 연도를 기준으로 **만 18세 이상부터 만 40세 미만까지**이다.

오답분석

① 창업 자금, 기술·경영 교육과 컨설팅, 농지은행 매입 비축농지 임대 및 매매를 연계 지원하여 건실한 경영체로 성장을 유도함을 목적으로 한다.

② 현금 인출이나 계좌이체는 불가능하며, **신용카드·체크카드로만** 결제가 가능하다.

④ 청년 농업인(만 40세 미만, 영농 경력 3년 이하)에게 영농 초기 정착 지원금을 지급(매월 최대 100만 원)해 영농 집중도를 높이고 조기 영농 정착 및 성장 지원을 목적으로 한다.

⑤ 독립경영 1년 차는 월 100만 원, 2년 차는 월 90만 원, 3년 차는 월 80만 원을 **차등 지급**한다. 다만, 지급액 및 기간은 해당 연도 예산에 따라 변경될 수 있다.

정답 ③

이론 더하기

청년 창업농 선발 및 영농정착 지원사업

기술·경영 교육과 컨설팅, 농지은행의 매입비축 농지 임대 및 농지 매매를 연계 지원하여 건실한 경영체로 성장을 유도하고, 이를 통해 젊고 유능한 인재의 농업 분야 진출을 촉진하는 선순환 체계 구축, 농가 경영주의 고령화 추세 완화 등 농업 인력구조 개선을 하기 위한 사업이다.

사업 시행년도 기준 만 18세 이상에서 만 40세 미만인 사람, 영농경력이 3년 이하, 사업 신청을 하는 시·군·광역시에 실제 거주하는 사람만 신청할 수 있다. 독립경영 1년 차에는 월 100만 원, 2년 차는 월 90만 원, 3년 차는 월 80만 원을 지원받을 수 있다.

농촌현장 창업보육 사업

농산업·농식품·BT 분야 예비창업자 및 창업초기기업을 대상으로 기술·경영 컨설팅을 통해 벤처기업으로의 성장을 지원하는 제도이다. 농업·식품 분야에 6개월 이내로 창업 가능한 예비창업자 및 5년 미만의 창업초기기업이 신청할 수 있으며, 지식재산권 출원, 디자인 개발, 시제품 제작, 전시회 참가 등을 지원받을 수 있다.

25 고령화와 절대인구의 부족으로 인한 노동력 부족을 해소하기 위해 농촌에서는 외국인 근로자를 고용하고 있다. 이에 대한 설명으로 적절하지 않은 것은?

① E-9 비자로 외국인 근로자를 고용하려는 농가는 농협중앙회에 고용허가서 발급신청서를 제출해야 한다.

② 단기취업 계절근로 제도를 이용하면 파종기, 수확기 등 특정한 짧은 기간에만 외국인 근로자를 고용할 수 있다.

③ 농가당 고용할 수 있는 단기취업 계절근로자의 수는 분야별 영농 규모에 따라 다르며, 고용 가능한 최대 인원은 8명이다.

④ 외교부에서 농림축산식품부, 고용노동부, 중소벤처기업부 등 관계 부처의 의견을 고려해 외국인 근로자의 비자 쿼터를 배정한다.

⑤ E-9 비자를 받은 외국인 근로자는 최장 4년 10개월 동안 일할 수 있으며, 귀국해 한국으로 재입국하면 4년 10개월을 더 일할 수 있다.

정답 | 해설

외국인 근로자의 비자 쿼터 배정 수요를 결정하는 주체는 법무부이다. 고용노동부의 발표에 따르면 2024년 고용허가제 외국인력(E-9) 쿼터는 약 16만 5,000명이며, 이 가운데 농축산업 분야에 배정한 쿼터는 16,000명이다.

[오답분석]
① E-9 비자로 외국인 근로자를 고용하려는 농가는 농협중앙회에 고용허가서 발급신청서를 제출해야 한다. 농축산업 분야의 경우 농협중앙회가 한국산업인력공단의 고용허가서 발급신청서 업무를 대행하기 때문이다.

② 단기취업 계절근로제도(C-4 비자, 체류기간 3개월)를 이용하면 농번기에만 외국인 근로자를 고용할 수 있다. 또한 2020년에는 체류기간이 5개월인 E-8 비자가 신설되었다.

③ 농가당 고용할 수 있는 단기취업 계절근로자의 숫자는 농장의 규모에 따라 다르며, 많게는 6명까지 고용할 수 있다. 여기에 불법체류자가 없는 우수 지자체의 농가는 1명씩 더 고용할 수 있고, 8세 미만의 자녀가 있는 농가는 1명이 추가된다. 따라서 최대 8명까지 고용 가능하다.

⑤ E-9 비자를 받은 외국인 근로자는 최장 4년 10개월간 일한 다음, 귀국 후 성실근로자 재입국제도를 통해 다시 4년 10개월간 일할 수 있다. 또한 최근 10년간 5년 이상 동일한 농가에서 일한 근로자는 E-7 비자로 전환되어 영주권을 신청할 수도 있다.

정답 ④

고용허가서의 발급 요건(외국인고용법 시행령 제13조의4 제1호 ~ 제7호)

1. 외국인력정책위원회에서 정한 외국인 근로자의 도입 업종, 외국인 근로자를 고용할 수 있는 사업 또는 사업장에 해당할 것
2. 고용노동부령으로 정하는 기간(농업·축산업 및 어업은 7일, 그 외의 업종은 14일) 이상 내국인을 구인하기 위하여 노력하였는데도 직업안정기관에 구인 신청한 내국인 근로자의 전부 또는 일부를 채용하지 못하였을 것
3. 내국인 구인 신청을 한 날의 2개월 전부터 외국인 근로자 고용허가서 발급일까지 고용조정으로 내국인 근로자를 이직시키지 아니하였을 것
4. 내국인 구인 신청을 한 날의 5개월 전부터 고용허가서 발급일까지 임금을 체불하지 아니하였을 것
5. 고용보험에 가입하고 있을 것. 다만, 〈고용보험법〉을 적용받지 않는 사업 또는 사업장의 경우는 제외함
6. 산업재해보상보험 또는 어선원 등의 재해보상보험에 가입하고 있을 것. 이 경우 산업재해보상보험 및 어선원 등의 재해보상보험 미적용 사업장은 외국인 근로자가 근로를 시작한 날부터 3개월 이내에 해당 외국인 근로자를 피보험자로 하여 농어업인안전보험에 가입할 것을 내용으로 하는 확약서를 제출하는 것으로 갈음할 수 있음
7. 외국인 근로자를 고용하고 있는 사업 또는 사업장의 사용자인 경우에는 그 외국인 근로자를 대상으로 출국만기보험 또는 신탁과 보증보험에 가입하고 있을 것(가입 대상 사용자의 경우만 해당)

PART 2

| 대표유형 - 농업·농촌 상식

26 다음 중 겨울철 구제역(FMD)으로부터 돼지를 보호하는 방법에 대한 설명으로 적절하지 않은 것은?

① 돈사 안의 여러 위치에서 온도를 측정했을 때 같은 우리 안에서 2.8℃ 이상 차이나지 않게 한다.
② 돼지의 이동과 출하는 올인올아웃(All-in-All-out) 시스템을 적용한다.
③ 차량·사람의 동선과 돼지의 이동 통로는 엄격하게 구분해 교차오염을 예방한다.
④ 공기를 통한 병원균의 유입을 막기 위해 외부 공기가 돈사로 유입되는 것을 차단한다.
⑤ 농장에서 돼지를 구입하는 경우 '구제역 예방접종증명서' 등을 통해 백신 접종 여부를 확인한다.

정답 해설

암모니아 등 유해가스 수치가 높아지면 돼지가 사료를 먹는 양이 줄고 호흡기 질병에 걸리기 쉬우므로 환기를 통해 신선한 공기를 공급하고, 상대습도는 50 ~ 60% 정도로 조절하는 것이 좋다.

오답분석

① 돈사 안의 여러 위치에서 낮과 밤의 온도를 측정해 같은 우리 안에서 2.8℃ 이상, 1일 8.3℃ 이상 차이가 나면 단열시설을 점검한다.
② '올인올아웃'은 가축을 축사 안으로 들이기 전에 이전 가축을 모두 이동시키고 소독한 후 새로운 가축을 들이는 시스템을 뜻한다.
③ 교차오염을 막기 위해 사람과 돼지의 이동 경로는 구분하고, 돈사에 들어갈 때는 옷과 장화 등을 갈아 신어야 한다.
⑤ 농장에서 돼지를 구입하는 경우에 '구제역 예방접종증명서'가 있는 돼지만 구입하고, 백신접종이 실시된 가축만 구입한다.

정답 ④

27 고병원성 조류인플루엔자(AI)가 발생할 경우 질병관리본부는 조류인플루엔자를 차단하기 위해 전국에 가금류와 관련된 사람, 차량, 물품 등을 대상으로 일시적인 이동중지명령을 발동할 수 있다. 다음 중 이를 가리키는 용어는?

① 커튼 콜(Curtain Call) ② 스탠드 스틸(Stand Still)
③ 스트라이크(Strike) ④ 셉테드(CPTED)
⑤ 스트로크(Stroke)

정답 | 해설

헌법이 보장하는 거주, 이전의 자유를 부분적으로 제한할 수 있는 일시 이동중지명령인 스탠드 스틸(Stand Still)은 2012년 2월 가축전염병예방법에 해당 조항이 처음 포함되었다.

정답 ②

이론 더하기

조류인플루엔자
닭이나 오리와 같은 가금류 또는 야생조류에서 생기는 바이러스의 하나로서, 일종의 동물전염병이다. 일반적으로 인플루엔자 바이러스는 A, B, C형으로 구분되는데, A형과 B형은 인체감염의 우려가 있으며, 그중 A형이 대유행을 일으킨다. 바이러스에 감염된 조류의 콧물, 호흡기 분비물, 대변에 접촉한 조류들이 다시 감염되는 형태로 전파되고, 특히 인플루엔자에 오염된 대변이 구강을 통해 감염을 일으키는 경우가 많다.

28 다음 중 쯔쯔가무시병과 관련 있는 동물병원소는?

① 소 ② 돼지
③ 고양이 ④ 쥐
⑤ 말

정답 | 해설

동물병원소
• 소 - 결핵, 파상열, 보툴리즘, 탄저, 살모넬라증
• 돼지 - 일본뇌염, 렙토스피라증, 탄저, 살모넬라증
• 고양이 - 톡소플라스마증, 살모넬라증
• 쥐 - 페스트, 발진열, 렙토스피라증, 쯔쯔가무시병, 살모넬라증
• 말 - 유행성 뇌염, 탄저, 살모넬라증
• 양 - 파상열, 보툴리즘, 탄저
• 개 - 광견병, 톡소플라스마증

정답 ④

29 다음 중 구제역에 걸리는 동물은?

① 닭
② 말
③ 돼지
④ 코뿔소
⑤ 오리

정답 │ 해설

구제역은 **유제류 동물**에게 나타나며, 조류인 닭이나 오리, 기제류인 말과 코뿔소에는 해당되지 않는다. 유제류는 척추동물 포유류 중 발굽이 있는 반추동물을 말하며 돼지, 소, 사슴 등이 있다.

정답 ③

30 다음 중 아프리카돼지열병(ASF)에 대한 설명으로 옳지 않은 것은?

① 인수공통전염병이다.
② 가축전염병예방법상 제1종 전염병이다.
③ 현재 전 세계적으로 개발된 백신이나 치료제는 없다.
④ ASF 바이러스는 70℃에서 30분 이상 열을 가하면 사멸한다.
⑤ 크기는 약 200nm 정도이다.

정답 │ 해설

아프리카돼지열병은 인수공통전염병이 아니기 때문에 **사람에게 감염되지 않으며**, **돼지과에 속하는 동물들만 걸린다**. 우리나라에서는 2019년 9월 파주 양돈농가에서 최초로 발생하였다.

정답 ①

이론 더하기

아프리카돼지열병(ASF)

동물 감염의 비율이 높고, 고병원성 바이러스에 전염될 경우 치사율이 거의 100%에 이르는 바이러스성 돼지 전염병으로 '돼지 흑사병'이라고도 불린다. 아프리카 지역에서 빈번하게 발생하여 아프리카돼지열병이라는 이름으로 불린다. 우리나라에서는 이 질병을 가축 전염병예방법상 제1종 가축전염병으로 지정하여 관리하고 있다.
주로 감염된 돼지의 분비물 등에 의해 직접 전파되며, 잠복 기간은 약 4 ~ 19일이다. 인체와 다른 동물에게는 영향을 주지 않으며, 오직 돼지과의 동물에만 감염된다. 이 병이 걸린 돼지는 보통 10일 이내에 폐사한다.

02 | 은행업무 상식

01 다음 중 펌뱅킹에 대한 설명으로 옳지 않은 것은?

① 이용기관의 전산과 은행의 전산을 VAN망 또는 전용선으로 연결한다.

② 은행과 약속된 전자문서 교환을 통해 거래를 진행한다.

③ 물품판매대금 수납, 급여 지급, 입·출고내역 전송 등의 업무가 가능하다.

④ 거래 건수의 제한이 거의 없다.

⑤ 인증서나 OTP를 사용하여 보안을 강화한다.

정답 해설

펌뱅킹은 인터넷뱅킹과 다르게 인증서나 OTP를 통한 확인절차가 필요 없다.

오답분석

① 전용선을 사용하므로 보안상 안정적이고, PC환경에 따른 영향이 거의 없다.

② 은행이 제공하는 화면을 보면서 거래하는 인터넷뱅킹과 달리, 펌뱅킹은 은행과 약속된 전자문서 교환을 통해 거래한다.

③ 자금수납, 자금지급, 정보전송 등의 업무가 가능하다.

④ 거래 건수의 제한이 거의 없어 대규모의 거래를 빠르게 처리할 수 있다.

정답 ⑤

02 다음 〈보기〉에서 예금자보호에 대한 설명으로 옳은 것을 모두 고르면?

보기

㉠ 예금자보호제도는 금융회사가 예금 등을 지급할 수 없는 경우 예금보험공사가 이를 대신하여 지급하는 제도를 말한다.

㉡ 보통예금, 정기적금, 외화예금, 금현물거래예탁금 등은 예금자보호를 받을 수 있다.

㉢ 신용협동조합, 농·수협 지역조합, 새마을금고, 우체국 등은 예금자보호법 적용대상이 아니다.

㉣ 예금자보호 한도금액은 예금의 종류별로 최대 5,000만 원이다.

① ㉠, ㉡   ② ㉠, ㉢

③ ㉡, ㉢   ④ ㉡, ㉣

⑤ ㉢, ㉣

정답 해설

㉠ 예금자보호법 제1조에서 확인할 수 있다.
㉢ 예금자보호법 적용대상은 아니나 관련 법률에 따라 **자체기금 등을 통해 보호받을 수 있다.**

[오답분석]

㉡ 금현물거래예탁금은 금융투자상품으로 원금이 보장되지 않아 예금자보호를 받을 수 없다.
㉣ 예금자보호 한도금액은 예금의 종류와 관계없이 1인당, 금융기관당 최대 5,000만 원이다.

정답 ②

| 2020 NH농협은행 6급

03 다음 중 우리나라의 예금자보호제도에 대한 설명으로 옳지 않은 것은?

① 우체국 및 새마을금고는 예금자보호법에 따른 보호대상 금융기관에 해당하지 않는다.

② 1인당 최고 5천만 원까지 보호된다.

③ 실적배당 신탁 등 금융기관의 운용실적에 따라 원금과 이자상당액을 지급하는 투자상품은 예금자
   보호 대상 금융상품에 해당한다.

④ 개인이 가입한 보험계약은 예금자보호 대상 금융상품에 해당한다.

⑤ 예금보호 한도액을 초과하는 금액의 경우, 해당 은행 등에 대한 파산절차가 진행되면 예금채권자
   로서 참여하여 배당금을 수령할 수 있다.

정답 해설

제시된 투자상품은 예금이 아니므로 **예금자보호 대상 금융상품이 아니다.**

정답 ③

이론 더하기

예금자보호제도

예금보험공사가 평소에 금융기관으로부터 예금보험료를 받아 예금보험기금을 적립하고, 금융기관이 예금을 지급할
수 없게 되면 금융기관을 대신하여 예금보험금을 지급하는 구조로 이루어져 있다. 예금자보호법상 열거된 보호대상
금융기관 및 보호대상 금융상품에 해당할 경우 1인당 최고 5천만 원까지 보호받을 수 있다. 개인이 가입한 보험계약
은 보호대상 금융상품에 해당한다. 우체국 및 새마을금고 등은 예금자보호법상의 보호대상 기관은 아니지만, 별도의
'우체국예금·보험에 관한 법률'로서 원금 및 이자를 보호받을 수 있다.

예금자보호법 제1조(목적)

이 법은 금융회사가 파산 등의 사유로 예금 등을 지급할 수 없는 상황에 대처하기 위하여 예금보험제도 등을 효율적
으로 운영함으로써 예금자 등을 보호하고 금융제도의 안정성을 유지하는 데에 이바지함을 목적으로 한다.

04 다음 중 농협의 통장표제부에서 알 수 없는 것은?

① 예금 종류   ② 계좌번호

③ 통장개설 일자   ④ 잔여 금액

정답 | 해설

통장표제부는 인감이 찍혀 있는 통장의 앞면으로 예금 종류, 계좌번호, 통장개설 일자 등의 정보가 표시되어 있으나, 잔여 금액은 나타나 있지 않다.

정답 ④

05 다음 중 투자은행의 업무범위에 해당하지 않는 것은?

① 기업합병   ② 기업 담보 차입 매수

③ 증권의 인수, 거래   ④ 가계대출

⑤ 회사와 정부의 채권 발행

정답 | 해설

투자은행은 기업이나 정부를 상대로 인수, 매각 등 규모가 큰 금융거래를 실행하고 상업은행은 대출과 예금, 출금 등의 소비자 금융업무를 일반적으로 한다. 가계대출은 상업은행의 업무이다.

정답 ④

06 다음 중 NH농협은행 인터넷뱅킹에 대한 설명으로 옳지 않은 것은?

① 이체 등을 이용하는 데 공인인증서가 필요 없다.

② 입금과 해외 송금을 할 수 있다.

③ 공과금을 납부할 수 있다.

④ 은행 휴일에도 이용할 수 있다.

⑤ 24시간 모든 서비스를 이용할 수 있지 않다.

정답 | 해설

인터넷뱅킹을 이용하여 이체 등을 할 때 공인인증서가 필요하다.

정답 ①

인터넷뱅킹

1. 인터넷뱅킹의 효용
   - 인터넷이 가능한 PC를 통해 은행 방문 없이 직접 인터넷에서 조회, 이체, 신규 가입 등 각종 금융업무를 처리할 수 있는 전자금융 서비스이다. 개인 및 개인사업자이면 누구나 이용이 가능하며, 만 14세 미만의 고객은 법정대리인의 동의를 얻어 인터넷뱅킹 서비스에 가입할 수 있다.
   - 지역적·시간적 제약을 받지 않고 금융거래를 할 수 있으며, 금융거래 비용이 절감된다는 장점이 있다. 또한 신규·해지, 공과금 납부, 금리우대 등 다양한 금융서비스와 맞춤형 상품정보 제공을 통해 서비스 품질의 질적 제고에 기여하고 있다.

2. 인터넷뱅킹 서비스 내용

구분	서비스 내용
조회	• 예금계좌, 입출금 내역, 통장 미정리 내역, 상세 거래내역, 이체내역 조회 • 잔액, 해지 예상 금액, 자동이체, 가상 계좌조회 • 외화예금, 외화수표, 환율, 신탁상품 배당률 조회 • 계좌이체 결과 및 예약이체 결과 확인 조회 • 신용카드 결제대금, 이용한도, 청구내역, 이용대금 승인 내역 조회 • 연체금액, 세금우대한도, 보험 기본계약사항, 해약환급금 조회 • 대출금이자 및 원리금 조회, 외국환은행 지정 조회, 선물환 조회 • 자기앞수표·당좌수표·어음번호별 조회
자금이체	• 자행 및 타행 계좌이체, 신탁이체, 대량이체 • 자행 및 타행 예약이체 및 취소, 증권계좌로 이체, 자동이체, 급여이체 • 대출금이자 및 원리금 납부 • 수익증권 입금, CMS 계좌이체, 연계 계좌이체 • 적금·부금, 펀드, 신탁 등 납입
예금·신탁	• 적립식·거치식 예금신규, 신탁신규 • 계좌해지 환매, 예금상품 안내, 예금금리, 예금가이드, 수수료 안내 등
대출	• 대출원금상환, 이자 납부 • 예금담보대출, 신용대출, 카드론 신청 등
외환	• 환전, 외화송금, 외화예금 간 이체 • 외화예금 신규·해지 등
신용카드	• 카드 보유 현황, 결제내역 및 사용한도 등 조회 • 현금서비스, 현금카드 등록, 카드발급 신청, 선결제, 회원정보 변경 등
보험	• 연금보험, 저축성보험, 보장성보험 가입 등
공과금 납부	• 지로요금, 생활요금, 아파트관리비, 통합징수보험료 등 납부 • 국세, 지방세, 벌과금, 기금 및 기타 국고, 대학등록금 등 납부
사고신고	• 통장 및 인감, 직불카드, 현금카드, 신용카드 분실신고 • 자기앞수표, 보안카드 분실신고 등
사용자 관리	• 고객정보, 비밀번호, 이체한도, 출금 가능 계좌 변경 등
부가 서비스	• 상담, 고객불만사항 접수, 이메일, SMS 통지 서비스 • 무통장·무카드 출금, 연말정산증명서, 전자화폐업무, 영업점 안내 서비스 등

PART 2

07 다음은 고용노동부 홈페이지에 소개된 퇴직연금과 관련된 자료이다. 퇴직연금에 대해 잘못된 정보를 말하고 있는 사람은?

〈확정기여형 퇴직연금제도(DC; Defined Contribution)〉
• 사용자가 납입할 부담금(매년 연간 임금총액의 1/12 이상)이 사전에 확정된 퇴직연금제도이다.
• 사용자가 근로자 개별 계좌에 부담금을 정기적으로 납입하면 근로자가 직접 적립금을 운용하며, 근로자 본인의 추가 부담금 납입도 가능하다.
• 근로자는 사용자가 납입한 부담금과 운용손익을 최종 급여로 지급받는다.

① 희진 : 퇴직연금제도에는 크게 확정급여형(DB)과 확정기여형(DC)이 있다고 알고 있어.
② 혜주 : 맞아. 확정급여형에서 확정기여형으로의 변경은 가능하지만, 확정기여형에서 확정급여형으로의 변경은 불가능하지.
③ 지우 : 그중 확정기여형의 경우 매년의 운용성과의 누적으로 복리효과를 기대할 수 있어.
④ 고원 : 결국 확정기여형에서 퇴직 시 지급되는 금액은 퇴직 직전 3개월간의 평균임금을 근속연수에 곱한 금액이 될 거야.
⑤ 하슬 : 확정기여형은 특정 사유에 해당한다면 중도에 인출할 수도 있어.

정답 **해설**

확정급여형 퇴직연금제도의 경우 퇴직 시 '퇴직 직전 3개월간의 평균임금을 근속연수에 곱한 금액'만큼 사전에 정해진 금액을 받는다.

정답 ④

이론 더하기

확정기여형 퇴직연금제도
• 사용자가 납입할 부담금이 사전에 확정되어 있다.
• 사용자가 납입한 부담금을 근로자가 직접 운용하고, 운용에 따른 손익까지 최종 급여로 지급받는다.
• 매년의 운용성과가 누적된다면 복리효과를 기대할 수 있다는 장점이 있다.

08 다음 중 개인종합자산관리계좌(ISA)에 대한 설명으로 옳지 않은 것은?

① 근로자, 자영업자, 농어민의 재산 형성을 지원하기 위해 도입되었다.

② 투자저축한도는 연간 2,000만 원이다.

③ 계좌 보유자는 계약기간 만료일 전에 해당 계좌의 계약기간을 연장할 수 있다.

④ 통산이자 중 급여 5,000만 원 이하인 가입자는 300만 원을 초과하는 금액에 대해 분리 과세한다.

⑤ 비과세 혜택을 받기 위한 의무가입기간은 5년이다.

정답 | 해설

통산이자 중 200만 원까지는 비과세이며 급여가 5,000만 원 이하인 가입자는 400만 원의 초과분에 대해서는 분리 과세한다.

정답 ④

09 다음은 우리나라 중앙은행에서 시행하고 있는 통화정책 운영 체제를 설명한 것이다. 이와 같은 제도를 무엇이라고 하는가?

> • 한국은행은 통화정책의 수립 · 집행으로 물가안정을 도모함으로써 국민경제 발전에 이바지하고 금융안정에 유의한다.
> • 한국은행은 매달 기준금리(정책금리)를 결정하고 7일물 RP(환매조건부채권) 금리가 목표금리 수준에서 크게 벗어나지 않도록 유도한다.

① 물가안정목표제   ② 금융안정목표제

③ 국민경제목표제   ④ 총통화목표제

⑤ 성장고용목표제

정답 | 해설

한국은행은 2019년 이전에는 3년 주기로 물가안정목표를 새로 적용해왔지만, 2019년부터 물가안전목표를 연 2%로 고정하고, 2년 주기로 물가안정목표가 적정한지 점검하며 점검 보고서를 발간하고 있다.

정답 ①

10 다음 중 금융시장의 기능으로 옳지 않은 것은?

① 자금중개기능
② 금융자산의 가격결정기능
③ 위험관리기능
④ 정보비용의 증가
⑤ 높은 유동성 제공기능

정답 | 해설

금융시장의 기능
- **자금의 중개기능** : 금융시장은 보통의 시장과는 달리 자금거래를 매개함으로써 국민경제에서 중요한 기능을 수행하는데 거시경제적 측면에서의 자금중개기능을 들 수 있다.
- **국민경제의 후생증대기능** : 금융시장은 이러한 자금중개기능을 통하여 국민경제의 후생을 증대시킨다.
- **금융자산의 가격결정기능** : 금융시장의 미시적 기능 중에서 대표적인 것으로 금융자산 가격결정기능을 들 수 있다. 금융자산의 가격은 금융시장에서 수요자와 공급자 간의 끊임없는 가격탐색과정을 거쳐 결정된다.
- **높은 유동성 제공기능** : 금융시장은 금융자산을 보유한 투자자에게 높은 유동성을 제공한다.
- **금융거래비용 및 시간의 절감** : 금융시장은 탐색비용이나 정보비용 등 금융거래에 따라 발생하는 비용과 시간을 줄여준다.
- **위험관리기능** : 금융시장은 시장 참가자들에게 다양한 금융상품과 금융거래 기회를 제공함으로써 위험관리를 도와준다.

정답 ④

11 다음 중 일반은행이 취급할 수 없는 업무는?

① 대출업무
② 어음인수
③ 유가증권 투자
④ 위탁매매업
⑤ 상호부금

정답 | 해설

위탁매매업은 증권회사의 업무이다.

정답 ④

이론 더하기

일반은행의 업무

고유업무	• 예·적금의 수입 • 자금대출 • 내·외환 업무	• 유가증권 기타 채무증서의 발행 • 어음할인
부수업무	• 어음인수 • 상호부금 • 팩토링 유가증권의 인수·모집·주선	• 유가증권 투자 • 환매조건부채권 매매 • 은행업무 수행에 수반되는 채무보증
겸영업무	• 신탁업	• 신용카드업

12 다음 〈보기〉에서 은행의 3대 업무에 해당하지 않는 것을 모두 고르면?

> **보기**
>
> ㉠ 보호예수업무　　　　　　　　　　㉡ 수신업무
> ㉢ 여신업무　　　　　　　　　　　　㉣ 환업무

① ㉠

② ㉠, ㉢

③ ㉠, ㉣

④ ㉠, ㉢, ㉣

⑤ ㉡, ㉢, ㉣

정답 | 해설

오답분석

보호예수업무는 고객의 유가증권, 귀중품, 기타 중요 문서 등을 고객 명의로 안전하게 보관하는 업무를 말한다.

정답 ①

이론 더하기

은행의 3대 업무
- 수신업무 : 금융기관이 신용을 바탕으로 거래하는 상대방의 여유금을 예금형태로 흡수하는 업무를 말한다. 예금 취급, 채권 발행, 중앙은행의 은행권 발행 등이 이에 속한다.
- 여신업무 : 수신업무와 반대로 수입된 예금을 재원으로 자금을 공급하는 것을 의미한다. 융자, 어음 할인, 어음 인수, 신용장의 발행, 채무 보증이 이에 속한다.
- 환업무 : 멀리 있는 채권자에게 현금 대신에 어음, 수표, 증서 결제를 취급하는 것을 뜻한다.

13 다음 중 금융업무에 대한 설명으로 옳지 않은 것은?

① 개인고객영업에는 수시입출금식 예금, 정기 예적금, 출납화, 어음교환 등이 있다.

② 개인영업기획은 금융실명제, 방카슈랑스 업무 등을 기획·개선하고 관리하는 업무이다.

③ 기업고객영업에는 기업고객에 대한 융자상담 및 여신취급에 필요한 신용조사 등이 있다.

④ 개인금융 PB는 자산관리 전문가로 은행의 신규가입한 사람을 대상으로 안정적인 수익을 올릴 수 있도록 돕는 역할을 한다.

⑤ 기업금융 RM은 관리자로 기업영업을 수행한다.

정답 | 해설

개인금융 PB는 자산관리 전문가로 은행에 거액을 예금한 VIP를 대상으로 전문 컨설팅을 제공해 고수익을 올릴 수 있도록 돕는 역할을 한다.

정답 ④

14 다음 중 환매조건부채권에 대한 설명으로 옳지 않은 것은?

① 금융기관이 일정 기간 후 확정금리를 보태어 되사는 조건으로 발행하는 채권이다.

② 발행 목적에 따라 여러 가지 형태가 있는데, 흔히 중앙은행과 시중은행 사이의 유동성을 조절하는 수단으로 활용된다.

③ 한국은행에서도 시중에 풀린 통화량을 조절하거나 예금은행의 유동성 과부족을 막기 위해 수시로 발행하고 있다.

④ 은행이나 증권회사 등의 금융기관이 개인 수신 금융상품으로는 판매할 수 없다.

⑤ 금리는 자금 사정이나 금융기관에 따라 다르게 책정하지만, 일반적으로 정기예금보다 약간 높은 수준으로 책정된다.

정답 | 해설

은행이나 증권회사 등의 금융기관이 수신 금융상품의 하나로 고객에게 직접 판매하는 상품도 있다.

정답 ④

15 다음 중 자연채무에 대한 설명으로 옳지 않은 것은?

① 민법에 규정되어 있지 않지만 학설상으로 인정되고 있다.

② 현금약속으로 생긴 채무는 자연채무이다.

③ 파산절차에서 면책된 채무는 자연채무가 아니다.

④ 술집에서 손님이 접대부에게 돈을 주기로 약속한 채무는 자연채무이다.

⑤ 소송 가능성이 없는 채무로, 소권이 따르지 않는 채무이다.

정답 | 해설

자연채무란 채권자가 소송을 통해 변제를 요구할 권리가 없고 빚으로 채무자가 굳이 갚을 필요가 없는 채무이다. 파산절차에서 면책된 채무는 자연채무이다.

정답 ③

16 다음 중 계좌이동서비스에 대한 설명으로 옳지 <u>않은</u> 것은?

① 인터넷 홈페이지로만 가능하다.

② 공과금, 통신비, 급여 등이 해당된다.

③ EU와 호주 등에도 도입되어 있다.

④ 자동이체 서비스를 한 번에 조회하거나 변경 또는 해지가 가능하다.

⑤ 은행의 경쟁 제한을 해소하고 고객의 금융사 선택권을 보장하기 위한 방안이다.

정답 | 해설

2015년 10월 30일에 시행된 계좌이동서비스는 인터넷 홈페이지로만 가능하였으나, 2017년부터는 은행창구와 모바일앱으로 확대·시행되었다.

정답 ①

17 다음 (가)와 (나)는 서로 다른 형태의 자금 흐름을 나타낸 것이다. 이에 대한 설명으로 옳지 <u>않은</u> 것은?

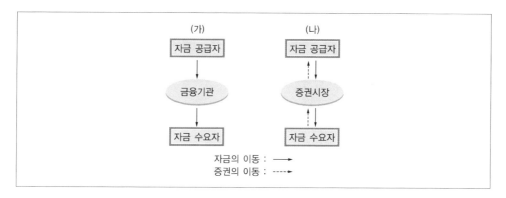

① 은행 대출을 통한 자금 조달은 (가)에 해당한다.

② 사업 확장을 위한 사채 발행은 (나)에 해당한다.

③ 주식 발행을 통한 자금의 조달은 (나)에 해당한다.

④ (가)에서의 투자자는 금융 리스크를 직접 부담한다.

⑤ (나)에서의 금융 거래는 직접금융에 해당한다.

정답 | 해설

(가)는 금융기관인 은행을 통한 자금 공급이므로 간접금융, (나)는 증권시장에서의 주식이나 채권을 통한 자금 공급이므로 직접금융을 나타내고 있다.

직접금융은 투자자가 이자와 원금을 둘 다 돌려받지만, 회사의 부도가 발생해 대출금을 갚지 못할 경우 그 신용 리스크를 직접 부담해야 한다. 반면 간접금융은 은행이 신용 리스크를 부담하는 대신 예금과 대출이자의 차액을 얻는다.

정답 ④

18 다음 중 수표의 종류에 대한 설명으로 옳지 않은 것은?

① 당좌수표 : 은행 이외의 자가 은행과 당좌계정 거래약정을 체결하고 은행에 있는 지급자금의 범위 내에서 은행을 지급인으로 하여 발행한 수표

② 선일자수표 : 발행일자를 실제로 발행한 일자가 아닌 장래의 일자로 적어 발행한 수표

③ 횡선수표 : 수표의 표면에 두 줄을 그어 그 수표의 취득과 지급에 제한을 가한 수표

④ 국고수표 : 국고금의 지출 원인 행위에 따라 지출관이 거래은행을 지급인으로 하여 발행한 수표

⑤ 여행자수표 : 은행이 발행인이 되고 여행자를 수취인으로 하여 발행하는 수표

정답 해설

국고수표는 지출관이 한국은행을 지급인으로 하여 발행한 수표이다.

정답 ④

이론 더하기

수표 발행 및 지급

1. 수표의 이해
   - 수표의 정의
     발행인이 증권상에 적혀 있는 지급을 받을 자(수취인) 또는 증권의 소지인에게 조건 없이 일정한 금액을 지급할 것을 제3자(지급인)에게 위탁하는 유가증권이다.
   - 수표의 법적 성격

요식증권성	제시증권성	상환증권성
채권증권	지시증권	설권증권
무인증권	완전유가증권	문언증권

2. 수표의 종류
   - 당좌수표 : 은행 이외의 자가 은행과 당좌계정 거래약정을 체결하고 은행에 있는 지급자금의 범위 내에서 은행을 지급인으로 하여 발행한 수표
   - 자기앞수표 : 은행이 자신을 지급인으로 하여 발행한 수표
   - 선일자수표 : 발행일자를 실제로 발행한 일자가 아닌 장래의 일자로 적어 발행한 수표
   - 후일자수표 : 발행일자를 실제로 발행된 날 이전의 일자로 적은 수표
   - 횡선수표 : 수표의 표면에 두 줄을 그어 그 수표의 취득과 지급에 제한을 가한 수표
   - 송금수표 : 송금의 목적으로 발행되는 수표
   - 국고수표 : 국고금의 지출 원인 행위에 따라 지출관이 한국은행을 지급인으로 하여 발행한 수표
   - 여행자수표 : 은행이 발행인이 되고 여행자를 수취인으로 하여 발행하는 수표

〈당좌수표〉   〈자기앞수표〉

19 다음 글과 관련 있는 금융과 금융회사를 바르게 짝지은 것은?

> 양성민씨는 출판 회사를 세우고 출판 사업을 시작하면서 은행에서 대출을 받아 필요한 사업 자금을
> 조달하였다.

① 간접금융 – 상업은행　　　　　　② 직접금융 – 투자은행

③ 간접금융 – 투자은행　　　　　　④ 직접금융 – 상업은행

⑤ 직접금융 – 중앙은행

정답 │ 해설

- 간접금융 : 기업이 은행 등 금융회사를 통해 자금을 조달하는 것을 의미한다.
- 직접금융 : 기업이 자금주로부터 직접 자금을 조달하는 것을 의미하며, 주식·회사채·신주인수권부사채 등의 발행이 해당된다.
- 상업은행 : 개인이나 기업을 상대로 예금을 받고 대출하는 업무를 하는 시중은행을 의미한다.
- 투자은행 : 주로 기업을 상대로 영업하며, 주식이나 채권 등의 인수 및 판매, 기업공개, 인수합병 등을 주관하고 자문하는 은행을 말한다.

정답 ①

20 CMA 통장이란 일반 예금 통장과 달리 단기간에 자금을 모을 수 있는 통장으로 은행이 아닌 증권사나 종합금융회사에서 만들 수 있는 상품이다. 다음 중 CMA 통장에 해당하지 않는 것은?

① RP형　　　　　　　　　　　　② MMF형

③ MMW형　　　　　　　　　　　④ MMDA형

⑤ 종금형

정답 │ 해설

CMA 통장은 운용 대상에 따라 종금형, RP형, MMF형, MMW형으로 나눌 수 있다.
MMDA는 금융기관이 취급하는 수시입출식 저축성예금으로, 은행이나 수산업협동조합·농업협동조합에서 취급하는 금융상품의 하나이다.

정답 ④

21 다음 〈보기〉 중 입출금이 자유로운 은행상품을 모두 고르면?

> **보기**
>
> ㉠ MMF   ㉡ MMDA
> ㉢ 저축예금   ㉣ 가계당좌예금

① ㉠, ㉡   ② ㉠, ㉡, ㉣

③ ㉠, ㉢, ㉣   ④ ㉡, ㉢, ㉣

⑤ ㉠, ㉡, ㉢, ㉣

정답 | 해설 ○

저축예금은 가계우대예금제도의 하나로 MMF, MMDA, 가계당좌예금처럼 입출금이 자유로운 예금이다.

정답 ⑤

22 다음 중 지급준비율에 대한 설명으로 옳지 않은 것은?

① 지급준비율이란 시중은행이 중앙은행에 의무적으로 받아들인 예금을 적립해야 하는 비율이다.

② 지급준비율 정책은 중앙은행의 주된 통화정책수단 중 하나이다.

③ 시중은행에 대한 지급준비율 인하는 통화량의 감소를 야기한다.

④ 시중은행에 대한 지급준비율 인상은 시중은행의 대출 감소를 야기한다.

⑤ 지급준비율의 결정은 금융통화위원회에서 이루어진다.

정답 | 해설 ○

지급준비율(Cash Reserve Ratio)은 은행이 고객 예금의 일정 비율을 한국은행에 예치하는 지급준비금의 적립비율이다. 본래 고객에게 지급할 돈을 준비한다는 고객 보호 차원에서 도입됐으나, 지금은 금융정책의 주요 수단으로 활용되고 있다. 지급준비율이 낮아지면 은행 대출에 여유가 생겨 기업에 좀 더 많은 자금이 공급될 수 있고, 지급준비율이 높아지면 의무적으로 쌓아둬야 하는 현금이 늘어나 대출에 쓸 수 있는 자금이 줄어들게 된다. 지급준비율을 인하하면 시중은행의 대출 가능 규모가 커져 통화량의 증가로 이어진다.

정답 ③

23 다음 중 은행예금에 대한 설명으로 옳은 것은?

① CD는 기명할인식으로 발행된다.

② MMDA는 종합금융사의 CMA에 대한 경쟁상품이다.

③ RP는 예금자보호가 되는 환매조건부채권이다.

④ 약속어음은 원어음을 금융기관이 재발행한 것이다.

⑤ ELD는 수익률이 기준금리에 연동되는 예금이다.

정답 | 해설

MMDA는 금융기관이 취급하는 수시입출식 저축성예금의 하나이고, CMA는 예탁금을 어음이나 채권에 투자하여 그 수익을 고객에게 돌려주는 실적배당 금융상품이다.

[오답분석]

① CD는 무기명할인식으로 발행된다.

③ RP는 예금자비보호인 환매조건부채권이다.

④ 표지어음은 원어음을 금융기관이 재발행한 것이다.

⑤ ELD는 수익률이 코스피200지수에 연동되는 예금이다.

정답 ②

---

24 다음 중 기업이 대출을 할 때 은행의 요구에 따라 강제적으로 맡기는 예금은?

① 감채기금   ② 양건예금

③ 요구불예금   ④ 정기예금

⑤ 정기적금

정답 | 해설

양건예금이란 기업이 대출을 할 때 강제적으로 은행에 일정한 금액을 예금하거나 금융 상품에 가입하게 하는 관행을 의미하며, 구속성예금이라고도 한다.

[오답분석]

① 감채기금 : 사채 발행 후, 상환에 따르는 자금 부담에 대비하기 위해 따로 적립해 놓은 자산이다.

③ 요구불예금 : 예치기간 약정 없이 언제든지 입출금할 수 있는 예금이다.

④ 정기예금 : 일정 기간을 사전에 정하여 만기까지는 환급을 받지 않는 예금이다.

⑤ 정기적금 : 계약금액과 계약기간을 정하고 예금주가 일정 금액을 정기적으로 납입하면 만기에 계약금액을 지급하는 적립식 예금이다.

정답 ②

25 다음 중 은행의 신용창조 기능에 대한 설명으로 가장 적절한 것은?

① 은행예금은 예금자보호제도의 보호를 받는다.

② 은행은 대출자의 신용도를 조사해 평가하는 심사기능을 수행한다.

③ 은행은 송금, 수표, 지로, 인터넷뱅킹 등을 통해 결제를 원활하게 한다.

④ 은행은 예금의 일부를 지급준비금으로 보유하고 나머지는 다시 대출한다.

⑤ 은행은 예금자의 인출요구에 응하기 위해 항상 일정 정도의 예금을 보유한다.

정답 │ 해설

예금통화창조(신용창조)란 은행이 예금의 일부만을 지급준비금으로 남겨 놓고 나머지를 대출하면, 대출받은 사람은 다시 은행에 예금하는 과정이 수없이 반복되면서 통화량이 처음에 은행으로 유입된 본원적 예금액보다 훨씬 크게 증가하는 현상을 말한다.

정답 ④

이론 더하기

대출상품

1. 개인대출의 종류
   ① 담보유무에 따른 분류
      ㉠ 담보대출
         금융회사가 요구하는 일정한 조건의 담보물을 제공하고 대출을 받는 것을 의미한다. 담보대출을 받기 위해서는 일정한 법적 절차(근저당 및 담보설정)를 거쳐야 하지만, 신용대출에 비해 담보물의 시장가치에 따라 빌릴 수 있는 금액이 크며, 금리가 2 ~ 3%p 정도 낮다는 장점이 있다. 담보의 종류로는 부동산(아파트 등 주택, 건물, 토지, 임야 등), 동산(예·적금, 채권, 주식 등 유가증권, 전세금, 자동차 등), 약관(보험 해약환급금) 등이 있다.
      ㉡ 신용대출
         개인의 신용만을 근거로 대출을 받는 것으로, 신용카드, 현금서비스, 마이너스 통장 등이 대표적인 예이다. 신용대출은 담보대출에 비해 금리가 높고, 대출받을 수 있는 상한액이 낮다.
   ② 거래방식에 따른 분류
      ㉠ 개별거래
         대출을 받기로 약정한 금액 범위 내에서 대출을 받은 후에 상환한 금액에 대하여 다시 대출을 받을 수 없는 특성을 갖는다. 따라서 대출이 필요할 때마다 대출계약을 다시 해야 한다.
      ㉡ 한도거래
         고객의 신용에 따라 일정 규모의 신용한도(대출한도)를 정해놓고, 그 한도 내에서 고객이 필요할 때마다 대출을 자유롭게 사용하다가 대출기간 만료일에 대출받은 금액을 전액 상환하는 방식이다. 개별거래에 비해 별도 가산금리가 부과되어 금리가 약 0.5%p 높다.

2. 개인대출 절차

업무 구분	주요 업무 내용	관련 규정
1. 융자상담	차주자격·적격 여부 확인 및 자금용도 확인, 소요자금 파악, BPR Pre-screen 활용	여신업무취급세칙
↓	↓	↓
2. 대출종류 선택	주택담보대출, 주택자금대출, 보금자리론, 신용대출, 담보대출 등	가계대출상품취급세칙, 보금자리론 취급기준
↓	↓	↓
3. 담보대출 한도 사정	주택담보대출 LTV, DTI 대상 여부 확인 후 한도사정, 상품별 대출한도 확인	여신업무취급세칙
↓	↓	
4. 신용평가	개인신용평가표(CSS), 행동평가표(BSS) 등	
↓	↓	
5. 시가조사 등 담보평가	KB시세 및 실거래가액에 의한 시가조사, 탁상감정 대상 확인, 감정평가 및 감정서 심사	
↓	↓	
6. 여신금리 결정	적용대출금리 산출표 조회, 영업점장 금리 가산·감면권 적용 등	
↓	↓	
7. 여신거래 약정	대출거래약정서(가계용) 약정 및 은행여신거래 기본약관 교부 등	
↓	↓	
8. 담보 취득	근저당권설정계약서(부동산), 근질권설정계약서(예금), 주택금융공사 보증서 등	
↓	↓	
9. 화재보험 가입	필요 시 화재보험 가입, 공동주택(아파트, 연립주택 및 다세대주택)은 생략 가능	
↓	↓	
10. 연대보증인 입보	수탁보증 관련 연대보증인이 필요한 경우 관련 서류 징구	
↓	↓	↓
11. 대출 실행	가계일반자금대출, 주택자금대출, 가계당좌대출 등으로 실행하여 대체입금	가계대출상품취급세칙
↓	↓	↓
12. 사후관리	가계대출 연체관리, 기일예고통지, 기간연장, 신용위험고객 거래이탈, 조기경보시스템 적용	여신업무취급세칙, 가계대출상품취급세칙

26 귀하는 N은행의 공개채용 과정을 우수한 성적으로 통과한 신입행원이다. 최근 거주지 근처에 위치한 Z지점에 발령받아 OJT 과정을 수행하고 있으며, 교육을 담당하고 있는 직속 선배인 A대리로부터 예금의 신규 거래 절차에 대해서 배우게 되었다. 다음은 귀하가 A대리로부터 배운 학습 내용과 절차를 도식화한 것이다. 4단계에 들어갈 내용으로 적절한 것은?

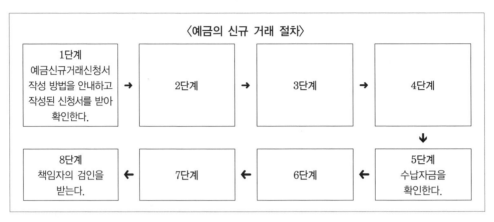

① 고객정보를 전산에 등록하거나 변경한다.
② 신규 거래되는 예금의 통장이나 증서를 작성한다.
③ 작성한 통장이나 증서에 고객의 인감 또는 서명날인을 받는다.
④ 신규 거래 시 필요한 서류를 징구하여 확인한다.
⑤ 고객 유형을 파악하고 실명을 확인한다.

정답 | **해설**

일반적인 예금 신규 거래 절차를 요약하면 다음과 같다.
1단계 : 신규거래신청서 받아 확인하기
2단계 : 실명 확인하기
3단계 : 신규 거래 필요 서류 징구하기
4단계 : 고객정보 등록(변경)하기
5단계 : 수납자금 확인하기
6단계 : 통장 또는 증서 작성하기
7단계 : 고객의 거래인감 또는 서명날인 받기
8단계 : 책임자 검인하기
9단계 : 서류 보관하기

정답 ①

27 다음 중 예금해지 거래 절차로 옳지 않은 것은?

① 예금통장을 분실한 경우 제사고신고 절차에 따라 사고신고 등록 처리 후 재발급 절차를 거쳐 해지처리를 진행한다.

② 해지 신청인이 예금주 본인인지 확인하되 의심스러울 경우 개설 서류가 보관된 개설점에서 첨부된 실명증표를 받아 사진 및 필적을 대조한다.

③ 예금에 자동이체가 등록되어 있는 경우 그 내역을 고객에게 보여주어 고객의 의사를 확인한 뒤 해제한다.

④ 사고신고 또는 압류 등 법적 지급제한 유무의 여부를 확인해야 한다.

⑤ 예금을 해지한 뒤 고객이 수령하는 금액을 확인하고, 해지된 예금통장과 지급 금액에 대한 확인서를 고객에게 교부한다.

정답 | 해설

해지 신청인이 예금통장을 분실한 경우 본인 확인과 계좌인감 확인을 거쳐 사고신고 등록 처리 후 **재발급 절차 없이 해지처리를** 진행한다.

정답 ①

이론 더하기

예금해지 거래 절차

1단계 : 해지 신청인에게 예금통장을 징구한다.

  ※ 예금통장을 분실한 경우 제사고신고 절차에 따라 예금주 본인을 확인하고 계좌인감(서명)을 확인하여 사고신고 등록 처리 후 재발급 절차 없이 해지처리를 진행함

2단계 : 해지 신청인에게 예금청구서를 작성하도록 하며, 작성 완료된 청구서를 징구한다.

3단계 : 해지 신청인이 예금주 본인인지 확인한다.

  ① 예금청구서에 찍힌 인감이 이미 신고된 인감과 일치하는지 여부 확인

  ② 서명에 의한 거래인 경우 본인확인증표에 의해 본인을 확인한 후 처리

  ③ 예금주 본인이 의심스러울 경우 개설 서류가 보관된 개설점에서 개설 서류에 첨부된 실명증표를 받아 사진 및 필적을 대조하여 확인

4단계 : 통장 또는 증서의 위·변조 여부를 확인한다.

5단계 : 기타 사항을 다음과 같이 처리한다.

  ① 사고신고 또는 압류 등 법적 지급제한 유무의 여부를 확인

  ② 자동이체가 등록되어 있는 경우 그 내역을 고객에게 확인하고 고객의 의사를 확인하여 해제

6단계 : 해지금액을 고객에게 확인시키고 수령할 방법을 확인한다.

7단계 : 해지 거래통장의 M/S(Magnetic Stripe)를 제거한 후 지급필(Paid)을 철인한다.

8단계 : 통장과 청구서를 책임자에게 인도하여 결재를 받는다.

9단계 : 해지 후 고객이 수령하는 금액을 확인하고, 해지된 예금통장과 지급한 금액에 대한 확인서를 고객에게 교부한다.

28 다음 중 금고시재 마감절차로 옳지 않은 것은?

① 출납 담당자는 수시 현금 인수·인도를 통해 최소한의 영업자금만 창구에 보유하도록 하고, 여타 현금은 금고실 내 현금금고에 보관한다.

② 시재금은 영업 마감 한 시간 전 권종별로 구분·정리하여야 한다. 단, 현금자동입출금기는 영업이 끝난 후에 진행하여야 한다.

③ 텔러별 시재금 보유한도는 700만 원 이하로 하되 지폐는 권종별 100장 미만으로 보유하여야 한다.

④ 출납 담당 책임자는 매일, 부점장은 매월 1회 이상 불특정일에 현금을 검사하여 출납일계표상의 시재금명세표와 부합 여부를 확인 후 검인한다.

⑤ 각 텔러는 업무 종료 후 마감현금을 시재박스에 보관하고, 모텔러는 시재 박스를 금고실 내 현금 금고에 보관한다.

정답 | 해설

시재금은 **영업 마감 후 구분 및 정리**하여야 한다. 또한 현금자동입출금기의 경우 영업 종료 후가 아닌 별도로 정한 바에 따른다.

정답 ②

이론 더하기

금고시재 마감절차
1. 시재금을 수수한다.
   ① 출납 담당자는 수시 현금 인수·인도를 통하여 최소한의 영업자금만 창구에 보유하도록 하고, 여타 현금은 금고실 내 현금금고에 보관한다.
   ② 출납 담당자 간의 자금 수수는 인도·인수자가 날인 또는 서명한 '통화인도인수표'를 사용하여 책임 관계를 명확히 한다.
   ③ '통화인도인수표'는 영업점 계수 확정 시까지 보관한다.
2. 시재금을 마감한다.
   ① 시재금은 영업 마감 후 권종별로 구분·정리하여야 한다. 다만, 현금자동입출금기(ATM 및 CD기 등)는 별도로 정한 바에 따른다.
   ② 텔러별 시재금 보유한도는 700만 원 이하로 하되, 지폐는 권종별로 100장 미만으로 보유하여야 한다.
3. 현금을 검사한다.
   ① 출납 담당 책임자는 매일, 부점장은 매월 1회 이상 불특정일에 현금(마감 후 취급분 포함)을 검사하여 출납일계표상의 시재금명세표와 부합 여부를 확인 후 검인한다.
   ※ 시재금은 10원 단위까지만 부합 여부를 확인한다.
4. 시재 박스를 보관한다.
   ① 각 텔러는 업무 종료 후 마감현금을 시재 박스(각 텔러가 당일 출납업무 수행 후 현금을 보관하는 시건장치가 있는 소형 금고)에 보관한다.
   ② 모텔러는 시재 박스를 금고실 내 현금금고에 보관한다.

29 우리나라의 통화량이 13% 증가, 실질국민소득이 6% 증가, 물가가 4% 증가하였다면, 화폐의 유통 속도의 변화율은 대략 얼마인가?

① -15%　　　　　　　　　　　　② -11%

③ -3%　　　　　　　　　　　　④ 3%

⑤ 11%

정답 해설

교환방정식 $MV=PY$를 증가율로 나타낸 $\dfrac{\triangle M}{M}+\dfrac{\triangle V}{V}=\dfrac{\triangle P}{P}+\dfrac{\triangle Y}{Y}$ 에

$\dfrac{\triangle M}{M}=13\%$, $\dfrac{\triangle Y}{Y}=6\%$, $\dfrac{\triangle P}{P}=4\%$를 대입해보면 $\dfrac{\triangle V}{V}=-3\%$이다.

정답 ③

30 연 이자율이 10%이고, 매년 말 10,000원씩 3년 동안 수령하는 연금을 현재 일시불로 수령할 때, 현재가치를 계산하는 공식으로 옳은 것은?

① $10,000+10,000+10,000$

② $10,000\times(1.1)^3$

③ $10,000\times(1.1)+10,000\times(1.1)^2+10,000\times(1.1)^3$

④ $10,000\times\dfrac{1}{(1.1)^3}$

⑤ $10,000\times\dfrac{1}{(1.1)}+10,000\times\dfrac{1}{(1.1)^2}+10,000\times\dfrac{1}{(1.1)^3}$

정답 해설

예상되는 수익의 현재가치(PV; Present Value)는 다음과 같이 구한다.

$PV=\dfrac{R_n}{(1+r)^n}$ (n : 내용연수, R_n : n기 예상수익, r : 이자율)

여기서는 예상수익이 3년 동안 1만 원인 경우이므로 옳은 공식은 ⑤이다.

정답 ⑤

03 | 금융 · 경제 상식

▌2023 NH농협은행 6급

01 다음 (가) ~ (다)의 내용과 일치하는 협동조합의 7대 원칙을 〈보기〉에서 찾아 바르게 연결한 것은?

> (가) 조합원들은 정책수립과 의사 결정에 활발하게 참여하고 선출된 임원들은 조합원에게 책임을
>   갖고 봉사해야 한다.
> (나) 젊은 세대와 여론 지도층에게 협동의 본질과 장점에 대한 정보를 제공해야 한다.
> (다) 협동조합이 다른 조직과 약정을 맺거나 외주에서 자본을 조달할 때 조합원에 의한 민주적 관리
>   가 보장되고, 협동조합의 자율성이 유지되어야 한다.

보기

ㄱ 자발적이고 개방적인 조합원 제도   ㄴ 조합원에 의한 민주적 관리
ㄷ 조합원의 경제적 참여   ㄹ 자율과 독립
ㅁ 교육, 훈련 및 정보 제공   ㅂ 협동조합 간의 협동
ㅅ 지역사회에 대한 기여

	(가)	(나)	(다)		(가)	(나)	(다)
①	ㄱ	ㄷ	ㅂ	②	ㄱ	ㅅ	ㄴ
③	ㄴ	ㅁ	ㄹ	④	ㄴ	ㅅ	ㅂ
⑤	ㅂ	ㄴ	ㄱ				

정답 | 해설

(가) – ㄴ 조합원에 의한 민주적 관리
(나) – ㅁ 교육, 훈련 및 정보 제공
(다) – ㄹ 자율과 독립

정답 ③

02 국제협동조합연맹(ICA)은 1995년 ICA 100주년 총회에서 '협동조합 정체성에 대한 선언(Statement on the Co-operative Identity)'으로 협동조합 7대 원칙을 발표하였다. 다음에서 설명하는 원칙은 무엇인가?

- 협동조합의 기본은 공정하게 조성되고 민주적으로 통제된다.
- 자본금의 일부는 조합의 공동재산이며, 출자배당이 있는 경우에 조합원은 출자액에 따라 제한된 배당금을 받는다.
- 잉여금은 (1) 협동조합의 발전을 위해 일부는 배당하지 않고 유보금으로 적립, (2) 사업이용 실적에 비례한 편익 제공, (3) 여타 협동조합 활동지원 등에 배분한다.

---

① 지역사회에 대한 기여   ② 협동조합 간의 협동
③ 자발적 · 개방적인 협동조합   ④ 조합원에 의한 민주적 관리
⑤ 조합원의 경제적 참여

정답 | 해설

협동조합 7대 원칙 중 '조합원의 경제적 참여'에 대한 내용이다.

정답 ⑤

이론 더하기

국제협동조합연맹(ICA)의 협동조합 7대 원칙
1. 자발적이고 개방적인 조합원 제도
   - 자발적이며 모든 사람에게 성(性)적 · 사회적 · 인종적 · 정치적 · 종교적 차별 없이 열려 있는 조직이어야 한다.
2. 조합원에 의한 민주적 관리
   - 조합원들은 정책수립과 의사 결정에 활발하게 참여하고 선출된 임원들은 조합원에게 책임을 갖고 봉사해야 한다.
   - 조합원마다 동등한 투표권(1인 1표)을 가지며, 협동조합연합회도 민주적인 방식으로 조직 · 운영해야 한다.
3. 조합원의 경제적 참여
   - 협동조합의 자본은 공정하게 조성되고 민주적으로 통제되어야 한다.
   - 자본금의 일부는 조합의 공동재산이며, 출자배당이 있는 경우에 조합원은 출자액에 따라 제한된 배당금을 받는다.
   - 잉여금은 협동조합의 발전을 위해 일부는 배당하지 않고 유보금으로 적립하며, 사업이용 실적에 비례한 편익을 제공해야 하고, 기타 협동조합 활용 지원 등에 배분해야 한다.
4. 자율과 독립
   - 협동조합이 다른 조직과 약정을 맺거나 외주에서 자본을 조달할 때 조합원에 의한 민주적 관리가 보장되고, 협동조합의 자율성이 유지되어야 한다.
5. 교육, 훈련 및 정보 제공
   - 조합원, 선출된 임원, 경영자, 직원들에게 교육과 훈련을 제공해야 한다.
   - 젊은 세대와 여론 지도층에게 협동의 본질과 장점에 대한 정보를 제공해야 한다.
6. 협동조합 간의 협동
   - 국내, 국외에서 공동으로 협력 사업을 전개함으로써 협동조합 운동의 힘을 강화시키고, 조합원에게 효과적으로 봉사해야 한다.
7. 지역사회에 대한 기여
   - 조합원의 동의를 토대로 조합이 속한 지역사회의 지속가능한 발전을 위해 노력해야 한다.

03 다음은 세계역사의 흐름 속 협동조합의 형태 중 하나에 대한 설명이다. 이에 해당하는 협동조합은 무엇인가?

> 18세기 산업혁명이 영국에서 시작되어 유럽 전역으로 퍼져나가기 시작했다. 독일도 이 물결을 피해 갈 수 없었으나 주변국에 비해서 독일의 산업화 과정은 느렸다. 당시 도시의 영세 독립 소생산자들과 농촌의 소작농들은 불가피하게 상업자본가의 고리채에 의존해야 했고, 경제적으로 수탈당했다. 엎친 데 덮친 격으로 1847년 대기근이 강타하면서 독일 농민들은 기아에 허덕였고, 영양 부족과 기근으로 사람들은 각종 질병에 걸려 죽어가고 있지만, 돈이 없는 그들은 약도 제대로 먹을 수 없었다.
> 당시 라인강 중류 농촌지역 바이어부쉬의 시장은 사람들을 동원하여 마을 기금을 조성해 굶주린 주민들에게 곡식을 외상으로 나누어 주었다. 그리고 1849년에는 프람멜스펠트 빈농구제조합을 설립해 농민들이 가축을 구입할 수 있도록 하였다. 조합원 60명이 무한연대책임으로 자본가의 돈을 빌려 가축을 사고, 5년 동안 나누어 갚는 제도를 도입한 것이다.
> 이렇게 농민들을 중심으로 세워진 신용협동조합은 1862년에 은행으로 성장했다. 이곳은 이익을 추구하는 기업이 아니기 때문에 증권거래소에 상장되어 있지 않았고, 외부자금조달에 어려움이 많아 1890년 당시에는 조합원들에게 배당을 하지 않았다. 하지만 이후 이 자금은 차곡차곡 쌓여서 라이파이젠 은행 순자기자본이 되었으며 덕분에 독일이 금융위기에도 견고하게 버틸 수 있는 힘의 원천이 되었다.

① 라이파이젠 신용협동조합
② 미그로 소비자협동조합
③ 비도 우레 풍력협동조합
④ 폰테나 낙농협동조합
⑤ 제스프리 농협협동조합

정답 | 해설

제시문의 설명은 라이파이젠 신용협동조합의 초기 모습이다. 농민들을 중심으로 세워진 협동조합은 1862년 라이파이젠 은행으로 성장하였으며, 상인을 대상으로 한 시민은행과 합병되어 대표적인 독일 협동조합으로 성장하였다.

오답분석

② 미그로 소비자협동조합 : 협동조합연맹 형태의 회사로, 스위스 전역의 10개 지역협동조합은 미그로의 중심축이다. 이들 지역협동조합은 독립적으로 운영되고 자체적으로 판매, 연간 재무제표, 직원 등을 관리한다. 이곳 지역협동조합에서 미그로 상품의 90%를 생산하고, 미그로 협동조합연맹에서는 구매, 물류, IT와 같은 중앙 서비스를 담당한다.
③ 비도 우레 풍력협동조합 : 2007년에 4명이 각자 50크로나씩 출자해서 시작했으며, 이후 조합원 2,000명 이상, 자본금 540만 크로나 이상으로 엄청난 성장을 했다. 지역 5,000여 가구에 전기를 공급할 뿐만 아니라, 기후변화와 환경보호에 기여하고 있다. 또한 연수익 11%정도가 조합 주민들에게 돌아가고 있다.
④ 폰테라 낙농협동조합 : 낙농업이 뉴질랜드의 핵심 산업인 것을 토대로, 점유율과 매출을 더욱 높이기 위해 낙농업계에서 협동조합을 통해 효율화를 하기 위한 목적으로 2001년 설립한 것이다.
⑤ 제스프리 농협협동조합 : 뉴질랜드에서는 1970년대 6개에 불과하던 키위 수출업체가 기하급수적으로 늘어나면서 1980년대에 엄청난 가격 파동을 겪었다. 끝없는 가격인하 경쟁은 품질 악화와 농가 소득의 하락으로 이어졌고, 이런 무한 경쟁의 절벽 끝까지 몰린 키위 농부들이 살아남기 선택한 방법은 협동조합이었다. 제스프리라는 브랜드 하나로 수출을 통일하자는 합의에 따라 농협협동조합을 설립하기로 하여, 1997년에 뉴질랜드 키위의 수출 마케팅을 전담하는 제스프리 인터내셔널이 설립되었다.

정답 ①

04 다음 〈보기〉에서 조합원 의결권과 관련한 내용으로 옳지 않은 것을 모두 고르면?

> **보기**
>
> ㉠ 조합원은 출자금에 따라 의결권의 수를 차등적으로 부여받는다.
> ㉡ 주식회사와 비교할 때, 조합이 어떠한 결정을 내릴 때 보다 민주적 진행이 가능하다.
> ㉢ 소수의 의해 전체적인 경영이 이루어진다.
> ㉣ 어떠한 문제에 대한 결정에 있어 주식회사보다 신속한 결정이 가능하다.

① ㉠, ㉢   ② ㉡, ㉣
③ ㉠, ㉢, ㉣   ④ ㉡, ㉢, ㉣
⑤ ㉠, ㉡, ㉢, ㉣

정답 │ 해설

㉠ 주식회사가 1주에 1표를 지급받는다면, 조합은 출자금에 관계없이 모두 균등하게 1인 1표를 지급받는다.
㉢ 주식회사는 1주에 1표씩의 의결권이 부여되는 만큼 소수 대주주에 의해 전체적인 경영이 이루어지지만, 조합은 모든 조합원이 동등하게 1인 1표씩의 의결권을 부여받기 때문에 다수에 의한 평등한 경영이 이루어진다.
㉣ 주식회사는 1주당 1표씩 부여되므로, 지분의 51% 이상이 주도하는 대로 신속하게 의사결정을 할 수 있지만, 지분에 관계없이 균등하게 1표씩 분배받는 조합의 경우 각 조합원끼리 의견이 상이하다면 문제 해결까지의 시간이 길어질 수 있다.

오답분석
㉡ 주식회사에서는 지분의 소유 규모에 따라 회사의 경영이 이루어지지만, 조합의 경우 출자금에 상관없이 동일하게 1인 1표를 행사할 수 있으므로 보다 더 민주적인 진행이 가능해진다.

정답 ③

05 다음은 1995년 ICA가 규정한 '협동조합 정의'이다. 빈칸에 들어갈 말을 바르게 연결한 것은?

> 협동조합이란 공동으로 소유되고 민주적으로 운영되는 사업체를 통하여 공통의 경제적·사회적·문화적 필요와 욕구를 충족시키고자 하는 사람들이 _____으로 결정한 _____인 조직이다.

① 자발적, 자조적   ② 자발적, 자율적
③ 자주적, 자율적   ④ 효율적, 민주적

정답 │ 해설

협동조합이란 공동으로 소유되고 민주적으로 운영되는 사업체를 통하여 공통의 경제적·사회적·문화적 필요와 욕구를 충족시키고자 하는 사람들이 자발적으로 결정한 자율적인 조직이다.

정답 ②

06 다음 중 협동조합에 대한 설명으로 옳은 것은?

① 세계 최초의 근대적 협동조합은 미국에서 발생하였다.

② 영국의 초기 협동조합은 신용조합의 형태로 출발하였다.

③ 프랑스에서는 소비조합 형태의 협동조합이 가장 먼저 발생하였다.

④ 덴마크에서는 최초의 낙농협동조합이 설립되었다.

⑤ 우리나라 최초의 협동조합은 가공협동조합이다.

정답 | 해설

덴마크의 협동조합은 농민들 사이에 확산되어 다른 나라와 대조적으로 농촌지역의 소비자운동으로 성장하였고, 농업협동
조합을 중심으로 협동조합이 발전하여 1882년 최초의 낙농협동조합이 설립되었다.

[오답분석]

① 세계 최초의 근대적 협동조합은 영국의 로치데일공정 선구자조합이다.

② 영국의 초기 협동조합은 소비조합의 형태로 출발하였고, 신용조합의 형태로 출발한 나라는 독일이다.

③ 프랑스에서는 생산조합 형태의 협동조합이 가장 먼저 발생하였다.

⑤ 우리나라에서 일반 대중이 주체가 되어 자발적으로 조직한 초기의 협동조합은 소비조합과 신용조합의 형태로 발생하
였다. 가공협동조합은 주로 미국에서 등장하였다.

정답 ④

07 다음 중 사업 이용 규모에 비례해 의결권(투표권)을 부여하는 형태의 협동조합은?

① 소비자협동조합   ② 농업협동조합

③ 노동자협동조합   ④ 신세대협동조합

⑤ 사회적협동조합

정답 | 해설

협동조합은 모든 조합원의 1인 1표 의결권 행사를 원칙으로 하지만, 신세대협동조합(New Generation Cooperatives)의
경우 협동조합의 실적·이용 규모 등을 기준으로 의결권을 부여하여 조합 활동에 참여하지 않는 조합원들과 차이를 둔다.
이 경우에도 조합원이 납입한 출자금 규모에 비례하여 의결권을 주는 것이 아니므로 투자자가 조합을 소유하지 않는다.

[오답분석]

① 소비자협동조합 : 주로 회원이 사용하거나 혹은 그들에게 재판매하기 위한 재화나 서비스를 구매하기 위하여 조직된
최종 소비자의 협동조합

② 농업협동조합 : 농업 생활력의 증진과 농민의 지위 향상을 위해 설립된 협동조합

③ 노동자협동조합 : 노동자들이 법인을 소유하고 직접 경영에 참여하는 협동조합

⑤ 사회적협동조합 : 지역주민들의 권익·복리 증진과 관련된 사업을 수행하거나 취약계층에게 사회서비스 또는 일자리
를 제공하는 등의 비영리 목적으로 설립된 협동조합

정답 ④

08 다음 중 주식회사와 협동조합의 차이로 옳은 것은?

① 주식회사는 이사회와 이사회에서 선출한 경영자 또는 선출직 상임이사를 둘 수 있는 데 반해 협동조합은 외부 인사의 영입이 불가능하다.

② 주식회사의 경우 영리를 목적으로 하는 법인인 데 비해 협동조합의 경우 공익을 목적으로 한다.

③ 주식회사는 주식을 보유한 주주가 소유자가 되며 출자에 있어 제한이 있으나 이에 비해 협동조합은 조합원 모두가 소유자가 되며 개인의 출자 한도에 제한이 없다.

④ 주식회사는 주식이 많은 대주주가 의결권을 지니는 1주 1표의 의결권이 주어지는 데 비해 협동조합은 사람에 따른 의결권인 1인 1표의 의결권이 주어진다.

⑤ 배당에 있어 주식회사는 특별한 제한이 없지만 협동조합은 이용실적 배당이 전체 배당액의 30%, 출자금에 따른 배당은 납입출자금의 20% 이하가 되도록 하여야 한다.

정답 해설

주식회사는 1주 1표인 자금에 따른 의결권, 즉 주식이 많은 **대주주가 의결권**을 지니는 데 비해 협동조합은 사람에 따른 의결권, 즉 **1인 1표의 의결권**이 주어진다.

오답분석

① 주식회사와 협동조합 모두 이사회와 이사회에서 선출한 경영자 또는 선출직 상임이사를 둘 수 있으며 임원으로는 외부 경영인의 영입도 가능하다.

② 주식회사와 협동조합 모두 영리를 목적으로 하는 영리법인이다.

③ 주식회사는 개인의 출자 한도에 제한이 없으나 협동조합은 1인의 출자금이 전체 출자금의 30%를 넘을 수 없다.

⑤ 협동조합은 이용실적 배당이 전체 배당액의 50%, 출자금에 따른 배당은 납입출자금의 10% 미만이 되도록 하여야 한다.

정답 ④

09 최근 유럽의 비조합원 자본 증가에 대한 내용 중 옳지 않은 것은?

① 스페인에서는 후원조합원제도, 협력조합원제도, 준조합원제도 등 새로운 조합원 제도가 도입되었다.

② 프랑스에서는 비조합원이 자본금의 80%까지 출자할 수 있는 특수한 법적 형태를 지닌 협동조합도 있다.

③ 프랑스는 일반협동조합에서도 외부투자자에게 참여주식과 투자증서, 채권 등을 매입할 수 있도록 허용하고 있다.

④ 이탈리아에서는 재정후원조합원제도를 운영하고 있다.

정답 해설

프랑스에서는 비조합원이 **자본금의 50%까지 출자**할 수 있는 특수한 법적 형태를 지닌 협동조합도 있다.

정답 ②

10 다음 중 국제 상품의 가격이 크게 오르내림으로써 수출국과 수입국을 비롯하여 세계 경제에 큰 영향을 미치는 것을 막기 위하여 맺는 협정은?

① ICA

② GPA

③ FTA

④ GATT

⑤ CPTPP

정답 │ 해설

ICA(International Commodity Agreement, 국제상품협정)는 국제 상품의 가격이 너무 지나치게 오르내리지 않도록 관계국 사이에서 상품의 생산량이나 가격 등을 조정하기 위하여 재고량 등에 대해 체결한 국제협정이다.

오답분석

② GPA(Government Procurement Agreement, 정부조달협정) : 세계 각국의 정부 조달 관행에서 일어나는 차별 행위를 규제하고 국제 조달의 자유화를 위해 체결한 협정

③ FTA(Free Trade Agreement, 자유무역협정) : 국가 간 상품의 자유로운 이동을 위해 모든 무역 장벽을 완화하거나 제거하는 협정

④ GATT(General Agreement on Tariffs and Trade, 관세 및 무역에 관한 일반 협정) : 관세와 통상의 불합리성을 제거하여 물자 교류의 촉진과 고용 수준의 향상을 목적으로 시행한 국제협정

⑤ CPTPP(Comprehensive and Progressive Agreement for Trans – Pacific Partnership, 포괄적 · 점진적 환태평양경제동반자협정) : 아시아 · 태평양 지역의 경제통합을 목적으로 만들어진 다자간 자유무역협정

정답 ①

---

11 다음 중 고전학파 모형에 대한 설명으로 옳지 않은 것은?

① 이자율의 신축적인 조정을 통해 생산물시장의 불균형이 조정된다.

② 물가가 상승하면 즉각적으로 명목임금도 상승한다.

③ 대부자금을 통해 주입과 누출이 항상 일치하므로 총생산과 총지출도 항상 일치한다.

④ 고전학파 모형은 단기보다는 장기를 분석하는 데 더욱 적합한 모형이다.

⑤ 정부지출의 변화는 실질변수에 아무런 영향을 미칠 수 없다.

정답 │ 해설

정부가 확장적 재정정책을 시행하더라도 고전학파 모형에서는 국민소득이 변하지는 않는다. 하지만 확장적 재정정책을 실시하면 실질이자율이 상승하므로 민간투자와 민간소비가 감소하게 된다.

정답 ⑤

---

12 다음 중 가격차별에 대한 설명으로 옳지 않은 것은?

① 가격차별은 같은 상품이라도 독점력을 이용해 다양한 가격으로 판매하는 행위를 의미한다.

② 가격차별은 대체로 소비자 잉여분을 생산자의 이윤으로 돌리려는 시도에서 나타난다.

③ 1급 가격차별은 생산자가 소비자의 모든 WTP를 완벽하게 알고 있을 때 가능하다.

④ 2급 가격차별은 수요의 가격탄력성에 역비례하여 가격을 책정하는 것이다.

⑤ 3급 가격차별은 가격탄력성에 민감한 계층에게는 낮은 가격을, 둔감한 계층에게는 높은 가격을 부르는 것이다.

정답 해설

수요의 가격탄력성에 역비례하여 가격을 책정하는 것은 **3급 가격차별**이다.

정답 ④

이론 더하기

가격탄력성

소비재의 가격이 변함에 따라 수요와 공급이 얼마나 변하는지를 나타내는 지표이다. 가격탄력성이 1보다 클수록 같은 가격변화에 수요와 공급이 크게 변하는 반면, 가격탄력성이 1보다 작으면 수요량과 공급량의 변화율이 줄어든다. 수요의 가격탄력성이 상대적으로 작으면 필수재, 상대적으로 크면 사치재라고 부른다.

13 다음 중 무차별곡선의 모양에 대한 설명으로 옳지 않은 것은?

① 완전대체재의 경우 무차별곡선은 마이너스 기울기를 갖는 직선이다.

② 완전보완재의 경우 무차별곡선은 L자형의 모양을 나타낸다.

③ 두 재화 중 한 재화가 음의 효용을 가져다 줄 경우 무차별곡선은 우상향한다.

④ 투자자가 위험을 회피할수록 투자자의 무차별곡선 기울기는 커진다.

⑤ 두 재화 중 한 재화가 중립재일 경우 무차별곡선은 수직 또는 수평이 된다.

정답 해설

위험을 회피하는 투자자일수록 무차별곡선 기울기는 완만해진다.

오답분석

① 마이너스 기울기를 갖는 우하향 형태를 나타낸다.

② L자형 무차별곡선 위에서는 어떠한 경우에도 효용의 크기가 서로 동일하다.

③ 비재화는 소비량이 늘어날수록 효용이 낮아진다.

⑤ X재가 중립재일 경우 수평, Y재가 중립재일 경우 수직이 된다.

정답 ④

14 다음 중 무차별곡선 이론에 대한 설명으로 옳지 않은 것은?

① 효용의 주관적 측정가능성을 전제한다.
② 무차별곡선과 예산제약선을 이용하여 소비자균형을 설명한다.
③ 무차별곡선의 기울기는 한계기술대체율이다.
④ 무차별곡선은 우하향하며 원점에 대해 볼록(Convex)하다.
⑤ 모든 점은 그 점을 지나는 하나의 무차별곡선을 가진다.

정답 | 해설 ─────────────────────────────────○

무차별곡선의 기울기는 한계기술대체율이 아니라 **한계대체율**이다.

정답 ③

15 다음 중 무차별곡선에 대한 설명으로 옳지 않은 것은?

① 무차별곡선은 서수적 효용개념에 기초하여 소비자의 선택을 분석한다.
② 무차별곡선이 원점에서 멀어질수록 더 높은 효용 수준을 나타낸다.
③ 서로 다른 무차별곡선은 교차하지 않는다.
④ 재화(Goods)와 비재화(Bads)의 선택모형에서 무차별곡선은 우하향한다.
⑤ 완전보완관계인 두 재화 간의 선택모형에서 무차별곡선은 L자 형태이다.

정답 | 해설 ─────────────────────────────────○

무차별곡선은 개인의 동일한 만족이나 효용을 나타내는 곡선으로 어느 한 재화가 **비재화인 경우** 무차별곡선은 **우상향**한다.

[오답분석]
① 무차별곡선은 서수적 효용개념에 기초하므로 한계효용의 비율만이 중요하다.
② 무차별곡선은 단조성을 의미한다.
③ 무차별 곡선의 이행성을 의미한다.
⑤ 레온티에프 효용함수의 특징이다.

정답 ④

효용함수(Utility Function)

재화소비량과 효용 간의 관계를 함수형태로 나타낸 것을 의미한다.

무차별곡선(Indifference Curve)

1. 개념 : 동일한 수준의 효용을 가져다주는 모든 상품의 묶음을 연결한 궤적을 말한다.

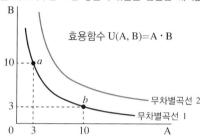

효용함수 $U(A, B) = A \cdot B$

무차별곡선 2
무차별곡선 1

2. 무차별곡선의 성질
   - A재와 B재 모두 재화라면 무차별곡선은 우하향하는 모양을 갖는다(대체가능성).
   - 원점에서 멀어질수록 높은 효용수준을 나타낸다(강단조성).
   - 두 무차별곡선은 서로 교차하지 않는다(이행성).
   - 모든 점은 그 점을 지나는 하나의 무차별곡선을 갖는다(완비성).
   - 원점에 대하여 볼록하다(볼록성).

3. 예외적인 무차별곡선

구분	두 재화가 완전 대체재인 경우	두 재화가 완전 보완재인 경우	두 재화가 모두 비재화인 경우
그래프	Y, 효용의 크기, IC_0 IC_1 IC_2 X	Y, 효용의 크기, IC_2 IC_1 IC_0, X	Y, IC_0 IC_1 IC_2, 효용의 크기, X
효용 함수	$U(X, Y) = aX + bY$	$U(X, Y) = \min\left(\dfrac{X}{a}, \dfrac{Y}{b}\right)$	$U(X, Y) = \dfrac{1}{X^2 + Y^2}$
특징	한계대체율(MRS)이 일정하다.	두 재화의 소비비율이 $\dfrac{b}{a}$로 일정하다.	X재와 Y재 모두 한계효용이 0보다 작다. $(MU_X < 0, \ MU_Y < 0)$
사례	(X, Y)=(10원짜리 동전, 50원짜리 동전)	(X, Y)=(왼쪽 양말, 오른쪽 양말)	(X, Y)=(매연, 소음)

소비자균형

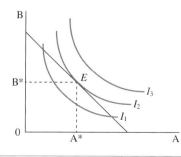

무차별곡선 기울기의 절댓값인 MRS_{AB}, 즉 소비자의 A재와 B재의 주관적인 교환비율과 시장에서 결정된 A재와 B재의 객관적인 교환비율인 상대가격 $\dfrac{P_A}{P_B}$가 일치하는 점에서 소비자균형이 달성된다(E).

16 다음 중 헥셔 – 오린(Heckscher – Ohlin) 정리에 대한 설명으로 옳지 않은 것은?

① 양국 간의 생산요소가 즉각적으로 이동 가능하다는 가정에 기반을 둔다.

② 양국 간 무역장벽이나 거래비용 등이 없는 완전한 자유무역이 가능하다는 가정에 기반을 둔다.

③ 노동이 풍부한 국가는 노동집약재 생산에 비교우위가 있다.

④ 각국이 비교우위가 있는 재화의 생산에 특화하면 양국 모두 무역으로 인한 이득을 얻는다.

⑤ 경제 구조가 유사한 국가 간의 무역은 잘 설명하지 못한다.

정답 | 해설

헥셔 – 오린 정리는 요소부존도의 차이가 존재하는 두 국가 간에 생산요소의 이동이 없음을 가정한다.

[오답분석]

② 헥셔 – 오린 정리는 완전한 자유무역이 가능한 완전경쟁시장을 가정한다.

③ 헥셔 – 오린 정리에서 각국은 자국에 풍부한 요소를 집약적으로 생산하는 재화에 비교우위를 가진다.

④ 각국이 비교우위를 가진 재화 생산에 특화하여 무역이 이루어진다면, 생산요소의 직접적인 이동 없이도 국가 간의 요소 상대가격비가 균등해지고(요소가격 균등화 정리), 양국 모두 이득을 얻는다.

⑤ 헥셔 – 오린 정리는 요소부존도의 차이가 있는 국가 간의 비교우위에 기인한 무역을 설명하는 이론이므로, 경제 구조가 유사한 국가 간의 무역을 잘 설명하지 못하는 한계점이 있다.

정답 ①

이론 더하기

애덤스미스의 절대우위론
절대우위론이란 각국이 절대적으로 생산비가 낮은 재화생산에 특화하여 그 일부를 교환함으로써 상호이익을 얻을 수 있다는 이론이다.

리카도의 비교우위론

1. 개념
   • 비교우위란 교역 상대국보다 낮은 기회비용으로 생산할 수 있는 능력으로 정의된다.
   • 비교우위론이란 한 나라가 두 재화 생산에 있어서 모두 절대우위에 있더라도 양국이 상대적으로 생산비가 낮은 재화 생산에 특화하여 무역을 할 경우 양국 모두 무역으로부터 이익을 얻을 수 있다는 이론을 말한다.
   • 비교우위론은 절대우위론의 내용을 포함하고 있는 이론이다.

2. 비교우위론의 사례
   • A국이 X재와 Y재 생산에서 모두 절대우위를 갖는다.

구분	A국	B국
X재	4명	5명
Y재	2명	5명

   • A국은 Y재에, B국은 X재에 비교우위가 있다.

구분	A국	B국
X재 1단위 생산의 기회비용	Y재 2단위	Y재 1단위
Y재 1단위의 기회비용	X재 $\frac{1}{2}$ 단위	X재 1단위

헥셔 – 오린 정리모형(Heckscher – Ohlin Model, H – O Model)

1. 개념
   - 각국의 생산함수가 동일하더라도 각 국가에서 상품 생산에 투입된 자본과 노동의 비율이 차이가 있으면 생산비의 차이가 발생하게 되고, 각국은 생산비가 적은 재화에 비교우위를 갖게 된다는 정리이다.
   - 노동풍부국은 노동집약재, 자본풍부국은 자본집약재 생산에 비교우위가 있다.

2. 내용
   - A국은 B국에 비해 노동풍부국이고, X재는 Y재에 비해 노동집약재라고 가정할 때, A국과 B국의 생산가능곡선은 다음과 같이 도출된다.

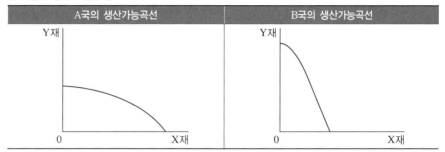

   - 헥셔 – 오린 정리에 따르면 A국은 노동이 B국에 비해 상대적으로 풍부하기 때문에 노동집약재인 X재에 비교우위를 가지고 X재를 생산하여 B국에 수출하고 Y재를 수입한다.
   - 마찬가지로 B국은 자본이 A국에 비해 상대적으로 풍부하기 때문에 자본집약재인 Y재에 비교우위를 가지고 Y재를 생산하여 A국에 수출하고 X재를 수입한다.

| 2020 NH농협은행 6급

17 다음 〈보기〉에서 본원통화가 증가하는 경우를 모두 고르면?

> **보기**
>
> ㉠ 재정수지 적자로 인해 정부가 중앙은행으로부터의 차입규모를 늘렸다.
> ㉡ 중앙은행이 법정 지급준비율을 인하하였다.
> ㉢ 중앙은행이 외환시장에서 외환을 매입하였다.
> ㉣ 중앙은행이 금융기관에 대한 대출규모를 늘렸다.

① ㉠, ㉡   ② ㉡, ㉢
③ ㉢, ㉣   ④ ㉠, ㉡, ㉢
⑤ ㉠, ㉢, ㉣

정답 | 해설

본원통화는 현금통화와 지급준비금으로 이루어진다. 중앙은행으로부터 시중에 자금이 공급되면 **본원통화가 증가**한다. ㉠·㉢·㉣ 모두 중앙은행으로부터 시중에 자금이 공급되는 경우에 해당한다.

오답분석

㉡ 중앙은행이 지급준비율을 인하하는 것 자체로는 시중으로 자금이 공급되지 않는다. 다만, 지급준비율이 인하되면 금융기관의 대출이 늘어나게 되므로 통화량은 증가하게 된다.

정답 ⑤

18 다음 중 본원통화에 대한 설명으로 옳은 것은?

① 은행 밖에 존재하는 모든 현금과 시중은행의 지급준비금을 합한 것이다.

② 은행 밖에 존재하는 모든 현금과 시중은행이 중앙은행에 예치한 예금을 합한 것이다.

③ 은행 밖에 존재하는 모든 현금과 시중은행의 금고에 있는 금액을 합한 것이다.

④ 시중은행 밖에 존재하는 모든 현금과 시중은행이 중앙은행에 예치한 예금을 합한 것이다.

⑤ 시중은행 밖에 존재하는 모든 현금과 중앙은행 금고에 있는 금액을 합한 것이다.

정답 해설

본원통화는 중앙은행이 공급하는 현금통화로 화폐발행액과 예금은행이 중앙은행에 예치한 지급준비예치금의 합계로 측정한다.

(본원통화)＝(현금통화)＋[지급준비금(시재금＋지급준비예치금)]

＝(화폐발행액)＋(금융기관 지준예치금)

＝(민간보유현금)＋(금융기관 시재금)＋(지준예치금)

＝(민간보유현금)＋(금융기관 총지급준비금)

정답 ①

19 다음 중 통화량을 감소시키기 위한 중앙은행의 정책으로 보기 어려운 것은?

① 기준금리 인상   ② 통화안정증권 발행

③ 재할인율 인상   ④ 대출한도 상승

정답 해설

중앙은행이 시중은행에 대한 대출한도를 늘리면 은행들의 금융비용 부담이 줄어 대출금리가 하락하고, 대출 규모도 증가하여 통화량이 증가한다.

[오답분석]

①・②・③ 통화량을 감소시키기 위한 긴축적 통화정책에 해당한다.

정답 ④

중앙은행

1. 중앙은행의 역할
   - 화폐를 발행하는 발권은행으로서의 기능을 한다.
   - 은행의 은행으로서의 기능을 한다.
   - 통화가치의 안정과 국민경제의 발전을 위한 통화금융정책을 집행하는 기능을 한다.
   - 국제수지 불균형의 조정, 환율의 안정을 위하여 외환관리업무를 한다.
   - 국고금 관리 등의 업무를 수행하며 정부의 은행으로서의 기능을 한다.
2. 물가안정목표제(Inflation Targeting)
   - 한국은행은 통화정책 운영체계로서 물가안정목표제를 채택하고 있다.
   - 물가안정목표제는 '통화량' 또는 '환율' 등 중간목표를 정하고 이에 영향을 미쳐 최종목표인 물가안정을 달성하는 것이 아니라, 최종목표인 '물가' 자체에 목표치를 정하고 중기적 시기에 이를 달성하려는 방식이다.

금융정책

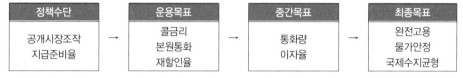

정책수단		운용목표		중간목표		최종목표
공개시장조작 지급준비율	→	콜금리 본원통화 재할인율	→	통화량 이자율	→	완전고용 물가안정 국제수지균형

1. 공개시장조작정책
   - 중앙은행이 직접 채권시장에 참여하여 금융기관을 상대로 채권을 매입하거나 매각하여 통화량을 조절하는 통화정책수단을 의미한다.
   - 중앙은행이 시중의 금융기관을 상대로 채권을 매입하는 경우 경제 전체의 통화량은 증가하게 되고 이는 실질이자율을 낮춰 총수요를 증가시킨다.
   - 중앙은행이 시중의 금융기관을 상대로 채권을 매각하는 경우 경제 전체의 통화량은 감소하게 되고 이는 실질이자율을 상승과 투자의 감소로 이어져 총수요가 감소하게 된다.
2. 지급준비율정책
   - 법정지급준비율이란 중앙은행이 예금은행으로 하여금 예금자 예금인출요구에 대비하여 총예금액의 일정비율 이상을 대출할 수 없도록 규정한 것을 말한다.
   - 지급준비율정책이란 법정지급준비율을 변경시킴으로써 통화량을 조절하는 것을 말한다.
   - 지급준비율이 인상되면 통화량이 감소하고 실질이자율을 높여 총수요를 억제한다.
3. 재할인율정책
   - 재할인율정책이란 일반은행이 중앙은행으로부터 자금을 차입할 때 차입규모를 조절하여 통화량을 조절하는 통화정책수단을 말한다.
   - 재할인율 상승은 실질이자율을 높여 경제 전체의 통화량을 줄이고자 할 때 사용하는 통화정책의 수단이다.
   - 재할인율 인하는 실질이자율을 낮춰 경제 전체의 통화량을 늘리고자 할 때 사용하는 통화정책의 수단이다.

20 다음은 A국가와 B국가의 로렌츠곡선과 완전균등선을 나타낸 그래프이다. 이에 대한 내용으로 옳지 않은 것은?

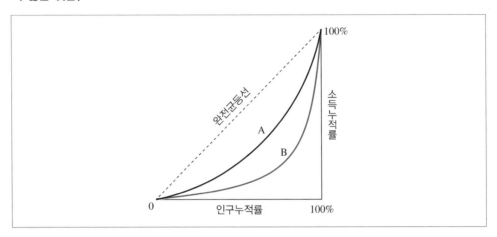

① A국가의 소득불평등 수준이 B국가보다 낮다.

② A국가의 지니계수는 B국가의 지니계수보다 1에 더 가깝다.

③ 지니계수는 1에 가까울수록 소득불평등 수준이 높아진다.

④ B국가의 로렌츠곡선은 소수의 인구가 높은 소득비율을 가지고 있다고 볼 수 있다.

⑤ A국가의 로렌츠곡선은 인구누적률에 따른 소득비율이 비교적 균등하다고 볼 수 있다.

정답 │ 해설 ───────────────────────────────────────○

로렌츠곡선은 한 사회의 인구를 누적시킴에 따라 소득이 누적되는 비율을 나타낸 곡선으로 로렌츠곡선이 45도인 경우를 완전평등선(완전균등선)이라고 부른다. 따라서 로렌츠곡선이 45도선에 가까울수록 소득불평등 수준이 적어지고 반대로 갈수록 높아진다.

지니계수는 완전균등선 아래의 전체 면적에서 로렌츠곡선과 완전균등선 사이의 면적이 차지하는 비율을 구한 값이다. 따라서 지니계수는 1에 가까울수록 소득불평등 수준이 높아지고 0에 가까울수록 소득불평등 수준이 낮아진다.

따라서 완전균등선에 더 가까운 A국가의 지니계수는 B국가의 지니계수보다 0에 더 가깝다.

정답 ②

21 다음 중 리카도 비교우위에 대한 설명으로 옳지 않은 것은?

① 고전학파인 데이비드 리카도에 의해 정립된 개념이다.

② 생산비가 절대적으로 낮은 상품을 양국이 각각 특화하여 교역하면 양국 모두에게 이익이 된다.

③ 양국 중 한 나라가 모든 재화에 절대우위에 있더라도 생산비가 더 적게 드는 상품에 특화하여 교역하면 양국이 모두 이익을 얻을 수 있다.

④ 비현실적인 노동가치설을 바탕으로 하며, 국가 간 생산요소 이동이 없음을 가정한다.

⑤ 비교우위론을 통해 자유무역의 필요성을 주장하였다.

정답 | 해설

②는 애덤 스미스의 절대우위론에 대한 설명이다.

정답 ②

22 다음 〈보기〉에서 유동성함정에 대한 설명으로 옳은 것을 모두 고르면?

보기

㉠ 고전학파의 대표적인 이론으로 통화공급의 증가가 이자율을 낮출 수 있음을 설명한다.
㉡ 시장참여자들이 미래 디플레이션을 예상할 때 혹은 수요부족, 경기불황 시 나타난다.
㉢ 유동성이 충분하여 실질금리가 0인 상태를 말한다.
㉣ IS – LM 모형에서 LM 곡선이 수평이 된다.

① ㉠, ㉡   ② ㉠, ㉢

③ ㉡, ㉢   ④ ㉡, ㉣

⑤ ㉢, ㉣

정답 | 해설

㉡ 유동성함정의 대표적인 사례로는 1929년 미국 대공황, 1990년대 일본 장기불황 등이 있다.
㉣ LM 곡선이 수평이 됨에 따라 통화정책의 효과가 발생하지 않게 된다.

오답분석

㉠ 유동성함정은 케인스 경제학에서 나온 용어로 통화공급의 증가가 이자율을 낮추지 못하는 상황을 설명한다.
㉢ 유동성함정은 유동성이 충분하여 명목금리가 0인 상태를 말하며, 통화를 증가시켜도 이자율에 영향을 주지 못한다.

정답 ④

23 다음은 불평등지수에 대한 설명이다. 빈칸 ㉠ ~ ㉢에 들어갈 내용이 바르게 연결된 것은?

- 지니계수가 ___㉠___ 수록 소득불평등 정도가 크다.
- 십분위분배율이 ___㉡___ 수록 소득불평등 정도가 크다.
- 앳킨슨지수가 ___㉢___ 수록 소득불평등 정도가 크다.

	㉠	㉡	㉢
①	클	클	클
②	클	클	작을
③	클	작을	클
④	작을	클	클
⑤	작을	클	작을

정답 해설

십분위분배율은 0과 2 사이의 값을 갖고, 그 값이 **작을수록** 소득분배가 **불평등함**을 나타낸다. 이에 비해 **지니계수**와 **앳킨슨지수**는 모두 0과 1 사이의 값을 갖고, 그 값이 **클수록** 소득분배가 **불평등함**을 나타낸다.

정답 ③

24 다음 〈보기〉에서 수요공급 곡선의 이동에 대한 설명으로 옳은 것을 모두 고르면?

보기

㉠ 생산비용이 줄어들거나 생산기술이 발전하면 공급곡선이 오른쪽으로 이동한다.
㉡ 정상재의 경우 수입이 증가하면 수요곡선은 왼쪽으로 이동한다.
㉢ A와 B가 대체재인 경우 A의 가격이 높아지면 B의 수요곡선은 오른쪽으로 이동한다.
㉣ 상품의 가격이 높아질 것으로 예상되면 공급곡선은 오른쪽으로 이동한다.

① ㉠, ㉡ ② ㉠, ㉢

③ ㉡, ㉢ ④ ㉡, ㉣

⑤ ㉢, ㉣

정답 해설

㉠ 생산비용 절감 또는 생산기술 발전 시 공급이 늘어나 **공급곡선이 오른쪽으로 이동**한다.
㉢ A의 가격이 높아지면 대체재인 B의 가격이 상대적으로 낮아져 **수요가 늘어나게** 된다.

오답분석

㉡ 정상재의 경우 수입이 증가하면 수요가 늘어나 수요곡선이 <u>오른쪽으로 이동</u>한다.
㉣ 상품의 가격이 높아질 것으로 예상되면 나중에 더 높은 가격에 팔기 위해 <u>공급이 줄어들게</u> 된다.

정답 ②

25 다음은 환율에 대한 설명이다. 빈칸 ㉠ ~ ㉣에 들어갈 용어를 바르게 연결한 것은?

> - ___㉠___ 은 명목환율에 실제 구매력까지 반영하여 조정한 환율이다.
> - ___㉡___ 은 외환시장에서 매일 고시되는 국제 통화 간 환율을 말한다.
> - ___㉢___ 은 교역상대국의 명목환율을 교역량 등으로 가중평균한 환율이다.
> - ___㉣___ 은 교역상대국의 물가지수 변동까지 감안해 만든 환율이다.

	㉠	㉡	㉢	㉣
①	명목환율	실질실효환율	실질환율	명목실효환율
②	명목환율	실질환율	명목실효환율	실질실효환율
③	실질환율	명목환율	명목실효환율	실질실효환율
④	실질환율	명목환율	실질실효환율	명목실효환율
⑤	명목실효환율	실질환율	실질실효환율	명목환율

정답 해설

우리가 흔히 사용하는 **명목환율**(NER; Nominal Exchange Rate)은 **외환시장에서 매일 고시되는 국제 통화 간 환율을** 말한다. 명목환율은 비교국 간 물가변동을 반영하지 못하는 문제점이 있기에 실제 구매력까지 반영 조정한 환율이 실질환율이다.

실질환율(RER; Real Exchange Rate)은 **현재의 명목환율 변동을 한 나라와 외국 간 물가변동 차이로 조정한 환율이기** 때문에 한 나라 상품의 국제 가격경쟁력을 측정하는 데 널리 이용한다. 다만 상황에 따른 가변요소가 너무 많기 때문에 **절대적인 수치를 제시하기 어려운 문제가** 있다.

실효환율(EER; Effective Exchange Rate)은 **두 나라 간 통화를 확대해 자국 통화와 모든 교역상대국 통화 간의 종합적인 관계를 나타내는** 환율이다. 주요 교역상대국의 명목환율을 교역량 등으로 가중평균한 명목실효환율과 여기에 다시 교역상대국의 물가지수 변동까지 감안해 만든 실질실효환율로 나뉜다.

정답 ③

26 다음 중 변동환율제도에 대한 설명으로 옳지 않은 것은?

① 원화 환율이 오르면 물가가 상승하기 쉽다.

② 원화 환율이 오르면 수출업자가 유리해진다.

③ 원화 환율이 오르면 외국인의 국내 여행이 많아진다.

④ 국가 간 자본거래가 활발하게 이루어진다면 독자적인 통화정책을 운용할 수 없다.

정답 해설

변동환율제도에서는 중앙은행이 외환시장에 개입하여 환율을 유지할 필요가 없고, 외환시장의 수급 상황이 국내 통화량에 영향을 미치지 않으므로 독자적인 **통화정책의 운용이 가능**하다.

정답 ④

27 다음 〈보기〉에서 환율(원/달러)이 상승하는 상황을 모두 고른 것은?

보기

㉠ 국내 실질이자율의 상승
㉡ 미국인들의 소득 증가
㉢ 국내 물가수준의 하락
㉣ 미국 투자자의 국내주식 매각
㉤ 국내 기업의 미국 현지공장 설립

① ㉠, ㉢　　　　　　　　　　　　　② ㉡, ㉢

③ ㉡, ㉤　　　　　　　　　　　　　④ ㉢, ㉣

⑤ ㉣, ㉤

정답 | 해설

달러 수요가 상승하고, 상대적으로 원화가치가 하락하는 경우에 환율이 상승한다. 미국 투자자가 국내주식을 매각(원화가치 하락)하려 하거나, 국내 기업이 미국에 공장을 설립(달러 수요 상승)하려 할 때 달러 수요가 증가한다.

오답분석

㉠ 국내 실질이자율이 상승하면, 원화로 표시된 금융자산의 수요가 증가하므로 달러의 국내 유입이 증가하고 달러가치 및 환율은 하락한다.
㉡ 미국인들의 소득이 증가하면, 한국산 수출품에 대한 수요가 증가하여 달러 유입이 증가하고 환율은 하락한다.
㉢ 국내 물가수준이 하락하여 수출품 가격이 하락하면, 수출품에 대한 수요가 증가하므로 환율이 하락한다.

정답 ⑤

이론 더하기

환율

1. 개념 : 국내화폐와 외국화폐가 교환되는 시장을 외환시장(Foreign Exchange Market)이라고 한다. 그리고 여기서 결정되는 두 나라 화폐의 교환비율을 환율이라고 한다. 즉, 환율이란 자국화폐 단위로 표시한 외국화폐 1단위의 가격을 말한다.

2. 환율의 변화
환율의 상승을 환율 인상(Depreciation), 환율의 하락을 환율 인하(Appreciation)라고 한다. 환율이 인상되는 경우 자국화폐의 가치가 하락하는 것을 의미하며 환율이 인하되는 경우는 자국화폐가치의 상승을 의미한다.

평가절상 (=환율 인하, 자국화폐가치 상승)	평가절하 (=환율 인상, 자국화폐가치 하락)
• 수출 감소 • 수입 증가 • 경상수지 악화 • 외채부담 감소	• 수출 증가 • 수입 감소 • 경상수지 개선 • 외채부담 증가

3. 환율제도

구분	고정환율제도	변동환율제도
국제수지불균형의 조정	정부개입에 의한 해결(평가절하, 평가절상)과 역외국에 대해서는 독자관세유지	시장에서 환율의 변화에 따라 자동적으로 조정
환위험	적음	환율의 변동성에 기인하여 환위험에 크게 노출되어 있다.
환투기의 위험	적음	높음(이에 대해 프리드먼은 환투기는 환율을 오히려 안정시키는 효과가 존재한다고 주장)
해외교란요인의 파급 여부	국내로 쉽게 전파됨	환율의 변화가 해외교란요인의 전파를 차단(차단효과)
금융정책의 자율성 여부	자율성 상실(불가능성 정리)	자율성 유지
정책의 유효성	금융정책 무력	재정정책 무력

4. 환율의 종류
• 기준환율 : 환율의 기준이 되는 환율로 우리나라의 경우 한국은행기준율이 있음
• 크로스환율 : 기준환율을 중심으로 간접적인 방법에 의해서 결정되는 환율
• 은행 간 환율 : 외환시장에서 은행 간의 거래에 따라 형성되는 환율
• 대고객환율 : 은행 간 환율을 기초로 고객을 대상으로 하는 거래에 적용하기 위한 환율
• 매입환율 : 거래 당사자의 입장에서 매입하고자 하는 통화의 가격에 대한 환율
• 매도환율 : 거래 당사자의 입장에서 매도하고자 하는 통화의 가격에 대한 환율
• 현물환율 : 외국환의 인수도 시기가 현재(계약 후 2영업일 이내)일 때 적용되는 환율
• 선물환율 : 외국환의 인수도 시기가 미래의 일정 시점(계약 후 2영업일 이후)일 때 적용되는 환율

우리나라 환율 구조

1. 매매기준율
전날 외국환중개회사를 통해 거래된 외환의 거래량과 가격을 가중평균하여 산출한 시장평균환율로 익일에 공시된다. 한국은행기준율을 제외한 모든 환율 산정의 기준이 되는 환율이다.

2. 재정환율
미화 이외의 통화와 미화와의 매매중간율을 시장평균환율로 재정한 환율을 말한다.

3. 대고객매매율
• 전신환(T/T)매매율 : 환의 결제를 전신으로 하는 경우 적용되며, 전신환매입률[고객으로부터 전신환(외화)을 매입하고 원화를 지급]과 전신환매도율[고객으로부터 원화를 받고 외화(전신환)를 매도]이 있다. 외국환은행의 수수료와 환리스크에 대한 보험료 등의 요인으로 인하여 전신환매입율은 고시기준율보다 낮고 전신환매도율은 고시기준율보다 높다.
• 현찰매매율 : 현찰을 매매할 때 적용되며, 전신환매매율과 마찬가지로 현찰매입률(고객으로부터 외화현찰을 매입하고 원화를 지급)과 현찰매도율(고객으로부터 원화를 받고 외화현찰을 매도)이 있다.
• 여행자수표(T/C) 매도율 : 여행자수표를 판매할 때 매입률은 별도로 없으며, 여행자수표를 판매할 때 적용하는 여행자수표 매도율이 존재한다.

28 다음 중 이자율 상승이 가격효과에 미치는 영향으로 옳지 않은 것은?

① 이자율이 상승하면, 차입자의 소득효과는 감소한다.

② 이자율이 상승하면, 차입자의 대체효과는 증가한다.

③ 이자율이 상승하면, 저축자는 대체효과에 의해 현재소비가 감소한다.

④ 이자율이 상승하면, 저축자는 대체효과에 의해 미래소비가 증가한다.

⑤ 이자율이 상승하면, 미래소비는 증가하나 현재소비는 증가하거나 감소한다.

정답 | **해설**

이자율 상승 시 가격효과(소득효과, 대체효과)를 차입자와 저축자 입장에서 구분하면, 우선 저축자의 소득효과 측면에서 이자율 상승은 이자수입의 증가로 이어져 소득이 증가하며, 현재소비가 증가한다. 대체효과 측면에서는 현재소비의 기회비용이 상승하여 현재소비가 감소하고 미래소비(저축)가 증가한다. 반면 차입자의 경우는 이자율 상승이 이자 부담 증가로 이어져 소득효과 측면에서도 대체효과 측면에서도 감소하는 추세를 보이게 된다.

정답 ②

---

29 다음 중 재정정책 및 금융정책의 효과에 대한 설명으로 옳지 않은 것은?

① 투자의 이자율탄력성이 클수록 IS곡선의 기울기는 급해지고, 재정정책의 효과는 작아진다.

② 화폐수요의 이자율탄력성이 클수록 LM곡선의 기울기가 완만해지고 금융정책의 효과는 작아진다.

③ 한계소비성향이 클수록 승수가 커지므로 재정정책의 효과는 커진다.

④ 한계소비성향이 클수록 IS곡선의 기울기는 완만해지고 금융정책의 효과는 커진다.

⑤ 화폐수요의 소득탄력성이 클수록 LM곡선의 기울기는 급해지고, 재정정책의 효과는 작아진다.

정답 | **해설**

완만한 IS곡선이나 가파른 LM곡선에서 구축효과가 커지지만, 재정정책의 효과는 작아진다. IS – LM곡선에 대한 분석을 위하여, 투자의 이자율탄력성을 b, 화폐수요의 이자율탄력성을 h, 한계소비성향을 c, 화폐수요의 소득탄력성을 k라고 할 때, IS곡선의 기울기는 $-\left(\dfrac{1-c}{b}\right)$로 표현된다. 따라서 투자의 이자율탄력성이 클수록, IS곡선의 기울기가 완만해지고, 구축효과가 커지기 때문에 재정정책의 효과가 작아진다.

오답분석

② LM곡선의 기울기는 $\dfrac{k}{h}$로 표현된다. 화폐수요의 이자율탄력성이 클수록 LM곡선의 기울기가 완만해지므로, 금융정책의 효과는 작아진다. 한편, 이때 LM곡선의 기울기가 완만해서서 구축효과가 작아지므로 재정정책의 효과는 커진다.

③ · ④ 한계소비성향이 커져서 IS곡선의 기울기가 완만해지면 금융정책의 효과가 커지고, 구축효과가 발생한다. 동시에 한계소비성향의 증가는 승수효과를 발생시켜 재정정책의 효과를 증가시키게 된다. 이때 구축효과의 절대적 크기는 승수효과보다 작기 때문에 재정정책의 절대적 효과는 커지게 된다.

⑤ 화폐수요의 소득탄력성이 클수록 LM곡선의 기울기인 $\dfrac{k}{h}$가 급해져서 구축효과가 커지고, 재정정책의 효과는 작아진다.

LM곡선이 급해지지만, 금융정책의 효과가 커지지는 않는다. 화폐수요의 소득탄력성이 커지면 국민소득이 감소하는 효과가 발생하여 LM곡선의 우측 이동폭이 감소하기 때문에 금융정책의 효과는 작아진다.

정답 ①

수요의 법칙

수요의 법칙이란 가격이 상승하면 수요량이 감소하는 것을 말한다. 수요의 법칙이 성립하는 경우 수요곡선은 우하향한다. 단, 기팬재의 경우와 베블런효과가 존재하는 경우는 성립하지 않는다.

수요량의 변화와 수요의 변화

1. 수요량의 변화 : 당해 재화의 가격변화로 인한 수요곡선상의 이동을 의미한다.
2. 수요의 변화 : 당해 재화가격 이외의 다른 요인의 변화로 수요곡선 자체가 이동하는 경우를 의미한다. 수요가 증가하면 수요곡선이 우측으로 이동하고, 수요가 감소하면 수요곡선이 좌측으로 이동한다.

공급의 법칙

다른 조건이 일정할 때 가격이 상승하면 공급량이 증가하는 것을 말한다.

공급량의 변화와 공급의 변화

1. 공급량의 변화 : 당해 재화가격의 변화로 인한 공급곡선상의 이동을 의미한다.
2. 공급의 변화 : 당해 재화가격이 다른 요인의 변화로 공급곡선 자체가 이동하는 것을 말한다. 공급이 증가하면 공급곡선이 우측으로 이동하고 공급이 감소하면 공급곡선이 좌측으로 이동한다.

수요의 가격탄력성

1. 의의 : 수요량이 가격에 얼마나 민감하게 반응하는지를 나타낸다.

2. 가격탄력성의 도출 : $\varepsilon_P = \dfrac{\text{수요량 변화율}}{\text{가격 변화율}} = \dfrac{\dfrac{\triangle Q}{Q}}{\dfrac{\triangle P}{P}} = \left(\dfrac{\triangle Q}{\triangle P}\right)\left(\dfrac{P}{Q}\right)$ (단, $\triangle$은 변화율, Q는 수요량, P는 가격)

3. 가격탄력성과 판매수입

구분	$\varepsilon_P > 1$ (탄력적)	$\varepsilon_P = 1$ (단위탄력적)	$0 < \varepsilon_P < 1$ (비탄력적)	$\varepsilon_P = 0$ (완전 비탄력적)
가격 상승	판매 수입 감소	판매 수입 변동 없음	판매 수입 증가	판매 수입 증가
가격 하락	판매 수입 증가	판매 수입 변동 없음	판매 수입 감소	판매 수입 감소

공급의 가격탄력성

1. 의의 : 공급량이 가격에 얼마나 민감하게 반응하는지를 나타낸다.

2. 가격탄력성의 도출 : $\varepsilon_P = \dfrac{\text{공급량 변화율}}{\text{가격 변화율}} = \dfrac{\dfrac{\triangle Q}{Q}}{\dfrac{\triangle P}{P}} = \left(\dfrac{\triangle Q}{\triangle P}\right)\left(\dfrac{P}{Q}\right)$ (단, $\triangle$은 변화율, Q는 공급량, P는 가격)

3. 공급의 가격탄력성 결정요인 : 생산량 증가에 따른 한계비용 상승이 완만할수록, 기술수준 향상이 빠를수록, 유휴설비가 많을수록, 측정시간이 길어질수록 공급의 가격탄력성은 커진다.

30 다음 중 투자의 이자율 탄력성이 클수록 나타나는 결과로 옳지 않은 것은?

① 고전학파의 견해와 일치한다.

② 투자곡선의 기울기가 작아진다.

③ IS곡선의 기울기가 작아진다.

④ 구축효과가 작아진다.

⑤ 재정정책 효과가 작아진다.

정답 | 해설

투자의 이자율 탄력성이 크면 IS곡선이 완만해지므로 구축효과는 커져서 재정정책의 효과는 작아진다. 이는 고전학파 계열학자의 견해로 금융정책의 효과는 커진다.

정답 ④

---

31 다음 중 소득효과와 대체효과의 발생에 대한 설명으로 옳지 않은 것은?

① 상품의 가격하락이 소비자의 실질소득을 증가시켜 그 상품의 구매력이 늘게 된다.

② 상품의 가격하락이 소비자의 명목소득을 증가시켜 그 상품의 구매력이 늘게 된다.

③ 기존의 품질이 우수하고 가격이 높던 상품의 가격이 하락하면 품질과 가격이 약간 떨어지던 대체 상품의 수요량은 낮아진다.

④ 이러한 효과들은 경제학자 힉스에 의해 주장되었고 주로 소득분배이론에 응용된다.

⑤ 국제무역 분석에서 가격이 불변인 경우 소득이 증가하면 수입이 증가하는 관계가 발생한다.

정답 | 해설

먼저 어떠한 재화의 가격이 하락하면 그 상품의 수요량에 미치는 영향을 소득효과와 대체효과의 발생원인으로 볼 수 있다. 이러한 경우 ①의 영향은 소득효과(Income Effect)라 하고, ③의 영향은 대체효과(Substitution Effect)라고 한다. ②의 상품의 가격하락은 직접적으로 소비자의 명목소득을 증가시킨다고는 볼 수 없다. 명목소득은 직접적으로 일정기간 동안 벌어 들인 돈을 뜻하며 실질소득은 이러한 명목소득을 소비자물가지수로 나눈 값을 말한다. 따라서 상품의 가격하락은 소비자의 명목소득에는 영향을 줄 수 없지만 실질소득은 증가시킬 수 있다.

정답 ②

32 다음 중 ELS(주가연계증권)에 대한 설명으로 옳은 것은?

① ELS는 이자율, 통화, 금, 원유 등과 연계하여 수익률이 결정된다.

② ELS의 발행기관은 은행이며 판매기관 또한 은행이다.

③ ELS는 원금보장이 되어 있어 보수적인 수익구조 실현이 가능하다.

④ ELS는 투자자 요청으로 증권을 중도상환할 경우 투자원금의 손실 및 평가손실을 초래할 수 있다.

⑤ ELS는 일반적인 증권들과는 달리 기초자산의 가격변동에 연동되지 않는다.

정답 | 해설

오답분석
① DLS(Derivatives Linked Securities, 파생결합증권)에 대한 설명이다.
② ELS의 발행기관과 판매기관은 은행이 아닌 증권사이다.
③ ELS는 원금보장이 되어 있지 않으며, 대신 ELB(Equity Linked Bond, 주가연계파생결합사채)를 통해 원금을 보장받으며 비교적 보수적인 수익창출이 가능하다.
⑤ ELS는 일반적인 증권들과는 달리 기초자산의 가격변동에 연동되어 수익구조가 결정되는 파생상품적 성격을 가지고 있다.

정답 ④

33 다음 중 증권시장에서 공개매수에 대한 설명으로 옳지 않은 것은?

① 주로 경영권을 지배하기 위한 목적으로 적대적 M&A전략으로 사용된다.

② 공개매수는 영문으로 Take Over Bid(TOB) 또는 Tender Offer라고 한다.

③ 공개매수를 할 경우 매수희망자는 보통 시가보다 비싼 가격으로 주식을 매입한다.

④ 공개매수는 증권시장 내에서 매입기간, 주식 수, 가격이 공표된 이후 거래가 시작된다.

⑤ 매입 희망자가 매입기간, 주식 수, 가격을 공표해서 증권시장 밖에서 공개적으로 매수하는 방법이다.

정답 | 해설

공개매수(TOB; Take Over Bid or Tender Offer)는 주로 경영권을 지배하기 위해 주식의 매입 희망자가 매입기간, 주수(株數), 가격을 공표해서 증권시장 밖에서 공개적으로 매수하는 방법이다.

정답 ④

34 다음 중 공매도에 대한 설명으로 옳지 않은 것은?

① 특정 종목의 주가가 하락할 것으로 예상될 때 하는 전략이다.

② 공매도는 단기간 주가 하락 효과를 나타낸다.

③ 한국에서는 무차입공매도를 채택하고 있다.

④ 결제 불이행이 발생하면 시장 체계에 혼란이 온다.

⑤ 결제 불이행을 막기 위해 일정한 담보를 제공하기도 한다.

정답 | 해설

공매도(Short Stock Selling)란 특정 종목의 주가가 하락할 것으로 예상되면 해당 주식을 보유하지 않은 상태에서 증권사로부터 주식을 빌려 매도 주문을 내는 투자 전략이다. 이러한 거래 방식으로 인해 결제 불이행이 발생한다면 시장 체계에 혼란이 오므로 증권사에서는 결제 불이행을 막기 위해 일정한 담보를 잡기도 한다. 따라서 공매도는 주가가 단기간 하락할 것이라 예상될 때 개인보다는 기관이 주로 취하는 전략이다. 현재 대한민국에서 주식을 빌리지 않고 매도부터 하는 무차입공매도는 자본시장법을 위반한 불법이다.

정답 ③

35 다음 중 공매도의 특징으로 옳지 않은 것은?

① 주가가 하락하게 되면 공매도한 투자자는 손해를 보게 된다.

② 무차입공매도와 차입공매도로 구분된다.

③ 한국에서 무차입공매도는 금지되어 있다.

④ 주식시장에 유동성을 공급할 수 있다.

정답 | 해설

공매도란 주식이나 채권을 가지고 있지 않은 상태에서 매도 주문을 내는 것으로, 주가의 하락이 예상될 때 시세차익을 노리는 방식이다. 공매도한 투자자가 예상한 대로 주가가 하락하게 되면 많은 시세차익을 낼 수 있으나, 주가가 상승하게 되면 오히려 손해를 보게 된다. 공매도는 증권시장의 유동성을 높이는 역할을 하는 반면, 시세조종과 채무불이행을 유발할 수 있어 현재 한국에서는 무차입공매도가 금지되고 있다.

정답 ①

주가지수

1. 개념 : 주식가격의 상승과 하락을 판단하기 위한 지표(Index)가 필요하므로 특정 종목의 주식을 대상으로 평균적으로 가격이 상승했는지 하락했는지를 판단한다. 때문에 주가지수의 변동은 경제상황을 판단하게 해주는 지표가 될 수 있다.

2. 주가지수 계산 : $\dfrac{\text{비교시점의 시가총액}}{\text{기준시점의 시가총액}} \times 100$

3. 주요국의 종합주가지수

구분	지수명	기준시점	기준지수
한국	코스피	1980년	100
	코스닥	1996년	1,000
미국	다우존스 산업평균지수	1896년	100
	나스닥	1971년	100
	S&P 500	1941년	10
일본	니케이 225	1949년	50
중국	상하이종합	1990년	100
홍콩	항셍지수	1964년	100
영국	FTSE 100지수	1984년	1,000
프랑스	CAC 40지수	1987년	1,000

주가와 경기 변동

1. 주식의 가격은 장기적으로 기업의 가치에 따라 변동한다.
2. 주가는 경제성장률이나 이자율, 통화량과 같은 경제변수에 영향을 받는다.
3. 통화공급의 증가와 이자율이 하락하면 소비와 투자가 늘어나서 기업의 이익이 커지므로 주가는 상승한다.

주식 관련 용어

1. 서킷브레이커(CB) : 주식시장에서 주가가 급등 또는 급락하는 경우 주식매매를 일시 정지하는 제도이다.
2. 사이드카 : 선물가격이 전일 종가 대비 5%(코스피), 6%(코스닥) 이상 급등 혹은 급락 상태가 1분간 지속될 경우 주식시장의 프로그램 매매 호가를 5분간 정시시키는 것을 의미한다.
3. 네 마녀의 날 : 주가지수 선물과 옵션, 개별 주식 선물과 옵션 등 네 가지 파생상품 만기일이 겹치는 날이다. '쿼드러플워칭데이'라고도 한다.
4. 레드칩 : 중국 정부와 국영기업이 최대주주로 참여해 홍콩에 설립한 우량 중국 기업들의 주식을 일컫는 말이다.
5. 블루칩 : 오랜 시간동안 안정적인 이익을 창출하고 배당을 지급해 온 수익성과 재무구조가 건전한 기업의 주식으로 대형 우량주를 의미한다.
6. 숏커버링 : 외국인 등이 공매도한 주식을 되갚기 위해 시장에서 주식을 다시 사들이는 것으로, 주가 상승 요인으로 작용한다.
7. 공매도 : 주식을 가지고 있지 않은 상태에서 매도 주문을 내는 것이다. 3일 안에 해당 주식이나 채권을 구해 매입자에게 돌려주면 되기 때문에, 약세장이 예상되는 경우 시세차익을 노리는 투자자가 주로 활용한다.

36 다음 글의 빈칸 ㉠~㉢에 해당하는 용어가 바르게 연결된 것은?

- ___㉠___ 은/는 실질적인 증자와 달리 자본의 구성과 발행주식 수만 변경하는 형식적인 증자이다.
- ___㉡___ 은 기업이 신주를 발행해 주주로부터 자금을 납입받아 자본금을 늘리는 것을 말한다.
- ___㉢___ 은 주식의 매입 희망자가 매입기간, 주식 수, 가격을 공표해서 증권시장 밖에서 공개적으로 매수하는 방법이다.
- ___㉣___ 은 주식회사가 주주에 대한 이익배당으로 현금 대신 이에 상당하는 신주를 발행하여 배당하는 것이다.

---

① ㉠ : 무상증자

② ㉠ : 주식배당

③ ㉡ : 신주발행

④ ㉢ : 유상증자

⑤ ㉣ : 옵션거래

정답 | 해설

빈칸은 각각 ㉠ : **무상증자**, ㉡ : **유상증자**, ㉢ : **공개매수**, ㉣ : **주식배당**에 대한 설명이다.

[오답분석]
- 신주발행 : 회사가 주식을 새로 발행하는 것
- 옵션거래 : 매매 선택권을 매매하는 거래

정답 ①

37 다음 중 집합투자기구에 대한 설명으로 옳지 않은 것은?

① 자본시장과 금융투자업에 관한 법률상으로 집합투자기구는 통칭 펀드(Fund)이다.

② 집합투자기구란 집합투자를 수행하기 위한 기구를 뜻한다.

③ 집합투자기구의 법적 형태는 회사형, 신탁형, 조합형으로 분류 가능하다.

④ 집합투자기구의 환매권을 투자자에게 준다면 폐쇄형 집합투자기구이다.

⑤ 일반적인 집합투자기구는 환매권을 인정하지만 특수한 경우에는 환매권을 제한할 수 있다.

정답 | 해설

먼저 집합투자란 2인 이상의 투자자들로부터 모은 금전 및 그 밖의 재산적 가치가 있는 것을 투자자로부터 일상적인 운용지시를 받지 않으면서 투자대상자산을 취득, 처분 등을 통하여 운용하며 그 결과를 투자자에게 배분하여 귀속시키는 것을 말한다. 이러한 집합투자를 수행하기 위한 기구를 법률적으로 '집합투자기구' 통상적으로는 '펀드(Fund)'라고 한다. 이러한 집합투자기구의 법적 형태는 **회사형, 신탁형, 조합형**으로 분류하고 또한 투자자에게 환매권을 주는지 여부에 따라서 환매권을 준다면 **개방형 집합투자기구**, 주지 않는다면 **폐쇄형 집합투자기구**로 구분한다.

정답 ④

38 최근 주식시장의 변동성이 커지면서 상장지수펀드(ETF)에 대한 관심이 높아지고 있다. 다음 〈보기〉에서 상장지수펀드에 대한 설명으로 옳은 것을 모두 고르면?

> **보기**
> ㉠ 인덱스펀드의 일종이다.
> ㉡ 일반적으로 코스피지수가 오르면 국내 상장지수펀드의 가격은 내려간다.
> ㉢ 하나의 상장지수펀드에 투자하는 경우 분산투자효과는 '0'이다.
> ㉣ 국내 상장지수펀드 매도 시 증권거래세는 면제된다.

① ㉠
② ㉠, ㉡
③ ㉠, ㉣
④ ㉡, ㉣
⑤ ㉡, ㉢, ㉣

정답 | 해설

㉠ 상장지수펀드(ETF)는 지수연동형 펀드, 즉 **인덱스펀드의 일종**으로 거래소에 상장되어 일반적인 **주식처럼 사고팔 수 있다**는 것이 특징이다.

㉣ 상장지수펀드를 **매도**할 때 **증권거래세는 면제**되나 배당소득 등에 대하여 **배당소득세는 과세**된다.

오답분석

㉡ 지수연동형 펀드이므로 **지수를 추종하여 움직인다.** 즉, 코스피지수가 오르면 일반적으로 상장지수펀드의 가격도 올라간다.

㉢ 개별종목이 아닌 지수 전체에 투자하는 것이므로, 하나의 상장지수펀드에 투자하는 경우 큰 **분산투자효과를 누릴 수 있다.**

정답 ③

---

39 다음 중 소수의 투자자들을 비공개로 모집하여 주로 위험성이 높은 파생금융상품에 공격적으로 투자해 고수익을 촉구하여 최대 이익을 얻을 수 있는 펀드는?

① 뮤추얼펀드
② 리츠펀드
③ 헤지펀드
④ 벌처펀드

정답 | 해설

헤지펀드란 소수의 투자자들을 비공개로 모집하여 **절대수익을 남기는 펀드**로, 다른 종류의 투자펀드와 비교하여 리스크가 높고 정부의 규제가 적은 편이다.

오답분석

① 뮤추얼펀드 : 자금을 모은 뒤 채권이나 주식 등에 투자하여 얻은 **수익을 다시 투자자들에게 배당금의 형태로 돌려주는 상품**

② 리츠펀드 : 부동산에 투자한 뒤 그 수익을 투자자들에게 배당하는 **부동산 증권화 상품**

④ 벌처펀드 : **부실기업을 싼 값에 인수**하여 **경영 정상화**를 이루고 **다시 팔아 이익을 남기는 방법**으로 운영되는 상품

정답 ③

40 다음 중 펀드에 대한 설명으로 옳지 않은 것은?

① 펀드는 전문가들에게 돈의 운용을 맡기는 대표적 간접 투자 상품의 하나로서 대규모 자금을 다양한 종목에 분산투자하므로 위험을 최소화할 수 있다.

② 주식형 펀드와 채권형 펀드의 속성이 혼합되어 있는 혼합형 펀드는 주식형 펀드의 수익성과 채권형 펀드의 안정성을 동시에 추구한다.

③ 머니마켓펀드(MMF)는 초단기 자금을 운용할 때 적합한 펀드상품으로 펀드자산을 기업어음(CP), 양도성예금증서(CD) 등 단기 금융상품에 주로 투자한다.

④ KOSPI 200지수 등 특정 지수의 변화에 연동하여 운용하는 것을 목표로 거래소에 상장되어 일반 주식과 같이 매매가 되는 펀드는 상장지수형 펀드(ETF)이다.

⑤ 헤지펀드(Hedge Fund)는 불특정 다수로부터 자금을 조달하고 부실기업의 주식 등에 투자하여 기업의 가치를 높인 후 매각을 통해 고수익을 추구하는 사모펀드이다.

정답 **해설**

헤지펀드는 단기이익을 목적으로 소수의 투자자로부터 자금을 모집하여 국제시장에 투자하는 일종의 사모펀드이다.

정답 ⑤

이론 더하기

펀드(Fund)
다수의 투자자들로부터 자금을 모아 투자자를 대신하여 전문적인 운용기관인 자산 운용회사가 주식, 채권, 부동산 등의 자산에 투자해 운용한 후 그 투자실적을 투자자들에게 그대로 되돌려주는 금융상품이다. 펀드는 투자자들이 소액의 자금으로도 거의 모든 자산에 대해 투자할 수 있게 해주며, 대규모의 자금으로 다수의 종목에 분산투자를 함으로써 위험을 크게 줄일 수 있다는 장점을 가진다.

펀드상품
1. 집합투자기구(펀드)의 개념
　「자본시장과 금융투자업에 관한 법률(이하 자본시장법)」제6조 제5항의 정의에 따르면, 집합투자기구(펀드)는 2인 이상에게 투자권유를 하여 모은 금전 등 또는 「국가재정법」제81조의 규정에 따른 여유자금을 투자자 또는 각 기금 관리주체로부터 일상적인 운용지시를 받지 아니하면서 재산적 가치가 있는 투자대상자산을 취득, 처분, 그 밖의 방법으로 운영하고 그 결과를 투자자 또는 각 기금 관리주체에게 배분하여 귀속시키는 것을 말한다.

2. 집합투자기구(펀드)의 구조

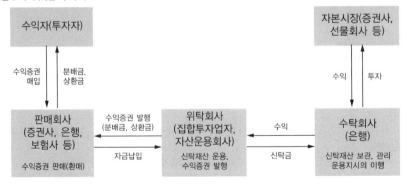

3. 펀드운용전략에 따른 분류

액티브 펀드(Active Fund)	패시브 펀드(Passive Fund)
시장초과수익률을 얻기 위해 좋은 종목으로, 최적의 매매시점을 적극적으로 찾아 움직이는 전략을 취하는 펀드 **[성장형 펀드]** • 현재의 수익성보다 미래의 성장성이 높은 종목에 주로 투자하는 펀드 • 향후 수익신장률이 높은 기업으로 주당순이익에 비해 높은 가격에 거래 **[가치형 펀드]** • 수익 및 자산 대비 저평가 종목에 주로 투자하는 펀드 • 경기에 민감하지 않음 **[배당형 펀드]** • 주식의 높은 배당수익과 시세차익을 동시에 추구하는 펀드 • 배당을 많이 하는 주식에 주로 투자	시장에 있는 종목을 복사해 투자하는 수동적 전략을 취하는 펀드 **[인덱스펀드]** • 특정 주가지수의 수익률과 동일 혹은 유사한 수익률 달성을 목표로 하는 펀드 **[상장지수펀드(ETF)]** • 거래소나 코스닥 시장에 상장되어 있어 주식처럼 사고팔 수 있는 펀드 • 거래 시간 : 거래소 영업 시간 중 자유롭게 거래 가능 • 거래 방법 : 증권사에 직접 주문, HTS, 전화 　→ 인덱스펀드와 주식의 장점을 모두 갖춘 상품

4. 펀드구조에 의한 분류
　① 종류형 집합투자기구(Multi – class Fund)
　　한 펀드 내에서 투자자 그룹별로 기준가격이 다르거나 판매수수료가 다른 여러 종류의 집합투자증권을 발행하는 펀드로, '멀티클래스펀드'라고 부른다. 하나의 펀드로 운용하되, 투자기간과 투자금액에 따라 판매보수와 수수료를 달리하는 펀드이다.
　② 전환형 집합투자기구(Umbrella Fund)
　　복수의 펀드 간에 전환이 가능한 권리를 투자자에게 부여하는 펀드이다. 마치 우산처럼 하나의 펀드 아래 운용성격이 다른 하위펀드를 구성하여 투자자가 자유롭게 수수료 없이 전환할 수 있도록 구성하였기 때문에 '엄브렐라펀드'라고도 한다.
　③ 모자형 집합투자기구(Family Fund)
　　많은 개별 펀드의 신탁재산을 한 개 또는 특성을 달리하는 여러 개의 모신탁(Mother Fund)에서 통합 운용하고, 자신탁(Baby Fund)에서는 펀드의 성격에 따라 모신탁의 수익증권을 편입해 투자자의 자금을 운용하는 것을 말한다.
　④ 재간접펀드(Fund of Funds)
　　펀드투자의 위험을 줄이기 위해 펀드 운용재산의 50% 이상을 다른 우수 펀드에 투자하는 펀드를 말한다. 법률상으로는 '재간접투자기구'라고 한다.
　⑤ 상장지수집합투자기구(ETF; Exchange Traded Fund)
　　시장수익률을 추구하는 펀드라는 면에서 인덱스펀드와 같지만 실시간으로 시장거래가 용이한 펀드이다. '인덱스펀드'는 주가지수에 영향력이 큰 종목들 위주로 펀드에 편입해 펀드수익률이 주가지수를 따라가도록 운용하는 펀드를 말한다.

41 다음 중 풋옵션에 대한 설명으로 옳지 않은 것은?

① 거래 당사자들이 미리 정한 가격으로 장래 특정시점에 해당 자산을 팔 수 있는 권리를 뜻한다.

② 풋옵션을 매도한 경우 매도자는 시장이 급락하면 이익이 크게 늘어날 수 있다.

③ 풋옵션을 매수한 경우 매수자는 해당 자산의 가격이 미리 정한 가격보다 더 하락해도 미리 정한 가격에 팔 수 있다.

④ 풋옵션을 매수한 경우 최대 손실은 지급한 프리미엄이다.

⑤ 풋옵션은 조기상환청구권에 해당한다.

정답 **해설**

풋옵션 매도자는 시장이 급락할 경우 손실이 크게 발생할 수 있다.

오답분석

③ 풋옵션 매수자는 시장 또는 자산 가격이 하락할수록 이익이 발생한다.

④ 풋옵션 매수자는 아무리 시장 또는 자산 가격이 상승해도 풋옵션을 매수한 금액(프리미엄)으로 손실이 제한된다.

⑤ 콜옵션은 조기상환권, 풋옵션은 조기상환청구권에 해당한다.

정답 ②

42 다음 중 유가증권에 대한 설명으로 옳지 않은 것은?

① 유가증권은 사법상 재산권을 표시한 증권으로서 권리의 발생, 행사, 이전 등을 증권에 의해서만 행사할 수 있다.

② 증권거래법은 유가증권 범위를 열거하고 있으며 주식, 채권, 파생금융상품, 신용결합증권 등 그 범위가 확대되고 있다.

③ 유가증권 공모를 모집으로 하는 경우 50명 이상에게 신규발행 유가증권의 청약을 권유해야 한다.

④ 상품권은 현금과 동일한 유가증권으로 현금으로 상품권을 구입할 경우 현금영수증을 발급받을 수 있다.

⑤ 유가증권 시장을 흔히 코스피(KOSPI) 시장이라고 부른다.

정답 **해설**

상품권 구매 시에는 현금영수증 발급이 되지 않으며, 상품권으로 다른 재화나 서비스를 구입할 때 현금영수증을 발급받을 수 있다.

오답분석

① 유가증권은 재산적 가치를 가지는 증권이며, 권리를 행사할 때는 증권의 점유를 필요로 한다.

② 증권거래법 제2조(정의)에 유가증권 범위가 열거되어 있다.

③ 유가증권 공모에는 모집과 매출이 있으며, 모집은 신규발행 유가증권을 대상으로 한다.

⑤ 우리나라의 증권유통 시장은 유가증권(KOSPI) 시장과 코스닥(KOSDAQ) 시장으로 나뉜다.

정답 ④

43 다음 중 일종의 유가증권으로 은행의 정기예금에 매매가 가능하도록 양도성을 부여한 증서는 무엇인가?

① CP

② CD

③ RP

④ CMA

정답 │ 해설 ──────────────────────────────────○

양도성 예금증서(CD)란 은행의 정기예금에 양도성을 부여한 것으로, 은행이 발행하고 증권회사와 종합 금융회사의 중개를 통해 매매가 가능한 무기명의 정기예금서이다.

오답분석

① 기업어음(CP) : 기업체가 자금 조달을 목적으로 발행하는 어음

③ 환매조건부채권(RP) : 금융기관이 일정 기간 후 확정 금리를 보태어 되사는 조건으로 발행하는 채권

④ 어음관리계좌(CMA) : 고객의 예탁금을 어음 및 국공채 등 단기금융상품에 직접 투자하여 운용한 후 그 수익을 고객에게 돌려주는 단기저축상품

정답 ②

44 다음 중 이자보상배율에 대한 설명으로 옳지 않은 것은?

① 기업의 채무상환능력을 나타내는 지표이다.

② 기업이 영업이익으로 대출원금을 얼마나 감당할 수 있는지를 보여준다.

③ 이자보상배율이 1보다 큰 기업의 경우 비용 지불 능력이 충분하다.

④ 이자보상배율이 1 이하가 되면 잠재적 부실기업으로 볼 수 있다.

정답 │ 해설 ──────────────────────────────────○

이자보상배율이란 영업이익을 금융비용, 즉 이자비용으로 나눈 것으로 기업의 채무상환능력을 나타낸다. 기업이 영업이익으로 대출금에 대한 이자비용을 얼마나 감당할 수 있는지를 보여주는 지표이다.

정답 ②

45 다음 중 채권가격의 변동성에 대한 설명으로 옳지 않은 것은?

① 채권의 가격은 채권수익율과 역의 관계이다.

② 채권의 만기가 길수록 채권가격의 변동폭은 작아진다.

③ 채권의 변동폭은 만기가 길어질수록 증가하나 그 증가율은 체감한다.

④ 만기가 일정할 때 채권수익율의 하락으로 인한 가격상승폭은 같은 폭의 채권수익율 상승으로 인한 하락폭보다 크다.

⑤ 표면이자율이 낮은 채권이 큰 채권보다 일정한 수익률 변동에 대한 가격변동폭이 크다.

정답 | 해설

채권의 가격, 수익률, 가격변동폭 및 만기에 대해서 정리한 개념이다. 우선 채권수익율과 채권가격의 관계는 반비례 관계이며, 채권의 만기는 길어질수록 일정폭의 채권수익율 변동을 발생시키기 때문에 그러한 변동에 대한 채권가격의 변동폭은 커지게 된다.

정답 ②

46 다음 중 유로채와 외국채에 대한 설명으로 옳지 않은 것은?

① 유로채는 채권의 표시통화 국가에서 발행되는 채권이다.

② 유로채는 이자소득세를 내지 않는다.

③ 외국채는 감독 당국의 규제를 받는다.

④ 외국채는 신용 평가가 필요하다.

⑤ 아리랑본드는 외국채, 김치본드는 유로채이다.

정답 | 해설

외국채는 채권의 표시통화 국가에서 발행되는 채권이고, 유로채는 채권의 표시통화 국가 이외의 국가에서 발행되는 채권이다.

〔오답분석〕
② 외국채는 이자소득세를 내야 하지만, 유로채는 세금을 매기지 않는다.
③ 외국채는 감독 당국의 규제를 받지만, 유로채는 규제를 받지 않는다.
④ 외국채는 신용 평가가 필요하지만, 유로채는 필요하지 않다.
⑤ 한국에서 한국 원화로 발행된 채권은 아리랑본드이며, 한국에서 외화로 발행된 채권은 김치본드이다.

정답 ①

이론 더하기

채권
정부, 공공기관, 특수법인과 주식회사 형태를 갖춘 사기업이 일반 대중 투자자들로부터 비교적 장기의 자금을 조달하기 위해 발행하는 일종의 차용증서로, 채권을 발행한 기관은 채무자, 채권의 소유자는 채권자가 된다.

발행주체에 따른 채권의 분류

국채	• 국가가 발행하는 채권으로 세금과 함께 국가의 중요한 재원 중 하나이다. • 국고채, 국민주택채권, 국채관리기금채권, 외국환평형기금채권 등이 있다.
지방채	• 지방자치단체가 지방재정의 건전한 운영과 공공의 목적을 위해 재정상의 필요에 따라 발행하는 채권이다. • 지하철공채, 상수도공채, 도로공채 등이 있다.
특수채	• 공사와 같이 특별법에 따라 설립된 법인이 자금조달을 목적으로 발행하는 채권으로 공채와 사채의 성격을 모두 가지고 있다. • 예금보험공사 채권, 한국전력공사 채권, 리스회사의 무보증 리스채, 신용카드회사의 카드채 등이 있다.
금융채	• 금융회사가 발행하는 채권으로 발생은 특정한 금융회사의 중요한 자금조달수단 중 하나이다. • 산업금융채, 장기신용채, 중소기업금융채 등이 있다.
회사채	• 상법상의 주식회사가 발행하는 채권으로 채권자는 주주들의 배당에 우선하여 이자를 지급받게 되며 기업이 도산하는 경우에도 주주들을 우선하여 기업자산에 대한 청구권을 갖는다. • 전환사채(CB), 신주인수권부사채(BW), 교환사채(EB) 등이 있다.

이자지급방법에 따른 채권의 분류

이표채	액면가로 채권을 발행하고, 이자지급일이 되면 발행할 때 약정한 대로 이자를 지급하는 채권이다.
할인채	이자가 붙지는 않지만, 이자 상당액을 미리 액면가격에서 차감하여 발행가격이 상환가격보다 낮은 채권이다.
복리채 (단리채)	정기적으로 이자가 지급되는 대신에 복리(단리) 이자로 재투자되어 만기상환 시에 원금과 이자를 지급하는 채권이다.
거치채	이자가 발생한 이후에 일정기간이 지난 후부터 지급되는 채권이다.

상환기간에 따른 채권의 분류

단기채	통상적으로 상환기간이 1년 미만인 채권으로, 통화안정증권, 양곡기금증권 등이 있다.
중기채	상환기간이 1 ~ 5년인 채권으로 우리나라의 대부분의 회사채 및 금융채가 만기 3년으로 발행된다.
장기채	상환기간이 5년 초과인 채권으로 국채가 이에 해당한다.

특수한 형태의 채권

일반사채와 달리 계약 조건이 다양하게 변형된 특수한 형태의 채권으로 다양한 목적에 따라 발행된 채권이다.

전환사채 (CB: Convertible Bond)	발행을 할 때에는 순수한 회사채로 발행되지만, 일정기간이 경과한 후에는 보유자의 청구에 의해 발행회사의 주식으로 전환될 수 있는 사채이다.
신주인수권부사채 (BW: Bond with Warrant)	발행 이후에 일정기간 내에 미리 약정된 가격으로 발행회사에 일정한 금액에 해당하는 주식을 매입할 수 있는 권리가 부여된 사채이다.
교환사채 (EB: Exchangeable Bond)	투자자가 보유한 채권을 일정 기간이 지난 후 발행회사가 보유 중인 다른 회사 유가증권으로 교환할 수 있는 권리가 있는 사채이다.
옵션부사채	• 콜옵션과 풋옵션이 부여되는 사채이다. • 콜옵션은 발행회사가 만기 전 조기상환을 할 수 있는 권리이고, 풋옵션은 사채권자가 만기중도상환을 청구할 수 있는 권리이다.
변동금리부채권 (FRN: Floating Rate Note)	• 채권 지급 이자율이 변동되는 금리에 따라 달라지는 채권이다. • 변동금리부채권의 지급이자율은 기준금리에 가산금리를 합하여 산정한다.
자산유동화증권 (ABS: Asset Backed Security)	• 기업 등이 보유하고 있는 대출채권이나 매출채권, 부동산 자산을 담보로 발행하여 제3자에게 매각하는 증권이다. • 자산유동화는 유동성이 없는 자산을 증권으로 전환하여 자본시장에서 현금화하는 일련의 행위이다.

47 다음 중 시장실패를 초래하는 요인이 아닌 것은?

① 정보의 비대칭성
② 불완전경쟁
③ 외부효과
④ 한계생산체감의 법칙

정답 | 해설

시장실패란 시장의 경제문제해결이 비효율적인 자원배분을 초래하는 경우를 가리키는 말로, 시장의 기능이 제대로 작동하지 못하는 경우를 의미한다.

한계생산체감의 법칙은 생산자 입장에서 생산량을 늘리면 늘릴수록 생산성은 떨어져서 비용은 크게 상승하여 총생산량의 변화분이 줄어든다는 법칙이다.

정답 ④

이론 더하기

시장실패의 요인

• 정보의 비대칭성 : 시장 거래에 관한 정보가 균등하지 않을 경우 도덕적 해이가 발생하기 쉽다. 정보의 비대칭성으로 인한 도덕적 해이가 존재할 경우 시장의 효율적 작동을 기대하기 어려우므로 시장실패가 나타날 수 있다.

• 불완전경쟁 : 제한된 소수 기업만이 존재하는 불완전경쟁시장에서는 개별 기업이 정하는 공급량 및 가격이 시장의 공급량 및 가격에 영향을 주므로 시장실패가 나타날 수 있다.

• 외부효과 : 한 경제주체의 행위가 다른 경제주체들에게 기대되지 않은 혜택이나 손해를 발생시키는 경우 시장실패가 나타날 수 있다.

• 공공재 : 대다수의 사람들은 공공재에 대한 비용을 지불하려 하지 않는다. 결국 기업이 공공재 공급에 나서지 않으면서 시장실패가 나타난다.

48 한국의 한 제약 회사가 베트남에 공장을 설립하면서 한국인과 현지의 베트남인을 각각 관리자와 직원으로 채용하였다. 다음 중 한국과 베트남 경제에 나타날 수 있는 현상으로 가장 적절한 것은?

① 한국의 GDP만 상승한다.
② 양국 모두 GDP가 상승한다.
③ 베트남의 GNP만 상승한다.
④ 양국 모두 GNP가 상승한다.

정답 | 해설

국민총생산(GNP)은 한 나라의 국민이 생산한 것을 모두 합한 금액으로, 장소와 관계없이 국민의 총생산을 나타낸다. 따라서 우리나라 국민이 베트남에 진출하여 생산한 것도 GNP에 해당하므로 한국과 베트남 모두 GNP가 상승한다.

오답분석

①·② GDP는 한 나라의 영토 내에서 이루어진 총생산을 나타내므로 베트남의 GDP만 상승한다.

정답 ④

GDP(국내총생산)

1. 정의 : GDP란 일정 기간 동안 한 나라의 국경 안에서 생산된 모든 최종 재화와 서비스의 시장가치를 시장가격으로 평가하여 합산한 것이다.

2. GDP의 계산 : 가계소비(C)＋기업투자(I)＋정부지출(G)＋순수출(NX)

   ※ 순수출 : 수출－수입

3. 명목GDP와 실질GDP

명목GDP	• 당해의 생산량에 당해 연도 가격을 곱하여 계산한 GDP이다. • 명목GDP는 물가가 상승하면 상승한다. • 당해 연도의 경제활동 규모와 산업구조를 파악하는 데 유용하다.
실질GDP	• 당해의 생산량에 기준연도 가격을 곱하여 계산한 GDP이다. • 실질GDP는 물가의 영향을 받지 않는다. • 경제성장과 경기변동 등을 파악하는 데 유용하다.

4. GDP 디플레이터 : $\dfrac{명목GDP}{실질GDP} \times 100$

5. 실재GDP와 잠재GDP

실재GDP	한 나라의 국경 안에서 실제로 생산된 모든 최종 생산물의 시장가치를 의미한다.
잠재GDP	한 나라에 존재하는 노동과 자본 등 모든 생산요소를 정상적으로 사용할 경우 달성할 수 있는 최대 GDP를 의미한다. ※ 잠재GDP＝자연산출량＝완전고용산출량

GNP(국민총생산)

1. 개념 : GNP란 일정 기간 동안 한 나라의 국민이 소유하는 노동과 자본으로 생산된 모든 최종 생산물의 시장가치를 의미한다.

2. GNP의 계산 : GDP＋대외순수취요소소득＝GDP＋(대외수취요소소득－대외지급요소소득)

   ※ 대외수취요소소득 : 우리나라 기업이나 근로자가 외국에서 일한 대가

   ※ 대외지급요소소득 : 외국의 기업이나 근로자가 우리나라에서 일한 대가

GNI(국민총소득)

1. 개념 : 한 나라의 국민이 국내외 생산 활동에 참가하거나 생산에 필요한 자산을 제공한 대가로 받은 소득의 합계이다.

2. GNI의 계산 : GDP＋교역조건변화에 따른 실질무역손익＋대외순수취요소소득

   ＝GDP＋교역조건변화에 따른 실질무역손익＋(대외수취요소소득－대외지급요소소득)

49 미국의 트럼프 대통령이 보호무역주의를 내세우며 중국 제품에 높은 관세를 부과하자, 중국 역시 관세를 부과할 미국의 수입 품목을 제시하면서 미국과 중국의 무역 전쟁이 발발했다. 다음 〈보기〉에서 미국과 중국의 무역 전쟁이 세계 경제에 끼칠 수 있는 영향을 모두 고른 것은?

> **보기**
>
> ㉠ 금값 하락 　　　　　　　　　　　 ㉡ 전 세계 경제의 악화
> ㉢ 중국의 GDP 성장률 상승 　　　　 ㉣ 원화 가치 하락

① ㉠, ㉢ 　　　　　　　　　　　　　 ② ㉠, ㉣
③ ㉡, ㉢ 　　　　　　　　　　　　　 ④ ㉡, ㉣

정답　해설 ──○

㉡ 미국과 중국 간의 무역 전쟁으로 미국과 중국의 경제성장률이 하락함에 따라 전 세계 경제 역시 악영향을 받는다.
㉣ 미국과 중국 간의 무역 전쟁으로 투자심리가 하락하면서 안전자산인 금의 가치는 상승하고, 상대적으로 위험자산인 원화의 가치는 하락한다.

오답분석
㉠ 세계 금융시장의 불안감이 커지면서 안전자산인 금의 가치는 상승한다.
㉢ 중국의 수출 둔화로 인해 중국의 GDP 성장률은 하락한다.

정답 ④

50 4차 산업혁명으로 등장한 인공지능, 사물인터넷 등의 기술이 인간의 일자리를 위협하고 있다. 다음 중 노동이 기계로 대체됨에 따라 발생하는 실업은 무엇인가?

① 계절적 실업 　　　　　　　　　　　 ② 기술적 실업
③ 구조적 실업 　　　　　　　　　　　 ④ 마찰적 실업

정답　해설 ──○

기술적 실업이란 기술이 진보함에 따라 노동이 기계로 대체되면서 발생하는 실업을 의미한다.

오답분석
① 계절적 실업 : 수요의 계절적 변화에 따라 발생하는 실업을 의미한다.
③ 구조적 실업 : 경제구조의 변화로 노동수요 구조가 변함에 따라 발생하는 실업을 의미한다.
④ 마찰적 실업 : 노동시장의 정보가 불완전하여 노동자들이 구직하는 과정에서 발생하는 실업을 의미한다.

정답 ②

실업

1. 개념
   - 실업이란 일할 의사와 능력을 가진 사람이 일자리를 갖지 못한 상태를 의미한다.
   - 실업은 자발적 실업과 비자발적 실업으로 구분된다.
   - 자발적 실업에는 마찰적 실업이 포함되고, 비자발적 실업에는 구조적·경기적 실업이 포함된다.

2. 구분
   ① 마찰적 실업(Frictional Unemployment)
      - 노동시장의 정보불완전성으로 노동자들이 구직하는 과정에서 발생하는 자발적 실업을 말한다.
      - 마찰적 실업의 기간은 대체로 단기이므로 실업에 따르는 고통은 크지 않다.
      - 마찰적 실업을 감소시키기 위해서는 구인 및 구직 정보를 적은 비용으로 찾을 수 있는 제도적 장치를 마련하여 경제적·시간적 비용을 줄여주어야 한다.
   ② 구조적 실업(Structural Unemployment)
      - 경제가 발전하면서 산업구조가 변화하고 이에 따라 노동수요 구조가 변함에 따라 발생하는 실업을 말한다.
      - 기술발전과 지식정보화 사회 등에 의한 산업구조 재편이 수반되면서 넓은 지역에서 동시에 발생하는 실업이다.
      - 구조적 실업을 감소시키기 위해서는 직업훈련, 재취업교육 등 인력정책이 필요하다.
   ③ 경기적 실업(Cyclical Unemployment)
      - 경기침체로 인한 총수요의 부족으로 발생하는 실업이다.
      - 경기적 실업을 감소시키기 위해서는 총수요를 확장시켜 경기를 활성화시키는 경제안정화정책이 필요하다.
      - 한편, 실업보험제도나 고용보험제도도 경기적 실업을 해소하기 위한 좋은 대책이다.

실업관련지표

1. 경제활동참가율
   - 생산가능인구 중에서 경제활동인구가 차지하는 비율을 나타낸다.
   - 경제활동참가율 $= \dfrac{경제활동인구}{생산가능인구} \times 100 = \dfrac{경제활동인구}{경제활동인구 + 비경제활동인구} \times 100$

2. 실업률
   - 경제활동인구 중에서 실업자가 차지하는 비율을 나타낸다.
   - 실업률 $= \dfrac{실업자\ 수}{경제활동인구} \times 100 = \dfrac{실업자\ 수}{취업자\ 수 + 실업자\ 수} \times 100$
   - 정규직의 구분 없이 모두 취업자로 간주하므로 고용의 질을 반영하지 못한다.

3. 고용률
   - 생산가능인구 중에서 취업자가 차지하는 비율로 한 경제의 실질적인 고용창출능력을 나타낸다.
   - 고용률 $= \dfrac{취업자\ 수}{생산가능인구} \times 100 = \dfrac{취업자\ 수}{경제활동인구 + 비경제활동인구} \times 100$

51 다음 중 임금 상승률과 실업률의 사이에 있는 역의 상관관계를 나타낸 곡선은?

① 래퍼 곡선
② 로렌츠 곡선
③ 오퍼 곡선
④ 생산 가능 곡선
⑤ 필립스 곡선

정답 | 해설

필립스 곡선(Phillips Curve)은 임금 상승률과 실업률 사이에 매우 안정적인 함수관계가 있음을 나타내는 모델로 물가 상승률과 실업률 사이의 관계로 표시되기도 한다. 실업률이 낮을수록 임금 상승률 또는 물가 상승률이 높으며, 임금 상승률이 낮을수록 실업률이 높다.

오답분석

① 래퍼 곡선(Laffer Curve) : 세율과 세수의 관계를 나타내는 곡선으로 납세 후의 임금, 이자율, 이윤이 높을수록, 즉 세율이 낮을수록 노동 의욕, 저축 의욕 및 투자 의욕이 제고된다는 사실을 전제한다.
② 로렌츠 곡선(Lorenz Curve) : 소득분포의 불평등도를 나타내는 곡선이다.
③ 오퍼 곡선(Offer Curve) : 상대국의 상품에 대한 수요의 강도를 자국에서 제공하려는 상품의 양으로 표시한 곡선이다.
④ 생산 가능 곡선 : 일정한 생산요소를 완전히 사용하여 생산 활동을 할 때 기술적으로 가능한 여러 가지 생산물 조합을 그래프로 나타낸 곡선이다.

정답 ⑤

52 다음 중 인플레이션이 발생했을 때 경제에 미치는 영향으로 옳은 것은?

① 완만하고 예측 가능한 인플레이션은 소비감소를 일으킬 수 있다.
② 인플레이션은 수입을 저해하고 수출을 촉진시켜 무역수지와 국제수지를 상승시킨다.
③ 인플레이션을 통해 화폐를 저축하는 것에 대한 기회비용이 증가한다.
④ 인플레이션은 기업가로부터 다수의 근로자에게로 소득을 재분배하는 효과를 가져온다.
⑤ 인플레이션은 채무자에게는 손해를, 채권자에게는 이익을 준다.

정답 | 해설

인플레이션이 발생하면 저축된 화폐의 실질적인 가치가 점차 감소하기 때문에 기회비용이 발생하게 된다.

오답분석

① 완만하고 예측이 가능한 인플레이션은 사람들이 생필품 등 물건의 가격이 상승하기 전에 사들이게 하므로 소비증대 효과가 일어날 수 있다.
② 인플레이션은 수입을 촉진시키고 수출을 저해하여 무역수지와 국제수지를 악화시킨다.
④ 다수의 근로자로부터 기업가에게로 소득을 재분배하는 효과를 가져와 부의 양극화를 심화시킨다.
⑤ 인플레이션을 통해 채무자가 빌린 금액의 액수는 고정된 데 비해 화폐의 가치는 점차 감소하므로 인플레이션은 채무자에게는 이익을, 채권자에게는 손해를 준다.

정답 ③

물가지수

1. 개념 : 물가의 움직임을 구체적으로 측정한 지표로서 일정 시점을 기준으로 그 이후의 물가변동을 백분율(%)로 표시한다.

2. 물가지수의 계산 : $\dfrac{\text{비교 시의 물가수준}}{\text{기준 시의 물가수준}} \times 100$

3. 물가지수의 종류
   - 소비자물가지수(CPI) : 가계의 소비생활에 필요한 재화와 서비스의 소매가격을 기준으로 환산한 물가지수로서 라스파이레스 방식으로 통계청에서 작성한다.
   - 생산자물가지수(PPI) : 국내시장의 제1차 거래단계에서 기업 상호 간에 거래되는 모든 재화와 서비스의 평균적인 가격변동을 측정한 물가지수로서 라스파이레스 방식으로 한국은행에서 작성한다.
   - GDP디플레이터 : 명목GNP를 실질가치로 환산할 때 사용하는 물가지수로서 GNP를 추계하는 과정에서 산출된다. 가장 포괄적인 물가지수로서 사후적으로 계산되며 파셰방식으로 한국은행에서 작성한다.

인플레이션

1. 개념 : 물가수준이 지속적으로 상승하여 화폐가치가 하락하는 현상을 말한다.

2. 인플레이션의 발생원인

구분	수요견인 인플레이션	비용인상 인플레이션
고전학파	통화공급(M)의 증가	통화주의는 물가수준에 대한 적응적 기대를 하는 과정에서 생긴 현상으로 파악
통화주의학파		
케인즈학파	정부지출 증가, 투자 증가 등 유효수요 증가와 통화량 증가	임금인상 등의 부정적 공급충격

3. 인플레이션의 경제적 효과
   - 예상치 못한 인플레이션은 채권자에서 채무자에게로 소득을 재분배하며, 고정소득자와 금융자산을 많이 보유한 사람에게 불리하게 작용한다.
   - 인플레이션은 물가수준의 상승을 의미하므로 수출재의 가격이 상승하여 경상수지를 악화시킨다.
   - 인플레이션은 실물자산에 대한 선호를 증가시켜 저축이 감소하여 자본축적을 저해해 경제의 장기적인 성장가능성을 저하시킨다.

4. 인플레이션의 종류
   - 하이퍼인플레이션 : 인플레이션의 범위를 초과하여 경제학적 통제를 벗어난 인플레이션이다.
   - 스태그플레이션 : 경기침체기에서의 인플레이션으로, 저성장 고물가의 상태이다.
   - 애그플레이션 : 농산물 상품의 가격 급등으로 일반 물가도 덩달아 상승하는 현상이다.
   - 보틀넥인플레이션 : 생산요소의 일부가 부족하여, 생산의 증가속도가 수요의 증가속도를 따르지 못해 발생하는 물가상승 현상이다.
   - 디맨드풀인플레이션 : 초과수요로 인하여 일어나는 인플레이션이다.
   - 디스인플레이션 : 인플레이션을 극복하기 위해 통화증발을 억제하고 재정・금융긴축을 주축으로 하는 경제조정정책이다.

> **보기**
>
> ㉠ 단리   ㉡ 비과세   ㉢ 복리   ㉣ 고정금리
> ㉤ CD   ㉥ 변동금리   ㉦ 기준금리   ㉧ 코픽스 금리

| 2017 지역농협 6급

53

원금과 이에 대한 이자에 대해 이자가 붙는 것으로 독일과 스위스 등에서는 금지하고 있으나, 한국에는 금지하는 규정이 없다.

① ㉠   ② ㉢

③ ㉣   ④ ㉦

⑤ ㉧

정답 | 해설

원금과 원금에 대한 이자에 대해 이자가 붙는 것은 '복리'에 대한 설명이다.

[오답분석]
① 단리 : 원금에 대하여서만 붙이는 이자
③ 고정금리 : 금융상품 가입 시 약정한 금리가 만기까지 변동하지 않고 고정되어 있는 금리
④ 기준금리 : 금리체계의 기준이 되는 금리
⑤ 코픽스 금리 : 예금은행의 자금조달비용을 반영하여 산출되는 기준금리

정답 ②

| 2017 지역농협 6급

54

대출기간 동안 실세 금리와 연동하여 대출금리가 변하는 금리로 향후 금리가 낮아질 것이라고 예상되면 선택한다.

① ㉡   ② ㉣

③ ㉤   ④ ㉥

⑤ ㉦

정답 | 해설

기준금리가 변할 때마다 변하는 금리인 '변동금리'에 대한 설명이다.

[오답분석]
① 비과세 : 일정한 과세대상 물건에 대하여 과세를 하지 않는 것
② 고정금리 : 금융상품 가입 시 약정한 금리가 만기까지 변동하지 않고 고정되어 있는 금리
③ CD(양도성예금증서) : 은행의 정기예금 중에서 해당 증서의 양도를 가능하게 하는 무기명 상품으로 은행에서 발행되고 증권사와 종금사를 통해 유통됨
⑤ 기준금리 : 금리체계의 기준이 되는 금리

정답 ④

금리

1. 개념 : 원금에 지급되는 이자를 비율로 나타낸 것으로 '이자율'이라는 표현을 사용하기도 한다.
2. 특징
   - 자금에 대한 수요와 공급이 변하면 금리가 변동한다. 즉, 자금의 수요가 증가하면 금리가 올라가고, 자금의 공급이 증가하면 금리는 하락한다.
   - 중앙은행이 금리를 낮추겠다는 정책목표를 설정하면 금융시장의 국채를 매입하게 되고 금리에 영향을 준다.
   - 가계 : 금리가 상승하면 소비보다는 저축이 증가하고, 금리가 하락하면 저축보다는 소비가 증가한다.
   - 기업 : 금리가 상승하면 투자비용이 증가하므로 투자가 줄어들고, 금리가 하락하면 투자가 증가한다.
   - 국가 간 자본의 이동 : 본국과 외국의 금리 차이를 보고 상대적으로 외국의 금리가 높다고 판단되면 자금은 해외로 이동하고, 그 반대의 경우 국내로 이동한다.
3. 금리의 종류
   - 기준금리 : 중앙은행이 경제활동 상황을 판단하여 정책적으로 결정하는 금리로, 경제가 과열되거나 물가상승이 예상되면 기준금리를 올리고, 경제가 침체되고 있다고 판단되면 기준금리를 하락시킨다.
   - 시장금리 : 개인의 신용도나 기간에 따라 달라지는 금리이다.

	콜금리	영업활동 과정에서 남거나 모자라는 초단기자금(콜)에 대한 금리이다.
1년 미만 단기 금리	환매조건부채권 (RP)	일정 기간이 지난 후에 다시 매입하는 조건으로 채권을 매도함으로써 수요자가 단기자금을 조달하는 금융거래방식의 하나이다.
	양도성예금증서 (CD)	은행이 발행하고 금융시장에서 자유로운 매매가 가능한 무기명의 정기예금증서이다.
1년 이상 장기 금리		국채, 회사채, 금융채

환율

국가 간 화폐의 교환비율로, 우리나라에서 환율을 표시할 때에는 외국돈 1단위당 원화의 금액으로 나타낸다.
예 1,193.80원/$, 170.76원/¥

주가

1. 주식 : 주식회사의 자본을 이루는 단위로서 금액 및 이를 전제한 주주의 권리와 의무단위이다.
2. 주가 : 주식의 시장가격으로, 주식시장의 수요와 공급에 의해 결정된다.

PART 2

55 다음의 보수행렬(Payoff Matrix)을 갖는 게임에 대한 설명으로 옳지 않은 것은?

		참가자 을	
		전략 A	전략 B
참가자 갑	전략 A	(10, 6)	(4, 4)
	전략 B	(4, 4)	(6, 10)

① 우월전략균형이 존재하지 않는다.
② 내쉬균형이 1개 존재한다.
③ 두 참가자가 서로 다른 전략을 선택하면 내쉬균형이 달성되지 않는다.
④ 내쉬균형 상태에서는 각 참가자가 자신의 전략을 바꿀 유인이 존재하지 않는다.
⑤ 게임의 보수를 모두 절반으로 줄여도 내쉬균형은 변화하지 않는다.

정답 해설

갑, 을 모두가 전략 A를 선택하는 경우와 모두가 전략 B를 선택하는 경우에 각각 내쉬균형이 성립하므로 내쉬균형은 2개가 존재한다.

[오답분석]
① 우월전략균형은 각 참가자의 우월전략이 만나는 균형을 의미하고, 우월전략은 상대방의 전략과 관계없이 자신의 보수를 가장 크게 하는 전략이다. 갑이 전략 A를 선택하면 을은 전략 A를 선택하는 것이 유리하고, 갑이 전략 B를 선택하면 을도 전략 B를 선택하는 것이 유리하므로, 을의 입장에서 우월전략은 존재하지 않는다. 반대로 갑의 입장에서도 마찬가지다.
③ 제시된 게임에서 내쉬균형은 두 참가자가 같은 전략을 선택하는 경우에 달성된다.
④ 내쉬균형은 각 참가자의 내쉬전략이 만나는 균형을 의미한다. 내쉬전략은 상대방의 전략이 제시된 상태에서 자신의 보수를 가장 크게 하는 전략으로서, 내쉬균형이 달성되면 각 참가자들은 더 이상 전략을 바꿀 필요가 없다.
⑤ 내쉬균형의 달성은 보수를 같은 비율로 줄이거나 늘리는 것과는 관계가 없다.

정답 ②

이론 더하기

게임이론
한 사람이 어떤 행동을 취하기 위해서 상대방이 그 행동에 어떻게 대응할지 미리 생각해야 하는 전략적인 상황(Strategic Situation)하에서 자기의 이익을 효과적으로 달성하는 의사결정과정을 분석하는 이론을 말한다.

우월전략균형
1. 개념
 • 우월전략이란 상대방의 전략에 상관없이 자신의 전략 중 자신의 보수를 극대화하는 전략이다.
 • 우월전략균형은 경기자들의 우월전략의 배합을 말한다.
 [예] A의 우월전략(자백), B의 우월전략(자백) → 우월전략균형(자백, 자백)
2. 평가
 • 각 경기자의 우월전략은 비협조전략이다.
 • 각 경기자의 우월전략배합이 열위전략의 배합보다 파레토 열위상태이다.
 • 자신만이 비협조전략(이기적인 전략)을 선택하는 경우 보수가 증가한다.
 • 효율적 자원배분은 협조전략하에 나타난다.
 • 각 경기자가 자신의 이익을 극대화하는 행동이 사회적으로 바람직한 자원배분을 실현하는 것은 아니다(개인적 합리성이 집단적 합리성을 보장하지 못한다).

내쉬균형(Nash Equilibrium)

1. 개념 및 특징
   - 내쉬균형이란 상대방의 전략을 주어진 것으로 보고 자신의 이익을 극대화하는 전략을 선택할 때 이 최적전략의 짝을 내쉬균형이라 한다. 내쉬균형은 존재하지 않을 수도, 복수로 존재할 수도 있다.
   - '유한한 경기자'와 '유한한 전략'의 틀을 가진 게임에서 혼합전략을 허용할 때 최소한 하나 이상의 내쉬균형이 존재한다.
   - 우월전략균형은 반드시 내쉬균형이나, 내쉬균형은 우월전략균형이 아닐 수 있다.

2. 사례
   - 내쉬균형이 존재하지 않는 경우

A \ B	T	H
T	3, 2	1, 3
H	1, 1	3, -1

   - 내쉬균형이 1개 존재하는 경우(자백, 자백)

A \ B	자백	부인
자백	-5, -5	-1, -10
부인	-10, -1	-2, -2

   - 내쉬균형이 2개 존재하는 경우(야구, 야구) (영화, 영화)

A \ B	야구	영화
야구	3, 2	1, 1
영화	1, 1	2, 3

3. 한계점
   - 경기자 모두 소극적 추종자로 행동하여 적극적으로 행동할 때의 균형을 설명하지 못한다.
   - 순차게임을 설명하지 못한다.
   - 협력의 가능성이 없으며 협력의 가능성 있는 게임을 설명하지 못한다.

| 2019 상반기 지역농협 6급(100문항)

56 다음 중 간접비에 해당하지 않는 것은?

① 복지후생비
② 보험료
③ 광고비
④ 근로자 임금

정답 | 해설

근로자 임금은 직접비에 속한다.

직접비와 간접비
- 직접비 : 제품의 제조 또는 판매를 위하여 직접 소비되는 것이 인식되는 원가로 원재료비, 근로자 임금 등이 해당된다.
- 간접비 : 매매상품 또는 서비스와 직접 관련되지 않은 기업경영 시 발생되는 간접비용으로 복지후생비, 보험료, 광고비 등이 해당된다.

정답 ④

57 다음 중 완전경쟁시장과 독점시장에 대한 설명으로 옳지 않은 것은?

① 완전경쟁시장에서의 개별 경제주체는 가격에 영향을 줄 수 없고, 시장에서 결정된 가격에 따라서 소비와 생산을 결정한다.

② 독점시장에서는 생산자 간의 경쟁이 전혀 나타나지 않으며, 생산자는 생산량 혹은 가격을 자신의 이윤이 가장 커지도록 조절한다.

③ 완전경쟁시장에서는 한계비용과 한계수입이 시장에서 결정된 가격과 같다.

④ 독점시장에서는 한계비용과 한계수입이 시장에서 결정된 가격보다 낮다.

⑤ 개별 경제주체 관점에서 완전경쟁시장의 수요곡선은 우하향하며, 독점시장의 수요곡선은 수평이다.

정답 해설

개별 경제주체 관점에서 완전경쟁시장의 개별 기업은 완전한 경쟁하에서 특정한 시장가격을 요구받는다(반대로 개별 소비자 입장에서도 시장가격을 요구받음). 이때 요구가격보다 조금이라도 높은 값에 제품을 판매하고자 한다면 모든 소비자들은 다른 기업의 표준화된 제품을 구매할 것이다. 이 경우 시장가격보다 낮은 가격은 한계비용보다 아래에 위치하게 되므로 기업이 판매를 중단하게 된다. 따라서 완전경쟁시장하의 개별 기업의 관점에서는 수요곡선이 수평선을 이룬다. 독점시장의 경우에는 개별 기업의 수요공급곡선이 곧 산업전체의 수요공급곡선이 된다(공급자, 즉 개별 기업의 공급곡선 독점).

정답 ⑤

58 다음 중 생산요소시장에 대한 설명으로 옳은 것은?

① 완전경쟁시장에서도 경우에 따라서는 수요독점적 착취가 나타날 수 있다.

② 생산요소공급곡선이 우상향의 형태를 취한다는 것은 한계요소비용이 평균비용보다 작다는 것을 의미한다.

③ 재화의 시장가격이 하락한다는 것은 그 재화의 생산을 위해서 고용되는 생산요소에 대한 수요곡선이 우측으로 이동하는 것을 의미한다.

④ 완전경쟁기업의 경우 한계생산물가치는 한계수입생산물과 동일하게 된다.

⑤ 완전경쟁시장의 경우 임금수준은 한계요소비용과 동일하게 된다.

정답 해설

[오답분석]
① 완전경쟁시장에서는 요소공급곡선이 수평이므로, 수요독점적 착취가 발생할 수 없다.
② 요소공급곡선이 우상향하면 한계요소비용곡선은 평균요소비용곡선의 상방에 존재한다.
③ 요소수요곡선은 완전경쟁일 때 한계생산물가치는 P×MP이므로, 재화의 가격이 하락하면 요소수요곡선은 좌측으로 이동한다.
⑤ 완전경쟁시장의 균형조건은 $VMP_L = MFC_L = AFC_L = W$이므로, 임금은 한계생산가치와 일치한다.

정답 ④

59 다음 밑줄 친 부분에 들어갈 내용으로 옳은 것을 〈보기〉에서 모두 고르면?

> 1985년 플라자합의(Plaza Accord) 당시 G5(미국, 영국, 독일, 프랑스, 일본)가 국제수지 불균형을 해소하려는 목적으로 미 달러화 강세를 완화하여 엔화와 달러화의 _____이/가 하락하는 시기에 맞춰 _____와/과 _____을/를 낮추면서 '3저'라는 용어가 처음 등장하였다.
> _____ · _____ · _____이/가 동시에 내려가는 현상을 3저(低)라고 하고, 동시에 올라가는 현상을 3고(高)라고 한다. 한국 경제는 수출지향적 정책을 추진하고 있어 수출구조가 가격경쟁력에 크게 의존하고 있다. 따라서 3고 현상이 나타나면 _____ · _____ · _____이/가 불리하게 작용하여 경제 불황을 야기한다.

보기

㉠ 유가	㉡ 수입
㉢ 금리	㉣ 환율
㉤ 세율	㉥ 투자

① ㉠, ㉡, ㉣
② ㉠, ㉢, ㉣
③ ㉡, ㉢, ㉣
④ ㉢, ㉣, ㉤
⑤ ㉣, ㉤, ㉥

정답 | 해설

고유가 · 고금리 · 고환율을 일컫는 3고 현상은 국제수지와 물가에 악영향을 끼친다.

정답 ②

60 비금융기업이 상품과 서비스를 판매하는 과정에서 관련된 금융상품을 함께 제공하는 것은?

① 레드칩
② 프로젝트 파이낸싱
③ 그림자 금융
④ 임베디드 금융
⑤ 비소구 금융

정답 | 해설

임베디드 금융(Embedded Finance)은 비금융기업이 자사의 플랫폼에 **금융상품을 제공하는** 핀테크 기능을 내장하는 것을 의미한다. 코로나19 팬데믹 이후 금융 서비스를 비대면 · 모바일로 이용하려는 수요가 늘면서 임베디드 금융이 기업들 사이에 확대되고 있다. 예를 들어, 테슬라는 자동차 시스템에 수집되는 정보로 운전자의 사고 위험과 수리 비용을 예측하는 보험 서비스를 제공하고 있다.

정답 ④

61 다음 중 빈칸 ㉠, ㉡에 들어갈 내용을 바르게 연결한 것은?

> 은행과 보험회사, 은행과 증권회사 등 업종이 다른 금융기관들끼리의 업무제휴가 활발히 이루어지는 현상은 ___㉠___ 때문이다. 반면, 은행 간의 합병은 규모가 커짐에 따라 평균 비용이 낮아지는 효과인 ___㉡___ 때문이다.

	㉠	㉡
①	범위의 경제	규모의 경제
②	규모의 경제	범위의 경제
③	규모의 경제	규모의 불경제
④	범위의 경제	네트워크 외부성
⑤	범위의 경제	규모의 불경제

정답 | 해설

범위의 경제(Economies of Scope)란 한 기업이 두 가지 이상의 상품을 동시에 생산함으로써 하나의 상품만을 생산하는 기업보다 낮은 비용으로 생산할 수 있는 경우를 말한다.
규모의 경제(Economies of Scale)란 하나의 재화를 생산할 때 많은 양을 생산할 경우 이로 인해 평균 생산비용이 하락하는 현상을 말한다.

정답 ①

62 다음 중 손익계산서에 대한 설명으로 옳지 않은 것은?

① 손익계산서는 해당 회계기간에 속하는 모든 수익과 비용을 기재한다.
② 특별손익 등은 가감하고, 법인세 등은 차감한 당기순손익을 표시한다.
③ 손익계산서를 통해 순이익, 매출액, 매출원가 등의 정보를 확인할 수 있다.
④ 손익계산서상 비용은 매출원가, 판매비, 관리비, 영업외비용 등이 있다.
⑤ 손익계산서를 통해 회사에 누적된 사내유보 이익을 확인할 수 있다.

정답 | 해설

사내유보 이익은 대차대조표를 통해 확인할 수 있는 내용이다.

[오답분석]
①·②·③ 손익계산서는 일정기간 동안 기업의 경영활동 성과를 나타내는 회계보고서이다.
④ 손익계산서는 비용과 수익으로 나뉘며, 비용에는 매출원가, 판매비, 관리비, 영업외비용, 특별손실, 법인세비용 등이 있다.

정답 ⑤

63 다음 중 빈부격차 현상과 관련이 없는 것은?

① 로렌츠곡선   ② 지니계수

③ 엥겔지수   ④ 앳킨슨지수

정답 | **해설**

엥겔지수는 총가계지출액 중 **식료품비가 차지하는 비율**로, 특정 계층의 생활수준을 나타내므로 빈부격차 현상과 관련이 없다.

오답분석

① 로렌츠곡선 : 로렌츠가 <u>소득 분포</u>를 나타내기 위해 개발한 것으로, 소득분배 정도를 나타낼 때 주로 이용한다.

② 지니계수 : 계층 간 <u>소득 분포의 불균형 정도</u>를 나타내는 수치로, 소득분배 정도를 평가하는 데 주로 이용된다.

④ 앳킨슨지수 : 불평등에 대한 사회구성원의 주관적 판단을 반영하여 <u>소득분배의 불평등도</u>를 측정하는 데 이용된다.

정답 ③

64 다음에서 설명하는 것은 무엇인가?

> 프랑스어로 은행(Banque)과 보험(Assurance)의 합성어로, 은행과 보험회사가 상호제휴와 업무협력을 통해 종합금융서비스를 제공하는 새로운 금융결합 형태이다. 보험사는 은행의 전국적인 점포망을 통해 판매채널을 손쉽게 확보할 수 있고, 은행으로서는 각종 수수료 수입을 기대할 수 있다.

① 어슈어뱅크   ② 배드뱅크

③ 굿뱅크   ④ 뱅크런

⑤ 방카슈랑스

정답 | **해설**

제시된 설명은 **방카슈랑스(Bancassurance)**에 대한 것으로 우리나라에서는 2003년부터 시작되었으며, 대상에는 시중은행과 증권, 상호저축은행, 산업은행, 기업은행, 신용카드사 등이 있다.

오답분석

① 어슈어뱅크(Assur Bank) : <u>방카슈랑스의 반대 개념</u>으로 보험회사의 보험모집인 등 풍부한 인력을 활용해 은행의 금융상품을 판매하는 것을 의미한다.

② 배드뱅크(Bad Bank) : 부실화된 금융기관으로부터 <u>부실자산이나 채권을 사들여</u> 이들을 처리하는 구조조정기관을 의미한다.

③ 굿뱅크(Good Bank) : <u>우량자산만 운용</u>하는 은행을 의미한다.

④ 뱅크런(Bank Run) : 은행의 <u>대규모 예금인출사태</u>를 의미한다.

정답 ⑤

65 다음 중 부동산을 담보로 주택저당증권을 발행하여 장기주택자금을 대출해주는 제도는?

① 모기지론 ② 배드뱅크

③ DTI ④ 사이드카

정답 ❙ 해설

모기지론은 **부동산을 담보**로 하는 금융을 통해 **장기주택자금을 대출**해주는 제도를 가리킨다.

오답분석

② 배드뱅크 : 금융기관의 부실자산을 인수하여 전문적으로 처리하는 기구이다.

③ DTI : 소득을 기준으로 대출금액을 제한하는 제도이다.

④ 사이드카 : 선물시장이 급변할 경우 현물시장에 대한 영향을 최소화함으로써 현물시장을 안정적으로 운용하기 위한 관리제도이다.

정답 ①

66 다음 중 현재가치를 기준으로 채권에 투자한 원금을 회수하는 데 걸리는 시간을 의미하는 것은?

① 컨벡시티 ② 채권 스프레드

③ 듀레이션 ④ 이표채

⑤ 환 리스크

정답 ❙ 해설

듀레이션(Duration)은 **투자자금의 평균 회수 기간**으로 채권 만기가 길어지면 증가하는 반면, 채권의 수익률, 이자 지급 빈도, 표면금리가 높아지면 감소한다.

오답분석

① 컨벡시티(Convexity) : 듀레이션을 미분한 값으로, 듀레이션과 함께 사용되어 금리변화에 따른 채권가격변동을 아주 적은 오차와 함께 거의 정확하게 계산할 수 있다.

② 채권 스프레드 : 특정 등급인 회사채의 수익률에서 3년 만기 국고채의 수익률을 제외한 수치이다.

④ 이표채(Coupon Bond) : 액면가로 채권을 발행하고, 표면이율에 따라 연간 지급해야 하는 이자를 일정 기간 나누어 지급하는 채권이다.

⑤ 환 리스크(Exchange Risk) : 환율이 변동함에 따라 발생하는 손해이다.

정답 ③

67 다음 빈칸에 들어갈 용어로 옳은 것은?

> 주가가 확실한 이유 없이 시기에 따라 강세나 약세를 보이는 계절적 이례 현상으로 _____의 주가
> 상승률은 월평균 상승률보다 약 2% 높으며, 선진국보다는 개발도상국에서의 상승률이 더 높다.

① 1월   ② 3월

③ 6월   ④ 9월

⑤ 12월

정답 | 해설

1월 효과에 대한 설명이다. 1월 효과는 **1월의 주가 상승률이 다른 달에 비해 상대적으로 높게** 나타나는 현상으로 그
원인으로는 1월에 발표되는 각종 정부 정책, 경제면에서 제시하는 낙관적인 수치, 풍부한 시중 자금 등이 있다.

정답 ①

68 다음 중 주택담보대출뿐만 아니라 신용대출, 자동차 할부금 등을 포함한 전체 대출금의 원금과
이자가 연간 총소득에서 차지하는 비율인 총부채원리금상환비율을 나타내는 약자는 무엇인가?

① CDS   ② DSR

③ LTV   ④ DTI

정답 | 해설

DSR(Debt Service Ratio)은 총부채원리금상환비율의 약자로, **대출을 받으려는 사람의 총소득에서 금융부채의 원리금
상환액이 차지하는 비율**을 말한다.

오답분석

① CDS(Credit Default Swap) : 부도가 발생하여 채권이나 대출 원리금을 돌려받지 못할 위험에 대비한 신용파생상품
   을 의미한다.

③ LTV(Loan To Value ratio) : 주택의 담보가치에 따른 대출금의 비율인 주택담보대출비율을 의미한다.

④ DTI(Debt To Income) : 연간 총소득에서 금융회사에 갚아야 하는 주택담보대출의 원금과 이자가 차지하는 비율인
   총부채상환비율을 의미한다.

정답 ②

69 다음 중 1933년 미국에서 은행개혁과 투기규제를 위해 만든 것으로 상업은행과 투자은행의 업무를 분리한다는 내용을 담고 있는 것은?

① 글래스 – 스티걸법

② 볼커 룰

③ 그램 – 리치 – 블라일리법

④ 프랍 트레이딩

⑤ 브레튼우즈 체제

정답 | 해설

글래스 – 스티걸법(Glass – Steagall Act)은 1929년 경제 대공황의 원인 중 하나를 상업은행의 무분별한 투기 행위로 판단하여 1933년에 제정된 법으로, 상업은행과 투자은행의 업무를 분리하여 상업은행이 고객의 예금으로 투자를 할 수 없게 한 법이다.

오답분석

② 볼커 룰(Volcker Rule) : 2015년 미국 금융기관의 위험투자를 제한하고, 대형화를 억제하기 위해 만든 금융기관 규제방안

③ 그램 – 리치 – 블라일리법(Gramm – Leach – Bliley Act) : 1999년 은행과 증권, 보험이 서로 경쟁할 수 있도록 금융 규제를 완화한 내용의 법(이 법의 제정으로 글래스 – 스티걸법 폐지)

④ 프랍 트레이딩(Proprietary Trading) : 금융기관이 이익을 얻을 목적으로 고객의 예금이나 신탁자산이 아닌 자기자본 또는 차입금 등을 주식이나 채권, 통화, 옵션, 파생상품 등의 금융상품에 투자하는 것

⑤ 브레튼우즈 체제(Bretton Woods System) : 1944년 미국에서 열린 44개국 연합 회의를 통해 만들어진 국제 통화제도

정답 ①

70 다음 중 특수목적회사가 프로젝트의 사업성을 담보로 일반은행 또는 자본주로부터 사업자금을 모집하고 사업 종료 후 일정 기간에 발생하는 수익을 지분율에 따라 투자자들에게 나눠주는 것은?

① 사모펀드

② 뮤추얼펀드

③ 프로젝트 파이낸싱

④ 인덱스펀드

정답 | 해설

프로젝트 파이낸싱은 미래의 수익성 사업 혹은 사업주체의 신뢰성을 믿고 대규모의 자금을 빌려주는 투자기법으로, 대규모의 자금을 금융기관 간의 협조융자 형태로 모을 수 있다.

오답분석

① 사모펀드 : 소수의 투자자들의 자금을 모아 주식 혹은 채권 등의 사업에 운용하는 고수익 기업투자펀드이다.

② 뮤추얼펀드 : 주식 발행을 통해 투자자를 모집하고 모집된 투자자산을 전문 운용회사에 맡겨 그 운용수익을 투자자에게 배당금의 형태로 되돌려 주는 투자회사이다.

④ 인덱스펀드 : 주가지표의 변동과 동일한 투자성과를 목표로 하여 포트폴리오를 구성하는 펀드이다.

정답 ③

71 다음 중 주식 간의 지배관계를 바르게 설명한 것은?

구분	A주식	B주식	C주식	D주식	E주식
기대수익률	10%	12%	15%	7%	15%
표준편차	7%	9%	13%	9%	12%

① 주식 B는 주식 A를 지배한다.　② 주식 C는 주식 A를 지배한다.
③ 주식 D는 주식 B를 지배한다.　④ 주식 E는 주식 C를 지배한다.

정답 **해설**

지배원리는 같은 수익률이라면 **위험이 작은 종목**을 선택하고, 같은 위험이라면 **수익률이 큰 종목**을 선택하는 것이다. 같은 원리로 E는 C를 지배한다. 또 하나는 B가 D를 지배한다. 기대수익율과 위험이 모두 다르다면 지배관계를 따지기 어렵다.

정답 ④

72 다음 중 두 거래 당사자가 계약일에 약정된 환율에 따라 해당통화를 일정 시점에서 상호 교환하는 외환거래는 무엇인가?

① 통화옵션(Money Option)　② 금리스왑(Interest Rate Swap)
③ 통화스왑(Currency Swaps)　④ 외환스왑(Foreign Exchange Swap)

정답 **해설**

통화스왑(Currency Swaps)은 두 거래 당사자가 **계약일에 약정된 환율**에 따라 **해당통화를 일정 시점에서** **상호 교환**하는 외환거래이다.

[오답분석]
① 통화옵션(Money Option) : 미래의 특정 시점(만기일)에 특정 통화를 미리 약정한 가격(행사 가격)으로 사거나 팔 수 있는 권리가 부여된 파생상품이다.
② 금리스왑(Interest Rate Swap) : 금융시장에서 차입자의 기존부채 또는 신규부채에 대한 금리 위험성의 헤징이나 차입비용의 절감을 위해서 두 차입자가 각자의 차입조건을 상호 간에 교환하는 계약이다.
④ 외환스왑(Foreign Exchange Swap) : 거래방향이 서로 반대되는 현물환거래와 선물환거래 또는 선물환거래와 선물환거래가 동시에 이루어지는 거래이다.

정답 ③

04 | 디지털 · IT 상식

01 | 디지털 상식

| 2022 NH농협은행 5급

01 다음 중 빅데이터의 특징인 5V에 해당하지 않는 것은?

① 크기(Volume)   ② 속도(Velocity)

③ 정확성(Veracity)   ④ 다양성(Variety)

⑤ 타당성(Validity)

정답 | 해설

빅데이터 5V는 크기(Volume, 용량), 속도(Velocity), 다양성(Variety), 정확성(Veracity), 가치(Value)를 일컫는다.

정답 ⑤

| 2019 NH농협은행 5급

02 다음 〈보기〉에서 빅데이터에 대한 설명으로 옳은 것을 모두 고르면?

> **보기**
> ㉠ 빅데이터는 정형화된 수치, 자료뿐만 아니라 비정형의 문자, 영상, 위치 데이터도 포함한다.
> ㉡ 빅데이터는 클라우드 컴퓨팅 등 비용 효율적인 장비의 활용이 가능하다.
> ㉢ 빅데이터의 소프트웨어 분석 방법으로는 통계패키지(SAS), 데이터 마이닝 등이 대표적이다.
> ㉣ 크기(Volume), 속도(Velocity), 다양성(Variety), 가치(Value) 등의 특징을 가지고 있다.

① ㉠, ㉣   ② ㉡, ㉢

③ ㉠, ㉡, ㉢   ④ ㉠, ㉡, ㉣

⑤ ㉡, ㉢, ㉣

정답 | 해설

오답분석

㉢ 빅데이터 환경의 소프트웨어 분석 방법에는 텍스트 마이닝, 온라인 버즈 분석, 감성 분석 등이 있다. 통계패키지(SAS), 데이터 마이닝, 관계형 데이터베이스 등은 기존 환경에서의 대표적인 소프트웨어 분석 방법이다.

정답 ④

빅데이터의 특징

- 3V : 일반적으로 빅데이터의 특징을 다음의 3V로 요약한다.
  - 데이터의 크기(Volume) : 빅데이터의 물리적 크기는 폭발적으로 증가한다(초대용량).
  - 데이터의 속도(Velocity) : 빅데이터는 실시간으로 생성되며 빠른 속도로 변화·유통된다.
  - 데이터의 다양성(Variety) : 빅데이터는 정형, 반(半)정형, 비(非)정형 등 포맷·형식이 다양하다.
- 4V : 3V에 '가치(Value)' 또는 '정확성(Veracity)'을 더해 4V로 요약하기도 한다.
  - 가치(Value) : 빅데이터는 새로운 가치를 창출한다.
  - 정확성(Veracity) : 빅데이터는 데이터의 원천과 형태의 다양성에도 불구하고 신뢰성을 보장한다.
- 5V : 3V에 '가치(Value)'와 '정확성(Veracity)'을 더해 5V로 요약하기도 한다.
- 6V : 5V에 '가변성(Variability)'을 더해 6V로 요약하기도 한다.
  - 가변성(Variability) : 빅데이터는 맥락에 따라 의미가 달라진다.
- 7V : 6V에 '시각화(Visualization)'를 합쳐 7V라 부르기도 한다.
  - 시각화(Visualization) : 빅데이터의 추상적인 정보를 효과적으로 인지할 수 있도록 시각화한다.

데이터 리터러시(Date Literacy)

정보활용 능력을 일컫는 용어로 빅데이터 속에서 목적에 맞게 필요한 정보를 취합하고 해석하여 적절하게 활용할 수 있는 능력을 말한다.

| 2022 NH농협은행 5급

03 다음 중 가상현실(VR)의 분야가 아닌 것은?

① MR ② AR
③ SR ④ HR
⑤ XR

정답 | 해설

HR은 가상현실 분야에 해당하지 않는다.
- VR(가상현실, Virtual Reality)
- AR(증강현실, Augmented Reality)
- MR(혼합현실, Mixed Reality)
- SR(대체현실, Substitutional Reality)
- XR(확장현실, Extended Reality)

정답 ④

04 다음 중 자율주행 자동차의 핵심기술과 그에 대한 설명으로 옳지 않은 것은?

① HDA : 자동차 간 거리를 자동으로 유지해주는 기술

② BSD : 후진 중 주변 차량을 감지하고 경보를 울리는 기술

③ LKAS : 방향 지시등 없이 차선을 벗어나는 것을 보완하는 기술

④ LDWS : 방향 지시등을 켜지 않고 차선을 벗어났을 때 전방 차선의 상태를 인식하는 기술

⑤ ASCC : 차선 이탈 시 핸들 진동, 경고음 등으로 운전자에게 알려 사고를 예방하는 기술

정답 | 해설

차선 이탈 시 핸들 진동, 경고음 등으로 운전자에게 알려 사고를 예방하는 기술은 'LDWS'에 해당한다.

정답 ⑤

> **이론 더하기**
>
> **자율주행 자동차의 5대 핵심기술**
> 1. HDA(Highway Driving Assist, 고속도로 주행 지원 시스템) : 자동차 간 거리를 자동으로 유지해주는 기술
> 2. BSD(Bind Spot Detection, 후측방 경보 시스템) : 후진 중 주변 차량을 감지하고 경보를 울리는 기술
> 3. LKAS(Lane Keeping Assist System, 차선 유지 지원 시스템) : 방향 지시등 없이 차선을 벗어나는 것을 보완하는 기술
> 4. ASCC(Advanced Smart Cruise Control, 어드밴스드 스마트 크루즈 컨트롤) : 설정된 속도로 차간거리를 유지하며 정속 주행하는 기술
> 5. LDWS(Lane Departure Warning System, 차선 이탈 경보 시스템) : 방향 지시등을 켜지 않고 차선을 벗어났을 때 전방 차선의 상태를 인식하고 핸들 진동, 경고음 등으로 운전자에게 알려 사고를 예방하는 기술

05 다음 중 도심항공교통(UAM)에 대한 설명으로 옳지 않은 것은?

① 개인 항공기뿐만 아니라 대중교통까지 포함한다.

② 도시 권역을 개인용 비행체로 이동하는 공중교통체계이다.

③ 여객과 물류를 모두 포함한다.

④ 이착륙을 위한 별도의 활주로가 필요하다.

⑤ 저소음으로 도심에서 운항이 가능하다.

정답 | 해설

도심항공교통(UAM; Urban Air Mobility)은 도시 권역을 수직이착륙(VTOL; Vertical Take – Off and Landing)하는 개인용 비행체(PAV; Personal Air Vechicle)이다. 이동하는 공중교통체계로 단순히 항공기체뿐만 아니라 비행체의 개발 이착륙시설, 교통서비스 플랫폼 등 도심항공 이동수단의 모든 것을 포괄하는 개념이다. 도시 내부에서 사람 및 화물을 항공기를 통해 이동 및 운반해야 하므로, 별도의 활주로 없이 이착륙하고, 소음 또한 적다.

정답 ④

06 다음 〈보기〉에서 레그테크(RegTech)에 대한 설명으로 옳은 것을 모두 고르면?

> **보기**
>
> ㉠ Regulation과 Technology의 합성어이다.
> ㉡ IT 기술이 융합된 금융업으로서, 핀테크의 한 양상으로 인식된다.
> ㉢ 핵심 사업에 대한 의사 결정, 데이터 품질 개선 등에 이용되기도 한다.
> ㉣ 레그테크는 처리 및 결정의 속도보다 정확성이 더욱 중시된다.

① ㉠, ㉡

② ㉠, ㉢

③ ㉠, ㉡, ㉢

④ ㉠, ㉢, ㉣

⑤ ㉡, ㉢, ㉣

정답 | 해설

㉠ 레그테크는 규제를 의미하는 Regulation과 기술을 뜻하는 Technology의 합성어이다.

㉡ 레그테크는 금융업 등 산업 전반에 걸쳐 혁신 정보기술(IT)과 규제를 결합하여 규제 관련 요구사항 및 절차를 향상시키는 기술 또는 회사를 뜻한다. 이는 금융서비스 산업의 새 영역이자 일종의 핀테크(FinTech)이다.

㉢ 레그테크는 수작업의 자동화, 분석·보고 절차의 연결, 데이터 품질 개선, 데이터에 대한 전체적인 시각의 창출, 절차 관련 앱에 의한 데이터 자동 분석, 핵심 사업에 대한 의사 결정 및 규제당국 앞 송부용 보고서 생산에 초점을 맞추어 활용된다.

오답분석

㉣ 레그테크의 핵심은 처리 및 결정의 속도, 민첩성으로 속도가 정확성보다 낮은 우선순위를 갖는다고 보기 어렵다.

정답 ③

07 모든 컴퓨팅 기기를 하나의 초고속 네트워크로 연결하여, 컴퓨터의 계산능력을 극대화한 차세대 디지털 신경망 서비스는 무엇인가?

① 클라우드 컴퓨팅

② 유틸리티 컴퓨팅

③ 그리드 컴퓨팅

④ 네트워크 컴퓨팅

⑤ 리모트 컴퓨팅

정답 | 해설

일반적으로 그리드 컴퓨팅(Grid Computing)은 PC나 서버, PDA 등 모든 컴퓨팅 기기를 하나의 네트워크로 연결해, 정보처리 능력을 슈퍼컴퓨터 혹은 그 이상 수준으로 극대화시키는 것으로, 분산된 컴퓨팅 자원을 초고속 네트워크로 모아 활용하는 개념이다.

정답 ③

08 인터넷상의 서버를 통하여 데이터 저장, 네트워크, 콘텐츠 사용 등 IT 관련 서비스를 한 번에 사용할 수 있는 컴퓨팅 환경은?

① 유비쿼터스(Ubiquitous)
② 스트리밍(Streaming)
③ IoT(Internet of Things)
④ 클라우드(Cloud)
⑤ 알고리즘(Algorithm)

정답 | 해설

[오답분석]
① 유비쿼터스(Ubiquitous) : 사용자가 자유롭게 어떤 기기로든 통신망에 접속할 수 있는 환경이다.
② 스트리밍(Streaming) : 인터넷에서 각종 데이터를 실시간 전송, 재생할 수 있게 하는 기법이다.
③ IoT(Internet of Things) : 사물에 센서를 붙여 실시간으로 데이터를 인터넷과 연결하여 정보를 공유하는 기술이다.
⑤ 알고리즘(Algorithm) : 어떤 문제를 해결하기 위한 절차, 방법, 명령어들의 집합이다.

정답 ④

09 다음 중 클라우드 컴퓨팅의 특징으로 옳지 않은 것은?

① 자신의 컴퓨터가 아닌 인터넷으로 연결된 다른 컴퓨터로 정보를 처리하는 기술이다.
② 인터넷상의 서버를 통하여 IT 관련 서비스를 한 번에 사용할 수 있는 컴퓨팅 환경을 의미한다.
③ 모든 컴퓨팅 기기를 네트워크로 연결하여 컴퓨터의 계산능력을 극대화한 분산 컴퓨팅을 의미한다.
④ 이용자가 정보를 인터넷상의 서버에 저장하면, 여러 IT 기기를 통해 언제 어디서든 해당 정보를 이용할 수 있다.
⑤ 컴퓨팅 자원을 필요한 만큼 빌려 쓰고 이에 대한 사용요금을 지급하는 방식의 컴퓨팅 서비스이다.

정답 | 해설

③은 그리드 컴퓨팅에 대한 설명이다. 그리드 컴퓨팅은 PC나 서버 등의 모든 컴퓨팅 기기를 하나의 네트워크를 통해 공유하려는 분산 컴퓨팅 모델로 고속 네트워크로 연결된 다수의 컴퓨터 시스템이 사용자에게 통합된 가상의 컴퓨팅 서비스를 제공한다.

정답 ③

이론 더하기

클라우드 컴퓨팅(Cloud Computing)
정보처리를 자신의 컴퓨터가 아닌 인터넷으로 연결된 다른 컴퓨터로 처리할 수 있는 기술을 말한다. 클라우드 컴퓨팅의 핵심 기술은 가상화와 분산처리로 어떠한 요소를 기반으로 하느냐에 따라 소프트웨어 서비스, 플랫폼 서비스, 인프라 서비스로 구분한다.

10 다음 중 블록체인의 특성으로 옳지 않은 것은?

① 블록체인 데이터는 수천 개의 분산화된 네트워크 노드에 저장되기 때문에 기술적 실패 또는 악의적 공격에 대한 저항력을 갖고 있다.

② 승인된 블록들을 되돌리기가 무척 어려우며 모든 변경 기록을 추적할 수 있다.

③ 분산화된 네트워크 노드가 마이닝을 통해 거래를 검증하기 때문에 중개자가 필요 없다.

④ 소스가 폐쇄되어 있기 때문에 네트워크에 참여하는 누구나 안전하게 거래가 가능하다.

⑤ 각 네트워크 노드는 데이터베이스 사본을 복제하고 저장할 수 있어 한 노드가 오프라인으로 전환해도 보안과 네트워크 이용에 영향을 미치지 않는다.

정답 | 해설

블록체인의 확장성에 대한 설명이다. 블록체인은 **소스가 공개**되어 있기 때문에 네트워크에 참여하는 **누구나 구축, 연결 및 확장이 가능**하다.

오답분석

① · ⑤ 블록체인의 <u>분산성</u>에 대한 설명이다.

② 블록체인의 <u>안정성</u>에 대한 설명이다.

③ 과거 은행과 신용카드 회사, 결제 제공자와 같은 중개자에 의존했던 것과 달리, 블록체인 기술은 중개자를 필요로 하지 않으며, 이는 <u>신뢰가 필요 없는 시스템</u>이라고도 불린다.

정답 ④

11 다음 중 IoT(Internet of Things)의 특징으로 옳지 않은 것은?

① 사물에 부착된 센서를 통해 실시간으로 데이터를 주고받는다.

② 사용자가 언제 어디서나 컴퓨터 자원을 활용할 수 있도록 정보 환경을 제공한다.

③ 인터넷에 연결된 기기는 인간의 개입 없이도 서로 알아서 정보를 주고받는다.

④ 유형의 사물 외에 공간이나 결제 프로세스 등의 무형의 사물도 연결할 수 있다.

⑤ 블루투스, NFC, 네트워크 등의 기술은 IoT를 통한 기기들의 소통을 돕는다.

정답 | 해설

②는 유비쿼터스에 대한 설명이다. **유비쿼터스는 사용자를 중심으로 네트워크나 컴퓨터를 의식하지 않고 장소에 상관없이 자유롭게 네트워크에 접속할 수 있는 정보통신 환경**을 말한다.

정답 ②

이론 더하기

와이선(Wi-SUN)

사물인터넷(IoT)의 서비스 범위가 확대되면서 블루투스나 와이파이 등 근거리 무선통신을 넘어선 저전력 장거리(LPWA; Low-Power Wide Area) IoT 기술이다.

12 다음 중 사람들이 습관적 혹은 반복적으로 행하는 패턴에 대한 자료를 수집하고 분석하여 이를 바탕으로 맞춤형 콘텐츠를 제시해주는 기술을 일컫는 용어는?

① 만물인터넷

② 사물인터넷

③ 소물인터넷

④ 행동인터넷

⑤ 협대역사물인터넷

정답 해설

행동인터넷(IoB; Internet of Behaviors)은 사람들이 온라인 또는 오프라인에서 주로 무엇을 이용했고, 어떤 제품을 구매했는지, 또 어디에 관심이 많은지 등에 대한 **행동 데이터를 수집하고 이를 분석**하여 사람들이 필요로 하는 콘텐츠를 제시해주는 기술이다.

[오답분석]

① 만물인터넷(IoE; Internet of Everything) : 기존에 정의된 사물인터넷에서 더 나아간 개념으로, 현재 존재하는 기술은 아니지만 미래에는 만물 간 인터넷으로 연결되어 서로 정보를 공유할 것이라는 기술이다.

② 사물인터넷(IoT; Internet of Thing) : 사람들의 일상 속 사물들에 센서나 통신기능을 탑재시켜 이들을 인터넷으로 연결하여 각 사물 간에 정보를 공유하는 기술이다.

③ 소물인터넷(IoST; Internet of Small Things) : 사물인터넷을 이용하는 사물 중에서 사물 간에 공유하는 정보의 양이 적어 다른 사물들에 비해 저성능의 프로세서로 작동하는 사물들의 네트워크 기술이다.

⑤ 협대역사물인터넷(NarrowBand – Internet of Things) : 사물인터넷을 지원하기 위하여 LTE기술을 바탕으로 만들어진 통신기술이다.

정답 ④

---

13 다음 컴퓨터의 저장장치 중 다르게 분류되는 것은?

① RAM

② SSD

③ HDD

④ ODD

⑤ USB 메모리

정답 해설

RAM(Random Access Memory)은 사용자가 자유롭게 내용을 읽고 쓰고 지울 수 있는 기억장치로 컴퓨터에서 수치·명령·자료 등을 기억하는 **1차 기억장치**인 '**주기억장치**'로 분류된다. 나머지는 모두 2차 기억장치인 '보조기억장치'로 분류된다.

[오답분석]

② SSD : 반도체를 이용하여 정보를 저장하는 보조기억장치로 HDD의 문제점인 긴 탐색시간, 반응시간, 기계적 지연, 실패율, 소음을 크게 줄인 것이 특징이다.

③ HDD : 비휘발성, 순차접근이 가능한 컴퓨터의 보조기억장치로 보호 케이스 속 플래터를 회전시켜 자기 패턴으로 정보를 기록한다.

④ ODD : 데이터를 읽고 쓰는 과정의 일부인 전자기 스펙트럼 근처의 레이저 빛이나 전자기적 파동을 이용하는 보조기억장치이다.

⑤ USB 메모리 : USB 플래시 드라이브라고도 불리며 USB 포트에 꽂아 쓰는 플래시 메모리를 이용한 이동형 저장장치를 일컫는다.

정답 ①

14 다음 〈보기〉에서 4차 산업혁명에 대한 설명으로 옳지 않은 것을 모두 고르면?

> 보기
>
> ㉠ IT산업의 발달로 인해 등장하게 된 산업혁명을 말한다.
> ㉡ 이전 산업혁명보다 일자리 창출의 폭이 커질 것으로 기대하고 있다.
> ㉢ 각 공장기기가 중앙시스템의 제어 없이 수동적으로 작동하는 공장자동화가 실행되었다.
> ㉣ 정보의 파급력 및 전달속도가 기존 산업혁명보다 더 넓은 범위에서 더 크고 빠르게 진행되고 있다.

① ㉡, ㉢   ② ㉢, ㉣

③ ㉠, ㉡, ㉢   ④ ㉠, ㉡, ㉣

⑤ ㉡, ㉢, ㉣

정답 | 해설

㉠ IT산업의 발달로 등장하게 된 산업혁명은 3차 산업혁명에 해당하며, 4차 산업혁명은 인공지능, 사물인터넷, 빅데이터 등의 최첨단 시스템이 모든 제품서비스에 구축되어 **사물을 지능화시킨 산업혁명**에 해당한다.

㉡ 무인 공장의 등장 및 로봇의 확산으로 인해 오히려 이전 산업혁명보다 **일자리 창출이 현저히 작아질 것**으로 예상되고 있다.

㉢ 이전 산업혁명에서의 공장자동화는 공장기기들이 중앙시스템에 의해 제어를 받는 수동적 과정이었다면, 4차 산업혁명은 중앙시스템의 제어 없이 각 공장기기가 작업단계에 따라 능동적으로 대처하는 **능동적 과정**에 해당한다.

[오답분석]

㉣ 4차 산업혁명에서의 사회는 고도로 연결되고 지능화되었기 때문에, 이전 산업혁명보다 정보의 파급력 및 전달속도가 더 넓은 범위에서 더 크고 빠르게 진행되고 있다.

정답 ③

---

15 다음 중 4차 산업혁명의 특징으로 옳은 것은?

① 증기기관과 방적기의 발명으로 발생하였다.

② 초연결, 초지능 등으로 대표할 수 있다.

③ IT 정보기술과 산업의 접목으로 이루어졌다.

④ 전기 동력의 개발로 자동화에 의한 대량생산체계를 구축했다.

⑤ 컴퓨터와 인터넷 기반의 지식정보 혁명이다.

정답 | 해설

4차 산업혁명은 인공지능, 사물인터넷, 빅데이터, 모바일 등의 **첨단 정보통신기술이 경제·사회 전반에 융합되어 혁신적인 변화가 나타나는 차세대 산업혁명으로 초연결, 초지능** 등의 특징이 있다.

[오답분석]

① 1차 산업혁명

③·⑤ 3차 산업혁명

④ 2차 산업혁명

정답 ②

16 다음 〈보기〉에서 데이터 마이닝에 대한 설명으로 옳은 것을 모두 고르면?

> **보기**
> ㉠ 기대했던 정보뿐만 아니라 기대하지 않았던 정보를 찾아내는 기술을 의미한다.
> ㉡ 계획적으로 축적한 대용량의 데이터를 대상으로 한다.
> ㉢ 통계분석 기술을 적용하여 유형한 패턴과 관계를 찾는다.
> ㉣ 선형 회귀분석이나 로지스틱 분석 방법 등이 적용된다.

① ㉠   ② ㉣

③ ㉠, ㉡   ④ ㉠, ㉢

⑤ ㉢, ㉣

정답 해설

[오답분석]
㉡ 비계획적으로 축적한 대용량의 데이터를 대상으로 한다.
㉣ 데이터 마이닝에는 선형 회귀분석이나 로지스틱 회귀분석, 판별분석, 주성분 분석 등의 고전적인 통계분석 방식을 적용할 수 없다.

정답 ④

17 다음 제시된 용어와 그에 대한 설명이 잘못 연결된 것은?

① AI – 인간의 학습능력, 지각능력, 이해능력 등을 컴퓨터 프로그램으로 실현한 기술

② 딥 러닝 – 인간이 가르친 다양한 정보를 학습한 결과에 따라 새로운 것을 예측하는 기술

③ 라이파이 – 무선랜인 와이파이(초속 100Mb)의 100배의 속도를 자랑하는 무선통신 기술

④ 딥 페이크 – 인공지능을 기반으로 한 인간의 이미지 합성 기술

⑤ 블록체인 – 가상화폐 거래 시 발생할 수 있는 해킹을 막기 위한 공공 거래 장부

정답 해설

딥 러닝(Deep Learning)은 스스로 학습하는 능력이 있는 컴퓨터로 많은 데이터를 스스로 분류하여 상하 관계를 파악한다. 즉, 인간이 가르치지 않아도 방대한 데이터를 기반으로 스스로 학습하고, 이를 바탕으로 미래를 예측한다.

정답 ②

임베디드 금융(Embedded Finance)

비금융기업이 금융기업의 금융 상품을 중개·재판매하는 것을 넘어 IT·디지털 기술을 활용해 자체 플랫폼에 결제·대출 등의 비대면 금융 서비스(핀테크) 기능을 내재화(Embed)하는 것을 뜻한다.

디파이(De-Fi)

금융(Finance)의 탈중앙화(Decentralized)라는 뜻으로, 기존의 정부·은행 같은 중앙기관의 개입·중재·통제를 배제하고 거래 당사자들끼리 송금·예금·대출·결제·투자 등의 금융 거래를 하자는 게 주요 개념이다. 디파이는 거래의 신뢰를 담보하기 위해 높은 보안성, 비용 절감 효과, 넓은 활용 범위를 자랑하는 블록체인 기술을 기반으로 한다.

디지털세(Digital Tax)

구글이나 페이스북, 아마존과 같이 국경을 초월해 사업하는 인터넷 기반 글로벌 기업에 물리는 세금을 지칭한다. 유럽연합(EU)이 2018월 3월 디지털세를 공동으로 도입하는 방안을 제안했지만 합의가 이루어지지 않자 회원국인 프랑스가 2019년 7월 독자적으로 부과하기로 했다. 프랑스는 글로벌 IT 기업들이 실질적으로 유럽 각국에서 이윤을 창출하면서도 세율이 가장 낮은 아일랜드 등에 법인을 두는 방식으로 조세를 회피한다는 지적이 계속되자 프랑스 내에서 2천 5백만 유로(약 330억 원) 이상의 수익을 내는 기업에 연간 총매출의 3%를 과세하는 디지털 서비스세금(DST)법을 발효했다. 이에 미국은 자국 기업이 주요 표적이라며 강하게 반발했다. 영국과 스페인이 DST법과 거의 같은 내용의 법안을 추진하고 나서면서 유럽 대(對) 미국의 대립 구도가 굳어졌다.

머신러닝(ML)

인공지능(AI)의 한 분야인 머신러닝(기계학습)은 경험적 데이터를 기반으로 기계(컴퓨터)가 학습을 하고 예측을 수행하며 스스로의 성능을 향상시키는 시스템과 이를 위한 알고리즘을 연구·구현하는 기술이다. 머신러닝의 알고리즘들은 엄격하게 정해진 정적인 프로그램 명령들을 수행하기보다는 입력 데이터를 기반으로 예측·결정을 이끌어내기 위해 특정한 모델을 구축하는 방식을 취한다.

핀테크(Fin-tech)

모바일, 소셜네트워크서비스(SNS), 빅데이터 등의 첨단 정보 기술(Technology)을 기반으로 한 금융(Finance) 서비스 또는 그러한 서비스를 제공하는 회사를 뜻한다. 핀테크를 통해 예금, 대출, 자산 관리, 결제, 송금 등 다양한 금융 서비스가 정보통신 및 모바일 기술과 결합되어 혁신적인 유형의 금융 서비스가 가능하다.

딥페이크(Deepfake)

인공지능이 축적된 자료를 바탕으로 스스로 학습하는 '딥러닝(Deep Learning)' 기술과 'Fake(가짜, 속임수)'의 합성어로, 인공지능을 통해 만들어낸 가짜 이미지·영상, 오디오 합성 기술을 뜻한다. 딥페이크는 영화 제작 등에서 합법적으로 사용될 수 있으나, 악의적 또는 상업적인 목적으로 진짜와의 구분이 매우 어려운 수준의 가짜 이미지·영상 등을 제작함으로써 초상권·저작권 저촉 및 명예훼손, 성범죄, 가짜뉴스 등 각종 문제를 촉발한다. 이에 딥페이크로 생성된 가짜 이미지·영상 등을 감별하는 기술 또한 개발되고 있다.

메타버스(Metaverse)

온라인에서 아바타(자신의 역할을 대신하는 캐릭터)를 이용해 사회적·경제적·문화적 활동을 하는 등 가상세계와 현실세계의 경계가 허물어져 혼재하게 되는 것을 이르는 말이다. '확장판 현실세계', '인터넷의 다음 버전'이라고 말할 수 있다.

NFT(Non-Fungible Token, 대체 불가능 토큰)

블록체인의 토큰을 다른 토큰으로 대체하는 것이 불가능한 암호화폐이다. 각각의 NFT마다 고유한 인식값이 부여되어 있으며, 최초의 발행자와 소유권 이전 등 모든 거래 내역이 투명하게 공개되고, 블록체인으로 발행되기 때문에 원천적으로 위조 또는 복제가 불가능하다.

18 다음 중 네트워크 슬라이싱(Network Slicing)에 대한 설명으로 옳은 것은?

① 물리적인 하나의 네트워크 인프라를 이용자 수에 따라 여러 개의 가상 네트워크로 나누어 제공하는 기술을 말한다.

② 물리적인 하나의 네트워크 인프라를 기능별로 여러 개의 종속적인 가상 네트워크로 분리하는 기술을 말한다.

③ 물리적인 하나의 네트워크 인프라를 기능에 따라 나누어 여러 개의 독자적인 네트워크를 구축하는 기술을 말한다.

④ 다수의 이용자가 사용하고 있는 각각의 가상 네트워크를 하나로 합쳐 하나의 물리적인 네트워크 인프라를 구축하는 기술을 말한다.

⑤ 제공하는 서비스가 상이한 여러 개의 가상 네트워크를 하나로 합쳐 하나의 물리적인 네트워크 인프라를 구축하는 기술을 말한다.

정답 | 해설

네트워크 슬라이싱(Network Slicing)이란 5G 시대에 등장한 새로운 기술로, 여러 기능을 제공하고 있던 물리적인 네트워크 인프라를 각 기능에 따라 독자적인 수행이 가능한 여러 개의 가상 네트워크로 분리한 것을 말한다. 이를 통해 각 사용자는 자신이 필요로 하는 기능을 맞춤형으로 제공받을 수 있게 되었다.

정답 ③

19 데이터 3법은 개인정보보호에 관한 법이 소관 부처별로 나뉘어 있기 때문에 생기는 불필요한 중복 규제를 없애 4차 산업혁명의 도래에 맞춰 개인과 기업이 정보를 활용할 수 있는 폭을 넓히자는 취지로 마련되었다. 다음 중 데이터 3법에 해당하는 것을 바르게 나열한 것은?

① 개인정보보호법, 정보통신망법, 신용정보법

② 개인정보보호법, 신용정보법, 컴퓨터프로그램보호법

③ 개인정보보호법, 정보통신망법, 컴퓨터프로그램보호법

④ 정보통신망법, 신용정보법, 컴퓨터프로그램보호법

⑤ 정보통신망법, 신용정보법, 사회보호법

정답 | 해설

데이터 3법이란 개인정보보호법·정보통신망법·신용정보법을 일컫는 용어이다.

정답 ①

20 다음 빈칸에 공통으로 들어갈 전략으로 가장 적절한 것은?

> N은행은 지난해 은행권 최초로 모바일 전문은행인 'N뱅크'를 통해 _____을/를 출시하고, 게임
> 이나 메신저 등 다양한 콘텐츠를 접목한 통합 플랫폼으로 운영 중이다. 모바일 전문은행을 통해 중
> 금리 상품을 우선 취급하여 고객을 가장 먼저 선점하고 중금리 시장 우위를 확보하고 있다는 평가를
> 받고 있다. 또한 생체 인증 부문에서도 속도를 내고 있다. 지난달 일반 고객을 상대로 홍채인식으로
> 금융 거래를 할 수 있는 자동화기기 서비스를 선보였고, 창구 방문 없이 입출금계좌 신규개설 및
> 체크카드를 발급할 수 있는 '디지털 키오스크' 도입을 준비 중이다.
> 이에 A은행과 B은행도 _____ 확장에 속도를 내며 N은행을 바짝 뒤쫓고 있다. 우선 A은행은
> 지난해 말 모바일 전문은행인 'A뱅크'와 정맥 인증방식을 활용한 디지털 키오스크를 출범했다. B은
> 행은 최근 스마트폰 뱅킹에서 공인인증서 없이 지문 인증만으로 로그인, 계좌이체, 대출신청 등의
> 은행업무가 가능한 서비스를 시작했다.

① 비대면 채널
② 면대면 채널
③ 핀테크
④ 글로벌 진출
⑤ 관계 마케팅

정답 | 해설

비대면 채널은 은행직원과 예금주 간에 얼굴을 보지 않고 정보를 전달할 수 있는 경로를 통칭하는 것으로 **인터넷 뱅킹,** **텔레뱅킹, 스마트뱅킹** 등이 있다. 현재 많은 은행이 비대면 채널을 구축하였으며, 지식 기반(비밀번호), 소지 기반(SMS), 바이오인식(지문), 특징 기반(위치) 등을 통해 본인임을 확인하고 있다.

정답 ①

이론 더하기

인터넷 전문은행(Direct Bank, Internet − only Bank)
영업점을 통해 대면거래를 하지 않고, 금융자동화기기(ATM)나 인터넷, 모바일 응용프로그램(앱)과 같은 전자매체를 통해 온라인으로 사업을 진행하는 은행이다.

21 다음 중 고정된 패스워드 대신 무작위로 생성되는 일회용 패스워드를 이용하는 사용자 인증방식은 무엇인가?

① 공인인증서

② 전자서명

③ OTP

④ 블록체인

⑤ 보안카드

정답 해설

OTP(One Time Password)는 무작위로 생성되는 난수의 일회용 패스워드를 이용하는 사용자 인증 방식이다. 로그인할 때마다 일회성 패스워드를 생성하기 때문에 동일한 패스워드가 반복해서 사용됨으로 발생하는 보안상의 취약점을 극복할 수 있다.

정답 ③

이론 더하기

OTP(One Time Password)

전자금융거래의 인증을 위하여 이용 고객에게 제공되는 일회용 비밀번호 생성 보안매체이다. OTP 발생기의 비밀번호 생성은 6자리 숫자가 1분 단위로 자동 변경되어 보여주며, 고객은 전자금융 이용 시 해당 숫자를 입력하도록 하는 서비스이다. 고객이 보유하고 있는 OTP 1개로 'OTP통합인증센터'에 참여하고 있는 은행, 증권, 보험사 등 58개(23. 01. 기준) 금융회사의 전자금융 서비스 이용이 가능하며, 다른 금융회사가 발급한 범용 OTP를 소지한 고객은 인터넷뱅킹에서 추가 본인확인 절차를 수행한 후 직접 이용 등록할 수 있다.

22 다음 중 인터넷을 토대로 구축하여 한 조직 내의 업무 수행에 사용되는 네트워크 환경을 일컫는 용어는?

① 광역통신망

② 근거리통신망

③ 인트라넷

④ 엑스트라넷

⑤ 이더넷

정답 해설

인트라넷은 인터넷 관련기술과 통신규약을 이용하여 기업체, 연구소 등 조직 내부의 각종 업무를 수행할 수 있도록 한 네트워크 환경이다. 조직의 각종 정보를 표준화하여 서버를 통해 공유함으로써 조직 구성원들 간에는 정보 공유가 용이하고, 외부의 침입은 방지한다. 1994년 미국의 제약회사인 일라이 릴리 앤드 컴퍼니에서 처음으로 활용해 커다란 성과를 거둔 이후로 우리나라의 많은 기업들도 인트라넷을 사용하고 있다.

오답분석

① 광역통신망(WAN) : 국가나 대륙과 같은 넓은 지역에 걸쳐 구축한 컴퓨터 네트워크를 의미한다.

② 근거리통신망(LAN) : 같은 건물이나 단지 등 소규모 공간 내의 소수의 장치들을 서로 연결한 네트워크를 의미한다.

④ 엑스트라넷(Extranet) : 인트라넷이 기업체 등의 한 조직 내에서만 국한된 정보시스템이라면, 엑스트라넷은 다른 기업체나 고객 등 외부 사용자들에게도 접근이 허용된 시스템이다.

⑤ 이더넷(Ethernet) : 가장 대표적인 버스 구조 방식의 근거리통신망(LAN)을 말한다.

정답 ③

23 다음 중 IT 분야에서 분실한 정보기기 내의 정보를 원격으로 삭제하거나 그 기기를 사용할 수 없도록 하는 기술을 뜻하는 용어는?

① 킬 스위치(Kill Switch)
② 핀펫(Fin Field Effect Transistor)
③ 어플라이언스(Appliance)
④ 키젠(Keygen)
⑤ 컴파일러(Compiler)

정답 | 해설

비상정지나 긴급 전원 절단을 의미하는 킬 스위치는 IT 분야에서는 제품을 철수시키거나 유지보수 비용이 청구되지 않은 경우, 장치가 도난당한 경우 등이 발생할 때 기계 및 소프트웨어를 비활성화시킬 수 있는 기술을 의미한다.

오답분석

② 핀펫 : 얇은 지느러미 모양의 전계 효과 트랜지스터이다.
③ 어플라이언스 : 운영 체계(OS)나 응용 소프트웨어의 설치, 설정 등을 행하지 않고 구입해서 전원을 접속하면 곧 사용할 수 있는 정보 기기이다.
④ 키젠 : 소프트웨어 프로그램용 키나 콤팩트디스크(CD) 키를 만드는 데 사용되는 프로그램이다.
⑤ 컴파일러 : 고급언어로 쓰인 프로그램을 그와 의미적으로 동등하며 컴퓨터에서 즉시 실행될 수 있는 형태의 목적 프로그램으로 바꾸어 주는 번역 프로그램이다.

정답 ①

24 다음 중 네이버나 구글 같은 일반적인 포털사이트에서 검색되지 않는 인터넷 공간을 뜻하는 말은?

① 토르 네트워크(Tor Network)
② 딥 웹(Deep Web)
③ 어나니머스(Anonymous)
④ 레거시(Legacy)
⑤ 프록시(Proxy)

정답 | 해설

딥 웹(Deep Web)은 별도로 암호화된 네트워크에 존재하기 때문에 특정한 인터넷 브라우저를 통해서만 접속이 가능하다. 일반적인 검색엔진에 있는 정보의 5배 이상에 달하는 정보량이 있다.

오답분석

① 토르 네트워크 : 전 세계에서 자발적으로 제공되는 가상 컴퓨터와 네트워크를 여러 차례 경유하여 이용자의 인터넷 접속 흔적을 추적할 수 없도록 하는 서비스이다.
③ 어나니머스 : 전 세계에서 활동하는 인터넷 해커들의 집단이다.
④ 레거시 : 과거에 개발되어 현재에도 사용 중인 낡은 하드웨어나 소프트웨어로, 새로 제안되는 방식이나 기술을 부각시키는 의미로서 주로 사용된다.
⑤ 프록시 : 데이터를 가져올 때 해당 사이트에서 바로 자신의 PC로 가져오는 것이 아니라 임시 저장소를 거쳐서 가져오는 것을 말한다.

정답 ②

25 다음 중 5G 이동통신의 특성이 아닌 것은?

① 초망박(超網箔)

② 초연결(超連結)

③ 초고속(超高速)

④ 초저지연(超低遲延)

⑤ 초대용량(超大容量)

정답 | 해설

4차 산업혁명 시대에는 방대한 데이터(초대용량)를 빠르게 전송하고(초고속), 실시간(초저지연)으로 모든 것을 연결하는 (초연결) 5G 이동통신이 경제와 산업에 새로운 기회를 창출할 것으로 예상된다. 국제전기통신연합(ITU)의 정의에 따르면 5G의 최대 다운로드 속도는 20Gbps(4G LTE의 20배)이다. 또한 4G LTE에 비해 처리 용량은 100배, 지연시간은 10분의 1 수준 등의 특징이 있으며, 단위면적($1km^2$)당 접속 가능한 기기가 100만 개(초연결)에 달한다.

정답 ①

이론 더하기

5세대 이동통신(5G; 5th Generation mobile communications)

국제전기통신연합(ITU)이 정의한 5G는 최대 다운로드 속도가 20Gbps, 최저 다운로드 속도가 100Mbps인 이동 통신 기술이다. 4세대 이동통신에 비해 속도가 20배가량 빠르고 처리 용량은 100배가 많아져 4차 산업혁명의 핵심 기술인 가상현실(VR · AR), 자율주행, 사물인터넷(IoT) 기술 등을 구현할 수 있다.

이노드비(eNodB; Evolved Node B)

이동통신 사실 표준화 기구인 3GPP에서 사용하는 공식 명칭으로 기존 3세대(3G) 이동통신 기지국의 이름 'Node B'와 구별하여 LTE의 무선 접속망 E-UTRAN(Evolved UTRAN) 기지국을 'E-UTRAN Node B' 또는 'Evolved Node B'라 한다. 모바일 헤드셋(UE)과 직접 무선으로 통신하는 휴대전화망에 연결되는 하드웨어이며, 주로 줄임말 eNodeB(eNB)로 사용한다.

---

26 다음 중 블록체인 기술을 기반으로 하여 프로그래밍된 계약 조건을 만족시키면 자동으로 계약이 실행되는 프로그램의 명칭은?

① 이더리움 계약

② 스마트 계약

③ 솔리디티 계약

④ 블록체인 계약

⑤ 모바일 계약

정답 | 해설

스마트 계약이란 블록체인을 기반으로 프로그래밍된 조건이 모두 충족되면 자동으로 계약을 이행하는 자동화 계약 시스템 으로 금융거래, 부동산 계약 등 다양한 형태의 계약이 가능하다.

정답 ②

---

27 다음 중 인공지능의 연구 분야 중 하나로, 인간의 학습 능력과 같은 기능을 컴퓨터에서 실현하고자 하는 기술 및 기법을 의미하는 것은?

① 딥 러닝
② M 러닝
③ 머신 러닝
④ 플립 러닝
⑤ 블렌디드 러닝

정답 | 해설

머신 러닝은 컴퓨터 과학 중 인공지능의 한 분야로, 패턴인식과 컴퓨터 학습 이론의 연구로부터 진화한 분야이다. 머신러닝은 경험적 데이터를 기반으로 학습을 하고 예측을 수행하고 스스로의 성능을 향상시키는 시스템과 이를 위한 알고리즘을 연구하고 구축하는 기술이라 할 수 있다.

[오답분석]
① 딥 러닝 : 컴퓨터 스스로 외부 데이터를 조합·분석하여 학습하는 기술이다.
② M 러닝 : 스마트폰 등 모바일 기기를 통해 언제 어디서나 자유롭게 인터넷에 접속해서 교육받을 수 있게 하는 시스템이다.
④ 플립 러닝 : 기존 전통 수업 방식과는 반대로, 수업에 앞서 학생들이 교수가 제공한 강연 영상을 미리 학습하고, 강의실에서는 토론이나 과제 풀이를 진행하는 형태의 수업 방식이다.
⑤ 블렌디드 러닝 : 학습 효과를 극대화하기 위해 칵테일처럼 온라인과 오프라인 교육을 포함한 다양한 학습 방법을 혼합하는 것이다.

정답 ③

이론 더하기

튜링 테스트(Turing Test)
기계가 인공지능을 갖추었는지를 판별하는 실험으로 1950년에 영국의 수학자인 앨런 튜링이 제안한 인공지능 판별법이다. 기계의 지능이 인간처럼 독자적인 사고를 하거나, 의식을 가졌는지 인간과의 대화를 통해 확인할 수 있는데, 아직 튜링테스트를 통과한 인공지능이 드문 것으로 알려져 있다.

데이터 레이블링(Data Labeling)
인공지능을 만드는 데 필요한 데이터를 입력하는 작업이다. 높은 작업 수준을 요구하지는 않으며, 각 영상에서 객체를 구분하고, 객체의 위치와 크기 등을 기록해야 한다. 인공지능이 쉽게 사물을 알아볼 수 있도록 영상 속의 사물에 일일이 명칭을 달아주는 작업이다.

28 다음 중 웹사이트와 소셜 미디어에 나타난 여론과 의견을 분석하여 유용한 정보로 재가공하는 기술은 무엇인가?

① 워 드라이빙(War Driving)

② 오피니언 리더(Opinion Leader)

③ 오피니언 마이닝(Opinion Mining)

④ 콘텐츠 필터링(Cotents Filtering)

⑤ 서머리 콘텐츠(Summary Contents)

정답 | 해설

오피니언 마이닝은 웹사이트 및 소셜미디어에서 특정 주제에 대한 여론 및 정보를 수집·분석하여 평판을 도출하는 빅데이터 처리 기술이다.

오답분석
① 워 드라이빙(War Driving) : 차량으로 이동하면서 타인의 무선 구내 정보 통신망(LAN)에 무단으로 접속하는 해킹 수법이다.
② 오피니언 리더(Opinion Leader) : 집단 내에서 다른 사람의 사고방식, 의견, 태도, 행동 등에 큰 영향을 끼치는 사람이다.
④ 콘텐츠 필터링(Cotents Filtering) : 콘텐츠 이용 과정에서 저작권 침해 여부 등을 판단하기 위해 데이터를 검열하는 기술이다.
⑤ 서머리 콘텐츠(Summary Contents) : 도서, 영화, 드라마 등 대중문화 콘텐츠를 중요한 줄거리만 핵심적으로 요약한 것이다.

정답 ③

이론 더하기

다크 데이터(Dark Data)
정보를 수집한 후 저장만 하고 분석에 활용하고 있지 않은 다량의 데이터로, 처리되지 않은 채 미래에 사용할 가능성이 있다는 이유로 삭제되지 않고 방치되고 있었다. 하지만 최근 빅데이터와 인공지능이 발달하면서 방대한 양의 자료가 필요해졌고, 이에 유의미한 정보를 추출하고 분석할 수 있게 되면서 다양한 분야에서 활용될 전망이다.

29 다음 중 기업 내 정보 교류를 차단하는 장치 및 제도를 일컫는 용어는?

① 열 차단벽

② 해킹 방지 방화벽

③ 차이니즈월

④ 방화벽

⑤ 해킹시그니처

정답 해설

차이니즈월(Chinese Wall)은 중국의 만리장성을 뜻하며, 만리장성이 구획을 구분하는 견고한 벽인 것처럼 기업 내 정보 교환을 철저히 금지하는 장치나 제도를 의미한다.

오답분석

① 열 차단벽 : 열을 차단하기 위한 내열 소재의 차폐막이나 문을 말한다.

② 해킹 방지 방화벽 : 허가받지 않은 컴퓨터통신 사용자가 기업 내 통신망(LAN)에 뚫고 들어오는 것을 막기 위해 설치해 둔 소프트웨어나 장비를 의미한다.

④ 방화벽 : 기업이나 조직의 모든 정보가 컴퓨터에 저장되면서, 컴퓨터의 정보 보안을 위해 외부에서 내부, 내부에서 외부의 정보통신망에 불법으로 접근하는 것을 차단하는 시스템이다.

⑤ 해킹시그니처 : 침입탐지 및 침입방지시스템 등의 정보보호 솔루션에서 해킹이나 취약점, 웜바이러스, 유해트래픽 등을 탐지・차단하기 위해 적용하는 정규화된 패턴을 의미한다.

정답 ③

30 다음 중 정보의 확산을 막으려다가 오히려 더 광범위하게 알려지게 되는 인터넷 현상을 일컫는 효과는?

① 베블런 효과

② 스트라이샌드 효과

③ 헤일로 효과

④ 맥거핀 효과

⑤ 밴드왜건 효과

정답 해설

스트라이샌드 효과(Streisand Effect)는 정보를 검열・삭제하려다가 오히려 그 정보가 더 공공연히 확산되는 인터넷 현상이다. 이러한 정보 차단의 시도로는 사진과 숫자, 파일 또는 웹사이트를 예로 들 수 있다. 정보는 억제되는 대신에 광범위하게 알려지게 되고, 종종 인터넷의 미러나 파일 공유 네트워크를 통해 퍼지게 된다.

정답 ②

31 다음 빈칸에 공통으로 들어갈 알맞은 용어는?

> 최근 _____ 기업들이 코로나19 이후 역대 최고 실적을 경신할 수 있었던 이유는 '시장' 역할을 하는 유통 / 검색 / 소셜미디어 등의 플랫폼을 장악했기 때문이다. 많은 기업들이 채용을 동결하거나 줄이고 있는 가운데 _____ 기업에서는 데이터 전문가나 소프트웨어 엔지니어와 같은 고급 인재들을 싹쓸이하고 있다. 이에 미국 정부는 이들을 규제하기 위해 칼을 빼들었다. 최근 구글의 모회사인 '알파벳'이 미국 정부로부터 고소를 당했고, 청문회에서는 구글, 아마존, 애플, 페이스북의 CEO가 최초로 한 자리에 모여 독점적 지위 악용이라는 비판을 받았다.

① 핀테크
② 빅테크
③ 빅블러
④ 베조노믹스
⑤ 유니콘

정답 | 해설

빅테크(Big Tech)의 원래 의미는 대형 정보기술 기업을 뜻하는 말이지만, 최근에는 네이버와 카카오 등 온라인 플랫폼 제공 사업을 핵심으로 하다가 금융시장에 진출한 업체를 지칭하고 있다.

오답분석
① 핀테크(Fin Tech) : '금융(Finance)'과 '기술(Technology)'이 결합한 서비스 또는 그런 서비스를 하는 회사를 가리키는 말로, 금융서비스 및 산업의 변화를 칭하는 말이다.
③ 빅블러(Big Blur) : 경계 융화가 일어나는 현상을 의미하는 말로, 변화의 속도가 빨라지면서 기존에 존재하던 것들의 경계가 뒤섞이는 현상을 말한다.
④ 베조노믹스(Bezonomics) : 세계 최대 인터넷 쇼핑몰인 아마존의 혁신적인 사업 모델로 아마존의 창업주인 제프 베조스의 실천적 경영이론이다.
⑤ 유니콘 기업 : 기업 가치가 10억 달러 이상인 스타트업 기업을 전설 속의 동물인 유니콘에 비유하여 지칭하는 말이다.

정답 ②

32 BcN은 음성 · 데이터, 통신 · 방송 · 인터넷 등이 융합된 품질보장형 광대역 멀티미디어 서비스를 언제 어디서나 끊임없이 안전하게 이용할 수 있는 차세대 통합네트워크를 말한다. 한국은 세계에서 BcN을 몇 번째로 시행한 나라인가?

① 첫 번째
② 두 번째
③ 세 번째
④ 네 번째
⑤ 다섯 번째

정답 | 해설

광대역통합망(BcN)은 전화, 가전제품, 방송, 컴퓨터, 종합 유선방송 등 다양한 기기를 네트워크로 연결해 서비스를 제공할 수 있도록 만드는 인프라로, 정부가 정보통신기술의 최종목표로 삼고 있다. 한국은 BcN 기술을 두 번째로 시행한 나라이다.

정답 ②

33 다음 인터넷 용어 중 허가된 사용자만 디지털콘텐츠에 접근할 수 있도록 제한해 비용을 지불한 사람만 콘텐츠를 사용할 수 있도록 하는 서비스는?

① DRM(Digital Rights Management) ② WWW(World Wide Web)

③ IRC(Internet Relay Chatting) ④ SNS(Social Networking Service)

⑤ EPG(Electronic Program Guide)

정답 | 해설

DRM(Digital Rights Management)은 음악이나 동영상 파일 등에 대한 권리를 제공하는 기술로 허가된 사용자 이외에는 접근할 수 없는 것이 특징이다.

[오답분석]

② WWW : 인터넷에서 그래픽, 음악, 영화 등 다양한 정보를 통일된 방법으로 찾아볼 수 있는 서비스이다.

③ IRC : 인터넷에 접속된 수많은 사용자와 대화하는 서비스이다.

④ SNS : 온라인 인맥구축 서비스로 1인 미디어, 1인 커뮤니티, 정보 공유 등을 포괄하는 개념이다.

⑤ EPG : 다채널방송을 행하는 케이블ㆍ위성방송 사업자가 시청자의 채널선택 편의제공을 위해 운영하는 안내전문채널이다.

정답 ①

34 다음 중 이동통신 기술인 멀티캐리어(Multi Carrier) 방식을 바르게 이해하지 못한 사람은?

> 혜린 : 멀티캐리어 방식은 이동통신사에서 공급하는 두 개의 주파수 중 좀 더 사용이 원활한 주파수에 접속하게 해준다는 것이지?
>
> 철수 : 응. 사람이 많은 곳에서도 좀 더 안정적으로 사용할 수 있겠지.
>
> 경훈 : 내 휴대전화기는 출시된 지 꽤 지나서 멀티캐리어 방식을 사용할 수 없을 것 같아.
>
> 한식 : 주파수가 두 개로 늘어나는 건 차선이 하나 더 생기는 것과 같은 효과가 있을 테니까 최대 속도가 두 배로 늘어나겠네.
>
> 권모 : 자동차로 비유하자면, 하나의 도로에서 차량들이 붐비지 않게 두 개의 도로로 교통량의 흐름을 분산하는 것과 비슷하다고 볼 수 있어.

① 혜린 ② 철수

③ 경훈 ④ 한식

⑤ 권모

정답 | 해설

사용자가 많아 데이터 통신이 원활하지 않은 것을 해결할 수 있어 사용자의 체감 속도는 증가할 수 있지만, 주파수대역을 두 개 사용한다고 해서 최대 속도가 두 배가 될 수는 없다.

정답 ④

35 다음 글의 내용과 가장 관련 있는 것은?

> 에스페란토는 1887년 폴란드의 안과 의사인 자멘호프 박사에 의해 창안되어 1887년 폴란드 바르샤
> 바에서 발표된 국제 공용어이다. 이때 발표된 것으로는 서문, 알파벳, 16개 항의 형태론과 통합론상
> 의 규칙, 주기도문, 편지의 예, 하이네의 시 번역 등의 텍스트, 918개의 어근을 포함하는 소사전
> 등이 있다.
> 국제 공용어를 고안해 다른 인류 상호 간의 소통을 용이하게 하려는 시도는 200 ~ 300년 전부터
> 여러 번 있었다. 하지만 각종 기호들이 현실적으로 사용되고 있는 언어와는 무관하게 고안돼 모두
> 실패로 돌아갔다. 반면 에스페란토는 현실적으로 사용되고 있거나 명백하게 과거에 사용되었던 언
> 어를 기초로 고안된 것이어서 비교적 쉽게 받아들여졌다.
> 출생지인 폴란드가 다언어 지역이라는 점에 영향을 받아 자멘호프는 어떤 언어 사용자에게도 언어
> 적 우위를 주지 않는 국제 보조어를 고안하게 되었고, 이에 많은 공명자를 얻어 현재까지 고안된
> 국제 보조어 중 가장 널리 사용되고 있으며, 특히 언어적으로 비교적 불리한 민족, 즉 영어 – 독일어
> – 프랑스어 – 러시아어 등의 대언어권 이외의 민족들 사이에 주로 보급되고 있다.

① 비트코인
② JAVA언어
③ 유니코드
④ GPS
⑤ 마이크로소프트 윈도우

정답 | 해설

에스페란토는 각기 다른 언어를 사용함에 따르는 불편을 해소하기 위해 전 세계가 공용으로 쓸 수 있도록 고안하여 만들어
진 언어이다.
비트코인은 가상화폐로 컴퓨터와 인터넷만 연결되면 누구든지 계좌를 개설하고 거래가 가능하며, 서로 다른 화폐로 거래
가 어려운 것과 같은 문제없이 세계 어디서든 거래가 가능한 특징을 가지고 있다.

정답 ①

36 다음 중 인공지능(AI), 사물인터넷(IoT), 빅데이터 등의 첨단기술을 농산물의 파종부터 수확까지
전 과정에 적용하는 기술은?

① 푸드테크
② 협테크
③ 애그테크
④ 콜드체인
⑤ 가든테크

정답 | 해설

애그테크는 농업을 의미하는 'Agriculture'와 기술을 의미하는 'Technology'의 합성어로, 식량 부족 시대의 도래에 대비
하기 위해 첨단기술을 활용해 최소 면적에서 최대 생산량을 얻는 것이 목적이다. 애그테크를 적용하면 작물에 최적화되도
록 온도, 습도, 일조량, 풍향 등의 환경이 자동으로 조절되고, 작물에 어떤 비료를 언제 줬는지 등의 상세한 정보를 확인해
수확시기를 예측하거나 당도를 끌어올릴 수 있다.

정답 ③

37 다음 〈보기〉에서 스마트 팩토리(Smart Factory)의 특징으로 적절한 것을 모두 고르면?

> **보기**
>
> ㉠ 소품종 대량생산
> ㉡ 소품종 소량생산
> ㉢ 공정별 설비의 연결성
> ㉣ 공정별 생산설비의 자동화
> ㉤ 데이터를 활용한 운영 패러다임의 변화

① ㉠, ㉢　　　　　　　　　　　　② ㉠, ㉢, ㉤

③ ㉡, ㉢, ㉣　　　　　　　　　　④ ㉢, ㉤

⑤ ㉣, ㉤

정답　해설

스마트 팩토리는 공장 내 설비와 기계에 설치된 센서를 통해 **실시간으로 데이터를 수집·분석**하고, 서로 연결된 공장 내 장비와 부품들의 **상호 소통**을 통해 공장 내 모든 상황을 관리할 수 있다. 따라서 보기에서 스마트 팩토리의 특징으로 적절한 것은 ㉢과 ㉤이다.

오답분석

㉠·㉡ 스마트 팩토리는 <u>다품종 복합(대량·소량) 생산</u>이 가능하다.
㉣ 스마트 팩토리는 공정 간 데이터를 연결하여 <u>제조 전 과정을 자동화</u>하였다.

정답 ④

이론 더하기

스마트 팩토리의 특징

- 연결성 : ICT와 제조업 기술이 융합하여 공장 내 장비와 부품들이 연결되고 상호 소통한다.
- 유연성 : 다품종 복합(대량·소량) 생산이 가능한 생산체계이다.
- 지능성 : 변화하는 여건에 따라 스스로 의사결정을 내려 능동적으로 대응한다.

38 다음 밑줄 친 '이것'에 해당하는 용어는?

알파고 쇼크 이후 금융투자 시장에서 이것에 대한 높은 관심을 보이고 있다. 빅데이터와 투자 알고리즘을 활용해 개인의 자산 운용을 자문하고 관리해 주는 자동화된 서비스이다.

① 로보어드바이저　　　　　　　　　② 시스템 트레이딩
③ 홈 트레이딩 시스템　　　　　　　　④ 모바일 트레이딩 시스템
⑤ 프라이빗 뱅커

정답 | 해설

로보어드바이저(Robo-advisor)란 로봇을 의미하는 '로보(Robo)'와 자문 전문가를 의미하는 '어드바이저(Advisor)'의 합성어로, 고도화된 알고리즘과 빅데이터를 이용해 프라이빗 뱅커(PB)를 대신하여 PC나 모바일을 통해 포트폴리오를 관리·수행하는 온라인 자산관리 서비스이다.

오답분석
② 시스템 트레이딩(System Trading) : 일정한 조건에서 매매규칙을 사용해 투자수익률을 높이는 매매방법으로 컴퓨터 프로그램을 이용해 주식을 운용하는 방식
③ 홈 트레이딩 시스템(Home Trading System) : 투자자가 증권회사에 가거나 전화를 이용하지 않고 온라인을 통해 주식 매매를 하는 방식
④ 모바일 트레이딩 시스템(Mobile Trading system) : 스마트폰을 이용해 개인투자자의 주식을 거래하는 방식
⑤ 프라이빗 뱅커(Private Banker) : 고액 자산가의 자산 관리를 도와주는 금융회사 직원

정답 ①

39 다음 중 DBMS(Data Base Management System)에 대한 설명으로 옳지 않은 것은?

① 현실 세계의 자료 구조를 컴퓨터 세계의 자료 구조로 기술하는 시스템이다.
② 기존 파일 시스템이 갖는 데이터의 종속성과 중복성 문제를 해결하기 위해 제안된 시스템이다.
③ 응용 프로그램과 데이터의 중재자로서 모든 응용 프로그램들이 데이터베이스를 공유할 수 있도록 관리한다.
④ 데이터베이스의 구성, 접근 방법, 유지 관리에 대한 모든 책임을 진다.
⑤ 데이터의 추가, 변경, 삭제, 검색 등의 기능을 집대성한 것이다.

정답 | 해설

DBMS는 사용자와 데이터베이스 사이에서 사용자의 요구에 따라 정보를 생성해 주고, 데이터베이스를 관리해 주는 소프트웨어이다(데이터베이스를 운용하는 소프트웨어). ①은 데이터 모델에 대한 설명이다.

정답 ①

40 다음에서 설명하는 용어로 적절한 것은?

> 은행의 송금과 결제망을 표준화시키고 이를 개방하여 하나의 어플리케이션으로 모든 은행의 계좌 조회, 결제, 송금 등의 금융 활동을 제공하는 서비스를 말한다. 2019년 12월 18일에 정식으로 서비스를 시작했으며, 은행권의 오픈 API에 따라 데이터를 전송한다. 개인이 이용하던 은행의 모바일 앱에 타행 계좌를 등록하고 이용 동의를 하면 서비스를 이용할 수 있다. 편리성이 증대되었다는 장점이 있지만, 일일 이체한도가 기존 은행 어플리케이션에 비해 낮다는 단점이 있다.

① 섭테크   ② 레그테크

③ 뱅크런   ④ 오픈뱅킹

⑤ 테크핀

| 정답 | 해설 |

오픈뱅킹은 하나의 어플리케이션만으로 여러 은행의 계좌를 관리할 수 있도록 제공하는 서비스이다.

[오답분석]

① 섭테크(Sup – tech) : 금융감독(Supervision)과 기술(Technology)의 합성어로, 최신기술을 활용하여 금융감독 업무를 효율적으로 수행하기 위한 기법이다.

② 레그테크(Reg – tech) : 레귤레이션(Regulation)과 기술(Technology)의 합성어로, 최신기술을 활용하여 기업들이 금융규제를 쉽고 효율적으로 수행하기 위한 기법이다.

③ 뱅크런(Bank – run) : 경제상황 악화로 금융시장에 위기감이 조성되면서 은행의 예금 지급 불능 상태를 우려한 고객들이 대규모로 예금을 인출하는 사태를 말한다.

⑤ 테크핀(Tech – fin) : 중국 알리바바의 마윈 회장이 고안한 개념으로 IT 기술을 기반으로 새로운 금융 서비스를 제공하는 것을 일컫는다. 금융사가 IT 서비스를 제공하는 핀테크와는 차이가 있다.

정답 ④

01 다음 중 SSD와 HDD의 특징을 비교한 내용으로 옳지 않은 것은?

① SSD는 기계적인 방식으로 데이터를 읽고 쓰는 반면, HDD는 전기적인 방식으로 데이터를 저장한다.

② 일반적으로 SSD는 보다 신속한 데이터 접근 속도를 제공하지만, HDD는 더 큰 저장 용량을 제공한다.

③ SSD는 내구성이 높아 충격이나 진동에 덜 민감하지만, HDD는 이에 민감하여 외부 충격에 의해 데이터가 손실될 수 있다.

④ SSD는 HDD에 비해 전력 소모량이 적고 발열이 적다.

⑤ 장기간 데이터를 보존하려면 SSD보다 HDD가 더 유리하다.

정답 **해설**

SSD(Solid State Drive)는 전기적인 방식으로 데이터를 읽고 쓰는 반면, HDD(Hard Disk Drive)는 기계적인 방식으로 자기 디스크를 돌려서 데이터를 읽고 쓴다.

[오답분석]
② 일반적으로 SSD는 신속한 데이터 접근 속도를 제공하며, HDD는 더 큰 저장 용량을 제공한다.
③ SSD는 내구성이 높아 충격이나 진동에 덜 민감하지만, HDD는 외부 충격에 의한 데이터 손실 가능성이 비교적 높다.
④ SSD는 HDD에 비해 전력 소모량과 발열이 적다.
⑤ 기계적 방식인 HDD는 전기 공급이 없어도 데이터를 보존할 수 있기 때문에 장기간 데이터 보존에 유리하다. 반면 전기적 방식인 SSD는 오랜 기간 전원 공급 없이 방치하면 데이터 유실이 일어난다.

정답 ①

---

02 다음 중 TCP/IP 4계층에 대한 설명으로 옳지 않은 것은?

① 인터넷 프로토콜 수트(IPS; Internet Protocol Suite)라고도 불린다.

② TCP/IP 4계층은 애플리케이션, 전송, 인터넷, 링크 계층으로 구분된다.

③ 서로 다른 컴퓨터를 연결하고 인터넷 액세스, 데이터 전송 등에 사용하는 프로토콜의 집합이다.

④ 전송 계층은 애플리케이션과 인터넷 계층 사이의 데이터 전달 시 중계 역할을 한다.

⑤ 인터넷 계층에는 FTP, HTTP, SSH, SMTP, DNS 등의 프로토콜이 포함된다.

정답 **해설**

애플리케이션(Application) 계층은 FTP, HTTP, SSH, SMTP, DNS 등이 사용되는 프로토콜 계층으로, 웹 서비스 · 이메일 등 실질적인 서비스를 제공하는 층이다.
• FTP : 장치와 장치 간의 파일을 전송하는 데 사용되는 표준 통신 프로토콜
• HTTP : World Wide Web을 위한 데이터 통신의 기초이자 웹 사이트를 이용하는 데 쓰는 프로토콜
• SSH : 보안되지 않은 네트워크에서 네트워크 서비스를 안전하게 운영하기 위한 암호화 네트워크 프로토콜
• SMTP : 전자 메일 전송을 위한 인터넷 표준 통신 프로토콜
• DNS : 도메인 이름과 IP 주소를 매핑해주는 서버

정답 ⑤

03 다음 Java 프로그램의 실행 결과는?

```java
public class C {
    private int a;
    public void set(int a) {this.a = a;}
    public void add(int d) {a+ = d;}
    public void print( ) {System.out.println(a);}
    public static void main(String args[ ]) {
        C p = new C( );
        C q;
        p.set(10);
        q = p;
        p.add(10);
        q.set(30);
        p.print( );
    }
}
```

① 10   ② 20

③ 30   ④ 40

⑤ 50

정답 해설

객체 C는 q와 p로 접근하게 된다. p와 q가 같고, q는 30이다. 따라서 처리되는 a의 값은 30이다.

정답 ③

이론 더하기

JAVA 언어의 명령어

public	접근 제한자, 내부 및 외부 어디서든 참조할 수 있는 가장 넓은 범위를 지님
static	자바는 main 메소드로 시작하므로 main 메소드는 인스턴스의 생성과 상관없이 JVM에 의해 호출되므로 main 메소드 앞에 Static을 붙여야 함(Static은 메모리에 제일 먼저 로딩)
void	리턴(반환) 값을 의미하며 main 메소드는 리턴해야 하는 값이 없으므로 void를 표기
main	메소드 이름인데 반드시 main이라는 이름을 사용해야 함(프로그램이 시작되면 JVM이 가장 먼저 호출되는 것이 main 메소드이기 때문에 main이라는 메소드가 존재해야 함)
String[ ] args	메인 메소드로 시작할 때 메소드에서 인자 값으로 배열을 받을 수 있다는 의미(args : 배열 이름)
Private	외부 클래스에서 사용 시 정보 보호를 위해 쓰이며, private 접근자는 같은 클래스 내부에서는 접근이 가능(메소드를 통해 private의 변수를 매개 변수로 받아 저장하고, 메소드 값을 public으로 지정함으로써 메서드 접근을 가능하게 하여 return값을 통해 전달되는 값을 받음)

04 다음은 숫자를 처리하는 C 프로그램이다. 프로그램에서 ㉠과 ㉡에 들어갈 내용과 3 2 1 4를 입력하였을 때의 출력 결과를 바르게 짝지은 것은?(단, 다음 프로그램에 문법적 오류는 없다고 가정한다)

```c
#include <stdio.h>
#include <stdlib.h>

void a (int n, int *num) {
    for (int i=0; i<n; i++)
        scanf("%d", &(num[i]));
}
void c(int *a, int *b) {
    int t;
    t=*a; *a=*b; *b=t;
}
void b(int n, int *lt) {
    int a, b;
    for (a=0; a<n-1; a++)
        for (b=a+1; b<n; b++)
            if (lt[a]>lt[b]) c ( ㉠ , ㉡ ) ;
}
int main( ) {
    int n;
    int *num;
    printf("How many numbers?");
    scanf("%d", &n);
    num=(int *)malloc(sizeof(int) *n);
    a(n, num);
    b(n, num);
    for (int i=0; i<n; i++)
        printf("%d ", num[i]);
}
```

	㉠	㉡	출력 결과
①	lt+a	lt+b	1 2 3 4
②	lt+a	lt+b	1 2 4
③	lt[a]	lt[b]	4 3 2 1
④	lt[a]	lt[b]	4 2 1
⑤	lt[a]	lt+b	4 2 1

실행과정은 다음과 같다.

- main( ) 함수 : scanf("%d", &n); 키보드로 3 입력받음(문제에서 제시) n=3

num=(int*)malloc(sizeof(int) * n); num

[0]	[1]	[2]

a(n,num) 함수호출 a(3,num)

배열이름이자 시작주소

- void a (int n, int *num) {

for (int i=0; i<n; i++) 0부터 2까지 1씩 증가

scanf("%d", &(num[i])); 키보드 2, 1, 4 입력받아 num 배열에 저장

} num

2	1	4
[0]	[1]	[2]

- main( ) 함수 : b(n,num) 함수호출 b(3,num)
- void b(int n, int .lt) {

int a, b;

for (a=0; a<n−1; a++) 0부터 2까지 1씩 증가

for (b=a+1; b<n; b++) 1부터 2까지 1씩 증가

if (lt[a]>lt[b]) c (it+a , lt+b) ;

비교 : > 오름차순을 의미, 크면 c 함수 호출

2	1	4
lt[0]	lt[1]	lt[2]
lt+0	lt+1	lt+2

- void c(int *a, int *b) {

int t;

t=*a; *a=*b; *b=t; a와 b 교환(실제 정렬이 되는 부분)

}

- main( ) 함수 : 배열에 있는 값 출력하고 종료(**오름차순이므로 1 2 4 출력**)

정답 ②

| **문제풀이 Tip** |

코딩 결괏값 찾기의 경우 C언어부터 자바, 파이썬까지 여러 가지 언어가 출제되고 있다. 따라서 손코딩하기, 코딩 결괏값 찾기에 관한 다양한 문제를 풀어보고, 각 언어마다 기본적인 명령어는 정리해 두어야 한다.

PART 2

05 회원(회원번호, 이름, 나이, 주소) 테이블에서 주소가 '인천'인 회원의 이름, 나이 필드만 검색하되 나이가 많은 순으로 검색하는 질의문으로 옳은 것은?

① SELECT 이름, 나이 FROM 회원 ORDER BY 나이 WHERE 주소='인천'

② SELECT 이름, 나이 FROM 회원 WHERE 주소='인천' ORDER BY 나이 ASC

③ SELECT 이름, 나이 FROM 회원 WHERE 주소='인천' ORDER BY 나이 DESC

④ SELECT 이름, 나이 FROM 회원 ORDER BY 나이 DESC WHERE 주소='인천'

⑤ SELECT 이름, 나이 FROM 회원 ORDER BY 나이 ASC WHERE 주소='인천'

정답 해설

- SELECT 이름, 나이 : 이름과 나이를 검색한다.
- FROM 회원 : 회원 테이블에서 검색한다.
- WHERE 주소='인천' : 주소가 인천인 레코드를 검색한다.
- ORDER BY 나이 DESC : 나이가 많은 순서로 검색한다.

정답 ③

이론 더하기

DDL(데이터 정의어)

스키마, 도메인, 테이블, 뷰, 인덱스를 정의하거나 변경 또는 삭제할 때 사용하는 언어이다.

1. CREATE문 : 새로운 테이블을 만들며 스키마, 도메인, 테이블, 뷰, 인덱스를 정의할 때 사용한다.

CREATE TABLE STUDENT ~; (STUDENT명의 테이블 생성)

2. ALTER문 : 기존 테이블에 대해 새로운 열의 첨가, 값의 변경, 기존 열의 삭제 등에 사용한다.

ALTER TABLE STUDENT ADD ~; (STUDENT명의 테이블에 속성 추가)

3. DROP문 : 스키마, 도메인, 테이블, 뷰, 인덱스의 전체 제거 시 사용한다.

DROP TABLE STUDENT [CASCADE / RESTRICTED]; (STUDENT명의 테이블 제거)

DML(데이터 조작어)

데이터베이스 사용자가 응용 프로그램이나 질의어를 통하여 저장된 데이터를 처리하는 데 사용하는 언어이다.

1. 검색(SELECT)문

SELECT [DISTINCT] 속성 LIST(검색 대상) FROM 테이블명 [WHERE 조건식]
[GROUP BY 열_이름 [HAVING 조건]] [ORDER BY 열_이름 [ASC or DESC]];

SELECT	질문의 결과에 원하는 속성을 열거하거나 테이블을 구성하는 튜플(행) 중에서 전체 또는 조건을 만족하는 튜플(행)을 검색한다(ALL이 있는 경우 모든 속성을 출력하므로 주로 생략하거나 * 로 표시).
FROM	검색 데이터를 포함하는 테이블명을 2개 이상 지정할 수 있다.
WHERE	조건을 설정할 때 사용하며, 다양한 검색 조건을 활용한다(SUM, AVG, COUNT, MAX, MIN 등의 함수와 사용 불가능).
DISTINCT	중복 레코드를 제거한다(DISTINCTROW 함수는 튜플 전체를 대상으로 함).
HAVING	• 추가 검색 조건을 지정하거나 행 그룹을 선택한다. • GROUP BY절을 사용할 때 반드시 기술한다(SUM, AVG, COUNT, MAX, MIN 등의 함수와 사용 가능).
GROUP BY	그룹 단위로 함수를 이용하여 평균, 합계 등을 구하며, 집단 함수 또는 HAVING절과 함께 기술한다(필드명을 입력하지 않으면 오류 발생).
ORDER BY	검색 테이블을 ASC(오름차순, 생략 가능), DESC(내림차순)으로 정렬하며, SELECT문의 마지막에 위치한다.

2. 삽입(INSERT)문 : 기존 테이블에 행을 삽입하는 경우로 필드명을 사용하지 않으면 모든 필드가 입력된 것으로 간주한다.

> INSERT INTO 테이블[(열_이름...)] → 하나의 튜플을 테이블에 삽입
> VALUES(열 값_리스트); → 여러 개의 튜플을 테이블에 한번에 삽입

3. 갱신(UPDATE)문 : 기존 레코드의 열 값을 갱신할 경우 사용하며, 연산자를 이용하여 빠르게 레코드를 수정한다.

> UPDATE 테이블 SET 열_이름=식 [WHERE 조건];

4. 삭제(DELETE)문 : 테이블의 행을 하나만 삭제하거나 조건을 만족하는 튜플을 테이블에서 삭제할 때 사용한다.

> DELETE FROM 테이블 [WHERE 조건];

DCL(데이터 제어어)

데이터베이스 관리자가 특정 사용자에게 데이터 접근 권한 부여 및 제거 시 사용하는 명령어이다.

1. GRANT문 : 유저, 그룹 혹은 모든 사용자들에게 조작할 수 있는 사용 권한을 부여한다.

> GRANT 권한 ON 개체 TO 사용자 (WITH GRANT OPTION);

2. REVOKE문 : 유저, 그룹 혹은 모든 유저들로부터 주어진 사용 권한을 해제한다.

> REVOKE 권한 ON 개체 FROM 사용자 (CASCADE);

3. CASCADE문 : Main Table의 데이터를 삭제할 때 각 외래 키에 부합되는 모든 데이터를 삭제한다(연쇄 삭제, 모든 권한 해제).

4. RESTRICTED문 : 외래 키에 의해 참조되는 값은 Main Table에서 삭제할 수 없다(FROM절에서 사용자의 권한만을 해제).

06 통신 경로에서 오류 발생 시 수신측은 오류의 발생을 송신측에 통보하고, 송신측은 오류가 발생한 프레임을 재전송하는 오류 제어 방식은?

① 순방향 오류 수정(FEC)
② 역방향 오류 수정(BEC)
③ 에코 점검
④ ARQ(Automatic Repeat request)
⑤ Go-Back-N ARQ

정답 | 해설

자동 반복 요청(ARQ)은 가장 널리 사용되는 에러 제어 방식으로, 에러 검출 후 송신측에 에러가 발생한 데이터 블록을 다시 재전송해 주도록 요청함으로써 에러를 정정한다. 또한, 송신측에서 긍정 응답 신호가 도착하지 않으면 데이터를 수신측으로 재전송한다.

정답 ④

이론 더하기

오류(에러) 수정 방식

구분	특징
순방향(전진) 에러 수정 (FEC)	• 에러 검출과 수정을 동시에 수행하는 에러 제어 기법이다. • 연속된 데이터 흐름이 가능하지만 정보 비트 외에 잉여 비트가 많이 필요하므로 널리 사용되지 않는다. • 역 채널을 사용하지 않으며, 오버헤드가 커서 시스템 효율을 저하시킨다. • 해밍 코드(Hamming Code)와 상승 코드 등의 알고리즘이 해당된다.
역방향(후진) 에러 수정 (BEC)	• 송신측에서 전송한 프레임 중 오류가 있는 프레임을 발견하면 오류가 있음을 알리고, 다시 재전송하는 방식으로 역 채널을 사용한다. • 자동 반복 요청(ARQ), 순환 잉여 검사(CRC) 등의 알고리즘이 해당된다.
자동 반복 요청 (ARQ)	• 통신 경로의 오류 발생 시 수신측은 오류 발생을 송신측에 통보하고, 송신측은 오류가 발생한 프레임을 재전송하는 방식이다. • 전송 오류가 발생하지 않으면 쉬지 않고 송신이 가능하다. • 오류가 발생한 부분부터 재송신하므로 중복 전송의 위험이 있다.
정지 대기 (Stop-and-Wait) ARQ	• 송신측에서 하나의 블록을 전송하면 수신측에서 에러 발생을 점검한 후 에러 발생 유무 신호를 보내올 때까지 기다리는 가장 단순한 방식이다. • 수신측의 에러 점검 후 제어 신호를 보내올 때까지 오버헤드(Overhead)의 부담이 크다. • 송신측은 최대 프레임 크기의 버퍼를 1개만 가져도 되지만 송신측이 ACK를 수신할 때까지 다음 프레임을 전송할 수 없으므로 전송 효율이 떨어진다.
연속적 (Continuous) ARQ	• 정지 대기 ARQ의 오버헤드를 줄이기 위하여 연속적으로 데이터 블록을 전송하는 방식이다.
Go-Back-N ARQ	• 송신측에서 데이터 프레임을 연속적으로 전송하다가 NAK(부정응답)를 수신하면 에러가 발생한 프레임을 포함하여 그 이후에 전송된 모든 데이터 프레임을 재전송하는 방식이다. • 송신측은 데이터 프레임마다 일련번호를 붙여서 전송하고, 수신측은 오류 검출 시 오류 발생 이루의 모든 블록을 재전송한다. • 중복전송의 위험이 있다.

선택적 (Selective) ARQ	• 송신측에서 블록을 연속적으로 보낸 후 에러가 발생한 블록만 다시 재전송하는 방식 이다. • 원래 순서에 따라 배열하므로 그 사이에 도착한 모든 데이터 프레임을 저장할 수 있는 대용량의 버퍼와 복잡한 논리회로가 필요하다.
적응적 (Adaptive) ARQ	• 전송 효율을 최대로 하기 위하여 프레임 블록 길이를 채널 상태에 따라 변경하는 방식 이다. • 통신 회선의 품질이 좋지 않아 에러 발생율이 높을 경우는 프레임 길이를 짧게 하고, 에러 발생율이 낮을 경우는 프레임 길이를 길게 한다. • 전송 효율이 가장 높으나 제어 회로가 복잡하여 거의 사용되지 않는다.

07 블랙 박스 테스트를 이용하여 발견할 수 있는 오류의 경우로 가장 거리가 먼 것은?

① 비정상적인 자료를 입력해도 오류 처리를 수행하지 않는 경우

② 정상적인 자료를 입력해도 요구된 기능이 제대로 수행되지 않는 경우

③ 반복 조건을 만족하는데도 루프 내의 문장이 수행되지 않는 경우

④ 경계 값을 입력할 경우 요구된 출력 결과가 나오지 않는 경우

⑤ 입력 데이터 간의 관계가 출력에 미치는 영향을 그래프로 나타내지 못하는 경우

정답 | 해설

③은 화이트 박스 테스트에 관한 내용이다. 화이트 박스 테스트는 프로그램 내부 구조의 타당성 여부를 시험하는 방식으로, 내부 구조를 해석해서 프로그램의 모든 처리 루틴에 대해 시험하는 기본 사항이다. 가끔 발생하는 조건도 고려해서 처리 루틴을 검증하기 위한 시험 데이터를 작성하여 시험을 실시할 필요가 있다.

정답 ③

이론 더하기

화이트 박스(White Box) 검사

1. 특징
   ① 소프트웨어 테스트에 사용되는 방식으로 모듈의 논리적 구조를 체계적으로 점검하며, 프로그램 구조에 의거하여 검사한다.
   ② 원시 프로그램을 하나씩 검사하는 방법으로 모듈 안의 작동 상태를 자세히 관찰할 수 있다.
   ③ 검사 대상의 가능 경로는 어느 정도 통과하는지의 적용 범위성을 측정 기준으로 한다.
   ④ 검증 기준(Coverage)을 바탕으로 원시 코드의 모든 문장을 한 번 이상 수행한다.
   ⑤ 프로그램의 제어 구조에 따라 선택, 반복 등을 수행함으로써 논리적 경로를 제어한다.
   ⑥ Nassi – Shneiderman 도표를 사용하여 검정 기준을 작성할 수 있다.
   ⑦ 화이트 박스 검사의 오류에는 세부적 오류, 논리 구조상의 오류, 반복문 오류, 수행 경로 오류 등이 있다.

2. 종류

검사 방법에는 기초 경로(Basic Path) 검사, 조건 기준(Condition Coverage) 검사, 구조(Structure) 검사, 루프(Roof) 검사, 논리 위주(Logic Driven) 검사, 데이터 흐름(Data Flow) 검사 등이 있다.

기초 경로 검사	원시 코드로 흐름 도표와 복잡도를 구하고, 검사 대상을 결정한 후 검사를 수행한다.
루프(반복문) 검사	• 루프를 벗어나는 값 대입 → 루프를 한 번 수행하는 값 대입 → 루프를 두 번 수행하는 값 대입의 과정을 통해 검사를 수행한다. • 검사 형태에는 단순 루프, 중첩 루프, 접합 루프가 있다.

블랙 박스(Black Box) 검사

1. 특징
  ① 소프트웨어 인터페이스에서 실시되는 검사로 설계된 모든 기능이 정상적으로 수행되는지 확인한다.
  ② 기초적 모델 관점과 데이터 또는 입출력 위주의 검사 방법이다.
  ③ 소프트웨어의 기능이 의도대로 작동하고 있는지, 입력은 적절하게 받아들였는지, 출력은 정확하게 생성되는지를 보여주는 데 사용된다.
  ④ 블랙 박스 검사의 오류에는 성능 오류, 부정확한 기능 오류, 인터페이스 오류, 자료 구조상의 오류, 초기화 오류, 종료 오류 등이 있다.

2. 종류
검사 방법에는 균등(동치) 분할(Equivalence Partitioning) 검사, 경계 값(Boundary Value Analysis) 검사, 오류 예측(Error Guessing) 검사, 원인 – 결과 그래프(Cause – Effect Graph) 검사, 비교(Comparison) 검사 등이 있다.

균등(동등) 분할 검사	정상 자료와 오류 자료를 동일하게 입력하여 검사한다.
경계(한계) 값 검사	경계(한계)가 되는 값을 집중적으로 입력하여 검사한다.
오류 예측 검사	오류가 수행될 값을 입력하여 검사한다.
원인 – 결과 그래프 검사	테스트 케이스를 작성하고, 검사 경우를 입력하여 검사한다(원인과 결과를 결정하여 그래프를 작성).

08 다음 Infix로 표현된 수식을 Postfix 표기로 옳게 변환한 것은?

$$A=(B-C) * D+E$$

① $ABC-D * E+=$
② $=+ABC-D * E$
③ $ABCDE+-= *$
④ $ABC-D * +E=$
⑤ $A+B-C=E *$

정답 해설

중위식을 후위식으로 변환하려면 순번에 따라 (대상, 연산자, 대상)을 (대상, 대상, 연산자)로 바꾸어 표현한다. 즉, 순번을 매기면서 괄호로 묶은 후 연산자를 오른쪽으로 보낸다.
$A=[\{(B-C) * D\}+E] \rightarrow A=[\{(BC-) * D\}+E] \rightarrow A=[\{(BC-)D * \}+E]$
$\rightarrow A=[\{(BC-)D * \}E+] \rightarrow A[\{(BC-)D * \}E+]=$
괄호를 제거하면 $ABC-D * E+=$가 된다.

정답 ①

트리(Tree)

1. 1 : N 또는 1 : 1 대응 구조로 노드(Node, 정점)와 선분(Branch)으로 되어 있고, 정점 사이에 사이클이 형성되지 않으며, 자료 사이의 관계성이 계층 형식으로 나타나는 구조이다.

2. 노드 사이의 연결 관계가 계급적인 구조로 뻗어나간 정점들이 다른 정점들과 연결되지 않는다(1 : N 또는 1 : 1 대응 구조라 함).

트리 운행법

전위 운행, 중위 운행, 후위 운행의 기준은 근노드(Root Node)의 위치이다. 순서에서 근노드가 앞쪽이면 전위, 중간이면 중위, 뒤쪽이면 후위가 된다. 좌측과 우측의 순서는 전위든 중위든 후위든 상관없이 항상 좌측이 먼저이고 우측이 나중이다.

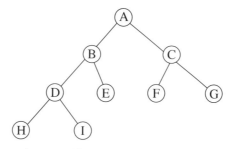

1. 전위 운행(Preorder Traversal) : 근 → 좌측 → 우측(Root → Left → Right) 순서로 운행하는 방법으로 먼저 근노드를 운행하고 좌측 서브 트리를 운행한 후 우측 서브 트리를 운행한다. 따라서 순서대로 나열하면 A, B, D, H, I, E, C, F, G가 된다.

2. 중위 운행(Inorder Traversal) : 좌측 → 근 → 우측(Left → Root → Right) 순서로 운행하는 방법으로 먼저 좌측 서브 트리를 운행한 후 근노드를 운행하고, 우측 서브 트리를 운행한다. 따라서 순서대로 나열하면 H, D, I, B, E, A, F, C, G가 된다.

3. 후위 운행(Postorder Traversal) : 좌측 → 우측 → 근(Left → Right → Root) 순서로 운행하는 방법으로 먼저 좌측 서브 트리를 운행한 후 우측 서브 트리를 운행하고, 마지막으로 근노드를 운행한다. 따라서 순서대로 나열하면 H, I, D, E, B, F, G, C, A가 된다.

수식의 표기법

1. 전위식(Prefix) : 연산자(+, −, *, /)가 맨 앞에 놓인다(연산자 − 피연산자 − 피연산자). 예 +AB
2. 중위식(Infix) : 연산자가 피연산자 중간에 놓인다(피연산자 − 연산자 − 피연산자). 예 A+B
3. 후위식(Postfix) : 연산자가 맨 뒤에 놓인다(피연산자 − 피연산자 − 연산자). 예 AB+

09 다음 진리표에 해당하는 논리식은?

입력		출력
A	B	T
0	0	0
0	1	1
1	0	1
1	1	0

① $T = \overline{A} \cdot B + A \cdot \overline{B}$

② $T = A \cdot B + \overline{A} \cdot \overline{B}$

③ $T = \overline{A} \cdot \overline{A} + B \cdot \overline{B}$

④ $T = A \cdot \overline{A} + \overline{B} \cdot \overline{A}$

⑤ $T = \overline{A} \cdot A + B \cdot \overline{A}$

정답 | 해설

A와 B의 값이 같을 때는 0이 출력되지만, 다를 땐 1이 출력되므로 둘 중 하나는 거짓을 나타내는 논리식인 ①이 적절하다.

정답 ①

이론 더하기

논리 게이트(Logic Gate)

구분	기호	의미	진리표	논리식
AND	A, B → Y	입력 신호가 모두 1일 때만 1 출력	A B Y / 0 0 0 / 0 1 0 / 1 0 0 / 1 1 1	$Y = A \cdot B$ $Y = AB$
OR	A, B → Y	입력 신호 중 1개만 1이어도 1 출력	A B Y / 0 0 0 / 0 1 1 / 1 0 1 / 1 1 1	$Y = A + B$
BUFFER	A → Y	입력 신호를 그대로 출력	A Y / 0 0 / 1 1	$Y = A$
NOT (인버터)	A → Y	입력 신호를 반대로 변환하여 출력	A Y / 0 1 / 1 0	$Y = A'$ $Y = \overline{A}$
NAND	A, B → Y	NOT+AND 즉, AND의 부정	A B Y / 0 0 1 / 0 1 1 / 1 0 1 / 1 1 0	$Y = \overline{A \cdot B}$ $Y = \overline{AB}$ $Y = \overline{A} + \overline{B}$

			A	B	Y	
NOR	A B Y	NOT+OR 즉, OR의 부정	0 0 1 1	0 1 0 1	1 0 0 0	$Y=\overline{A+B}$ $Y=\overline{A}\cdot\overline{B}$
XOR	A B Y	입력 신호가 같으면 0, 다르면 1 출력	0 0 1 1	0 1 0 1	0 1 1 0	$Y=A\oplus B$ $Y=A'B+AB'$ $Y=(A+B)(A'+B')$ $Y=(A+B)(AB)'$
XNOR	A B Y	NOT+XOR 입력 신호가 같으면 1, 다르면 0 출력	0 0 1 1	0 1 0 1	1 0 0 1	$Y=A\odot B$ $Y=\overline{A\oplus B}$

10 다음 중 데이터베이스 설계 시 정규화(Normalization)에 대한 설명으로 옳지 않은 것은?

① 데이터의 이상(Anomaly) 현상이 발생하지 않도록 하는 것이다.

② 정규형에는 제1정규형에서부터 제5정규형까지 있다.

③ 릴레이션 속성들 사이의 종속성 개념에 기반을 두고 이들 종속성을 제거하는 과정이다.

④ 정규화는 데이터베이스의 물리적 설계 단계에서 수행된다.

⑤ 데이터베이스를 설계한 후 설계 결과물을 검증하기 위해 사용하기도 한다.

| 정답 | 해설 |

정규화는 데이터베이스의 물리적 설계 단계가 아닌 논리적 설계 단계에서 수행된다.

정답 ④

정규화

1. 개념
   - 릴레이션에 데이터의 삽입·삭제·갱신 시 발생하는 이상 현상이 발생하지 않도록 릴레이션을 보다 작은 릴레이션으로 표현하는 과정이다.
   - 현실 세계를 표현하는 관계 스키마를 설계하는 작업으로 개체, 속성, 관계성들로 릴레이션을 만든다.
   - 속성 간 종속성을 분석해서 하나의 종속성은 하나의 릴레이션으로 표현되도록 분해한다.
2. 목적
   - 데이터 구조의 안정성을 최대화한다.
   - 중복 데이터를 최소화한다.
   - 수정 및 삭제 시 이상 현상을 최소화한다.
   - 테이블 불일치 위험을 간소화한다.

함수의 종속에 따른 추론 규칙

구분	추론 이론
반사 규칙	$A \supseteq B$이면, $A \rightarrow B$
첨가 규칙	$A \rightarrow B$이면, $AC \rightarrow BC$, $AC \rightarrow B$
이행 규칙	$A \rightarrow B$, $B \rightarrow C$이면, $A \rightarrow C$
결합 규칙	$A \rightarrow B$, $A \rightarrow C$이면, $A \rightarrow BC$
분해 규칙	$A \rightarrow BC$이면, $A \rightarrow B$, $A \rightarrow C$

정규형의 종류

구분	특징
제1정규형 (1NF)	• 모든 도메인이 원자값만으로 된 릴레이션으로 모든 속성값은 도메인에 해당된다. • 기본 키에서 부분 함수가 종속된 속성이 존재하므로 이상 현상이 발생할 수 있다. • 하나의 항목에는 중복된 값이 입력될 수 없다.
제2정규형 (2NF)	• 제1정규형을 만족하고 모든 속성들이 기본 키에 완전 함수 종속인 경우이다(부분 함수 종속 제거). • 기본 키가 아닌 애트리뷰트 모두가 기본 키에 완전 함수 종속이 되도록 부분 함수적 종속에 해당하는 속성을 별도 테이블로 분리한다.
제3정규형 (3NF)	• 제1, 2정규형을 만족하고, 모든 속성들이 기본 키에 이행적 함수 종속이 아닌 경우이다. • 무손실 조인 또는 종속성 보존을 방해하지 않고도 항상 3NF를 얻을 수 있다. • 이행 함수적 종속($A \rightarrow B$, $B \rightarrow C$, $A \rightarrow C$)을 제거한다.
보이스 – 코드 정규형 (BCNF)	• 모든 BCNF 스킴은 3NF에 속하게 되므로 BCNF가 3NF보다 한정적 제한이 더 많다. • 제3정규형에 속하지만 BCNF에 속하지 않는 릴레이션이 있다. • 릴레이션 R의 모든 결정자가 후보 키이면 릴레이션 R은 BCNF에 속한다. • 결정자가 후보 키가 아닌 함수 종속을 제거하며, 모든 BCNF가 종속성을 보존하는 것은 아니다. • 비결정자에 의한 함수 종속을 제거하여 모든 결정자가 후보 키가 되도록 한다.
제4정규형 (4NF)	• 릴레이션에서 다치 종속(MVD)의 관계가 성립하는 경우이다(다중치 종속 제거). • 릴레이션 R(A, B, C)에서 다치 종속 $A \rightarrow B$가 성립하면, $A \rightarrow C$도 성립하므로 릴레이션 R의 다치 종속은 함수 종속 $A \rightarrow B$의 일반 형태이다.
제5정규형 (5NF)	• 릴레이션 R에 존재하는 모든 조인 종속성이 오직 후보 키를 통해서만 성립된다. • 조인 종속이 후보 키로 유추되는 경우이다.

11 다음은 스케줄링에 대한 자료이다. 빈칸 ㉠과 ㉡에 해당하는 알고리즘을 〈보기〉에서 찾아 바르게 연결한 것은?

〈스케줄링〉

• 스케줄링이란?
  다중 프로그래밍을 지원하는 운영체제에서 CPU 활용의 극대화를 위해 프로세스를 효율적으로 CPU에게 할당하는 것

• 스케줄링 알고리즘
  ─ ㉠ 스케줄링 : 한 프로세스가 CPU를 점유하고 있을 때 다른 프로세스가 CPU를 빼앗을 수 있는 방식
  ─ ㉡ 스케줄링 : 한 프로세스에 CPU가 할당되면 작업이 완료되기 전까지 CPU를 다른 프로세스에 할당할 수 없는 방식

보기

가. FIFO(First In First Out)   나. 우선순위
다. R-R(Round Robin)   라. 마감시간
마. MLQ(Multi-Level Queue)

	㉠	㉡		㉠	㉡
①	가, 다	나, 라, 마	②	나, 라	가, 다, 마
③	다, 마	가, 나, 라	④	다, 라	가, 나, 마
⑤	라, 마	가, 나, 다			

정답 **해설**

㉠ 선점형(Preemption)
  • 다. R-R(Round Robin) : 먼저 들어온 프로세스가 먼저 실행되나, 각 프로세스는 정해진 시간 동안만 CPU를 사용하는 방식
  • 마. MLQ(Multi-Level Queue) : 서로 다른 작업을 각각의 큐에서 타임 슬라이스에 의해 처리
㉡ 비선점형(Non-Preemption)
  • 가. FIFO(First In First Out) : 요구하는 순서에 따라 CPU를 할당하는 방식
  • 나. 우선순위 : 우선순위가 높은 프로세스에 CPU를 할당하는 방식
  • 라. 마감시간 : 제한된 시간 내에 프로세스가 반드시 완료되도록 하는 방식

정답 ③

비선점형 스케줄링

1. FIFO(FCFS; First Input First Output)
   - 먼저 입력된 작업을 먼저 처리하는 방식으로 가장 간단한 방식이다.
   - 디스크 대기 큐에 들어온 순서대로 처리하기 때문에 높은 우선순위의 요청이 입력되어도 순서가 바뀌지 않지만 평균 반환 시간이 길다.
2. SJF(Shortest Job First, 최단 작업 우선)
   - 작업이 끝나기까지의 실행 시간 추정치가 가장 작은 작업을 먼저 실행시키는 방식이다.
   - 긴 작업들을 어느 정도 희생시키면서 짧은 작업들을 우선적으로 처리하기 때문에 대기 리스트 안에 있는 작업의 수를 최소화하면서 평균 반환 시간을 최소화할 수 있다.
3. HRN(Highest Response-ratio Next)
   - 서비스 시간(실행 시간 추정치)과 대기 시간의 비율을 고려한 방식으로 SJF의 무한 연기 현상을 극복하기 위해 개발되었다.
   - 대기 리스트에 있는 작업들에게 합리적으로 우선순위를 부여하여 작업 간 불평등을 해소할 수 있다.
   - 프로그램의 처리 순서는 서비스 시간의 길이뿐만 아니라 대기 시간에 따라 결정된다.
   - (우선순위)=[(대기 시간)+(서비스 시간)]÷(서비스 시간)이다.
4. 우선순위(Priority)
   - 대기 중인 작업에 우선순위를 부여하여 CPU를 할당하는 방식이다.
   - 우선순위가 가장 빠른 작업부터 순서대로 수행한다.
5. 기한부(Deadline)
   - 제한된 시간 내에 반드시 작업이 종료되도록 스케줄링하는 방식이다.
   - 작업이 완료되는 시간을 정확히 측정하여 해당 시간 만큼에 CPU의 사용 시간을 제한한다.
   - 동시에 많은 작업이 수행되면 스케줄링이 복잡해지게 된다는 단점이 있다.

선점형 스케줄링

1. 라운드 로빈(RR; Round-Robin)
   - 여러 개의 프로세스에 시간 할당량이라는 작은 단위 시간이 정의되어 시간 할당량만큼 CPU를 사용하는 방식으로 시분할 시스템을 위해 고안되었다.
   - FIFO 스케줄링을 선점형으로 변환한 방식으로 먼저 입력된 작업이더라도 할당된 시간 동안만 CPU를 사용할 수 있다.
   - 프로세스가 CPU에 할당된 시간이 경과될 때까지 작업을 완료하지 못하면 CPU는 다음 대기 중인 프로세스에게 사용 권한이 넘어가고, 현재 실행 중이던 프로세스는 대기 리스트의 가장 뒤로 배치된다.
   - 적절한 응답 시간을 보장하는 대화식 사용자에게 효과적이다.
2. SRT(Shortest Remaining Time)
   - 작업이 끝나기까지 남아 있는 실행 시간의 추정치 중 가장 작은 프로세스를 먼저 실행하는 방식으로 새로 입력되는 작업까지도 포함한다.
   - SJF는 한 프로세스가 CPU를 사용하면 작업이 모두 끝날 때까지 계속 실행되지만 SRT는 남아 있는 프로세스의 실행 추정치 중 더 작은 프로세스가 있다면 현재 작업 중인 프로세스를 중단하고, 작은 프로세스에게 CPU의 제어권을 넘겨준다.
   - 임계치(Threshold Value)를 사용한다.
3. 다단계 큐(MQ; Multi-level Queue)
   - 프로세스를 특정 그룹으로 분류할 경우 그룹에 따라 각기 다른 큐(대기 리스트)를 사용하며, 선점형과 비선점형을 결합한 방식이다.
   - 각 큐(대기 리스트)는 자신보다 낮은 단계의 큐보다 절대적인 우선순위를 갖는다(각 큐는 자신보다 높은 단계의 큐에게 자리를 내주어야 함).
4. 다단계 피드백 큐(MFQ; Multi-level Feedback Queue)
   - 특정 그룹의 준비 상태 큐에 들어간 프로세스가 다른 준비 상태 큐로 이동할 수 없는 다단계 큐 방식을 준비 상태 큐 사이를 이동할 수 있도록 개선한 방식이다.
   - 큐마다 시간 할당량이 존재하며, 낮은 큐일수록 시간 할당량이 커진다.
   - 마지막 단계에서는 라운드 로빈(RR) 방식으로 처리한다.

12 다음 중 럼바우(Rumbaugh)의 객체 지향 분석 절차를 바르게 나열한 것은?

① 객체 모델링 → 동적 모델링 → 기능 모델링

② 객체 모델링 → 기능 모델링 → 동적 모델링

③ 기능 모델링 → 동적 모델링 → 객체 모델링

④ 기능 모델링 → 객체 모델링 → 동적 모델링

⑤ 동적 모델링 → 객체 모델링 → 기능 모델링

정답 │ 해설

럼바우의 객체 지향 분석 절차는 객체 모델링 → 동적 모델링 → 기능 모델링이다.

객체 모델링 (Object Modeling)	• 객체, 속성, 연산 등의 식별 및 객체 간의 관계를 정의한다. • 객체도(객체 다이어그램) 작성
동적 모델링 (Dynamic Modeling)	• 객체들의 제어 흐름, 상호 반응, 연산 순서를 나타낸다. • 상태도 작성
기능 모델링 (Functional Modeling)	입·출력 결정 → 자료 흐름도 작성 → 기능의 내용 상세 기술 → 제약사항 결정 및 최소화

정답 ①

이론 더하기

객체 지향 분석의 개발 방법

객체 지향 분석 (OOA; Object Oriented Analysis)	• 모델링의 구성 요소인 클래스, 객체, 속성, 연산 등을 이용하여 문제를 모형화시키는 것이다. • 모형화 표기법 관계에서 객체의 분류, 속성의 상속, 메시지의 통신 등을 결합한다. • 객체를 클래스로부터 인스턴스화 하거나 클래스를 식별하는 것이 주요 목적이다.
객체 지향 설계 (OOD; Object Oriented Design)	• 객체의 속성과 자료 구조를 표현하며, 개발 속도의 향상으로 대규모 프로젝트에 적합하다. • 시스템을 구성하는 개체, 속성, 연산을 통해 유지 보수가 용이하고, 재사용이 가능하다. • 시스템 설계는 성능 및 전략을 확정하고, 객체 설계는 자료 구조와 알고리즘을 상세화한다. • 객체는 순차적으로 또는 동시적으로 구현될 수 있다. • 서브 클래스와 메시지 특성을 세분화하여 세부 사항을 정제화한다.
객체 지향 프로그래밍 (OOP; Object Oriented Programming)	• 설계 모형을 특정 프로그램으로 번역하고, 객체 클래스 간에 상호 작용할 수 있다. • 객체 모델의 주요 요소에는 추상화, 캡슐화, 모듈화, 계층 등이 있다. • 객체 지향 프로그래밍 언어에는 Smalltalk, C++ 등이 있다. • 설계 시 자료 사이에 가해지는 프로세스를 묶어 정의하고, 관계를 규명한다.

코드(Coad)와 요든(Yourdon)의 객체 지향 분석

1. 객체와 클래스 사이의 관계를 상속과 집단화의 관계로 표현한다.
2. E-R 다이어그램으로 객체를 모형화하며, 소규모 시스템 개발에 적합하다.
3. 모델링 표기법과 분석 모형이 간단하며, 하향식 방법으로 설계에 접근한다.
4. 객체에 대한 속성 및 관계 정의와 시스템의 수행 역할을 분석한다.

럼바우(Rumbaugh)의 객체 지향 분석

1. OMT(Object Modeling Technical)의 3가지(객체 → 동적 → 기능) 모형을 개발한다.
2. 코드에 대한 연결성이 높기 때문에 중규모 프로젝트에 적합하다.
3. 분석 설계, 시스템 설계, 객체 – 수준 설계 등 객체 모형화 시 그래픽 표기법을 사용한다.
4. 문제 정의, 모형 제작, 실세계의 특성을 나타내며, 분석 단계를 상세하게 표현한다.

구분	설명
객체(Object) 모델링	객체와 클래스 식별, 클래스 속성, 연산 표현, 객체 간의 관계 정의 등을 처리하며, 객체 다이어그램을 작성한다.
동적(Dynamic) 모델링	객체들의 제어 흐름, 상호 반응 연산 순서를 표시하며 상태도, 시나리오, 메시지 추적 다이어그램 등이 해당된다.
기능(Functional) 모델링	입출력을 결정한 후 자료 흐름도를 작성하고, 기능 내용을 기술하며, 입출력 데이터 정의, 기능 정의 등이 해당된다.

부치(Booch)의 객체 지향 분석

1. 모든 설계가 이루어질 때까지 문제 정의, 비공식 전략 개발, 전략 공식화를 적용한다.
2. 프로그램의 구성 요소는 명세 부분과 외부로부터 감추어진 사각 부분으로 표시한다.
3. 클래스와 객체를 구현한다.

야콥슨(Jacobson)의 객체 지향 분석

1. Usecase 모형을 사용하여 시스템 사용자에 대한 전체 책임을 파악한다.
2. Usecase 모형을 검토한 후 객체 분석 모형을 작성한다.

13 1GB(기가바이트)를 MB(메가바이트)로 환산하면 약 얼마인가?

① 128MB
② 256MB
③ 512MB
④ 1,024MB
⑤ 2,045MB

정답 해설

- 1TB=1,024GB
- 1GB=1,024MB
- 1MB=1,024KB

정답 ④

부록

진짜 출제된
직무상식평가 핵심 키워드

01 | 농업 · 농촌 상식

01 작물 관련 키워드

1. 농업의 정의

① **농업의 사전적 정의** : 땅을 이용하여 인간 생활에 필요한 식물을 가꾸거나, 유용한 동물을 기르거나 하는 산업 또는 그런 직업으로, 특히 농경을 가리키는 경우가 많고, 넓은 뜻으로는 낙농업과 임업 등을 포함한다.

② **농업의 일반적 정의** : 재배 또는 이것과 축산을 겸하여 실행함으로써 영리를 꾀하는 업 또는 유기적 생명체의 경제적인 획득을 위한 사람의 목적적 영위의 질서 혹은 체계이다.

③ **농업의 법적 정의** : 농작물 재배업, 축산업, 임업 및 이들과 관련된 산업으로서 다음의 것들을 말한다(농업·농촌 및 식품산업 기본법 제3조 제1호, 동법 시행령 제2조).
  ㉠ 농작물 재배업 : 식량작물 재배업, 채소작물 재배업, 과실작물 재배업, 화훼작물 재배업, 특용작물 재배업, 약용작물 재배업, 사료작물 재배업, 풋거름작물 재배업, 버섯 재배업, 양잠업 및 종자·묘목 재배업(임업용 종자·묘목 재배업은 제외한다)
  ㉡ 축산업 : 동물(수생동물은 제외한다)의 사육업·증식업·부화업 및 종축업(種畜業)
  ㉢ 임업 : 영림업(임업용 종자·묘목 재배업 및 자연휴양림, 수목원 및 정원의 조성 또는 관리·운영업을 포함한다) 및 임산물 생산·채취업

<주요 작물의 원산지>

작물	원산지	작물	원산지	작물	원산지
벼	인도·중국	밀	중앙아시아	콩	중국 북부 일대
옥수수	남미 안데스	수박	아프리카	참깨	인도 또는 아프리카 열대 지방

2. 용도에 따른 작물의 분류

① **식량(식용)작물** : 주로 식량으로 재배되는 작물로서, 보통작물이라 부르기도 한다.
  예 벼, 보리, 밀, 콩 등

② **특용(공예)작물** : 식품공업의 원료나 약으로 이용하는 성분을 얻기 위해 재배하는 작물을 뜻한다.
  예 전분작물(옥수수·고구마·감자), 유료작물(참깨·들깨·해바라기·땅콩), 섬유작물(목화·삼·아마·왕골), 약료작물(박하·인삼) 등

③ **사료작물** : 가축의 먹이로 이용하기 위해 재배하는 작물을 뜻한다.
  예 화본과(옥수수·호밀 등), 콩과(알팔파·클로버 등) 등

④ **원예작물** : 재배하거나 정원을 가꾸기 위해 키우는 식물을 통틀어 이른다.
  예 채소(부식·양념으로 이용하는 초본), 과수(열매를 이용하는 다년생 목본), 화훼(관상용 목적) 등

3. 재배 환경

① **토양의 조건** : 지력의 향상을 위한 토양의 주요 조건에는 토성, 토양 구조, 토층, 토양 반응, 무기성분, 유기물, 토양 수분, 토양 공기, 토양미생물, 유해물질 등이 있다. 또한 토양 중의 무기성분으로서 작물 생육에 필수적인 16가지 원소로는 탄소(C), 산소(O), 수소(H), 질소(N), 인(P), 칼륨(K), 칼슘(Ca), 마그네슘(Mg), 황(S), 철(Fe), 망간(Mn), 구리(Cu), 아연(Zn), 붕소(B), 몰리브덴(Mo), 염소(Cl) 등이 있다. 이 가운데 탄소, 산소, 수소를 제외한 13가지 원소를 필수 무기원소라 한다.

② **주요 필수원소의 생리작용**

　㉠ 탄소・산소・수소 : 엽록소의 구성원소로, 광합성에 의한 여러 가지 유기물의 구성재료가 된다.

　㉡ 질소 : 엽록소・단백질・효소 등의 구성성분으로, 결핍 시 황백화 현상이 발생한다.

　㉢ 인 : 광합성, 호흡 작용(에너지 전달), 녹말과 당분의 합성 분해, 질소 동화 등에 관여한다.

　㉣ 칼륨 : 광합성, 탄수화물 및 단백질 형성, 세포 내의 수분 공급 등 여러 가지 효소 반응의 활성제로 작용하며, 결핍되면 생장점이 말라 죽고 줄기가 연약해지며, 잎의 끝이나 둘레가 누렇게 변하고 결실이 저해된다.

　㉤ 칼슘 : 결핍되면 뿌리나 눈의 생장점이 붉게 변하며 죽게 된다.

　㉥ 마그네슘 : 엽록소의 구성원소이며 광합성・인산대사에 관여하는 효소의 활성을 높이고, 종자 중의 지유의 집적을 돕는다.

　㉦ 황 : 단백질・아미노산・효소 등의 구성성분으로, 엽록소의 형성에 관여한다.

　㉧ 철 : 엽록소의 형성에 관여하며, 결핍되면 어린잎부터 황백화되어 엽맥 사이가 퇴색된다.

　㉨ 망간 : 동화물질의 합성・분해, 호흡 작용, 광합성 등에 관여한다.

　㉩ 아연 : 촉매・반응조절물질로 작용하며, 단백질과 탄수화물 대사에 관여한다.

　㉪ 몰리브덴 : 질산환원효소의 구성성분으로 콩과 작물의 질소고정에 필요하며, 결핍되면 황백화되고 모자이크병에 가까운 증세가 발생한다.

　㉫ 구리 : 광합성・호흡 작용, 엽록소의 생성 등에 관여하며, 결핍되면 황백화・괴사・조기 낙엽, 뿌리의 신장 저해 등이 발생한다.

　㉬ 붕소 : 촉매・반응조절물질로 작용하며, 결핍되면 분열조직의 괴사가 발생할 수 있다.

　㉭ 염소 : 광합성에서 산소 발생을 수반하는 광화학 반응에 망간과 함께 촉매로 작용하며, 염소가 결핍된 사탕무에서는 황백화 현상이 발생한다.

③ **토양유기물의 기능** : 암석의 분해 촉진, 양분의 공급, 대기 중의 이산화탄소 공급, 생장촉진물질의 생성, 입단의 형성, 보수・보비력・완충능의 증대, 미생물의 번식 조장, 지온의 상승, 토양 보호 등의 역할을 한다.

④ **작물 생육에 대한 수분의 기본 역할** : 화학반응의 용매, 유기물 및 무기물의 용질 이동, 작물 세포의 팽압 유지(팽압은 작물 세포의 신장, 작물 구조 및 잎의 전개를 촉진), 효소 구조의 유지와 촉매 기능, 작물의 광합성・가수분해 과정 및 다른 화학반응의 재료로 이용, 증산작용 등의 기능을 한다.

4. 유기재배 기술

① **연작(連作)** : 같은 종류의 작물을 계속해서 재배하는 것으로서, 이어짓기라고도 부른다.
  ㉠ 연작의 해가 적은 것 : 벼, 맥류, 조, 수수, 옥수수, 고구마
  ㉡ 1년 휴작을 요하는 것 : 쪽파, 시금치, 콩, 생강
  ㉢ 2년 휴작을 요하는 것 : 마, 감자, 잠두, 오이, 땅콩
  ㉣ 3년 휴작을 요하는 것 : 쑥갓, 토란, 참외, 강낭콩
  ㉤ 5∼7년 휴작을 요하는 것 : 수박, 가지, 완두, 우엉, 고추, 토마토, 레드클로버, 사탕무
  ㉥ 10년 이상 휴작을 요하는 것 : 아마, 인삼

② **윤작의 효과** : 지력의 유지 증강(질소고정, 잔비량 증가, 토양구조 개선, 토양유기물 증대 등), 토양 보호, 기지(忌地) 회피, 병충해 및 잡초 경감, 수량 증대, 토지이용도 향상, 노력 분배의 합리화, 농업경영의 안정성 증대 등의 효과를 기대할 수 있다.

③ **종자의 품질** : 종자 내 수분 함량이 많거나 종자를 온도와 습도가 높은 조건에서 저장하면 수명이 매우 짧아진다. 이러한 종자의 품질을 결정하는 외적 조건으로는 순도, 크기와 중량, 빛깔 및 냄새, 수분 함량, 건전도 등이 있다. 또한 내적 조건으로는 유전성, 발아력, 병충해 등을 꼽을 수 있다.

④ **육묘의 필요성** : 직파가 불리할 경우 증수, 조기 수확, 토지이용도의 증대, 재해 방지, 용수 절약, 노력 절감, 추대 방지, 종자 절약 등을 위해 육묘를 시행한다.

⑤ **비료(肥料)** : 토지의 생산력을 높이고 식물의 생장을 촉진하기 위해 경작지에 뿌리는 영양 물질을 뜻한다. 비료의 3대 요소에는 질소·인·칼륨 등이 있으며, 생리적 비료는 다음과 같이 산성·알칼리성·중성 비료로 구분할 수 있다.
  ㉠ 생리적 산성 비료 : 작물이 음이온보다 양이온을 많이 흡수해 토양반응을 산성화하는 비료이다.
    예 염화칼륨, 황산칼륨 등
  ㉡ 생리적 알칼리성 비료 : 작물이 음이온을 양이온보다 더 많이 흡수하여 토양을 알칼리화하는 비료이다.
    예 용성인비, 칠레초석 등
  ㉢ 생리적 중성 비료 : 양이온과 음이온이 거의 같은 정도로 흡수되는 비료이다.
    예 질산암모늄, 요소 등

⑥ **잡초의 예방** : 윤작, 방목, 소각 및 소토, 경운(땅갈기), 피복, 관개 등으로써 잡초 발생을 예방할 수 있다.

잡초의 의의	• 농작물에 해를 끼치는 제거의 대상이 아니라 자연계의 일부로 간주되어 일정한 수준에서의 존재를 허용 • 잡초는 토양을 보호하고, 유기물과 퇴비 자원으로 활용될 수 있으며, 야생동물의 먹이와 서식처를 제공 • 잡초의 뿌리는 작물에 광범위하게 양분 흡수를 제공하며, 유실된 양분을 토양 표층으로 빨아올려 환원
잡초의 관리	• 추파 동물과 춘파 하작물 또는 조생종·만생종과 같이 파종기를 조절할 수 있는 작물의 경우에는 작물의 생육기를 조절함으로써 잡초 발생과 생육을 어느 정도 제어할 수 있음 • 생물학적 잡초 방제 방법으로는 특정 잡초의 제어에 효과가 있는 곤충, 곰팡이, 박테리아와 같은 생물을 이용하는 방법을 사용 • 곤충을 사용하는 생물학적 잡초 방제는 광범위한 지역에서 가장 흔히 사용되는 방법으로 화학적인 잡초 방제 방법으로는 효과적인 제어가 불가능한 광역적 발생 잡초에 대해 사용

⑦ **병해충의 방제** : 재배적 방제, 작물 저항성 이용 방제, 기계적·물리적 방제, 화학적 방제(농약), 생물적 방제(천적), 병해충종합관리(IPM) 등으로써 병해충을 방제할 수 있다.

1. 토양의 이해

토양은 암석의 풍화 산물과 이에 분해·부패되어 가는 유기물이 섞이고, 기후·생물의 영향을 받아 변화하며, 환경조건과 평형을 이루기 위하여 지속적으로 변화하는 자연체이다. 토양 속에는 식물이 자라는 데 필요한 물질이나 공기, 물, 미생물 등이 함유되어 있으며, 양분이 많은 표면의 흙을 표토라 한다. 토양은 용액이나 현탁액이 그 내부를 이동할 수 있는 다공성 물질이며, 용액이나 현탁액 중에 있는 분자나 입자를 선택적으로 흡착할 수 있는 높은 흡착성을 갖는 물질이다.

2. 토양의 기능

① **생물질의 생산** : 토양은 재생 가능한 에너지 및 가공하지 않은 재료의 제공 기능을 한다.
② **정화(Filtering) 및 수분의 저장** : 토양은 오염물질의 정화, 먹이사슬의 파괴 및 지하수 오염을 한정적으로 보호, 빗물을 저장하기 위한 하천·지하수의 지지 구조 형성 등의 역할을 한다.
③ **생물학적 서식지 및 물질의 저장** : 토양은 동식물의 생존을 위한 공간, 물질 및 생물을 제공, 생명을 유지하기 위한 자원의 형성 등의 역할을 한다.
④ **완충성** : 토양은 높은 완충성을 갖고 있어 자연의 급속한 환경 변화에 저항한다.

3. 토양의 생성 인자

① 토양의 생성에 관여하는 주요 인자로는 기후, 모재, 지형, 시간(풍화 기간), 식생(생물), 인력(인간) 등이 있다. 이 가운데 강우량과 온도, 공기의 상대 습도 등의 기후적 요인은 토양의 발달에 가장 큰 영향을 끼친다. 또한 토양의 생성은 모재의 생성과 동시에 진행되거나 모재가 이동·퇴적되어 토양의 발달이 시작되는 경우로 구분되며, 토성·광물 조성 및 층위의 분화 등에 영향을 준다.
② 지형은 토양수분에 관계되는 것으로, 침식에 의한 토양의 유실 속도에 영향을 끼친다. 또한 시간(풍화 기간)의 경과에 따른 토양 발달의 단계는 모재로부터 출발하여 미숙기, 성숙기, 노령기 등을 거치게 되며, 변화 속도는 환경조건에 따라 다르다. 아울러 토양 발달에는 동식물에 의한 여러 가지 물리적·화학적인 작용이 포함되며, 넓은 지역에 걸친 영향은 주로 자연적 식생(생물)에 의한 것이다. 한편 인류가 토지를 이용하는 방식 또한 토양의 발달과 특징에 영향을 끼친다.

4. 토양미생물의 작용

토양미생물은 탄소 순화, 암모니아화성 작용, 질산화성 작용, 유기질소의 고정, 가용성 무기성분의 동화, 미생물에 의한 무기성분의 변화, 미생물 간의 길항작용, 토지 구조의 입단화, 생장촉진물질 분비 등의 이로운 작용을 한다. 그러나 병해 유발, 질산염의 환원과 탈질작용, 황산염의 환원, 환원성 유해물질의 생성 집적과 무기성분의 형태 변화, 선충해 유발 등 유해 작용을 하기도 한다.

5. 토양오염의 원인

비료를 과다 사용할 경우에는 토양에 잔류한 비료 성분이 빗물에 의해 지하로 스며든 후 확산되지 못하고 농지에 계속 축적되어 염류 집적 현상이 일어날 수 있다. 또한 주유소, 기름 저장탱크 등에서 유출된 기름은 토양 중의 기공(토양 생물들이 이용하는 공기 이동 통로)을 막아 토양 생태계를 마비시키기도 하고, 대기오염 물질이 공기 중을 떠돌다 빗물에 의해 땅속으로 스며들어 토양을 오염시키기도 한다. 이 밖에도 광산 폐수, 금속공장 및 공단 폐수, 도시 하수, 폐기물 등 산업 활동과 농약에 의해 토양이 오염될 수 있으며, 이때 비소·카드뮴·크롬·구리·수은·니켈·납 등의 중금속이 토양에 과도하게 잔류할 수 있다.

6. 시설 원예지 토양의 특징

① 시설 원예지에서는 한두 종류의 작물만 계속하여 연작함으로써 특수 성분의 결핍을 초래할 뿐만 아니라 시용하는 비료량에 비해 작물이 흡수하거나 세탈되는 비료량이 적어 토양 중에 특수 염류가 과잉 집적된다. 집약화의 경향에 따라 요구도가 큰 특정 비료의 편중된 시용으로 염화물·황화물 등이 집적되며, 칼슘·마그네슘·나트륨 등의 염기가 부성분으로 토양에 집적된다.
② 시설 원예지에서는 비닐 등의 피복으로 강우에 의한 집적 염류의 세탈 기회가 적어 염류 집적이 재배 연수가 늘어감에 따라 증가할 수 있다. 한편 토양의 비전도도(EC; Electric Conductivity)가 기준 이상인 경우가 많아 토양 용액의 삼투압이 매우 높고, 활성도비가 불균형하여 무기성분 간 길항작용에 의해 무기성분의 흡수가 어렵다.

03 친환경 유기농 관련 키워드

1. 유기농업의 의미

협의의 유기농업은 화학비료, 화학농약, 호르몬제 등 화학적으로 합성된 농자재를 일절 사용하지 않고, 유기질 비료, 자연산 광물, 생물 자원 및 그것에서 파생되는 물질만을 사용하는 농업을 뜻한다. 또한 광의의 유기농업은 환경 보존과 농산물의 품질 향상을 도모하되 농업의 생산성을 높게 유지하는 데 꼭 필요한 최소량의 화학비료 및 농약을 사용하는 농업을 뜻한다.

2. 친환경 농업의 의미

① 친환경 농업은 화학농업에 대립되는 농업의 방향을 가리키는 말로 유기농업, 환경 친화적 농업, 환경 보전형 농업, 환경 조화형 농업 등을 총괄하는 개념이다. 유기농업과 저투입 지속농업까지 포괄하는 보다 환경 친화적인 농업을 의미하며, 농업의 경제적 생산성만을 고려하는 관행농업에서 탈피해 농업과 환경, 식품 안전성을 동시에 고려하는 농업을 말한다.
② 친환경 농업의 목적은 흙과 물, 생태계를 살려 건강한 농업 환경을 유지·보전하며, 안전한 농산물을 찾는 소비자의 요구에 부응, 선진국 유기 농산물 무역 증가에 대처하는 데 있다. 또한 향토 지역의 관광 자원으로 맑은 물과 자연이 살아 숨 쉬는 쾌적한 전원 풍경을 제공하며, 순환농법 실천으로 유

기축산물 생산 확대와 자원의 재활용을 실천하고, 농산물 생산을 적정하게 유지하고 직거래를 통해 도시와 농촌의 유대를 강화하는 것을 목적으로 한다.

〈친환경 농산물 인증〉

유기농축산물 인증	• 농산물 : 유기합성농약과 화학비료를 일절 사용하지 않고 재배(전환 기간 : 다년생 작물은 3년, 그 외 작물은 2년) • 축산물 : 유기축산물은 유기축산물 인증기준에 맞게 재배·생산된 유기사료를 급여하면서 인증기준을 지켜 생산한 축산물(항생제, 합성항균제, 호르몬제가 포함되지 않은 유기사료를 급여하여 사육한 축산물)을 뜻함
무농약농축산물 인증	• 농산물 : 유기합성농약은 일절 사용하지 않고, 화학비료는 권장 시비량의 3분의 1 이내 사용 • 축산물 : 무항생제축산물은 항생제·합성항균제·호르몬제가 포함되지 않은 무항생제 사료를 급여하여 사육한 축산물을 뜻함

3. 저항성 품종

우량품종의 조건으로는 균일성·우수성·영속성 등이 있으며, 같은 종류의 작물이라도 품종에 따라서 병해충에 대한 저항력에 차이가 있는데, 병에 잘 걸리지 않는, 즉 저항력이 강한 품종을 저항성 품종이라 한다. 저항성 품종을 재배하면 약제 살포 등 다른 방제 수단을 강구하지 않아도 되는 경우가 많으므로 농가의 경제적 부담도 적어진다. 다만 저항성 품종은 특정 병해충에만 저항성을 나타내는 것이지 모든 병해충에 대하여 저항성을 나타내는 것은 아니다. 아울러 품종보호 요건으로는 신규성, 구별성, 균일성, 안전성, 품종 고유 명칭 부여 등이 있다.

4. 유기물비료와 화학비료의 차이

① 유기물비료는 각종 영양분을 골고루 함유하고 있어서 작물에 대한 종합적인 영양 공급 효과를 나타낸다. 다만 퇴비 종류별 성분 함유량과 품질은 편차가 큰 편이다. 비효는 퇴비의 경우 지효성이지만 액비의 경우 화학비료와 동등하게 속효성이다. 또한 유기물비료는 화학비료에 비하여 운송·시용이 불편하고 성분 조성과 비효가 일정하지 않아 정확한 시용량을 결정하기 어렵다.

② 유기물의 적정 시용은 병충해 저항성 증대, 지력 증진, 품질 향상, 수량 증대를 가져오지만 과다하게 사용하면 오히려 병충해 발생의 원인이 될 수 있고 토양에 염류가 집적되어 생육 장애를 일으킬 수 있다. 또한 화학비료와 마찬가지로 유기물의 과다한 시용도 농산물 생산량·품질 저하의 원인이 될 수 있고, 인체의 영양생리상 중요한 성분인 카로틴, 비타민B 계열의 함량이 저하될 수 있다.

〈화학비료가 토양에 미치는 영향〉

무기물의 공급	유기물을 공급하는 천연비료와 달리 무기물을 공급할 수 있다.
작물의 속성 수확	화학비료는 무기염이 이온 형태로 물에 쉽게 녹아 식물의 뿌리에 흡수되기 때문에 작물의 생육을 빠르게 한다.
미생물의 감소	화학비료를 지나치게 많이 사용하면 토양이 산성화·황폐화되어 미생물이 살 수 없는 환경이 되고 지력이 감퇴한다. 미생물은 유기물이 풍부한 곳에서 잘 번식한다.
토양생물 다양성 저하	특정 미생물만이 존재하게 되어 토양생물의 다양성이 감소된다.

5. 연작 장해

연작 장해는 같은 땅에 같은 작물을 이어짓기하는 경우 작물의 생육에 장해가 나타나는 현상으로, 토양 병해충(선충·해충·병원균) 만연, 염류 집적, 미량요소 결핍 등에 의해 발생할 수 있다. 이러한 연작 장해를 해소할 수 있는 방법으로는 비 또는 담수로 씻어 내리거나 객토 및 표토 제거, 비료 성분이 낮은 완숙 퇴비나 짚 같은 유기물의 사용으로 토양 속에 과대하게 남아 있는 영양분을 흡수하도록 하여 서서히 분해하면서 작물에 공급되도록 함, 화본과 작물 재배로 잔류된 염류를 흡수시킴, 깊이갈이를 하거나 심토를 반전시킴, 전답의 돌려짓기(답전윤환) 등을 실시함 등이 있다.

6. 유기축산의 개념

코덱스 위원회의 정의에 따르면 유기축산은 '축산물의 생산 과정에서 수정란 이식이나 유전자 조작을 거치지 않은 가축에 각종 화학비료, 농약을 사용하지 않고 또한 유전자 조작을 거치지 않은 사료를 근간으로 그 외 항생물질, 성장호르몬, 동물성 부산물 사료, 동물약품 등 인위적 합성 첨가물을 사용하지 않은 사료를 급여하고, 집약 공장형 사육이 아니라 운동이나 휴식 공간, 방목 초지가 겸비된 환경에서 자연적 방법으로 분뇨 처리와 환경이 제어된 조건에서 사육·가공·유통·평가·표시된 가축의 사육 체계와 그 축산물'을 뜻한다.

7. 유기축산사료의 급여

초식 가축의 경우 목장 내 또는 목장 이외 지역의 목초지 또는 사료작물 재배지를 확보하여야 한다. 또한 유기축산물의 생산을 위한 가축은 100% 유기사료를 급여해야 한다. 아울러 가축의 대사기능 촉진을 위한 합성 화합물을 사료에 첨가해서는 안 되며, 특히 반추가축의 경우 포유동물에서 유래한 사료(우유 및 유제품 제외)는 어떠한 경우에도 첨가하지 말아야 한다.

8. 가축의 사육 환경

초식 가축은 목초지에 접근할 수 있어야 하고, 그 밖의 가축은 기후와 토양이 허용되는 한 노천 구역에서 자유롭게 방사할 수 있어야 한다. 가축 사육 두수는 해당 농가에서의 유기사료 확보 능력, 가축의 건강, 영양 균형 및 환경 영향 등을 고려하여 적절히 정해야 한다. 또한 가축의 생리적 요구에 필요한 적절한 사양 관리 체계로 스트레스를 최소화하면서 질병 예방과 건강 유지를 위한 가축 관리를 해야 한다. 아울러 가축 질병 방지를 위한 적절한 조치를 취하였음에도 불구하고 질병이 발생한 경우에는 가축의 건강과 복지 유지를 위하여 수의사의 처방 및 감독 아래 동물 치료용 의약품을 사용할 수 있다.

9. 〈가축전염병예방법〉에 따른 가축전염병

① 우리나라는 1961년 12월 제정된 〈가축전염병예방법〉에 따라 가축의 전염성 질병을 법적으로 관리하고 있으며, 1982년 4월 개정된 동법에서는 제1종과 제2종 가축전염병으로, 2007년 8월 개정 (2008년 2월 시행)된 동법부터 제1종 ~ 제3종으로 구분하고 있다.

② **제1종 가축전염병** : 우역, 우폐역, 구제역, 가성우역, 블루텅병, 리프트계곡열, 럼피스킨병, 양두, 수포성구내염, 아프리카마역, 아프리카돼지열병, 돼지열병, 돼지수포병, 뉴캣슬병, 고병원성 조류인플루엔자 등 15종의 질병

③ **제2종 가축전염병** : 탄저, 기종저, 브루셀라병, 결핵병, 요네병, 소해면상뇌증, 큐열, 돼지오제스키병, 돼지일본뇌염, 돼지테센병, 스크래피(양해면상뇌증), 비저, 말전염성빈혈, 말바이러스성동맥염, 구역(媾疫), 말전염성자궁염, 동부말뇌염, 서부말뇌염, 베네수엘라말뇌염, 추백리(병아리흰설사병), 가금티푸스, 가금콜레라, 광견병, 사슴만성소모성질병 등 24종의 질병

④ **제3종 가축전염병** : 소유행열, 소아카바네병, 닭마이코플라스마병, 저병원성 조류인플루엔자, 부저병(腐蛆病) 등 5종의 질병

04　농업 관련 시사 · 일반상식 키워드

1. 애그테크(Agtech)

① **개념** : '농업'을 뜻하는 'Agriculture'와 'Technology'의 조합어로, 생산성의 획기적인 향상을 위해 첨단 기술을 농업 현장에 적용하는 것을 뜻한다. 이를 위해 적용되고 있는 기술 분야로는 인공지능(AI), 사물인터넷(IoT), 빅데이터, 드론 · 로봇 등이 있다.

② **등장 배경** : 전 세계적으로 기후변화, 농촌 노동력 부족, 소비자 기호 변화 등과 같은 농업 환경 변화의 효과적 대응 수단으로 애그테크가 급부상하며 관련 애그테크 시장도 급성장 추세에 있다.

③ **지원 법률** : 농업과 첨단 정보통신기술 등의 융합을 통하여 농업의 자동화 · 정밀화 · 무인화 등을 촉진함으로써 농업인의 소득증대와 농업 · 농촌의 성장 · 발전에 이바지함을 목적으로 하는 〈스마트농업 육성 및 지원에 관한 법률(약칭 '스마트농업법')〉이 2023년 7월 25일 제정(2024년 7월 26일 시행)됨에 따라 체계적인 애그테크 산업 육성을 위한 법적 근거가 마련되었다. 한편 이에 앞서 농협은 2022년 10월에 애그테크 상생혁신펀드 출범식을 개최한 바 있다.

④ **정부의 대응** : 애그테크 시장의 급성장에 대응해 농림축산식품부는 2018년부터 스마트팜 확산을 위한 노력을 지속적으로 강화하고 있으며, 2022년 10월 발표한 "스마트농업 확산을 통한 농업혁신 방안"에서 '스마트농업 민간 혁신 주체 육성, 품목별 스마트농업 도입 확산, 스마트농업 성장 기반 강화' 등의 3대 추진 전략과 함께 농업 생산의 30% 스마트농업 전환, 유니콘 기업 5개 육성 등을 목표로 제시했다. 스마트농업 육성 대책에는 AI 예측, AI 온실관리, 온실용 로봇, 축산 IoT, AI 축사관리, 가변관수 · 관비기술(VRT), 자율주행, 노지수확 로봇 등과 같은 국내 애그테크 산업 경쟁력 강화 방안이 상당수 포함되어 있다.

2. 농식품바우처

① **도입 배경** : 소득 불평등 심화, 고령화 등으로 경제적 취약계층이 확대되고, 영양 섭취 수준과 식습관 악화로 건강 위협이 심화됨에 따라 미래에 부담해야 하는 의료비 등 사회적 비용 감소를 위해 경제적 취약계층 대상 영양 보충 지원 정책의 일환으로 정부는 2017년에 농식품바우처 시범사업을 100대 국정과제로 지정했다. 이후 2020년 9월부터 시범사업을 시행하고 있으며, 매년 시범지역을 확대 중이다. 주무기관은 농림축산식품부, 전담기관은 한국농수산식품유통공사(aT)이다.

② **지원 대상** : 소득기준과 가구원 특성 기준을 모두 충족하는 가구(대상 지역인 지자체에 거주하는 기준 중위소득 50% 이하 가구로, 기초생활수급자 및 차상위계층)

③ **지급액** : 가구당 구성원에 따른 지급액은 영양 보충적 차액 지원(4만 원)에 OECD 균등화지수를 적용하여 차등 지원[지급액＝40,000원×$\sqrt{가구원수}$(백 원 단위에서 반올림)]

구원 수	1인	2인	3인	4인	5인
지급액	40,000원	57,000원	69,000원	80,000원	89,000원

구원 수	6인	7인	8인	9인	10인 이상
지급액	98,000원	106,000원	113,000원	120,000원	126,000원

④ **지급 방식** : 전자바우처(카드방식) 및 온라인 주문, 꾸러미 배송

⑤ **지원 품목 결정 기준**
　㉠ 취약계층의 부족한 영양소, 식품소비 패턴, 취약계층의 선호도, 국내산 공급 여력 등을 고려해 지원대상 품목의 적합성을 판단
　㉡ 농산물 수요・공급조절 유지와 소비촉진 등 농업과의 연계를 강화할 수 있도록 지속 가능한 선순환 체계 구축 검토

⑥ **지원 품목 목록** : 국내산 채소, 과일, 흰우유, 신선계란, 육류, 잡곡, 꿀, 두부류, 단순가공채소류(깐채소・삶은채소・건조채소), 산양유(이외 품목 구매 불가)

⑦ **대상 지역** : 전국 18곳의 시・군・구 지자체(2023년 기준이며, 2024년에는 24곳으로 확대 예정)

⑧ **신청 방법** : 방문 신청(농식품바우처 카드 신청 및 설문조사)

⑨ **사용 기간** : 매월 1일(3월은 2일)부터 카드금액이 재충전되어 당월 말일까지 사용 가능함. 단, 매월 2,000원 이상의 잔액은 이월 불가(2,000원 미만은 이월 가능)

⑩ **바우처 사용 가능처**
　㉠ 오프라인 : 대상 지역인 지자체에 위치한 농협하나로마트, 로컬푸드직매장, GS편의점, GS더프레시
　㉡ 온라인 : 농협몰, 남도장터
　㉢ 꾸러미 배송 : 농식품바우처 사업 신청 시 꾸러미 신청 여부를 표기, 신청된 수혜자에 한해 매월 꾸러미로 구성하여 배송(지자체마다 다름)

3. 종자산업 기술 혁신으로 고부가 종자 수출산업 육성(제3차 종자산업육성 5개년 계획)

농림축산식품부는 "제3차(2023 ~ 2027) 종자산업 육성 종합계획"을 발표하면서 종자산업 규모를 1.2조 원으로 키우고, 종자 수출액을 1.2억 달러까지 확대하기 위한 5대 전략을 제시했다. 이에 따라 농림축산식품부는 2023년부터 5년 동안 1조 9,410억 원을 투자할 계획이다.

① **전략 1(디지털 육종 등 신육종 기술 상용화)** : 작물별 디지털 육종 기술 개발 및 상용화, 신육종 기술 및 육종 소재 개발

② **전략 2(경쟁력 있는 핵심 종자 개발 집중)** : 세계 시장 겨냥 10대 종자 개발 강화, 국내 수요 맞춤형 우량 종자 개발

③ **전략 3(3대 핵심 기반 구축 강화)** : 육종 – 디지털 융합 전문인력 양성, 공공 육종데이터 민간 활용성 강화, '종자산업혁신단지(K-Seed Vally)' 구축 및 국내 채종 확대

④ **전략 4(기업 성장・발전에 맞춘 정책 지원)** : 정부 주도 연구개발(R&D) 방식에서 기업 주도로 개편, 기업수요에 맞춘 장비・서비스 제공, 제도 개선 및 민・관 협력(거버넌스) 개편

⑤ **전략 5(식량종자 공급 개선 및 육묘산업 육성)** : 식량안보용 종자 생산・보급 체계 개선, 식량종자・무병묘 민간시장 활성화, 육묘업을 신성장 산업화

4. 농민수당 지급 사업

① 개념 : 농업인의 소득안정을 도모함으로써 농업인의 삶의 질을 향상시키고 농업·농촌의 지속 가능한 발전, 공익적 기능 증진, 지역경제 활성화 등을 위해 농업인에게 지원하는 수당이다. 이는 농촌인구 감소 최소화 및 농가소득 보장이라는 취지에서 지자체마다 해당 지역의 농가에게 경영면적 등에 상관없이 일정 금액을 주는 제도로, 지자체의 인구 구조와 재정 여건 등을 감안해 지자체마다 자체적으로 추진하고 있다.

② 지급 대상 : 농민수당의 지급 대상은 사업 연도 1월 1일을 기준으로 3년 이상 계속 해당 지자체에 주소를 두고 실제 거주하며, 2년 이상 계속 농업경영정보를 등록하고 실제 농업에 종사하는 전업농(경영주와 공동경영주)이다. 다만, 농업 외의 종합소득 금액이 3,700만 원 이상인 자, 신청일 현재 〈국민건강보험법〉상 건강보험 직장가입자 또는 지방세 체납자, 보조금(중앙정부 직불금 등) 부정 수급자, 〈농지법〉 등 농어업 관련 법령 위반자, 경영주와 실거주 중이면서 세대만 분리한 자, 농업 분야에 고용된 농업노동자 등은 지급 대상에서 제외된다.

③ 특징 : 농민수당 지급 사업은 각 지자체의 조례에 따라 시행되기 때문에 지급액(연간 30 ~ 120만 원), 지급 방법(현금 / 지역화폐), 지급 대상 단위(개인 / 가구) 등이 지자체마다 다르다. 또한 보통 사업 연도 12월 31일까지 농민수당을 사용할 수 있으며, 기한 종료 후 잔액은 자동 소멸된다.

5. 농업인 법률구조

① 농업인 무료법률구조사업은 농협과 대한법률구조공단이 공동으로 농업인의 법률적 피해에 대한 구조와 예방활동을 전개함으로써 농업인의 경제적·사회적 지위 향상을 도모하는 농업인 무료법률복지사업이다.

② 농협은 소송에 필요한 비용을 대한법률구조공단에 출연하여 법률구조에 필요한 증거 수집 등 중계활동을 진행하고, 공단은 법률 상담 및 소송 등 법률구조 활동을 농협과 공동으로 진행하여 농촌 현지 법률상담 등의 피해예방 활동을 한다.

③ 농업인 무료법률구조 대상자는 기준 중위소득 150% 이하인 농업인 및 별도의 소득이 없는 농업인의 배우자, 미성년 직계비속, 주민등록상 동일 세대를 구성하는 직계존속 및 성년의 직계비속으로 한다.

6. 국가중요농업유산 지정 제도(NIAHS)

① 국가중요농업유산은 보전할 가치가 있다고 인정하여 국가가 지정한 농업유산으로, 농업유산이란 농업인이 해당 지역에서 환경과 사회, 풍습 등에 적응하며 오랜 기간 형성시켜 온 유형과 무형의 농업자원을 말한다.

② 국제연합식량농업기구(FAO)는 2002년부터 세계 각지의 전통적 농업활동 등을 보전하고 계승하고자 하는 취지로 세계중요농업유산 제도를 실시하고 있다. 국가중요농업유산 지정 대상은 농업·농촌의 다원적 자원 중 100년 이상의 전통성을 가진 농업유산으로, 보전하고 전승할 만한 가치가 있는 것 또는 특별한 생물다양성 지역이다.

③ 지정 기준 : 역사성과 지속성, 생계 유지, 고유한 농업기술, 전통 농업문화, 특별한 경관, 생물다양성, 주민 참여 등 7가지 기준이 있다.

7. 청년 창업농 선발 및 영농정착 지원사업

① 기술·경영 교육과 컨설팅, 농지은행의 매입비축 농지 임대 및 농지 매매를 연계 지원하여 건실한 경영체로 성장을 유도하고, 이를 통해 젊고 유능한 인재의 농업 분야 진출을 촉진하는 선순환 체계 구축, 농가 경영주의 고령화 추세 완화 등 농업 인력 구조를 개선하기 위한 사업이다.

② 사업 시행년도 기준 만 18세 이상~만 40세 미만인 사람, 영농경력이 3년 이하, 사업 신청을 하는 시·군·광역시에 실제 거주하는 사람만 신청할 수 있다. 독립경영 1년 차에는 월 100만 원, 2년 차는 월 90만 원, 3년 차는 월 80만 원을 지원받을 수 있다.

8. 농촌공동체 회사 우수사업 지원 제도(농촌자원복합산업화 지원)

① 농촌 지역주민이 주도하는 농촌공동체 회사 사업을 지원해 농가 소득 증대 및 일자리 창출, 농촌에 필요한 각종 서비스 제공 등 농촌 지역사회 활성화에 기여하기 위한 제도이다. 농촌공동체 회사 활성화에 필요한 기획, 개발, 마케팅, 홍보 비용을 지원받을 수 있으며, 개소당 최대 5,000만 원, 사업 유형에 따라 3~5년까지 지원받을 수 있다.

② 농촌 지역주민 5인 이상이 자발적으로 결성한 조직으로, 지역주민 비율이 50% 이상 구성되어 있고, 〈민법〉상 법인·조합, 〈상법〉상 회사, 농업법인, 〈협동조합기본법〉상 협동조합 등이 지원 대상이다.

9. 저탄소 농축산물 인증제 사업

저탄소 농업기술을 활용하여 생산 전 과정에서 온실가스 배출을 줄인 농축산물에 저탄소 인증을 부여하는 제도로, 농업인의 온실가스 감축을 유도하고 소비자에게 윤리적 소비선택권을 제공하는 사업이다. 농업인을 대상으로 인증 교육, 온실가스 산정보고서 작성을 위한 컨설팅 및 인증취득 지원, 그린카드 연계 및 인증 농산물 유통지원 등의 사업을 진행한다.

10. 도시농업 활성화

도시민과 농업인이 함께하는 행복한 삶을 구현하는 것을 목표로 2022년까지 융·복합 서비스 창출을 통한 도농상생 사업기반을 구축하는 것이 목표이다. 도시농업의 개념을 농작물 경작에서 수목, 화초, 곤충, 양봉까지 확장하고 환경, 문화, 복지 등과 접목한 융·복합 서비스를 창출한다.

11. 농업경영체 등록제

농업 문제의 핵심인 구조 개선과 농가 소득 문제를 해결하기 위해서 마련된 제도로, 평준화된 지원정책에서 탈피하여 맞춤형 농정을 추진하기 위해 도입되었다. 농업경영체 등록제를 통해 경영체 단위의 개별 정보를 통합·관리하고 정책사업과 재정 집행의 효율성을 제고하게 되었다.

12. 농촌현장 창업보육 사업

농산업·농식품·바이오기술(BT) 분야 예비창업자 및 창업 초기 기업을 대상으로 기술·경영 컨설팅을 통해 벤처기업으로의 성장을 지원하는 제도이다. 농업·식품 분야에 6개월 이내로 창업 가능한 예비창업자 및 5년 미만의 창업 초기 기업이 신청할 수 있으며, 지식재산권 출원, 디자인 개발, 시제품 제작, 전시회 참가 등을 지원받을 수 있다.

13. 국제연합 식량농업기구(FAO; Food and Agriculture Organization)

국제연합 전문기구의 하나로 식량과 농산물의 생산 및 분배 능률 증진, 농민의 생활수준 향상 등을 목적으로 한다. 1945년 10월 캐나다 퀘벡에서 개최된 제1회 식량농업회의에서 채택된 FAO헌장에 의거해 설립됐다. 농업·임업·수산업 분야의 유엔 기구 중 최대 규모로, 본부에 3,500명, 세계 각지에 2,000여 명의 직원이 있다. 세계식량계획(WFP)과 함께 식량원조와 긴급구호 활동을 전개하며 국제연합 개발계획(UNDP)과 함께 기술원조를 확대하고 있다.

14. 윤작(돌려짓기)

같은 땅에서 일정한 순서에 따라 종류가 다른 작물을 재배하는 경작 방식으로, 형태에 따라 곡초식·삼포식·개량삼포식·윤재식 등으로 나뉜다. 식용작물을 재배하는 곳이면 어느 곳에서나 어떤 형태로든지 윤작이 행해지고 있다. 윤작의 장점은 토지이용도를 높일 수 있고, 반복된 재배에도 균형 잡힌 토질을 유지할 수 있으며, 누적된 재배로 인한 특정 질병 재해를 사전에 방지할 수 있다는 것이다.

15. 콜드체인(Cold Chain) 시스템

농산물을 수확한 후 선별포장하여 예냉하고 저온 저장하거나 냉장차로 저온 수송하여 도매시장에서 저온 상태로 경매되어 시장이나 슈퍼에서 냉장고에 보관하면서 판매하는 시스템이다. 전 유통 과정을 제품의 신선도 유지에 적합한 온도로 관리하여 농산물을 생산 또는 수확 직후의 신선한 상태 그대로 소비자에게 공급하는 유통체계로 신선도 유지, 출하 조절, 안전성 확보 등을 위해서 중요한 시스템이다.

16. 유전자 변형 생물체(LMO; Living Modified Organisms)

생식과 번식을 할 수 있는 유전자 변형 생물체를 지칭한다. 생산량 증대나 새로운 부가가치 창출, 유통 및 가공상의 편의를 위해 유전공학 기술을 이용해 기존의 육종 방법으로는 나타날 수 없는 형질이나 유전자를 지니도록 개발된 유기물을 일컫는다. 전 세계적으로 인체에 대한 유해성 여부로 논란이 일고 있는 유전자 변형 콩이나 옥수수 등이 LMO에 포함된다. 이밖에 농산물 종자나 미생물 농약, 환경정화용 미생물 등 LMO의 활용 영역이 날로 넓어지고 있다. LMO의 안전성 논란이 높아지자 국제기구, 선진국 정부기관, 민간단체 등에서는 LMO와 관련된 정보들을 수집·분석하여 일반인에게 공개하고 있으며, 나아가 세계 각국은 2000년 1월 〈바이오 안전성에 관한 카르타헤나 의정서〉를 채택하고, 이에 따라 LMO의 국가 간 이동에 관련된 법률을 제정하여 LMO를 관리하고 있다.

17. 귀농인의 집

① '귀농인의 집'은 귀농·귀촌 희망자의 안정적 농촌 정착을 위한 주거 공간 지원 사업으로, 〈농업·농촌 및 식품산업 기본법〉을 근거로 한다. 이는 귀농·귀촌 희망자가 일정 기간 동안 영농기술을 배우고 농촌체험 후 귀농할 수 있도록 임시 거처인 '귀농인의 집'을 제공하는 것이다.

② 귀농인의 집 입지는 지역 내 제반 여건을 감안해 귀농인의 집 운영을 희망하는 마을과 시·군이 협의하여 자율 선정한다. 재원은 국고보조(농특회계) 50%와 지방비 50%로 구성되며, 세대당 3,000만 원 이내로 지원이 이뤄진다. 그리고 입주자는 월 10~20만 원 또는 일 1~2만 원의 임차비용을 지급하게 된다. 이용은 1년 범위 내 이용을 원칙으로 하고, 추가 이용자가 없고 기존 귀농인이 희망하는 경우에는 1년 이용기간 종료 후 3개월 이내의 범위에서 추가 이용이 가능하다.

18. 특산식물

① '고유식물'이라고도 하며, 특정 지역에서만 생육하는 고유한 식물을 말한다. 생육되는 환경에 스스로 적응하면서 다른 곳에서는 볼 수 없는 독특한 특징으로 진화하는 특산식물은 결과적으로 해당 지역의 고유식물로 존재하게 된다. 따라서 고유식물이 지니는 정보는 그 지역에 분포하는 해당 식물의 기원과 진화 과정을 밝히는 중요한 요인이 된다.

② 특산식물은 작은 환경 변화에도 민감하게 반응하며 세계적으로 가치 있고 희귀한 식물이 대부분이므로 적극적으로 보호하지 않으면 멸종되기 쉽다.

19. 녹색혁명

① 녹색혁명은 20세기 후반, 전통적 농법이 아닌 새로운 기술인 품종 개량, 수자원 공급시설 개발, 화학비료 및 살충제 사용 등의 새로운 기술을 적용하여 농업생산량이 크게 증대된 일련의 과정 및 그 결과를 의미한다.

② 녹색혁명의 핵심은 새로운 기술의 적용으로 생산성을 크게 증대시키는 것에 있기 때문에 유전학, 분자생물학, 식물생리학 등의 과학기술 발전을 통해 작물의 생산성을 증대시키는 것을 '2차 녹색혁명'이라고도 부른다.

20. 식물공장

최첨단 고효율 에너지 기술을 결합해 실내에서 다양한 고부가가치의 농산물을 대량 생산할 수 있는 농업 시스템이다. 식물공장은 빛, 온도·습도, 이산화탄소 농도 및 배양액 등의 환경을 인위적으로 조절해 농작물을 계획 생산하므로, 계절, 장소 등과 관계없이 자동화를 통한 공장식 생산이 가능하다. 식물공장은 주로 LED와 분무장치에 의한 실내 식물재배 시스템을 이용한 전형적인 저탄소 녹색 사업을 가능하게 한다.

21. 농가소득

농가의 경상소득과 비경상소득을 합한 총액을 일컫는다. 경상소득은 농업소득, 농외소득, 이전소득을 합산한 총액이며, 농가의 비경상소득은 정기적이지 않고 우발적인 사건에 의해 발생한 소득이다.

22. 고향사랑기부제

지방재정 보완, 지역경제 활성화, 지방소멸 우려 완화, 국가 균형발전 도모 등을 위해 2021년 10월 제정된 〈고향사랑 기부금에 관한 법률(약칭 '고향사랑기부금법')〉에 의거해 2023년 1월부터 전격 시행된 제도로, 개인이 고향 또는 원하는 지방자치단체에 금전을 기부하면 지자체는 주민 복리 등에 사용하고 기부자에게는 세제 공제 등의 혜택과 기부액의 일정액을 답례품(지역 농특산품, 지역 상품권 등)으로 제공할 수 있다. 다만, 기부자는 자신의 주소지 관할 자치단체에는 기부가 불가능하다. 이는 해당 지자체와 주민 사이에 업무, 재산상의 권리와 이익 등의 이해관계 등으로 강제 모금이 이루어질 가능성을 막기 위한 조치이다. 기부 주체를 개인으로 한정한 것도 지자체가 개발 등에 따른 인허가권을 빌미로 기업에 모금을 강요하는 것을 방지하기 위함이다. 고향사랑 기부금은 정부가 운영하는 종합 정보 시스템(고향사랑e음)을 비롯해 전국 농·축협, 농협은행 등의 창구를 통해 납부할 수 있다.

23. 농업직불제 개편

윤석열 정부는 중소농 지원 강화 및 농업·농촌의 지속 가능성을 높이기 위해 농업직불금 예산 5조 원의 단계적 확대를 국정 과제에 포함하였다. 기본직불금의 농지 요건을 완화하였으며, 선택형 직불제 및 청년·은퇴농 지원 직불제 로드맵을 수립하였다. 이에 따라 56.2만 명의 농업인이 새롭게 직불금을 받을 수 있을 것으로 전망된다. 2023년 시행되는 전략작물직불제 활성화를 위해 대상 작물 확대 및 단가 인상 필요성이 제기될 것으로 보이며, 탄소중립직불제, 친환경직불제, 경관보전직불제, 청년농직불제, 고령농은퇴직불제 도입 및 개선 방안이 마련될 것으로 예상된다.

24. 도농상생기금

도농상생기금은 도시와 농촌 간 균형 발전을 위해 2012년부터 도시 농·축협이 신용사업 수익의 일부를 출연하여 조성하는 기금으로, 조성된 기금을 농촌 지역 농·축협에 무이자로 지원하게 된다. 도농상생기금은 농축산물 수급 불안, 가격 등락 등에 따른 경제사업의 손실을 보전함으로써 농축산물 판매·유통사업을 활성화하고 경쟁력을 강화하는 것을 목표로 한다. 이와 함께 전국의 도시 농·축협은 도농 간 균형 발전을 위해 무이자 출하선급금을 산지농협에 지원해 안정적으로 농산물을 수매할 수 있도록 돕고 있으며, 매년 도농상생한마음 전달식을 통해 영농 자재를 지원하고 있다.

25. 농·축협 RPA 확산모델

RPA(Robotic Process Automation)는 소프트웨어 로봇을 이용하여 반복적인 업무를 자동화하는 것을 의미한다. 농협은 2019년 중앙회 공통업무 적용을 시작으로 계열사로 적용 범위를 확대하고 있으며, 2022년 2월부터는 전국 1,115개 농·축협을 대상으로 업무 자동화 서비스를 제공하고 있다. 특히, 농협중앙회는 2022년 2월 농·축협 RPA포털을 오픈한 이후 44개 자동화 과제를 적용하고, 사용자 친화적인 인터페이스를 도입하여 현장의 업무 효율성을 높이고 있으며, RPA 서비스 개발 및 운영 거버넌스에 대하여 2022년 9월에 ISO9001 인증을 획득하는 등 디지털 혁신과 관련한 많은 성과를 거두고 있다.

26. '전기차·수소차 충전 사업' 승인 취득

농협경제지주는 농림축산식품부로부터 2023년 1월에 전기차·수소차 충전소 사업 승인을 취득했으며, 이에 따라 본격적으로 농촌에 친환경차 충전 인프라를 확충할 계획이다. 이전에는 주유소 내 부대시설로만 충전소를 설치할 수 있었으나, 사업 승인을 취득함에 따라 독자적으로 '친환경 자동차 충전 시설과 수소연료 공급 시설 설치' 사업을 수행할 수 있게 된 것이다. 현재 전기차 보급의 증가로 인해 전기 화물차·농기계를 이용하는 농업인들이 증가하고 있으며, 농촌을 찾는 전기차 이용자들을 위한 인프라 확대가 절실한 상황이다. 향후 농협주유소뿐만 아니라 하나로마트, 자재센터 등으로 전기자·수소차 충전소를 확충해 나갈 방침이다.

27. '한국형 농협체인본부' 구축 추진

농협이 유통 혁신의 핵심 추진 동력으로 제시한 '한국형 농협체인본부'는 경제 사업과 관련한 범농협 조직의 시설·조직·인력 운영을 효율화하여 농협 경제 사업의 경제적·농업적 가치를 극대화하는 밸류 체인 시스템으로, 산지 중심의 생산·유통 인프라를 강화하는 한편 도소매 조직 간 유기적인 연계를 도모해 농업인에게는 농산물의 안정적인 판로를 보장하고, 소비자에게는 믿을 수 있는 먹거리를 공급하려는 계획이다. 이에 앞서 농협은 2020년부터 농축산물 유통 혁신을 100년 농협 구현을 위한 핵심 전략으로 삼고, 올바른 유통 구조 확립과 농업인·소비자 실익 증진에 매진한 결과 조직 통합(김치 가공공장 전국 단위 통합, 농산물 도매 조직 통합, 4개의 유통 자회사 통합), 스마트화(스마트 APC·RPC 구축, 보급형 스마트팜 개발·적용), 온라인 도소매 사업 추진(상품 소싱 오픈플랫폼 구축 및 온라인 지역센터 80개소 설치, 온라인 농산물거래소·식자재몰 사업 개시), 농업인·소비자 부담 완화[무기질 비료 가격 상승분의 80%(3,304억 원) 농가 지원, 살맛나는 가격 행사] 등을 이루었고, 더 나아가 '한국형 농협체인본부' 구축을 통해 산지와 소비자가 상생하는 유통 체계 구현이 가능할 것으로 기대하고 있다.

28. 농업 일자리 활성화를 위한 범정부 협업

농업 인력 수요가 증가하는 추세이지만 농촌 지역 인구 감소와 고령화 등으로 인하여 농촌 일손이 충분하지 않은 상황이다. 통계청에 따르면 2022년 11월 현재 농림어업 분야의 65세 이상 고령자 비율은 52.9%로, 전 산업 평균 11.7%의 4.5배가 넘는다. 또한 농업 일자리 사업은 정부기관 간, 지자체 간 연계 없이 단절되어 시행됨에 따라 구인난 해결에 한계가 있었고, 농업 근무 여건·환경 등도 농촌 일손 부족 문제를 심화시켰다. 이에 2023년 1월 농림축산식품부와 고용노동부는 농업 일자리 활성화를 위한 범정부 사업 업무협약을 체결하였다. 부처별로 시행됐던 농업 일자리 사업을 연계해 '국가기관 간 협업, 도농 상생, 일자리 구조 개선'을 기본 체계로 하여 범정부 협업 사업을 시행하기로 한 것이다. 이를 위해 2023년에 농림축산식품부 34억 원, 고용노동부 40억 원, 경북·전북(지방비) 44억 원 등 모두 118억 원의 사업비가 투입된다(잠정). 또한 대상 지역도 경북·전북에서 향후 전국으로 확대할 방침이다. 정부는 농업 일자리가 활성화되어 농촌 인구가 증가하고 농촌이 발전하는 선순환의 구조가 만들어져 지역소멸 위기 극복에 이바지할 것으로 기대하고 있다.

〈농업 일자리 활성화를 위한 범정부 사업 개요〉

구분	내용
주체	농림축산식품부, 고용노동부, 지방자치단체 등 농업 일자리와 관련된 모든 국가기관이 '농업 일자리 지원 협의체'를 구성해 이를 중심으로 공동으로 사업 추진
운영	• 농촌에 더해 도시 지역까지 광범위하게 취업자를 발굴 • 도시 비경제활동인구를 집중적으로 구인, 이들의 노동시장 유입 또한 촉진 • 내국인의 농업 일자리 취업 및 농촌 정착도 확대될 것으로 기대
지원	• 취업자에게 교통 편의·숙박비·식비·작업교육 등 지원 • 취업자에게 안전교육, 상해보험료 및 보호 장비를 제공하여 안전관리 강화 • 전자근로계약서 서비스를 도입, 취업자 권익 보호 강화
관리	• 농업 일자리 온라인 시스템을 구축, 농작업, 구인·구직 정보 등을 공유 • 취업 알선 및 근로계약 체결 지원
지역	• 2023년 : 경상북도·전라북도를 대상으로 추진 • 2024년 이후 : 전국으로 확대 실시

※ 출처 : 2023년 1월, 관계부처합동 보도자료

29. 지방소멸대응기금

① **도입 배경** : 저출산·고령화로 인한 인구 구조 악화, 수도권·대도시로의 인구 집중 등으로 인해 지방소멸에 대한 위기감이 고조됨에 따라 2021년 정부(행정안전부)는 인구감소지역(89곳)을 지정하고 지방소멸대응기금을 투입하기로 결정했다.

② **목적** : 지역 주도의 지방소멸 대응 사업 추진을 위한 재정 지원

③ **운영 기본 방향**
- ㉠ 목적성 강화 : 지방소멸 대응이라는 목적 달성을 위한 사업 발굴(지역의 인구·재정 여건이 열악한 인구감소지역에 집중 지원)
- ㉡ 자율성 제고 : 지자체가 여건에 맞는 투자계획을 자율적으로 수립
- ㉢ 성과 지향 : 투자계획을 평가하여 우수한 지역에 과감하게 투자

④ **기간·규모** : 2022년부터 2031년까지 매년 1조 원씩 총 10조 원 투입(광역자치단체 25%, 기초자치단체 75%)

⑤ **지원 대상(지자체 122곳)**
- ㉠ 광역자치단체 : 서울시·세종시를 제외한 15곳
- ㉡ 기초자치단체 : 인구감소지역 89곳＋관심지역 18곳＝107곳

⑥ **배분 방법**
- ㉠ 광역자치단체 : 인구감소지수, 재정·인구 여건 등을 고려하여 배분
- ㉡ 기초자치단체 : 지자체가 제출한 투자계획을 기금관리조합의 투자계획 평가단이 평가한 결과에 따라 차등 배분

⑦ **운용 방법**
- ㉠ 기금관리조합(17개 시·도로 구성)이 관리·운용하되, 전문성 제고를 위해 한국지방재정공제회에 위탁하여 업무 수행
- ㉡ 기금 배분에 필요한 세부 사항은 행정안전부장관이 정해 고시함

〈지방소멸대응기금 운영 과정〉

⑧ **지방소멸 위기에 대한 농협의 대응** : 농협중앙회는 농촌 소멸이라는 국가적 위기 해결에 동참하고 활기찬 농촌을 만들기 위한 농협 역할 강화 방안으로 '활기찬 농촌, 튼튼한 농업, 잘사는 농민, 신뢰받는 농협 구현' 등 4대 목표 실현을 위한 실천 과제를 수립해 2022년 7월에 발표했다. 이를 위해 농·축협과 기업 간 상호교류 사업인 도농사(社)랑운동, 고향사랑기부제 정착을 견인해 농산물 수요 확대에도 노력할 방침이다.

02 | 금융·경제 상식

1. 생산요소시장

서비스·재화의 생산에 투입되는 자본·노동 등의 생산요소가 거래되는 시장으로, 가계(공급자)는 기업(수요자)에 생산요소를 제공한 대가로 임금·이자를 지급받는다. 이러한 생산요소는 서비스·재화의 생산에 필요한 것이므로 서비스·재화에 대한 수요가 먼저 정해진 이후에 생산요소에 대한 수요가 결정된다. 생산요소시장은 노동시장과 자본시장으로 구분되는데, 노동시장은 노동의 거래가 이루어지는 시장으로, 노동의 수요와 공급이 만나 균형임금과 고용량이 결정된다. 또한 자본시장은 자본의 거래가 이루어지는 시장으로, 기업의 자금 수요와 가계의 자금 공급이 만나 자본재(부지·기계)의 투자 결정 및 자본 서비스의 투입 결정에 영향을 끼치는 이자율이 결정된다.

2. 완전경쟁시장

단독으로는 가격을 움직일 수 없을 만큼 같은 생산물을 파는 사람과 사는 사람이 많으며, 각자가 시장과 상품에 대해 완전한 정보를 갖고 자유롭게 거래할 수 있고 진입과 철수가 자유로우며, 소비자와 생산자 모두 가격에 영향을 끼칠 수 없는 가격수용자인 가상의 시장이다. 모든 기업이 품질, 판매 조건 등이 동질적인 재화를 생산하므로 소비자는 특정 생산자를 선호하지 않으며, 가격에 의해서만 상품을 선택한다. 또한 기업들은 시장가격과 한계비용이 일치하는 수준에서 공급량을 결정하며, 장기적으로는 이윤을 확보하지 못한다(초과이윤 형성 불가능). 완전경쟁은 시장참가자가 많고 자본·노동의 이동을 방해하는 인위적 제약이 없으며, 공급자와 수요자가 각각 최대의 경제적 성과를 얻으려고 행동하는 경우의 경쟁을 뜻한다. 그러나 현실적으로는 수요자가 특정 상품·상인을 선택하는 데는 상표·광고, 공급자의 입지 조건 등이 영향을 끼치며, 공급자의 수도 한정되어 있기 마련이므로 완전경쟁은 가설로만 상정 가능하다.

3. 불완전경쟁시장

완전경쟁시장과 완전독점시장(어떤 시장을 한 기업이 차지해 가격이나 생산량을 자신에게 가장 유리하게 결정할 수 있는 시장) 사이의 경쟁 형태가 이루어지는 시장이다. 즉, 완전경쟁시장의 조건 중 하나 이상이 결여된 시장이다. 불완전경쟁시장은 상품을 생산·공급하는 기업의 수를 기준으로 '독점시장<과점시장<독점적 경쟁시장' 등으로 구분할 수 있다. 영국의 경제학자 로빈슨에 따르면 불완전경쟁시장은 시장에 복수의 공급자가 존재하지만 각 공급자는 어느 정도의 독점력이 있으며, 해당 시장에 신규 경쟁자가 초과이윤을 구하여 참가하는 것이 가능하고, 시장에서 성립하는 균형은 완전경쟁균형에 비해 높은 가격, 높은 비용, 과잉 능력 등의 상태로 나타난다.

4. 파레토 효율성

파레토 효율(=파레토 최적)이란 하나의 자원배분 상태에서 다른 어떤 사람에게 손해가 가지 않고서는 어떤 한 사람에게 이득이 되는 변화를 만들어 내는 것이 불가능한 상태, 즉 더 이상의 파레토 개선이 불가능한 자원배분 상태를 말한다. 시장구조가 완전경쟁이면 소비자의 효용극대화와 생산자의 이윤극대화 원리에 의해 종합적인 파레토 효율성 조건이 성립한다. 그러나 파레토 효율성 조건을 충족하는 점은 무수히 존재하기 때문에 그중 어떤 점이 사회적으로 가장 바람직한지 판단하기 어려우며, 파레토 효율성은 소득분배의 공평성에 대한 기준을 제시하지 못한다는 한계가 있다.

5. 경제재(Economic Goods)

희소성을 가지고 있는 자원으로, 합리적인 의사결정으로 선택을 해야 하는 재화를 말한다. 일상생활에서 돈을 지불하고 구입하는 일련의 재화 또는 서비스를 모두 포함한다.

6. 자유재(Free Goods)

희소성이 없기 때문에 값을 지불하지 않고도 누구나 마음대로 쓸 수 있는 물건을 말한다. 공기나 햇빛같이 우리의 욕구에 비해 자원의 양이 풍부해서 경제적 판단을 요구하지 않는 재화를 모두 포함한다.

7. 공공재(Public Goods)

모든 사람들이 공동으로 이용할 수 있는 재화 또는 서비스로 비경쟁성과 비배제성이라는 특징이 있다. 국방·치안 서비스 등의 순수 공공재와 불완전한 비경합성을 가진 클럽재(혼합재), 지방 공공재 등의 비순수 공공재로 구분할 수 있다. 비경합성이란 소비하는 사람의 수에 관계없이 모든 사람이 동일한 양을 소비하는 특성으로, 이에 기인하여 1인 추가 소비에 따른 한계비용은 '0'이다. 비배제성은 재화 생산에 대한 기여 여부에 관계없이 소비가 가능한 특성을 의미한다.

〈재화의 종류〉

구분	배제성	비배제성
경합성	사유재 예 음식, 옷, 자동차 등	공유자원 예 산에서 나는 나물, 바닷속의 물고기 등
비경합성	클럽재(자연 독점 재화) 예 케이블 TV방송, 전력, 수도 등	공공재 예 국방, 치안 등

8. 무임승차 문제

공공재는 배제성이 없으므로 효율적인 자원 분배가 이루어지지 않는 현상이 발생할 수 있다. 이로 인해 시장실패가 발생하게 되며, 무임승차자의 소비로 인한 공공재나 공공 서비스의 공급 부족 현상, 공유자원의 남용으로 인한 사회문제 발생으로 공공시설물 파괴 및 환경 오염 등의 문제를 일으킨다. 이러한 무임승차 문제는 기부금을 통해 공공재를 구입하거나, 공공재를 이용하는 사람에게 일정의 요금을 부담시키는 방법, 국가가 강제로 조세를 거두어 무상으로 공급하는 방법 등으로 해결 가능하다. 한편, 경합성은 있지만 배제성은 없는 공유자원의 경우, 공동체 구성원이 자신의 이익에만 따라 행동하여 결국 공동체 전체가 파국을 맞이하게 된다고 하여 '공유지의 비극'이라 부른다.

9. 기회비용(Opportunity Cost)

기회비용은 여러 가지 선택 가능한 대안 중 한 가지를 선택함으로써 포기해야 하는 다른 대안 중에서 가장 가치가 큰 것을 의미한다. 경제학에서 사용하는 비용은 전부 기회비용 개념이며, 합리적인 선택을 위해서는 항상 기회비용의 관점에서 의사결정을 내려야 한다. 기회비용은 객관적으로 나타난 비용(명시적 비용) 외에 포기한 대안 중 가장 큰 순이익(암묵적 비용)까지 포함한다. 편익(매출액)에서 기회비용을 차감한 이윤을 경제적 이윤이라고 하는데, 이는 기업 회계에서 일반적으로 말하는 회계적 이윤과 다르다. 즉, 회계적 이윤은 매출액에서 명시적 비용(회계적 비용)만 차감하고 암묵적 비용(잠재적 비용)은 차감하지 않는다.

경제적 비용 (기회비용)	명시적 비용 (회계적 비용)	기업이 생산을 위해 타인에게 실제적으로 지불한 비용 예 임금, 이자, 지대
	암묵적 비용 (잠재적 비용)	기업 자신의 생산 요소에 대한 기회비용 예 귀속 임금, 귀속 이자, 귀속 지대

10. 매몰비용(Sunk Cost)

매몰비용은 이미 투입된 비용으로서 사업을 중단하더라도 회수할 수 없는 비용으로, 사업 중단에 따른 기회비용은 '0'이다. 그러므로 합리적인 선택을 위해서는 이미 지출되었으나 회수가 불가능한 매몰비용은 고려하지 않는다.

11. 한계편익과 한계비용

① **개념** : 한계편익은 어떤 재화를 한 단위 더 추가해 소비할 때 누리게 되는 편익을 뜻한다. 즉, 1단위의 변화로 얻게 되는 편익의 증가분을 뜻하며, 이는 1단위의 변화로 발생하는 추가 비용을 뜻하는 한계비용의 상대적인 개념이다. 한계편익이 한계비용보다 적을 경우에는 생산량·소비량을 줄이고, 역으로 한계편익이 한계비용보다 클 경우에는 판매량·소비량을 늘리게 된다.

② **한계편익과 한계비용의 비교** : 소비자의 입장에서 1단위의 재화·서비스를 추가로 구매할 때 느끼는 만족의 증가분이 한계편익이라면, 1단위를 추가로 구매하기 위해 추기로 지불하는 돈은 한계비용이다. 생산자(기업)의 입장에서는 1단위의 재화·서비스를 더 생산해 얻는 추가 수입이 한계편익이라면, 이때 1단위를 추가로 생산하기 위해 드는 비용이 한계비용이다. 합리적인 소비자나 생산자는 모두 한계비용과 한계편익이 같아지는 지점에서 구매량·생산량을 결정하게 된다.

12. 역선택(Adverse Selection)

역선택은 거래 전에 감추어진 특정한 상황에서 정보가 부족한 구매자가 바람직하지 못한 상대방과 품질이 낮은 상품을 거래하게 되는 가격 왜곡 현상을 의미한다. 예컨대, 중고차를 판매하는 사람은 그 차량의 결점에 대해 알지만 구매자는 잘 모르기 때문에 성능이 나쁜 중고차만 거래된다. 즉, 정보의 비대칭성으로 인해 비효율적인 자원 배분 현상이 나타나며, 이로 인해 사회적인 후생 손실이 발생한다. 또한 보험사에서 평균적인 사고 확률을 근거로 보험료를 산정하면 사고 발생 확률이 높은 사람이 보험에 가입할 가능성이 크다. 이로 인해 평균적인 위험을 기초로 보험금과 보험료를 산정하는 보험회사는 손실을 보게 된다.

13. 도덕적 해이(Moral Hazard)

도덕적 해이는 어떤 계약 거래 이후에 대리인의 감추어진 행동으로 인해 정보 격차가 존재하여 상대방의 향후 행동을 예측할 수 없거나 본인이 최선을 다한다 해도 자신에게 돌아오는 혜택이 별로 없는 경우에 발생한다. 예컨대, 화재보험에 가입하고 나면 화재 예방 노력에 따른 편익이 감소하므로 노력을 소홀히 하는 현상이 발생한다. 또한 의료보험에 가입하면 병원 이용에 따른 한계비용이 낮아지므로 그 전보다 병원을 더 자주 찾는 현상이 발생한다. 아울러 금융기관에서 자금을 차입한 이후에 보다 위험이 높은 투자 상품에 투자하는 것도 도덕적 해이로 볼 수 있다. 이러한 도덕적 해이를 예방하기 위한 실례로 보험회사가 보험자 손실의 일부만을 보상해주는 공동보험 제도를 채택하는 것, 금융기관이 기업의 행동을 주기적으로 감시하는 것(사회이사 제도, 감사 제도), 금융기관이 대출 시 담보를 설정하여 위험이 높은 투자를 자제하게 하는 것 등을 들 수 있다.

14. 고전학파

① 애덤 스미스를 시조로 맬서스・리카도・밀 등으로 대표되는 경제학파로서, 기존의 중상주의를 비판했으며, 자유경쟁을 전제로 노동가치설을 택하며, 시장을 매개로 하는 생산과 분배의 입체적 분석을 추진함으로써 경제학을 하나의 과학으로 체계화했다. 또한 개인의 경제적 자유와 자유방임주의를 주장하는 한편 국가의 개입을 배제하려 하였다(애덤 스미스의 '보이지 않는 손'). 리카도가 주장한 각 국가가 비교우위를 가진 생산에 특화해야 한다는 '비교우위론'은 국제 자유무역의 이론적 토대가 되었다. 또한 인구 증가율이 식량 생산율을 상회하고 유효수요는 총공급을 하회한다는 데서 경제 전반에는 어쩔 수 없는 한계가 있다는 맬서스의 '유효수요 부족설'은 케인스에게 영향을 끼쳤다.

② 고전학파의 전제
  ㉠ 경제주체는 합리적이며, 이윤・효용 극대화를 목표로 경제활동을 영위한다.
  ㉡ 시장은 완전경쟁적이며 경제주체들은 자유로운 시장하에서 매매를 결정한다.
  ㉢ 경제주체들은 시장 조건과 가격에 대한 완전한 정보를 가지고 있다.
  ㉣ 모든 교환은 시장의 수요와 공급을 일치시키는 시장청산가격에서 이루어진다.

15. 케인스학파

① 국가의 개입을 배제하려는 고전학파에 반대해 케인스는 유효수요의 원리에 입각해 경기 순환을 안정시키고 완전고용을 실현하려면 국가의 적극적 개입이 필요하다고 주장했다. 케인스학파는 유효수요의 원리를 인정하고, 경제정책의 목표는 완전고용의 실현에 있으며, 이를 위한 수단으로서 적극적인 재정・금융 정책을 펼쳐야 한다고 주장한다. 즉, 대공황을 극복하기 위해 정부가 경제에 적극 간섭해 지출을 늘려 유효수요를 창출함으로써 대량 실업을 해소하고 완전고용을 달성할 것을 주장했다.

② 케인스학파의 전제
  ㉠ 경제는 본질적으로 불안정하고 불규칙적인 충격에 노출된 상태이다.
  ㉡ 경제 상태에 교란이 일어났음에도 불구하고 보이지 않는 손에 맡겨둔다면(개입이 없다면) 균형 상태를 회복하는 데 매우 오랜 시간이 걸릴 수 있다.
  ㉢ 경제는 본질적으로 공급이 아니라 수요에 의해 결정되며, '유효수요'에 영향을 끼치는 정부의 개입을 통해 완전고용・완전생산 상태에 더 빨리 도달할 수 있다.
  ㉣ 재정정책이 보다 직접적이고 예측이 가능하며 총수요를 직접 늘리기 때문에 통화정책보다 재정정책이 더 유효하다.

16. 리카도의 비교우위론

비교우위는 교역 상대국보다 낮은 기회비용으로 생산할 수 있는 능력으로 정의된다. 또한 비교우위론은 한 나라가 두 재화 생산에 있어서 모두 절대우위에 있더라도 양국이 상대적으로 생산비가 낮은 재화 생산에 특화하여 무역을 할 경우 양국 모두 무역으로부터 이익을 얻을 수 있다는 이론이다. 이러한 비교우위론은 절대우위론의 내용을 포함하고 있는 이론이다. 한편, 애덤 스미스의 절대우위론은 각국이 절대적으로 생산비가 낮은 재화 생산에 특화하여 그 일부를 교환함으로써 상호 이익을 얻을 수 있다는 이론이다.

17. 헥셔 – 오린 정리모형

각국의 생산함수가 동일하더라도 각국에서 상품 생산에 투입한 자본과 노동 비율에 차이가 있으면 생산비의 차이가 발생하게 되고, 각국은 생산비가 적은 재화에 비교우위를 갖게 된다는 정리이다.

이때, 노동풍부국은 노동집약재, 자본풍부국은 자본집약재 생산에 비교우위가 있다. 예를 들어 A국은 B국에 비해 노동풍부국이고, X재는 Y재에 비해 노동집약재라고 가정할 때 A국과 B국의 생산가능곡선은 다음과 같이 도출된다.

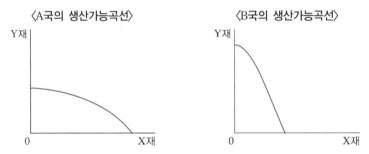

헥셔 – 오린 정리에 따르면 A국은 노동이 B국에 비해 상대적으로 풍부하기 때문에 노동집약재인 X재에 비교우위를 가지고 X재를 생산하여 B국에 수출하고 Y재를 수입한다. 마찬가지로 B국은 자본이 A국에 비해 상대적으로 풍부하기 때문에 자본집약재인 Y재에 비교우위를 가지고 Y재를 생산하여 A국에 수출하고 X재를 수입한다.

18. 래퍼 곡선(Laffer Curve)

미국의 경제학자 래퍼(A. Laffer)가 제시한 조세 수입과 세율 간의 역설적 관계를 나타낸 곡선을 말한다. 래퍼에 따르면 세율이 0%에서 100%로 증가할 때 조세 수입은 상승하다가 정점에 이른 후 다시 하강하는데, 세율(t)을 수평축에, 조세 수입(T)을 수직축에 놓고 이들의 관계를 그려보면 '역 U자' 모양의 곡선이 된다. 즉, 세율이 높아지면 초기에는 세수가 늘어나지만 일정 수준(t_1)을 넘으면 오히려 감소하므로, 현재의 세율이 세수가 가장

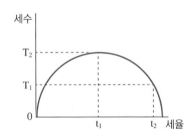

많은 수준(t_1)을 넘지 않았다면 세수 증대를 위해서는 세율을 올려야 하며, 반대로 현재의 세율이 세수가 가장 많은 수준(t_1)을 넘었다면 감세가 세수 증대에 도움이 된다. 다만, 래퍼 곡선은 미국 레이건 정부의 감세 정책을 뒷받침한 이론적 근거로 널리 이용되었으며, 조세 수입을 극대화하는 최적 세율이 어느 정도 수준인지 정확하게 제시하지 못한다는 맹점이 있다.

19. 무차별곡선(Indifference Curve)

무차별곡선은 동일한 수준의 효용을 가져다주는 모든 상품의 묶음을 연결한 궤적을 말한다. A재와 B재 모두 재화라면 무차별곡선은 우하향하는 모양을 이루며(대체 가능성), 원점에서 멀어질수록 높은 효용수준을 나타낸다(강단 조성). 또한 두 무차별곡선은 서로 교차하지 않으며(이행성), 모든 점은 그 점을 지나는 하나의 무차별곡선을 갖는다(완비성). 그리고 원점에 대하여 볼록하다(볼록성).

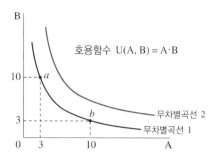

20. 로렌츠 곡선(Lorenz Curve)

인구의 누적점유율과 소득의 누적점유율 간의 관계를 나타내는 곡선으로, 소득분배가 균등할수록 대각선에 가까워진다. 즉, 로렌츠 곡선이 대각선에 가까울수록 평등한 분배 상태이며, 직각에 가까울수록 불평등한 분배 상태이다. 이처럼 로렌츠 곡선과 대각선 사이 면적의 크기는 불평등도를 나타내는 지표가 된다. 로렌츠 곡선 위의 점 A는 소득액 하위 25% 인구가 전체 소득의 12%를, 점 B는 소득액 하위 50% 인구가 전체 소득의 30%를, 점 C는 소득액 하위 75% 인구가 전체 소득의 60%를 점유하고 있음을 의미한다. 다만, 로렌츠 곡선이 서로 교차하는 경우에는 소득분배 상태를 비교할 수 없다. 또한 소득별 분배 상태를 한눈에 볼 수 있으나, 비교하고자 하는 수만큼 그려야 하는 단점이 있다.

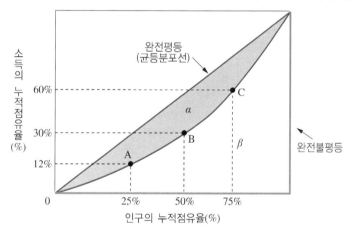

21. 지니계수

로렌츠 곡선이 의미하는 소득분배 상태를 하나의 숫자로 나타낸 것을 뜻하는 지니계수는 완전균등분포선과 로렌츠 곡선 사이에 해당하는 면적(α)을 완전균등분포선 아래의 삼각형 면적($\alpha + \beta$)으로 나눈 값이다. 지니계수는 0 ~ 1 사이의 값을 나타내며, 그 값이 작을수록 소득분배가 균등함을 뜻한다. 즉, 소득분배가 완전히 균등하면 $\alpha = 0$이므로 지니계수는 0이 되고, 소득분배가 완전히 불균등하면 $\beta = 0$이므로 지니계수는 1이 된다. 지니계수는 전 계층의 소득분배를 하나의 숫자로 나타내므로 특정 소득계층의 소득분배 상태를 나타내지 못한다는 한계가 있다. 또한 특정 두 국가의 지니계수가 동일하더라도 소득구간별 소득격차의 차이가 모두 동일한 것은 아니며, 전반적인 소득분배의 상황만을 짐작하게 하는 한계가 있다.

22. GDP(국내총생산)

GDP는 일정한 기간 한 나라의 국경 안에서 생산된 모든 최종 재화와 서비스의 시장가치를 시장가격으로 평가하여 합산한 것이다. '가계소비(C)+기업투자(I)+정부지출(G)+순수출(NX)'로 계산할 수 있으며, 이때 순수출은 수출에서 수입을 차감해 계산한다.

〈명목GDP와 실질GDP〉

명목GDP	• 당해의 생산량에 당해 연도 가격을 곱하여 계산한 GDP로서, 물가가 상승하면 상승한다. • 당해 연도의 경제활동 규모와 산업구조를 파악하는 데 유용하다.
실질GDP	• 당해의 생산량에 기준 연도 가격을 곱하여 계산한 GDP로서, 물가의 영향을 받지 않는다. • 경제성장과 경기변동 등을 파악하는 데 유용하다.

〈실재GDP와 잠재GDP〉

실재GDP	한 나라의 국경 안에서 실제로 생산된 모든 최종 생산물의 시장가치를 뜻한다.
잠재GDP	한 나라에 존재하는 노동과 자본 등 모든 생산요소를 정상적으로 사용할 경우 달성할 수 있는 최대 GDP를 의미한다(잠재GDP=자연산출량=완전고용산출량).

23. GNP(국민총생산)

GNP는 일정한 기간 동안 한 나라의 국민이 소유하는 노동과 자본으로 생산된 모든 최종생산물의 시장가치를 의미한다. GNP는 'GDP+대외순수취요소소득=GDP+(대외수취요소소득−대외지급요소소득)'으로 계산할 수 있다. 이때 대외수취요소소득은 우리나라 기업이나 근로자가 외국에서 일한 대가를, 대외지급요소소득은 외국의 기업이나 근로자가 우리나라에서 일한 대가를 뜻한다.

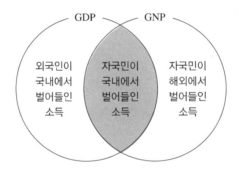

24. GNI(국민총소득)

GNI는 한 나라의 국민이 국내외 생산 활동에 참가하거나 생산에 필요한 자산을 제공한 대가로 받은 소득의 합계이다. GNI는 'GDP+교역조건 변화에 따른 실질무역손익+대외순수취요소소득=GDP+교역조건 변화에 따른 실질무역손익+(대외수취요소소득−대외지급요소소득)'으로 계산할 수 있다.

25. 한국은행

우리나라의 금융과 통화 정책의 주체가 되는 은행으로 화폐(은행권)를 발행·환수·폐기하고, 통화·신용 정책을 수립·집행하며, 우리나라 금융 시스템의 안정을 도모한다. 더불어 금융기관을 상대로 예금을 받고 대출을 해주고, 국고금을 수납·지급하며, 자금의 지급·결제가 편리·안전하게 이루어지도록 관리한다. 또한 외환 건전성 제고를 통해 금융안정에 기여하고 외화자산을 보유·운용하며, 경제에 관한 조사·연구 및 통계 업무를 수행한다.

26. 본원통화(RB; Reserve Base)

본원통화는 통화량 증감의 원천이 되는 돈으로, 특정 시점의 화폐발행고와 예금은행 지급준비 예치금의 합계로 표시된다. 통화는 1차적으로 중앙은행의 창구를 통해 공급되는데, 이를 통화량의 원천이 되는 통화라는 의미로 본원통화라고 부른다. 본원통화는 민간에서 보유한 현금과 금융기관의 지급준비금의 합계, 즉 화폐시장의 파생적 예금통화 공급의 토대가 되는 현금통화와 예금은행의 지급준비금을 더한 것이다. 이는 중앙은행 대차대조표상의 화폐발행액과 금융기관의 지급준비 예치금의 합계와 같다.

27. 환율

외환시장에서 결정되는 두 나라 화폐의 교환 비율을 환율이라고 한다. 환율이 인상되는 경우 자국 화폐의 가치가 하락하는 것을 의미하며, 환율이 인하되는 경우는 자국 화폐가치가 상승함을 의미한다. 평가절상(＝환율 인하, 자국 화폐가치 상승) 시에는 수출 감소, 수입 증가, 경상수지 악화, 외채 부담 감소 등이 발생할 수 있다. 반면, 평가절하(＝환율 인상, 자국 화폐가치 하락) 시에는 수출 증가, 수입 감소, 경상수지 개선, 외채부담 증가 등이 발생할 수 있다.

28. 명목환율

양국 화폐(통화) 간의 상대적인 교환 비율을 뜻한다. 즉, 원화(KRW)로 표시한 외국 통화의 상대적인 가치라고 이해할 수 있다. 따라서 명목환율의 상승은 자국 화폐 가치의 하락을 의미한다.

29. 실질환율

양국 물품(상품) 간의 상대적인 교환 비율을 뜻한다. 즉, A국이 B국의 C라는 특정 상품을 수입하기 위해 수출해야 하는 C상품의 단위 수를 말한다. 실질환율은 명목환율에 자국의 물가와 외국의 물가를 모두 고려한 것$\left(\dfrac{\text{명목환율}\times\text{상대국의 물가}}{\text{자국의 물가}}\right)$이다.

30. 환율경로

중앙은행의 통화정책이 실물경제에 파급효과를 끼치는 전달경로 중 하나인 환율경로는 통화정책이 국내외 금리 격차에 따른 환율 변동으로 총수요에 영향을 끼치는 것을 뜻한다. 외국의 금리가 변동하지 않는 상태에서 한국의 금리가 인상되면 국내 원화표시 자산의 수익률이 상대적으로 높아져 외국 자본의 유입이 촉진된다. 이는 원화에 대한 수요 상승을 의미하므로 원화 가치 또한 상승하게 된다. 이때 원화 가치 상승은 원화표시 수입품 가격을 떨어뜨려 수입품에 대한 수요가 증가하는 반면, 외화표시 수출품 가격을 상승시켜 한국 제품과 서비스에 대한 해외 수요를 감소시킨다.

31. 금리의 종류

기준금리는 중앙은행이 경제활동 상황을 판단하여 정책적으로 결정하는 금리로, 경제가 과열되거나 물가상승이 예상되면 기준금리를 올리고, 경제가 침체되고 있다고 판단되면 기준금리를 낮춘다. 한편, 시장금리는 개인의 신용도나 기간에 따라 달라지는 금리이다.

1년 미만 (단기 금리)	• 콜금리 : 영업활동 과정에서 남거나 모자라는 초단기자금(콜)에 대한 금리이다. • 환매조건부채권(RP) : 일정 기간이 지난 후에 다시 매입하는 조건으로 채권을 매도함으로써 수요자가 단기자금을 조달하는 금융거래 방식의 하나이다. • 양도성예금증서(CD) : 은행이 발행하며, 금융시장에서 자유로운 매매가 가능한 무기명의 정기예금증서이다.
1년 이상 (장기 금리)	• 국채 : 국가가 재정상의 필요에 따라 국가의 신용으로 설정하는 금전상의 채무 또는 그것을 표시하는 채권이다(예 내국채, 외국채). • 회사채 : 주식회사가 일반 사람들에게 채권이라는 유가 증권을 발행하여 사업에 필요한 자금을 조달하는 채무로서, 증권 발행 형식에 따라 원금의 상환 기한과 이자의 지불 등이 약속된다. • 금융채 : 특수 금융기관이 자금을 조달하기 위하여 특별법에 따라 발행하는 채권이다.

32. 금리노마드족

노마드(Nomade)는 유목민・방랑자를 뜻하는 프랑스어이며, 금리노마드족(族)은 보다 높은 금리를 얻을 수 있는 금융상품을 찾아 여러 곳을 돌아다니는 사람 또는 그런 무리를 가리킨다. 저금리 시대의 도래로 인해 이들은 금리가 조금이라도 더 높은 예금・적금으로 갈아타는 행태를 보인다. 이에서 더 나아가 은행권에서 이탈한 자금이 수익률 높은 주식 시장이나 수익형 부동산 등으로 이동하는 것을 가리키는 말로도 쓰인다. 다만 단기성 시장으로 자금이 편중됨에 따라 금융시장의 변동성이 높아져 시장 불안을 일으킬 수 있다는 지적도 있다.

33. 물가지수

① 소비자물가지수(CPI) : 가계의 소비생활에 필요한 재화와 서비스의 소매가격을 기준으로 환산한 물가지수로서 라스파이레스 방식으로 통계청에서 작성한다.
② 생산자물가지수(PPI) : 국내시장의 제1차 거래단계에서 기업 상호 간에 거래되는 모든 재화와 서비스의 평균적인 가격변동을 측정한 물가지수로서 라스파이레스 방식으로 한국은행에서 작성한다.
③ GDP디플레이터 : 명목GNP를 실질가치로 환산할 때 사용하는 물가지수로서(명목GDP÷실질GDP) GNP를 추계하는 과정에서 산출된다. 가장 포괄적인 물가지수로서 사후적으로 계산되며 파셰 방식으로 한국은행에서 작성한다.

34. 최고가격제(가격상한제)

최고가격제는 물가를 안정화하고 소비자를 보호하기 위해 시장가격보다 낮은 수준에서 최고가격을 설정하는 규제이다(예 아파트 분양가격, 금리, 공공요금). 최고가격제를 통해 소비자들은 시장가격보다 낮은 가격으로 재화를 구입할 수 있다. 다만, 초과수요가 발생하기 때문에 암시장이 형성되어 균형가격보다 높은 가격으로 거래될 위험이 있고, 재화의 품질이 저하될 수 있다. 다음의 그래프에서 소비자 잉여는 A+B+C, 생산자 잉여는 D, 사회적 후생 손실은 E+F만큼 발생한다. 공급의 가격탄력성이 탄력적일수록 사회적 후생 손실이 커진다.

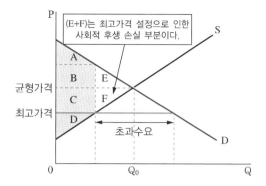

35. 최저가격제(최저임금제)

최저가격제는 공급자를 보호하기 위해 시장가격보다 높은 수준에서 최저가격을 설정하는 규제를 말한다(예 최저임금제). 최저가격제를 실시하면 생산자는 균형가격보다 높은 가격을 받을 수 있다. 또한 소비자의 지불가격이 높아져 소비자의 소비량을 감소시키기 때문에 초과공급이 발생하고, 실업·재고 누적 등의 부작용이 발생한다. 다음의 그래프에서 소비자 잉여는 A, 생산자 잉여는 B+C+D, 사회적 후생손실은 E+F만큼 발생한다. 수요의 가격탄력성이 탄력적일수록 사회적 후생 손실이 커진다.

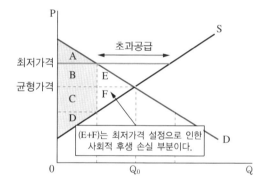

36. 부채 디플레이션

물가의 하락으로 실질금리가 상승하면서 부채의 실질 부담이 증가함에 따라 총수요가 감소하고 경제활동이 침체되는 현상을 뜻한다. 이때 차입자들이 부채 상환을 위해 부동산이나 주식, 담보로 맡긴 자산 등을 서둘러 대거 매각하면서 자산 가치의 급락과 소비 위축이 발생함에 따라 경제 전체가 디플레이션에 봉착할 수 있다.

37. 수요견인 인플레이션

고도성장 과정에서 소득이 늘고 소비·수요가 늘어날 때 이에 대한 재화의 공급이 초과 수요를 따르지 못하여 물가가 오르는 현상을 뜻한다. 경기 과열 등으로 인해 재화·서비스에 대한 개인들의 수요가 급증하면서 상대적으로 부족해진 재화·서비스의 물가가 지속적으로 상승하게 되는 수요견인 인플레이션은 생산요소시장과 생산물시장 모두에서 초과 수요가 발생할 때 나타난다. 확대재정 정책, 과도한 통화량 증가, 민간 소비나 투자의 갑작스러운 변동에 따른 수요 충격 등은 총수요를 증가시켜 수요견인 인플레이션을 일으킬 수 있다.

38. 테이퍼링(Tapering)

'Tapering'은 '끝이 가늘어지는, 점점 감소하는'이라는 뜻으로, 경제 부문에서는 시장에 공급하는 자금의 규모, 즉 유동성의 양을 차츰 줄인다는 의미로 쓰인다. 테이퍼링은 경기 침체기에 경기 회복을 위해 실시했던 각종 완화 정책과 과잉 공급된 유동성을 경제에 큰 부작용이 생기지 않도록 서서히 거두어들이는 전략, 즉 단계적·점진적인 양적 긴축 전략을 뜻한다. 출구 전략의 일종인 테이퍼링은 중앙은행이 채권 매입 규모를 단계적으로 축소해 시중 유동성을 점진적으로 줄이는 정책이다. 즉, 양적완화(자산 매입) 정책의 규모를 점진적으로 축소하는 것이다.

39. 시장실패

① 개념 : 민간의 자유로운 의사 결정으로 경제 활동이 이루어질 때, 시장이 효율적인 자원 배분을 이루어 내지 못하는 현상을 뜻한다. 즉, 시장경제 제도에서 가격 기구에 맡길 경우에 공정한 소득 분배와 효율적인 자원 배분을 실현하지 못하는 상황을 가리킨다.
② 원인
　ㄱ 외부효과(외부성) : 한 경제주체의 행위가 다른 경제주체들에게 기대되지 않은 혜택이나 손해를 발생시키는 경우 시장실패가 나타날 수 있다.
　ㄴ 불완전경쟁 : 제한된 소수 기업만이 존재하는 불완전경쟁시장에서는 개별 기업이 정하는 공급량 및 가격이 시장의 공급량 및 가격에 영향을 주므로 시장실패가 나타날 수 있다.
　ㄷ 공공재의 존재 : 비배제성·비경합성이 있는 공공재의 존재는 이기적인 소비자들의 무임승차 문제와 이에 따른 생산자들의 과소 생산을 유발해 시장실패를 초래할 수 있다.
　ㄹ 정보의 비대칭성 : 시장 거래에 관한 정보가 균등하지 않을 경우 도덕적 해이가 발생하기 쉽다. 정보의 비대칭성으로 인한 도덕적 해이가 확대될 경우 시장의 효율적 작동을 기대하기 어려우므로 시장실패가 나타날 수 있다.

40. 정부실패(Government Failure)

① 개념 : '시장실패를 바로잡기 위한 정부의 개입이 오히려 자원 배분의 효율성을 떨어뜨리거나 공정한 소득 분배의 실현을 저해하는 현상'으로 정의할 수 있다. 시장에 대한 정부의 개입은 소득 분배의 형평성을 실현함으로써 빈부 격차의 심화를 예방하며, 기업의 시장지배와 기업 간 부당거래를 방지함으로써 공정한 경쟁 환경을 만들고, 민간 기업이 감당할 수 없는 공공재를 정부가 공급하는 것 등을 목표로 삼지만, 이러한 목표에도 불구하고 의도한 결과를 얻는 데 실패하거나 심지어 이전의 상태를 더 악화시키는 정부실패를 초래할 수 있다.
② 원인 : 시장에 대한 규제자(정부)의 정보 부족, 관료주의적 폐단과 정치적 제약, 정책 효과가 나타나는 시차, 규제 수단의 불완전성, 규제의 경직성, 근시안적인 규제, 과도하게 무거운 세금, 규제자의 개인적 편견이나 권한 확보 욕구, 정부와 기업의 유착, 이익단체의 압력에 의한 공공 지출의 확대, 정책의 수립과 집행 과정의 비효율성, 공기업의 방만한 운영 등 다양하다.

41. 단기금융시장

① 정부, 기업 등의 경제주체가 자금의 단기적인 수급 불균형을 조절하기 위해 만기가 1년 미만인 금융 상품을 거래하는 시장을 말한다. 기업의 시설자금이나 장기운전자금 조달을 목적으로 발행되는 주식 ·채권 등을 거래하는 자본시장에 대응하여 자금시장(= 단기자금시장, 단자시장)이라고도 부른다. 단기금융시장은 채권·주식 등의 장기금융시장에 비해 빈번하게 상시적으로 거래가 이루어지고 유동성이 높으며 만기가 짧아 금리변동 등에 따른 손실발생 위험이 상대적으로 작다.

② 단기금융시장의 특징

　㉠ 중앙은행 통화정책의 시발점 : 중앙은행의 정책금리 변경은 단기금융시장 금리 변화를 통해 장기 금리 및 금융기관 예금·대출금리에 영향을 끼치고 궁극적으로 생산·물가 등 실물경제에 파급 효과를 끼친다.

　㉡ 유동성 관리 수단 : 경제주체들은 단기금융시장에서 단기자금을 손쉽게 조달·운용함으로써 일 시적인 단기자금 수급 불균형에 따른 유동성 관리를 용이하게 할 수 있다.

　㉢ 위험 관리 수단 : 단기금융상품은 만기가 짧아 장기금융상품보다 금리변동 위험이 작고 유동성 또한 높으므로 금융상품 보유에 따른 위험을 관리하는 수단이 된다.

　㉣ 자금 운용의 효율성 제고 수단 : 단기금융시장이 발달하면 거래자들은 장래 지출에 대비해 보유 해야 할 현금량을 줄일 수 있기 때문에 현금을 보유하는(무이자) 대신 단기라도 자금을 늘려 자금 을 보다 효율적으로 운용할 수 있게 된다. 결국 단기금융시장은 유휴자금의 보유에 따른 기회비 용(예 이자수익의 포기)을 줄임으로써 금융 효율을 높일 수 있는 시장이다.

　㉤ 전체 금융시장 전체에 대한 파급효과 : 단기금융시장의 금리는 시장 참여가자들의 자금 사정이 반영되어 수시로 변동되며, 이러한 금리 변동은 금융기관의 자금조달비용 등에 영향을 끼쳐 금융 기관의 대출량이나 대출 금리를 변화시키고, 장기금융시장의 금리까지 관여함으로써 금융시장 전체에 영향을 끼친다.

③ 단기금융시장의 구성

　㉠ 우리나라에서 콜시장, 환매조건부매매시장, 양도성예금증서(CD)시장, 기업어음(CP)시장, 단기 사채시장, 표지어음시장, 통화안정증권(만기 1년 이내)시장, 재정증권시장 등은 단기금융시장을 구성하는 개별 시장이다. 시장 참여자의 제한 여부에 따라 CD시장처럼 누구나 참여가 가능한 공 개시장 또는 콜시장처럼 참가자가 금융기관으로 제한되는 은행 간 시장으로 나눌 수 있다.

　㉡ 단기금융시장은 거래 주체에 따라 금융기관 사이의 단기자금 거래가 주를 이루는 금융기관 간 시장(예 콜시장) 또는 금융기관과 고객(기업·개인) 간에 자금거래가 공개적으로 이루어지는 대 고객시장(예 CD시장)으로 구분된다.

42. 펀드(집합투자기구)

① 펀드(Fund) : 집합투자를 위해 투자자들로부터 모은 자금의 집합체를 말하는데, 〈자본시장법〉상으 로는 '집합투자기구'를 지칭한다. 이때 집합투자기구는 집합투자를 수행하기 위한 기구로서 신탁 형 태(투자신탁), 주식회사 형태(투자회사), 유한회사 형태(투자유한회사), 합자회사 형태(투자합자회 사), 합자조합 형태(투자합자조합), 익명조합 형태(투자익명조합) 등의 집합투자기구를 말한다.

② 집합투자 : 2인 이상의 투자자로부터 모은 금전 등을 투자자로부터 일상적인 운용지시를 받지 않으 면서 재산적 가치가 있는 투자대상자산을 취득·처분, 그 밖의 방법으로 운용하고 그 결과를 투자자 에게 배분하여 귀속시키는 것을 말한다.

③ 집합투자기구의 장점
　　㉠ 소액으로 분산투자하므로 리스크를 최소화할 수 있다.
　　㉡ 정보 취득·분석, 투자 경험 등에 있어 개인보다 우월한 투자전문가가 투자·관리·운영한다.
　　㉢ 규모의 경제로 인해 비용의 절감이 가능해 거래 비용, 정보 취득 비용 및 자금의 투자·관리에
　　　필요한 시간과 노력으로 인한 기회비용의 등의 절감 등을 기대할 수 있다.

〈펀드의 기본적 종류 및 특징〉

구분		펀드의 종류 및 특징
환매 여부	개방형 펀드	환매가 가능한 펀드로, 운용 후에도 추가로 투자자금 모집 가능
	폐쇄형 펀드	• 환매가 원칙적으로 불가능한 펀드로, 첫 모집 때만 자금 모집 • 기간이 끝나면 전 자산을 정산해서 상환이 이루어짐
추가 불입 여부	단위형 펀드	추가입금이 불가능하고 기간이 정해져 있음
	추가형 펀드	수시로 추가입금이 가능함
자금 모집 방법	공모형 펀드	불특정 다수의 투자자들로부터 자금을 모집함
	사모형 펀드	49인 이하의 투자자들로부터 자금을 모집함

43. 퀀트펀드(Quant Fund)

퀀트(Quant)는 수학·통계에 기반해 투자 모델을 만들거나 금융시장의 변화를 예측하는 사람을 가리키며, 퀀트펀드는 수학·통계 모델을 이용해 시장의 움직임을 컴퓨터 프로그램으로 만들고 이에 근거해 고평가된 자산은 매도하고 저평가된 자산은 매수함으로써 시장 대비 초과수익을 추구하는 펀드를 뜻한다. 퀀트펀드는 객관적 수학·통계 등의 정보를 토대로 계량적으로 매매가 이루어지도록 설계되었기 때문에 안정적인 수익률을 기대할 수 있으나, 신용경색으로 투자자들이 우량 주식을 매도하고 관망할 경우에 퀀트펀드가 이를 저평가로 오인해 매수하면 손실을 초래할 수도 있다.

44. 채권(債券, Bond)

① 개념 : 국가(정부)·지방자치단체·은행·기업 등이 사업에 필요한 자금을 일반인 등으로부터 조달하기 위해 발행하는 일종의 차용증서로서 유가증권을 가리킨다. 상환기한이 정해져 있는 기한부 증권이며, 이자가 확정되어 있는 확정이자부 증권이다. 안전성·안정성·수익성·유동성 등의 특징으로 인해 채권은 투자 자금의 주요한 운용 수단으로 이용된다.
② 특징 : 대체로 정부 등이 발행하며, 채권 가격이 구입가보다 오르면 증권시장에서 매각해 차익을 얻을 수 있고 반대로 구입가보다 낮으면 만기까지 보유해 만기에 약속받은 원리금을 지급받을 수 있으므로 채권은 주식에 비해 안정성이 높다. 또한 채권은 이율에 따른 이자소득과 시세차익에 따른 자본소득을 얻을 수 있으며(수익성), 언제든 현금화할 수 있다(유동성).
③ 종류
　　㉠ 발행 주체 : 국채, 지방채, 회사채, 금융채, 특수채
　　㉡ 상환 기간 : 단기채, 중기채, 장기채
　　㉢ 모집 방법 : 공모채, 사모채
　　㉣ 이자 지급 방법 : 이표채, 할인채, 복리채
　　㉤ 보증 여부 : 보증사채, 무보증사채

④ **가격 결정 요인** : 내부적 요인(만기, 발행주체의 지급불능 위험)과 외부적 요인(시중금리, 경제상황)에 따른 수요와 공급의 변화에 의해 채권 가격은 수시로 달라진다.

⑤ **채권수익률** : 채권 투자로 기대할 수 있는 수익의 크기를 나타내는 척도로서, 발행수익률·시장수익률·실효수익률 등으로 구분된다. 채권수익률에 가장 큰 영향을 끼치는 요인은 해당 채권에 대한 수요와 공급이다. 이때 공급보다는 수요의 영향력이 상대적으로 크다. 이는 채권은 특정 계획에 따라 일정한 양이 공급되지만, 수요는 채권의 가격에 탄력적이기 때문이다.

⑥ **채권투자의 리스크**

 ㉠ **시장위험** : 시장금리와 발행기관의 신용 변동에 따라 구입가보다 시장가격이 낮아질 경우 자본손실을 초래할 수 있다.

 ㉡ **채무불이행** : 발행기관의 경영, 재무상태가 악화될 경우 이자나 원금의 지급이 지연되거나 지급불능 상태가 발생할 수 있다.

 ㉢ **유동성 위험** : 채권의 발행량이 적고 유통시장이 발달하지 못한 경우는 채권을 현금화하기 어려울 수 있다.

⑦ **채권 매매의 실제** : 채권은 거래소를 통한 소액 거래보다는 장외시장에서 기관투자자 간의 대규모 거래가 일반적이기 때문에 개인투자자가 직접 매매하기에는 적합하지 않다. 그러므로 개인투자자의 경우에는 채권형 펀드투자를 통한 간접투자를 하는 것이 일반적이다.

45. 옵션(Option)

① **개념** : '매매 선택권 거래', 즉 일정 기간 안에 특정 상품을 일정한 가격으로 매매하는 권리를 거래하는 것을 가리킨다. 미리 정한 계약 조건에 따라 일정한 기간 안에 상품·유가증권 등의 자산을 사거나 팔 수 있는 권리이다. 옵션은 선택이 가능한 권리이므로 기초자산 가격 변동이 옵션 소유자에게 불리할 경우 옵션을 포기할 수 있다는 점에서 선물(Futures, 계약대로 이행해야 하는 의무)과 다르다.

② **매입자와 매도자** : 옵션 매입자는 매도자에게 일정한 대가를 지불하고 기초자산을 사거나 팔 수 있는 권리를 얻게 되며, 매도자는 매입자의 선택에 따라야 할 의무가 있다. 이때 사거나 팔도록 정한 가격을 행사가격, 기간을 만기, 옵션의 가치를 프리미엄(가격)이라 한다.

③ **콜옵션과 풋옵션**

 ㉠ **콜옵션(Call Option)** : 미래에 기초자산을 특정 가격에 살 수 있는 권리(주가지수의 상승에 따른 위험 회피)

 ㉡ **풋옵션(Put Option)** : 미래에 기초자산을 특정 가격에 팔 수 있는 권리(주가지수의 하락에 따른 위험 회피)

46. 선물옵션(Future Option)

① **개념** : 주식·통화·금리옵션 등의 옵션계약의 기초자산이 모두 현물인 것에 반해 선물옵션은 이러한 현물을 기초자산으로 하는 선물계약 자체를 기초자산으로 하는 옵션이다. 즉, 선물옵션은 선물계약과 옵션계약이 복합된 형태로서, 미리 약속된 선물가격으로 선물가격에 대한 포지션을 취할 수 있는 권리를 부여하는 것이다. 선물옵션을 행사하면 대상이 되는 현물의 매매를 할 수 있는 것이 아니라 현물에 대한 선물계약을 가지게 된다. 일반적으로 선물계약은 기초자산보다 유동성이 높고 거래가 용이하며, 선물옵션은 현물옵션에 비해 거래 비용이 낮다.

ㄱ 선물거래 : 기초자산을 미래 특정 시점에 미리 정한 가격으로 인도·인수할 것을 약속하는 거래

ㄴ 옵션거래 : 일정 기간 내 특정 상품을 미리 정한 가격으로 사거나 팔 수 있는 권리를 거래하는 것

② 선물옵션의 매입자는 대상이 되는 선물의 포지션을 취할 수 있는 권리를 갖지만 의무는 없다. 콜의 경우에는 옵션 소지자가 콜을 행사하면 행사가격으로 선물의 매수 포지션이 발생되며, 풋의 경우에는 옵션 소지자가 풋을 행사하면 행사가격으로 선물의 매도 포지션이 발생된다.

47. 유러피언옵션과 아메리칸옵션

① 유러피언옵션 : 약정 기간의 만기 이전에는 권리를 행사할 수 없고, 오로지 만기에만 권리를 행사할 수 있는 옵션을 뜻한다.

② 아메리칸옵션 : 권리 행사 기간 내 어느 시점에서라도 권리 행사가 가능한 옵션 계약으로서, 권리 행사 최종일 이전이라도 포지션이 유리하게 되면 그 시점에서 이익을 실현하는 것이 가능하다.

③ 버뮤다옵션 : 미리 정한 특정 날짜에 한해서만 권리를 행사할 수 있는 옵션으로서, 유러피언옵션과 아메리칸옵션의 중간 형태라고 할 수 있다.

48. ELS(주가연계증권)와 ELF(주가연계펀드)

① ELS와 ELF는 파생상품 펀드의 일종으로 국공채 등과 같은 안전자산에 투자하여 안전성을 추구하면서 확정금리 상품 대비 고수익을 추구하는 상품이다.

② ELS : 개별 주식의 가격이나 주가지수에 연계되어 투자수익이 결정되는 유가증권으로서, 사전에 정한 2 ~ 3개의 기초자산 가격이 만기 때까지 계약 시점보다 40 ~ 50%가량 떨어지지 않으면 약속된 수익을 지급하는 형식이 일반적이다. 상품마다 상환조건이 다양하지만 만기 3년에 6개월마다 조기 상환 기회가 있는 게 일반적이다.

③ ELF : 투자신탁회사들이 ELS 상품을 펀드에 편입하거나 자체적으로 원금보존 추구형 펀드를 구성해 판매하는 형태의 상품이다. ELF는 펀드의 수익률이 주가나 주가지수 움직임에 의해 결정되는 구조화된 수익구조를 이룬다.

49. ELW(주식워런트증권)

자산을 미리 정해진 만기 및 가격에 사거나(콜) 팔 수 있는 권리(풋)를 나타내는 증권이다. 상품 특성이 주식옵션과 유사하나 법적구조, 시장구조, 발행주체와 발행조건 등에 차이가 있다. 주식처럼 거래가 이루어지며, 만기 시 최종보유자가 권리를 행사하게 된다. ELW 시장에서는 투자자의 환금성을 보장할 수 있도록 호가를 의무적으로 제시하는 유동성공급자(LP; Liquidity Provider) 제도가 운영된다.

50. 내부수익률(IRR; Internal Rate of Return)

투자에 드는 지출액의 현재가치가 미래에 그 투자에서 기대되는 현금 수입액의 현재가치와 같아지는 할인율로, 예측한 미래의 순수익이 실현될 것이라고 가정했을 때 일정 금액의 투자에 대한 수익률을 가리킨다. 즉, 투자자가 특정의 투자 대상에 대해 기대 가능한 연평균 수익률을 뜻한다. 흔히 부동산 등 투자 프로젝트에 대한 대출이나 보증을 할 때 평가 기준으로 활용된다. 다만, 일반적으로 내부수익률은 투자 규모를 고려하지 못한다는 점, 투자 기간이 짧을수록 내부수익률이 높게 산출되기 때문에 투자 기간이 다른 프로젝트를 비교하는 데는 유용하지 못하다는 점 등이 단점으로 지적된다.

51. 은행과점의 대안 : 스몰 라이선스, 챌린저 뱅크

① **스몰 라이선스** : 은행업 인가 단위를 세분화해 핀테크 기업이 은행업의 일부를 영위할 수 있도록 허가하는 제도로, 정식 인가 전 약 1 ~ 2년 동안 자본금 한도 완화 등의 인센티브를 제공해 신규 사업자의 진입과 성장을 지원한다.

② **챌린저 뱅크** : 디지털 기술을 활용해 소비자 중심의 특화된 금융 서비스를 제공하는 핀테크 기업 또는 그러한 금융 서비스를 뜻한다. 즉, 스몰 라이선스를 통해 등장한 소규모 신생 특화은행을 가리킨다. 디지털 기술을 활용한다는 점에서 인터넷전문은행과 유사한데, 챌린저 뱅크는 개인 영업, 기업(소상공인·중소기업) 영업, 주택담보대출 등 특정 영역에서 특화된 서비스를 제공한다는 점에서 차이가 있다. 챌린저 뱅크는 오프라인 지점이 없고 인력을 최소화하기 때문에 낮은 수수료, 고객에게 유리한 금리 등 차별화된 서비스가 가능하다.

③ **등장 배경** : 고금리 등으로 어려운 경제 여건이 지속되고 국민들의 대출이자 부담 등이 가중되고 있음에도 불구하고 은행권은 막대한 이자 수익을 거두고 고액의 성과급을 지급하는 것을 많은 국민들이 비판함에 따라 시중 5대 은행의 과점 체제를 허물고 진입장벽을 낮춤으로써 경쟁을 촉진할 수 있는 개혁안으로 스몰 라이선스와 챌린저 뱅크가 검토되고 있다.

④ **한계점** : 스몰 라이선스를 통해 신규 사업자의 최소 자본금을 낮춰준다고 해도 열악한 수익구조를 극복하고 기존 은행 수준의 리스크 관리를 수행하는 등의 실질적인 경쟁력을 갖출 수 있는지는 장담할 수 없다. 2023년 9월 기준 〈인터넷전문은행 설립 및 운영에 관한 특례법〉이 규정하는 최소 자본금 250억 원인데, 대규모 추가 자본금 확충 없이는 시중은행은커녕 인터넷전문은행과 경쟁도 쉽지 않기 때문이다.

52. 〈상법〉에 따른 보험의 분류

① **손해보험(損害保險)** : 보험계약자(가입자)가 신체상 손해나 재물 손해가 났을 때 보험자(보험회사)가 그 손해를 배상하는 보험이다.

    ㉠ 배상책임보험 : 보험계약자가 타인의 신체(대인보험)나 재물(대물보험)에 손해를 끼침으로써 법률상 책임을 졌을 때 그 손해를 보험자가 배상하는 보험이다.

    ㉡ 재물보험 : 보험계약자(개인 혹은 법인) 소유의 건물, 건축물, 전자기기, 기계, 건설공사 등이 화재 등에 의해 직접손해, 폭발 및 파열손해 등이 발생했을 때 그 손해를 보험자가 배상하는 보험이다.

② **인보험(人保險)** : 보험계약자의 생명이나 신체를 위협하는 사고가 발생한 경우 보험자가 일정한 금액 또는 기타의 급여를 지급하는 보험이다.

    ㉠ 상해보험 : 보험계약자가 우발적 사고로 신체에 상해를 입은 경우 보험금액 및 기타의 급여를 지급하는 보험으로, 보험사고 발생으로 인한 상해의 정도에 따라 일정한 보험금을 지급하는 정액보험과 그렇지 않은 비정액보험이 있다.

    ㉡ 생명보험 : 보험계약자의 사망 또는 일정 연령까지 생존 시 약정한 보험금을 지급하는 보험으로, 노후의 생활비, 사망 후 유가족의 생활 보호를 위한 자금 등을 마련하기 위해 이용한다. 보험금 지급사유에 따라 보험기간 중 계약자가 장해 또는 사망 시 보험금을 지급하는 사망보험, 계약자가 보험기간 종료일까지 생존하는 경우에만 지급하는 생존보험, 생존보험의 저축 기능과 사망보험의 보장 기능을 절충한 생사혼합보험으로 구분된다.

〈보험의 분류(상법)〉

구분	분류
손해보험 (상법 제4편 제2장)	• 배상책임보험(대인배상, 대물배상) • 재물보험
인보험 (상법 제4편 제3장)	• 상해보험 • 생명보험 : 사망보험, 생존보험, 생사혼합보험

53. 보험의 구성 요소

① **보험료(영업보험료)** : 보험계약자가 보험사업자에게 지급하는 약정 금액(납입금)으로, 예정위험률·예정이율·예정사업비율을 토대로 추산된 보험요율에 따라 보험료가 산정된다(예 10억 원 상당의 건물에 보험요율 0.03% 적용 → 10억 원×0.03%=보험료 30만 원).

〈보험료의 구성 요소〉

장기손해보험 및 생명보험	• 보험료=순보험료+부가보험료 • 순보험료 : 위험보험료, 저축보험료 • 부가보험료 : 신계약비(보험설계사들의 수당 등), 유지비, 수금비 등
일반손해보험	• 보험료=순보험료+부가보험료 • 순보험료 : 지급보험금 • 부가보험료 : 사업비, 이윤 등

　　㉠ 위험보험료 : 보험사고 발생 시 보험금을 지급하기 위한 재원으로, 보험사고 발생 가능성(예정위험률)이 높아지거나 보험금 지급 규모가 커지면 위험보험료 또한 인상될 수 있다.

　　㉡ 저축보험료 : 보험계약 만기 시에 보험금을 지급하기 위한 재원

　　㉢ 부가보험료 : 신계약비, 유지비, 수금비, 사업비, 이윤 등 보험사업을 영위하는 데 쓰이는 재원

　　㉣ 보험료지수 : 보험료가 금융감독원이 산정한 표준순보험료보다 얼마나 더 많은지 나타내는 지수로, 보험상품의 위험보험료와 사업비 수준을 나타낸 수치이다. 이 수치가 낮을수록 저렴하다.

② **보험금** : 보험료에 대한 반대급부로 보험사업자가 보험사고에 대해 보험계약자에게 보상하는 일체의 지급금(일시금·분할금)으로, 생명보험에서는 신체·생명과 관련한 인적 손실은 그 가치를 객관적으로 측정하기 어려워 정액보상이 일반적이고, 손해보험에서는 실손보상이 일반적이다.

③ **해지환급금** : 보험계약자가 계약을 해지할 경우 보험회사가 지급하는 금액으로, 납입한 보험료 합계에서 각종 사업비, 해지 시까지의 사고 보장을 위한 위험보험료 등을 차감한 금액이다.

④ **보험계약자** : 보험사업자(보험자)와 보험계약을 맺고 보험료 납부 의무를 지는 주체(개인·법인)이다.

⑤ **보험사업자(보험자)** : 보험사고 발생 시에 보험금 지급의무를 지는 주체(보험회사)이다.

⑥ **보험수익자** : 생명보험 계약에서 보험사고 발생 시 보험금 청구권한을 가진 주체이다.

⑦ **피보험자**

　　㉠ 생명보험의 경우 : 생명·신체에 관해 보험사고의 대상이 되는 자연인이며(피보험자에게 보험사고 발생 시에만 보험금 지급), 보험계약자·보험수익자·피보험자는 모두 같을 수도, 각각 다를 수도 있다.

　　㉡ 손해보험의 경우 : 보험사고 때문에 손해를 입은 자이며, 보험의 목적(피보험자의 재물·재산 등 보험사고의 대상)에 대하여 경제적 이해관계를 가진 자로서 보험사고 발생 시에 보험금 청구권한을 가진 자(법인 가능)이다.

⑧ 보험사고 : 보험계약에서 보험사업자의 보험금 지급책임을 구체화시키는 우연한 사고이다.

⑨ 보험기간 : 보험사고가 발생하면 보험사업자가 보험금 지급 책임을 지는 기간으로, 일시납 또는 첫 번째 보험료를 받은 날부터 시작해 보험계약상의 종료일까지이다.

54. 보험료의 추정치 산출을 위한 수지상등의 원칙

① 수지상등의 원칙은 보험사는 보험가입자(위험집단)가 납입하는 보험료의 총액과 그 보험가입자에게 지급하는 보험금의 총액이 균형을 이루게 해야 한다는 원칙이다. 보험료를 산출할 때는 보험금, 보험료 등을 예측하는 것이 중요하다. 수지상등의 원칙을 위배해 보험료가 높게 책정되면 보험회사의 과다 이익으로 인해 보험 소비자들의 권익을 침해함으로써 가격저항을 초래할 수 있고, 반대로 보험료가 낮게 산정되면 보험회사의 수지 불균형으로 인해 사업의 안정적인 운영이 불가능해질 수 있다.

② 수지상등의 원칙은 '보험상품의 순보험료 총액＝지급보험금 총액의 현가(現價)', '영업보험료의 총액＝지급보험금 및 운영경비 총액의 현가', '기업의 총수입＝총지출의 현가' 등의 3가지 조건을 충족해야 한다.

③ 사회보험은 운영비용의 전부 또는 일부를 국가가 부담하고 이윤을 목적으로 하지 않기 때문에 수지 상등의 원칙으로부터 비교적 자유롭지만, 민간 보험사에서 운용하는 보험상품은 수지상등의 원칙에 따라 상품을 설계할 때 인건비 등의 운영비를 비용(지출)으로 간주한다.

55. 사망보험과 종신보험

피보험자가 보험기간 중 사망했을 때 보험금이 지급되는 사망보험은 정기보험과 종신보험으로 나눌 수 있다. 정기보험은 보험기간을 미리 정해놓고 피보험자가 그 기간 내에 사망했을 때 보험금이 지급되는 반면, 종신보험은 보험기간을 정하지 않고 피보험자가 일생을 통하여 언제든지 사망했을 때 보험금이 지급된다. 1997년 IMF 구제금융 사태 이후 대량 판매되었던 종신보험 시장이 포화됨에 따라 새롭게 CI보험(중대한 질병보험), 장기간병보험 등 다양한 질병 중심의 상품을 개발해 출시하는 경향이 있다.

56. 변액보험

생명보험의 일종으로, 보험회사가 보험계약자로부터 납입받은 보험료를 특별계정을 통해 기금을 조성한 후 주식, 채권 등에 투자해 발생한 이익을 보험금 또는 배당으로 지급하는 상품이다. 종류로는 변액종신보험, 변액연금보험, 변액유니버설보험 등이 있다. 2001년 변액보험 제도가 도입된 이후 보험상품 또한 자산운용의 수단으로 인식되면서 변액보험의 비중이 상승하는 추세이다. 투자 수익률에 따라 받을 수 있는 보험금이나 환급금이 달라지는 등 수익성을 기대할 수 있으나, 투자 결과에 따라 원금 손실 또는 원금 이상의 보험금을 내야 할 수도 있다. 한편 변액보험의 최저보증 제도는 변액보험 가입자들에게 만기 또는 연금 지급 개시 전까지 계약을 유지하면 이미 납입한 보험료의 최저 지급을 보장하는 것이다.

〈생명보험의 분류〉

구분	내용		
주된 보장(사망 또는 생존)	• 사망보험(정기보험, 종신보험)	• 생사혼합보험(양로보험)	• 생존보험
보험상품의 성격	• 저축성보험 • 양로보험	• 보장성보험 • 연금보험(개인연금, 퇴직연금보험)	• 교육보험
피보험자의 수	• 개인보험	• 단체보험	
배당의 유무	• 유배당보험	• 무배당보험	
가입 시 건강진단의 유무	• 유진단보험(건강진단보험)	• 무진단보험	

57. 무배당보험과 유배당보험

① **배당보험의 구분** : 보험회사는 보험계약자가 납부한 보험료를 운용해 얻은 수익을 보험계약자에게 지급한다. 이때 보험은 배당의 유무에 따라 배당금을 지급하지 않는 대신 보험료가 상대적으로 낮은 무배당보험 또는 배당금을 지급하는 대신 보험료가 상대적으로 높은 유배당보험으로 나눌 수 있다. 무배당보험이 보험료를 인하함으로써 이익이 발생하기 전에 이익을 지급하는 것이라면, 유배당보험은 이익이 발생한 후에 그 이익을 보험계약자에게 지급하는 것이다.

② **무배당보험과 유배당보험의 차이점** : 만기 시에 무배당보험은 보험회사에 이익이 발생해도 배당을 받지 못하고 약관에서 정한 환급금만을 보장받는다. 그러나 유배당보험은 환급금과 함께 이익을 배당금 형식으로 지급받을 수 있다. 유배당보험은 금리가 상승하고 주식시장이 활황일 때 유리한 것과 반대로 무배당보험은 금리가 하락하고 주식시장이 하락할 때 유리하다.

58. 적하보험

해상보험의 일종인 적하보험은 배에 실은 짐이 없어지거나 헐거나 깨졌을 때에 생기는 재산상의 손해를 보충할 목적으로 가입한다. 적하(積荷)라고 볼 수 없는 저하(底荷)·연료·어구 등은 포함되지 않지만, 반드시 상품에 한하는 것은 아니다. 화물 이외에 승객의 수하물, 소지품, 유가증권 등 양륙이 예정된 운송물이면 모두 포함된다.

59. 지주회사(Holding Company)

① **개념** : 모회사(지배하는 회사)가 자회사(지배를 받는 회사)의 주식 총수에서 과반수 또는 지배에 필요한 비율을 소유·취득해 해당 자회사의 지배권을 갖고 자본적·관리기술적인 차원에서 지배 관계를 형성하는 기업이다.

② **법적 정의** : 주식(지분을 포함한다)의 소유를 통하여 국내 회사의 사업내용을 지배하는 것을 주된 사업으로 하는 회사로서 자산총액이 5,000억 원 이상인 회사를 말한다(독점규제 및 공정거래에 관한 법률 제2조 제7호). 이때 회사가 소유하고 있는 자회사의 주식(지분을 포함한다)가액의 합계액(자산총액 산정 기준일 현재의 대차대조표에 표시된 가액을 합계한 금액을 말한다)이 해당 회사 자산총액의 100분의 50 이상인 것으로 한다(동법 시행령 제3조 제2항).

③ **구분**
  ㉠ 순수지주회사 : 다른 기업의 사업내용 지배만을 목적으로 하는 지주회사이다.
  ㉡ 사업지주회사 : 자기 사업을 영위하면서 다른 기업의 사업내용을 지배하는 지주회사이다.

④ **장점**
  ㉠ 비교적 소자본으로도 거대한 생산과 자본에 대한 독점적 지배망을 넓힐 수 있다.
  ㉡ 지주회사를 설립해 여러 자회사를 두면 여러 가지 사업을 동시에 진행하기 용이하고, 위험을 관리하기 위해 사업 부문에 따라 매각·인수 등도 수월해진다.
  ㉢ 지배 구조가 단순해져 경영의 효율성을 높일 수 있고, 보다 투명한 경영을 도모할 수 있다.

60. EVA(Economic Value Added, 경제적 부가가치)

기업이 투입한 자본과 대비하여 실제로 벌어들인 이익이 얼마인지를 나타내는 경영 지표로, 영업이익에서 세금과 자본비용을 차감한 금액이다. 즉, 'EVA＝영업이익－법인세－총자본비용'으로 계산할 수 있는데, 이때 총자본비용은 '타인자본 조달비용＋자기자본에 대한 기회비용'으로서 가중평균값을 말한다. 보통 타인자본 조달비용은 은행대출 이자율을, 자기자본 비용은 1년 만기 정기예금 이자율을 기준으로 한다. EVA는 기업 가치의 실제적인 증가 혹은 감소를 비교적 정확하게 측정한다고 볼 수 있으며, 신규 사업에 대한 투자의 사전 검증뿐만 아니라 사후 평가도 가능하기 때문에 기업의 투자와 경영 성과를 평가할 때 유용한 판단 기준을 제공한다. 다만 EVA는 기업의 재무 상태를 정확하게 검증할 수 있으나, 기업 내부평가, 기업의 성장성, 고객 만족도 등에 대해서는 평가하기 어렵다. 또한 EVA를 계산하는 요소 가운데 하나인 자기자본 비용은 실제로 소요되는 비용이 아니므로 객관적인 계산이 어렵다.

61. 증자(Capital Increase)

① 개념 : 주식회사나 유한회사가 사업의 확장, 설비자금의 확보, 운전자금의 보충 등을 위해 자본을 늘리는 일을 뜻한다. 자금을 조달하려면 신주의 발행을 통한 자기자본의 조달 또는 차입금・사채에 의한 타인자본의 조달 등이 필요한데, 증자는 이 중 자기자본의 조달을 의미한다. 다만, 합병 등에 의한 자본금의 증가를 증자라고 하지 않는다.

② 유상증자와 무상증자

유상증자(실질적 증자)	무상증자(형식적 증자)
신주를 발행해 신규로 자금을 조달하므로 실제 자본금이 증가함	적립금의 자본전입이나 주식배당 등 법률상・명목상의 증자
주식자본이 증가함	주식자본이 증가함
실질재산이 증가함	실질재산이 증가하지 않음

③ 보통 증자는 유상증자를 가리키며, 증자 후에 대개는 주가가 일시적인 하락을 겪는데, 이를 권리락 주가 또는 권리락 가격이라 부른다. 이는 증자를 한 만큼 주식 수가 증가했으므로 이를 감안한 주가가 형성되기 때문이다. 또한 원칙적으로 무상증자는 주주의 실질적 이익을 증가시키는 것이 아니므로 주주는 이익을 기대할 수 없으나, 일반 투자자들은 무상증자가 단기적으로 주가를 끌어올린다고 여기기 때문에 전문가들은 단기적으로는 호재, 장기적으로는 악재로 보기도 한다.

62. 규모의 경제와 범위의 경제

① 규모의 경제(Economies of Scale)
  ㉠ 기업이 재화・서비스 생산량을 늘림에 따라 추가적으로 소요되는 평균 생산비가 점차 증가하는 일반적인 경우와 달리 일부 재화・서비스의 경우에 생산량이 늘어날수록 평균 생산비가 감소하는 현상을 규모의 경제라 부른다.
  ㉡ 규모의 경제는 초기 생산 단계에서 막대한 규모의 투자 비용이 투입되지만 생산에는 큰 비용이 들지 않는 철도・통신・전력 산업에서 나타나는데, 이들 산업은 생산이 시작된 이후 수요가 계속 증가하면서 평균 생산비가 감소하는 특징이 있다.
  ㉢ 분업에 따른 전문화 이익이 존재하는 경우에도 규모의 경제가 나타난다. 분업을 할 경우 생산량이 늘어나면서 평균 비용이 감소하는 것이다.

② 범위의 경제(Economies of Scope)

  ㉠ 단일한 기업이 한 종류의 제품만 생산하는 경우보다 여러 제품을 같이 생산하여 평균 생산비가 적게 들 때 범위의 경제가 존재한다고 말한다. 예컨대, 승용차와 트럭을 같이 생산하는 기업은 소재·부품이나 조립 라인 등의 생산시설을 공동으로 사용할 수 있다.

  ㉡ 동일한 생산요소를 사용하거나 기업 운영 및 마케팅 활동을 함께 하는 등 생산물이 가진 특성 때문에도 범위의 경제가 나타날 수 있다. 연구개발·판매·생산은 공동으로 하면서 제품의 종류만 달리할 경우 비용이 절감될 수 있는 것이다.

  ㉢ 기존 산업과 비슷한 산업에 진출할 경우 시너지 효과로 인해 범위의 경제를 기대할 수 있는데, 은행이 보험상품을 판매하는 방카슈랑스를 사례로 들 수 있다.

63. 외부불경제

① 어떤 개인이나 기업의 행동이 다른 개인이나 기업에게 나쁜 영향을 주는 일을 뜻하며, 예로는 각종 공장의 매연이나 소음 등이 있다. 즉, 한 경제 주체의 생산·소비가 시장 교환 과정에 참여하지 않은 다른 생산자·소비자에게 불리한 영향을 끼치는 것을 뜻하며, '외부비경제'라고도 부른다. 외부불경제는 어떤 경제 주체의 행위가 직간접적으로 다른 경제 주체에게 의도치 않은 피해를 끼치면서도 시장을 통해 그 대가를 지불하지 않는 상황을 뜻한다는 점에서 '부정적 외부효과'라고도 한다. 반대로 이익이 되는 영향을 끼치는 경우는 '외부경제', '긍정적 외부효과'라고 부른다.

② 외부불경제를 해소하기 위해 외부효과가 일어나는 상황에서 사회 전체가 최적 상태에 도달하려면 한 경제 주체에게 부여되는 비용과 편익뿐만 아니라 다른 경제 주체(제3자)에게 끼칠 수 있는 영향도 숙고해야 한다. 외부불경제는 세금 징수나 벌금 등의 규제로써 억제하고, 외부경제는 보조금 지급 등의 방법으로 권장해야 한다.

64. 프로젝트 파이낸싱(PF; Project Financing)

① 흔히 'PF'라고 부르기도 하는 프로젝트 파이낸싱의 사전적 의미는 건설이나 대형 사업과 같은 특정 프로젝트에서 사업성과 미래에 발생할 현금 흐름(Cash Flow)을 담보로 삼아 그 프로젝트의 수행 과정에 필요한 자금을 조달하는 금융 기법이다. 즉, 프로젝트 자체를 담보로 설정한 대규모 자금 조달 방식으로 볼 수 있다. 별도의 특수목적 회사(SPC)가 프로젝트 주체(Project Company)로 국제금융기관, 은행, 자본주 등의 투자자로부터 사업 자금을 모집하고, 사업이 끝나면 지분률에 따라 수익을 투자자들에게 배분한다.

② 토지·건물 등이 아니라 사업의 미래 수익성, 사업 주체의 신뢰도 등을 담보로 삼아 국제금융기관 등 복수의 투자자들로부터 대규모로 자금을 모을 수 있다. 프로젝트가 실패할 경우에도 모회사는 차입금 상환에 대한 부담이 없고, 투자 리스크를 분산할 수 있다. 다만, 현실적으로는 프로젝트 리스크가 커짐에 따라 모회사가 직·간접적으로 보증을 서기도 한다. 수익성이 높은 만큼 실패 위험도 상존하기 때문에 금융기관은 자금 투자뿐만 아니라 사업성 검토, 입찰 준비 등의 제반 업무에 관여한다.

65. 유동부채와 비유동부채

① 개념 : 유동부채는 기업의 부채 가운데 1년 안에 갚아야 하는 빚(외상대금, 단기차입금, 급한 어음)을, 비유동부채(고정부채)는 1년 이내에 상환되지 않을 빚(사채, 장기차입금, 관계회사차입금)을 뜻한다. 이러한 유동부채의 비율, 즉 자기자본에 대해 유동부채가 차지하는 비율은 자본 구성의 안전성을 판단하는 척도가 된다.

② 운전자본 : 유동부채는 지급기한이 짧으므로 기업이 지급 능력을 유지하려면 유동부채보다 더 많은 유동자산을 보유하고 있어야 한다. 이때 유동자산이 유동부채를 초과하는 부분을 운전자본이라 하며, 운전자본은 경영자가 단기 기업 활동을 수행할 때 자유로이 사용할 수 있는 자금이 된다.

③ 기업회계기준에 따른 구분 : 기업회계기준에서는 유동부채를 당좌차월, 외상매입금, 지급어음, 단기차입금, 미지급금, 선수금, 예수금, 미지급 비용, 미지급법인세, 관계회사 단기차입금, 주주·임원 종업원 단기차입금, 유동성 장기부채, 선수수익, 부채성 충당금, 기타의 유동부채 등으로 세분하며, 기업의 부채 중 유동성을 충족하지 않는 모든 부채는 비유동부채로 본다.

66. 기대신용손실(ECL; Expected Credit Loss)

개별 채무 불이행 발생 위험으로 가중평균한 신용손실(모든 현금 부족액의 현재가치)을 뜻한다. 이때 현금 부족액은 계약상 수취하기로 한 현금흐름과 수취할 것으로 기대되는 현금흐름의 차이를 말하며, 기대신용손실은 지급 시기와 지급액을 고려하므로 전부 지급받는다고 예상해도 그 예상 시기가 계약상 지급 시기보다 늦다면 신용손실이 발생한다. 즉, 기대신용손실은 결산일에 보유 중인 매출채권 잔액에 대해서 미래 기간 동안 채무 불이행으로 인해 예상되는 손실액을 계산해 이 금액을 현재가치로 평가한 금액을 대손충당금으로 설정하는 것이다. 기대신용손실은 신용위험의 유의적인 증가 여부에 따라 최소한 12개월 기대신용손실 또는 전체 기간 기대신용손실을 각각 손실충당금으로 인식한다.

67. 대손충당금

받을 어음, 외상 매출금, 대출금 등에서 받지 못할 것으로 예상해 장부상으로 처리하는 추산액을 뜻한다. 즉, 기업이 보유하는 채권 중에서 거래 상대방의 부도 등으로 받기 어려워 손실이 발생할 수 있는데, 이러한 손실을 충당하기 위해 미리 비용으로 처리해서 사내에 유보해둔 자금을 가리킨다. 〈은행업 감독규정〉에서는 은행들에게 차주의 채무상환능력 등을 감안해 자산 건전성을 분류하고, 이에 따라 대손충당금을 적립하도록 하고 있다.

68. 대안신용평가(ACSS; Alternative Credit Scoring System)

전통적인 신용평가에서 활용되는 대출·연체 정보 등의 금융 정보 이외에 대체 정보를 활용해 신용등급·점수를 산정하는 것을 뜻한다. 이때 대체 정보는 신용카드 취소 내역, 온라인 구매 정보, 모바일 이용 내역, 포인트 적립 정보, SNS 정보, 공공요금 납부 내역 등의 비(非)금융 정보를 가리킨다. 대안신용평가를 통해 학생, 가정주부처럼 금융 정보가 부족해서 제도권 금융에서 소외되었던 계층과 영세 소상공인의 신용을 평가해 맞춤형 대출 상품 등의 금융 혜택을 제공할 수 있다. 다만, 대안신용평가는 적시성, 포용 가능성, 정확도 면에서 기존의 신용평가 모형을 보완할 수 있지만, 데이터 확보와 프라이버시 등은 해결해야 할 문제로 지적된다.

69. 가중평균자본비용(WACC; Weighted Average Cost of Capital)

① 개념 : 우선주, 보통주, 부채, 유보이익 등으로 인한 기업의 자본비용을 시장가치 기준에 따라 각각 이 총자본에서 차지하는 자본 구성 비율로 가중해 평균한 것을 뜻하는 WACC는 기업의 총자본에 대한 평균조달비용으로서, 일반적으로 기업의 자본비용을 가리킨다. 즉, 자본 사용에 따라 부담해야 하는 최저의 수익률로, 투자를 통해 얻어야 하는 최소한의 수익률인 것이다.

② WACC의 계산 : WACC를 구할 때 가중치를 시장가치 기준의 구성 비율로 하는 것은 채권자와 주주의 현재 청구권에 대한 요구수익률을 측정하기 위해서이다. 기업 자산에 대한 요구수익률은 자본을 제공한 주주·채권자가 평균적으로 요구하는 수익률을 가리키는데, 자본비용은 투자자(주주·채권자)에게는 요구수익률이 되며, 기업에게는 기업 가치의 극대화를 위한 투자 결정과 자금조달 결정의 기준이 되어 기업이 재무적 의사를 결정할 때 매우 중요한 변수가 된다. 다만, 이론적으로 WACC는 '$\left(자기자본비용 \times \dfrac{자기자본}{총자본}\right) + \left(타인자본조달비용 \times \dfrac{타인자본}{총자본}\right) \times (1 - 법인세율)$'이라는 산출 공식에 따라 그 값을 도출할 수 있으나, 실제 기업 현장에서 자본비용을 계산하는 일관된 방법이 존재하지 않기 때문에 다양한 당사자들의 상이한 관점에 따라서 다른 값이 도출될 수 있다.

70. 균형성과 기록표(BSC; Balanced Score Card)

기업의 새로운 전략을 관리하고 성과를 평가하기 위한 기록표이다. 조직의 비전과 전략 목표를 실현하기 위해 재무, 고객, 내부 프로세스, 학습과 성장 4가지 관점에서 기업별 특성에 맞는 성과 지표를 도출하고 각 지표마다 가중치를 적용해 성과를 관리하는 것이다. 이는 단기적 성격의 재무적 목표 가치와 장기적 목표 가치들 간의 조화를 추구한다. 기존의 회계적 성과 측정을 넘어서 기업의 전략적 방향성을 함께 고려해서 성과 측정이 가능하다는 장점이 있으나, 많은 복잡성이 존재하기 때문에 규모가 큰 기업에서 주로 이용되고 있다.

71. 당좌차월

기업이 일시적인 자금 부족의 보완책으로 금융기관에 실제로 예금한 잔액보다 더 큰 액수의 수표를 발행하는 형식으로 단기 자금을 대출받는 것을 뜻한다. 금융기관의 입장에서는 당좌대월이라 할 수 있다. 당좌차월은 금융기관에 대한 기업의 부채이며 보통 이자가 붙어 지급이자가 발생하고, 재무제표상 단기 차입금에 해당한다. 당좌대월을 받기 위해서는 기업과 금융기관이 사전에 한도를 정하는 계약을 맺어야 하며, 이때 일반적으로 유가증권·정기예금 등을 근담보로 설정한다.

72. 재무회계와 관리회계

① 재무회계 : 기업의 출자자를 비롯한 외부의 이해관계자에게 재무 보고를 하기 위해 수행되는 회계 기록과 계산을 통틀어 이르는 말로, 기업의 분배 가능 이익을 산정하여 표시한다.

② 관리회계 : 기업 경영자가 내부적으로 경영 관리를 위하여 하는 회계를 가리키는 말이다. 즉, 재무회계의 목적이 기업 외부의 투자자·채권자 등에 초점을 맞춰 그들의 경제적 의사결정에 도움을 주기 위해 제공하는 것에 있다면, 관리회계의 목적은 경영 의사결정에 필요한 회계 정보를 기업 내부의 경영관리자 등에게 제공하는 것에 있다.

〈재무회계와 관리회계의 차이점〉

구분	재무회계	관리회계
목적	재무제표를 통해 기업 외부의 이해관계자들에게 회계·재무 정보를 제공함	기업 내부의 경영관리자 등에게 경영 의사결정에 필요한 회계·재무 정보를 보고함
정보의 종류	회계·재무 정보 (회계·재무 상태에 대한 요약)	회계·재무 정보+인사 등 회계·재무 이외의 정보(다양하고 상세·완전한 정보)
정보의 성격	객관적·과거지향적	목적 적합성 강조, 미래지향적
작성 시기	회계기간(1년) 말에 주기적으로	필요와 요구에 따라 수시로
감사 여부	감사함	감사하지 않음

73. 역사적 원가와 현행원가

① **역사적 원가** : 실제로 소비(현금지출 등)한 재화의 수량과 그것을 취득한 금액으로 산출한 원가를 뜻하며, 실제원가·취득원가라고도 부른다. 이때 취득에 소요되는 부대 비용을 포함하는 것이 일반적이다. 역사적 원가주의는 자산을 취득한 원가로 대차대조표에 기록하고 보고하는 회계 원칙으로서, 기업회계 원칙에서는 역사적 원가를 자산평가의 기준으로 본다.

② **현행원가** : 동일·동등한 경제적 효익을 가진 자산을 현재 시점에서 취득할 경우에 지급해야 할 현금 및 현금성 자산의 금액을 가리킨다. 현행원가 회계는 자산과 부채(현재 시점에서 그 의무를 이행하는 데 필요한 현금 및 현금성 자산의 할인하지 않은 금액)를 측정할 때 역사적 원가 대신에 자산별 현행원가를 사용해 계상하는 회계로서, 개별 자산의 가격 변동의 상황이 각각 다른 것을 고려해 시장에서 형성된 현재 금액을 유지하기 위한 것이다. 이는 화폐의 일반 구매력을 고려하지 않고 자산별로 개별 물가지수를 적용하는 데 실현보유손익과 미실현보유손익을 계상하게 된다.

③ **현행원가 회계의 한계** : 수익 – 비용 대응의 합리화, 기간별 비교 가능성 제고, 실질자본 유지에 필요한 정보 제공, 미래현금유입액의 추정 정보 제공 등이 가능하지만, 원가 결정의 어려움, 구매력 손익 정보 제공 불가능 등의 단점이 있다.

74. 재고자산의 평가 방법 1 : 선입선출법

① **개념** : 선입선출법은 재고자산의 출고 단가를 결정할 때 장부상으로 먼저 입고된 것부터 차례로 출고되는 것으로 보고 재고자산의 출고 단가를 결정하는 방법으로, 물가가 떨어질 때 자산 내용이 견실하게 평가된다. 따라서 재고품은 비교적 최근에 입고된 물품의 원가로 구성되며, 출고품의 가격은 일찍 입고된 물품의 원가에 의해 결정·표시된다.

② **장점** : 미실현손익을 포함하지 않은 재고자산 원가가 실제 기록에 의해 조직적으로 계산된다는 점, 재고품의 평가액이 시가에 비교적 가깝다는 점, 장부상 처리가 실제 재고품의 흐름과 다르더라도 재고관리상 편리하다는 점, 디플레이션 때에 이익이 과대 계상되지 않는다는 점 등의 장점이 있다.

③ **단점** : 인플레이션의 경우에는 비용을 낮게 평가하고 이익을 과대 계상하며, 동종의 물품을 동시에 출고할 때에도 각기 다른 수종의 단가를 적용하게 되어 계산이 복잡하다는 한계가 있다.

75. 재고자산의 평가 방법 2 : 후입선출법

① 개념 : 선입선출법과 상대되는 개념인 후입선출법은 재고자산을 평가할 때 최근에 사들인 것부터 출고한 것으로 하여 원가를 계산하는 방법이다. 재고자산 원가의 흐름을 가정한 것이므로 실제 재고의 흐름과는 상관없으며, 'Last-in First-out'이라는 영어 명칭처럼 최근에 창고에 입고된 것을 먼저 출고하는 재고흐름을 가정한다. 다만, 현행 한국채택국제회계기준(K-IFRS)에서는 후입선출법을 인정하지 않으며, 후입선출법을 인정하는 일반기업회계기준에서는 회계기준이 인정하는 다른 재고자산 평가 방법을 적용한 재고자산평가액 등 추가적인 정보를 주석을 통해 기업이 제공하도록 요구하고 있다.

② 장점 : 매출원가를 최근의 구입 단가로 적용해 당기 수익에 당기 원가를 대응함으로써 수익과 비용의 기간적 대응의 원칙에 적합하고, 인플레이션으로 화폐 가치가 하락하는 경우에는 최근의 구입 원가를 반영하기 때문에 재고자산의 평가이익을 판매이익으로 넣지 않아 객관성을 확보할 수 있다.

③ 단점 : 재무상태표상 재고자산을 최근 재고원가 수준과 거의 관련이 없는 금액으로 평가하게 되고, 기중 재고의 판매량이 당기 구입 재고자산을 초과해 재고자산이 감소하는 경우 오랫동안 과거 원가로 평가된 재고자산이 매출원가에 포함되면서 손익의 왜곡이 발생할 수 있다는 한계가 있다.

76. 재고자산의 평가 방법 3 : 가중평균법

① 개념 : 단가에 수량을 가중치로 곱해 평균단가를 산출하는 방법으로, 재고자산을 평가하거나 재료 등의 소비가격을 계산할 때 이용된다. 재고자산과 회계기간 중에 매입 또는 생산된 재고자산의 원가를 가중평균해 재고 항목의 단위원가를 결정한다. 기업의 상황에 따라 매입·생산할 때마다 계산하는 이동평균법 또는 주기적으로 계산하는 총평균법 등이 있다.

② 이동평균법 : 특정 시점에서 매출되는 상품은 그 시점에 기업이 보유 중인 상품일 수밖에 없으며 이것들은 동일한 상품인 한 동일한 원가로 평가해야 함을 전제로 한다. 상품을 구입할 때마다 금번 매입액과 직전 잔고란 금액을 합해 그 시점의 매입원가 총액을 구한 후, 이 금액을 금번 매입량과 직전 잔고량의 합계 수량으로 나누어 이동평균단가를 구한다.

③ 총평균법 : 일정 기간에 매출되는 상품은 동일한 원가로 평가해야 함을 전제로 하며, 기말시점에 기말상품재고액과 당기상품매입액을 합한 판매가능금액 전체를 구한 다음, 이를 그 기간의 판매가능수량 전체로 나누어 총평균단가를 산출하기 때문에 기중에 상품의 단가를 알 수 없다는 맹점이 있다.

구분	비교
매출원가, 현금흐름	후입선출법>총평균법>이동평균법>선입선출법
기말재고자산, 당기순이익, 법인세	후입선출법<총평균법<이동평균법<선입선출법

77. 재고자산의 평가 방법 4 : 개별법

① 개념 : 구입한 모든 개개의 상품·제품에 대해 개별적인 원가를 계산하는 방법으로서, 각 재고상품의 평균원가로 계산하는 가중평균법에 상대되는 개념이다.

② 장단점 : 원가의 흐름과 물량의 흐름이 완전히 일치해 정확한 계산이 가능하지만, 재고자산의 종류와 수량이 많고 단위원가의 금액이 상대적으로 적은 경우에는 효율적이지 않으며, 경영자가 임의로 특정 재고를 판매된 것으로 간주해 매출원가와 기말재고액을 조작할 가능성도 있다. 또한 일반적으로 상호 교환이 가능한 대량의 재고자산 항목에 개별법을 적용하는 것은 적절하지 않다.

03 | 디지털 · IT 상식

1. 임베디드 금융(Embedded Finance)

① **개념** : 비금융기업이 금융기업의 금융 상품을 중개·재판매하는 것을 넘어 IT·디지털 기술을 활용해 자체 플랫폼에 결제·대출 등의 비대면 금융 서비스(핀테크) 기능을 내재화(Embed)하는 것을 뜻한다. 은행이 제휴를 통해 금융 서비스의 일부를 비금융기업에서 제공하는 서비스형 은행(BaaS; Banking as a Service)도 임베디드 금융의 한 형태로 볼 수 있다.

② **성장 배경** : 코로나19 장기화 사태로 소비 형태가 온라인으로 바뀌면서 비대면 금융 서비스를 더 빠르고 간편하게 이용하려는 수요의 급증과 클라우드컴퓨팅, 개방형 API(Application Programming Interface) 등 디지털 기술의 발달, 금융 규제 완화 추세 등은 임베디드 금융이 성장하는 원동력이 되고 있다.

③ **국내 현황** : 결제, 대출, 보험의 순서로 임베디드 금융이 활발하게 이루어지고 있다. 다만 국내 임베디드 금융 서비스는 대부분 결제 서비스에 집중되어 있고(네이버·카카오·현대차 등), 외국에 비해 규모가 작다. 따라서 새로운 분야로 확장될 수 있도록 기업과 정부의 협력, 임베디드 금융 시장 참여자들 사이의 인수·제휴·협업 등의 상생·협력 강화, 기술 역량 강화로 경쟁력 개선 등이 필요하다.

〈임베디드 금융의 기대 효과〉

비금융기업	자사의 기존 서비스를 금융 서비스 제공에 활용할 수 있어 금융 서비스 내재화를 위한 시간적·금전적 투자 절감, 방대한 고객 데이터와 금융 서비스를 접목함으로써 고객에게 적합한 상품 추천 및 고객 충성도 제고와 기반 확장 → 금융 편의성 개선으로 자사의 제품 판매 향상
금융기업	금융 기능을 제공한 대가로 비금융기업으로부터 받는 수수료, 고객 접점 확대(비금융기업의 고객을 활용)를 통해 새로운 수익 창출
핀테크기업	비금융기업과 금융기업을 중개·연결한 대가로 비금융기업으로부터 받는 수수료, 고객에게 금융 서비스를 제공할 수 있는 새로운 기회를 얻음
소비자(고객)	구매와 동시에 결제 등 금융 서비스를 보다 저렴·간편하게 받을 수 있음

2. 대칭(Symmetric) 암호화 기법

① **개념** : 정보의 암호화와 복호화에 같은 키를 사용하는 방식으로서, 암호화와 복호화에 동일한 비밀키를 공유해 사용하므로 암호화된 데이터는 비밀키가 없으면 복호화가 불가능하다.

② **장점** : 사용되는 키의 길이가 짧고 암호화·복호화 속도가 빠르다. 또한 알고리즘의 내부 구조가 간단한 치환(대치)과 전치(뒤섞기)의 조합으로 되어 있어서 알고리즘을 쉽게 개발할 수 있다.

③ **단점** : 비밀키가 유출되지 않도록 보안 관리를 철저히 해야 하며, 송수신자 간에 동일한 키를 공유해야 하므로 많은 사람들과의 정보 교환 시 많은 키를 생성·전달·교환·공유·유지·관리해야 하는 어려움이 뒤따른다.

3. 비대칭(Asymmetric) 암호화 기법

① **개념** : 정보를 암호화하는 데 사용하는 키(공개키)와 암호화된 정보를 복원하는 데 사용하는 키(개인 키)가 서로 다른 암호화 방식으로서, A의 공개키로 암호화된 데이터는 오직 A의 개인키로만 복호화 할 수 있고, 반대로 A의 개인키로 암호화된 데이터는 오직 A의 공개키로만 복호화할 수 있다. 암호 화키와 복호화키가 서로 다르며 암호화키로부터 복호화키를 계산해 낼 수 없으므로 암호화키가 공개 되어도 무방하기 때문에 공개키 방식이라고 부르기도 한다.

② **장점**
  ㉠ 높은 기밀성 : A가 B의 공개키로 데이터를 암호화해 B에게 보내면 B는 자신이 가진 개인키(＝사 설키)를 이용해 A가 보낸 데이터를 복호화할 수 있다. 이때 C가 데이터를 가로채더라도 B의 공개 키로 암호화한 데이터를 C의 개인키로는 복호화할 수 없다. B의 공개키로 암호화한 것은 그 공개 키에 상응하는 개인키로만 복호화할 수 있기 때문이다.
  ㉡ 키의 교환·분배 불필요 : 공개키는 공개되어 있기 때문에 키를 교환·분배할 필요가 없다. 또한 다수의 사용자와 데이터를 공유해야 하는 경우 유리하다.
  ㉢ 부인 방지(Non-Repudiation) 기능 : A가 B에게 암호화된 데이터를 보냈을 경우 A의 개인키로 암호화된 데이터는 A의 공개키로만 열 수 있다. 이때 A의 개인키는 A만 가지고 있으므로, B는 A로부터 전송받은 데이터를 A의 공개키로 복호화할 수 있다는 사실만으로도 그 데이터가 A가 작성해 보낸 것임을 확신·신뢰할 수 있다.

③ **단점**
  ㉠ 대칭 암호화 방식보다 암호화·복호화 속도가 느리다.
  ㉡ 공개키 기반 구조의 운영에 따른 비용이 추가적으로 발생한다.
  ㉢ 키 길이가 매우 길기 때문에 훨씬 더 많은 연산 능력이 요구된다.
  ㉣ 데이터의 송수신 과정 중간에 해커가 자신의 공개키·개인키를 만들어 클라이언트와 서버 사이 에서 자신이 클라이언트 / 서버인 것처럼 가장하여 데이터를 위조할 수 있다. 이에 따라 CA(공인 인증 기관)에서 인증받은 인증서(CA의 개인키로 암호화된 전자 서명)을 통해서 자신이 받은 공개 키가 실제 통신하려는 서버의 공개키임을 확인하는 과정이 필요하다.

4. 랜섬웨어(Ransomware)

① **개념** : 악성코드(Malware)의 일종으로, 컴퓨터 시스템을 잠그거나 데이터를 암호화해 사용자가 정 상적으로 사용하지 못하도록 만든 후 이를 볼모로 잡고 금전(Ransom)을 요구하기 위하여 퍼뜨리는 악성 프로그램을 뜻한다.

② **현황** : 2005년부터 본격적으로 알려지기 시작했으며, 몸값 지불의 수단으로 악용되는 비트코인이 등장하고 2013년 랜섬웨어의 일종으로 강력한 암호화 알고리즘으로 파일을 암호화하는 '크립토라커 (Crypto-Locker)'가 출현한 이후 랜섬웨어 공격은 더욱 다양해지고 과격해지고 있다.

③ **주요 감염 경로** : 이메일(첨부파일, 메일 웹주소), 웹사이트, P2P 사이트, SNS 등을 통해 컴퓨터뿐 만 아니라 스마트폰 등을 감염시킨다.

④ **예방법** : 무수히 많은 랜섬웨어의 공격을 사전에 완벽하게 차단하는 방법은 사실상 없으며, 사후 복 구도 매우 어렵다. 따라서 중요 데이터는 컴퓨터와 분리된 저장소에 정기적으로 백업해야 한다. 또한 이메일·SNS 등에 첨부된 파일이나 링크 주소를 함부로 클릭하지 말아야 하며, 백신 소프트웨어는 항상 최신 버전을 유지하도록 한다.

5. 은행가 알고리즘(Banker's Algorithm)

① **개념** : 병렬로 수행되는 프로세스 사이의 교착 상태(Deadlock)를 방지하기 위해 프로세스가 요구한 자원의 수가 현재 사용할 수 있는 자원의 수보다 적을 때 프로세스가 요구한 수만큼 자원을 더 할당하는 방식을 뜻한다.

② **안전·불안전 상태** : 교착 상태 발생 가능성을 판단하기 위해 상태를 안전 상태와 불안전 상태로 구분하며, 운영 체제는 안전 상태를 유지할 수 있는 요구만을 수락하고 불안전 상태를 일으킬 수 있는 요구는 나중에 만족될 수 있을 때까지 계속 거절한다.

  ㉠ 안전 상태 : 교착 상태를 일으키지 않으면서 각 프로세스가 요구한 최대 요구량만큼 필요한 자원을 할당할 수 있는 상태, 즉 안전 순서열이 존재하는 상태를 뜻한다. 반대로 불안전 상태는 안전 순서열이 존재하지 않는 상태이다.

  ㉡ 불안전 상태 : 교착 상태이기 위한 필요조건이며(교착 상태는 불안전 상태에서만 발생), 불안전 상태라고 해서 반드시 교착 상태가 발생하는 것은 아니다.

③ **명칭의 유래** : 은행가 알고리즘은 '은행은 최소한 고객 1명에게 대출해줄 금액을 항상 보유하고 있어야 한다.'는 개념에서 비롯됐다. 은행가(은행원) 알고리즘은 자원의 할당 허용 여부를 결정하기 전에 미리 결정된 모든 자원의 가능한 최대 할당량을 시뮬레이션해 안전 여부를 검사한 다음 대기 중인 다른 모든 활동의 교착 상태 가능성을 조사해 안전 상태 여부를 검사하는데, 교착 상태를 회피하려고 교착 상태가 일어나지 않을 때만 작업을 진행한다. 이 알고리즘을 은행에 적용하면 모든 고객들의 대출 요구를 일정한 순서에 따라 만족시킬 수 있기 때문에 은행가 알고리즘이라고 부른다.

〈은행가 알고리즘을 수행하기 위한 3가지 조건〉

Max	• 고객 / 프로세스가 요구한 최대 자원 수 • 각 프로세스가 자원을 최대로 얼마나 요구할 수 있는가, 즉 각 고객이 얼마나 최대 한도의 금액을 요구할 수 있는가?
Allocated	• 이미 할당된 자원의 수 • 각 프로세스가 현재 보유하고 있는 자원은 얼마인가, 즉 각 고객들이 현재 빌린 돈이 얼마인가?
Available	• 사용 가능한 자원의 수 • 시스템이 얼마나 자원을 보유하고 있는가, 즉 은행이 보유한 돈과 빌려줄 수 있는 돈은 얼마인가?

④ **한계**

  ㉠ 최대 자원 요구량을 미리 알아야 한다.

  ㉡ 항상 불안전 상태를 방지해야 하므로 자원 이용도가 낮다.

  ㉢ 사용자 수가 일정해야 하는데, 다중 프로그래밍 시스템에서는 사용자 수가 항상 변한다.

  ㉣ 교착 상태 회피 알고리즘은 매우 복잡해 이를 실행하면 시스템에 걸리는 부하가 과도하게 증가한다.

  ㉤ 할당할 수 있는 자원의 수가 일정해야 하는데, 일정하게 남아있는 자원 수를 파악하기가 매우 어렵다.

  ㉥ 프로세스들은 유한한 시간 안에 자원을 반납해야 한다(프로세스는 자원을 보유한 상태로 끝낼 수 없다).

6. DNS(Domain Name System) 서버

네트워크에서 도메인이나 호스트 이름을 숫자로 된 IP 주소로 해석해주는 TCP / IP 네트워크 서비스를 가리킨다. 도메인 네임은 인간이 알아볼 수 있도록 문자로 구성된 인터넷 주소이며, IP 주소는 인터넷에서 어떤 컴퓨터를 실제로 찾기 위한 숫자 체계의 주소이다.

7. 스테이블코인

① 개념 : 법정화폐와 일대일(예 1코인＝1달러)로 가치가 고정되게 하거나(법정화폐 담보 스테이블코인) 다른 암호화폐와 연동하는(가상자산 담보 스테이블코인) 등의 담보 방식 또는 알고리즘을 통한 수요 – 공급 조절(알고리즘 기반 스테이블코인)로 가격 변동성이 최소화되도록 설계된 암호화폐(가상자산)이다. 다른 가상화폐와 달리 변동성이 낮기 때문에 다른 가상화폐 거래, 탈중앙화 금융 (De-Fi) 등에 이용되므로 '기축코인'이라고 볼 수 있다.
② 기대효과 : 우리나라와 달리 대부분 해외 가상자산 거래소에서는 법정화폐가 아닌 스테이블코인으로 가상화폐를 거래하는데, 이렇게 하면 다른 나라의 화폐로 환전해 다시 가상화폐를 구매하는 불편을 해소하고, 환율의 차이에 따른 가격의 변동으로부터 자유롭다. 아울러 디파이를 통해 이자 보상을 받을 수 있으며, 계좌를 따로 개설할 필요가 없고, 휴일에도 송금이 가능하며 송금의 속도 또한 빠르고, 수수료도 거의 없다.
③ 선결 조건 : 스테이블코인은 기본적으로 가격이 안정되어 있기 때문에 안정적인 투자 수익을 얻을 수 있으나 단기적인 매매 차익을 기대하기 어렵다. 아울러 자금세탁이나 사이버 보안 등의 문제점을 보완하기 위한 법적 규제와 기술적 장치가 반드시 필요하다.

8. 디파이(De-Fi)

① 개념 : '금융(Finance)의 탈중앙화(Decentralized)'라는 뜻으로, 기존의 정부·은행 같은 중앙기관의 개입·중재·통제를 배제하고 거래 당사자들끼리 송금·예금·대출·결제·투자 등의 금융 거래를 하자는 게 주요 개념이다. 디파이는 거래의 신뢰를 담보하기 위해 높은 보안성, 비용 절감 효과, 넓은 활용 범위를 자랑하는 블록체인 기술을 기반으로 한다.
② 특징 : 디파이는 서비스를 안정적으로 제공하기 위해 기존의 법정화폐에 연동되거나 비트코인 같은 가상자산을 담보로 발행된 스테이블코인(가격 변동성을 최소화하도록 설계된 암호화폐)을 거래 수단으로 주로 사용한다. 또한 디파이는 거래의 속도를 크게 높일 수 있고, 거래 수수료 등 부대비용이 거의 들지 않기 때문에 비용을 절감할 수 있다.
③ 장단점 : 디파이는 블록체인 자체에 거래 정보를 기록하기 때문에 중개자가 필요 없을 뿐만 아니라 위조·변조 우려가 없어 신원 인증 같은 복잡한 절차도 없고, 휴대전화 등으로 인터넷에 연결되기만 하면 언제든지, 어디든지, 누구든지 디파이에 접근할 수 있으며, 응용성·결합성이 우수해 새로운 금융 서비스를 빠르게 개발할 수 있다. 다만, 아직 법적 규제와 이용자 보호장치가 미비하여 금융사고 발생 가능성이 있고 상품 안정성 또한 높지 않다는 한계가 있다.

9. 비트와 바이트

① 비트(bit)

　　㉠ 비트는 '0'과 '1'의 2진수(Binary Digit)를 기반으로 하여 데이터를 표현·저장하는 최소의 단위이다. 0은 꺼짐(Off)·아니오·거짓을, 1은 켜짐(On)·예·참을 가리킨다. 즉, 0 또는 1의 2가지 상태만을 표현할 수 있다. 예컨대, 8개의 비트는 아스키(ASCII) 문자 하나를 표현하는 데 사용되는데, '1100001'은 소문자 a를 나타낸다.

　　㉡ 비트의 개수는 메모리의 용량, 처리 능력, 프로그래밍 언어나 시스템의 특정 기능과 관련이 있다. 예컨대 64비트 시스템은 32비트 시스템보다 더 큰 메모리를 주소 지정할 수 있고, 처리할 수 있는 데이터의 크기 또한 더 크다.

② 바이트(Byte) : 8개의 비트가 모인 1개의 바이트는 데이터 처리와 통신의 기본 단위이다. 문자, 숫자, 특수기호 등 다양한 종류의 데이터를 표현·저장하는 데 쓰인다. 2의 8제곱, 즉 256가지의 다른 상태를 표현할 수 있다.

③ 비트와 바이트의 비교 : 비트와 바이트의 단위 기호를 구별하기 위해 비트는 소문자(b)로, 바이트는 대문자(B)로 표시한다. 인터넷 속도, 포트 속도 등 인터페이스 속도를 나타낼 때는 주로 비트를 사용하는데, 이는 인터페이스가 전체 바이트가 아니라 비트를 전송하므로 비트가 더 정확한 단위이기 때문이다. 또한 메모리 등 저장 용량의 크기를 나타낼 때는 주로 바이트를 사용하는데, 이는 컴퓨터는 바이트 단위로 데이터를 읽고 쓰는 작업을 하며, 바이트들을 다시 묶어 의미 있는 정보를 만들므로 바이트를 비트로 나누는 것은 중요하지 않기 때문이다.

10. 머신러닝(ML) 알고리즘과 모델링

① 머신러닝의 개념 : 인공지능(AI)의 한 분야인 머신러닝(기계학습)은 경험적 데이터를 기반으로 기계(컴퓨터)가 학습을 하고 예측을 수행하며 스스로의 성능을 향상시키는 시스템과 이를 위한 알고리즘을 연구·구현하는 기술이다. 머신러닝의 알고리즘들은 엄격하게 정해진 정적인 프로그램 명령들을 수행하기보다는 입력 데이터를 기반으로 예측·결정을 이끌어내기 위해 특정한 모델을 구축하는 방식을 취한다.

② 머신러닝 알고리즘 : 대개의 머신러닝은 다수의 파라미터(함수와 같은 수학적 개체의 특성이나 출력에 영향을 주는 변수)로 구성된 모델을 이용하며, 이때 학습(Learing)은 주어진 데이터·경험을 통해 파라미터를 최적화하는 것을 뜻한다.

　　㉠ 지도(Supervised) 학습 : 입력값과 이에 대응하는 미리 알려진 출력값(인간이 제공)을 매핑하는 함수를 학습하는 과정이다. 즉, 기계가 입력값과 그것에 따른 출력값이 있는 데이터를 이용해 주어진 입력에 맞는 출력을 찾는 학습 방법이다.

　　㉡ 비지도(Unsupervised) 학습 : 출력값 없이 입력값만으로 모델을 구축해 학습한다. 즉, 입력값만 있는 훈련 데이터를 이용해 입력값들의 규칙성을 찾는 학습 방법이다. 일반적으로 데이터마이닝의 대부분의 기법이 이에 해당한다.

　　㉢ 준지도(Semi-supervised) 학습 : 지도 학습과 비지도 학습을 절충한 형태로, 데이터에 대한 Label(정답)이 있기도 하고 없기도 할 경우에 소량의 데이터에 대해서만 확실한 정답 값을 부여하고 나머지는 스스로 학습하며 정답 값을 달아 주는 방식이다. 라벨링에 따른 시간과 비용이 절감된다는 장점이 있다.

ㄹ 강화(Reinforcement) 학습 : 학습자가 행동을 선택해 행동으로 환경에 영향을 미치고, 이에 대한 피드백으로 보상치를 얻어 학습 알고리즘의 가이드로 사용한다. 일정한 입력값(주어진 상태)에 대해 출력(정답 행동)이 아니라 최적의 행동을 선택하는 방법이다. 즉, 정답 행동(주어진 입력값에 대한 출력값)이 주어지지 않는 대신 일련의 행동의 결과에 대해 보상이 주어지게 되며, 이러한 보상을 이용해 학습이 이루어진다.

③ 머신러닝의 주요 모델링 기법
ㄱ 지도 학습 모델링
- 분류(Classification) 모델 : 데이터를 서로 다른 클래스로 분류하는 데 활용되며, 이러한 모델의 한 예로 로지스틱 회귀 모델(어떤 입력값이 특정 그룹에 속하는지 아닌지 이분법적으로 추론함)을 들 수 있다.
- 회귀(Regression) 모델 : 연속 변수를 예측하는 데 활용되며, 하나 이상의 입력 변수를 기반으로 본질적으로 연속적인 출력 변수를 예측하는 데 사용되는 선형(Linear) 회귀 모델이 대표적이다.
- 의사결정 나무(Decision Tree) 모델 : 분류와 회귀 작업 모두에 활용할 수 있는 적응형 알고리즘으로, 트리 구조 형태를 예측 모델로 사용한다. 트리의 리프와 노드를 횡단 이동하면서 입력값이 어떤 카테고리에 속하는지 판단한다. 모든 내부 노드는 입력 속성에 대해 수행된 테스트를 나타내고, 모든 리프 노드는 클래스 레이블 또는 회귀값을 나타내는 순서도와 같은 구조로 구성된다. 또한 여러 개의 의사결정 나무를 조합해 생성된 랜덤 포레스트는 단일한 의사결정 나무보다 예측 정확도를 높일 수 있다.
ㄴ 비지도 학습 모델링
- 군집(Clustering) 모델 : 데이터 집합 내에서 상호 연관성이 있거나 성격이 유사한 데이터 포인트를 함께 그룹화는 방식으로, 고객 분류, 불규칙성 감지, 이미지 분할 등의 목적으로 자주 사용된다.
- 인공 신경망(Neural Network) 모델 : 생물의 신경 네트워크 구조와 기능을 모방하는 방식으로, 데이터 세트 내에서 복잡한 패턴을 식별·분석한다. 시각 인식, 음성 이해, 언어 분석 등의 목적으로 자주 사용된다.
- 수학적 기법 모델 : 특이값 분해 및 주성분 분석과 같은 수학적 기법을 사용하는 방식으로, 특이값 분해를 통해 데이터 집합을 형성하는 기본 요인을 식별하고, 주성분 분석을 통해 데이터 집합의 본질적인 특성을 파악한다.

11. XOR과 NOR

① OR(논리합)
ㄱ XOR(배타적 논리합), NOR(부정논리합) 등의 논리 연산자를 정확히 이해하려면 먼저 OR를 알아야 한다. OR는 여러 개의 입력 정보가 있을 경우, 이 여러 개의 입력 중 하나라도 '참(1)'이 있으면 '참'이 출력되고, 입력이 모두 '거짓(0)'인 경우에만 '거짓'이 출력되는 논리 연산자이다. 즉, 2개 또는 그 이상의 입력값이 주어졌을 경우 주어진 입력값이 모두 거짓일 때에만 거짓이고, 적어도 하나 이상이 참이면 참이다.
ㄴ A와 B의 논리합을 'A OR B' 또는 'A | B'라고 표기하기도 한다.

논리합 논리표		
A	B	A OR B
거짓(0)	거짓(0)	거짓(0)
거짓(0)	참(1)	참(1)
참(1)	거짓(0)	참(1)
참(1)	참(1)	참(1)

② XOR(배타적 논리합)

　　㉠ 입력값 A와 B가 주어졌을 경우 A와 B 가운데 1개만 '참'일 때 '참'이 출력되는 논리 연산자이다(← eXclusive OR). A와 B 가운데 하나가 '참'이고 다른 하나가 '거짓'일 때에만 연산 결과로 '참'이 출력된다. 즉, A, B가 서로 상반된 조건일 때에만 결과를 참으로 하는 논리이다.

　　㉡ A와 B의 배타적 논리합을 'A XOR B' 또는 'A$\oplus$B'라고 표기하기도 한다. A≠B일 때 A XOR B='참'이고, A=B일 때 A XOR B='거짓'이다.

배타적 논리합 논리표		
A	B	A XOR B
거짓(0)	거짓(0)	거짓(0)
거짓(0)	참(1)	참(1)
참(1)	거짓(0)	참(1)
참(1)	참(1)	거짓(0)

③ NOR(부정논리합)

　　㉠ 출력이 OR(논리합)의 반대로 나오는 연산자로, 변수 A와 B가 주어졌을 때 A와 B가 모두 '0(거짓)'일 때에만 출력이 '1(참)'로 나온다(← Not OR).

　　㉡ A와 B의 부정논리합을 'A NOR B' 또는 'A∨B' 또는 'A↓B'라고 표기하기도 한다.

부정논리합 논리표		
A	B	A NOR B
거짓(0)	거짓(0)	참(1)
거짓(0)	참(1)	거짓(0)
참(1)	거짓(0)	거짓(0)
참(1)	참(1)	거짓(0)

12. 데이터베이스(DB)

① 개념

　　㉠ 데이터베이스는 여러 가지 업무에 공동으로 필요한 데이터를 유기적으로 결합해 저장한 집합체를 뜻한다. 데이터를 효율적으로 처리하기 위해 개발되며, 같은 데이터가 중복되는 문제를 없앨 수 있고, 업무가 확대되어도 새로 파일을 준비할 필요가 없다.

　　㉡ 데이터베이스는 여러 사람이 공유해 사용할 목적으로 논리적으로 연관된 자료들을 통합해 조직적으로 관리하는 데이터의 집합체로서, 자료 파일을 조직적으로 통합하여 자료 항목의 중복을 없애고 자료를 구조화해 저장함으로써 보다 효율적인 검색·정렬·갱신을 가능하게 한다.

② 특징

　　㉠ 실시간 접근 가능 : 사용자의 질의를 즉시 처리하고 응답할 수 있다.

ⓛ 지속적인 변화 : 데이터의 삭제·갱신, 새로운 데이터의 삽입 등으로 그 내용이 계속해서 변화함으로써 항상 최신의 데이터를 유지한다.
ⓒ 동시 공유 : 다수의 사용자가 동시에 데이터에 접근해 데이터를 이용할 수 있다.
ⓔ 내용에 의한 참조 : 저장되어 있는 레코드들의 위치·주소가 아니라 사용자가 요구하는 데이터 내용으로 데이터를 찾는다.
ⓜ 데이터의 논리적 독립성 : 데이터베이스와 응용프로그램을 독립시키므로 데이터의 논리적 구조가 변경되어도 응용 프로그램은 변경되지 않는다.
③ **구성 요소** : 업무 수행에 필요한 상호 관련된 데이터들의 모임인 데이터베이스는 최소의 중복으로 통합·저장된 운영 데이터로 구성된다.
ⓞ 통합(Integrated) 데이터 : 동일한 자료의 중복을 배제 또는 최소화한 통합된 데이터이지만, 때로는 불가피한 중복을 허용하는 데이터이다('최소의 중복, 통제된 중복' 허용).
ⓛ 저장(Stored) 데이터 : 컴퓨터가 접근할 수 있는 저장 매체에 저장해 관리하는 데이터이다.
ⓒ 운영(Operation) 데이터 : 단순한 데이터의 집합이 아니라 특정 조직의 주요한 고유 기능을 수행하는 데 필수불가결한 데이터이다.
ⓔ 공용(Shared) 데이터 : 특정 조직의 사용자들과 응용 시스템들이 서로 다른 목적으로 데이터를 공동으로 동시에 이용할 수 있는 데이터이다.

13. 사물인터넷(IoT; Internet of Things)

① **개념**
ⓞ 사물에 센서와 통신 프로세서를 장착해 실시간으로 정보를 수집·교환하고 제어·관리할 수 있도록 인터넷 등 다양한 방식의 네트워크로 연결되어 있는 시스템을 뜻한다. 이때 '사물인터넷'에서 말하는 '사물'은 인간을 포함한 모든 가시적인 물리적 대상은 물론 어떠한 패턴 등의 무형·가상의 대상을 아우르는 광범위한 개념이다.
ⓛ 사물인터넷을 통해 네트워크에 연결된 기기들은 인간의 개입·조작 없이 스스로 정보를 주고받으며 대화를 나눌 수 있다. 이러한 사물인터넷을 구현하려면 사물·환경으로부터 데이터를 받아들여 수집하는 센싱 기술, 사물을 온라인에 연결하는 유·무선통신 및 네트워크 기술, 각종 서비스와 원하는 형태로 정보를 처리하고 융합하는 서비스 인터페이스 기술, 정보 유출과 해킹을 차단하는 보안 기술 등이 선결되어야 한다. 이밖에도 빅데이터, 클라우드 컴퓨팅, 인공지능(AI), 3D프린팅 등의 다양한 영역의 기술이 필수적이다.

② **장점**
ⓞ 인간 주변의 모든 사물들을 인터넷을 통해 연결해 사물이 가진 특성을 지능화하고, 인간의 개입을 최소함으로써 자동화하며, 다양한 연결을 통한 정보 융합으로 인간에게 양질의 다양한 서비스를 언제나 신속하게 제공할 수 있다.
ⓛ 사물인터넷은 인간의 개입과 조작을 최소화하며 사물끼리 알아서 서로를 인식하고 상황에 맞도록 특정 기능을 수행할 수 있어 의료, 건강, 자동차, 물류, 유통, 농업 분야 등 매우 광범위한 분야에서 기술 및 비즈니스 환경의 변화를 촉진하고 있다.
ⓒ 사물인터넷은 원격에서 자동으로 기기들을 조절할 수 있게 하고(자동화), 사물을 통해 자료를 수집하고 결론을 도출하는 데 드는 시간·에너지와 비용을 크게 절감할 수 있게 함으로써 최소의 노력으로 최대의 효과를 기대할 수 있다.

14. 딥페이크(Deepfake)

인공지능이 축적된 자료를 바탕으로 스스로 학습하는 '딥러닝(Deep Learning)' 기술과 'Fake(가짜, 속임수)'의 조합어로, 인공지능을 통해 만들어낸 가짜 이미지·영상, 오디오 성 기술을 뜻한다. 딥페이크는 영화 제작 등에서 합법적으로 사용될 수 있으나, 악의적 또는 상업적인 목적으로 진짜와의 구분이 매우 어려운 수준의 가짜 이미지·영상 등을 제작함으로써 초상권·저작권 저촉 및 명예훼손, 성범죄, 가짜뉴스 등 각종 문제를 촉발한다. 이에 딥페이크로 생성된 가짜 이미지·영상 등을 감별하는 기술 또한 개발되고 있다.

15. 핀테크(Fin-tech)

① 개념 : 모바일, 소셜네트워크서비스(SNS), 빅데이터 등의 첨단 정보 기술(Technology)을 기반으로 한 금융(Finance) 서비스 또는 그러한 서비스를 제공하는 회사를 뜻한다. 핀테크를 통해 예금, 대출, 자산 관리, 결제, 송금 등 다양한 금융 서비스가 정보통신 및 모바일 기술과 결합되어 혁신적인 유형의 금융 서비스가 가능하다.

② 장단점 : 기업의 입장에서는 핀테크를 통해 비용 절감은 물론 보다 많은 고객에게 접근함으로써 금융 패러다임 변화를 주도할 수 있고, 고객의 입장에서는 시간과 장소의 제약 없이 자신에게 적절한 맞춤형 금융 서비스를 신속하고 편리하게 제공받을 수 있다. 그러나 개인정보 유출 등 보안 침해 문제가 상존하며, 빠르고 간단하게 금융 서비스를 받을 수 있다는 점을 악용한 범죄가 일어날 가능성 또한 배제할 수 없다.

16. 커널(Kernel)

① 개념 : 'Kernel'의 사전적 의미는 '핵심, 알맹이'이며, 정보·통신 용어로는 운영체제(OS)의 기능 가운데 운영체제를 구성하는 프로세서와 운영체제의 제어로 수행되는 프로그램에 대하여 자원 할당 (Resource Allocation)을 수행하는 부분을 뜻한다. 즉, 운영체제의 핵심 부분으로서, 디바이스·프로세스·메모리 등의 컴퓨터 자원을 관리하는 기능을 수행한다.

② 특징 : 커널은 컴퓨터의 물리적(하드웨어) 자원과 추상화 자원을 관리하는 것을 목표로 한다. 이때 '추상화'는 물리적으로 하나뿐인 하드웨어를 여러 사용자들이 번갈아 사용할 수 있도록 마치 여러 개처럼 보이게 하는 기술을 가리키며, 커널이 관리함에 따라 각 사용자들은 하나의 하드웨어를 독점하는 것처럼 느낄 수 있다.

17. CP(Contents Provider)

인터넷을 통해 고객에게 뉴스·동영상·음원·소프트웨어 등의 디지털화된 다양한 정보를 제공하는 주체(사업자)를 가리킨다. 우리말로 '콘텐츠 제공자, 콘텐츠 공급자'라고 부르기도 한다. 이때 콘텐츠는 인터넷이나 네트워크를 통해서 이용 가능한 모든 종류의 디지털 정보나 서비스를 포함한다. 우리나라에서는 주요 포털 사이트나 이동통신 회사 등에 각종 정보나 게임 등의 부가 서비스를 제공하고 정해진 대가를 받는 회사나 개인을 가리키기도 한다.

18. 디지털세(Digital Tax)

구글, 애플, 메타(구 페이스북) 등 국경을 초월한 IT 기반의 글로벌 대기업들이 특정 국가에 고정 사업장을 두지 않아도 수익이 발생한 곳에 세금을 부과하도록 하는 새로운 조세 체계이다. 기존의 국제 과세 기준은 고정 사업장이 있는 곳에 세금을 내는 것이어서 글로벌 IT 기업은 온라인을 통해 전 세계에 서비스를 제공하고 수익을 낼 수 있어 과세를 회피할 목적으로 아일랜드 등 세율이 낮은 지역에 고정 사업장을 두어 운영했는데, 디지털세는 이를 방지하기 위해 발의된 조세 체계이다. 경제협력기구(OECD)는 본격적으로 디지털세 도입을 위해 2021년 10월 8일 IF 13차 총회에서 디지털세(필라1)와 글로벌 최저법인세(필라2)에 대한 최종 합의안을 발표하였다. 디지털세의 경우 기존 IT 거대기업뿐만 아니라 온라인 플랫폼, 휴대전화, 사치품, 자동차 등 산업 구분 없이 매출액을 기준으로 부과하기로 결정되어, 매출액이 200유로 이상인 기업 중 수익률이 10%를 초과하는 글로벌 기업은 통상이익률 10%를 넘는 초과이익의 25%에 대한 세금을 매출이 발생한 국가의 정부에 납부해야 한다. 또한 글로벌 최저법인세로 인해 연 매출액이 7억 5천만 유로를 초과하는 기업은 글로벌 최저법인세인 15%의 법인세를 납부해야 한다. 이 합의안은 2021년 10월 30일 G20 정상회의에서 추인되어 본래 2023년부터 도입하기로 하였으나, 다국적 기업들의 요청에 따라 수차례 유예되어 2026년 이후에서야 시행될 전망이다.

19. 다크 데이터(Dark Data)

정보를 수집한 이후 저장만 하고 분석에 활용하고 있지 않은 다량의 데이터로, 처리되지 않은 채 미래에 사용할 가능성이 있다는 이유로 삭제되지 않고 방치되고 있었다. 하지만 최근 빅데이터와 인공지능이 발달하면서 방대한 양의 자료가 필요해졌고, 이에 유의미한 정보를 추출하고 분석할 수 있게 되면서 다양한 분야에서 활용될 전망이다.

20. 무어의 법칙(Moore's Law)

반도체의 집적회로의 성능이 18개월마다 2배씩 증가한다는 법칙이다. 인텔 및 페어 차일드 반도체의 창업자인 고든 무어가 1965년에 설명한 것이다. 당시에는 일시적일 것이라 무시당하기도 했으나, 30년간 비교적 정확하게 그의 예측이 맞아떨어지면서 오늘날 반도체 산업의 중요한 지침이 되고 있다. 이와 함께 언급되는 규칙으로 '황의 법칙(반도체 메모리의 용량이 1년마다 2배씩 증가한다는 이론으로 황창규 전 삼성전자 사장이 2002년에 제시함)'이 있다.

21. 메칼프의 법칙(Metcalfe's Law)

인터넷 통신망이 지니는 가치는 망에 가입한 사용자 수의 제곱에 비례한다는 법칙이다. 1970년대 네트워크 기술인 이더넷을 개발한 로버트 메칼프에 의해 처음 언급되었다. 예를 들어 사용자 수가 2명인 A통신망의 가치는 2의 제곱인 4인 반면, 사용자 수가 4명인 B통신망의 가치는 4의 제곱인 16인 것이다. 이는 통신망을 이용하는 개개인이 정보의 연결을 통해 향상된 능력을 발휘할 수 있게 되면서 네트워크의 효과가 증폭되기 때문이다.

22. 클라우드 컴퓨팅(Cloud Computing)

정보처리를 자신의 컴퓨터가 아닌 인터넷으로 연결된 다른 컴퓨터로 처리할 수 있는 기술을 말한다. 클라우드 컴퓨팅의 핵심 기술은 가상화와 분산처리로 어떠한 요소를 기반으로 하느냐에 따라 소프트웨어 서비스(SaaS), 플랫폼 서비스(PaaS), 인프라 서비스(IaaS)로 구분한다.

23. 서비스형 블록체인(BaaS; Blockchain as a Service)

서비스형 블록체인은 개발 환경을 클라우드로 서비스하는 개념이다. 블록체인 네트워크에 노드를 추가하고 제거하는 일이 간단해져서 블록체인 개발 및 구축을 쉽고 빠르게 할 수 있다. 현재 마이크로소프트나 IBM, 아마존, 오라클 등에서 도입하여 활용하고 있으며, 우리나라의 경우 KT, 삼성 SDS, LG CNS에서 자체적인 BaaS를 구축하고 있다.

24. 데이터 레이블링(Data Labeling)

인공지능을 만드는 데 필요한 데이터를 입력하는 작업이다. 높은 작업 수준을 요구하지는 않으며, 각 영상에서 객체를 구분하고, 객체의 위치와 크기 등을 기록해야 한다. 인공지능이 쉽게 사물을 알아볼 수 있도록 영상 속의 사물에 일일이 명칭을 달아주는 작업이다.

25. 스푸핑(Spoofing)

① 개념 : 외부의 악의적 침입자가 네트워크에 침입해 임의로 웹 사이트를 구성해 일반 사용자들의 방문을 유도하고, 인터넷 프로토콜인 TCP / IP의 구조적 결함을 악용해 사용자의 시스템 권한을 획득한 뒤 정보를 탈취하는 해킹 수법이다. 공격 또는 침입을 목적으로 하여 데이터를 위조하는 것으로, 승인받은 사용자인 것처럼 위장해 시스템에 접근하거나 네트워크상에서 허가된 주소로 위장해 접근제어 목록(ACL; Access Control List)을 우회·회피하는 공격·침입 수법을 뜻한다. 네트워크에서 스푸핑의 대상은 IP 주소, DNS, ARP, 이메일, 웹 등 네트워크 통신과 관련된 모든 것이 될 수 있다. 이러한 스푸핑 공격은 네트워크 트래픽 흐름 바꾸기, 암호화된 세션 복호화하기, 시스템 권한 얻기 등 다양하게 나타날 수 있다.

② 예방 : 스푸핑을 예방하려면 신뢰할 수 있는 상대방을 식별하는 수단을 IP, DNS 등 어느 하나에 의존하는 것이 아니라 복수의 식별 수단을 사용하거나 신호를 암호화해야 하며, 신뢰할 수 없는 플러그인 프로그램은 절대 설치하지 말아야 한다. 또한 네트워크 관리자는 네트워크 상태를 주기적·지속적으로 모니터링함으로써 바이러스·악성코드에 감염된 컴퓨터를 찾아내 동일한 로컬 네트워크로부터 격리해야 한다.

26. 스니핑(Sniffing)

① 개념 : 'Sniffing'은 '코를 킁킁거리기, 냄새 맡기'라는 뜻으로, 네트워크 통신망에서 오가는 패킷(Packet)을 가로채 사용자의 계정과 암호 등을 알아내는 해킹 수법이다. 즉, 네트워크 트래픽을 도청하는 행위로, 사이버 보안의 기밀성을 침해하는 대표적인 해킹 수법이다. 이러한 스니핑을 하기위해 쓰이는 각종 프로그램 등의 도구를 스니퍼라 부른다. 원래는 네트워크 상태를 체크하는 데 사용되었으나, 해커들은 원격에서 로그인하는 사용자가 입력하는 개인정보를 중간에서 가로채는 식으로 악용한다.

② **특징** : 스니핑은 네트워크에 접속하는 시스템의 상대방 식별 방식의 취약점을 악용하는 것이다. 네트워크에 접속하는 모든 시스템에는 설정된 IP 주소와 고유한 MAC 주소가 있으며, 통신을 할 때 네트워크 카드는 IP 주소와 MAC 주소를 이용해 수신하고 저장할 신호를 선별한다. 스니핑 공격은 이러한 선별 장치를 해체해 타인의 신호까지 수신할 수 있는 환경을 구성하는 방식으로 구현된다. 이러한 원리를 통해 해커는 이메일 트래픽, 웹 트래픽, FTP 비밀번호, 텔넷 비밀번호, 공유기 구성, 채팅 세션, DNS 트래픽 등을 스니핑할 수 있다.

③ **스푸핑** : 스니핑이 다른 사람의 대화를 도청·염탐하는 소극적 공격이라면, 스푸핑은 다른 사람으로 위장해 정보를 탈취하는 적극적 공격이다. 즉, 스니핑은 시스템 자체를 훼손·왜곡할 수 없는 수동적 공격이고, 스푸핑은 시스템을 훼손·왜곡할 수 있는 능동적 공격이다.

27. 메타버스(Metaverse)

① **개념** : 'Metaverse'는 '더 높은, 초월한, 가공의'라는 뜻의 접두사 'Meta-'와 '경험 세계'를 뜻하는 'Universe'의 조합어로, 온라인에서 아바타(자신의 역할을 대신하는 캐릭터)를 이용해 사회적·경제적·문화적 활동을 하는 등 가상세계와 현실세계의 경계가 허물어져 혼재하게 되는 것을 이르는 말이다. '확장판 현실세계', '인터넷의 다음 버전'이라고 말할 수 있다.

② **유래** : 메타버스는 기존의 '가상현실(Virtual Reality)'이라는 용어보다 진보된 개념으로 웹과 인터넷 등의 가상세계가 현실세계에 흡수된 형태의 3차원 가상세계를 의미하며, '확장가상세계'라고도 부른다. 미국의 SF 작가 닐 스티븐슨이 자신의 소설에서 '메타버스'라는 용어를 처음으로 사용했다. 게임, SNS, 교육, 의료 등의 서비스 부문에서 특정 설정 환경과 아바타를 보다 정교하게 구현해 메타버스 내의 아바타가 상호 교류를 하며 현실처럼 활동한다.

③ **특징** : 메타버스 내에서 사이버 도박, 사기, 가상 화폐 불법 거래 등 다양한 부당·불공정 행위와 법규 위반이 발생할 수 있다. 또한 현실세계 법률의 규율·통제 밖에 있는 새로운 범죄의 출현도 예상된다. 메타버스로 구현되는 세계는 가상세계와 현실세계의 경계를 넘나들기 때문에 중독성이 높아 이용자가 과몰입할 위험성이 상존하며, 현실에서의 일상생활이 황폐화될 수도 있다.

28. 마이데이터(My-data)

① **개념** : 개인이 정보 통제·관리의 주체가 되어 각 기관에 흩어져 있는 신용·금융정보 등 자신의 개인정보를 한데 모아 적극적으로 저장·관리하는 것은 물론 이러한 정보를 신용관리·자산관리에 능동적으로 활용하는 과정 또는 그러한 체계를 뜻한다. 개인의 정보 주권을 보장하기 위해 정보 관리의 중심 주체를 기관에서 개인으로 전환하자는 취지로 2022년 1월부터 전면 시행되었으며, 개인이 정보주체로서 자신의 개인정보에 대한 결정권을 보유하고, 자신이 정한 기업이나 기관에 위임해 개인정보를 효율적으로 관리·활용할 수 있게 하는 제도이다. 한국에서는 〈개인정보 보호법〉, 〈정보통신망법〉, 〈신용정보법〉 등의 데이터 3법이 2020년 8월부터 시행됨으로써 흔히 '마이데이터 산업'이라고도 부르는 본인신용정보관리업의 제도적 기반을 마련했다.

② **특징** : 금융기관은 마이데이터를 통해 소비자가 금융기관 등이 자신의 정보를 사용할 것을 허락할 경우 정보를 한데 모아 관리하고 맞춤 컨설팅을 해주는 서비스를 실시할 수 있다. 즉, 개인(정보주체)이 금융기관에 전송요구권을 행사하면 마이데이터 사업자가 여러 금융기관에 산재된 신용정보를 한꺼번에 확인하게 해주고, 여러 가지 금융정보와 컨설팅을 제공하는 것이다. 이때 정보주체는 기업체에 자신의 개인정보를 자발적으로 제공하고, 자신의 소비 습관, 재무 현황 등을 검토해 가장 적절

한 상품·서비스를 추천받는 등 신용관리·자산관리에 도움을 받을 수 있다. 또한 개인 신용정보의 선택적 전송 요구, 삭제 요구, 열람 청구 등으로 정보 권리의 행사가 쉬워지고, 정보 유출 등의 사고 발생 시 손해배상 소재도 명확해진다.

29. NFT(Non-Fungible Token, 대체 불가능 토큰)

① **개념** : 블록체인의 토큰을 다른 토큰으로 대체하는 것이 불가능한 암호화폐이다. 각각의 NFT마다 고유한 인식값이 부여되어 있으며, 최초의 발행자와 소유권 이전 등 모든 거래 내역이 투명하게 공개되고, 블록체인으로 발행되기 때문에 원천적으로 위조 또는 복제가 불가능하다. 또한 비트코인 등 기존의 암호화폐는 각기 동일한 가치를 지니기 때문에 일대일 교환이 가능한 반면에, 각각의 NFT는 저마다 고유한 인식값을 부여받음으로써 서로 대체할 수 없는 가치와 특성이 있기 때문에 상호 교환할 수 없다. 한편, 블록체인 기술을 기반으로 위조·복제가 불가능한 암호를 증명서처럼 붙여 저작물을 NFT로 만드는 과정을 '민팅(Minting)'이라고 부른다.

② **활용** : NFT는 디지털 가상자산에 유일성, 희소성의 가치를 담을 수 있기 때문에 음악·게임 등 진품 여부와 소유권 입증을 중요하게 여기는 여러 산업 부문에 영향을 끼치고 있으며, NFT 기술을 통해 예술품을 디지털화된 형태로도 소유할 수 있기 때문에 미술 시장의 범위가 디지털 공간으로까지 확대되고 있다. 또한 디지털 작품이 NFT로 거래될 때마다 최초의 제작자가 수수료를 받도록 설정할 수 있기 때문에 원작자의 수익 창출도 증가할 수 있다. 향후 NFT를 적용할 수 있는 종목은 이미지·영상·텍스트·음원 등의 디지털 콘텐츠, 음악·미술 등의 예술품을 비롯해 게임 아이템 등 다양하다. 이처럼 NFT 기술을 적용할 수 있는 다양한 형태의 콘텐츠는 소유권을 거래할 수 있으며 고유성·희소성이 있는 디지털 자산이기 때문에 투자의 대상으로도 주목받고 있다.

③ **한계** : NFT는 누구나 만들 수 있기 때문에 제작 권한을 가진 사람이 만들었는지 알기 어렵다는 문제점이 있어서 저작권 문제와 법적 분쟁의 소지가 있다. 민팅 과정을 통해 NFT를 생산한 사람이 원저작자인지 또는 원저작자의 허락을 얻었는지 보장할 수 없는 것이다. 따라서 저작권·소유권 침해를 둘러싼 법적 분쟁을 일으킬 수 있으므로 법률과 제도의 정비·개선이 선행되어야 한다. 또한 NFT에 반대하는 사람들은 NFT를 거래하는 행위는 실존하지 않기 때문에 실제적 가치가 전혀 없는 것을 금전을 받고 사고파는 것이라고 비판한다. NFT 기술이 적용되었어도 누구나 온라인상에서 열람할 수 있는 콘텐츠를 거래하며, 가치 책정 또한 주관적이라는 점에서 투기, 거품이라는 비판도 있다.

30. 선점형 스케줄링

① **라운드 로빈(RR; Round Robin)** : 여러 개의 프로세스에 시간 할당량이라는 작은 단위 시간이 정의되어 시간 할당량만큼 CPU를 사용하는 방식으로, 시분할 시스템을 위해 고안되었다. FIFO 스케줄링을 선점형으로 변환한 방식으로, 먼저 입력된 작업이더라도 할당된 시간 동안만 CPU를 사용할 수 있다. 프로세스가 CPU에 할당된 시간이 경과될 때까지 작업을 완료하지 못하면 CPU는 다음 대기 중인 프로세스에 사용 권한이 넘어가고, 현재 실행 중이던 프로세스는 대기 리스트의 가장 뒤로 배치된다. 적절한 응답 시간을 보장하는 대화식 사용자에게 효과적이다.

② **SRT(Shortest Remaining Time)** : 작업이 끝나기까지 남아 있는 실행 시간의 추정치 중 가장 작은 프로세스를 먼저 실행하는 방식으로 새로 입력되는 작업까지도 포함한다. SRT는 남아 있는 프로세스의 실행 추정치 중 더 작은 프로세스가 있다면 현재 작업 중인 프로세스를 중단하고, 작은 프로세스에게 CPU의 제어권을 넘겨준다.

③ **다단계 큐**(Multi-level Queue) : 프로세스를 특정 그룹으로 분류할 경우 그룹에 따라 각기 다른 큐(대기 리스트)를 사용하는 것으로, 선점형과 비선점형을 결합한 방식이다. 각 큐(대기 리스트)는 자신보다 낮은 단계의 큐보다 절대적인 우선순위를 갖는다. 즉, 각 큐는 자신보다 높은 단계의 큐에게 자리를 내주어야 한다.

④ **다단계 피드백 큐**(Multi-level Feedback Queue) : 특정 그룹의 준비 상태 큐에 들어간 프로세스가 다른 준비 상태 큐로 이동할 수 없는 다단계 큐 방식을 준비 상태 큐 사이를 이동할 수 있도록 개선한 방식이다. 각 큐마다 시간 할당량이 존재하며, 낮은 큐일수록 시간 할당량이 커진다. 마지막 단계에서는 라운드 로빈(RR) 방식으로 처리한다.

31. 비선점형 스케줄링

① **FIFO**(First Input First Output) : 먼저 입력된 작업을 먼저 처리하는 방식으로 가장 간단한 방식이다. 디스크 대기 큐에 들어온 순서대로 처리하기 때문에 높은 우선순위의 요청이 입력되어도 순서가 바뀌지 않지만 평균 반환 시간이 길다.

② **SJF**(Shortest Job First, **최단 작업 우선**) : 작업이 끝나기까지의 실행 시간 추정치가 가장 작은 작업을 먼저 실행하는 방식이다. 긴 작업들을 어느 정도 희생시키면서 짧은 작업들을 우선적으로 처리하기 때문에 대기 리스트 안에 있는 작업의 수를 최소화하면서 평균 반환 시간을 최소화할 수 있다.

③ **HRN**(Highest Response-ratio Next) : 서비스 시간(실행 시간 추정치)과 대기 시간의 비율을 고려한 방식으로 SJF의 무한 연기 현상을 극복하기 위해 개발되었다. 대기 리스트에 있는 작업들에게 합리적으로 우선순위를 부여하여 작업 간 불평등을 해소할 수 있다. 프로그램의 처리 순서는 서비스 시간의 길이뿐만 아니라 대기 시간에 따라 결정된다. '우선순위＝(대기 시간＋서비스 시간)÷서비스 시간'이다.

④ **우선순위**(Priority) : 대기 중인 작업에 우선순위를 부여하여 CPU를 할당하는 방식이다. 우선순위가 가장 빠른 작업부터 순서대로 수행한다.

⑤ **기한부**(Deadline) : 제한된 시간 내에 반드시 작업이 종료되도록 스케줄링하는 방식이다. 작업이 완료되는 시간을 정확히 측정하여 해당 시간만큼 CPU의 사용 시간을 제한한다. 동시에 많은 작업이 수행되면 스케줄링이 복잡해지게 된다는 단점이 있다.

32. 정규화

릴레이션에 데이터의 삽입·삭제·갱신 시 발생하는 이상 현상이 발생하지 않도록 릴레이션을 보다 작은 릴레이션으로 표현하는 과정이다. 또한 정규화는 현실 세계를 표현하는 관계 스키마를 설계하는 작업으로, 개체·속성·관계성으로 릴레이션을 만든다. 속성 간 종속성을 분석해서 하나의 종속성은 하나의 릴레이션으로 표현되도록 분해한다. 이러한 정규화는 데이터 구조의 안정성 최대화, 중복 데이터의 최소화, 수정·삭제 시 이상 현상 최소화, 테이블 불일치 위험 간소화 등을 목적으로 한다.

33. 함수의 종속에 따른 추론 규칙

구분	추론 이론
반사 규칙	A⊇B이면, A → B
첨가 규칙	A → B이면, AC → BC, AC → B
이행 규칙	A → B, B → C이면, A → C
결합 규칙	A → B, A → C이면, A → BC
분해 규칙	A → BC이면, A → B, A → C

34. 정규형의 종류

구분	특징
제1정규형 (2NF)	• 모든 도메인이 원자의 값만으로 된 릴레이션으로 모든 속성값은 도메인에 해당된다. • 기본 키에서 부분 함수가 종속된 속성이 존재하므로 이상 현상이 발생할 수 있다. • 하나의 항목에는 중복된 값이 입력될 수 없다.
제2정규형 (2NF)	• 제1정규형을 만족하고 모든 속성들이 기본 키에 완전 함수 종속인 경우이다(부분 함수 종속 제거). • 기본 키가 아닌 애트리뷰트 모두가 기본 키에 완전 함수 종속이 되도록 부분 함수적 종속에 해당하는 속성을 별도 테이블로 분리한다.
제3정규형 (3NF)	• 제1, 2정규형을 만족하고, 모든 속성들이 기본 키에 이행적 함수 종속이 아닌 경우이다. • 무손실 조인 또는 종속성 보존을 방해하지 않고도 항상 3NF를 얻을 수 있다. • 이행 함수적 종속(A → B, B → C, A → C)을 제거한다.
보이스 – 코드 정규형 (BCNF)	• 모든 BCNF 스킴은 3NF에 속하게 되므로 BCNF가 3NF보다 한정적 제한이 더 많다. • 제3정규형에 속하지만 BCNF에 속하지 않는 릴레이션이 있다. • 릴레이션 R의 모든 결정자가 후보 키이면 릴레이션 R은 BCNF에 속한다. • 결정자가 후보 키가 아닌 함수 종속을 제거하며, 모든 BCNF가 종속성을 보존하는 것은 아니다. • 비결정자에 의한 함수 종속을 제거하여 모든 결정자가 후보 키가 되도록 한다.
제4정규형 (4NF)	• 릴레이션에서 다치 종속(MVD)의 관계가 성립하는 경우이다(다중치 종속 제거). • 릴레이션 R(A, B, C)에서 다치 종속 A → B가 성립하면, A → C도 성립하므로 릴레이션 R의 다치 종속은 함수 종속 A → B의 일반 형태이다.
제5정규형 (5NF)	• 릴레이션 R에 존재하는 모든 조인 종속성이 오직 후보 키를 통해서만 성립된다. • 조인 종속이 후보 키로 유추되는 경우이다.

35. 오류(Error) 수정 방식

구분	특징
전진 에러 수정 (FEC)	• 에러 검출과 수정을 동시에 수행하는 에러 제어 기법이다. • 연속된 데이터 흐름이 가능하지만 정보 비트 외에 잉여 비트가 많이 필요하므로 널리 사용되지 않는다. • 역채널을 사용하지 않으며, 오버헤드가 커서 시스템 효율이 저하된다. • 해밍 코드와 상승 코드 등의 알고리즘이 해당된다.
후진 에러 수정 (BEC)	• 송신 측에서 전송한 프레임 중 오류가 있는 프레임을 발견하면 오류가 있음을 알리고, 다시 재전송하는 방식으로 역채널을 사용한다. • 자동 반복 요청(ARQ), 순환 잉여 검사(CRC) 등의 알고리즘이 해당된다.

자동 반복 요청 (ARQ)	• 통신 경로의 오류 발생 시 수신 측은 오류 발생을 송신 측에 통보하고, 송신 측은 오류가 발생한 프레임을 재전송하는 방식이다. • 전송 오류가 발생하지 않으면 쉬지 않고 송신이 가능하다. • 오류가 발생한 부분부터 재송신하므로 중복 전송의 위험이 있다.
정지 대기 ARQ	• 송신 측에서 하나의 블록을 전송하면 수신 측에서 에러 발생을 점검한 후 에러 발생 유무 신호를 보내올 때까지 기다리는 단순한 방식이다. • 수신 측의 에러 점검 후 제어 신호를 보내올 때까지 오버헤드의 부담이 크다. • 송신 측은 최대 프레임 크기의 버퍼를 1개만 가져도 되지만 송신 측이 ACK를 수신할 때까지 다음 프레임을 전송할 수 없으므로 전송 효율이 떨어진다.
연속적 ARQ	• 정지 대기 ARQ의 오버헤드를 줄이기 위하여 연속적으로 데이터 블록을 전송하는 방식이다.
Go-Back-N ARQ	• 송신 측에서 데이터 프레임을 연속적으로 전송하다가 NAK(부정응답)를 수신하면 에러가 발생한 프레임을 포함하여 그 이후에 전송된 모든 데이터 프레임을 재전송하는 방식이다. • 송신 측은 데이터 프레임마다 일련번호를 붙여서 전송하고, 수신 측은 오류 검출 시 오류 발생 이후의 모든 블록을 재전송한다. • 중복 전송의 위험이 있다.
선택적 ARQ	• 송신 측에서 블록을 연속적으로 보낸 후 에러가 발생한 블록만 다시 재전송하는 방식이다. • 원래 순서에 따라 배열하므로 그 사이에 도착한 모든 데이터 프레임을 저장할 수 있는 대용량의 버퍼와 복잡한 논리회로가 필요하다.
적응적 ARQ	• 전송 효율을 최대로 하기 위하여 프레임 블록 길이를 채널 상태에 따라 변경하는 방식이다. • 통신 회선의 품질이 좋지 않아 에러 발생률이 높을 때는 프레임 길이를 짧게 하고, 에러 발생률이 낮을 때는 프레임 길이를 길게 한다. 전송 효율이 가장 높으나 제어 회로가 복잡해 거의 사용되지 않는다.

36. 트리(Tree)

1 : N 또는 1 : 1 대응 구조로 노드(Node, 정점)와 선분(Branch)으로 되어 있고, 정점 사이에 사이클이 형성되지 않으며, 자료 사이의 관계성이 계층 형식으로 나타나는 구조이다. 노드 사이의 연결 관계가 계급적인 구조로 뻗어나간 정점들이 다른 정점들과 연결되지 않는다(1 : N 또는 1 : 1 대응 구조라 함).

37. 트리 운행법

전위 운행, 중위 운행, 후위 운행의 기준은 근노드(Root Node)의 위치이다. 순서에서 근노드가 앞쪽이면 전위, 중간이면 중위, 뒤쪽이면 후위가 된다. 좌측과 우측의 순서는 전위든 중위든 후위든 상관없이 항상 좌측이 먼저이고 우측이 나중이다.

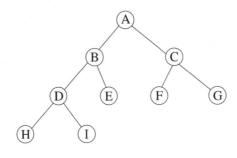

① 전위 운행(Preorder Traversal) : 근 → 좌측 → 우측(Root → Left → Right) 순서로 운행하는 방법으로 먼저 근노드를 운행하고 좌측 서브 트리를 운행한 후 우측 서브 트리를 운행한다. 따라서 순서대로 나열하면 A, B, D, H, I, E, C, F, G가 된다.

② 중위 운행(Inorder Traversal) : 좌측 → 근 → 우측(Left → Root → Right) 순서로 운행하는 방법으로 먼저 좌측 서브 트리를 운행한 후 근노드를 운행하고, 우측 서브 트리를 운행한다. 따라서 순서대로 나열하면 H, D, I, B, E, A, F, C, G가 된다.

③ 후위 운행(Postorder Traversal) : 좌측 → 우측 → 근(Left → Right → Root) 순서로 운행하는 방법으로 먼저 좌측 서브 트리를 운행한 후 우측 서브 트리를 운행하고, 마지막으로 근노드를 운행한다. 따라서 순서대로 나열하면 H, I, D, E, B, F, G, C, A가 된다.

38. 화이트 박스(White Box) 검사

① 개념 : 소프트웨어 테스트에 사용되는 방식으로 모듈의 논리적 구조를 체계적으로 점검하며, 프로그램 구조에 의거하여 검사한다.

② 특징
  ㉠ 원시 프로그램을 하나씩 검사하는 방법으로 모듈 안의 작동 상태를 자세히 관찰할 수 있다.
  ㉡ 검사 대상의 가능 경로는 어느 정도 통과하는지의 적용 범위성을 측정 기준으로 한다.
  ㉢ 검증 기준(Coverage)을 바탕으로 원시 코드의 모든 문장을 한 번 이상 수행한다.
  ㉣ 프로그램의 제어 구조에 따라 선택, 반복 등을 수행함으로써 논리적 경로를 제어한다.
  ㉤ Nassi – Shneiderman 도표를 사용하여 검정 기준을 작성할 수 있다.

③ 오류 : 세부적 오류, 논리 구조상의 오류, 반복문 오류, 수행 경로 오류 등이 있다.

④ 검사 방법 : 기초 경로(Basic Path) 검사, 조건 기준(Condition Coverage) 검사, 구조(Structure) 검사, 루프(Roof) 검사, 논리 위주(Logic Driven) 검사, 데이터 흐름(Data Flow) 검사 등이 있다.

기초 경로 검사	• 원시 코드로 흐름 도표와 복잡도를 구하고, 검사 대상을 결정한 후 검사를 수행한다.
루프(반복문) 검사	• 루프를 벗어나는 값 대입 → 루프를 한 번 수행하는 값 대입 → 루프를 두 번 수행하는 값 대입의 과정을 통해 검사를 수행한다. • 검사 형태에는 단순 루프, 중첩 루프, 접합 루프가 있다.

39. 블랙 박스(Black Box) 검사

① 개념 : 기초적 모델 관점과 데이터 또는 입출력 위주의 검사 방법이다.

② 특징
  ㉠ 소프트웨어 인터페이스에서 실시되는 검사로 설계된 모든 기능이 정상적으로 수행되는지 확인한다.
  ㉡ 소프트웨어의 기능이 의도대로 작동하고 있는지, 입력은 적절하게 받아들였는지, 출력은 정확하게 생성되는지를 검사하는 데 사용된다.

③ 오류 : 성능 오류, 부정확한 기능 오류, 인터페이스 오류, 자료 구조상의 오류, 초기화 오류, 종료 오류 등이 있다.

④ 검사 방법 : 균등(동치) 분할(Equivalence Partitioning) 검사, 경계 값(Boundary Value Analysis) 검사, 오류 예측(Error Guessing) 검사, 원인 – 결과 그래프(Cause – Effect Graph) 검사, 비교(Com–parison) 검사 등이 있다.

균등(동등) 분할 검사	정상 자료와 오류 자료를 동일하게 입력하여 검사한다.
경계(한계) 값 검사	경계(한계)가 되는 값을 집중적으로 입력하여 검사한다.
오류 예측 검사	오류가 수행될 값을 입력하여 검사한다.
원인 – 결과 그래프 검사	테스트 케이스를 작성하고, 검사 경우를 입력하여 검사한다(원인과 결과를 결정하여 그래프를 작성).

40. 객체 지향 분석의 개발 방법

① 객체 지향 분석(OOA; Object Oriented Analysis)

    ㉠ 모델링의 구성 요소인 클래스, 객체, 속성, 연산 등을 이용하여 문제를 모형화시키는 것이다.

    ㉡ 모형화 표기법 관계에서 객체의 분류, 속성의 상속, 메시지의 통신 등을 결합한다.

    ㉢ 객체를 클래스로부터 인스턴스화하거나 클래스를 식별하는 것이 주요 목적이다.

② 객체 지향 설계(OOD; Object Oriented Design)

    ㉠ 객체의 속성과 자료 구조를 표현하며, 개발 속도의 향상으로 대규모 프로젝트에 적합하다.

    ㉡ 시스템을 구성하는 개체·속성·연산을 통해 유지·보수가 용이하고, 재사용이 가능하다.

    ㉢ 시스템 설계는 성능 및 전략을 확정하고, 객체 설계는 자료 구조와 알고리즘을 상세화한다.

    ㉣ 객체는 순차적으로 또는 동시적으로 구현될 수 있다.

    ㉤ 서브 클래스와 메시지 특성을 세분화하여 세부 사항을 정제화한다.

③ 객체 지향 프로그래밍(OOP; Object Oriented Programming)

    ㉠ 설계 모형을 특정 프로그램으로 번역하고, 객체 클래스 간에 상호 작용할 수 있다.

    ㉡ 객체 모델의 주요 요소에는 추상화, 캡슐화, 모듈화, 계층 등이 있다.

    ㉢ 객체 지향 프로그래밍 언어에는 Smalltalk, C++ 등이 있다.

    ㉣ 설계 시 자료 사이에 가해지는 프로세스를 묶어 정의하고, 관계를 규명한다.

41. 코드(Coad)와 요든(Yourdon)의 객체 지향 분석

① 객체와 클래스 사이의 관계를 상속과 집단화의 관계로 표현한다.

② E-R 다이어그램으로 객체를 모형화하며, 소규모 시스템 개발에 적합하다.

③ 모델링 표기법과 분석 모형이 간단하며, 하향식 방법으로 설계에 접근한다.

④ 객체에 대한 속성 및 관계 정의와 시스템의 수행 역할을 분석한다.

42. 럼바우(Rumbaugh)의 객체 지향 분석

① OMT(Object Modeling Technical)의 3가지(객체 → 동적 → 기능) 모형을 개발한다.

② 코드에 대한 연결성이 높기 때문에 중규모 프로젝트에 적합하다.

③ 분석 설계, 시스템 설계, 객체-수준 설계 등 객체 모형화 시 그래픽 표기법을 사용한다.

④ 문제 정의, 모형 제작, 실세계의 특성을 나타내며, 분석 단계를 상세하게 표현한다.

구분	특징
객체(Object) 모델링	객체와 클래스 식별, 클래스 속성, 연산 표현, 객체 간의 관계 정의 등을 처리하며, 객체 다이어그램을 작성한다.
동적(Dynamic) 모델링	객체들의 제어 흐름, 상호 반응 연산 순서를 표시하며 상태도, 시나리오, 메시지 추적 다이어그램 등이 해당된다.
기능(Functional) 모델링	입출력을 결정한 후 자료 흐름도를 작성하고, 기능 내용을 기술하며, 입출력 데이터 정의, 기능 정의 등이 해당된다.

43. 야콥슨(Jacobson)의 객체 지향 분석

① Usecase 모형을 사용하여 시스템 사용자에 대한 전체 책임을 파악한다.

② Usecase 모형을 검토한 후 객체 분석 모형을 작성한다.

44. 부치(Booch)의 객체 지향 분석

① 모든 설계가 이루어질 때까지 문제 정의, 비공식 전략 개발, 전략 공식화를 적용한다.
② 프로그램의 구성 요소는 명세 부분과 외부로부터 감추어진 사각 부분으로 표시한다.
③ 클래스와 객체를 구현한다.

45. 4차 산업혁명

2010년대부터 물리적 세계, 디지털 및 생물학적 세계가 융합되어 모든 학문·경제·산업 등에 전반적으로 충격을 주게 된 새로운 기술 영역의 등장을 뜻하는 4차 산업혁명은 독일의 경제학 박사이자 세계경제포럼(WEF)의 회장인 클라우스 슈밥이 2016년 WEF에서 제시한 개념이다. 클라우스 슈밥은 인공지능, 로봇공학, 사물인터넷, 3D프린팅, 자율주행 자동차, 양자 컴퓨팅, 클라우드 컴퓨팅, 나노테크, 빅데이터 등의 영역에서 이루어지는 혁명적 기술 혁신을 4차 산업혁명의 특징으로 보았다. 4차 산업혁명은 초연결성·초지능, 더 빠른 속도, 더 많은 데이터 처리 능력, 더 넓은 파급 범위 등의 특성을 지니는 '초연결지능 혁명'으로 볼 수 있다. 그러나 인공지능 로봇의 작업 대체로 인한 인간의 일자리 감소, 인간과 인공지능(로봇)의 공존, 개인정보·사생활 보호, 유전자 조작에 따른 생명윤리 등 여러 과제가 사회적 문제로 떠오르고 있다.

46. 빅데이터(Big Data)

① **개념** : 다양하고 복잡한 대규모의 데이터 세트 자체는 물론, 이러한 데이터 세트로부터 정보를 추출한 결과를 분석하여 더 큰 가치를 창출하는 기술을 뜻한다. 기존의 정형화된 정보뿐만 아니라 이미지, 오디오, 동영상 등 여러 유형의 비정형 정보를 데이터로 활용한다. 저장 매체의 가격 하락, 데이터 관리 비용의 감소, 클라우드 컴퓨팅의 발전 등으로 인해 데이터 처리·분석 기술 또한 진보함에 따라 빅데이터의 활용 범위와 환경이 꾸준히 개선되고 있다.
② **특징** : 빅데이터의 특징은 3V로 제시되며, 이는 'Volume(데이터의 크기), Velocity(데이터의 속도), Variety(데이터의 다양성)'이다. 여기에 'Value(가치)' 또는 'Veracity(정확성)' 중 하나를 더해 4V로 보기도 하고, 둘 다 더해 5V로 보기도 한다. 또한 5V에 'Variability(가변성)'을 더해 6V로 정리하기도 한다. 한편 기술의 진보에 따라 빅데이터의 특징을 규명하는 'V'는 더욱 늘어날 수 있다.

47. 자율주행 자동차

① **자율주행 자동차** : 운전자가 운전대(Steering Wheel), 가속페달, 브레이크 등을 조작하지 않아도 목적지까지 스스로 찾아가는 자동차를 말한다.

〈자율주행 시스템의 종류〉

구분	특징
부분 자율주행	지정된 조건에서 자동차를 운행하되, 작동 한계 상황 등 필요한 경우 운전자가 개입한다.
조건부 완전자율주행	지정된 조건에서 운전자의 개입 없이 자동차를 운행한다.
완전자율주행	모든 영역에서 운전자의 개입 없이 자동차를 운행한다.

② 자율주행 자동차의 5대 핵심 기술
  ㉠ HDA(Highway Driving Assist, 고속도로 주행 지원 시스템) : 자동차 간 거리를 자동으로 유지해주는 기술
  ㉡ BSD(Bind Spot Detection, 후측방 경보 시스템) : 후진 중 주변 차량을 감지하고 경보를 울리는 기술
  ㉢ LKAS(Lane Keeping Assist System, 차선 유지 지원 시스템) : 방향 지시등 없이 차선을 벗어나는 것을 보완하는 기술
  ㉣ ASCC(Advanced Smart Cruise Control, 어드밴스드 스마트 크루즈 컨트롤) : 설정된 속도로 차간거리를 유지하며 정속 주행하는 기술
  ㉤ LDWS(Lane Departure Warning System, 차선 이탈 경보 시스템) : 방향 지시등을 켜지 않고 차선을 벗어났을 때 전방 차선의 상태를 인식하고 핸들 진동, 경고음 등으로 운전자에게 알려 사고를 예방하는 기술

〈자율주행 단계의 구분〉

구분	특징		
	특징	기능	운전자의 감독
레벨 0	무(無)자율주행	완전 수동 운전	항시 필수
레벨 1	운전자 지원	운전자 보조 기능	항시 필수
레벨 2	부분 자동화	운전자 보조 기능	항시 필수 (운전대를 잡고 있어야 함)
레벨 3	조건부 자동화	자율주행 기능	시스템 요청 시 (제어권 전환 시에만 운전대 잡음)
레벨 4	고도 자동화	자율주행 기능	작동구간 내 불필요(제어권 전환 없음)
레벨 5	완전 자동화	자율주행 기능	전 구간 불필요 (사람이 탑승하지 않아도 운행함)

③ 향후 자율주행 자동차 보편화를 위한 개선 사항
  ㉠ 자율주행 시스템을 적용·유지할 수 있는 도로·교통 인프라의 건설
  ㉡ 교통사고 발생 시 책임 소재의 규명을 위한 법적·기술적 장치 마련
  ㉢ 자율주행 자동차 시대에 맞는 운전면허 제도 등의 법률의 정비
  ㉣ 기존 운송직·운전직 등 노동자의 일자리 및 완성차 업계 매출 등의 감소로 인한 갈등의 해소

48. 인공지능(AI; Artificial Intelligence)

① 인공지능
  ㉠ 개념 : 인간의 지능이 가지는 학습, 추리, 적응, 논증 등의 기능을 갖춘 컴퓨터 시스템을 뜻한다. 즉, 인간의 지적 능력을 컴퓨터로 구현하는 과학기술로서, 상황을 인지하고 이성적·논리적으로 판단·행동하며, 감성적·창의적인 기능을 수행하는 능력을 포함한다.
  ㉡ 응용 범위 : 인공지능은 인공신경망(ANN), 전문가 시스템, 자연어 처리, 음성 번역, 로봇공학(Robotics), 컴퓨터 비전(CV), 문제 해결, 학습과 지식 획득, 인지 과학 등에 응용되고 있다.
  ㉢ 싱귤래리티(Singularity) : 미래학자이자 인공지능 연구가인 미국의 레이 커즈와일은 인공지능이 인류의 지능을 넘어서는 순간을 싱귤래리티(특이점)라고 정의하였다.

② 인공지능의 구분

　　㉠ 약한(Weak) AI : 특정(일부) 영역의 문제를 해결하는 기술(예 이메일 필터링, 이미지 분류, 기계 번역 등)

　　㉡ 강한(Strong) AI : 범용, 즉 문제의 영역을 제한하지 않아도 문제를 해결할 수 있는 기술

③ 인공지능 시대를 위한 선결 사항 : AI 기술의 활용과 AI 기반의 제품·서비스 확산에 따라 사이버 침해, 보안 위협의 증가뿐만 아니라 딥페이크와 같은 새로운 형태의 역기능도 초래되고 있다. 또한 인공지능이 군사 기술에 적용되거나 일자리를 감소시킬 수 있는 등 미래 인류의 생존을 크게 위협할 우려도 있다. 따라서 인공지능 윤리 기준의 확립, 법·제도·규제 정비 등이 선결 과제로 꼽힌다.

49. HTTP(HyperText Transfer Protocol)

분산 하이퍼미디어 환경에서 빠르고 간편하게 데이터를 전송하는 프로토콜이다. WWW(World Wide Web)상에서 클라이언트와 서버 사이에 정보를 주고받는 요청 – 응답 프로토콜로, 인터넷 데이터 통신 규약이다. 클라이언트인 웹브라우저가 HTTP를 통해서 서버로부터 웹페이지나 그림 정보를 요청하면, 서버는 이 요청에 응답하여 필요한 정보를 해당 사용자에게 전달하게 된다.

50. VR, AR, MR, XR, SR

① VR(Virtual Reality, 가상현실) : 어떤 특정한 상황·환경을 컴퓨터로 만들어 이용자가 실제 주변 상황·환경과 상호작용하고 있는 것처럼 느끼게 하는 인간과 컴퓨터 사이의 인터페이스이다. 즉, 컴퓨터 기술로 이용자의 시각·촉각·청각을 자극해 실제처럼 느끼게 하는 가상의 현실을 말한다.

② AR(Augmented Reality, 증강현실) : 머리에 착용하는 방식의 컴퓨터 디스플레이 장치는 인간이 보는 현실 환경에 컴퓨터 그래픽 등을 겹쳐 실시간으로 시각화함으로써 AR을 구현한다. AR이 실제의 이미지·배경에 3차원의 가상 이미지를 겹쳐서 하나의 영상으로 보여주는 것이라면, VR은 자신(객체)과 환경·배경 모두 허구의 이미지를 사용하는 것이다.

③ MR(Mixed Reality, 혼합현실) : VR과 AR이 전적으로 시각에 의존한다면, MR은 시각에 청각·후각·촉각 등 감각을 접목할 수 있다. VR과 AR의 장점을 융합한 것으로, 더 진보한 기술로 평가받는다.

④ XR(eXtended Reality, 확장현실) : VR, AR, MR을 아우르는 확장된 개념으로, 가상과 현실이 매우 밀접하게 연결되어 있고, 현실 공간에 배치된 가상의 물체를 손으로 만질 수 있는 등 극도의 몰입감을 느낄 수 있는 환경 혹은 그러한 기술을 뜻한다.

⑤ SR(Substitutional Reality, 대체현실) : SR은 VR, AR, MR과 달리 하드웨어가 필요 없으며, 스마트 기기에 광범위하고 자유롭게 적용될 수 있다. SR은 가상현실과 인지 뇌과학이 융합된 한 단계 업그레이드된 기술이라는 점에서 VR의 연장선상에 있는 기술로 볼 수 있다.

51. 합성데이터(Synthetic Data)

실제 수집·측정으로 데이터를 획득하는 것이 아니라 시뮬레이션·알고리즘 등을 이용해 인공적으로 생성한 인공의 가상 데이터를 뜻한다. 즉, 현실의 데이터가 아니라 인공지능(AI)을 교육하기 위해 통계적 방법이나 기계학습 방법을 이용해 생성한 가상 데이터를 말한다. 고품질의 실제 데이터 수집이 어렵거나 불가능함, AI 시스템 개발에 필수적인 대규모 데이터 확보의 어려움, 인공지능 훈련에 드는 높은 수준의 기술·비용, 실제 데이터의 이용에 수반되는 개인정보·저작권 보호 및 윤리적 문제 등에 대한 해결 대안으로 등장하였다.

"오늘 당신의 노력은 아름다운 꽃의 물이 될 것입니다."

그러나, 이 꽃을 볼 때 사람들은 이 꽃의 아름다움과 향기만을 사랑하고 칭찬하였지, 이 꽃을 그렇게 아름답게 어여쁘게 만들어 주는 병 속의 물은 조금도 생각지 않는 것이 보통입니다.

만일 이 꽃병 속에 들어 있는 물을 죄다 쏟아 버리고 빈 병에다 이 꽃을 꽂아 보십시오.

아무리 아름답고 어여쁜 꽃이기로서니 단 한 송이의 꽃을 피울 수 있으며, 단 한 번이라도 꽃 향기를 날릴 수 있겠습니까?

우리는 여기서 아무리 본바탕이 좋고 아름다운 꽃이라도 보이지 않는 물의 숨은 힘이 없으면 도저히 그 빛과 향기를 자랑할 수 없는 것을 알았습니다.

－방정환의 「우리 뒤에 숨은 힘」 중－

많이 보고 많이 겪고 많이 공부하는 것은 배움의 세 기둥이다.

− 벤자민 디즈라엘리 −

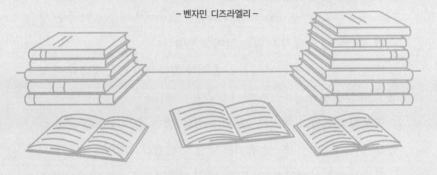

끝까지 책임진다! SD에듀!

QR코드를 통해 도서 출간 이후 발견된 오류나 개정법령, 변경된 시험 정보, 최신기출문제, 도서 업데이트 자료 등이 있는지 확인해 보세요! **시대에듀 합격 스마트 앱**을 통해서도 알려 드리고 있으니 구글 플레이나 앱 스토어에서 다운받아 사용하세요. 또한, 파본 도서인 경우에는 구입하신 곳에서 교환해 드립니다.

2024 최신판 SD에듀 All-New 기출로끝
NH농협은행 5 · 6급 + 지역농협 6급 + 무료NCS특강

개정3판1쇄 발행	2024년 03월 20일 (인쇄 2024년 02월 28일)
초 판 발 행	2021년 02월 05일 (인쇄 2020년 12월 31일)
발 행 인	박영일
책 임 편 집	이해욱
편 저	SDC(Sidae Data Center)
편 집 진 행	이근희 · 안희선
표지디자인	박종우
편집디자인	최미란 · 장성복
발 행 처	(주)시대고시기획
출 판 등 록	제10-1521호
주 소	서울시 마포구 큰우물로 75 [도화동 538 성지 B/D] 9F
전 화	1600-3600
팩 스	02-701-8823
홈 페 이 지	www.sdedu.co.kr
I S B N	979-11-383-6843-8 (13320)
정 가	30,000원

SD에듀가 합격을 준비하는 당신에게 제안합니다.

성공의 기회! SD에듀를 잡으십시오.
성공의 Next Step!

결심하셨다면 지금 당장 실행하십시오.
SD에듀와 함께라면 문제없습니다.

기회란 포착되어 활용되기 전에는
기회인지조차 알 수 없는 것이다.

– 마크 트웨인 –

금융권 필기시험 "기본서" 시리즈

최신 기출유형을 반영한 NCS와 직무상식을 한 권에! 합격을 위한
Only Way!

금융권 필기시험 "봉투모의고사" 시리즈

실제 시험과 동일하게 구성된 모의고사로 마무리! 합격으로 가는
Last Spurt!

앞선 정보 제공! 도서 업데이트

언제, 왜 업데이트될까?

도서의 학습 효율을 높이기 위해 자료를 추가로 제공할 때!
공기업 · 대기업 필기시험에 변동사항 발생 시 정보 공유를 위해!
공기업 · 대기업 채용 및 시험 관련 중요 이슈가 생겼을 때!

01 SD에듀 도서
www.sdedu.co.kr/book
홈페이지 접속

02 상단 카테고리
「도서업데이트」
클릭

03 해당
기업명으로
검색

참고자료, 시험 개정사항 등 정보 제공으로 학습효율을 높여 드립니다.